Mischa Ritter

Absicherung von Katastrophen-Risiko über Kapitalmärkte

GABLER EDITION WISSENSCHAFT

Mischa Ritter

Absicherung von Katastrophen-Risiko über Kapitalmärkte

Eine kritische Bestandsaufnahme

Mit einem Geleitwort von Prof. Ulrich Hommel, Ph. D.

Deutscher Universitäts-Verlag

Bibliografische Information Der Deutschen Nationalbibliothek
Die Deutsche Nationalbibliothek verzeichnet diese Publikation in der Deutschen Nationalbibliografie; detaillierte bibliografische Daten sind im Internet über <http://dnb.d-nb.de> abrufbar.

Dissertation European Business School Oestrich-Winkel, 2006

1. Auflage Oktober 2006

Lektorat: Brigitte Siegel / Ingrid Walther

Der Deutsche Universitäts-Verlag ist ein Unternehmen von Springer Science+Business Media.
www.duv.de

Umschlaggestaltung: Regine Zimmer, Dipl.-Designerin, Frankfurt/Main
Druck und Buchbinder: Rosch-Buch, Scheßlitz
Gedruckt auf säurefreiem und chlorfrei gebleichtem Papier
Printed in Germany

ISBN-10 3-8350-0334-8
ISBN-13 978-3-8350-0334-7

Geleitwort

In den letzten Jahren wurde eine Vielzahl von Finanzinnovationen am Kapitalmarkt eingeführt, die Marktteilnehmern neue Formen der Risikoabsicherung und des Risikotransfers ermöglichen sollte. Hierzu zählen sowohl OTC als auch börsengehandelte Instrumente. Die Akzeptanz innerhalb der Investoren-Community war jedoch letztlich begrenzt; die zunächst gezeigte Euphorie wurde schnell durch Zurückhaltung oder gar offene Ablehnung abgelöst. Dabei liegen die Vorteile von Finanzinnovationen auf der Hand: Marktteilnehmer ohne Expertise in der Steuerung bestimmter Risiko-Exposure transferieren diese mittel- oder unmittelbar an Investoren mit komparativen Vorteilen im Management dieser Risiken.

In Wissenschaft und Praxis ist die Bedeutung effizienter Mechanismen zum Transfer von Risiken bekannt. Trotz der Fülle populär- und formalwissenschaftlicher Arbeiten dokumentiert jedoch die Vielzahl der vom Markt letztlich nicht akzeptierten Instrumente, dass unser Verständnis der Erfolgsfaktoren von Finanzinnovationen bisher noch erhebliche Lücken aufweist. Auch die Entwicklung des Marktes für Katastrophenrisiken hat seit der Emission der ersten „Act of God"-Anleihen Anfang der 90er Jahre die ursprünglichen Erwartungen der Marktteilnehmer nicht erfüllt. Spezielle Börsensegmente wurden zum Handel von Katastrophen-Risiko eingeführt und mussten nach wenigen Jahren mangels Liquidität wieder geschlossen werden; verschiedene Instrumente wurden in den OTC-Handel aufgenommen und sind nach dem Abflauen der ersten Markteuphorie ebenfalls wieder verschwunden. Das Marktvolumen der Katastrophenanleihe als einzig verbleibender Kontraktart ist mit einem ausstehenden Volumen von aktuell unter 5 Mrd. USD im Vergleich zu den Deckungskapazitäten der traditionellen Instrumente und im Hinblick auf das stetig wachsende Schadenspotenzial eher gering. Zudem beziehen sich diese Kontrakte auf unterschiedliche Regionen bzw. Risikoarten und dienen nur anteilig der tatsächlichen Risikodeckung. Das derzeitige Marktvolumen ist definitiv nicht ausreichend, um etwaige bestehende Deckungslücken bei Megakatastrophen jenseits der 10 Mrd. USD Versicherungsschaden zu schließen.

Hier setzt die vorliegende Dissertationsschrift an. Der Verfasser befasst sich mit der Verbriefung von Katastrophenrisiken, also mit Ereignisrisiken, die eine gewisse Schadensmindesthöhe übersteigen und daher die Solvenz des Risikohalters nachhaltig beeinflussen können. Zudem untersucht er anhand dieses Risikotyps beispielhaft Kontraktcharakteristika und Marktumfeldfaktoren, die für den Markterfolg einer Finanzinnovation verantwortlich sein können. Zu diesem Zweck hat der Verfasser eine Umfragestudie auf Basis eines strukturierten Fragebogens durchgeführt (Experteninterviews) und ein eigenständiges Bewertungsraster entwickelt, das über die betrachtete Risikoklasse (Naturkatastrophen-Risiko) hinaus Hinweise für den Erfolg von Finanzinnovationen liefert.

Der Verfasser fokussiert sich in der vorliegenden Ausarbeitung im Wesentlichen auf zwei Aspekte. Er erweitert die Literatur zu Finanzinnovationen mit einer umfassenden Erfolgsfaktorenanalyse und entwickelt einen Analyserahmen für die Praxis, der Finanzintermediären wichtige Hilfestellungen für die Weiterentwicklung des Marktes für Katastrophenkontrakte bieten wird. Die Ergebnisse der Arbeit verdeutlichen anhand des Beispiels Katastrophenanleihen, dass sich der Erfolg von Finanzinnovationen nicht durch monokausale Zusammenhänge beschreiben lässt, sondern von einer Vielzahl unterschiedlicher, aber durchaus interdependenter Faktoren abhängt. Die vorliegende Analyse identifiziert und klassifiziert diese hinsichtlich ihrer praktischen Relevanz und erläutert im Rahmen einer retrospektiven Betrachtung ihren Einfluss auf die Entwicklung des Marktes für Katastrophenkontrakte. Sie liefert dadurch die Basis für die Ableitung problemorientierter Handlungsempfehlungen sowie für weitere wissenschaftliche Untersuchungen zu diesem Thema.

Der Verfasser hat mit seiner Dissertationsschrift einen in dieser Detailtiefe noch nicht vorhandenen Überblick über die bisherige Marktentwicklung sowie den Stand der wissenschaftlichen Literatur vorgelegt und den Überblick durch eine eigenständige Erfolgsfaktorenanalyse ergänzt. Damit stellt dieses Werk für Leser sowohl aus Wissenschaft als auch Praxis eine gleichermaßen interessante und wertvolle Lektüre dar.

Prof. Ulrich Hommel, Ph. D.

VORWORT

Die vorliegende Arbeit entstand während meiner Tätigkeit als wissenschaftlicher Assistent am Stiftungslehrstuhl Unternehmensfinanzierung und Kapitalmärkte an der EUROPEAN BUSINESS SCHOOL (ebs), International University Schloss Reichartshausen. Sie wurde im Dezember 2005 vom Promotionsausschuss als Dissertationsschrift angenommen.

Zum Gelingen der vorliegenden Arbeit haben viele Personen sowohl direkt als auch indirekt beigetragen. All denen, die mich bei der Anfertigung der Arbeit unterstützt haben, sei an dieser Stelle gedankt.

Besonders hervorheben möchte ich an dieser Stelle meinen Doktorvater Prof. Ulrich Hommel, Ph.D. Er war es letztlich, der mich dazu bewogen hat, meine akademische Laufbahn fortzusetzen. Als wissenschaftlicher Mitarbeiter an seinem Lehrstuhl und Institut hat er mir die notwendigen zeitlichen und wissenschaftlichen Freiräume gewährt, die neben einem Forschungsaufenthalt an der Wharton School in Philadelphia und dem Anfertigen einer Studie über den deutschen Beteiligungsmarkt auch zu der vorliegenden Arbeit geführt haben. Für seine verlässliche, freundschaftliche Unterstützung, besonders in den anstrengenden Abschnitten dieser Zeit, möchte ich ihm besonders herzlich danken.

Ebenfalls danken möchte ich Herrn Prof. Dr. Ulrich Grimm für die Übernahme des Koreferats. Er hat mir bereits während des Studiums verdeutlicht, dass die rein mathematische, monokausale Abbildung realer Zusammenhänge oft zu kurz greift und dass zur Erfassung komplexer Systeme eine umfassendere Untersuchung notwendig ist. Er hat insofern die Art der Untersuchung entscheidend geprägt.

Herrn Dr. Thomas Knecht möchte ich für seine andauernde und ausdauernde Unterstützung danken. Als Freund und Kollege am Lehrstuhl hatte er jederzeit ein offenes Ohr für meine Belange. Er hat mir durch seine strukturierte Problemlösung und durch seinen fachlichen Ratschlag, vor allem aber durch seine Freundschaft nachdrücklich geholfen.

Die Fertigstellung dieser Arbeit wäre ohne das hervorragende Lehrstuhl-Klima sicherlich auch erfolgt, doch hätte sie minder viel Freunde bereitet. Ohne einzelne Personen hervorzuheben, gebührt daher dem gesamten Lehrstuhl-Team mein Dank für die Unterstützung und Motivation während der Arbeitserstellung.

Zuletzt und doch an erster Stelle gebührt mein größter Dank meiner Familie und meiner Freundin Stefanie Beckmann. Sie alle haben mich vor und während meiner Promotion bedingungslos und intensiv unterstützt.

In Liebe und Dankbarkeit widme ich ihnen die vorliegende Arbeit, die ohne ihren Rückhalt nicht in dieser Form entstanden wäre.

Mischa Ritter

Inhaltsübersicht

Inhaltsverzeichnis

ABBILDUNGSVERZEICHNIS

TABELLENVERZEICHNIS

ABKÜRZUNGSVERZEICHNIS

ABS	Asset-Backed Securities
ART	Alternativer Risikotransfer
Au	Regulator und Aufsichtsbehörde (Interviewpartner)
BaFin	Bundesanstalt für Finanzdienstleistungsaufsicht
BCOE	Bermuda Commodity Exchange
Bö	Börse (Interviewpartner)
BP	Basispunkt (1/10.000)
Br	Broker, auf Versicherungen spezialisiert (Interviewpartner)
bzw.	beziehungsweise
ca.	circa (ungefähr)
CAPM	Capital Asset Pricing Model
CBOT	Chicago Board of Trade
CEA	California Earthquake Authority
CHF	Schweizer Franken
d. h.	das heißt
etc.	et cetera
EUR	Euro
Fn.	Fußnote
GCCI	Guy Carpenter Catastrophe Index
i. d. R.	in der Regel
Ib	Investmentbank (Interviewpartner)
ILS	Insurance-Linked Securities
In	Investor (Interviewpartner)
ISO	Insurance Services Office
Jg.	Jahrgang
MBS	Mortgage-Backed Securities
Mio.	Millionen
Mo	Modelling-Agentur (Interviewpartner)
Mrd.	Milliarden
Nr.	Nummer
o.V.	ohne Verfasser
OTC	Over-the-Counter
Ra	Rating-Agentur (Interviewpartner)
Re	Rechtsanwalt, Steuerberater oder Wirtschaftsprüfer (Interviewpartner)
Rü	Rückversicherung (Interviewpartner)
S.	Seite
sog.	so genannt
SPV	Spezial Purpose Vehicle

Tsd.	Tausend
u. U.	unter Umständen
USD	US-Dollar
Ve	Versicherung (Interviewpartner)
vgl.	Vergleiche
We	Weitere Unternehmen (Interviewpartner)
z. B.	zum Beispiel

1 Einleitung

1.1 Problemhintergrund

Die durch Natureinflüsse verursachten Schäden haben in den letzten 15 Jahren besondere Ausmaße angenommen.[1] Vor allem das Jahr 2005 war durch die beiden Wirbelstürme Katrina und Rita geprägt, die Schäden von bislang nicht gekannten Ausmaßen hinterließen.[2] Ausgelöst durch die enormen und bis dato in diesem Umfang unbekannten Versicherungsschäden, die Hurricane Andrew,[3] das Northridge-Erdbeben[4] und andere Naturkatastrophen[5] in den USA verursacht hatten, gab es bereits Anfang der 90er Jahre eine breite Diskussion, ob die bestehende Kapitaldecke der Erst- und Rückversicherungsunternehmen in der Zukunft ausreichen würde.[6] Allein durch die Folgen des Wirbelsturms Andrew und die hiermit verbundenen Regressforderungen mussten 14 Versicherungen Konkurs anmelden.[7] Die volkswirtschaftliche Grundfunktion der Versicherungsindustrie, die im Bündeln von haftendem Kapital für solche Versicherungsschäden liegt, um die negativen Auswirkungen von zufällig auftretenden Verlusten zu verringern, war und ist durch diese neuartige Dimension der Bedrohung in Frage zu stellen.[8]

Die durch die verschiedenen Naturereignisse[9] verursachten hohen Sachschäden zeigen die schwerwiegenden Folgen für die Gesellschaft insgesamt und untermauern die allgemeine Relevanz und Bedeutung dieses Themenkomplexes. Gemessen an der vorhandenen Kapitaldecke der Versicherungsindustrie sind die Schadenshöhen aber auch ein

---

1 Siehe hierzu die Darstellung in Abschnitt 2.1.1.

2 Das gesamte Schadensmaß der Wirbelstürme Katrina und Rita konnte bislang noch nicht endgültig ermittelt werden, wird aber allein für die versicherten Schäden auf über 45 Mrd. USD geschätzt. Für den Wirbelsturm Katrina werden die versicherten Schäden auf ca. 34,4 Mrd. USD veranschlagt. Siehe hierzu die Schätzung des Insurance Services Office (ISO) vom 4.10.2005. Quelle: Dasgupta (2005). Die Kosten für den Wirbelsturm Rita werden auf 9-18 Mrd. USD geschätzt, wobei die Bewertungen aber noch sehr rudimentär sind. Siehe z. B. Lane (2005), S. 1.

3 Der Wirbelsturm Andrew stellte 1992 mit einer versicherten Schadenssumme von 21,5 Mrd. USD (aktuelle Preise, Basis 2004) die bis dahin größte Naturkatastrophe (Basis versicherte Schäden) dar. Wäre der Wirbelsturm nur ca. 30 Kilometer weiter nördlich verlaufen, wären versicherte Schäden zwischen 50 Mrd. und 100 Mrd. USD zu erwarten gewesen. Für die Versicherungsindustrie, die damals weltweit eine Kapazität von ca. 250 Mrd. USD besaß, hätte dies verheerende Auswirkungen gehabt und zu einer Zahlungsunfähigkeit von mehr als einem Drittel der betroffenen Versicherungsunternehmen geführt. Vgl. Hanley (1998), S. 12; Enz/Zanetti (2004), S. 38.

4 Das Northridge-Erdbeben in Süd-Kalifornien führte 1994 zu 17,8 Mrd. USD Versicherungsschäden (aktuelle Preise, Basis 2004). Siehe Enz/Zanetti (2004), S. 38.

5 Naturkatastrophen sind durch die Natur ausgelöste, demzufolge mehr oder weniger unberechenbare Ereignisse, die, einen hohen Schaden verursachen. Vgl. Zanetti/Enz/Schaad (2002), S. 4. Für eine genaue begriffliche Bestimmung von Katastrophen-Risiko und Naturkatastrophen siehe die Einordnung in Kapitel 2.1 der vorliegenden Arbeit.

6 Vgl. DeFontaine (2001), S. 68.

7 Es handelt sich hierbei um elf Erstversicherungen und drei Rückversicherungen. Vgl. Kelly (2001), S. 31; D'Agostino (2002), S. 11.

8 Vgl. Gadella/Halliday (2001), S. 25.

9 Siehe die Fußnoten 3, 4 sowie die Darstellungen in Abschnitt 2.1.1.

Maßstab für die grundsätzliche Unzulänglichkeit bestehender Lösungssysteme. Sie sind Indizien, dass es sich bei den bisherigen Versicherungskonkursen, ausgelöst durch Großschadensereignisse, keineswegs um Einzelfälle handelt, sondern um strukturelle Probleme der gesamten Versicherungsindustrie.[10] Die Versicherungsbranche verfügt mit einer Gesamtkapazität von ca. 300 Mrd. USD nicht über ausreichend Kapital, um eine Serie von Naturkatastrophen, deren einzelne Schäden bis zu 100 Mrd. USD betragen können, abzusichern.[11]

Da eine zufällige Häufung der beschriebenen Schadensereignisse über die letzten 15 Jahre kaum wahrscheinlich ist, ist das vermehrte Auftreten von Naturkatastrophen vielmehr Zeichen eines fundamentalen Wandels, weshalb von einer dauerhaften Zunahme der Bedrohung auszugehen ist. Zur Verdeutlichung dieser These bietet es sich an, den Gegenstand der Naturkatastrophe in das Auftreten eines Naturereignisses und den hierdurch verursachten besonders hohen Schaden zu gliedern. Obwohl die Ursachen und die weitere Entwicklung des sich abzeichnenden Klimawandels bisher nur in Ansätzen erforscht sind, lässt sich feststellen, dass die Intensität und Stärke von Naturereignissen in den letzten Jahrzehnten deutlich zugenommen hat.[12] Gleichzeitig ist davon auszugehen, dass der global weiter steigende Wohlstand in Verbindung mit dem Wachstum der Ballungsgebiete zu grundlegenden, strukturellen Veränderungen der Umwelt geführt hat.[13] Beide Indizien fundieren, dass von einer langfristigen Veränderung der Anfälligkeit und potenziellen Schädigung unserer Gesellschaft durch Naturereignisse und daher von einer zukünftig permanenten Bedrohung ausgegangen werden muss.[14] WHITTAKER [2002] bestätigt diese Erwartung und schätzt, dass die durch Naturkatastrophen verursachten Schäden sich ca. alle zehn Jahre verdoppeln.[15]

Das enorme Schadenspotenzial verdeutlicht in Kombination mit dem zu erwartenden dauerhaften Anstieg des Katastrophenrisikos die grundlegende Notwendigkeit einer Erweiterung der konventionellen Risikoabsicherung und ihrer begrenzten Kapazitäten. Diese Erkenntnis veranlasste bereits Anfang der 90er Jahre, also noch vor dem Auftreten des Wirbelsturms Andrew und des Northridge-Erdbebens, Initiativen zur Vergrößerung des deckenden Kapitals von einzelnen Versicherungen. 1992 entwickelte die Versicherung AIG[16] in Zusammenarbeit mit der Investmentbank Merrill Lynch eine Anleihe, deren Rückzahlungen an die Investoren von dem Nicht-Eintreten einer Naturkatastrophe in einer bestimmten Region abhängig waren. Diese erste Katastrophen-Anleihe wurde auf Grund einer strategischen Entscheidung zwar nicht auf dem Kapitalmarkt

10 Vgl. hierzu die weiteren Ausführungen in Kapitel 2.2.

11 Vgl. hierzu Abschnitt 2.2.3 der vorliegenden Arbeit.

12 Vgl. hierzu die weiteren Ausführungen in Abschnitt 2.1.1.

13 Vgl. Berz (1999), S. 428-429, Berz (2004), S. 8-17.

14 Vgl. Zanetti/Enz/Schaad (2002), S. 3; Enz/Zanetti (2004), S. 13 und die detaillierten Ausführungen in Abschnitt 2.1.1.

15 Siehe Whittaker (2002), S. 1.

platziert,[17] ihre Konzeption bildete aber dennoch den Grundstein für eine Reihe ähnlich strukturierter Transaktionen. Noch im gleichen Jahr führte die Chicago Board of Trade eine andere Form der Absicherung von Katastrophen-Risiken mittels Finanzkontrakten ein. Terminkontrakte, deren Wert von den Sachschäden in bestimmten amerikanischen Regionen abhing, wurden zum Handel zugelassen. Auch andere Börsen versuchten später, Derivate (Terminkontrakte und Optionen) zu etablieren, deren Zahlungsströme von verschiedenen auf Versicherungsschäden beruhenden Indices abhängig waren.

So entwickelten sich schrittweise eine Reihe neuartiger Finanzkontrakte, die sich zum Transfer von Katastrophen-Risiken eignen. Im Unterschied zu den traditionellen Produkten der Versicherungsindustrie erfolgt diese neuartige Form der Absicherung über die Kapitalmärkte, was auch mit einer Aufhebung der traditionell bestehenden Trennung zwischen den Märkten verbunden ist. Die innovativen Finanzkontrakte könnten so bestehende Kapazitätsengpässe bzw. andere eventuelle Ineffizienzen in der Versicherungsindustrie beseitigen. Das sachliche Problem, das zugleich Untersuchungsgegenstand und Motivation der vorliegenden Arbeit darstellt, liegt nun darin, dass diese offensichtlich sinnvollen neuen Finanzinstrumente bislang aber kein bedeutsames Volumen entwickeln.

1.2 Problemstellung

Ein funktionierender Markt für Katastrophen-Finanzkontrakte sollte aus unterschiedlichen Gründen existieren, die im weiteren Verlauf der Arbeit noch dezidiert herzuleiten und zu erklären sein werden. Vorab kann aber bereits festgehalten werden: Die Versicherungsindustrie selbst sollte ein intrinsisch motiviertes Interesse an einer Erweiterung ihrer Kapazitäten zur Deckung von Naturkatastrophenschäden und daher auch an einer Lösung der aktuellen Problematik besitzen, da die negativen Konsequenzen der Kapazitätsengpässe nicht zuletzt in einem geringeren Kundenvertrauen resultieren oder die Geschäftstätigkeit grundsätzlich limitieren können. Versicherungs- und Rückversicherungsunternehmen sollten daher als Anbieter und eventuell auch Nachfrager von Katastrophen-Kontrakten bereitstehen. Gleichzeitig sollte aus vielerlei Gründen (z. B. eignen sich die Kontrakte die zur Absicherung von Naturkatastrophen-Risiko eingesetzt werden besonders gut zur Portfoliodiversifikation) eine hohe Nachfrage nach solchen Finanzkontrakten zu erwarten sein.[18] Durch ein ausreichendes Maß an Angebot und Nachfrage in Kombination mit adäquaten Produkten müssten damit insgesamt die grundsätzlichen Erfordernisse für die Existenz eines liquiden Finanzmarktes gegeben sein. Auf Grund der fast fünfzehnjährigen Tradition sollte ebenfalls ausreichend Erfahrung bei den Marktteilnehmern bezüglich der Ausgestaltung, der Bewertung und des

---

16 American International Group (AIG).

17 Die Ursachen für die Nicht-Platzierung dieser Anleihe sind nicht bekannt. Vgl. Hanley (1998), S. 15.

18 Siehe hierzu die weiteren Ausführungen, besonders in Abschnitt 5.2.3.

Einsatzes etc. dieser Kontrakte vorhanden sein. Seit Mitte der 90er Jahre wird daher auch ein deutliches Ansteigen der Volumina und Transaktionen des Marktes für Katastrophen-Risiko für die folgenden Jahre prognostiziert.[19]

Die tatsächlich zu beobachtende Entwicklung des Marktes für Katastrophen-Finanzkontrakte folgt jedoch nicht den Prognosen der Experten.[20] Obwohl über die individuellen Gründe hinaus auch die volkswirtschaftliche Bedeutung eines funktionierenden Systems der alternativen Absicherung von Katastrophen-Risiko erkannt ist,[21] scheint es den Marktteilnehmern insgesamt nicht möglich, dieses auch zu inszenieren.[22] So ist der empirisch beobachtbare Markt für Katastrophen-Risiko nicht sehr weit entwickelt.[23] Die beiden bisher einzigen Anbieter von standardisierten Katastrophen-Risiko-Kontrakten, die Bermudas Commodity Exchange (BCOE) und die Chicago Board of Trade (CBOT), haben auf Grund mangelnder Nachfrage nach ihren Terminkontrakten und Optionen das Geschäft 1999 bzw. 2000 eingestellt. Trotz zahlreicher Versuche beider Anbieter, diesen Markt aktiv und nachhaltig durch unterschiedliche Maßnahmen zu fördern, war zu keinem Zeitpunkt ein ausreichendes Interesse an den standardisierten Verträgen vorhanden. Die in einem nicht-standardisierten Handel (engl.: Over-the-Counter, OTC) abgewickelten Katastrophen-Risiko-Transaktionen beschränken sich weitgehend auf Katastrophen-Anleihen. Aber auch hier ist zu beobachten, dass kein signifikantes Marktvolumen entsteht. Die bisherige Entwicklung bleibt so deutlich hinter dem z. B. von DURRER/KIELHOLZ [1997] prognostizierten Volumen von 40 Mrd. USD zurück.[24] So wurden im Jahr 2004 sechs (2003: sieben) neue Transaktionen mit einem durchschnittlichen Wert von ca. 229 Mio. USD (2003: 210 Mio. USD) abgewickelt.[25] Das gesamte ausstehende Volumen betrug Ende 2004 ca. 3,9 Mrd. USD (2003: ca. 3,5 Mrd. USD).[26] Das kapazitätserweiternde Gesamtvolumen und so auch die Bedeutung dieses Marktes insgesamt sind somit im Vergleich zu den sonstigen Rückversiche-

---

19 Seit 1998 prognostiziert jährlich mindestens ein wissenschaftlicher Artikel oder eine Marktbeobachtung das unmittelbare Entstehen eines voluminösen und liquiden Marktes für handelbares Katastrophen-Risiko:
Für das Jahr 2002: Jenkins (2002), S. 36-37; für 2001: Zolkos (2001), S. 3; für 2000: McLeod (1999), S. 2-3; Barry (2000), S. 3; für das Jahr 1999 oder auch 1998: Cholnoky/Zief/Werner/Bradistilov (1998); für 1995: McLeod (1994), S. 34. Für eine Prognose des möglichen Marktvolumens im Zeitverlauf siehe Durrer (1996), S. 22.

20 Vgl. Cox/Pedersen (2001), S. 59, und die weiteren Ausführungen in Kapitel 3.4.

21 Der amerikanische Kongress möchte beispielsweise durch entsprechende rechtliche Grundlagen die Verbriefung von Katastrophenrisiken fördern. Vgl. Brostoff/Mazier (2002), S. 24-25.

22 Für einen umfassenden Überblick über die historische Entwicklung und den aktuellen Stand siehe Kapitel 3.4.

23 Vgl. Schöchlin (2002b), S. 100.

24 Siehe Durrer/Kielholz (1997), S. 15. Für eine detaillierte Analyse des Marktes für Katastrophen-Kontrakte und eine Aufstellung der einzelnen Produkte siehe Teil 3 der vorliegenden Arbeit.

25 Die exakte Anzahl und auch das Volumen sind nicht zu ermitteln, da nicht alle Transaktionen notwendigerweise öffentlich bekannt sind.

26 Quelle: Eigene Auswertung basierend auf öffentlich bekannten Transaktionen. Siehe hierzu auch die Darstellung in Kapitel 3.4.

rungskapazitäten und auch zu anderen Methoden der Kapitalbeschaffung in der Versicherungsindustrie als eher gering einzuschätzen.

Diese unbefriedigende Situation wird durch den Umstand noch weiter verschärft, dass auch vermeintliche Initialzündungen für diesen Markt letztlich wirkungslos verpuffen. So wurde beispielsweise prognostiziert, dass die Entwicklung des Katastrophen-Marktes durch das Eintreten eines Großschadenereignisses positiv beeinflusst würde. Da hierdurch die Kapitalbasis der Versicherungen und Rückversicherungen so stark belastet würde, dass diese zum Erhalt ihrer Funktionsfähigkeit gezwungen wären, in Zukunft auf Alternativen wie z. B. Katastrophen-Finanzkontrakte auszuweichen,[27] sollte sich der Markt durch einen solchen Katalysator als Alternative zur Rückversicherungslösung entwickeln. Die Auswirkungen der terroristischen Anschläge vom 11. September 2001 und durch die Natur ausgelöster Katastrophen führten aber nicht zu einem deutlichen Ansteigen der Volumina dieser Finanzkontrakte.[28] Ganz im Gegenteil wurde trotz des – im Vergleich zu den Vorjahren – teuren Rückversicherungsmarktes die relative Bedeutungslosigkeit der Katastrophen-Anleihen im Vergleich zu konventionellen Absicherungsmöglichkeiten weiter deutlich.[29] So begab die Rückversicherungsindustrie in den auf den Anschlag vom 11. September folgenden drei Monaten neues Eigenkapital in Höhe von ca. 14 Mrd. USD und setzte weitere 6 Mrd. USD in Gang, wogegen im gleichen Zeitraum nur ca. 315 Mio. USD an neuem Kapital in Katastrophen-Anleihen flossen.[30]

Diese bisher nur in sehr begrenztem Maße erfolgreichen Anstrengungen der Versicherungsindustrie, der Investmentbanken und anderer Marktteilnehmer, den Handel von Katastrophen-Risiko in Form von Finanzkontrakten zu etablieren, geht dabei einher mit dem Grundproblem der gesamten Finanzindustrie, überhaupt neuartige Finanzkontrakte erfolgreich auf den Kapitalmärkten einzuführen. Obwohl für die Entwicklung und Vermarktung neuer Kontrakte hohe Summen investiert werden,[31] sind Schätzungen zufolge weniger als 25%-50%[32] der neu an den Börsen eingeführten Kontrakte erfolgreich.[33]

---

27 Vgl. Panning (2002), S. 64, 68.

28 Vgl. Allen (2002), S. 24-27.

29 Siehe hierzu auch die Ausführungen in Abschnitt 5.4.3.

30 Vgl. Panning (2002), S. 7.

31 Tufano schätzt die Entwicklungskosten neuer Finanzkontrakte auf bis zu 5 Mio. USD. Seine Schätzung umfasst dabei sowohl interne Personalkosten als auch Kosten für Rechts-, Steuer- und andere Beratungsleistungen. Siehe Tufano (1989), S. 213. Silber (1981) sieht die Kosten für die Entwicklung neuer Kontrakte in starker Abhängigkeit vom Neuigkeitsgrad der Kontrakte zwischen 5 Tsd. und 100 Tsd. USD mit einem Durchschnitt von 40 Tsd. USD. Siehe Silber (1981), S. 130-131. Siehe hierzu ebenfalls Marton (1984), S. 245.

32 Diese hohe Fehlerquote relativiert sich, wenn sie im Vergleich zu den Innovationsanstrengungen anderer Branchen gesehen wird. Das US Department of Commerce schätzt die Fehlerrate von Innovationen innerhalb der ersten vier Jahre für die gesamte Industrie deutlich höher auf ca. 90%. Vgl. Rogers (1983), S. 211. Andere Studien sprechen durchschnittlich von ca. 70%. Je nach Erfolgsdefinition und Betrachtungszeitraum können diese Fehlerraten deutlich variieren und auch noch höher liegen. Vgl. Erichson (1997), S. 10.

Gleichzeitig sinkt durch diese teils fruchtlose Innovationstätigkeit das Vertrauen der Marktteilnehmer in die Finanzplätze.[34] Die Finanzindustrie und die allgemeine Öffentlichkeit haben daher ein hohes Interesse an der Beantwortung der Frage nach den Erfolgsumständen der Katastrophen-Kontrakte im Speziellen und neuer Finanzkontrakte im Allgemeinen. Es lässt sich konstatieren, dass vielfältige Fragestellungen in diesem Zusammenhang bisher insgesamt nicht befriedigend beantwortet sind.[35]

1.3 Wissenschaftlicher Forschungsbedarf

Veranlasst durch die Innovationswelle[36] auf den Kapitalmärkten innerhalb der letzten drei Jahrzehnte,[37] hat sich die finanzwissenschaftliche Theorie stärker als zuvor mit dem Phänomen der Entstehung neuer Finanzkontrakte und deren Erfolgsumständen beschäftigt. Zusätzlich angetrieben durch eine Vielzahl unterschiedlicher Ansätze zu industriellen Innovationen und deren Management, entstanden finanzwissenschaftliche Arbeiten zu verschiedenartigen Thesen und Theorien.[38] Im Fokus der im Vergleich zur industriellen Innovationstheorie immer noch eher spärlich anmutenden, aber doch insgesamt nicht geringen Zahl[39] an Beiträgen zur Theorie der Finanzinnovationen standen die Ursachen dieser[40] sowie deren Auswirkungen auf das Finanzsystem und die Volkswirtschaft.[41]

---

33 Ältere Schätzungen weisen tendenziell höhere Fehlerraten aus, so dass durchaus von einer Lernkurve ausgegangen werden kann; aber selbst konservative Schätzungen gehen von einer Fehlerrate von 50% aus. Siehe Johnston/McConnell (1989), S. 2; Sandor (1973), S. 120; Holland/Vila (1997), S. 181; Tashjian (1995), S. 153; Davey/Maguire (1996), S. 32; Nothaft/Lekkas/Wang (1995), S. 586; Pennings (2002), S. 7; Kolb (1998), S. 37; Carlton (1984), S. 256-259, 265; Marton (1984), S. 239. Cooper/Edgett betrachten die Entwicklung neuer Service-Angebote in der Finanzindustrie und kommen bei der Auswertung von 600 neuen Service-Angeboten zu einer Fehlerrate von 50%. Siehe Cooper/Edgett (1996), S. 26. Silber sieht eine deutlich höhere Erfolgsrate bei höherer Neuigkeitsintensität der Innovationen (32% gegenüber 21%). Siehe Silber (1981), S. 132.

34 Vgl. Marton (1984), S. 246.

35 Dabei stellt bereits Hieronymus (1977) fest, dass die hohe Fehlerrate unmissverständlich auf ein mangelndes Verständnis zurückzuführen sei. Siehe Hieronymus (1977), S. 30.

36 Als zwei der populärsten Neuerungen sind etwa Derivate und der Trend zur Verbriefung wie z. B. bei Asset- oder Mortgage-Backed-Securities zu nennen, welche die gesamte Struktur der Kapitalmärkte grundlegend verändert haben.

37 Silber listet für den Zeitraum von 1850 bis 1974 25 Innovationen auf. Acht Jahre später listet er für den Zeitraum zwischen diesen beiden Publikationen 38 neue Finanzprodukte. Siehe Silber (1983), S. 91. Matthews nennt für den Zeitraum von 1980 bis 1986 70 Innovationen. Siehe Matthews (1994), S. 10-12.

38 Vgl. Tufano (2002), S. 3.

39 Ein Großteil der wissenschaftlichen Arbeiten zu Finanzinnovationen ist deskriptiv, wenige nur theoretisch oder gar empirisch. Vgl. Frame/White (2002), S. 1.

40 Vgl. die Ansätze von Planesa/Bardosa/Avouyi-Dovib (2001); Miller (1986); Kane (1977); Greenbaum/Haywood (1971); Dufey/Giddy (1981); Issing (1987). Die Wissenschaft beschäftigte sich zu dieser Zeit besonders die Nicht-Existenz eines Patentschutzes für Finanzprodukte. Ein Patentschutz ermöglicht normalerweise eine Innovationsrente.

41 Vgl. beispielsweise Merton (1992) und die Ausführungen in Abschnitt 4.3.1.

Trotz dieser Anstrengungen gilt der wissenschaftliche Bezugsrahmen für neue Finanzprodukte insgesamt als unterentwickelt und nur in Teilbereichen ausreichend fundiert.[42]

Offenbar bedingt durch die Sichtweise des eher passiven Finanzintermediärs fasst die Finanzierungstheorie, im Gegensatz zu ihrem realwirtschaftlichen Counterpart, Innovationen nicht als steuerbaren Prozess auf, sondern sieht Neuerungen im Finanzsystem als passive Reaktionen auf externe Veränderungen.[43] So lässt sich im Rahmen der finanzwissenschaftlichen Theorie zwar die grundsätzliche Vorteilhaftigkeit eines Finanzplatzes für neuartige Finanzprodukte zum Austausch von Risiko allgemein oder auch spezifisch von Katastrophen-Risiko feststellen,[44] dennoch war es, wie u. a. die hohen Fehlerraten zeigen, bislang offenbar nicht möglich, hieraus eine Strategie zur Produktentwicklung von beispielsweise Optionen auf Katastrophen-Risiko abzuleiten.

Auch die Ausgestaltung von handelbaren Wertpapieren ist im Vergleich zu anderen Bereichen der Finanzierungstheorie eher wenig und nur unter sehr speziellen Annahmen erforscht.[45] Aus einem solchen oftmals sehr engen Betrachtungswinkel heraus sind Untersuchungen bezüglich der allgemeinen Ausgestaltung neuer Finanzkontrakte und der Prognose ihres Marktpotenzials nur von begrenzter Aussagekraft. Selbst Beiträge, welche die spezifischen Bedürfnisse der Marktteilnehmer hinsichtlich des Risikomanagements[46] und andere Aspekte der Vertragsgestaltung[47] berücksichtigen, werden bislang kaum den vielschichtigen und interdependenten Problemen der Vertragsgestaltung in einem Gesamtzusammenhang gerecht. Das nicht adäquate, z. B. an den Bedürfnissen der Marktteilnehmer ausgerichtete Design bestehender Katastrophen-Risiko-Kontrakte kann für deren geringen Erfolg mitverantwortlich sein.[48] Wie ein den vielfältigen Erfordernissen des Marktes[49] angepasstes Design der Finanzkontrakte auszusehen habe, stellt daher eine – bislang wenig zufrieden stellend behandelte – Schlüsselfrage der Finanzierungstheorie dar.[50]

Da davon auszugehen ist, dass ein attraktives Kontrakt-Design eine der Grundvoraussetzungen für ein erfolgreiches Finanzprodukt darstellt, ist der Aspekt der Kontraktgestaltung mit dem Entwicklungsprozess interdependent. In Kombination lässt sich aus

---

42 Vgl. Krahnen (1990), S. 34; Hax (1991), S. 54; Eilenberger (1993), S. 5.

43 Vgl. Harrington (1992), S. 62-63; Holz (1996), S. 47-48; Dufey/Giddy (1981), S. 35; Niehans (1983), S. 538; Mishkin (2001), S. 239; Campbell (1989), S. 75; Campbell (1988), S. 397.

44 Vgl. die Ansätze von Cyny (1993); Duffie/Jackson (1989); Rahi (1995).

45 Die traditionelle theoretische Betrachtungsweise eines Finanzkontraktes ist z. B. auf die Eigenschaften Rendite und Risiko, auf Prinzipal-Agenten-Problematiken und Transaktionskosten fokussiert. Eine breitere, verschiedene Problembereiche integrierende Betrachtung unterbleibt dagegen oft.

46 Siehe etwa den Ansatz und die umfassende Zusammenfassung von Allen/Gale (1994) zur Entstehung von Finanzinnovationen im Kontext der Risikoteilung und Diversifikation.

47 Siehe beispielsweise Rahi (1996); Boot/Thakor (1993); Axelson (2002).

48 Für eine genaue Ableitung dieser Auffassung siehe Kapitel 4.1.

49 Wie etwa die Erkenntnis, dass der Austausch von Katastrophen-Risiko über Kapitalmärkte sinnvoll ist.

50 Vgl. Bhattacharya/Thakor (1993), S. 4.

diesen Ansätzen kein zielorientiertes Prozess-Management bei der Entwicklung und Ausgestaltung neuer Finanzkontrakte ableiten. Zusammenfassend kann damit festgehalten werden, dass trotz großer Anstrengungen und partieller Fortschritte bislang eine theoretische Grundlage fehlt, welche in der Lage wäre, das Forschungsobjekt der Finanzinnovation und des Finanzkontraktes umfassend und in sich logisch geschlossen zu beschreiben und zu erklären.[51]

Die Umstände der Entwicklung und Ausgestaltung neuer Finanzkontrakte sind demnach aus wissenschaftlicher Sichtweise nicht befriedigend beantwortet.[52] Besonders eine Zusammenführung der detailfokussierten Ergebnisse unterblieb bisher weitgehend.[53] Die Existenz und der Erfolg, oder wie in diesem Fall der bisherige Misserfolg, einzelner Finanzkontrakte ist folglich nicht innerhalb eines in sich geschlossenen Bezugsrahmens nachvollziehbar.[54] Die in der Praxis zu beobachtenden Probleme spiegeln sich somit in dieser theoretischen Lücke wider. Die wissenschaftliche Finanzierungsliteratur ermöglicht keine befriedigenden Aussagen bezüglich der Umstände und der zu ergreifenden Maßnahmen zur Etablierung eines erfolgreichen Handels von Katastrophen-Risiken mittels Finanzkontrakten. Nach dem wissenschaftstheoretischen Grundverständnis einer anwendungsorientierten Betriebswirtschaftslehre sollte die Finanzierungstheorie sich aber an praktischen Zwecken ausrichten und Problemlösungen zumindest durch praxisorientierte Ansätze fördern.[55] Diese Kritik motiviert die vorliegende Arbeit.

1.4 Zielsetzung der Untersuchung

Die empirisch zu beobachtenden Probleme des konventionellen Systems der Absicherung von Katastrophen-Risiko[56] und die diesbezügliche Lücke in der finanzwissenschaftlichen Literatur motivieren die vorliegende Arbeit. Die wichtigsten Teilziele der Arbeit bestehen erstens in der Ableitung normativer Aussagen[57] hinsichtlich des Untersuchungsgegenstands, die sich zur Ableitung von Handlungsempfehlungen eignen; zweitens in der Entwicklung eines ganzheitlichen Analyserahmens für Finanzkontrakte basierend auf der gegenwärtigen Finanzierungstheorie, der sich neben der Beurteilung der Innovation auch zur Evaluation bestehender Theorien eignet.

---

51 Vgl. Hannss (1995), S. 3; Kolb (1998), S. 37.

52 Die Theorie ermöglicht daher auch keine Prognosen über Potenziale, Kontrakteigenschaften und Maßnahmen zur Entwicklung erfolgreicher Märkte für ähnliche Risiken. Vgl. Goergen (2000), S. 1.

53 Vgl. Molyneux/Shamroukh (1999), S. 201.

54 Vgl. Brealey/Myers (2000), S. 1013.

55 Vgl. Raffée (1995), S. 64.

56 Obwohl der Autor dieser Arbeit nachhaltig die These vertritt, dass das konventionelle System der Katastrophen-Risikoabsicherung ineffizient ist und diese These auch von namhaften anderen Autoren vertreten wird (siehe beispielsweise Cummins/Lalonde/Phillips (2004), S. 109), wird im Weiteren zur Abschwächung einer eventuellen Kritik an der gesamten Arbeit auf Grund dieser normativen Sichtweise relativierend von einer „offenbaren“ Ineffizienz gesprochen. Der Argumentationsgang ist hierdurch nicht beeinflusst.

57 Die Zielsetzung der Arbeit geht damit deutlich über die lediglich beschreibende Zielsetzung positiver Theorien hinaus.

Der Untersuchung des Austauschs von Katastrophen-Risiko in Form von Finanzkontrakten kommt dabei in mehrfacher Hinsicht besondere Bedeutung zu. So gibt es einerseits eminente Probleme bezüglich der existierenden Katastrophen-Risikoabsicherung, die mittels handelbarer Finanzkontrakte gelöst werden könnten. Es gilt daher konkret zu klären, warum der als erstrebenswert angesehene Austausch von Katastrophen-Risiko in Form von Finanzkontrakten über Märkte sich nicht so einstellt, wie es sinnvoll erscheint. Angesichts der Nichtexistenz eines Standardwerks zum Handel von Risiko mittels Finanzkontrakten und der Ausgestaltung dieser ist eine solche Untersuchung auch über den spezifischen Gegenstand des Katastrophen-Risikos hinaus von Nutzen. Denn Katastrophen-Risiko als Basis für einen Finanzkontrakt ist nur ein Beispiel für eine Vielzahl neuer, ebenfalls volkswirtschaftlich bedeutsamer Risiken,[58] die ebenfalls in Form von Finanzkontrakten gehandelt werden könnten. Die Entwicklung entsprechender Kontrakte steht unmittelbar bevor bzw. ist zum Teil bereits erfolgt. Durch die Untersuchung des Beispiels Katastrophen-Risiko kann die Arbeit wichtige Erkenntnisse für die weitere Produktentwicklung generieren. Somit kann ein Transfer der Ergebnisse dieser Untersuchung zum Katastrophen-Risiko exemplarisch auch der Analyse und der weiteren Entwicklung innovativer Finanzprodukte in verwandten Bereichen zugute kommen.

Aus diesem Anspruch und den aufgezeigten Problembereichen in Theorie und Praxis entstehen drei Kernfragebereiche, an denen sich auch der weitere Gang der Untersuchung orientieren wird:

Fundierung der Arbeit:

- Welche Eigenschaften und Bedeutung haben historische und potenzielle Naturkatastrophen für unsere Gesellschaft? Worin besteht die Motivation der Absicherung dieses Risikos?
- Wie stellt sich die aktuelle Situation der Versicherung von Katastrophen-Risiko innerhalb des konventionellen Systems dar? In welchem Verhältnis stehen die Kapazitäten des traditionellen Versicherungssystems zur tatsächlichen Bedrohung unserer Gesellschaft durch Naturkatastrophen?
- Wie lassen sich die historisch und gegenwärtig an den Finanzmärkten zum alternativen Risikotransfer genutzten Kontrakte charakterisieren? Wie ist deren Stellenwert für die Behebung der Probleme im traditionellen System der Risikoabsicherung zu beurteilen?

---

[58] Aktuell wird besonders der Verbriefung von Wetterrisiken Aufmerksamkeit geschenkt. Siehe beispielsweise Skees/Varangis/Larson (2002); Grandi/Müller (2000); Rudolf (2000); Schirm (2000). Aber auch Risiken wie die gesamtwirtschaftliche Entwicklung, Portfolio Credit Default Swaps etc. stehen zunehmend zur Verbriefung zur Disposition. Vgl. Holzheu/Karl/Raturi (2003), S. 33-38. Vgl. für eine Aufstellung potenzieller Risiken McLeod (1998), S. 3-4.

Bestimmung des Analyserahmens:

- Welche Anforderungen muss ein adäquater theoretischer Bezugsrahmen für die Untersuchung erfüllen? Welche methodischen Ansätze eignen sich zur Analyse des Untersuchungsgegenstands und zur Beantwortung der aufgeworfenen Fragen?
- Was ist der aktuelle Forschungsstand zum Thema der Finanzinnovationen und ist auf seiner Grundlage die mit dem Untersuchungsgegenstand verbundene Problematik zu erklären?
- Wie kann die bestehende theoretische und empirische wissenschaftliche Literatur zum Thema in einen logisch-geschlossenen Argumentationsrahmen integriert werden? Inwieweit sind zum Ausgleich von Schwächen der bestehenden Finanzierungsliteratur Erweiterungen mit themenfremder Literatur notwendig?

Übertragung und Anwendung des Analyserahmens auf das Untersuchungsobjekt:

- Welches sind die der genannten Problemstellung zugrunde liegenden Ursachen?
- Worin besteht die Bedeutung der einzelnen Analysebereiche des Untersuchungsrahmens für den Untersuchungsgegenstand und wie sind die Zusammenhänge dieser Kriterien?
- Wie sind die dynamischen Prozesse, die zu der aktuellen Situation geführt haben, zu beschreiben und zu erklären?
- Was impliziert diese Erkenntnis für die aktuelle Situation und die zu erwartende weitere Entwicklung?
- Inwieweit ist der abgeleitete Analyserahmen in der Lage, die Problemsituation zu erfassen?

Aufbauend auf der vorhandenen wissenschaftlichen Finanzierungsliteratur, die nach den einzelnen Aspekten der Problemstellung zusammengefasst und strukturiert wird, stellt die vorliegende Arbeit eine anwendungsorientierte Betrachtung dar. Ihr Fokus liegt dabei auf jener Literatur, die sich mit dem Phänomen der Finanzinnovationen und deren Diffusion beschäftigt. Diese Literatur wird kritisiert, zu wenig für die konkrete Verwertbarkeit zu leisten und somit nicht hinreichend praxisdienlich zu sein.[59] Um den Anwendungsbezug und die Realitätsnähe der Arbeit zu gewährleisten und darüber hinaus die bestehende Theorie durch fundierte neue Thesen zu ergänzen, wurden als weiteres Instrument der Analyse qualitative Interviews mit Industrie-Experten geführt.[60]

---

[59] Vgl. Hampel/Haumer (1994), S. 37.

[60] Die detaillierte Begründung für die Auswahl der Methodik der strukturierten Interviews und eine Beschreibung des Vorgehens findet sich in Abschnitt 5.1.2.

1.5 Aufbau der Arbeit

Die vorliegende Arbeit ist in fünf aufeinander aufbauende Teile gegliedert:

Teil 2 legt die Grundlagen für den Gang der Untersuchung, indem die zu bearbeitende Problemstellung in differenzierter Weise hergeleitet und formuliert wird. Um die Verbriefung von Katastrophen-Risiko zu untersuchen, bedarf es zunächst einer Bestimmung jener Charakteristika, welche Naturkatastrophen ausmachen, gegen die eine Absicherung erfolgen soll. Nach einer kurzen Ausführung zum Begriff des Risikos und der Fundierung der Risikoabsicherungsmotivation ist als Basis der weiteren Ausführung die Notwendigkeit eines alternativen Risikotransfers zu zeigen. Dazu werden die offenbaren Ineffizienzen des bestehenden Systems dargestellt, die zur Entwicklung alternativer Formen des Risikotransfers geführt haben. Die Verbriefung von Katastrophen-Risiko in Form von Finanzkontrakten ist ein solches alternatives Instrument.

Teil 3 liefert das begriffliche und sachliche Fundament für den Gegenstand der Untersuchung, die Absicherung gegen Naturkatastrophenrisiko durch Finanzkontrakte. Er zeigt die Eigenschaften von Finanzkontrakten und Kapitalmärkten sowie die Besonderheiten der Katastrophenrisiko-Kontrakte. Dazu werden die bislang am Markt erprobten Formen der Verbriefung von Katastrophen-Risiko und die herkömmlichen Kontraktformen unter den Bedingungen der aktuellen Marktsituation spezifiziert. Hierbei wird deutlich, dass sich der von Finanzexperten vielfach prognostizierte Erfolg von handelbarem Katastrophen-Risiko bisher nicht eingestellt hat. Aus der Diskrepanz zwischen der grundsätzlichen Vorteilhaftigkeit eines alternativen Risikotransferinstruments als Antwort auf die Probleme des traditionellen Systems und seiner empirischen Nicht-Existenz schöpft die Arbeit ihre thematische Motivation.

Der für die Analyse zu verwendende theoretische Bezugsrahmen wird in Teil 4 entwickelt. Dieser gründet auf der neueren Finanzierungstheorie, welche eine Integration der einzelnen Ansätze erlaubt. Der Bestimmung dieses Analyserahmens kommt auf Grund des Fehlens eines Standardwerkes zur Beurteilung von Finanzkontrakten auch über den Untersuchungsgegenstand der Katastrophenrisiko-Kontrakte hinaus besondere Relevanz zu. Nach einführenden Erklärungen zum Thema der Finanzinnovation und der diesbezüglichen wissenschaftlichen Literatur wird die spezifische Struktur (funktional) des Analyserahmens begründet und dieser erklärt. Die entsprechenden Funktionen des Analyserahmens stellen Kriterien für die Beurteilung des Untersuchungsgegenstands dar. Weitere Eigenschaften werden nachfolgend durch eine Analyse der Ursachen und der Erfolgsfaktoren von vergleichbaren Finanzinnovationen bzw. Finanzkontrakten bestimmt. Hierzu wird die existierende finanzwissenschaftliche Literatur ausgewertet und problemadäquat in den funktionalen Rahmen eingepasst. Basierend auf einer reflektiven Kritik dieses Vorgehens wird der funktionale Analyserahmen erweitert. Ein Nachteil des funktionalen Analyserahmens besteht in seiner grundsätzlich statischen Ausprägung. Da erfolgreiche Finanzinnovationen sich in einem dynamischen Diffusionsprozess am Markt durchsetzen müssen, werden in Kapitel 4.4 dynamische Ansätze und ihre

Implikationen für den Untersuchungsgegenstand betrachtet und entsprechend in den Analyserahmen integriert.

Teil 5 der Arbeit analysiert den Untersuchungsgegenstand anhand des in Teil 4 bestimmten theoretischen Bezugsrahmens. Hierzu werden die Eigenschaften der Katastrophen-Kontrakte unter besonderer Beachtung der Präferenzen der Marktteilnehmer untersucht. Die Orientierung an dem in Teil 4 bestimmten Analyserahmen ermöglicht dabei eine weitgehend überschneidungsfreie Analyse der einzelnen Attribute des Untersuchungsgegenstands. Deren vorläufige Ergebnisse gehen am Ende von Kapitel 5.5 zusammenfassend in eine Interpretation zur Ausgestaltung der Kontrakte ein. Für einen detaillierten Überblick zu diesem Vorgehen sei an dieser Stelle auf Kapitel 5.1 verwiesen.

Teil 6 erweitert die bisher statisch-orientierte Untersuchung durch dynamische Aspekte. Hierzu erfolgt in einem ersten Schritt die Anwendung von drei Diffusionsmodellen, die im Rahmen vergleichbarer Analysen zur Fundierung der Diffusion von anderen Finanzkontrakten bereits Anwendung gefunden haben. Basierend auf der Interpretation der Modellergebnisse werden daran anschließend die diese Situation verändernden Trends bzw. das sie aktiv verändernde Verhalten der Marktteilnehmer untersucht. Die Arbeit schließt mit einer Zusammenfassung des Untersuchungsverlaufs, der wesentlichen Ergebnisse und einer Darstellung noch offener Fragen.

Die folgende Abbildung stellt die Struktur und die Vorgehensweise der vorliegenden Arbeit im Überblick dar:

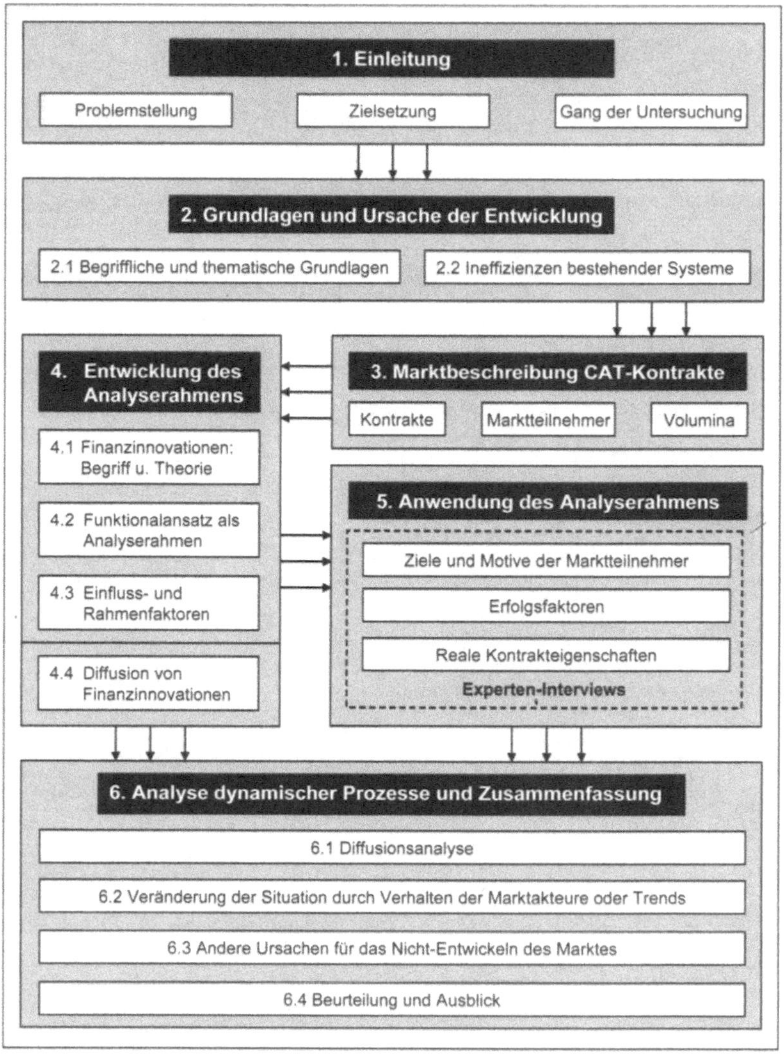

Abbildung 1: GANG DER UNTERSUCHUNG

2 Grundlagen und Ursachen der Entstehung von Katastrophen-Risiko-Kontrakten

2.1 Eigenschaften von Katastrophen-Risiko und Motive für die Absicherung

2.1.1 Ausprägungen und Besonderheiten von Katastrophen-Risiken

Zur Erklärung der Ausgangssituation, zur Fundierung der Motivation für das Thema sowie zur Schaffung einer allgemeinen Verständnisgrundlage sind zu Anfang der Arbeit der Begriff der Naturkatastrophe und das entsprechende Risiko genauer zu charakterisieren.[61] Da eine negative Begriffsdefinition durch eine umfassende Abgrenzung zu anderen Risikoarten[62] den Rahmen der vorliegenden Arbeit sprengen würde, werden die Besonderheiten von Naturkatastrophen-Risiko deskriptiv herausgearbeitet. Zunächst aber sei der Begriff des Risikos im allgemeinen Sinne erläutert.

Der moderne Risikobegriff entstammt dem Griechischen (rico) und bedeutet so viel wie Klippe. In den deutschen Wortschatz gelangte er über das Lateinische und Italienische erst im 19. Jahrhundert.[63] Der Begriff des Risikos ist grundsätzlich nicht eindeutig belegt und lässt sich vielfältig nach den unterschiedlichen Aspekten des Phänomens definieren, die jedoch nicht trennscharf voneinander abgegrenzt und ausschließlich sind.[64] Allen Definitionen aber liegt zugrunde, dass „Risiko“ eine Situation der möglichen Abweichung einer Variablen von einem Zielwert darstellt. Im Gegensatz zum positiv belegten Konstrukt der Chance wird der Risikobegriff normativ zumeist negativ belegt und drückt die potenzielle Gefahr eines Schadens aus.[65] Die unterschiedlichen Definitionen des Begriffs „Risiko“ implizieren unmittelbar auch die Methoden zu dessen Messung. Grundlage der meisten Messkonzepte ist die Bildung von Wahrscheinlichkeiten über potenzielle Schadensereignisse.[66] Die Probleme der verschiedenen Messkonzepte bestehen dann zumeist in der Erfassung der Wahrscheinlichkeitsausprägungen, die i. d. R. nicht mit Sicherheit bestimmbar sind.

---

61 In Kapitel 3.1 wird das Untersuchungsobjekt begrifflich beschrieben.

62 Für eine umfassende Katalogisierung der unterschiedlichen Risikoarten siehe Hommel/Pritsch (1998), S. 3; Rahl/Esseghaier (2000), S. 8-10; Dresig (2000), S. 22-33; Kuck (2000), S. 4-15; Hester (1994), S. 135-138; Oldfield/Santomero (1997), S. 38. Zu den unterschiedlichen Begriffsdefinitionen von Risiko im Bank- und Versicherungsbereich siehe Babbel/Santomero (1997), S. 238-264.

63 Vgl. Jung (2003), S. 543.

64 Vgl. Helten (1996), S. 19-25; Mikus (2001), S. 5-9; o.V. (1999d), S. 13-18; Farny (2000), S. 26-31. Eine umfassende Einführung gibt Peter (2001), S. 20-23.

65 Vgl. Damodaran (1997), S. 92; Glaum (2000), S. 13; Pfennig (2000), S. 1296; Zweifel/Eisen (2003), S. 34.

66 Zur Messung von Risiko siehe Zweifel/Eisen (2003), S. 35-39; Farny (2000), S. 27-31.

Da die wissenschaftliche Beschäftigung mit dem Konstrukt Risiko immer eine Entscheidungskomponente besitzt, ist diese Risikoeigenschaft in diesem Zusammenhang zu präzisieren. Die übliche Einteilung der individuellen Entscheidungssituation in die Möglichkeit der Bildung objektiver oder subjektiver Wahrscheinlichkeiten und völliger Ungewissheit ist auf Grund einer quasi Nicht-Existenz der Situation einer völligen Ungewissheit auf die voran genannten zwei Entscheidungssituationen zu reduzieren.[67] Die Unterschiede zwischen der Möglichkeit der Bildung einer objektiven und einer subjektiven Wahrscheinlichkeit verlaufen fließend. Da die vorliegende Arbeit sich mit der Absicherung von Risiko beschäftigt, ist aus diesem Aspekt weiter zwischen bewusst inkorporiertem Risiko und einer transaktionsspezifischen Unsicherheit zu unterschieden. Beide Konstrukte beeinflussen die Entscheidung einer Absicherung von Naturkatastrophen-Risiko und werden daher im Folgenden noch näher betrachtet.[68]

Eigenschaften von Katastrophen-Risiko

Die vorliegende Arbeit untersucht die Absicherung von Naturkatastrophen-Risiko durch Finanzkontrakte. Grundlegend für weitergehende Ausführungen ist daher zunächst der Begriff der Naturkatastrophe zu bestimmen.

Der Begriff der Katastrophe verdeutlicht, dass es sich im Gegensatz zu einem normalen Schaden um ein Ereignis außergewöhnlicher Schadensgröße handelt, das auf eine einzelne Ursache zurückgeführt werden kann. Da in der Versicherungspraxis unterschiedliche Schadensgrenzen zur Bestimmung einer Katastrophe verwendet werden, sei hier exemplarisch auf eine Festlegung verwiesen. Die SwissRe (Schweizer Rückversicherung) definiert ein Großschadensereignis beispielsweise als ein Ereignis, das die in der nachstehenden Tabelle dargestellten Schwellenwerte überschreitet, wobei die Sachwerte jedes Jahr inflationsbedingt angepasst werden:

[67] In diesem Sinne Knight (1924); kontrovers dazu stellvertretend Laux (1991), S. 24-25.

[68] Im weiteren Verlauf der Arbeit wird dieser Argumentation unter dem Aspekt der Risikoübertragung folgend weiter in primäres und sekundäres Risiko unterschieden. Siehe Abschnitt 4.2.2.

Schadensklasse	Art	Maß
Versicherungsschäden	Schifffahrt	15,1 Mio. USD
	Luftfahrt	30,2 Mio. USD
	Übrige Schäden	37,5 Mio. USD
	Oder	
	Gesamtschäden (kumuliert)	74,9 Mio. USD
	Oder	
Personenschäden	Todesopfer bzw. Vermisste	20
	Verletzte	50
	Obdachlose	2.000

Tabelle 1: SCHADENSEIGENSCHAFTEN EINER KATASTROPHE[69]

Ursachen von Katastrophen

Die Ursachen von Schäden dieser Größenordnung wurden bis zu den Terroranschlägen des 11. Septembers 2001 zumeist in außergewöhnlichen Naturereignissen gesehen.[70] In Anlehnung an den Großteil der Arbeiten zu diesem Thema grenzt die vorliegende Analyse so genannte „Man-Made-Catastrophes“[71] bewusst aus, da einerseits die Bedeutung dieser Risiken im historischen Kontext nicht sehr groß ist und eine Integration derselben in den Untersuchungsverlauf, auf Grund von deren völlig anders gearteten Charakteristika, die Erkenntnisgewinnung deutlich erschweren würde. Die vorliegende Arbeit fokussiert sich daher bewusst auf Naturkatastrophen. Die gewonnenen Ergebnisse können im Rahmen der in Kapitel 1.4 angesprochenen Erweiterung übertragen werden. Damit wird im Folgenden unter einer Naturkatastrophe ein einzelnes durch Naturgewalten ausgelöstes Ereignis verstanden, das einzeln oder kumuliert besonders hohe Schäden im Sinne der in Tabelle 1 genannten Größenordnungen verursacht.

Konkrete Ursache einer Naturkatastrophe können Ereignisse wie Überschwemmungen,[72] Stürme,[73] Wirbelstürme,[74] Erdbeben,[75] Vulkanausbrüche, Lawinen, Kälte, Dürre, Hagel[76] etc. sein. Der Großteil der außerordentlich bedeutsamen Sachschäden durch

---

69 Quelle: Enz/Zanetti (2005), S. 37.

70 Vgl. Weisbrodt (2002), S. 2.

71 Hierunter fallen Terroranschläge, Schifffahrtskatastrophen, Industrie- und Verkehrsunfälle etc.

72 Für eine umfassende Einführung zu Naturkatastrophen durch Überschwemmungen siehe Hausmann (1998), insbesondere S. 11-17.

73 Eine Einführung gibt McGillivray (2000).

74 Eine umfangreiche Einleitung gibt Meyer (1996). Bei den Wirbelstürmen sind Zyklonen und Tornados zu unterscheiden. Tornados sind zwar die stärkeren Ereignisse, sie sind aber zeitlich und regional sehr begrenzt. Die Bezeichnungen Hurrikan, Taifun und Zyklon werden in verschiedenen Regionen synonym gebraucht. Vgl. Meyer (1996), S. 12. In der vorliegenden Arbeit wird einheitlich von Wirbelsturm gesprochen.

75 Für eine Einführung siehe Valery (1995) und die Internetseiten des USGS (U.S. Geological Survey).

76 Siehe Fn. 73.

Naturkatastrophen der letzten 30 Jahre ist durch atmosphärische Phänomene entstanden. So befanden sich unter den 40 größten Versicherungsschäden im Zeitraum von 1970 bis 2004 nur drei so genannte „Man-Made-Catastrophes". Unter den Naturkatastrophen wiederum waren ebenfalls nur drei durch Erdbeben verursacht worden.[77]

Besonderheiten von Katastrophen-Risiko (Häufigkeit)

Katastrophen-Risiko ist im Sinne der bisherigen Argumentation die potenzielle Bedrohung durch ein Naturereignis, das in einer Katastrophe seine Realisation findet. Als besonderes Charakteristikum von Risiko ist neben der potenziellen Schadenshöhe die Häufigkeit (Wahrscheinlichkeit) definiert worden. Neben ihrer besonderen Größe zeichnen sich Naturkatastrophen durch eine geringe Eintrittshäufigkeit aus. Katastrophen-Schäden weisen damit als seltene Ereignisse mit großem Schadensausmaß deutlich andere Charakteristika als andere Versicherungsrisiken wie etwa Kfz-Haftpflicht-Versicherungen (relativ geringe Schäden mit aus Gesamt-Versicherungssicht hoher Wahrscheinlichkeit) aus. Daher wird bei Katastrophen-Risiken auch von so genannten „long tail" Risiken gesprochen, da es sich bei der grafischen Darstellung von Schadenshöhe und Wahrscheinlichkeitsdichte um jene Risiken handelt, die am rechten Rand der Verteilung liegen. Die Wahrscheinlichkeiten für Ereignisse dieser Art liegen zumeist unterhalb von 1% und werden zur Verdeutlichung auch als Eintrittswahrscheinlichkeit in Jahren angegeben.

Generelle Prognostizierbarkeit von Naturkatastrophen

Die Vorhersehbarkeit und die Prognose von einzelnen Naturkatastrophen sind aus vielerlei Gründen interessant. Sie erlauben z. B. eine Einschätzung und Bewertung der Bedrohung und bilden eine Grundlage für Maßnahmen der unmittelbaren und langfristigen Prävention. Bei der zukunftsgerichteten Betrachtung bietet sich eine Unterscheidung in die zumeist kurzfristig orientierte Prognose eines konkreten Ereignisses und die langfristige Abbildung von potenziellen Schäden und ihren Wahrscheinlichkeiten an. Beide Abbildungsverfahren erfolgen in besonderer Abhängigkeit von den auslösenden Naturereignissen.

Bei der Modellierung der potenziellen Katastrophen-Schäden muss eine Spezifikation unterschiedlicher Variablen erfolgen. Neben Art und Stärke der Naturereignisse sind besonders Ort und Zeitpunkt der Katastrophe für die Schadensprognose relevant. Der Ort ist in Abhängigkeit der Art der Katastrophe sehr bedeutend zur Bestimmung der potenziellen Schadenshöhe. Allgemein lässt sich aus historischen Beobachtungen festhalten, dass bestimmte Regionen für Naturereignisse besonders exponiert sind.[78] In einem

---

[77] Bei den 40 todesreichsten Katastrophen des gleichen Zeitraums wurden 22 durch Erdbeben und lediglich 16 durch Wettererscheinungen verursacht worden. Quelle: Eigene Auswertung basierend auf Daten der SwissRe (Enz/Zanetti (2005).

[78] Beispielsweise Kalifornien oder Tokio für Erdbeben, Florida für Wirbelstürme, das Mississippi-Becken, Niederlande, Polen, Deutschland und China für Überschwemmungen, etc.

zweiten Schritt sind für diese extrem seltenen Ereignisse der Zeitpunkt und die Häufigkeit der Schäden wichtig. Zusätzlich kommt auf Grund methodischer Probleme zu der Risikokomponente bei der Abbildung von potenziellen Naturkatastrophen und ihrer Schäden zwangsläufig die bereits im vorhergehenden Abschnitt angesprochene Unsicherheitskomponente.

Wenn Zeitpunkt und Ort einer Naturkatastrophe geschätzt werden sollen, werden die fundamentalen Unterschiede der einzelnen Risikoarten deutlich. So kann Erdbeben-Risiko grundsätzlich leichter lokalisiert werden als eine durch atmosphärische Ereignisse ausgelöste Naturkatastrophe.[79] Allerdings ist die geographische Eingrenzung der Erdbebenregionen zu wenig präzise, um eine Aussage bezüglich des Schadenspotenzials oder gar eine Prognose der Schäden zu leisten (Unbestimmtheit der ersten Determinante). Atmosphärische Phänomene wiederum treten während bestimmter Jahreszeiten auf und lassen sich – anders als Erdbeben – daher vor allem zeitlich erfassen. Es sollte zwar kurz nach einem Erdbeben kein weiteres auftreten bzw. die Wahrscheinlichkeit eines Auftretens im Zeitraum des Nichtauftretens steigen, doch ist diese einfache Regel bislang statistisch nicht nachzuweisen.[80]

Atmosphärische ausgelöste Naturkatastrophen durchlaufen im Gegensatz zu Erbeben in aller Regel temporäre Zyklen.[81] So ist die Zeit zwischen Juli und November in den USA als „Hurricane-Season“ bekannt, da ein Auftreten eines Wirbelsturms in dieser Zeit wahrscheinlicher ist.[82] Besonders zwischen August und September treten überdurchschnittlich viele Stürme auf.[83] Obwohl damit eine relativ gute zeitliche Prognose möglich ist, ist der exakte Verlauf z. B. eines tropischen Zyklons, der eine wichtige Determinante des Schadenspotenzials darstellt, nicht vorhersehbar.

Die zeitliche und örtliche Vorhersage einer Naturkatastrophe ist damit allenfalls für Wetterphänomene und hier, wie die Erfahrungen gezeigt haben, nur sehr ungenau und kurzfristig möglich. Die langfristige Prognose ist dagegen kaum möglich. Denn die atmosphärischen Phänomene sind über einen längeren Zeitraum keinesfalls stabil und erschweren die Extrapolation von historischen Daten. Die aktuelle Diskussion um eine wahrscheinliche Klimaveränderung verdeutlicht die Probleme bei der Modellierung und Prognose von Wetterphänomenen und Naturkatastrophen.

---

79 Erd- und Seebeben entstehen i. d. R. an den Kanten der Kontinentalplatten.

80 Für eine Einführung siehe Buchanan (2001).

81 Im Gegensatz zu Wirbelstürmen lassen sich Überschwemmungen, die z. B. durch das El Niño-Phänomen in unterschiedlichsten Welteilen verursacht werden, mitunter Monate vorher prognostizieren. Vgl. Hausmann (1998), S. 9.

82 Für die anderen wirbelsturmexponierten Regionen existieren andere Gefahrenzeiträume. Einen Überblick gibt Meyer (1996), S. 14.

83 Vgl. Canabarro/Finkemeier/Anderson/Bendimerand (1998), S. 27.

Bedrohung durch Katastrophen-Risiko

Definitionsgemäß stellen Naturkatastrophen eine bedeutende Bedrohung für Menschen und Wirtschaftsgüter dar. Folgende Tabelle stellt zehn der bislang teuersten Versicherungsfälle im Zeitraum von 1970 bis 2004 dar, von denen neun durch Naturereignisse verursacht wurden. Für das Jahr 2005 kann – ohne die finale Schadenshöhe zu kennen – bereits konstatiert werden, dass der Wirbelsturm Katrina mit einer aktuell geschätzten Schadenshöhe (nur versicherte Schäden) von ca. 34,4 Mrd. USD mit großem Abstand die bislang teuerste Naturkatastrophe darstellen wird.[84]

Schadenshöhe (Mio. USD)[85]	Datum	Katastrophe	Land
21.542	23.08.1992	Wirbelsturm Andrew	USA, Bahamas
20.035	11.09.2001	Terroranschlag auf WTC, Pentagon u. andere Gebäude	USA
17.834	17.01.1994	Northridge-Erdbeben	USA
11.000	02.09.2004	Wirbelsturm Ivan	USA, Karibik, et al.
8.000	11.08.2004	Wirbelsturm Charley	USA, Karibik, Kuba, et al
7.831	27.09.1991	Taifun Mireille	Japan
6.639	25.01.1990	Wintersturm Daria	Frankreich, UK et al.
6.578	25.12.1999	Wintersturm Lothar in Westeuropa	Frankreich, CH et al.
6.393	15.09.1989	Wirbelsturm Hugo	Puerto Rico, USA et al.
5.000	26.12.2004	Erdbeben, Tsunami im Indischen Ozean	Indonesien, Thailand et al.

Tabelle 2: HISTORISCHE VERSICHERUNGSSCHÄDEN[86]

Die historischen Schäden können die tatsächliche Bedrohung durch künftige Ereignisse aber nur teilweise veranschaulichen, da einerseits die tatsächlich entstandenen Schäden die Versicherungsschäden deutlich übertreffen und andererseits eine Zunahme der Bedrohung durch Naturkatastrophen in den letzten beiden Jahrzehnten zu beobachten ist.[87] Fundamentale Ursachen dieser erhöhten Bedrohung sind:[88] (1) ein Wachstum der Bevölkerung, (2) das Steigen von Sachwerten, (3) eine zunehmende Konzentration der beiden erstgenannten Punkten auf relativ engem, u. U. besonders exponiertem Raum. Die (4) generell erhöhte Anfälligkeit unserer modernen Gesellschaft, unserer Infrastruktur und Technologien, gegenüber Naturgewalten verschärft das Problem einer sich u. U. (5) wandelnden natürlichen Umwelt.

Damit ist langfristig davon auszugehen, dass Naturkatastrophen eine permanente und bedeutende Bedrohung unserer modernen Gesellschaft darstellen. Abbildung 2 zeigt die

84 Siehe hierzu die Schätzung des Insurance Services Office (ISO) vom 4.10.2005. Quelle: Dasgupta (2005).

85 Inflationsbereinigt auf Basis 2004.

86 Quelle: Enz/Zanetti (2005), S. 34.

87 Zum gleichen Ergebnis kommt auch eine Vielzahl anderer Autoren. Siehe stellvertretend Berz (1999), S. 429-432.

88 Vgl. NatCat Service der Münchener Rück.

tatsächlichen volkswirtschaftlichen Schäden durch Naturkatastrophen inflationsbereinigt (Betrachtungszeitraum: 1950-2004). Das enorme Risikopotenzial wird anhand dieser Darstellung jedoch nicht einmal in seinem vollen Umfang erfasst, da seit 1970 keiner der irgendwann in absehbarer Zeit zu erwartenden Jahrtausend-Erbeben oder Jahrhundertstürme[89] eine Industrienation getroffen hat.[90]

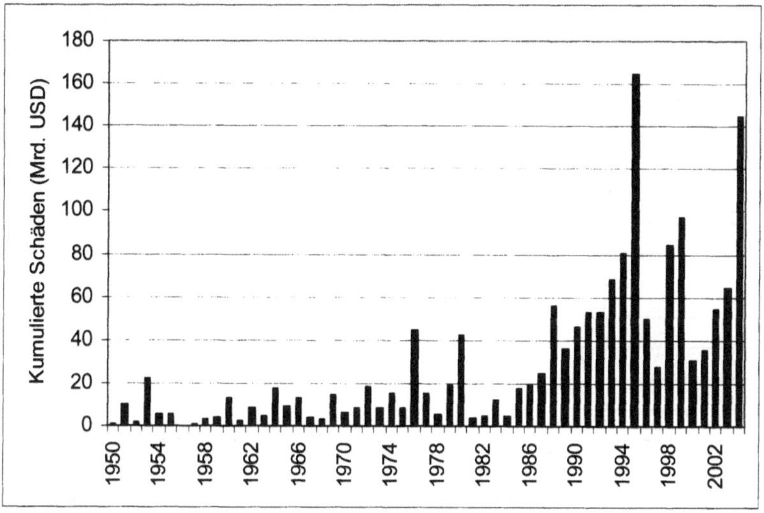

Abbildung 2: DURCH NATURKATASTROPHEN VERURSACHTE VOLKSWIRTSCHAFTLICHE SCHÄDEN[91]

Im Sinne der historischen Daten zeigt auch die Einschätzung der Versicherungswirtschaft, als traditioneller Anbieter von Absicherungsprodukten gegen Katastrophen-Schäden, das auffallend hohe Risiko von Naturkatastrophen. Die Versicherungswirtschaft rechnet mit Zahlungen von bis zu 100 Mrd. USD, verursacht durch eine einzelne Naturkatastrophe.[92] Folgende Tabelle stellt exemplarische Schätzungen bezüglich der Auswirkungen einiger potenzieller Naturkatastrophen dar:

---

89 Da die Schäden durch den Wirbelsturm Katrina noch nicht endgültig bekannt sind, sei hiervon abstrahiert.

90 Vgl. o.V. (1997b), S. 8.

91 Alle Schäden in Mrd. USD, inflationsbereinigt. Quelle: Eigene Auswertung basierend auf Daten der Münchener Rück und des US Bureau of Statistics.

92 Vgl. Froot (1999b), S. 1, ebenso Cummins/Lalonde/Phillips (2004), S. 78. Als Maximalschaden für ein Erdbeben an der Westküste bzw. einen Sturm an der Ostküste rechnet die SwissRe mit 106 Mrd. USD bzw. 85 Mrd. USD. Siehe Durrer (1996), S. 8.

Betroffene Region	Art der Bedrohung	Ausmaß der volkswirtschaftlichen Schäden in Mrd. USD (davon versichert)
China	Erdbeben	>40 (<3)
China	Überschwemmung	>40 (<3)
Deutschland	Sturm	5 (4)
Deutschland	Überschwemmung	35 (3)
Europa	Wintersturm	35 (n. a.)
Europa	Sturm	25 (18)
Frankreich	Sturm	8 (7)
Israel	Erdbeben	25 (17)
Italien/Milan	Erbeben	60 (8)
Japan/Tokio[93]	Erdbeben	1.000 (40)
Japan	Sturm	25 (15)
Kanada	Erdbeben	20 (7)
Mexiko	Erdbeben	60 (8)
Niederlande	Flut	200 (<10)
Schweiz	Erdbeben	20 (<2)
UK	Sturm	16 (14)
UK	Überschwemmung	15 (10)
USA/New Madrid	Erdbeben	70 (30)
USA/Kalifornien	Erdbeben	375 (75-100)
USA/Karibik	Wirbelsturm	n. a. (65)
USA/Mississippi Delta	Überschwemmung	20 (2)
USA/Ost-Küste	Wirbelsturm	80 (60)

Tabelle 3: POTENZIELLE NATURKATASTROPHEN UND DEREN ZU ERWARTENDE SCHÄDEN[94]

Diese Aufstellung identifiziert 22 nach Regionen untergliederte mögliche Naturereignisse mit besonders hohem Schadenspotenzial. Diese unabhängigen Risikoereignisse stellen für die Verbriefung von Naturkatastrophen-Risiko besonders interessante Basen dar.

2.1.2 Motive für den Risikotransfer

Risikotransfer impliziert, dass eine risikoabgebende und eine risikoaufnehmende Partei koexistieren. Im Folgenden werden zuerst die Gründe für die Risikoabgabe und dann anschließend die zu einer Risikoübernahme führenden Gründe beschrieben.

Nachdem die Eigenschaften, Ursachen und Ausmaße von Naturkatastrophen beschrieben wurden, ist intuitiv nachvollziehbar, dass die potenziell betroffenen Menschen und

---

93 Norihito Umino, Mitglied eines zwölfköpfigen Forscherteams, schätzt die Wahrscheinlichkeit einer solchen Katastrophe in den nächsten 50 Jahren auf größer als 90%. Vgl. o.V. (2004b).

94 Quelle: Eigene Zusammenstellung basierend auf Daten der Münchener Rück, Geo Risikoforschung, Zimmerli (2003), S. 39; Durbin (2001), S. 3.

Institutionen nach einer Möglichkeit der Risikoabsicherung streben. Zur theoretischen Fundierung werden nachfolgend die beiden anerkannten Richtungen beschrieben, die sich in der wissenschaftlichen Literatur zur Begründung dieser Motivation etabliert haben.

Dabei ist zwischen einer versicherungsorientierten und einer kapitalmarktorientierten Theorie zu unterscheiden. Die Literatur zur Begründung der Existenz von Versicherungen beschäftigt sich stärker mit den zumeist unter dem Begriff der Nutzentheorie subsumierten Interessen von Individuen, während die – zumeist neuere – Literatur zum Risikomanagement[95] auf Kapitalmärkten sich der Risikoabsicherung von Unternehmen zuwendet, die aus Sicht der klassischen Finanzierungstheorie und dem Paradigma der risikoneutralen Unternehmen nicht erklärbar ist.

Die nutzenorientierte, der *Versicherungstheorie* nahe stehende Literatur, analysiert auf der Ebene des Einzelindividuums das menschliche Phänomen der Risikoaversion.[96] Die Begründung der individuellen Abweichung des „Homo Oeconomicus" bei Entscheidungen[97] unter Risiko vom sog. Bernoulli-Prinzip erfolgt in diesem Rahmen durch eine Nutzentheorie, die eine Aufgabe des risikoneutralen Verhaltens begründet.[98] Das entscheidende und handelnde Individuum ist im Gegensatz zum risikoneutralen Entscheider als risikoavers (risikofreudig) zu kennzeichnen, wenn der individuelle Wert einer Chance auf einen unsicheren Gewinn weniger (mehr) als den Erwartungswert ausmacht. Die Möglichkeit einer Zahlung zur Vermeidung eines potenziellen Schadens (Versicherung) ist dann analytisch gleich zu behandeln wie die Chance auf einen unsicheren Gewinn gegen die Zahlung eines Beitrags (Spiel). Ein risikoaverses Individuum wird bei der Bedrohung durch Großschäden, wie sie durch Naturkatastrophen entstehen können, bereit sein, Risiken für den Erwartungswert plus einer Prämie zu verkaufen (versichern). Die Motive einer individuellen Risikoabsicherung sind damit wissenschaftlich gefestigter Natur.[99]

Die *Kapitalmarkt-* oder *Finanzierungstheorie* unterscheidet sich von diesem Ansatz grundlegend. Der Grundmaxime der Kapitalmarkttheorie zufolge sind Investoren am Markt agierende Individuen, die ein diversifiziertes Portfolio halten und ihre individuellen Risikopräferenzen durch Aufspaltung ihrer Investitionen in das letztlich von allen

---

95 Die Begriffe des Risikomanagements und der Versicherung, die traditionell nach den historisch unterschiedlich entstandenen Märkte unterschieden werden, werden im Folgenden auf Grund der Überschneidung des Untersuchungsgegenstands undifferenziert gebraucht. Zum Begriff des Risikomanagements siehe Hommel/Pritsch (1998), S. 6-7.

96 Für weitere Ausführungen siehe Schmidt (1996), S. 34-38; Zweifel/Eisen (2003), S. 42-47.

97 Zur Entscheidung unter Risiko siehe Bamberg/Coenenberg (2002).

98 Eine umfassende Einführung in die Begründung der individuellen Nachfrage nach Versicherung und in die entsprechende wissenschaftliche Literatur und ihre Entwicklung gibt Kromschröder (1996), S. 70-81. Siehe auch Farny (2000), S. 35-36.

99 Diese wird im Rahmen der „Erwartungsnutzentheorie" innerhalb der Betriebswirtschaftslehre untersucht und baut auf die Arbeiten von Bernoulli (1738), Morgenstern/von Neumann (1944) und Savage (1954) auf.

gehaltene Marktportfolio und eine Kreditaufnahme bzw. Investition in risikolose Anlagen befriedigen. Die Erklärung eines individuellen Risikomanagements liegt nicht im Fokus dieser Analyse. Der Erklärungsgehalt der Kapitalmarkttheorie liegt dagegen in der Rechtfertigung des unternehmerischen Risikomanagements, welches im Rahmen der Versicherungsliteratur i. d. R. durch eine Übertragung der individuellen Nutzentheorie auf Unternehmen erfolgt und damit eher weniger umfassend begründet ist.

In der Finanzierungstheorie[100] erfolgt die Begründung eines unternehmerischen Risikomanagements zumeist durch eine Analyse der Prämissen von MODIGLIANI/MILLER [1958] unter der Voraussetzung imperfekter Märkte.[101] Wenn diese Prämissen nicht gelten, entstehen durch unterschiedliche Problembereiche Anreize, ein Risikomanagement zu implementieren. Übliche Ursachen sind: *Informationsprobleme* zwischen Investoren (Eigenkapital) und Unternehmensleitung oder zwischen Eigen- und Fremdkapitalgebern sowie alten und neuen Kapitalgebern; Phänomene wie das Risikopräferenz-, das Unterinvestitions- und das Asset-Substitution-Problem. Außerdem rechtfertigen auch zusätzliche *Transaktionskosten*, wie Steuern, Kosten des Financial Distress, besondere Kosten der externen Unternehmensfinanzierung, aber auch Kosten- oder Spezialisierungsvorteile ein unternehmerisches Risikomanagement. Diese unterschiedlichen Marktimperfektionen führen als Folge dazu, dass durch ein unternehmerisches Risikomanagement Wert geschaffen werden kann.

Vor dem Hintergrund der Folgen von Naturkatastrophen und ihres Risikos, verbunden mit den individuellen und unternehmerischen Motiven der Risikobewältigung (Motive der Risikoabgabe und -aufnahme) kann unterstellt werden, dass ein Transfer von Katastrophen-Risiko für die potenziell gefährdeten Individuen und Unternehmen sinnvoll sein kann. Die Versicherung eines Risikos durch die Zahlung einer Prämie schafft so Mehrwert.[102] Bei dieser Betrachtung bleibt jedoch offen, warum ein Risikotransfer grundsätzlich geschieht, sich also eine andere Partei bereit erklären sollte, das Risiko zu übernehmen.

Motivation der Risikoaufnahme

Ausgehend von verschiedenen Basisausstattungen[103] können individuelle, eventuell dynamische[104] Präferenzen bezüglich Zeit- und Risikoeigenschaften[105] neben dem indivi-

---

100 Der Begriff der Finanzierungstheorie schließt dabei nicht die Anwendung dieser auf Versicherungen aus. Siehe beispielsweise Babbel/Santomero (1997), S. 233-234; Colquitt/Hoyt (1997), S. 661-668; Cummins/Phillips/Smith (2001), S. 55-66.

101 Die Begründung der Risikomanagementmotive mit der Existenz von Marktimperfektionen und die Dominanz der Neoklassik in der Finanzierungstheorie mag erklären, warum sich die Erkenntnis, dass Risikomanagement Wert schafft, erst in der neueren Finanzierungstheorie durchgesetzt hat. Die weiteren Ausführungen hierzu lehnen sich an den Beitrag von Hommel/Pritsch (1997) an.

102 Vgl. Crockett/Cohen (2001), S. 136.

103 Vgl. Arrow (1953), S. 41-47.

104 Die Präferenzen müssen zeitlich nicht stabil bleiben, sondern können sich ändern. Vgl. Hester (1994), S. 134.

duellen Absicherungswunsch auch die Übernahme von Risikoansprüchen begründen, die dann mit einer entsprechenden Entlohnung einhergeht. Unterschiede in der Bewertung, die als Bedingung für einen Handel notwendig sind, können dabei auf die subjektiven Präferenzen und Ausstattungen oder auf asymmetrische Informationen[106] und unterschiedliche Erwartungen der Handelspartner zurückgeführt werden. Die Präferenzen der einzelnen Individuen werden dabei durch Marktunvollkommenheiten beeinflusst.

Im Gegensatz zu den subjektiven Präferenzen einzelner Marktteilnehmer, die zu einer Übernahme von Risiko führen können, wird die Funktionsweise und die Existenz von Versicherungen, Rückversicherungen und anderen Finanzintermediären als bedeutende risikoabsorbierende Institutionen durch Spezialisierungs- und Diversifikationsvorteile[107] begründet. Den managementorientierten Ansätzen folgend sollte Katastrophen-Risiko von denjenigen gehalten werden, die einen spezifischen komparativen Vorteil besitzen. Besonders bei Naturkatastrophen ist aber auf Grund des oftmals sehr regionalen Fokus der einzelnen Institutionen keine natürliche Diversifikation im Risikoportfolio möglich, so dass eine institutionenübergreifende Diversifikation sinnvoll sein kann.

2.1.3 Grundsätzliche Versicherbarkeit und Handelbarkeit von Katastrophen-Risiko

Bevor die Systeme der traditionellen Risikoabsicherung dargestellt werden, muss ein traditionalistischer Fehlschluss widerlegt werden. Die grundsätzliche Versicherbarkeit von außergewöhnlichen Risiken wird immer wieder in Frage gestellt. Die Versicherbarkeit von Risiken ist in der Literatur durch unterschiedliche Eigenschaften wie Zufälligkeit, Quantifizierbarkeit, Begrenzung der Maximalschadenshöhe, Unabhängigkeit etc.[108] begründet. Basierend auf dem „Gesetz der großen Zahl" ist z. B. die Versicherbarkeit von Großrisiken, die sich dadurch auszeichnen, dass sie sich nicht einfach innerhalb einer Risikoklasse diversifizieren lassen wie beispielsweise Kfz-Haftpflichtversicherungsrisiken, in Frage gestellt worden.

Dabei erkannte bereits BORCH [1976], dass sich die real existierenden Versicherungspolicen nicht zwangsläufig an diese Kriterien halten.[109] So ist auch für den Untersuchungsgegenstand des Katastrophen-Risikos festzustellen, dass dieses in der Praxis versichert wird und von daher eine theoretische Überprüfung der Versicherbarkeit irrelevant ist.[110] Die grundsätzliche Versicherbarkeit von Katastrophen-Risiko kann nicht in

---

105 Siehe die Ansätze von Campbell/Grossman/Wang (1993); Dumas (1989); Wang (1996).

106 Siehe die Ansätze von Grossman (1981); Tirole (1982); Wang (1994).

107 Siehe hierzu die grundlegende Arbeit von Markowitz (1952).

108 Für einen Überblick siehe Farny (2000), S. 37-40; Dresig (2000), S. 127; Rejda (2003), S. 20; Goßner (2002), S. 6; Karten (1996), S. 21.

109 Borch widerlegt einen 400 Seiten starken Katalog zur Versicherbarkeit von Risiken mit dem Beispiel einer Versicherung, die das Risiko abdeckt, dass das Monster am Loch Ness gefunden wird. Auf weitere Beispiele wird noch im Verlauf der Arbeit eingegangen. Siehe Borch (1976).

110 Für eine solche Überprüfung siehe Kuck (2000), S. 23-34; Jaffee/Russell (1997), S. 206-208.

Frage gestellt werden.[111] Die Aspekte, die im Rahmen der Diskussion um die Versicherbarkeit angeführt werden, können lediglich Aufschluss über mögliche Problembereiche geben.[112] Wie die Ausführungen zu den Charakteristika von Katastrophen-Risiko gezeigt haben, ist die traditionelle, in Form einer einzelnen Versicherung übliche Diversifikation von Katastrophen-Risiko zur Milderung der negativen Effekte kaum möglich. Stattdessen ist eine Diversifikation im größeren Kollektiv bzw. auch eine zeitliche Diversifikation nötig.[113]

2.1.4 Markt der konventionellen Katastrophen-Risikoabsicherung

Zur besseren Einordnung des Untersuchungsgegenstands im Rahmen alternativer Versicherungskonzepte wird nachfolgend das konventionelle System der Katastrophen-Risikoabsicherung kurz umrissen.

Traditionell ist die Absicherung von Katastrophen-Risiko dem System der Versicherungsindustrie zuzuordnen. In der Praxis erfolgt eine Absicherung des Naturkatastrophen-Risikos in mehr oder weniger impliziter oder expliziter Form durch national unterschiedliche Sachversicherungen. Die das Risiko übernehmenden Versicherungen basieren originär auf dem Prinzip der Risikodiversifikation und somit dem Gesetze der großen Zahl. Durch ein Portfolio unterschiedlicher, u. U. aber gleichartiger Risiken versucht die Versicherung, das für den einzelnen Versicherungsnehmer spezifisch auftretende Risiko zu diversifizieren. Zur Absicherung von eventuellen Risikospitzen existieren Rückversicherungen,[114] die quasi als Versicherungen der Versicherungen die Erstversicherungen gegen Extremszenarien absichern und so auch für eine überregionale und internationale Risikodiversifikation sorgen. Besonders bei den gewaltigen, regional konzentrierten Schäden durch Naturkatastrophen ist eine Rückversicherung der entsprechenden Risiken sinnvoll, da besonders viele kleinere Versicherungen nicht auf Grund ihrer originären Geschäftstätigkeit diversifiziert sind.

Folgende Abbildung skizziert den konventionellen Transfer von Katastrophen-Risiko im Versicherungssystem grafisch:

---

[111] Zur Versicherbarkeit von Überschwemmungen siehe Hausmann (1998); Menzinger/Brauner (2002).

[112] Vgl. Farny (2000), S. 37.

[113] Vgl. Niehaus (2002), S. 594.

[114] Für umfassende Erklärungen siehe o.V. (1995b); Carter/Lucas/Ralph (2000).

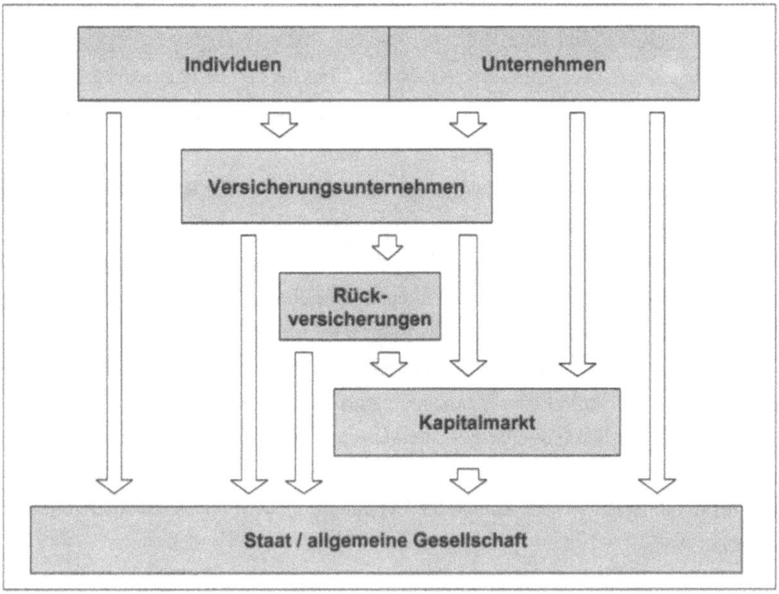

Abbildung 3: TRANSFER VON KATASTROPHEN-RISIKO IM SYSTEM DER VERSICHERUNGSINDUSTRIE

Instrumente und Funktionsweise der traditionellen Katastrophen-Risikoabsicherung

Obwohl die modernen Formen der Risikoabsicherung nur definitorisch unterschieden werden können, da in der Praxis oft Kombinationen ihre Anwendung finden, bietet sich zur Fundierung der weiteren Ausführung eine Untergliederung in die historisch gewachsenen Instrumente und Funktionen des Risikomanagements sowie der Versicherung an. Die Methoden des traditionell kapitalmarktorientierten Risikomanagements oder der klassischen Versicherung können demnach in drei elementare Kategorien eingeteilt werden:[115] Die Risiko-Bedrohung kann durch (1) entsprechendes Verhalten minimiert, (2) transferiert oder, sofern die Unternehmung[116] über komparative Vorteile verfügt, auch (3) aktiv gemanagt werden. Da sich die vorliegende Arbeit auf den Transfer von Risiko fokussiert, wird nicht auf die beiden anderen Möglichkeiten des sachgerechten Verhaltens und des aktiven Managements fokussiert.

Zum Transfer von Katastrophen-Risiko werden in unseren modernen Volkswirtschaften konventionell zumeist Versicherungsverträge genutzt. Versicherungsverträge sind dadurch charakterisiert, dass der Versicherungsnehmer gegen die Zahlung einer Prämie das Recht von dem Versicherungsgeber erwirbt, bei Auftreten des versicherten Schadens eine Kompensationszahlung zu erhalten. Ein Erstversicherungsunternehmen funk-

115 Vgl. Oldfield/Santomero (1997), S. 34.
116 I. d. R. wird in der Literatur dabei davon ausgegangen, dass diese Option nicht von Individuen, sondern nur von Institutionen ausgeübt wird.

tioniert dann als Kapitalsammelstelle für unterschiedliche Versicherungsnehmer, die im Bedarfsfall genug Kapital bereithält, um die Schadenszahlungen zu leisten. Ziel der Versicherung ist somit die kollektive Reservebildung für ein unsicheres Ereignis.[117] Die Funktionsweise von Versicherungen lässt sich durch eine Darstellung der Kapitalströme (SG) und Bestände (BG) illustrieren:

Stark vereinfacht erhält das Versicherungsunternehmen für die Risikoübernahme (BG) Prämien in Form von pekuniären Zahlungen (SG), welche in Kapitalanlagen (BG) investiert werden und im Zeitverlauf Erträge (SG) erbringen. Bei einem eventuellen Schadensfall führen die bislang ungewissen Verbindlichkeiten (BG) zu Auszahlungen (SG). Die Eigen- und Fremdkapitalausstattung (BG) des Unternehmens fungiert als Sicherheit für den Versicherungsnehmer, da der Versicherungsschutz bereits von Anfang an besteht und nicht erst durch eine entsprechend hohe Einzahlung in Kraft tritt. Die Eigentümer und Fremdkapitalgeber der Versicherung erhalten für die Bereitstellung des für den Betrieb notwendigen Kapitals eine entsprechende Entschädigung in Form von Kapitalerträgen (SG). Dieses System der Versicherung wird durch Rückversicherungen analog erweitert.

Dieser Argumentation zufolge kann ein Risikotransfer als eine bedingte Finanzierung dargestellt werden, deren Zahlungsströme an den Versicherten vom Eintritt eines Schadens abhängig sind. Die Zahlungen an den Versicherungsgeber können als extreme Szenarien quasi ex ante durch eine anfängliche Zahlung erfolgen, oder ex post, nach einem Schadensfall durch eine dann folgende Rückzahlung. Dieser Darstellung zufolge ist Risikotransfer ein Ersatz für ansonsten haftendes Eigenkapital.[118] Diese reine Finanzierung kann um eine Übernahme von Risiko erweitert werden, bei dem die finanzierende Partei nicht nur das Risiko des Finanzierungszeitpunktes trägt, sondern auch das Schadensrisiko übernimmt.

Die in der Praxis bestehenden unterschiedlichen Versicherungskontrakte, ganz gleich ob individuelle Hausratversicherung, Rückversicherungsvertrag oder alternative Konzepte des Contingent-Capitals, lassen sich alle innerhalb dieses Schemas darstellen. Obwohl sie damit grundsätzlich ähnlich sind, unterscheiden sie sich in der Praxis in ihren sehr unterschiedlichen und zum Teil sehr komplexen Vertragsbestandteilen. Besonders die Rückversicherungsverträge, die als Abwandlungen üblicher Vertragstypen wie fakultative (einzelfallbezogene), obligatorische (automatische für alle inkludierten Verträge des Erstversicherers) und proportionale[119] Rückversicherung (festes Verhältnis der Risiko- und Prämienaufteilung) angeboten werden, können sehr vielschichtig sein und

---

[117] Lebensversicherungen oder ähnliche Verträge, die als individuelles Sparinstrument charakterisiert werden können, werden damit bewusst nicht betrachtet.

[118] Vgl. Merton (1995a), S. 464.

[119] Es existiert auch eine nicht-proportionale Rückversicherung; beide können dann als Quoten- und Summenexzedentenrückversicherung mit unterschiedlichen Prioritäten und Deckungslimiten etc. ausgestattet werden.

werden oft individuell verhandelt.[120] Katastrophen-Risiko etwa wird zumeist in Form von sog. CatXL-Rückversicherungsverträgen übertragen, bei denen der Erstversicherer einen bestimmten Risikobetrag behält und das Rückversicherungsunternehmen alle über diesen Selbstbehalt hinausgehenden Schäden bis zu einer vereinbarten Höchstgrenze absichert.[121]

Neben der Funktionsweise des Versicherungsunternehmens illustriert die Darstellung der Strom- und Bestandsgrößen auch die Risiken, denen Versicherungsunternehmen selbst ausgesetzt sind, und die Maßnahmen, die sich zur Milderung dieser Probleme eignen. Problematisch für den Versicherungsnehmer und die Versicherung ist die Gefahr, dass im Schadensfall nicht genug Kapital bzw. Liquidität zur Befriedigung der Ansprüche des Versicherungsnehmers vorhanden ist. Im einfachsten Fall könnte dies an zu hohen Ansprüchen eines oder mehrerer Versicherungsnehmer liegen, wie sie etwa aus einem Großschadensereignis resultieren könnten. Geringe oder sogar negative Kapitalerträge, Misswirtschaft, eine schlechte Kapitalausstattung, Fehlkalkulationen etc. können diese Situation verschärfen oder sogar jeweils auslösen.

Referenzmarkt

Die vorangestellten Ausführungen charakterisieren das traditionelle Marktumfeld, in dem sich Katastrophen-Finanzkontrakte befinden. Für die weiteren Ausführungen zur Bestimmung der Bedeutung von Katastrophen-Kontrakten oder ihres Marktpotenzials ist eine kurze quantitative Darstellung dieses konventionellen Marktes sinnvoll.

Bei dem im Folgenden zu betrachtenden Referenzmarkt handelt es sich im Wesentlichen um den Rückversicherungs- und Retro-Zessionsmarkt für Katastrophen-Deckung, der durch Katastrophen-Kontrakte eine entsprechende Erweiterung erfahren könnte. Dieser Markt für Katastrophen-Deckung hatte 2001 ein Prämienvolumen von ca. drei Mrd. USD.[122] Das Prämienvolumen liegt seit 1994 annähernd auf dieser Höhe.[123] Die Entwicklung des Prämienvolumens wird vor allem durch den im folgenden Abschnitt (2.2.4) beschriebenen Preiszyklus bestimmt. Aber auch Selbstbehalte sowie eine Veränderung des Portfolios der Erstversicherungen führen in der Praxis zu einem Wandel dieser Situation. Da der Markt für Katastrophen-Risikoabsicherung im Folgenden auf Grund seiner zu geringen Kapazität und seinem geringen Volumen als ineffektiv charakterisiert wird, muss eine Potenzialschätzung für Katastrophen-Kontrakte über diese traditionellen Größen hinausgehen. Erst eine solche Potenzialschätzung gewährt eine realitätsnahe Einschätzung eines möglichen Marktvolumens. In Kapitel 3.5 findet daher eine erweiterte Volumenschätzung für Katastrophen-Kontrakte statt.

---

120 Vgl. o.V. (1995b), Kapitel 8, 9.

121 Für weitere Informationen siehe o.V. (1995c), S. 6-7, oder die vorher angegebenen Quellen.

122 Siehe Zanetti/Enz/Schweizer (2001), S. 11.

123 Prämienvolumen für die Jahre 1994 bis 1997 in Mrd. USD: 3,9; 3,8; 3,2; 2,8. Siehe o.V. (1995c), S. 14; o.V. (1997b), S. 16.

2.1.5 Bedeutung der Risikoabsicherung durch den Kapitalmarkt

Die Bedeutung des Finanzsystems für die Volkswirtschaft wurde bereits früh erkannt[124] und manifestiert sich in vielerlei Hinsicht.[125] Historisch betrachtet haben sich in den meisten Volkswirtschaften zwei unterschiedliche Sektoren in dem Finanzsystem entwickelt. Während das Banksystem und die Kapitalmärkte traditionell als Ort der Kapitalallokation sowie des Austausches kapitalmarktnaher Risiken gesehen werden, wird das Versicherungssystem als Institution zur Risikoallokation von Sachschadensrisiken gesehen. Obwohl beide Sektoren zur Erfüllung ihrer Funktionen eng verzahnt sind, ist ein sektorenübergreifender Transfer von spezifischen Versicherungsrisiken auf Kapitalmärkte bislang eher ungewöhnlich.

Eine der Grundthesen der vorliegenden Arbeit ist, dass das traditionelle Versicherungssystem – wie unter Punkt 2.2 noch zu zeigen sein wird – bei der Absicherung von Katastrophen-Risiken seine Grenze erreicht und daher alternative Wege für eine ausreichende Deckung dieser Risiken gefunden werden müssen. Als ein alternativer Weg des Risikotransfers bietet sich grundsätzlich der Kapitalmarkt an, dessen Handels- und Bestandsvolumen selbst die größten erwarteten Schäden aus Naturkatastrophen um ein Vielfaches übersteigt. Ohne den folgenden Ausführungen vorzugreifen, sei hier kurz begründet, warum der Transfer von Katastrophen-Risiko über Kapitalmärkte vorteilhaft sein kann.

Vorteilhaftigkeit eines Katastrophen-Risikotransfers über den Kapitalmarkt

Das Instrument, welches ermöglicht, Naturkatastrophen-Risiken auf den Kapitalmarkt zu übertragen und handelbar zu machen, ist der Finanzkontrakt, der als Finanzinnovation den Untersuchungsgegenstand der vorliegenden Arbeit darstellt. Die allgemein positiven Effekte von Innovationen für die Volkswirtschaft sind spätestens seit den ersten empirischen Arbeiten von SOLOW [1957] wissenschaftlich fundiert. Obwohl diese These der positiven Wirkung von Finanzinnovationen historisch teilweise sehr kontrovers diskutiert wurde, scheint sie inzwischen auch für den Finanzmarkt als belegt zu gelten.[126] Damit könnte grundsätzlich vermutet werden, dass jeder neue, erfolgreiche Finanzkontrakt immer im Sinne einer Weiterentwicklung oder Evolution des Finanzsystems zu begrüßen und daher von Vorteil sei.[127] Auch impliziert eine markt-positiv besetzte Betriebswirtschafts- und Finanztheorie, dass allein die isolierte Handelbarkeit eines Wert an sich zu verstehen und daher per se erstrebenswert ist. Dies allein ist als Argument für einen volkswirtschaftlichen Nutzen jener Kontrakte aber nicht ausrei-

---

124 Siehe beispielsweise Gurley/Shaw (1960), S. 46-53.

125 Siehe Abschnitt 4.2.2.

126 Vgl. Frame/White (2002), S. 4.

127 Merton (1992) beschreibt diese Entwicklung als Innovationsspirale. Siehe Merton (1992), S. 18.

chend.[128] Vielmehr muss eine solche These besonders wegen der Existenz von Transaktionskosten und Informationsasymmetrien weitergehend fundiert werden.

Vor diesem Hintergrund werden daher zunächst die in Kapitel 2.2 thematisierten Indizien einer „Ineffizienz des bestehenden Systems der Katastrophen-Risikoabsicherung zeigen, dass eine Veränderung des Status quo erstrebenswert und volkswirtschaftlich vorteilhaft sein dürfte. Daran anschließend ist die Etablierung von Finanzkontrakten zur Katastrophen-Risikoallokation über die Kapitalmärkte als ein Instrument zur Beseitigung der offenbaren Ineffizienz nochmals eingehend zu prüfen.

Als generische Indizien der Vorteilhaftigkeit dienen hierbei die Besonderheiten des Risikoaustauschs mittels eines über den Kapitalmarkt handelbaren Finanzkontraktes.[129] Handelbaren[130] Risikokontrakten ist so – neben den bereits genannten Argumenten – auf Grund folgender Faktoren eine besondere Bedeutung beizumessen:

- Durch die Verbriefung von neuartigen Risiken werden (1) die Märkte komplettiert,[131] was besonders durch das Hinzufügen von nicht perfekt positiv korrelierten Risiken Mehrwert schafft.
- Auf Grund der offenen Informationsstruktur an den Finanzmärkten wird (2) eine Preistransparenz erreicht, die für einen stärkeren Wettbewerb von Vorteil ist.[132]
- Im direkten Vergleich der Absicherung von Risiken über Institutionen mit derjenigen über Kapitalmärkte ist (3) empirisch ein Preisaufschlag bei der institutionellen Absicherung festzustellen.[133]

---

128 Vgl. Bodie/Merton (1995), S. 20-21; Sirri/Tufano (1995), S. 112. Siehe zu dieser Problematik beispielsweise auch die Diskussion über die Vorteilhaftigkeit von Asset-Backed Securities und High-Yield-Anleihen.

129 Vgl. Mason (1995), S. 153, 157; hierzu und zu einer ähnlichen Motivation der Arbeit siehe auch Dresig (2000), S. 1-9.

130 Auf den Unterschied zwischen einem eher institutionell und einem eher marktorientierten Finanzsystem wird in Abschnitt 4.2.2 noch genauer eingegangen. Es wird gezeigt, dass die Existenz von Finanz-Intermediären auf dem Vorhandensein von Informationsasymmetrien beruht. Die mit den Intermediären verbundene Ineffizienz (die Screening- und Monitoring-Funktion verursacht Kosten) können aber durch ein „Mehr" an Markt verringert werden, so dass eine Verbesserung der Finanzkontrakte und eine Erhöhung der Marktbreite erstrebenswert ist. D. h. Unternehmen, die ihren Finanzbedarf über den Kapitalmarkt decken können, was durch besser ausgestaltete Finanzkontrakte erleichtert wird, müssen nicht Banken für ihre Informationsproduktion bezahlen und können so die mit der Informationsasymmetrie verbundenen Kosten verringern. Vgl. Diamond (1991). Damit lässt sich begründen, warum der Fokus der Arbeit auf der Ausgestaltung von handelbaren Finanzkontrakten liegt.

131 Vgl. Horne (1985), S. 621.

132 Vgl. z. B. in Bezug auf die Vorteile von Cat-Bonds gegenüber Versicherungsverträgen Canter/Cole/Sandor (1997), S. 74.

133 Wenn auch nicht theoretisch umfassend fundiert, so sind empirisch die Preise für eine institutionelle Absicherung (d. h. durch eine Versicherung) von Katastrophenrisiken im Vergleich zum übertragenen Risiko überproportional hoch. Vgl. Froot (2001), S. 539 und Froot (1997), S. 5.

2.2 Eventuelle Ineffizienz des traditionellen Versicherungssystems

Der erste Teil des vorstehenden Kapitels hat das Ausmaß und somit die Bedeutung von historischen und potenziellen Katastrophen-Schäden für unsere moderne Gesellschaft gezeigt. Wie bei einer Vielzahl anderer Arbeiten zu diesem Thema liegt auch die Motivation der vorliegenden Arbeit angesichts dieser potenziellen Bedrohung in einer möglichen Ineffizienz des bestehenden Systems zur Absicherung der Naturkatastrophen-Risiken, die im Folgenden detaillierter aufgezeigt wird.

2.2.1 Unterdeckung von historischen und potenziellen Naturkatastrophen-Schäden

Die Darstellung der potenziellen volkswirtschaftlichen, versicherten Schäden in Tabelle 3 zeigt, dass aktuell nur ein Bruchteil der möglichen Schäden durch das Versicherungssystem abgedeckt wird. Ein Großteil der Risiken wird durch die Individuen und Unternehmen selbst behalten und nicht an das Versicherungssystem abgegeben.[134] Die nachgestellte Abbildung untermauert diese These weiter. Sie zeigt historische Schäden durch Naturkatastrophen (1. Ordinate, in Mrd. USD) und die prozentuale Unterdeckung (2. Ordinate) im Zeitverlauf. Es wird deutlich, dass besonders während der Jahre mit extremen Schäden (1994,[135] 1995[136] und 1998[137]) nur ein sehr geringer Teil der Schäden durch das konventionelle System der Risikoabsicherung aufgefangen wurde. Auch für das Jahr 2004 war nur ein geringer Teil (49 Mrd. USD; 2003: 16,2 Mrd. USD) der insgesamt durch Naturkatastrophen verursachten Schäden (123 Mrd. USD; 2003: 58 Mrd. USD) versichert.[138]

---

134 Vgl. D'Agostino (2002), S. 12.

135 Diese Jahre mit extremen Schäden lassen sich dabei auf einzelne Naturereignisse zurückführen. 1994 war dies ein bedeutendes Erdbeben (Northridge) mit 44 Mrd. USD volkwirtschaftlichen Schäden, von denen immerhin ca. 15 Mrd. USD versichert waren.

136 1995 verursachte ein Erbeben in Kobe/Japan ca. 100 Mrd. USD volkwirtschaftliche Schäden, von denen nur ca. 3 Mrd. USD versichert waren.

137 1998 traf China eine Überschwemmung, die ca. 31 Mrd. USD volkwirtschaftliche Schäden verursachte, von denen weniger als 1 Mrd. USD versichert waren.

138 Siehe Enz/Zanetti (2005), S. 3, Enz/Zanetti (2004), S. 7.

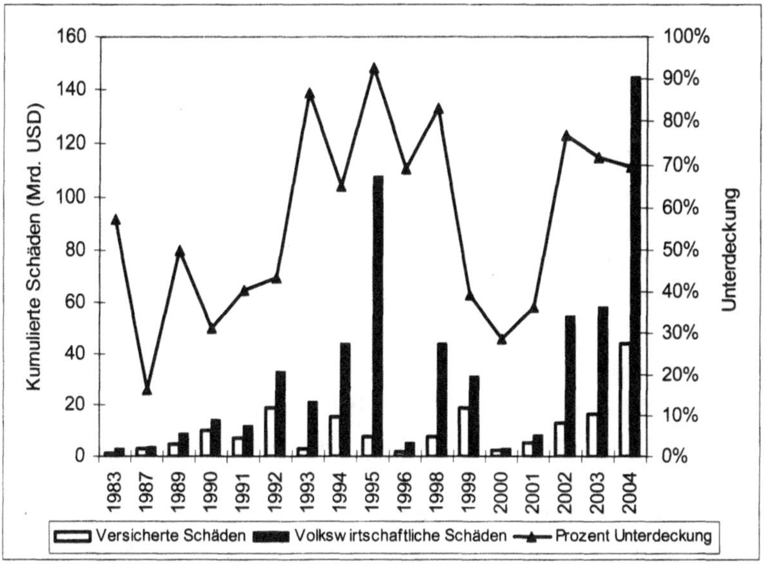

Abbildung 4: HISTORISCHE SCHÄDEN DURCH NATURKATASTROPHEN[139]

Eine detaillierte Analyse der versicherten Naturkatastrophen-Schäden macht deutlich, dass starke nationale Unterschiede in der Risikoabsicherung bestehen. So sind einige Naturkatastrophen-Risiken nahezu unversichert,[140] während andere Risiken in anderen Regionen deutlich besser versichert sind.[141] Diese Daten untermauern in Verbindung mit den vorgenannten Fakten die These, dass Naturkatastrophen-Risiko in vielen exponierten Regionen zu wenig an das traditionelle System der Versicherung transferiert und damit versichert wird.

---

139 Quelle: Eigene Abbildung, Daten: Münchener Rück, GeoRisikoForschung, Schäden nicht inflationsbereinigt.

140 Für Erdbebenrisiko in Tokio/Japan ist das Verhältnis versicherte zu gesamten Schäden: Privat 10%, Industrie 2,4%; für Überschwemmungsrisiko in Deutschland, in den Niederlanden und in den USA ist das Verhältnis versicherte zu gesamten Schäden: <10%, <5% bzw. 10%. Siehe o.V. (1997b), S. 7.

141 Für Erdbebenrisiko in Sydney/Australien ist das Verhältnis versicherte zu gesamten Schäden: 90%, für Sturmrisiko in Brisbane/Australien, in Belgien und in Frankreich ist das Verhältnis versicherte zu gesamten Schäden: 90%, 80% bzw. 90%. Diese Daten sowie weitere Ausführungen zur Fundierung der These, dass Naturkatastrophen zu wenig rückversichert sind, finden sich in o.V. (1997b), S. 7. Siehe hierzu auch Tabelle 2.

2.2.2 Selbstbehalt und Versicherungsanteil

Ein weiteres Indiz für eine mögliche Ineffizienz des bestehenden Systems ist das Faktum, dass Naturkatastrophen-Risiko in vielen Märkten zu wenig rückversichert bzw. anderweitig durch die primär diese Risiken versichernden Institutionen transferiert wird. Gewöhnlich sollte die Rückversicherungsindustrie als Versicherung für Versicherungen für eine weitere Diversifikation des Risikos sorgen. Besonders bei großen Schadensfällen stellen diese zusätzliches Kapital zur Deckung bereit. Daher ist anzunehmen, dass die punktuell auftretenden und potenziell hohen Naturkatastrophen-Schäden überdurchschnittlich rückversichert werden.

Die Deckung, die durch Erstversicherungen bei Rückversicherungen gekauft wurde, betrug im Jahr 1994 43,3 Mrd. USD, im Jahr 1995 46,8 Mrd. USD.[142] 1997 betrug die CatXL-Deckung 52,9 Mrd. USD.[143] Diese Deckung hat damit seit 1994 jedes Jahr um ungefähr 10% zugenommen. Das entspricht in etwa auch der Zunahme dieser Risiken im Portfolio der Erstversicherungen, so dass von keiner grundlegenden Verbesserung der Situation ausgegangen werden kann. Die Betrachtung über einen längeren Zeitraum schließt somit weitgehend aus, dass der genannte Befund nur auf einer verfälschenden Momentaufnahme beruhen könnte.[144]

Entgegen der nahe liegenden Vermutung, dass gerade Naturkatastrophen-Risiko in besonderem Maße rückversichert wird, sichern Erstversicherungen hohe Schadensrisiken oft nur sehr begrenzt ab.[145] So lässt sich auch für Naturkatastrophen-Risiko – entgegen der Logik – feststellen, dass dieses zu wenig rückversichert wird.[146] Neben den Problemen der individuellen und unternehmerischen Absicherung von Katastrophen-Risiken scheint so auch der Transfer im Versicherungssystem selbst nicht ausreichend stattzufinden.

Die nachfolgende Grafik stellt die Retention-Rate[147] von potenziellen Naturkatastrophen-Schäden von US-Versicherungsunternehmen (indexiert auf das Jahr 1989) dar. Sie zeigt, dass im Zeitverlauf weniger Naturkatastrophen-Risiko rückversichert und mehr selbstbehalten wird.

---

142 Siehe o.V. (1995c), S. 9.

143 Siehe o.V. (1997b), S. 11.

144 Vgl. Zanetti/Enz/Schweizer (2001), S. 12.

145 Froot (1999b) leitet diese These detailliert her und findet, dass besonders große Risiken wie etwa Naturkatastrophen-Risiko weitgehend selbst behalten werden. Siehe Froot (1999b), S. 3. Vgl. ebenfalls o.V. (1997b), S. 3-20; Froot (1997), S. 3-4.

146 Vgl. Schweizer (2002), S. 2; o.V. (1995c), S. 9-12.

147 Das Konstrukt der Retention-Rate verdeutlicht den Anteil von Risiko, der von den Versicherungen nicht rückversichert wird, sondern selbstbehalten wird.

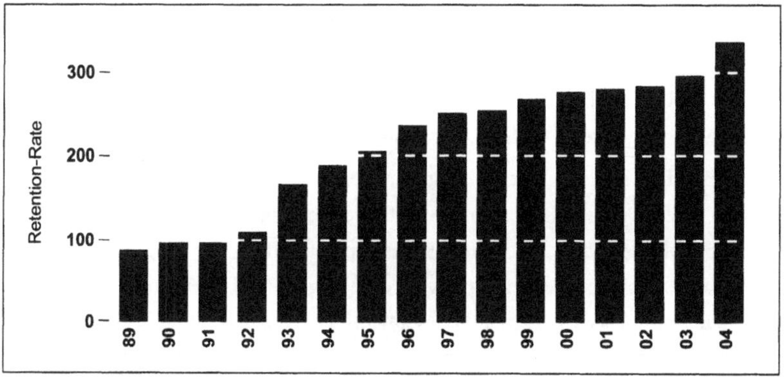

Abbildung 5: RETENTION-RATE FÜR NATURKATASTROPHEN-RISIKO DER US-ERSTVERSICHERUNGEN[148]

2.2.3 Insolvenzgefahr und Kapazitätslücke

Die unter dem Titel „Can Insurers Pay for the Big One?"[149] geführte Diskussion um die Kapitalbasis der Versicherungsindustrie beschäftigt sich mit der Zahlungsfähigkeit bei einer Mega-Katastrophe. Trotz der aufgezeigten relativ geringen Versicherungstiefe der gesamten Naturkatastrophen-Schäden sind die Auswirkungen auf die Versicherungsindustrie bedeutend.[150]

Den geschätzten potenziellen Versicherungsschäden in den USA von bis zu 100 Mrd. USD steht eine Kapitalbasis des hierfür zuständigen Versicherungsbereichs der „Property and Casualty Insurance" von ca. 200 Mrd. USD[151] gegenüber. Eine Serie von Naturkatastrophen könnte daher die gesamte Versicherungsindustrie in große Schwierigkeiten bringen. Die Deckungssumme steht zudem nicht gebündelt zur Absicherung von Naturkatastrophen-Schäden zur Verfügung. Neben dem Umstand, dass sie auch für andere Versicherungsfälle benötigt wird, ist sie außerdem über die einzelnen Institute verteilt. Da im Schadensfall einige Versicherungen stärker als andere betroffen sein werden, kann auch nicht davon ausgegangen werden, dass die gesamte Summe zur Absicherung der Schäden dient. Die potenziell hohe Belastung der Versicherungen durch eine Naturkatastrophe könnte daher bei besonders exponierten Erstversicherungen relativ schnell zu einer Zahlungsunfähigkeit führen.[152] Infolge des Wirbelsturms Andrew sol-

---

148 Schätzung von Guy Carpenter, Inc.; 1989 als Basis = 100. Quelle: Mooney/Zaffino (2004), S. 14.

149 Siehe Cummins/Doherty/Lo (2002).

150 Vgl. Tabelle 3.

151 Durrer (1996) geht von 200 Mrd. USD aus. Siehe Durrer (1996), S. 4; Durrer/Kielholz (1997), S. 3. Cummins/Doherty/Lo (2002) ermitteln die Zahlungsfähigkeit für eine Bandbreite von Katastrophen zwischen 100 und 300 Mrd. USD. Die Schätzung von Cummins/Doherty/Lo (2002) zeigt z. B., dass bei einem 200 Mrd. USD Ereignis die Versicherungsindustrie basierend auf ihrer 1997er (1991er) Kapitalausstattung ca. 80% (nur ca. 55%) der Schäden bezahlen kann. Siehe Cummins/Doherty/Lo (2002), S. 579.

152 Cummins/Doherty/Lo (2002) schätzen, dass ein 100 Mrd. USD Ereignis bei 136 einzelnen Versicherungsunternehmen zur Zahlungsunfähigkeit führen würde.

len so z. B. elf Erstversicherungen und drei Rückversicherungen zahlungsunfähig geworden sein.[153] Zwar ist im Gegensatz zu den Erstversicherungsunternehmen der Konkurs eines Rückversicherungsunternehmens nicht so wahrscheinlich,[154] doch ist auch hier die Bedrohung durch eine Serie von Naturkatastrophen durchaus gegeben.

Neben dieser unmittelbaren Bedrohung der Versicherungsindustrie ist auch mit einer deutlichen Beeinträchtigung der an die Katastrophe anschließenden Geschäftstätigkeit zu rechnen.[155] Für die durch die Mega-Katastrophen Anfang der 90er Jahre betroffenen Rückversicherungsunternehmen war es in den folgenden Jahren auf Grund ihrer geschwächten Kapitalbasis z. B. deutlich schwieriger, Neugeschäft zu akquirieren,[156] da das Vertrauen der Versicherungsnehmer mit der Kapitalstärke der Versicherungsunternehmen korreliert. Obwohl die Kapitalbasis der Versicherungen seit dem Wirbelsturm Andrew (1992) insgesamt zugenommen hat,[157] ist die Kapitalausstattung aber immer noch nicht ausreichend, um die potenziellen Naturkatastrophen-Schäden befriedigend abzusichern.[158]

Kapazitätslücke

Aus den Betrachtungen der potenziellen Naturkatastrophen-Schäden, der geringen Versicherungstiefe von Katastrophen-Risiken sowie der zu geringen Kapitaldecke lässt sich eine Kapazitätslücke des Systems der konventionellen Risikoabsicherung von Naturkatastrophen ableiten. Konservative Schätzungen gehen allein für den amerikanischen Versicherungsmarkt von einem zusätzlichen Kapitalbedarf von ca. 20-30 Mrd. USD aus.[159] Weltweit wird dieser deutlich größer sein und u. U. ein Vielfaches betragen. Anhand der Analyse dieser Kapazitätslücke lässt sich ein Marktvolumen für alternative Instrumente und so auch für die Katastrophen-Kontrakte schätzen. Bei einer solchen Hochrechnung ist jedoch zu beachten, dass aus dem Kapazitätsdefizit nicht direkt ein potenzielles Marktvolumen für alternative Instrumente errechnet werden kann. Erstens werden die Menschen und Unternehmen in einigen exponierten Regionen u. U. nicht in der Lage sein, für die Deckung von vor allem Human-Kapital-Schäden tatsächlich auch Zahlungen in Form von Versicherungsprämien zu leisten. Zweitens sind die Kapazitätslücke und das potenzielle Marktvolumen sehr von der dynamischen, wirtschaftlichen Entwicklung von Ländern wie China, Indien, Mexiko etc. abhängig, die alles andere als

---

153 Vgl. Fn. 7.

154 Tatsächlich sind in dem Zeitraum von 1980 bis 2003 nur vier von insgesamt 24 Konkurs gegangene Unternehmen durch Katastrophen-Schäden in Bedrängnis geraten. Quelle: Eigene Auswertung basierend auf Baur/Enz (2003).

155 Vgl. Niehaus (2002), S. 589; o.V. (1997b), S. 13-14.

156 Vgl. Cummins/Weiss (2000), S. 172.

157 Cummins/Weiss (2002) sehen durch den Trend zu Unternehmenszusammenschlüssen im Versicherungsmarkt seit 1992 steigende Kapazitäten; hierdurch wird ebenfalls eine bessere Diversifikation und so auch eine höhere Effizienz erreicht. Siehe Cummins/Weiss (2002), S. 32-36.

158 Kritisch kann auch vermutet werden, dass die Erhöhung der Kapitalbasis mit einer entsprechenden Erhöhung der übernommenen Risiken einhergeht. Vgl. Fn. 141.

159 Siehe Durrer (1996), S. 8.

sicher prognostizierbar ist. Im Rahmen der Arbeit wird daher eine Hochrechnung der amerikanischen Kapazitätslücke basierend auf ihrem Anteil an dem traditionellen Referenz-Markt vorgenommen. Unter diesen Annahmen und den geschilderten Restriktionen beträgt die weltweite Kapazitätslücke zur Deckung von Naturkatastrophen-Risiko ca. 50 bis 60 Mrd. USD.[160] Diese sehr konservative Schätzung ist Basis für die Ermittlung des potenziellen Marktvolumens der Katastrophen-Kontrakte in Kapitel 3.5.

Die Probleme, die aus einer solch großen Kapazitätslücke entstehen, lassen sich, wie bereits ausgeführt, wie folgt zusammenfassen: Sie resultieren (1) ex ante in einer insgesamt zu geringen Absicherung von Naturkatastrophen, da der Versicherungsnehmer antizipiert, dass die Versicherung nach Eintritt des Schadensfalls (ex post) nicht zahlen kann. Bei einem Schadenseintritt stellen die (2) Nicht-Zahlungen den Versicherungsnehmer vor große Probleme, da er seinen wirtschaftlichen Schaden selbst tragen muss. Ex post wird (3) ein Teil der Versicherungen zahlungsunfähig sein, was unter der Voraussetzung von „Distress-Costs" volkswirtschaftlich nicht effizient ist. (4) Die am Markt verbleibenden Versicherungen und das gesamte Versicherungssystem werden stark in ihrer Handlungsfähigkeit und Geschäftstätigkeit beeinträchtigt.[161]

2.2.4 Preiszyklen der Rückversicherungsmärkte

Wie bereits in einem vorhergehenden Abschnitt beschrieben, werden die Rückversicherungsmärkte von verschiedenen Stromgrößen beeinflusst. Die Kapazitätsengpässe an den Rückversicherungsmärkten, aktivisch ausgelöst durch hohe Anlageverluste und/oder passivisch durch große Naturkatastrophen-Schäden[162], zeigen sich hieraus resultierend ebenfalls in der Preisentwicklung und Angebotssituation im Rückversicherungsmarkt. Der Rückversicherungsmarkt ist – beeinflusst durch diese beiden Ereignisarten – von einem deutlichen Preiszyklus geprägt. Die Amplitude dieser Preiswellen ist dabei nicht so gering, als dass sie nicht von Bedeutung wäre. Ganz im Gegenteil können die Preisschwankungen bis zu 50%[163] im Zeitverlauf mehrerer Jahre betragen. Sie haben daher deutliche Ergebniswirkung für die Versicherungs- und Rückversicherungsindustrie.

Der empirisch beobachtbare Zyklus in der Rückversicherungsindustrie richtet sich dabei nach folgender Logik: Ursächlich basierend auf einem besonders großen Schadenser-

---

160 Diese Zahl basiert auf den im Rahmen der Analyse in Teil 5 geführten Interviews (besonders Interviewpartner 12 (Ib), 13 (Ib) und 18 (In)) und ist als niedrige Schätzung anzusehen.

161 Z. B. wird durch die hohe Schadensbelastung der Preis für eine Absicherung zum Ausgleich dieser Verluste über einen fairen Wert hinaus erhöht, was dazu führt, dass die Absicherung entsprechender Risiken insgesamt zu teuer und damit wiederum nicht wohlfahrtsoptimal ist. Die Verlässlichkeit einer gerade durch eine Naturkatastrophe belasteten Rückversicherung dürfte stark beeinträchtigt sein, was wiederum Anschlussgeschäfte erschwert.

162 Da die Versicherungen Kapital bevorraten müssen und dieses an den Finanzmärkten anlegen, kann eine durch eine Katastrophe ausgelöste Verknappung des Kapitals durch den Niedergang der Kapitalmärkte, wie beispielsweise am 11. September 2001, die Situation zusätzlich verschärfen.

163 Vgl. hierzu und generell zum Versicherungszyklus Enz (2002), S. 5.

eignis und/oder Anlageverlusten kommt es zu einer Schwächung der Kapitalbasis der Versicherungsindustrie.[164] Diese führt zu einer Kapazitäts- und so auch Angebotsknappheit an Deckung. Die Anbieterseite wird hieraus resultierend eine Preiserhöhung durchsetzen können. Die als „Verhärtung“ des Rückversicherungsmarktes umschriebene Preissteigerung führt wiederum in der Folge zu hohen Renditen und einer hohen Attraktivität für neues Kapital. Mit einem gewissen Zeitverzug wird daher durch die erhöhten Prämien und das zusätzlich zufließende Kapital wieder ausreichend Versicherungskapazität bereitstehen. Diese Überkapazität wird bei Ausbleiben von besonderen Schäden oder Anlageverlusten in den folgenden Jahren zu einer Prämienreduktion führen.[165] Dieses Auf und Ab der Rückversicherungspreise nimmt auf längere Sicht schließlich einen zyklischen Verlauf an.

Während die Versicherungsindustrie Ende der 90er Jahre durch eine Überkapitalisierung gekennzeichnet war,[166] die sich in niedrigen Preisen und einem großen Angebot an Versicherungsleistungen widerspiegelte, war in den folgenden Jahren eine deutliche, nahezu industrieweite Herabstufung der Versicherungsunternehmen zu beobachten,[167] die sowohl die aktuellen Kapazitätsgrenzen zeigt als auch mit einer Preisverschärfung einhergeht. Erst in den letzten beiden Jahren scheint diese Entwicklung gebrochen zu sein. Detaillierte Ausführungen zur Preisentwicklung auf den Rückversicherungsmärkten und den Folgen für die Katastrophen-Kontrakte finden sich in Abschnitt 5.4.3.

Folgende Abbildung zeigt die Preisentwicklung für die Rückversicherung von Naturkatastrophen-Risiko (CatXL) im Zeitverlauf und im Vergleich zur Preisentwicklung im übrigen Rückversicherungsmarkt.

[164] Obwohl Preisschwankungen auf Märkten immer durch Angebot und Nachfrage verursacht werden können, sind die Preisschwankungen für Rückversicherungskapazitäten in der Regel auf die Anbieterseite zurückzuführen. Die Preiserhöhungen korrelieren mit einer industrieweiten niedrigen Eigenkapitalrendite und vice versa. Dieser Effekt wird noch verstärkt durch eine psychologisch zu erklärende besondere Beeinflussung der Wahrnehmung durch zeitlich nahe Ereignisse.

[165] Vgl. Mooney/Zaffino (2003), S. 3.

[166] Siehe Cummins/Doherty (2002), S. 12.

[167] Vgl. Baur/Enz (2003), S. 21.

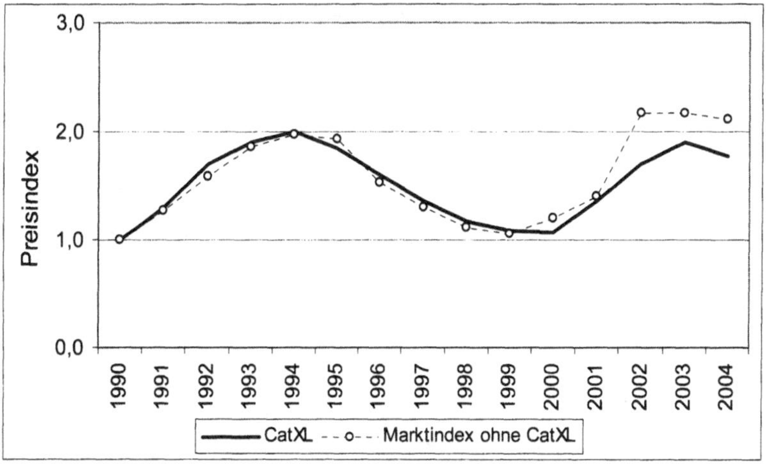

Abbildung 6: PREISZYKLUS IN DER RÜCKVERSICHERUNGSINDUSTRIE[168]

Preiszyklen wie in der Rückversicherungsindustrie sind aus wissenschaftlichen Überlegungen heraus ein deutlicher Indikator einer eventuell bestehenden Ineffizienz. Die Preise für Naturkatastrophen-Risiko sollten primär von dem Schadenspotenzial abhängig sein. Da dieses wenigstens kurz- bis mittelfristig konstant ist, sind die empirisch zu beobachtenden Schwankungen Anzeichen einer mangelhaften Funktionsweise des bestehenden Systems der Risikoabsicherung. Über die fundamentalen Risikofaktoren ist auch nicht zu begründen, warum die Preise für CatXL-Deckung nahezu identisch mit der Preisentwicklung für andere Rückversicherungsrisiken verlaufen sollten. Eine rein risikoorientierte Preisbildung ist daher nicht wahrscheinlich.

Absolutes Preisniveau

Über die Analyse der Preisentwicklung hinaus ist ebenfalls interessant, inwieweit die Preise sich an den tatsächlichen Risikokosten orientieren. Eine relativ einfache Art der Prämienberechnung für die Übernahme von Naturkatastrophen-Risiko ist die Bildung der Summe aus der jährlichen Schadenerwartung plus eines Aufschlags, der sich aus Verwaltungs- und Organisationskosten und Ähnlichem bestimmt. Im kapitalmarkttheoretischen Idealfall sollten Kapitalkosten und Gewinnmargen keinen weiteren Preisaufschlag rechtfertigen.[169] Basierend auf dieser Berechnung lässt sich empirisch feststellen, dass die Preise für die Katastrophen-Absicherung deutlich über diesem Wert liegen.[170]

---

168 Dargestellt ist der Katastrophen-Rückversicherungsmarkt gegenüber dem übrigen Sach-Rückversicherungsmarkt. Quelle: Eigene Auswertung basierend auf Daten der SwissRe, CAMARES (interne Studie).

169 Siehe hierzu auch die weiteren Ausführungen in Abschnitt 5.3.4.2.

170 Zu diesem Schluss kommt Froot (2001), der die Preise für die Rückversicherung von Katastrophen-Risiko im Zeitraum von 1980 bis 1994 untersucht. Siehe Froot (2001), S. 540. Für eine aktuelle Untersuchung mit gleichem Ergebnis siehe auch Lane (2004).

Da im Rahmen der Untersuchung in Kapitel 5.4 das Preisniveau ausführlich erläutert wird, sei an dieser Stelle darauf verwiesen.

2.2.5 Zwischenfazit

Die vorgestellten Ausführungen zeigen, dass das traditionelle System der Risikoabsicherung angesichts der erheblichen Bedrohung unserer Gesellschaft durch Naturkatastrophen-Risiko offenbar nicht hinreichend effizient ist. Naturkatastrophen-Risiko wird (1) insgesamt zu wenig weitergegeben, die (2) Kapitaldecke der risikosichernden Institutionen ist gemessen an der Bedrohung zu gering und das insgesamt zu (3) hohe Preisniveau verläuft sehr stark (4) zyklisch.

All diese Faktoren sind Indizien für die offenbare Ineffizienz der bestehenden und die Vorteilhaftigkeit alternativer Instrumente und werden in der wissenschaftlichen Literatur auf unterschiedliche Marktimperfektionen zurückgeführt.[171] Die traditionelle Funktionsweise der Versicherungsindustrie als Kapitalsammelstelle für Versicherungsschäden erfordert als Sicherheit für die Übernahme von Katastrophen-Risiko ein Kapitalpolster. Die Bevorratung von Kapital ist aber durch steuerliche[172], regulatorische[173] und andere Transaktionskosten sowie Informationsasymmetrien und Prinzipal-Agenten-Probleme[174] teuer. Daneben gelten eine eventuelle Marktmacht der Rückversicherungen, psychologische Faktoren sowie die Einflussnahme des Staates und ähnliche Faktoren als mögliche Ursachen einer Ineffizienz des traditionellen Versicherungssystems.[175] Eine fundierte Auseinandersetzung mit diesen Ursachen und dem traditionellen Versicherungssystem unterbleibt auf Grund der Zielsetzung der Arbeit. Da die genannten Faktoren aber neben dem konventionellen System auch die Absicherung mittels alternativer Instrumente beeinflussen werden sie im Folgenden bei der Analyse der Katastrophen-Kontrakte in unterschiedlichen Abschnitten dieser Untersuchung berücksichtigt.

2.2.6 Konzepte des Alternativen Risikotransfers

In der wirtschaftswissenschaftlichen Theorie und Praxis motiviert eine zu beobachtende Ineffizienz i. d. R. eine Beschäftigung mit zwei unterschiedlichen Konzepten. Erstens kann eine Ineffizienz zum Ruf nach staatlicher Beeinflussung und Leitung führen. So existieren für den Transfer von Katastrophen-Risiko Arbeiten, welche die Schaffung einer staatlichen Instanz untersuchen. Auch bestehen in der Praxis unterschiedliche staatliche ex ante und ex post Programme, die versuchen Abhilfe zu schaffen.[176] Deshalb ist

---

171 Froot (2001) liefert die umfassendste Aufstellung. Siehe Froot (2001), S. 555-569. Ebenso Jaffee/ Russell (1997), S. 209-216; Froot (1999a), S. 4-5.

172 Vgl. Harrington (2000), S. 42.

173 Z. B. sind die Preise für Katastrophen-Versicherung nicht in allen Ländern dem freien Spiel der Märkte überlassen, sondern regulatorisch fixiert.

174 Vgl. Niehaus (2002), S. 589-590.

175 Vgl. Froot (1997), S. 7-18.

176 Für einen Überblick siehe Mooney/Zaffino (2004) Appendix A.

in nahezu allen entwickelten Volkswirtschaften nach Eintritt einer Naturkatastrophe mit staatlicher Soforthilfe zu rechnen. Wie Abbildung 3 zeigt, kann der Staat im Fall einer Katastrophe als „Insurer of Last Ressort“ fungieren.[177] Die aktuell existierenden Programme zur Absicherung von Naturkatastrophen-Schäden tun dies aber in der Regel nur in sehr begrenztem Maße und können im Sinne von staatlichen Sicherungssystemen nur als Basis,[178] aber keineswegs als ausreichend angesehen werden. Eine Vielzahl weiterer Arbeiten verfolgt, wie auch die vorliegende Untersuchung, hingegen einen Ansatz, welcher eine Veränderung durch das freie Spiel der Kräfte im Markt erwartet. Gegenüber der angesprochenen Form der staatlichen Rückversicherung sind auch privatwirtschaftliche Maßnahmen zur Beseitigung der potenziellen Ineffizienz zu beobachten. Die Rekordschäden durch Naturkatastrophen Anfang der 90er Jahre sorgten neben den ökonomischen Schäden auch für eine Bewusstseinsänderung in der Versicherungsindustrie.

Analog zur Krise in der Finanzindustrie in den 80er Jahren, die ebenfalls in Kapazitätsproblemen des traditionellen Systems ihren Ursprung hatte, sorgten auch die Kapazitätsprobleme in der Versicherungsindustrie für ein Umdenken und für die Suche nach alternativen Lösungsmöglichkeiten. Basierend auf der Erkenntnis, dass ein Verlust von 100 Mrd. USD ca. 30% der Eigenkapitalbestände der US-Versicherungsindustrie vernichten würde, aber gleichzeitig weniger als 0,5% des Wertes der amerikanischen Aktien und Anleihen wäre,[179] lag es nahe, Finanzkontrakte zu schaffen, die einen Transfer von Katastrophen-Risiko direkt an die Kapitalmärkte ermöglichen.[180] Auf den Finanzmärkten sollte ein neues Finanzprodukt entstehen, das eine Verbriefung des Risikos und einen Handel erlaubt und so die Kapazitätsgrenzen erweitert.

Die Entstehung von Insurance-Linked Securities (ILS) ist dabei Teil einer breiten Entwicklung, die sich unter dem Schlagwort des Alternativen Risikotransfers (ART) subsumieren lässt. Die Erkenntnis der Ineffizienz sowie ein intrinsisches Gewinnstreben der Marktakteure haben zur Entwicklung und Entstehung von Instrumenten und Trägern des Alternativen Risikotransfers geführt, denen auch die hier zu untersuchenden Finanzkontrakte zuzurechnen sind. Der Begriff des ART ist dabei keineswegs eindeutig definiert und richtet sich jeweils individuell nach den unterschiedlichen Instrumenten, die unter diesem Oberbegriff zusammengefasst werden können.[181] Der Ausdruck „Alternativ“ bezieht sich zumeist darauf, dass diese Maßnahmen im System der konventio-

177 Ein besonderer Nachteil einer staatlichen Lösung ist, dass Katastrophen-Risiko somit nicht länderübergreifend diversifiziert wird und dass im Schadensfall auf Grund der besonderen Höhe der Schäden gemessen am Sozialprodukt einzelner Länder eine erhebliche Beeinträchtigung der Wirtschaft eintreten kann. Vgl. o.V. (1997b), S. 10.

178 Vgl. Cummins/Doherty/Lo (2002), S. 558.

179 Vgl. Cummins/Lalonde/Phillips (2004), S. 78.

180 Die tägliche Bewegung an den US-Kapitalmärkten von 70 Basispunkten entspricht ca. 130 Mrd. USD (Stand 1997) und zeigt die enorme Kapazität dieser Märkte. Siehe Durrer/Kielholz (1997), S. 3.

181 Vgl. Bauer (1998), S. 555-559.

nellen Risikoabsicherung nicht existieren. Des Weiteren kann das Konstrukt des ART in alternative Träger und alternative Instrumente untergliedert werden. Im Hinblick auf die Ausgangsthese der Arbeit (potenzielle Ineffizienz des bestehenden Systems der Katastrophen-Risikoabsicherung) ist bei der Begriffsdefinition besonders interessant, inwiefern durch den Einsatz der neuartigen Instrumente neue Kapazitäten zur Risikoabsicherung entstehen lässt. Folgende Tabelle gibt einen Überblick über unterschiedliche Konzepte und Instrumente des ART:[182]

Alternative Risikoträger	Alternative Instrumente
Selbstversicherung/Captives	Finite Risk Versicherungen
Risk Retention Groups	Committed/Contingent-Capital
Pools	Multi-Year/Multi-Line Produkte (MMP)
Kapitalmärkte	Multi-Trigger-Produkte (MTP)
	Neue Asset-Risk-Lösungen
	Wetterderivate
	Verbriefung/Insurance-Linked Securities

Tabelle 4: FORMEN DES ALTERNATIVEN RISIKOTRANSFERS[183]

[182] Weitere Informationen zu ART-Instrumenten und -Konzepten finden sich bei Holzheu/Karl/Raturi (2003); Herold/Paetzmann (1999); o.V. (1999a).

[183] Quelle: Holzheu/Karl/Raturi (2003), S. 18. Für weitere Erklärungen zu den einzelnen Begriffen wird hier ebenfalls auf diese verwiesen.

3 Struktur von üblichen Finanzkontrakten zur Katastrophen-Risikoabsicherung und aktuelle Marktlage

3.1 Begriffliche Vorbemerkungen

3.1.1 Charakteristika von Finanzmärkten

Der Untersuchungsgegenstand der vorliegenden Arbeit sind handelbare Finanzkontrakte, die eine Absicherung von Katastrophen-Risiko über die Finanzmärkte vollziehen. Als Grundlage weiterer Ausführungen ist daher zunächst der Begriff des Marktes im Allgemeinen und der des Finanzplatzes im Speziellen zu beschreiben, um in diesem Zusammenhang die entsprechenden Handelsobjekte und deren qualitative Charakteristika zu definieren. Hierdurch erfolgt eine weitere Abgrenzung und Definition des Untersuchungsgegenstands.

Begriff und Struktur eines wirtschaftlichen Marktes

In der Wirtschaftstheorie wird als Markt der Ort bezeichnet, an dem Nachfrage und Angebot für ein Gut zusammentreffen.[184] Die mikroökonomische Markttheorie beschäftigt sich mit der Modellierung des Marktergebnisses (insbesondere des Marktpreises für ein Gut) in Abhängigkeit von verschiedenen Einflussgrößen. Das Marktergebnis ist dabei besonders von zwei verschiedenen Parametern, sog. Marktdimensionen, abhängig.[185] Die erste Dimension besteht aus der *Anzahl der Marktteilnehmer* (sowohl Anbieter als auch Nachfrager), die einen großen Einfluss auf das Marktergebnis hat, wobei man zunächst neutraler von der Marktform spricht, die dann in der Folge aber das Marktergebnis bestimmt. Existiert z. B. eine Vielzahl von Anbietern eines Produktes, ist der einzelne Anbieter kaum in der Lage, den Markt in seinem Sinne, z. B. durch einen besonders hohen Preis, nachhaltig zu beeinflussen. Er ist in diesem Fall Preisnehmer. Bei einer monopolistischen Marktstruktur ist er dagegen in der Lage, einen beliebigen Preis zu verlangen, und wird daher als Preissetzer bezeichnet. Eine gleiche Argumentation gilt auch für die Nachfrageseite.

Die zweite Dimension, welche die Marktform und das Marktergebnis maßgeblich beeinflusst, ist der *Homogenitätsgrad*, der bemisst, inwiefern gleichartige Präferenzen der

184 Vgl. Kortmann (2002), S. 351.

185 Diese Argumentation folgt dem so genannten Struktur-Verhalten-Ergebnis-Schema der „Harvard School", wobei die Struktur neben der reinen Anzahl und jeweiligen Größe der Marktteilnehmer auch weitere handlungsbeeinflussende Parameter umfasst. Vgl. Kortmann (1997), S. 269. Als Marktergebnis wird zumeist, aber nicht ausschließlich, der sich bildende Marktpreis angesehen. Vgl. Warner (1996), S. 3364-3365. Siehe zu Erläuterungen der Position der Harvard School Böbel (1984).

Nachfrager für ein spezifisches Produkt existieren.[186] So haben sowohl Anbieter als auch Nachfrager neben dem Einfluss auf den Preis auch die Möglichkeit, weitere Parameter wie etwa Produkteigenschaften entsprechend anzupassen bzw. solche Anpassungen zu fordern. Die Nachfrager können z. B. durch Differenzen in ihrem Verlangen für eine Teilung des relevanten Marktes sorgen, die in der Folge unterschiedliche Produkte und Preise nach sich zieht.[187] In der Folge determinieren die Anbieter durch die Definition ihres individuellen Produktprogramms ihrerseits den relevanten Markt mit seinen typischen Nachfragern und Anbietern (Konkurrenz). Der einzelne Marktakteur kann so durch die bewusste Definition seines Produktes zum Teil seinen eigenen Markt definieren. Die tatsächliche Marktstruktur bewegt sich dann zwischen den beiden Extrempunkten des „Elementarmarktes" und des „Totalmarktes".[188]

Während die Homogenität zumeist durch eine Variation der Nachfrageseite (heterogen oder homogen) abgebildet wird, ist die Variation der Anbieter (Monopol, Oligopol oder Polypol) für das Marktergebnis gleichermaßen interessant.[189] In der Folge finden sich verschiedene Typologien der Marktformen.[190] Diese werden zusammen mit anderen Parametern wie der Produktdifferenzierung, dem Grad der Marktakzeptanz etc. als Marktstruktur bezeichnet.[191] Die Parameter der Marktstruktur bestimmen dann wiederum das Verhalten der Marktakteure, welches im Marktergebnis resultiert.[192]

Charakteristika von Finanzplätzen

Finanzmärkte können in diesem Sinne als „Marktkomplex" verstanden werden.[193] Ein Marktkomplex ist dadurch charakterisiert, dass auf ihm eine Vielzahl miteinander verbundener bzw. gleichartiger Güter (in diesem Fall Finanzkontrakte) gehandelt wird. Die Klassifikation des Finanzmarktes erfolgt demnach über die gehandelten Waren, nicht über die Marktteilnehmer oder die Marktstruktur. Der globale Finanzmarkt kann als Summe aller nationalen Finanzplätze und ihrer Börsen verstanden werden. Finanzmärkte lassen sich nach ihrer Art weiter in börslich und außerbörslich (OTC-Märkte) organi-

---

186 Je nachdem, ob Angebot und Nachfrage auch tatsächlich zum Ausgleich kommen, also eine Transaktion überhaupt stattfindet, oder nur potenzielles Interesse existiert, aber kein Geschäft entsteht, kann zwischen aktiven und passiven Marktteilnehmern unterschieden werden.

187 Vgl. Löchel (2003), S. 121-122.

188 Diese Bezeichnung geht auf Stackelberg (1934) zurück und bezeichnet das Aufeinandertreffen von einem Anbieter und einem Nachfrager gegenüber dem aller Anbieter und Nachfrager.

189 Im Rahmen der vorliegenden Arbeit ist diese strenge Trennung zwischen Anbietern und Nachfragern nicht durchzuhalten, da beispielsweise nicht klar ist, ob Rückversicherungen Anbieter von Katastrophen-Kontrakten sind oder Nachfrager von alternativen Absicherungsprodukten.

190 Diese Marktformen sind im Zeitverlauf nicht konstant. Daher wird auch in der vorliegenden Untersuchung das zunächst statische Verständnis erweitert. Siehe hierzu die Ausführungen in Kapitel 4.4 und die Anwendung in Kapitel 6.1 und 6.2.

191 Vgl. Berg (1999), S. 309; Scherer (1970), S. 5.

192 Vgl. Fn. 185.

193 Zum Begriff des Marktkomplexes siehe Krelle (1961), S. 25.

sierte unterscheiden.[194] Auf Grund des allgemeinen gesellschaftlichen Interesses an Börsen als einem wichtigen Bestandteil des Finanzsystems waren und sind diese oft quasi in öffentlicher oder genossenschaftlicher Hand.[195] Im internationalen Vergleich fallen dabei Unterschiede der Strukturen der einzelnen Börsen auf. Diese unterscheiden sich nicht nur in Bezug auf Kontraktstrukturen und Zulassungsbeschränkungen, sondern auch auf die Handelsfrequenz, Handelszeiten, Preisermittlung oder Handelsorganisation.[196] Die weiteren Ausführungen abstrahieren auf Grund der Fokussierung der Arbeit auf die Kontraktstruktur jedoch bewusst von den Charakteristika der einzelnen Handelsplätze.

3.1.2 Eigenschaften eines Finanzkontraktes und Definition des Untersuchungsgegenstands

Finanzkontrakte[197] sind Verträge, die sich durch folgende fixierte oder auch konditionale, d. h. von variablen Sachverhalten abhängige Vertragsbestandteile auszeichnen. Finanzkontrakte regeln insbesondere:[198]

- Zahlungs-, Informations- und Einwirkungsrechte sowie -pflichten
- Laufzeiten und Sicherheiten
- Wandel- und Weiterveräußerungsrechte
- Rang- und Pfandrechte

Diese Determinanten sind aber keineswegs erschöpfend, und komplexe Finanzkontrakte wie z. B. derivative Finanzkontrakte eröffnen in der Praxis eine Vielzahl weiterer Ausgestaltungsmöglichkeiten.[199] Eine allgemeine Definition des Begriffs „Finanzkontrakt“ ist durch diese sehr unterschiedlichen Vertragsbestandteile und ihre real vorkommende Vielfalt kaum möglich.[200] Die Definition des Untersuchungsgegenstands erfolgt daher durch eine generische Charakterisierung sowie eine detaillierte Darstellung seiner empirisch zu beobachtenden Ausprägungen.

---

[194] Eine andere Unterscheidung ist nach Art der Produkte in Termin- und Kassamärkte und weiter in unbedingte und bedingte Terminmärkte möglich. Vgl. Anderle/Kaufmann (1998), S. 11.

[195] Im Zuge der weitgehenden Privatisierung von Staatsvermögen hat auch hier ein Umdenken stattgefunden. Börsen sind aber nach wie vor durch eine Vielzahl an rechtlichen Bestimmungen einer starken staatlichen Kontrolle ausgesetzt.

[196] Für einen umfassenden Überblick siehe Lüdecke (1996), S. 25-51.

[197] Der Begriff des Finanzkontrakts wird in der vorliegenden Arbeit synonym mit dem Begriff des Finanzprodukts verwendet. Da ein Kontrakt zumeist einen rechtlichen Hintergrund aufweist, bot sich für den Titel der Arbeit der Begriff des Produkts an, der den vielschichtigen Aspekten des Untersuchungsgegenstands sowie den teilweise aus dem Marketing entstammenden Gesichtspunkten besser Rechnung trägt.

[198] Quelle: Eigene Zusammenstellung basierend auf den in der Empirie vorkommenden unterschiedlichen Kontrakten. Für detaillierte Ausführungen siehe auch Franke/Hax (1999), S. 30-53.

[199] Bei diesen müssen z. B. das Erfüllungsverfahren, Laufzeiten, Basispreis etc. festgelegt werden.

[200] Eine umfassende Einführung liefert Franke/Hax (1999), S. 30-53.

Finanzkontrakte als Gegenstand der vorliegenden Untersuchung sind Verträge, die sich an Finanzmärkten handeln lassen. Sie regeln dementsprechend Rechte und Pflichten zwischen Verkäufern und Käufern und sind primär dadurch charakterisiert, dass sie Zahlungsströme disponieren. Im spezifischen Sinne der Untersuchung ist ein Finanzkontrakt somit ein Vertrag, der eine konditionale, von Katastrophen-Risiko abhängige Zahlung spezifiziert. Er eignet sich entsprechend zur Übertragung von Naturkatastrophen-Risiko. Im Gegensatz zum Versicherungsvertrag[201] zeichnet sich ein Finanzkontrakt durch eine mögliche Stückelung und Fungibilität aus. Normative Zielsetzung dieser Kontrakte im Sinne der Intention dieser Arbeit ist die Beseitigung möglicher Ineffizienzen im System der traditionellen Katastrophen-Absicherung durch die Schaffung eines alternativen Mechanismus und die Erschließung neuer, risikotragender Kapazitäten.

3.1.3 Konstrukt der Marktqualität

Der Markt für Finanzkontrakte lässt sich über seine strukturellen Eigenschaften hinaus auch anhand allgemeiner Eigenschaften beschreiben, die für Anbieter und Nachfrager unabhängig von den Charakteristika des einzelnen Finanzkontrakts von Bedeutung sind und die Qualität eines Finanzmarktes zum Ausdruck bringen. Transaktionskosten, Geld-Brief-Spanne und Liquidität sind Aspekte, welche die Attraktivität eines Marktes für die Teilnehmer nachhaltig beeinflussen.

Für die Marktteilnehmer sind geringe *Transaktionskosten* von hoher Wichtigkeit und stellen ein entscheidendes Qualitätsmerkmal eines Finanzplatzes dar. Transaktionskosten umfassen alle expliziten und impliziten Kosten, die im Zuge der Marktnutzung entstehen.[202] Sie werden dem Marktteilnehmer ausdrücklich in Rechnung gestellt und enthalten Gebühren für die direkte Nutzung der Marktinfrastruktur, Kursmaklercourtagen und Provisionen für die Dienstleistungen der Agenten der Käufer bzw. Verkäufer und Ähnliches. Auch Steuern belasten Finanzmarkttransaktionen u. U. zusätzlich. In Deutschland wurde z. B. bis 1990 eine Börsen-Umsatzsteuer erhoben.

Neben diesen bisher erwähnten Kosten einer Markttransaktion existieren weitere Kosten der Marktnutzung.[203] So besteht zwischen Kauf- und Verkaufskurs in der Regel eine Differenz.[204] Diese so genannte *Geld-Brief-Spanne* wird damit begründet, dass die Ausführung des Auftrags und die Vorhaltung[205] der Finanztitel Kosten (Infrastruktur, Per-

---

201 Ein Versicherungsvertrag weißt i. d. R. Risiko-, Spar- und Dienstleistungskomponenten auf. Im Sinne dieser Arbeit wird lediglich der Risikobestandteil betrachtet. Zur Struktur und dem Wesen von Versicherungsverträgen siehe Farny (2000), S. 21-25.

202 Vgl. Demsetz (1968), S. 35.

203 Vgl. Gomber/Schweickert (2002), S. 486.

204 Für eine grundlegende Darstellung siehe Demsetz (1968), S. 35-40.

205 Diese Vorhaltekosten sind von reinen Lagerkosten zu unterscheiden. Während der Haltedauer ist der Market-Maker einem Preisänderungsrisiko ausgesetzt, für das er kompensiert werden muss. Vgl. Stoll (1978), S. 1133. Zum Market-Maker siehe Fn. 208.

sonal etc.) verursacht.[206] Da die an den Börsen tätigen Kursmakler in der Regel nicht nur „Match-Maker" zwischen Angebot und Nachfrage sind, sondern auch Geschäfte in eigenem Namen durchführen können, stellt diese Differenz eine Art Handelsmarge dar, die auch für das übernommene Risiko entschädigt.[207] Die Market-Maker[208] müssen nämlich damit rechnen, dass die anderen Marktteilnehmer über mehr Informationen als sie selbst verfügen. Eine Differenz zwischen Kauf- und Verkaufskurs wirkt dementsprechend wie eine Art Versicherung des Market-Makers.[209] Diese drei Komponenten[210] sorgen für eine Differenz zwischen Ankaufs- und Verkaufskurs.[211] Die Hälfte der Geld-Brief-Spanne stellt für den einzelnen Marktteilnehmer Kosten dar, die beim Kauf bzw. Verkauf als Abweichung vom Marktpreis gezahlt werden müssen.

Zu den impliziten Kosten der Marktnutzung zählt auch die potenzielle Fähigkeit eines Marktes, ein Geschäft abzuwickeln. Eine hohe *Liquidität* stellt dementsprechend ein weiteres Qualitätsmerkmal eines Marktplatzes dar. Sie garantiert, dass sich der Kurs des Finanzkontraktes auf Grund der individuellen Kauf- bzw. Verkaufsentscheidung nicht ändert, da jederzeit ausreichend Angebot bzw. Nachfrage vorhanden ist.[212] Ist ein Markt vergleichsweise illiquide, so kann z. B. der aktuelle Wert des Kontraktes auf Grund einer großen Verkaufsorder entsprechend deutlich sinken.[213] Eine geringe Geld-Brief-Spanne infolge eines hohen Handelsvolumens stellt ein entsprechendes Merkmal einer hohen Liquidität dar.[214] Infolgedessen verringert eine hohe Liquidität Umschichtungskosten in Form von impliziten Transaktionskosten und ermöglicht Flexibilität.[215]

---

206 Vgl. Glosten/Milgrom (1985), S. 71.

207 Siehe beispielsweise die Modelle von Amihud/Mendelson (1980) und Ho/Stoll (1981).

208 Unter einem Market-Maker versteht man offizielle Börsenmitglieder, die für bestimmte Wertpapiere An- und Verkaufskurse stellen. Auf Verlangen eines zugelassenen Marktteilnehmers ist der Market-Maker verpflichtet, zu diesen Kursen zu kaufen bzw. zu verkaufen. Als Vergütung erhält er die Spanne („Spread") zwischen An- und Verkaufskurs. Ein Match-Maker geht dagegen kein Risiko ein, sondern bringt nur An- und Verkäufer zusammen. Vgl. Yavas (1992), S. 33-34.

209 Siehe Glosten/Milgrom (1985), S. 97-98.

210 Von Marktmacht als Ursache der Differenz zwischen Ankaufs- und Verkaufskurs wird bei dieser Darstellung abstrahiert.

211 Huang/Stoll (1997) finden, dass die Geld-Brief-Spanne sich durchschnittlich wie folgt verteilt: 62% Auftragsabwicklung, 29% Bevorhaltung, und 9% Kosten infolge von Informationsasymmetrien. Siehe Huang/Stoll (1997), S. 1030. Als Grundlage auch die theoretische Untersuchung von Stoll (1978).

212 Liquidität ist entsprechend als die Fähigkeit eines Marktes definiert, den Kauf oder Verkauf auch hoher Volumina ohne entsprechende Preisänderungen abwickeln zu können. Vgl. Silber (1981), S. 137; Schwartz (1992), S. 666; Campbell (1988), S. 3-4; Silber (1991), S. 71; Harris (1990), S. 3; Kempf (1998), S. 299. Der Begriff der Liquidität ist ebenfalls Grundlage der so bezeichneten Eigenschaft der Liquidität von Institutionen. Zu diesem Begriff siehe Meyer zu Selhausen (2001). Das hier als Liquidität bezeichnete Phänomen wird hingegen zumeist als Markt-Liquidität bezeichnet. Siehe die in dieser Fußnote bereits zitierten Quellen.

213 Es kommt dann zu temporären oder permanenten Preiseffekten auf Grund einer Markttransaktion. Diese Preiseffekte sind ceteris paribus (d. h. ohne dass der Transaktion neue kursrelevante Informationen zugrunde liegen) als Marktschwäche zu interpretieren.

214 Vgl. Amihud/Mendelson (1988), S. 5-6; Black (1986), S. 45. Zu dem theoretischen und empirischen Zusammenhang siehe Garbade/Silber (1976), S. 736; Demsetz (1968), S. 40-46. Als Folge einer ho-

Generell beschreibt die Liquidität eines Marktes seine Fähigkeit, innerhalb kurzer Zeit Order aufzunehmen, ohne dass entsprechende Preiseffekte auftreten.[216] Die aktuelle Geld-Brief-Spanne kann als Liquiditätsprämie interpretiert werden. Sie ist nicht permanent gültig, sondern variabel und wird der aktuellen Angebots- und Nachfragesituation angepasst. Der sog. „Market-Impact", also die Veränderung des An- bzw. Verkaufskurses durch übermäßiges Angebot oder Nachfrage wird durch weitere Kriterien, die gleichsam auch Indikatoren der Liquidität darstellen, gemessen. Das Konzept der Markt-Liquidität wird so neben der Geld-Brief-Spanne an vier verschiedenen Kriterien dargestellt, die ebenfalls als Qualitätsmerkmal einer Börse gelten:[217]

- Die *Markttiefe* und *Marktbreite*[218] spezifizieren das passive Marktinteresse. Sie werden durch die Anzahl (Markttiefe) und das Volumen (Marktbreite) gemessen, die um den Gleichgewichtspreis herum existieren, aber aktuell nicht zur Ausführung kommen.[219] Sie charakterisieren das potenzielle Handelsvolumen, das unter bzw. über dem aktuellen Kurs liegt und das zur Ausübung kommen wird, sobald sich der Kurs durch neue Order verändert. Annäherung hierfür ist das tatsächliche Handelsvolumen, das in der jüngeren Vergangenheit und Gegenwart in diesem Finanzkontrakt oder Gut gehandelt wurde.[220]
- Die *Regenerationszeit,* Erneuerungszeit oder auch Elastizität bemisst die Zeit, die der Marktpreis nach einer Abweichung benötigt, um zu seinem alten Niveau zurückzukehren. Eine reale Messung ist komplex und durch das fortwährende Entstehen von Neuigkeiten nur sehr schwer möglich.
- Als viertes Kriterium wird die Zeitdauer, die vergeht, bis eine Transaktion ihren Counterpart gefunden hat, genutzt. Diese *Ausführungszeit* oder auch *Sofortigkeit* lässt sich im Vergleich zu den drei anderen Kriterien relativ einfach messen.

Besonders die Dimensionen der Marktbreite und -tiefe machen deutlich, dass die Höhe der impliziten Transaktionskosten, die im Zuge der Marktnutzung entstehen, zumeist von der Größe der auszuführenden Transaktion im Verhältnis zum Angebot bzw. zur Nachfrage abhängig sind. Besonders für institutionelle Investoren, die dadurch charak-

---

hen Liquidität wird oft auch ein hohes Handelsvolumen genannt, das aber per se keinen Wert darstellt.

215 Illiquide Märkte können als Märkte mit einer sehr hohen Differenz zwischen Geld- und Brief-Kurs aufgefasst werden, so dass Flexibilität konzeptionell in direkter Abhängigkeit von den Handelskosten beschrieben werden kann. Vgl. Breen/Hodrick/Korajczyk (2002), S. 470.

216 Die Markt-Liquidität lässt sich dementsprechend anhand einer Zeit-, Mengen- und Preisdimension beurteilen. Siehe auch Fn. 212.

217 Vgl. Stenzel (1998), S. 125; Schiereck (1995), S. 24; Bortenlänger (1996), S. 49; Bienert (1996), S. 199.

218 Hierbei muss angemerkt werden, dass auch alternative Definitionen der Begriffe Marktbreite und Markttiefe existieren. Siehe z. B. Harris (1990), S. 3. Die Deutsche Börse AG bezeichnet als Marktbreite bzw. als Indikator hierfür die Geld-Brief-Spanne. Siehe Gomber/Schweickert (2002), S. 486.

219 Vgl. Schwartz (1992), S. 666.

220 Vgl. Schwartz (1992), S. 667.

terisiert sind, dass sie große Volumina bewegen, ist davon auszugehen, dass die impliziten Kosten die expliziten Kosten um ein Vielfaches übersteigen.[221]

3.2 Grundsätzliche Charakteristika von Katastrophen-Produkten

Nachdem im ersten Kapitel dieses Teils der Arbeit das theoretische Konzept und der Begriff des Finanzkontrakts und des Kapitalmarkts erläutert wurden, sind im Folgenden die Ausprägungen der empirisch zu beobachtenden Katastrophen-Kontrakte darzustellen. Insurance-Linked Securites (ILS) sind bisher in unterschiedlichen Prägungen aufgetreten bzw. vorstellbar.

3.2.1 Risikotransfer als Grundeigenschaft

Eine der grundlegenden Eigenschaften der Katastrophen-Kontrakte, welche die potenzielle Ineffizienz des konventionellen Systems beseitigen sollen, ist die Erschließung des Kapitalmarkts zum Transfer von Katastrophen-Risiko und zur Deckung von Schadensfällen. Die Produkte, die dies im engeren Sinne leisten, werden im Verlauf dieses Kapitels detailliert erläutert.

Im weiteren Sinne kann der Risikotransfer auch durch Produkte erfolgen, die im Schadensfall eine weitergehende Finanzierung des betroffenen Unternehmens sicherstellen. Unter diesem so genannten „Contingent-Capital" versteht man Finanzkontrakte, mit denen der Käufer dem Verkäufer zusichert, im Schadensfall Eigen- oder Fremdkapital bzw. Hybride zu einem vorher festgelegten Preis zu übernehmen.[222] Insofern findet keine Zahlung zur Entschädigung, sondern eine Milderung der Folgen statt. Contingent-Capital ist damit als Finanzierungsinstrument zu sehen, das im Schadensfall vor allem die Liquidität des Unternehmens sichert.[223] Es kann zwar die Folgen der Schadenszahlungen (z. B. für ein Versicherungsunternehmen) mildern, erlaubt aber keinen Risikotransfer im Sinne der nachfolgend genannten Produkte.[224]

Anzumerken bleibt, dass das gesamte Marktvolumen für Contingent-Capital seit 1995 auf ca. 6 Mrd. USD geschätzt wird und damit keinesfalls unbedeutend ist.[225] Da dieser Markt aber sehr intransparent ist,[226] werden zwar die öffentlich verfügbaren Informationen über diesen Markt, die von Belang für den Untersuchungsgegenstand sind in die Arbeit einfließen, das Konstrukt Contingent-Capital wird aber darüber hinaus in der folgenden Analyse nicht weiter betrachtet.

---

221 Vgl. Gomber/Schweickert (2002), S. 487.

222 Vgl. Laster/Raturi (2001), S. 16.

223 Deswegen teilweise auch als „Contingent Liquidity" bezeichnet. Siehe z. B. o.V. (2001a), S. 5.

224 Vgl. Sandars (1999), S. 7.

225 Siehe Holzheu/Karl/Raturi (2003), S. 34.

226 Beispielsweise schätzt die Münchener Rück das Transaktionsvolumen für Contingent-Capital für die Jahre 1999, 2000 und 2001 auf 300 Mio. USD, während die SwissRe allein im Jahr 2000 1,5 Mrd. USD angibt. Siehe o.V. (2001a), S. 11; Holzheu/Karl/Raturi (2003), S. 35.

3.2.2 Schadensindices

Auf Grund der großen Bedeutung für die Ausgestaltung von Katastrophen-Kontrakten werden hier kurz die unterschiedlichen üblichen Schadensindices charakterisiert, die sich als Basis für eine von Katastrophen-Schäden abhängige Zahlungsstruktur eignen. Diese Schadensindices werden im nächsten Kapitel im Kontext sämtlicher möglicher Auslösemechanismen dargestellt.

Folgende Tabelle fasst die wesentlichen Merkmale und Unterscheidungskriterien der üblichen Schadensindices zusammen.[227]

[227] Eigene Auswertung basierend auf unterschiedlichen Quellen. Für eine umfassende Zusammenfassung siehe Thomas (1997); Powers/Powers (1997); Kist/Meyers (1999), Appendix A, Sayers/Fulcher (1998).

Charakteristika	PCS[228]	GCCI[229]	RMS[230]	Sigma[231]
Geographische Auflösung	Grob (US-Bundesstaats-bezogen)[232]	Fein (Post-Code)[233]	Fein	Sehr grob (Länderbezogen)
Einbezogene Schäden	Wichtigste Schadensarten (unspezifisch)	Wichtigste Schadensarten (spezifisch)	Erdbeben und Wirbelsturm	Alle Schadensarten
Schadensermittlung[234]	Kombination aus untersch. Methoden[235]/ Schätzungen[236]	Tatsächliche Schäden[237]	Computersimulation	Kombination aus untersch. Methoden/ schadensfokussiert
Besonderheiten	Historie seit 1949	Basierend auf tatsächlichen Zahlungen (ca. 40 Mio. jährlich)	Leichte Integrierbarkeit in andere Modelle	Historie seit 1970
Einheit	Verlust in USD	Loss to Value Ratio oder Schadensquote[238]	Verlust in USD	Verlust in USD
Anbieter	Insurance Services Office (ISO)	Guy Carpenter	Risk Management Solutions	SwissRe
Veröffentlichungszeitraum	Spätestens fünf Tage nach einer signifikanten Veränderung	Quartalsweise	Erste Prognose nach sieben Tagen, endgültig nach 28 Tagen	Jährlich
Zeitliche Aggregation (Schadensperiode)	Quartalsweise bzw. Jährlich	Quartalsweise[239]	Beliebig	Bezogen auf einzelne Ereignisse

Tabelle 5: SCHADENSINDICES IM ÜBERBLICK[240]

3.2.3 Auslösemechanismen der Kontrakte

Grundlage der in der Arbeit betrachteten Instrumente ist, dass ihre Zahlungen davon abhängig sind, ob ein vorher spezifiziertes Naturereignis (eine Katastrophe) eintritt oder

---

228 Property Claim Services (PCS). Für detaillierte Informationen zu der Indexermittlung siehe o.V. (1995d), S. 11-12.

229 Guy Carpenter Cat Index (GCCI). Für eine detaillierte Darstellung siehe o.V. (1997a). Der Index wird seit 1999 nicht mehr berechnet.

230 Risk Management Solutions (RMS).

231 Im ursprünglichen Sinne handelt es sich hierbei um keinen Index, sondern lediglich um eine Schadenshistorie. Vgl. hierzu und allgemein Kist/Meyers (1999), A4.

232 Der PCS Index ist eine Mischung aus einem staatsgrenzen- und regionenbezogenen Index. Er bezieht sich auf die Schäden in den US-Staaten (Florida, Texas und Kalifornien) sowie in den Regionen Eastern, Northeastern, Southeastern, Midwestern, Western und der gesamten US-Nation. Vgl. o.V. (1995d), S. 3.

233 Guy Carpenter ermittelt direkt den individuellen Schaden in 9.412 Postleitzahlenbezirken. 865 „Reporting-Units" beziehen sich auf zwei oder mehr Bezirke.

234 Die tatsächliche Schadensermittlung ist über die Grobstrukturierung hinaus komplexer.

235 ISO bestimmt das National Insurance Risk Profil (NIRP) und schätzt basierend auf den Naturkräften potenzielle Schäden.

236 PCS erhebt die Daten sowohl basierend auf Umfragen, als auch auf Modell-Prognosen und Experteneinschätzungen. Vorteil ist die schnelle Verfügbarkeit einer Schadensprognose, Nachteil die hohe Intransparenz. ISO versucht 70 oder mehr Prozent der Marktteilnehmer (nach Prämienvolumen) direkt und unmittelbar zu befragen.

237 Hochrechnung von ca. 25% des Gesamtmarktes.

238 Zur Verringerung der Manipulationsmöglichkeiten werden Unternehmensdaten um Marktanteile bereinigt.

239 Es handelt sich hierbei um ein komplexes System der Schadensfeststellung. Nach vier quartalsweisen Entwicklungszeiträumen, die drei Monate nach dem Ende der Schadensperiode starten, wird der Schaden in der folgenden, vier Monate dauernden Publikationsperiode dargestellt. Vorab kann an einem sog. Publikationstermin eine erste Feststellung der Schäden erfolgen.

nicht. Insofern stellt die reine Kontraktstruktur per se keine Innovation dar. Auch die Zahlungen einer Reihe von anderen Finanzkontrakten, wie etwa Kauf-Optionen auf Aktien, sind zustandsabhängig. Naturkatastrophen sind aber deutlich schwieriger zu charakterisieren und zu bewerten als z. B. der Kurs einer börsengehandelten Aktie an einem Stichtag. Die Spezifikation des zur Zahlung führenden Naturereignisses oder seiner Konsequenzen (Schäden etc.) ist daher eine wichtige Kontrakteigenschaft. Zur Identifikation einer Naturkatastrophe und zur Bestimmung der Zahlungshöhe haben sich in der Praxis verschiedene Auslösemechanismen (engl.: Trigger) etabliert. Folgende Tabelle fasst übliche Triggermechanismen sowie ihre Eigenschaften zusammen:[241]

240 Quelle: Eigene Darstellung.

241 Für weitere Erläuterungen siehe z. B. Dubinsky/Laster (2003), S. 8-11.

Charakteristika	Non-Indemnity[242]	Schadensbezogen		
Auslösemechanismus	Physisches Ereignis[243]	Simulierter Schaden	Realer Schaden	
Charakteristika des Auszahlungsmechanismus	Ereignis ist in keiner Art und Weise mit dem tatsächlichen Schaden verbunden	Durch Computer-Simulation wird ein physisches Ereignis zur Schadensprognose genutzt	Örtlich und sachlich begrenztes, aber aggregiertes Schadensportfolio	Sachlich und örtlich begrenztes, aber individuelles Schadensportfolio
Schadensbasis	Unbestimmt	Individual oder kollektiv	Kollektiv[244]	Individual
Reporting	Unabhängige Messstellen	Modelling-Agentur	Unabhängige Agenturen (s. u.)	Versicherungsnehmer
Beispiele für Auslöser	Richter-Skala, Saffir-Simpson-Skala, Fujita-Skala	RMS-Index	PCS, GCCI, Sigma, Sedgwick Global Underwriting Index[245]	Kfz-Schäden durch Hagel
Verwendung - Historisch:[246] - 2003:[247] - 2004:	 8% 71% 63% 66% 55%	 8% 13% 10% 8% 7%	 24% 5% 11% 12% 23%	 56% 11% 16% 14% 16%
Beispiele	Parametric Re Ltd. (1997)	Mediteranean Re (2000), Golden Eagle II (1999)	CBOT Optionen und Futures, BCOE Optionen, SwissRe Earthquake Fund (1997)	USAA (1997) , Winterthur (1997)

Tabelle 6: TRIGGERMÖGLICHKEITEN VON KATASTROPHEN-KONTRAKTEN[248]

3.3 Formen der Verbriefungskontrakte

Konzeptionell ist der Transfer von Katastrophen-Risiko durch ein Finanzprodukt bereits 1973 durch GOSHAY/SANDOR [1973] das erste Mal durchdacht worden. Der erste Finanzkontrakt, dessen Zahlungen von einer Naturkatastrophe abhingen, war eine relativ kleine Transaktion im Jahr 1980.[249] Bis Katastrophen-Kontrakte aber eine allgemeine Bedeutung erlangen sollten, dauerte es bis Anfang der 90er Jahre. Die folgenden Erläuterungen stellen die auf diese Idee aufbauenden realen Finanzkontrakte dar, die bislang

242 Der Begriff „Indemnity Triggered" (engl.: Die tatsächliche Schadenssituation berücksichtigend) wird in der Praxis hauptsächlich für auf individuelle Schäden bezogene Auslösemechanismen genutzt, so dass hier als Abgrenzung zu Non-Indemnity, der Begriff „schadensbezogen" verwendet wird. Siehe z. B. die Einteilung von Doherty/Richter (2002), S. 11.

243 Daher wird dieser Auslösemechanismus auch als „parametrischer Trigger" bezeichnet.

244 Die Bezeichnung kollektiv ist hier auf die Versicherungsindustrie als Kollektiv und nicht die gesamte Gesellschaft bezogen. Daher wird stattdessen auch oft der Begriff „Industry Losses" verwendet.

245 Der Sedgwick Global Underwriting Index basiert auf den weltweiten Schäden von Lloyd's und dient bislang nicht als Basis für Finanzkontrakte. Siehe hierzu Kist/Meyers (1999), Appendix 4.

246 Die angegebenen Werte beziehen sich auf die gesamte Anzahl bis 2001 bekannter Transaktionen (andere Trigger 4%). Quelle: Laster/Raturi (2001), S. 21. Die standardisierten Derivate an den Börsen CBOT und BCOE wurden nicht berücksichtigt. Die Zahlen sind bezüglich des tatsächlichen volumenmäßigen Anteils an transferiertem Risiko nur indikativ zu werten. McGhee/Eng (2003) bestätigen, dass der historische Anteil der Indemnity Transaktionen mehr als 50% beträgt. Siehe McGhee/Eng (2003), S. 13. Enz/Zanetti (2004) bestätigen die Tendenz zu parametrischen Triggern. Siehe Enz/Zanetti (2004), S. 16.

247 Angegeben sind der auf die Anzahl bezogene und der wertmäßige Anteil der ausstehenden Transaktionen. Quelle: Eigene Berechnung basierend auf öffentlich bekannten ausstehenden Kontrakten Ende 2003 bzw. 2004.

248 Quelle: Eigene Darstellung.

249 Zu genauen Informationen siehe Ollard (1985), S. 14.

an unterschiedlichen Finanzplätzen zum Transfer von Katastrophen-Risiko verwendet wurden.

3.3.1 Katastrophen-Derivate

Das Zeitalter der modernen Finanzkontrakte, die zum Transfer von Katastrophen-Risiko an den Kapitalmärkten genutzt werden, begann mit Katastrophen-Derivaten. Bereits im Juni 1990 hat die Chicago Board of Trade bei der zuständigen US-Behörde die Genehmigung für zwei auf Versicherungsschäden (Kranken- und Kfz-Versicherung) basierende Derivate beantragt.[250] Im Februar 1991 wurde angekündigt, ab dem folgenden Oktober Derivate auf Krankenversicherungskontrakte in den USA zu handeln. Nach mehrmaligen Verzögerungen und zum Teil kontroversen Ankündigungen wurde schließlich der erste auf Versicherungsschäden beruhende, börsengehandelte Finanzkontrakt im Dezember 1992 eingeführt. Dieser sollte nach der Planung der CBOT die Basis für eine Reihe weiterer Versicherungsderivate (Kfz-Versicherung, Krankenversicherung etc.) darstellen.[251]

Die CBOT führte im Dezember 1992 auf Sachversicherungsschäden basierende Terminkontrakte ein, deren Rückzahlungen (Cash-Settled) das Risiko von Naturereignissen widerspiegeln sollten. Die zwei ursprünglichen Terminkontrakte (regionale Fokussierung: National und Ostküste der USA) wurden anschließend durch Optionen und um weitere Terminkontrakte (Regionen: Mittlerer Westen und Westen) ergänzt. Basis der Zahlungen waren die von 22 Versicherungen berichteten Prämien und Schäden, die das Insurance Services Office (ISO) zu einem repräsentativen Index verrechnete.[252] Inkludiert waren dabei alle Sachschäden, d. h. bei dem Index handelte es sich streng genommen um einen „Property und Casualty Index", der eben auch, aber nicht ausschließlich durch Naturkatastrophen beeinflusst wird.[253] Der Schadenszeitraum belief sich auf drei Monate, der zur Schadensfeststellung verfügbare Wertfeststellungszeitraum dagegen auf sechs Monate.[254]

In den folgenden Jahren fand faktisch kaum ein Handel mit den Terminkontrakten statt. Ein Handelsvolumen existierte nur für einen Call-Spread (Zeitraum Juli bis September, Region Ost).[255] Dieser Call-Spread repliziert die in Rückversicherungsverträgen dieser Art übliche Zahlungsstruktur. Die Auszahlungen sind innerhalb einer unteren und oberen Bandbreite begrenzt. Die Kontrakte wurden zumeist bis Ende der Laufzeit gehalten.[256] Die Deckungskapazität, die dieser Derivate-Markt in Spitzenzeiten maximal be-

---

250 Vgl. zu diesen Ausführungen D'Arcy/France (1992), S. 575-576.
251 Vgl. Ray (1993), S. 197.
252 Vgl. Harrington/Niehaus (1999), S. 50.
253 Vgl. Eramo (1996), S. 53.
254 Für weitere Informationen siehe Niehaus/Mann (1992), S. 603-608; Albrecht/König/Schradin (1994), S. 639-650.
255 Dies ist die so genannte „Hurricane Season". Vgl. Abschnitt 2.1.1.
256 Vgl. Eramo (1996), S. 54.

reitstellte, betrug ca. zwölf Mio. USD.[257] 1994 stellte die CBOT dann wegen mangelnden Interesses den Handel in diesen Produkten ein.

Folgende Abbildung zeigt das Handelsvolumen (linke Ordinate, in Tsd. Stück) und das ausstehende Volumen (rechte Ordinate, in Tsd. Stück) aller CBOT-Katastrophen-Derivate der ersten Generation im Zeitverlauf.

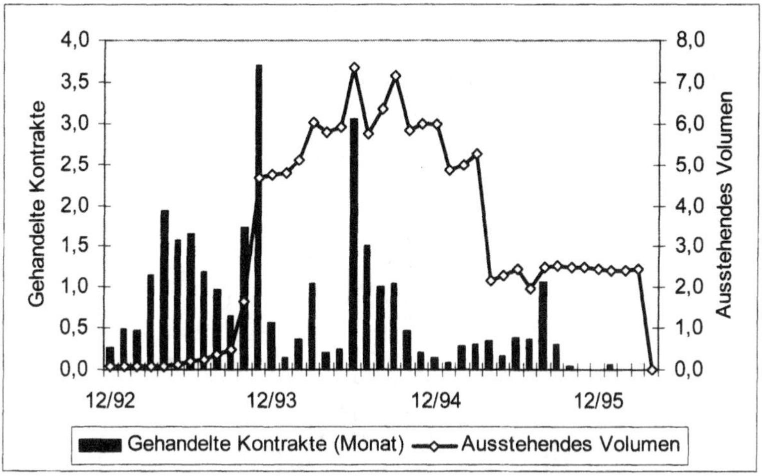

Abbildung 7: MARKTENTWICKLUNG VON KATASTROPHEN-DERIVATEN DER ERSTEN GENERATION[258]

Dieses Volumen besteht im Wesentlichen aus den Kontrakten Eastern und National. Die Optionen und Terminkontrakte der Regionen Midwestern und Western konnten während der gesamten Zeitdauer nahezu kein Handelsvolumen aufbauen.[259]

CBOT Optionen der zweiten Generation

Im September 1995 wurde eine modifizierte Version der bisherigen Kontrakte für den Handel bereitgestellt.[260] Die neuen, nur noch als Call-Spreads verfügbaren Kontrakte zeichneten sich besonders durch die Variation des Underlying – eine neue Index-Konstruktion – aus.[261] Dieser ebenfalls durch die ISO bereitgestellte PCS-Index sollte eine exakte Schadensprognose ermöglichen. Insgesamt wurde auch versucht, die Transparenz des Indexes deutlich zu erhöhen und Schadensprognosen zeitnaher (tägliche Bekanntgabe) zu veröffentlichen.[262] Gleichzeitig wurde eine feinere geographische Auflö-

---

257 Eramo rechnet, dass maximal 5.000 Kontrakte gehandelt wurden, deren einzelne Deckung 2.500 USD betrug. Siehe Eramo (1996), S. 56.

258 Eigene Abbildung, Daten der CBOT, alle Kontrakte in Stück.

259 Insgesamt wurden weniger als 200 Kontrakte gehandelt.

260 Auf die Gründe für diese Modifikation wird noch im Rahmen der Analyse in Teil 5 eingegangen.

261 Detaillierte Informationen zu den Kontrakten finden sich bei o.V. (1995d) (Informationsbroschüre der CBOT).

262 Vgl. Christensen (1998), S. 5; O'Brien (1997), S. 154.

sung gewählt (neun verfügbare Regionen). Die Kontrakte waren mit einer 6- und 12-monatigen Schadensentwicklungsperiode verfügbar. Der Schadenszeitraum betrug ein Jahr (West und Kalifornien) bzw. ein Quartal (übrige Kontrakte). Es gab Small- (0 bis 20 Mrd. USD Gesamtschäden) und Large-Cap-Kontrakte (20 bis 50 Mrd. USD Gesamtschäden).[263] Ihre Kapazität umfasste in Spitzenzeiten ca. 90 Mio. USD.[264]

Folgende Abbildung zeigt in Analogie zu der vorstehenden Abbildungen den Handel (linke Ordinate, in Tsd. Stück) und das ausstehende Volumen (rechte Ordinate, in Tsd. Stück) der CBOT-Optionen der zweiten Generation im Zeitverlauf.

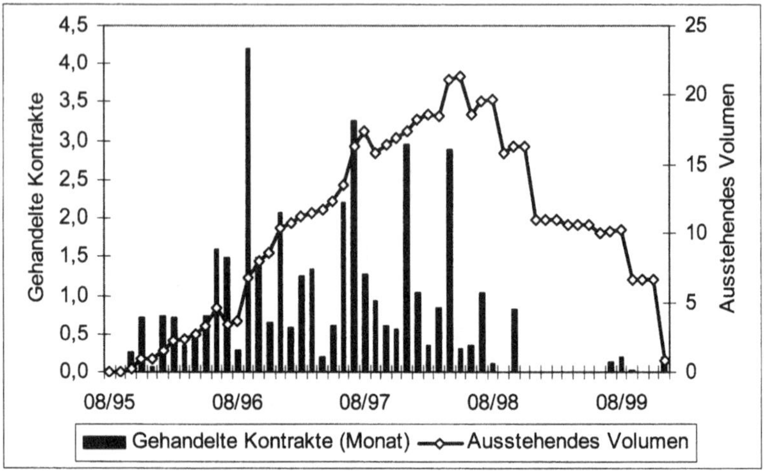

Abbildung 8: MARKTENTWICKLUNG DER CBOT-OPTIONEN[265]

Optionen der BCOE

Gleichzeitig mit den Anstrengungen der CBOT versuchte auch die Bermuda Commodities Exchange (BCOE), Optionen, basierend auf Versicherungsschäden in den USA, zu etablieren. Die am 22. Juli 1996 gegründete BCOE startete den Handel mit Katastrophen-Optionen im Jahr 1997.[266] Basis dieser Optionen waren die durch Guy Carpenter berechneten Versicherungsschäden in sieben Regionen. Im Gegensatz zu den PCS-Optionen (CBOT) war das Zahlungsprofil der BCOE-Kontrakte binär, d. h. entweder kam es zur vollen Auszahlung (5 Tsd. USD) oder die Kontrakte verfielen.[267] Die Laufzeit der Kontrakte betrug sechs Monate und deckte das erste bzw. zweite Halbjahr ab. Der Wertfeststellungszeitraum[268] umfasste bis zu zwölf Monate (nach 1, 4, 7, 10 und 13

---

[263] Vgl. o.V. (1995d), S. 4.

[264] Vgl. Laster/Raturi (2001), S. 21.

[265] Eigene Abbildung, Daten: CBOT.

[266] Vgl. Lewis/Davis (1998), S. 123; Laster/Raturi (2001), S. 23.

[267] Vgl. Lane (1998b), S. 3.

[268] Der Wertfeststellungszeitraum bezeichnet die Zeitdauer, nach der der Schaden festgestellt wurde. Dieser kann eine bedeutende Zeitdauer in Anspruch nehmen. Siehe hierzu auch Abschnitt 5.6.2.

Monaten), wobei erst nach 13 Monaten der endgültige Wertverlust bekannt gegeben wurde.[269] Ein besonderer Unterschied zu den Optionen der CBOT bestand darin, dass die Wertfeststellung des Guy Carpenter Catastrophe Index (GCCI) lediglich quartalsweise erfolgte.[270] Seine theoretisch mögliche geographische Auflösung (Zip-Code-Level) wurde durch die in der Praxis üblichen sieben Regionen nie ausgeschöpft. Im Gegensatz zu den PCS-Optionen der CBOT konnten die BCOE-Kontrakte nicht nur auf das aggregierte Schadensniveau lauten, sondern auch auf einzelne Ereignisse (Single Loss, Second Loss).[271]

CATEX

Über die beiden dargestellten Börsen hinaus gilt auch die Catastrophe Risk Exchange (CATEX) als Handelsplattform für Katastrophen-Kontrakte. Die CATEX wurde im Juli 1996 durch das New York Insurance Department als Börse für Versicherungskontrakte zugelassen.[272] Trotz Standardisierungsanstrengungen, die zu einem Handel von gestückelten Rückversicherungsverträgen führen sollten, was quasi einem handelbaren Finanzkontrakt gleichkommt, sprechen die Indizien dafür, dass in diesem Marktsegment kein Volumen abgewickelt wird.[273] Die CATEX ist damit streng genommen bislang ein rein intra-industrieller Match-Maker für traditionelle Rückversicherungsverträge. Dieser Argumentation folgend ist ihre rechtliche Grundlage auch eine Zulassung als Rückversicherungsintermediär. Neue Kapazitäten werden somit durch sie nicht bereitgestellt. Die CATEX erlaubt als elektronische Plattform lediglich ein erleichtertes Zusammenführen von Angebot und Nachfrage traditioneller Rückversicherungslösungen. Ihr Ziel ist damit der effiziente und transparente Einsatz des traditionell verfügbaren Kapitals. Die für 1999 geplante Erweiterung der CATEX zu einer Handelsplattform für standardisierte Versicherungskontrakte (z. B. Katastrophen-Derivate) in Form der CATEX Bermuda Ltd. fand nie statt. Eine weitere Untersuchung im Rahmen der Arbeit unterbleibt daher.[274]

3.3.2 Katastrophen-Anleihen

Fast zeitgleich mit den börsengehandelten Produkten entstanden auch außerbörsliche Produkte (OTC). Diese Produkte sind im Gegensatz zu den standardisierten Börsenprodukten sehr auf die Bedürfnisse einzelner Marktteilnehmer, in diesem Fall zumeist der

269 Vgl. Gorvett (1999), S. 13.

270 Vgl. D'Arcy/France/Gorvett (1999), S. 35.

271 Für weitere Informationen zu börsengehandelten Katastrophen-Kontrakten siehe Bouriaux/Himick (1998), S. 23-35. Zum Einsatz bei der Absicherung von Risiken siehe Hommel (1998).

272 Die CATEX wurde im Jahr 1995 zugelassen und hat 1996 ihren Betrieb aufgenommen. Vgl. Borden/Sarkar (1996), S. 5.

273 Obwohl die CATEX zu Anfang sehr offen in ihrer Informationspolitik war, hat sich dies etwa seit dem Jahr 2000 geändert. Seitdem werden auch kaum noch aktuelle wissenschaftliche oder populäre Artikel zu den Aktivitäten der CATEX veröffentlicht.

274 Für mehr Informationen zur CATEX siehe Bouriaux/Himick (1998), S. 35-36; Kretzler/Wagner (2000), S. 141-151; Becker/Bracht (1999), S. 35-39; Kuck (2000), S. 157-162.

Versicherungen und Rückversicherungen, ausgelegt. Unter der Vielzahl unterschiedlicher Kontrakte, die auf den Markt gebracht wurden, konzentrieren sich die folgenden Ausführungen wie auch die Arbeit insgesamt jedoch auf die Produkte des Risikotransfers im engeren Sinne. Zu den Katastrophen-Kontrakten im engeren Sinne gehören Katastrophen-Derivate und Katastrophen-Anleihen.[275] Die Struktur der Katastrophen-Anleihen (engl.: Cat-Bonds) beruht i. d. R. auf folgender, vereinfacht dargestellter Grundkonstruktion:

Basis ihrer Transaktionsstruktur ist eine ausschließlich für diese zur Verfügung stehende Zweckgesellschaft (Spezial Purpose Reinsurance Vehicle; SPRV oder auch nur SPV). Aus regulatorischen und steuerlichen Gründen befindet sich deren Sitz zumeist auf den Bermudas, den Cayman Islands oder in ähnlich wenig regulierten Gebieten. Die Zweckgesellschaft dient dem Sponsor der Transaktion als eine Rückversicherung. Der Sponsor schließt mit dem SPV einen Rückversicherungsvertrag ab. Gleichzeitig verkauft das SPV Anteile in Form von Anleihen[276] an Investoren. Der Erlös dieses Verkaufs wird in einen Trust Fund übertragen und in Anlagen höchster Sicherheit investiert (z. B. Staatsanleihen). Während der Laufzeit der Transaktion zahlt der Sponsor für den Versicherungsschutz eine Prämie. Sollte kein Schadensereignis stattfinden (zur Definition des Schadensereignisses eignen sich je nach Bedürfnis einer der vorher beschriebenen Mechanismen)[277], fließen nach Ablauf der Versicherungsdauer die Prämie, die Erträge und die Deckungssumme an die Investoren zurück. Sollte ein Schadensereignis auftreten, so erhält der Sponsor eine vorher spezifizierte, vom Ereignis abhängige Summe ausgezahlt. Die Rückzahlung an die Investoren vermindert sich entsprechend.

Die gesamte Transaktionsstruktur, die entsprechenden Zahlungen, die Bedingungen, die zu Zahlungen führen etc. sind im Rahmen eines „Offering Circular" ausführlich und rechtsverbindlich vor Abschluss der Transaktion dokumentiert.[278] Die Anteile unterliegen zumeist der sog. Rule 144A und somit dem „United States Securites Act of 1933" mit der Veränderung durch die SEC im Jahre 1990.[279] Dies bedeutet, dass sie keine ausführlichen öffentlichen Publikationen benötigen. Andererseits dürfen sie aber auch nur an besondere Anleger (i. d. R. institutionelle Investoren) verkauft werden und stellen als solche quasi „Private Placements" dar, die dem OTC-Segment zuzuordnen sind. Da sie über so genannte „Registration Rights" verfügen, könnten sie aber durch entsprechende

---

275 Die Fokussierung der Arbeit richtet sich nach dem bislang zu beobachtenden Erfolg der einzelnen Kontraktarten.

276 Die verbleibenden Eigenkapitaltitel sind i. d. R. mit so wenig Kapital unterlegt, dass eine haftende Wirkung entfällt.

277 Siehe Abschnitt 3.2.2 und 3.2.3.

278 Für detaillierte Beschreibungen siehe Cholnoky/Zief/Werner/Bradistilov (1998), S. 2; Canabarro/Finkemeier/Anderson/Bendimerand (1998), S. 3-4.

279 Aktuell lässt sich feststellen, dass auch einige Anleihen nur als Private Placement begeben werden und damit einer noch geringeren Dokumentation bedürfen. Vgl. McGhee/Faust/Clark (2005), S. 18.

Anmeldung auch im Sekundär-Markt einer öffentlichen Börse gehandelt werden.[280] Katastrophen-Bonds sind somit keine OTC-Produkte im engeren Sinne. Sie stellen sowohl ein OTC- als auch ein börsengehandeltes Produkt dar.

Die folgende Abbildung stellt die klassische Struktur einer Katastrophen-Anleihe grafisch dar.

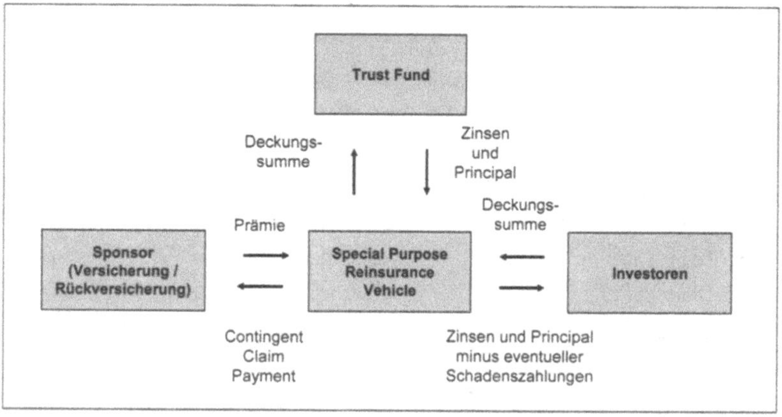

Abbildung 9: ÜBERBLICK ÜBER DIE STRUKTUR VON CAT-BOND-TRANSAKTIONEN

Diese Struktur kann bei Bedarf beliebig an die Anforderungen des Sponsors oder der Investoren angepasst werden. Durch Variation der konditionalen Zahlungsströme ist es z. B. möglich, exakt so viel Risiko zu transferieren, wie der Investor bzw. der Sponsor es wünscht.[281] Sollte der Investor eine hohe Sicherheit fordern, kann dies sogar so weit führen, dass nur die Verzinsung riskiert und das eingezahlte Kapital (Principal) in jedem Fall zurückgezahlt wird (Principal Protected). Die so erreichte hohe Sicherheit bedeutet aber, dass die gesamte Haftungssumme im Vergleich zum Transaktionsvolumen sehr gering ist, d. h. der Kapitalbedarf im Vergleich zum abgesicherten Risiko sehr hoch ist. Andererseits kann aber die Katastrophen-Anleihe auch so ausgestaltet werden, dass im Schadensfall kein oder nur teilweise das Principal an den Investor zurückfließt (Principal at Risk).

Die an die unterschiedlichen Investoren veräußerten Wertpapiere können darüber hinaus heterogen ausgestaltet werden. Durch eine Tranchierung können – wie auch bei anderen vergleichbaren Transaktionen[282] üblich – unterschiedliche Risikoklassen gebildet werden, die den verschiedenartigen Risiko-Rendite-Bedürfnissen der Investoren Rech-

---

280 Bislang unterbleibt eine solche Anmeldung aber.

281 Beispielsweise ist es Versicherungen als Investoren regulatorisch nur erlaubt, sog. „Investment Grade"-Anleihen zu kaufen. Eine Investition in zu riskante Anlagen ist ihnen damit durch den Gesetzgeber untersagt.

282 Z. B. wird bei den aktuell üblichen Genussscheinfonds (Preps der Hypovereinsbank, Heat von HSBC Trinkaus & Burkhardt) eine AAA-, eine AA-Tranche und ein Equity-Piece kreiert, so dass beispielsweise risikoscheue und eher risikosuchende Investoren gleichzeitig investieren können.

nung tragen. Die riskantesten Anteile am SPV entsprechen bei eventuell fehlender Eigenkapitalausstattung von der Haftungsstruktur und vom Risiko quasi Eigenkapital und können z. B. durch die betreuende Investmentbank[283] oder auch den Sponsor gehalten werden. Für die übrigen Investoren wirkt diese Struktur dann wie ein Selbstbehalt und zeigt das Vertrauen der Sponsoren in die Transaktion.[284]

3.4 Aktuelle Situation im Markt für Katastrophen-Kontrakte

Die aktuelle Marktsituation für die vorgestellten Katastrophen-Kontrakte lässt sich als zweigeteilt beschreiben. Der Erfolg der börsengehandelten Kontrakte hat sich bislang nicht eingestellt. Die CBOT konnte auf ihre Kontraktmodifikationen im Jahre 1995 in den beiden folgenden Jahren (1996 und 1997) zwar steigendes Marktinteresse vermelden,[285] bereits im Jahr 1998 brach das Handelsvolumen aber um mehr als 50% ein.[286] Die CBOT stellte dann im Jahr 2000 wegen mangelnden Interesses die Handelsaktivität in dieser Kontraktart ein.[287] Die seit 1997 an der BCOE gehandelten Optionen wurden ebenso wegen mangelnden Interesses bereits 1999 eingestellt.[288] Beide Börsen konnten während dieser Zeit nie ein substantielles Interesse wecken und stellten damit keine für die Kapazitätsprobleme der Versicherungsindustrie adäquate Lösungsmöglichkeit bereit.[289] Dagegen ist seit Mitte der 90er Jahre eine Reihe von Katastrophen-Anleihen platziert worden, deren Marktentwicklung und Charakteristika im Folgenden detaillierter betrachtet werden.

---

283 Für die Strukturierung und Organisation werden neben einer Investmentbank, die auch für die Platzierung der Anteile sorgt, i. d. R. zwei Rating-Agenturen, u. U. eine oder mehrere Modelling-Agencies sowie Rechtsanwälte und Steuerberater eingesetzt. Siehe hierzu auch die Ausführungen in Abschnitt 5.3.1.1.

284 Für weitere Informationen zu Ablauf und Strukturierung einer Katastrophen-Anleihe siehe die weiteren Ausführungen in Teil 5 oder o.V. (2003d), S. 11-14; Bernero (1998), S. 49-61; Holzheu/Karl/Raturi (2003), S. 38-41; o.V. (1999a), S. 28-30; Dubinsky/Laster (2003), S. 6-12; Sayers/Fulcher (1998), S. 56-59; Belonsky (1999), S. 3-14.

285 Das Handelsvolumen von September 1995 bis September 1996 betrug 6.976 Kontrakte. In den folgenden zwei Monaten wurden bereits 12.068 Kontrakte gehandelt. Vgl. O'Brien (1997), S. 161. Vgl. ebenso Lane (1998b), S. 1.

286 Im Jahr 1998 wurden nur 7.753 Kontrakte gehandelt. Im Dezember 1998 wurden davon lediglich zehn Kontrakte gehandelt (Vorjahreszeitraum: 2.950). Siehe Zolkos (1999), S. 2. Für weitere Handelsvolumina der CBOT (Jahre 1996 und 1997) siehe Hoyt/McCullough (1999), S. 150-151, für die Terminkontrakte (1993) siehe Sayers/Fulcher (1998), S. 38. Die dargestellten Volumina widersprechen sich teilweise.

287 Vgl. D'Agostino (2002), S. 36; Laster/Raturi (2001), S. 5.

288 Vgl. Laster/Raturi (2001), S. 23.

289 Die zu dieser Situation führenden Gründe sind in Teil 5 detailliert erläutert.

Grundeigenschaften der Katastrophen-Anleihen

Seit 1994[290] wurden bis einschließlich 2004 ca. 62 Katastrophen-Anleihen begeben.[291] Das gesamte emittierte Volumen betrug dabei ca. 9 Mrd. USD.[292] Durch die zumeist mehrjährige Laufzeit der Anleihen macht das gesamte Outstanding-Volume ein Vielfaches der jährlichen Emissionssumme aus. Das Marktvolumen ist über die Jahre konstant gewachsen und betrug Ende 2004 ca. 3,9 Mrd. USD (Ende 2003 ca. 3,5 Mrd. USD).[293] Folgende Abbildung stellt die Anzahl[294] sowie das Emissionsvolumen der emittierten Anleihen im Zeitverlauf grafisch dar.

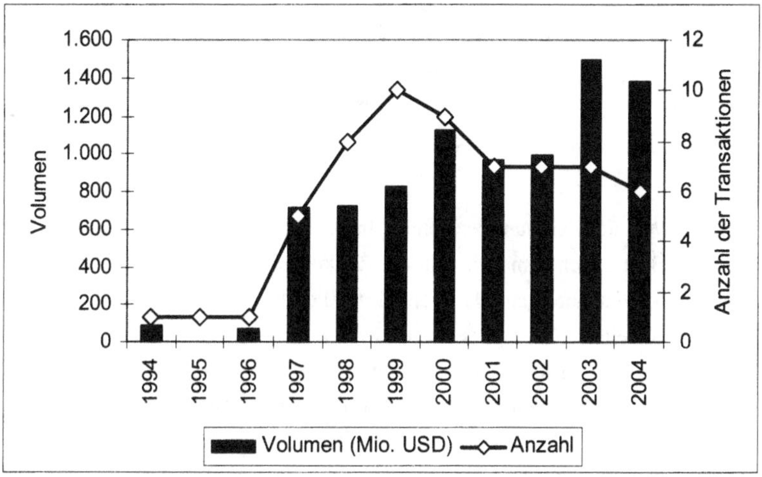

Abbildung 10: VOLUMEN UND ANZAHL DER EMITTIERTEN KATASTROPHEN-ANLEIHEN IM ZEITVERLAUF[295]

---

[290] 1994 wurde die erste Katastrophen-Anleihe durch die HannoverRe im Volumen von 85 Mio. USD begeben.

[291] Quelle: Eigene Auswertung basierend auf öffentlich bekannten Transaktionen. Die „circa"-Angabe kommt daher, dass die Darstellung der Anzahl der Transaktionen teilweise deutlich schwankt, da Tranchen bzw. Programme einzeln oder mehrfach gezählt werden können und nicht alle Informationen öffentlich verfügbar sind.

[292] Quelle: Eigene Auswertung, Betrachtung bis einschließlich 2004.

[293] Das Outstanding-Volume betrug für die Jahre 1997 bis 2004 jeweils in Mio. USD: 783; 1.031; 1.130; 1.926; 2.421; 2.843; 3.700; 3.902. Quelle: Eigene Berechnung basierend auf öffentlich bekannt gegebenen Transaktionen. Die Vita-Transaktion der SwissRe wurde auf Grund ihrer Risikoart (Lebensversicherungsrisiko) exkludiert. Die Pylon Transaktion wurde dem Jahr 2004 zugerechnet.

[294] Die Anzahl der Volumen ist durch die Tranchierung einzelner Transaktionen und die Auflegung von Programmen nicht allgemeingültig zu berechnen. Bei der Bestimmung der Anzahl wurden Programme und Tranchen lediglich einmal gezählt. Bei der Berechnung des Volumens wurde dann der tatsächliche Emissionszeitpunkt der einzelnen Tranchen berücksichtigt. Anleihen, deren risikotragende Kapazität zu gering war oder deren Fokus kein Katastrophen-Risikotransfer darstellte, sind nicht erfasst.

[295] Quelle: Eigene Auswertung basierend auf öffentlich bekannten Transaktionen und unterschiedlichen Marktreports. Für die Transaktion in 1995 ist das Emissionsvolumen nicht bekannt.

Größe der Anleihen

Die Größe einer Katastrophen-Anleihe bezeichnet das durch die Investoren eingezahlte Kapital. Sie ist nicht zwingend ein Maßstab für das transferierte Risiko, da wie beschrieben, unterschiedliche Risikoempfindlichkeiten möglich sind. Generell lässt sich im Zeitverlauf der letzten Jahre feststellen, dass weniger kleinere, sondern eher größere Anleihen begeben werden. Während in den Jahren 1997, 1998 und 1999 13 Anleihen mit einem Volumen von jeweils weniger als 100 Mio. USD begeben wurden, waren dies in den folgenden fünf Jahren lediglich fünf Anleihen.[296] Demgegenüber wurden in den Jahren 1997, 1998 und 1999 in dem Segment über 200 Mio. USD drei Anleihen emittiert; in den drei Jahren von 2002 bis 2004 jedoch 10. Der Median (Volumen der im jeweiligen Jahr begebenen Anleihen) stieg nahezu kontinuierlich über die Jahre von 90 Mio. USD (1997) auf ca. 180 Mio. USD (2004). Lediglich 1998 wurde dieser Trend durch einen Median von 63 Mio. USD unterschritten.[297]

Laufzeit

Als Laufzeit wird der Zeitraum bezeichnet, in dem das Kapital in dem SPV gebunden ist. Sie muss nicht gleich dem Zeitraum der Risikodeckung sein. Durch die u. U. lange Wertfeststellungszeitdauer kann das Kapital deutlich länger gebunden sein. Die durchschnittliche Laufzeit der Cat-Bonds ist von 1998 bis 2003 jedes Jahr gestiegen. Im Jahr 2004 verharrte die durchschnittliche Laufzeit auf dem Niveau von 2002.[298] Anleihen mit einer Laufzeit von einem Jahr wurden in den drei Jahren von 2002 bis 2004 nur noch einmal emittiert. Im Zeitraum von 1997 bis 2001 sind dagegen 19 einjährige Anleihen ausgegeben worden. Anleihen mit einer Laufzeit von über fünf Jahren werden kaum begeben (nur eine Transaktion im Betrachtungszeitraum).[299] Insgesamt ist der Median der Laufzeit auf drei Jahre gestiegen (2004).[300] Bei der Analyse der emittierten Anleihen fällt eine breite Streuung der Laufzeiten auf, die eine reine Betrachtung der Entwicklung der durchschnittlichen Laufzeit nicht zeigen würde. So wurden beispielsweise im Jahr 2004 Anleihen mit Laufzeiten von ein bis fünf Jahre begeben.

Rating

Das Rating einer Katastrophen-Anleihe drückt das transferierte Risiko aus. Es wird durch unabhängige Agenturen (Rating-Agencies) festgestellt und ermöglicht einen Ver-

---

296 In den letzten vier Jahren (2001-2004) sogar lediglich zwei Anleihen, wobei mehrere Tranchen als ein Bond gezählt wurden. Siehe auch McGhee/Faust/Clark (2005), S. 19.

297 Quelle eigene Auswertung. Vgl. auch McGhee (2004), S. 4. Im Gegensatz zu McGhee wurde im Jahr 2003 eine andere Berechnungsgrundlage verwendet. McGhee/Faust/Clark (2005), S. 19.

298 Die mittlere Laufzeit der Kontrakte hat sich in den Jahren 1997 bis 2004 wie folgt entwickelt: 1997: 3,4 Jahre; 1998: 1,5 Jahre, 1999 bis 2001: 2,4 Jahre; 2002: 3,1 Jahre; 2003: 3,3 Jahre; 2004: 3,1 Jahre. Siehe McGhee/Faust/Clark (2005), S. 22.

299 Siehe hierzu auch McGhee/Faust/Clark (2005), S. 5.

300 Quelle: Eigene Auswertung basierend auf öffentlich reporteten Transaktionen.

gleich mit anderen Anlageformen (z. B. Unternehmensanleihen).[301] Nahezu alle Katastrophen-Anleihen werden geratet.[302] Der Großteil der Anleihen (Anzahl und Volumen) wird BB[303] geratet,[304] bzw. werden die Anleihen so konstruiert, dass dieses Rating erreicht wird. Anleihen mit einem Rating von AA und AAA sind von 2000 bis 2004 kaum mehr begeben worden.[305] Die Mehrzahl der Anleihen wird damit im sog. „Non-Investment Grade" Bereich emittiert. Die durchschnittliche Ausfallwahrscheinlichkeit ist in diesem Bereich größer als 0,45%. Damit ein Cat-Bond in den „Investment Grade"-Bereich eingeordnet werden kann, müsste seine Ausfallwahrscheinlichkeit geringer als 0,45% sein.[306] Dies stellt eine Hürde für den gewollten Risikotransfer dar, da diese Wahrscheinlichkeit deutlich von den für Katastrophen üblichen Ausfallwahrscheinlichkeiten von ca. 0,5 bis 2,5% abweicht.[307] Damit könnte nicht die gesamte Kapitalsumme zur Risikodeckung zur Verfügung stehen. Die zum Jahresende 2004 ausstehenden Transaktionen hatten eine durchschnittliche mit ihrem Emissionsvolumen gewichtete Ausfallwahrscheinlichkeit von 1,02% (2003: 0,86%).[308]

Perils

Als Peril wird das auslösende Element einer Katastrophen-Transaktion bezeichnet. Im Gegensatz zum Trigger ist hierbei nicht die Art des Auslösemechanismus, sondern das Naturereignis selbst gemeint. Obwohl ca. 50% aller Katastrophen-Anleihen sog. Multi-Peril-Transaktionen sind[309] – d. h. ihre Zahlung ist nicht nur von einem (sog. Single-Peril-Transaktionen), sondern von mehreren Naturereignissen abhängig[310] – machen diese Transaktionen nur ca. 35% des gesamten wertmäßigen Volumens aus.[311] Volumenmäßig kleinere Transaktionen scheinen demnach eher als Multi-Peril-Transaktion

301 Als Resultat eines Ratings erhält das Wertpapier eine Note, die sich beispielsweise bei der Rating-Agentur Standard & Poors von AAA über BBB bis C entwickelt.

302 Weniger als 5% des gesamten Cat-Bond-Volumens wird nicht geratet. Siehe Lane/Beckwith (2005), S. 18.

303 Ein Rating von BB drückt aus, das sich das Wertpapier im sog. „Non-Investment Grade"-Bereich befindet. Dieses führt dazu, dass nur ausgewählte Institutionen in dieses investieren können.

304 77 von 99 betrachteten Tranchen im Zeitraum 1997 bis 2004 bzw. 6,5 Mrd. USD gegenüber 1,6 Mrd. USD. Quelle: McGhee/Faust/Clark (2005), S. 23. Vgl. ebenso Beckwith/Lane (2002), S. 7; Lane/Beckwith (2005), S. 18.

305 Eine Ausnahme stellt die im 4. Quartal 2003 begebene Vita-Transaktion der SwissRe dar, die aber nicht als Cat-Bond, sondern als ILS anzusehen ist und daher in die Analysen nicht einbezogen wurde. In diesem Sinne ist dann in den Jahren 2000 bis 2003 keine Transaktion in diesem Rating-Bereich begeben worden.

306 Siehe McGhee/Eng (2003), S. 9.

307 Quelle: Unterschiedliche unternehmensinterne Marktreports sowie Experteninterviews.

308 Die Darstellung der nicht gewichteten Mittel zeigt noch einen deutlicheren Anstieg des übertragenen Risikos: Mittelwert des „Expected Loss" 2004: 145 BP; 2003: 109 BP; 2002: 85 BP. Quelle: Eigene Auswertung basierend auf öffentlich bekannten Transaktionen. Ohne Vita-Transaktion.

309 Betrachtungszeitraum 1997 bis 2004. Quelle: Eigene Auswertung basierend auf öffentlich bekannten Transaktionen. Siehe auch McGhee/Faust/Clark (2005), S. 21.

310 Ob bereits eines der spezifizierten Ereignisse zu einer Zahlung an den Sponsor führt oder ob mehrere Ereignisse eintreten müssen, ist beliebig regelbar.

311 Quelle: Eigene Auswertung. Betrachtungszeitraum 1997 bis 2004.

begeben zu werden, während größere Transaktionen auch als Deckung für einzelne spezifische Risiken genutzt werden. Die wertmäßig am meisten verbrieften Risikoarten sind: US-Wind (33%), Kalifornien/Erdbeben (21%), Japan/Erdbeben (7%), Europa/Wind (6%).[312] Wie auch für die Kontrakte der CBOT und der BCOE stellen die USA damit einen Schwerpunkt für die Absicherung mittels dieser neuartigen Kontrakte dar.

Sekundär-Markt-Handel

Insgesamt scheint der Sekundär-Markt für Katastrophen-Anleihen bisher kaum ausgeprägt.[313] Katastrophen-Anleihen werden bislang nicht auf öffentlichen Börsen gehandelt, sondern im so genannten OTC-Markt zwischen einzelnen Marktteilnehmern. Wie in OTC-Märkten üblich, wird der Sekundär-Markt-Handel durch Makler inszeniert. Nach Aussagen der Interviewpartner[314] wurde ein Sekundär-Markt für Katastrophen-Anleihen bislang durch fünf Institutionen inszeniert (SwissRe, Aon, LehmanBrothers, Cochran Coronia, Goldman Sachs), von denen aktuell vier im Markt verblieben sind.[315] Von zumindest zwei Institutionen (SwissRe und LehmanBrothers) ist bekannt, dass sie Preise nicht nur auf Anfrage, sondern auch aktiv bereitstellen.[316] Diese Preise werden zumeist wöchentlich institutionellen Investoren zur Verfügung gestellt.[317]

Sponsoren

Es existieren 32 unterschiedliche, öffentlich bekannte Sponsoren.[318] Die Verkäufer lassen sich grob nach ihren Aktivitäten in zwei Gruppen unterteilen. Die weniger aktive Gruppe zeichnet sich dadurch aus, dass sie bislang nur bei einzelnen Transaktionen als Sponsor aufgetreten ist. Die zweite Gruppe (bestehend aus SwissRe und USAA[319]) ist dagegen deutlich häufiger an Transaktionen beteiligt. Besonders die SwissRe hat sich, sowohl was die Sponsoring-Aktivitäten, die Rolle als Berater bei fremden Transaktionen, die Anstrengungen auf dem Sekundär-Markt, als auch die Publikationen angeht, klar als Market-Maker etabliert.[320] Abschnitt 6.2.1 analysiert die Aktivität der einzelnen Marktteilnehmer detaillierter.

---

312 Quelle: Eigene Analyse, Betrachtungszeitraum 1997 bis 2004. Für eine Analyse siehe ebenfalls Beckwith/Lane (2003), S. 11; McGhee/Faust/Clark (2005), S. 21; Enz/Zanetti (2004), S. 15; o.V. (2004c), S. 6. Die Ergebnisse der Arbeiten unterscheiden sich vor allem durch die Analyse-Basis (Volumen oder Anzahl), den Betrachtungszeitraum, die inkludierten Transaktionen und die Berücksichtigung von Multi-Peril-Transaktionen.

313 Eine detaillierte Analyse der Sekundär-Markt-Liquidität findet sich ebenso in Kapitel 5.4.

314 Hierzu machten die Interviewpartner 11 (Ib), 13 (Ib), 18 (In), 29 (Re), 41 (Ve) und 42 (Ve) Aussagen. Für Charakteristika zu den Interviewpartnern siehe den Anhang der folgenden Arbeit.

315 AON scheint aktuell keinen Sekundär-Markt Handel mehr zu betreiben.

316 Die anderen Institutionen waren nicht bereit, ihre Preispolitik zu veröffentlichen.

317 Eine Analyse der Preise findet in Kapitel 5.4 statt.

318 Quelle: Eigene Auswertung basierend auf unterschiedlichen Berichten.

319 Die USAA ist eine Versicherung amerikanischer Armeeangehöriger. Das detaillierte Risikoexposure um die einzelnen Armeestützpunkte ist kaum zu erfassen, kann aber innerhalb dieses Portfolios stark korrelieren.

320 Vgl. Beckwith/Lane (2003), S. 8.

Investoren

Auf Grund der Ausgestaltung von Katastrophen-Anleihen als Verträgen unter der „Rule 144A“ können nur institutionelle Anleger direkt[321] in diese investieren. Die Herkunft der in Katastrophen-Anleihen investierenden Institutionen hat sich in den Jahren gewandelt. Besonders zu Anfang der Entwicklung waren die Mehrzahl der Anleger Institutionen, die bereits über Erfahrung im Umgang mit Katastrophen-Risiko verfügten (Versicherungen und Rückversicherungen).[322] Ihr Anteil an dem investierten Kapital und den aktuellen Transaktionen geht aber zurück. Bei aktuellen Transaktionen liegt der Anteil der Versicherungen und Rückversicherungen inzwischen deutlich unter dem der anderen Investoren.[323] Die Gesamtzahl der Investoren wird auf ca. 100 geschätzt, von denen ca. 30 am Markt aktiv beteiligt sind.[324] Neben den Versicherungen und Rückversicherungen existierten Ende 2004 ungefähr sechs teilspezialisierte Hedge-Fonds,[325] zwei spezialisierte Fonds für Privatanleger (beide Bank Leu) sowie eine Vielzahl weiterer Anleger.[326]

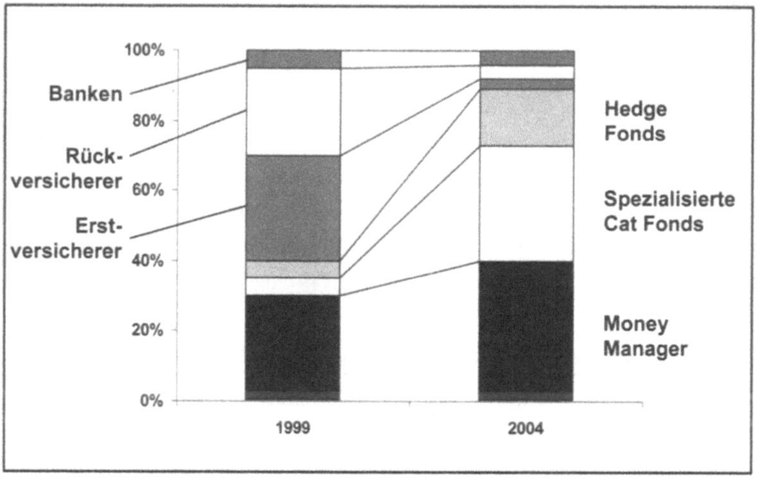

Abbildung 11: VOLUMEN UNTERSCHIEDLICHER INVESTORENGRUPPEN[327]

---

[321] Private Anleger können durch zwei Publikumsfonds der Bank Leu in diese Asset-Klasse investieren.

[322] Vgl. McGhee/Eng (2003), S. 7.

[323] Siehe beispielsweise die EdF-Transaktion (2004, Wind, Frankreich). Siehe o.V. (2004a), S. 9.

[324] Vgl. Seitz (2001), S. 26.

[325] Vgl. McGhee/Eng (2003), S. 1. Zu diesen gehören auch Fonds, angeboten durch Coriolis, Nephila, Fermat, Cochran Caronia und Cooper Neff. Siehe auch Lane/Beckwith (2005), S. 3.

[326] Siehe Laster/Raturi (2001), S. 30; o.V. (2004a), S. 9; Wildermuth (2001), S. 4.

[327] Eigene Abbildung. Daten: Klugman/Bisping (2005), S. 2. Interviewpartner 18 (In) bestätigte diese Verteilung.

3.5 Erfolgsmaßstäbe von Finanzkontrakten

Es besteht eine Vielzahl an Erfolgsmaßstäben für Finanzkontrakte, die jeweils unterschiedliche Aspekte in den Vordergrund ihrer Analyse stellen. Generisch betrachtet wird der Erfolg einer Innovation an ihrem realen Einsatz oder den Auswirkungen ihrer Existenz gemessen. Diese absolute Größe muss dabei relativ zum möglichen Potenzial betrachtet werden. Dieses wiederum bestimmt sich durch die Anzahl der Anbieter und Nachfrager sowie deren Verhalten (durchschnittliche Nutzung und Wiederholung der Nutzung).[328]

Auch für neue Finanzkontrakte, d. h. Finanzinnovationen, existiert eine Vielzahl an Erfolgsdefinitionen.[329] Im Rahmen dieser Arbeit wird dem Großteil der empirischen Arbeiten folgend[330] der Erfolg eines Finanzproduktes als Innovation darin gesehen, dass er ein entsprechendes Marktvolumen in einem Primär- und/oder einem Sekundär-Markt entwickeln kann.[331] Das Marktvolumen (Primär-Markt) als insgesamt verfügbares, potenziell handelbares Volumen ist dabei direkt von der Anzahl und dem Verhalten der potenziellen Anbieter und Nachfrager abhängig. Das Handelsvolumen oder die Liquidität (Sekundär-Markt), als weiterer Maßstab des Erfolges, sind definitionsgemäß von der Handelshäufigkeit d. h. der Umschichtung des Primär-Marktvolumens abhängig. Diese Erfolgsdefinition beruht bewusst auf empirisch einfach zu messenden Größen. Kaum messbare Erfolgskomponenten, wie etwa das allgemeine Bewusstsein über die Existenz der Innovation (Product-Awareness), werden damit explizit vernachlässigt. Der Erfolg der Katastrophen-Kontrakte ist über diesen Maßstab des realen Einsatzes hinaus auch anhand seiner Zielsetzung (Auswirkung), die Beseitigung der Kapazitätsengpässe, zu messen.

Handelsvolumen und Kapazitätserweiterung der Katastrophen-Kontrakte

Für die Katastrophen-Kontrakte, die standardisierte Finanzprodukte darstellen, ist zu konstatieren, dass diese an den Börsen CBOT und BCOE nach mäßigem Erfolg nicht mehr gehandelt werden. Trotz großer Anstrengungen beider Börsen ist es nicht gelungen, einen Markt für Katastrophen-Risiko zu etablieren. Die Kapazitätserweiterung der gehandelten Optionen war mit ca. 12 bzw. 90 Mio. USD eher gering.[332] Damit zeigt sich, dass diese Kontrakte nicht erfolgreich waren/sind.

---

328 Siehe Gierl (1987). Siehe zur Messung des Innovationserfolges auch Zillmer (2000)

329 Siehe z. B. Black (1986), S. 1; Dufey/Giddy (1981), S. 281; Finnerty (1992), S. 23-24; Flood (1992), S. 5; Miller (1986), S. 460-461.

330 Siehe z. B. die Arbeiten von Sandor (1973), S. 120-121; Silber (1981), S. 127-129; Carlton (1984), S. 244-250; Holland/Vila (1997), S. 184-185; Black (1986), S. 28-31.

331 Damit wird z. B. die volkswirtschaftliche Zweckmäßigkeit einer Finanzinnovation nicht hinterfragt. Siehe hierzu Merton (1992), S. 12-14. Für eine entsprechende Untersuchung von Finanzinnovationen siehe Finnerty (1992), S. 24-36.

332 Siehe die Fn. 257 und 264.

Stattdessen hat sich – wie beschrieben – ein OTC-Markt für Katastrophen-Anleihen etabliert. Die vorgestellten Ausführungen zusammenfassend, lässt sich feststellen, dass sich der Markt für Katastrophen-Anleihen seit 1997 in einem Korridor zwischen 0,7 und 1,5 Mrd. USD neu-emittierten Volumens bewegt, wobei die Jahre 2003 und 2004 die bislang größten Emissionsvolumen gezeigt haben. Die durch diesen Markt zusätzlich bereitgestellte Kapazität ist aber im Verhältnis zu der benötigten vergleichsweise gering. Die Anzahl der Neu-Emissionen von Katastrophen-Anleihen ist darüber hinaus seit 1999 rückläufig, so dass das Volumenwachstum durch immer größere Anleihen erreicht wird. Bei der aktuell durchschnittlichen Laufzeit von 3,1 Jahren[333] bedeutet dies zwar für die zurückliegenden Jahre ein insgesamt steigendes ausstehendes Volumen, schon ab 2006 wird das Gesamtvolumen aber, vorausgesetzt das Emissionsvolumen steigt nicht über das Mittel der letzten fünf Jahre an und die Laufzeit der Anleihen steigt ebenfalls nicht, stagnieren. Die Ableitung eines positiven Trends aus dem steigenden Gesamtvolumen ist daher unter der Voraussetzung des stagnierenden Emissionsvolumens nicht möglich.

Zusätzlich zu dem relativ geringen Emissions- und Bestandsvolumen ist der kapazitätserweiternde Effekt der Katastrophen-Anleihen deutlich geringer, als dies auf den ersten Blick erscheint, da zumeist nur ein Teil des gesamten Kapitals als Risikodeckung dient. Zur detaillierten Analyse bietet sich ein Vergleich des Prämienvolumens am traditionellen Markt und der Prämienzahlungen der Cat-Bonds an. Unter der – sicherlich stark vereinfachenden – Annahme, dass Katastrophen-Kontrakte und traditionelle Katastrophen-Rückversicherung ein gleiches Preisniveau besitzen, kann die Rendite der Katastrophen-Anleihen mit den traditionellen Prämien verglichen werden. Bei einer durchschnittlichen Prämienzahlung der bisher emittierten Cat-Bonds von 4,9% über Libor[334] und einem aktuell ausstehenden Volumen von ca. 3,9 Mrd. USD, beträgt das Prämienvolumen der Katastrophen-Anleihen ca. 172 Mio. USD per annum. Dies ist weniger als 5% des Prämienvolumens für Katastrophen-Rückversicherung (CatXL)[335] und zeigt so die geringe Bedeutung der Cat-Bonds für den Referenzmarkt.[336] Diese Betrachtung vernachlässigt dabei zudem den Umstand, dass für Katastrophen-Anleihen aktuell offenbar deutliche Aufschläge gezahlt werden.[337]

Auch im Vergleich zu anderen Institutionen der Risikoabsicherung wird die relative Bedeutungslosigkeit dieser Instrumente für den gesamten Markt deutlich. So verzeich-

---

333 Vgl. McGhee/Faust/Clark (2005), S. 22.

334 Nach Volumen gewichteter durchschnittlicher „Spread über Libor" aller ausstehenden Transaktionen Ende 2004. Quelle: Eigene Schätzung.

335 Das gesamte Prämienvolumen für CatXL-Rückversicherung beträgt mindestens ca. 4 Mrd. USD.

336 Quelle: Eigene Berechnung. Diese Berechnung basiert bewusst auf dem bisher höchsten je erreichten Gesamtvolumen von ca. 3,9 Mrd. USD. Der Anteil für kalifornisches Erdbebenrisiko am Gesamtmarkt sowie die durchschnittliche Verzinsung schwanken bedeutend, so dass hier bewusst Durchschnittswerte angesetzt wurden.

337 Vgl. die Ausführungen in Kapitel 5.4.

net die in Kalifornien ansässige California Earthquake Authority (CEA) als privat finanzierte, öffentlich gemanagte Institution zur Milderung der Erdbebengefahren ein Prämienvolumen von jährlich ca. 393 Mio. USD (2004; 2003: 430 Mio. USD).[338] Bei einer durchschnittlichen Prämienzahlung der bisher emittierten Cat-Bonds von 4,9% über Libor,[339] einem ausstehenden Volumen von ca. 3,9 Mrd. USD und einem Anteil von „California Earthquake Risk" von ca. 23% entspricht die durch Cat-Bonds bereitgestellte Deckung im Vergleich zur CEA weniger als 10%. Dies zeigt die geringe Bedeutung dieses Instruments für eine der wichtigsten Risikoregionen der Welt. Insgesamt liegt der Anteil der Katastrophen-Anleihen am Katastrophen-Rückversicherungsgeschäft nicht über 5%.[340]

Als Fazit lässt sich somit festhalten, dass durch das ART-Instrument der Katastrophen-Kontrakte bisher keine bzw. nur eine sehr geringe Erweiterung der Kapazitätsgrenzen gelungen ist. Die in Kapitel 2.2 beschriebene Ineffizienz kann daher nicht durch die bestehenden Katastrophen-Kontrakte beseitigt werden. Neben dem Aspekt des geringen Primär-Marktvolumens weisen auch zwei weitere Charakteristika auf eine eher geringe Bedeutung des Marktes hin. Zusätzlich zu den geringen Emissionsvolumina ist dieser Markt durch eine geringe Sekundär-Markt-Liquidität charakterisiert.[341] Ebenso ist kaum zu erwarten, dass der existierende Katastrophen-Markt eine Preiswirkung auf die konventionelle Absicherung von Katastrophen-Risiko besitzt. Abschnitt 5.4.6 wird die Rückwirkung der Anleihen auf den Preiszyklus noch genauer betrachten. Dass diese relativ schwach sein dürfte, kann aber auf Grund des geringen Volumens bereits hier vermutet werden. Insgesamt kann daher im Sinne der normativen Zielsetzung der Arbeit konstatiert werden, dass die vorhandenen Katastrophen-Kontrakte nicht erfolgreich sind.

Erfolgsszenarien

Nach der obigen Untersuchung der Bedeutung von Katastrophen-Kontrakten für die Beseitigung der beschriebenen Ineffizienz und ihren Auswirkungen auf die Versicherungsindustrie lassen sich im weiteren Gang der Arbeit unterschiedliche mögliche Erfolgsszenarien darstellen. Diese einzelnen Szenarien erleichtern die Argumentation innerhalb der einzelnen interdependenten Determinanten, die in den unterschiedlichen Szenarien teilweise nicht stabil sind.

---

338 Vgl. Mooney/Zaffino (2001), S. 12; Mooney/Zaffino (2003), S. 10. Die CEA stellt mit ihrer Kapazitätsdecke von ca. 6,6 Mrd. USD eine bedeutende Institution zur Risikoabsicherung dar. Sie kann die Kapazitätslücke aber im Vergleich zu den potenziellen Schäden allerhöchstens verringern. Die Risikoabdeckung der durch die CEA angebotenen Versicherungen beinhaltet hohe Selbstbehalte, Ausschlüsse sowie generelle Beschränkungen auf Privatpersonen.

339 Quelle: Eigene Schätzung. Da nicht alle Transaktionen analysiert werden konnten, handelt es sich um eine Schätzung, bei der ein Transaktionsvolumen von insgesamt ca. 5,5 Mrd. USD betrachtet wurde.

340 Quelle: Eigene Schätzung. D'Agostiono schätzt den Anteil sogar noch geringer auf 2,5-3%. Siehe D'Agostino (2003), S. 14.

Tabelle 7 stellt einige Charakteristika der jeweiligen möglichen Szenarien dar:

Szenario	Marktvolumen[342]	Produktbeschreibung	Auswirkungen: Versicherungsindustrie	Auswirkungen: Beschriebene Probleme
I	Bis 2,5%/ 1 Mrd. USD	Individuelle Transaktionen	Keine	Keine
II	Bis 10%/ 6 Mrd. USD	Nicht-standardisierte OTC-Produkte für einzelne Risikoabsicherungen	Vereinzelte Transaktionen für Risikospitzen, keine Preis- und Produkteffekte	Kaum, Rückversicherung von bisher nicht üblichen Risiken nur zu hohen Preisen möglich
III	Bis 25%/ 17 Mrd. USD	Hauptsächlich individuelle OTC-Produkte	Bildung von Spezialisten, keine großen Veränderungen	Gering; Preisspitzen werden flacher; Kapazitäten werden geringfügig erweitert
IV	Bis 60%/ 75 Mrd. USD	Bildung von standardisierten Produkten (OTC) möglich	Spürbare Veränderung, Konkurrenzdruck durch neue Marktakteure	Spürbare Verbesserung, erweiterte Kapazitäten, sinkende Durchschnittspreise
V	Über 60%/ 75 Mrd. USD	Nicht-standardisierte und standardisierte Produkte, OTC und Börsenhandel	Grundlegende Veränderung (Disintermediation), Neuausrichtung der üblichen Institution notwendig	Deutliche Verbesserung; Versicherung der Risiken zu risikobasierten Preisen möglich; Deckung von verschiedenartigsten Risiken möglich

Tabelle 7: MÖGLICHE MARKT-SZENARIEN[343]

Zwischenfazit

Nachdem Kapitel 2.2 die mögliche Ineffizienz des bestehenden, konventionellen Systems der Katastrophen-Risikoabsicherung zeigt, die wiederum eine Motivation zur Entwicklung der Katastrophen-Kontrakte darstellen, beschäftigt sich Teil 3 mit der Struktur der Katastrophen-Kontrakte und deren aktueller Bedeutung. Teil 3 hat neben der historischen Entwicklung die bisher eher geringe Bedeutung solcher Kontrakte gezeigt, die sich in dem Einstellen des Handels an der CBOT und der BCOE sowie in relativ geringen Stückzahlen und Volumina der verbleibenden Kontraktarten widerspiegelt. Der erhoffte positive Effekt der Innovation „Übertragung von Katastrophen-Risiko durch einen handelbaren Finanzkontrakt" blieb somit bislang aus. Die risikotragende Kapazität dieser Instrumente von aktuell ca. 3,9 Mrd. USD bei einer Ausfallwahrscheinlichkeit von weniger als 1,02%,[344] offenbart den begrenzten Kapazitätserweiterungseffekt dieser Kontrakte. Die unzureichenden Kapazitäten des konventionellen Systems der Risikoal-

---

341 Für weitere Ausführungen siehe Abschnitt 5.3.1.2.

342 Hier ist das gesamte Marktvolumen der Katastrophenversicherung einschließlich Alternativer Instrumente gemeint. Eine Ermittlung des Marktvolumens ist dabei sehr problematisch. Erstens muss ein relevanter Markt bestimmt werden. Als relevanter Markt wird hier der Markt für Katastrophen-Rückversicherung und Retrozession angenommen. Zweitens wird das Marktvolumen im Zeitverlauf nicht konstant bleiben und über die Kapazitätserweiterung durch die Katastrophen-Kontrakte hinaus steigen. Besonders in den Szenarien IV und V ist zu erwarten, dass durch den Preisdruck die bestehende Ineffizienz beseitigt wird und hierdurch zusätzliches Marktvolumen entsteht. Die prozentualen Werte beziehen sich auf eine Gesamtdeckung von 50 Mrd. USD, die um das jeweilige Volumen der Katastrophen-Kontrakte erweitert wird. Die absoluten Angaben geben das ausstehende Volumen der Katastrophen-Kontrakte im Mrd. USD an.

343 Eigene Abbildung.

344 Quelle: Eigene Berechnung basierend auf den ausstehenden Transaktionen Ende 2004.

lokation konnten durch diese Kontrakte somit nicht entscheidend erweitert werden. Daher ist die Durchsetzung der Innovation „Finanzkontrakt auf Basis von Katastrophen-Risiko" im Sinne der genannten Zielsetzung bisher kaum erfolgt. Der in diesem Zwischenfazit konstatierte Mangel verdeutlicht einmal mehr Motivation und Zielsetzung der Arbeit. Im Rahmen der weiteren Ausführungen werden die Ursachen für die bisherige Nicht-Entwicklung des Katastrophen-Marktes zu untersuchen sein.

4 Determinierung des Analyserahmens und relevanter Einflussfaktoren

Im folgenden Teil 4 wird der für die Analyse in Teil 5 und 6 benötigte theoretische Bezugsrahmen aufgebaut. Eine der analytischen Herausforderungen der vorliegenden Arbeit ist das Fehlen eines Standardwerks zur Analyse und Einschätzung von Finanzinnovationen bzw. Finanzkontrakten.[345] Bei der Betrachtung der bestehenden Literatur zu Finanzkontrakten und Innovationen zeigt sich, dass weder eine adäquate Begriffsdefinition noch ein umfassender, die realen Interdependenzen berücksichtigender Ansatz existiert. Sowohl in der Finanzwissenschaft als auch in der Praxis ist somit bislang kein Analyserahmen vorhanden, der den Vergleich, die Beurteilung oder gar die aktive Entwicklung von Finanzkontrakten ermöglicht.[346] Dieser Missstand erfordert eine Ableitung eines eigenständigen Analyserahmens.

Zielsetzung der vorliegenden Arbeit ist eine realitäts- und damit auch praxisnahe Untersuchung. Da die bestehenden Probleme bezüglich der Erfolgsumstände, d. h. der Ausgestaltung, des Einsatzes oder des Managements von Finanzinnovationen, vielschichtiger und interdependenter Natur sind, ist die Konzentration auf einen einzigen, detailfokussierten Ansatz zur Analyse des Untersuchungsgegenstands nicht ausreichend. Der zu entwickelnde Analyserahmen sollte daher so umfassend gestaltet sein, dass er die Integration heterogener Theorien so weit wie möglich gestattet, ohne dass diese ihre individuelle Aussagekraft verlieren. Er ist als ein logisches Gerüst einzelner Faktoren zu betrachten, die auf die Entstehung und Gestaltung von Finanzkontrakten Einfluss nehmen. Auf Grund der genannten diesbezüglichen Defizite und der Komplexität der Materie beanspruchen die Ableitung des Analyserahmens und die Bestimmung der Einflussfaktoren einen großen Teil der gesamten vorliegenden Arbeit.

Die im Folgenden verwendete Literatur entstammt größtenteils der Finanzierungstheorie. Mit deren aktuellem Stand setzt sich das nachfolgende Kapitel im Rahmen der Erarbeitung des Analyserahmens auseinander und strukturiert die sich hieraus entwickelnden Implikationen zum Konstrukt der Finanzinnovation. Basierend auf der Herkunft des Untersuchungsgegenstandes der vorliegenden Arbeit ist es sinnvoll, diese Literatur als Basis der Analyse zu nutzen. In für das Untersuchungsobjekt wichtigen Bereichen, die innerhalb der Finanzierungsliteratur bislang nicht ausreichend behandelt werden, wurde die Literaturbasis um entsprechende Literatur aus anderen Fachbereichen wie etwa Versicherungs- oder Marketingliteratur ergänzt. Besonders in Kapitel 4.4 werden die Schwachstellen der gegenwärtigen Finanzierungstheorie deutlich. Da nahezu keine eigenständigen Untersuchungen zur Adoption und Diffusion von Finanzkon-

345 Zu ähnlichen Problemen bei der Analyse siehe Glaum (1991), S. 210-212.

346 Siehe auch zur Motivation der Arbeit Kapitel 1.3.

trakten existieren, basieren die Ausführungen und Ableitungen der vorliegenden Arbeit auf der allgemeinen betriebswirtschaftlichen Literatur zu diesem Themenbereich, die vornehmlich dem Marketing zuzurechnen ist.

4.1 Methodische und begriffliche Vorbemerkungen

Das Aufzeigen des Engpasses innerhalb des konventionellen Risikoabsicherungssystems in Kapitel 2 ist bisher aus einem aggregierten, quasi makroökonomischen Blickwinkel erfolgt. Da letztlich individuelle Gründe zu einem Einsatz oder einer Ablehnung von Katastrophen-Kontrakten führen, wird in Analogie zur traditionellen Argumentation der Volkswirtschaftslehre im Folgenden das gesamtwirtschaftlich beobachtbare Verhalten mikroökonomisch[347] fundiert.

4.1.1 Aufbau und Vorgehen der weiteren Analyse

Die im Rahmen der Arbeit zu betrachtenden Umstände lassen sich unter dem Schlagwort der Erfolgsdeterminanten einer Innovation zusammenfassen. Wie bereits angesprochen, existiert bislang kein Argumentationsrahmen für die Ableitung von Erfolgsdeterminanten für Finanzinnovationen. Zur Bestimmung eines solchen Analyserahmens wird zu einer ersten Einordnung daher die allgemeine betriebswirtschaftliche Literatur zu Innovationen genutzt.[348]

Die Erweiterung der Literaturbasis auf die gesamte Wissensbasis der Innovationstheorie zeigt, dass die für die Durchsetzung einer Innovation relevanten Umstände sehr heterogener Natur sind. HENARD/SZYMANSKI [2001] analysieren 60 empirische Arbeiten, die sich mit dem Erfolg von Produkten oder Dienstleistungen beschäftigen und klassifizieren die in diesen Beiträgen bestimmten, für den Erfolg relevanten Faktoren in die vier Komplexe:

- Faktoren, die das Produkt oder die Dienstleistung mit den für die Nachfrage *spezifischen Eigenschaften* charakterisieren.
- Faktoren, welche Aufschluss über *Prozesse* im Zusammenhang mit der Innovation (F&E-Prozesse, Markteinführung, Produkt-Launch, Marketing etc.) geben.
- Faktoren, die die *generelle Strategie* der markteinführenden Unternehmung charakterisieren.
- Faktoren, welche die *Wettbewerbssituation* (konkurrierende Unternehmen, Produkte etc.) bestimmen.

---

[347] Zum Begriff der Mikro- und Makroökonomik innerhalb der Volkswirtschaftslehre siehe Brösse (1997), S. 95-97; Woll (1996), S. 3.

[348] Dieses Vorgehen der quasi-intradisziplinären Übertragung von Ergebnissen unter Berücksichtigung der spezifischen Eigenschaften des Untersuchungsobjekts bei Mangel an eigenständiger Literatur ist durchaus üblich. Siehe z. B. das Vorgehen bei Edgett (1996), S. 508-509.

Eine Betrachtung der zehn für den Erfolg einer Innovation bedeutendsten Faktoren über alle Arbeiten hinweg zeigt den Einfluss dieser vier Komplexe auf den Innovationserfolg. Von der ausreichenden grundsätzlichen Nachfrage als Erfolgsfaktor abstrahiert[349] sind fünf der verbleibenden Gründe direkt mit den Eigenschaften und der Leistung des Produkts verbunden.[350]

Analog zur führenden theoretischen Management-Literatur[351] sowie empirischen Studien[352] zeigt das Ergebnis von HENARD/SZYMANSKI [2001],[353] dass der Erfolg einer Innovation primär darauf basiert, dass die Verwendung der Innovation mit einem deutlichen Nutzenzuwachs für den Kunden gegenüber anderen Produkten verbunden ist.[354] Das Scheitern einer neuen Produkteinführung oder eines Prozesses wird demgemäß in der Regel mit schlechten Produkteigenschaften, die z. B. nicht den Bedürfnissen des Verbrauchers entsprechen und daher diesen notwendigen Nutzenzuwachs nicht erbringen, begründet.[355]

Der Erfolg einer Produkt- oder einer Dienstleistungsinnovation[356] ist originär von der Funktion und den Eigenschaften der Innovation im Vergleich mit den übrigen Alternativen abhängig. Obwohl diese Argumentation nicht im Speziellen für Finanzinnovationen bewiesen wurde, ist doch zu erwarten, dass sie sich auch auf Finanzprodukte über-

---

349 Siehe hierzu auch Abschnitt 4.3.2.1.

350 Dies sind Eigenschaften des Produkts oder aber Faktoren, die diese indirekt beeinflussen (z. B. kundenorientierte Forschung und Entwicklung). Darüber hinaus ist das Marketing generell, der Produkt-Launch sowie der Marktzutrittszeitpunkt und der Mitarbeitereinsatz relevant. Vgl. Henard/Szymanski (2001), S. 368.

351 Vgl. Lambkin/Day (1989), S. 5; Lonial/Menezes/Zaim (2000), S. 20-21, die sich auf die viel beachteten Management-Ansätze von Porter (1985); Hamel/Prahalad (1997); Peters/Austin (1985) und Tracey/Wiersema (1995) beziehen.

352 Zu dem gleichen Ergebnis kommen auch andere empirische Studien. Siehe Cooper/Kleinschmidt (2000), S. 23; Cooper/Kleinschmidt (1987), S. 169; Maidique/Zirger (1984); Easingwood (1986); DeBrentani/Cooper (1992), S. 236. Schmalen/Wiedemann (1999) finden dagegen in einer empirischen Studie deutscher Hochtechnologieunternehmen, dass die Überlegenheit des Produktes keinen positiven Einfluss auf dessen Erfolg hat. Siehe Schmalen/Wiedemann (1999), S. 83. Sie begründen dies aber mit einem für ihr Untersuchungsobjekt typischen „Over-Engineering", das vom Kunden u. U. nicht wertgeschätzt wird. Daher ist die grundsätzliche Bedeutung der Produktüberlegenheit im Sinne des Nachfragenutzens durch diese Ergebnisse nicht in Frage zu stellen.

353 Der besondere Einfluss des Produktes mit seinen Eigenschaften wird innerhalb der Arbeit von Henard/Szymanski (2001) später im Rahmen multivariater Analysen noch deutlicher. Siehe Henard/Szymanski (2001), S. 369.

354 Ernst gruppiert empirische Arbeiten, die sich mit dem Erfolg von Finanzinnovationen beschäftigen. Er kommt zu einer ähnlichen Klassifikation. Vgl. Ernst (2002), S. 3. Da er sich explizit nicht mit den Eigenschaften von Produkten beschäftigt, sondern besonders die durch das Management beeinflussbaren Faktoren und Abläufe untersucht, ist diese Gruppe nicht besetzt. Der Market-Fit wird sozusagen als Grundthese unterstellt.

355 Vgl. Blois/DeBrentani (2000), S. 552. Drew untermauert diese gleiche These auch für Finanzinnovationen. Siehe Drew (1995), S. 11.

356 Eine eindeutige Zuordnung der Innovationen in der Finanzindustrie zu Dienstleistungs- oder Produktinnovationen ist nicht möglich. Ein Finanzkontrakt erfüllt weder sämtliche Anforderungen an eine Produktinnovation noch an eine Dienstleistungsinnovation. Eine trennscharfe Einordnung ist daher nicht möglich.

tragen[357] lässt. Daher liegt der Fokus der weiteren Analyse auf einer Betrachtung „kontraktnaher" Bereiche.[358] Für die weitere Analyse, die sich mit der Entwicklung und Verwendung einer Finanzinnovation beschäftigt, lässt sich darüber hinaus festhalten, dass der Einsatz einer Innovation nicht von deren absoluten Nutzen abhängt, sondern im Vergleich zu bestehenden Alternativen gesehen werden muss.[359]

Effizienzanalyse als Beurteilungsmethode

Erfolgreiche Finanzinnovationen bewirken der Argumentation folgend somit eine reale Verbesserung der aktuellen Situation für die handelnden Marktteilnehmer.[360] Nicht jede mögliche Verbesserung wird sich aber tatsächlich am Markt durchsetzen, da mit dem Einsatz der Verbesserung auch Kosten entstehen. Diese Kosten der Verbesserung sind im Vergleich zu alternativen Lösungen bzw. der absoluten Verbesserung zu bewerten, d. h. ökonomisch zu rechtfertigen. Durch den Einsatz neuer Finanzkontrakte muss es dabei aber nicht zwingend zu einer Wohlfahrtssteigerung kommen.[361] Sie können auch lediglich die Position eines Einzelnen verbessern. Jedoch nur, wenn der neue Kontrakt über die Erfüllung einer relevanten Funktion hinaus (notwendige Bedingung) auch eine relativ (im Vergleich zum bestehenden System mit seinen konventionellen Produkten und Institutionen) attraktive Lösung darstellt (hinreichende Bedingung), wird sich der Erfolg einstellen. Eine Untersuchung zum möglichen Erfolg einer Finanzinnovation muss daher zeigen, ob die neue Lösung individuell vorteilhaft ist.[362] Daher wird quasi eine Effizienzanalyse zur Beurteilung von Katastrophen-Kontrakten vorgenommen.[363]

Im Rahmen einer Effizienzanalyse wird die Leistung eines Prozesses oder eines Produktes beurteilt. Der Begriff der Effizienz wird in der Regel als Leistungsfähigkeit verstanden, d. h. eine Effizienzanalyse führt einen Vergleich der Output- zu Input-Größen durch. Sie ist somit einem Produktivitätsmaßstab gleichzusetzen.[364] Zur Untersuchung

---

357 Vgl. Cooper/Kleinschmidt (2000), S. 55-56; Cooper/Easingwood/Edgett/Kleinschmidt/Storey (1994), S. 283.

358 Eine Einordnung der Ergebnisse in den in diesem Analyseschritt vernachlässigten breiteren Rahmen unterbleibt innerhalb dieser Arbeit bewusst. Zu wichtigen weiteren Hinweisen auf Gründe des Misserfolgs siehe die Zusammenfassung der Arbeit in Teil 6. Es gibt eine Vielzahl weiterer Ursachen, die den Erfolg einer Finanzinnovation verhindern können. Siehe die Arbeiten von Avlonitis/ Papastathopoulou (2001); Vermeulen (2002); Johne/Pavlidis (1996).

359 Der Nutzen eines Produkts kann hierbei in drei Bereiche unterschieden werden. Im einfachsten Fall können Vorteile darin bestehen, dass das neue Produkt eine *kostengünstigere* Alternative zu vergleichbaren Produkten darstellt. Die bestehenden, individuellen Bedürfnisse können aber auch durch die Innovation *besser erfüllt* werden. Wenn die Bedürfnisse bisher durch das konventionelle Angebot kaum befriedigt wurden, oder aber neu geweckt werden, kann das Produkt auch einen *neuen Markt definieren* und für sich beanspruchen.

360 Wie z. B. eine Effizienzverbesserung durch das Senken von Transaktionskosten. Vgl. Miller (1986), S. 460.

361 Vgl. Hakansson (1982), S. 978.

362 Vgl. Damm/Friedla/Schmidt (1987), S. 147.

363 Zu einem ähnlichen Vorgehen siehe die Arbeit von Damm/Friedla/Schmidt (1987) und Glaum (1991), insbesondere Glaum (1991), S. 4, 210-212.

364 Vgl. Reiter (1987), S. 104-105.

der Katastrophen-Kontrakte ist dabei weniger eine Produktivitätsmessung im Sinne der Output- zu Input-Faktoren nötig als vielmehr eine Beurteilung der Attraktivität einer möglichen Problemlösung. Der Begriff der Effizienz wird im Rahmen der Arbeit als Beurteilungskriterium einer zielgerichteten Maßnahme betrachtet und gibt einen Eindruck, inwieweit diese geeignet ist, das jeweilige Ziel zu erreichen.[365]

Um den Nutzen eines Produktes festzustellen, müssen Funktionen und Eigenschaften hinsichtlich der Präferenzen der Nutzer beurteilt werden. Wie bereits in der Einleitung beschrieben, reicht hierfür die traditionell verkürzte Betrachtungsweise von Finanzkontrakten in Form von Rendite/Risikoeigenschaften nicht aus. Bei Finanzkontrakten handelt es sich nicht, wie eine zweidimensionale Betrachtung suggeriert, um einfach strukturierte Produkte. Marktimperfektionen erfordern komplexe Dispositionen, die eine ebenso vielschichtige Untersuchungsmethodik notwendig machen. Hierfür sind weitere Eigenschaften zur Beurteilung des Finanzkontraktes zu identifizieren.[366]

Wertung und Summierung der Eigenschaftsausprägungen

Bei einer Beurteilung zweier komplexer Alternativen ist generell, und so auch für Katastrophen-Kontrakte geltend, nicht davon auszugehen, dass ein Produkt jede alternative Lösung in allen Bereichen dominiert. Daher ist idealtypisch über die Bestimmung der Vergleichsfaktoren hinaus eine Skalierung und zur Aggregation der Teilergebnisse eine Gewichtung dieser notwendig.[367] Das Resultat einer solchen Analyse, bestehend aus der Summe der gewichteten Einzelwerte, erlaubt dann eine objektivierte Darlegung und Beurteilung des Untersuchungsobjekts. Obwohl die Effizienzanalyse als Forschungsweise der Produktionstheorie insbesondere in den letzten Jahren methodisch bedeutend weiterentwickelt worden ist,[368] werden bei der Beurteilung von Katastrophen-Kontrakten die Grenzen einer umfassenden und gleichzeitig normativen Untersuchung deutlich.

Die allgemeingültige Gewichtung der einzelnen Entscheidungsfaktoren stellt eine nicht lösbare Schwierigkeit dar. Selbst für relativ homogene Interessengruppen wird keine objektiv einheitliche Gewichtung der verschiedenen Kriterien möglich sein. Ebenso wenig kann auf Grund des komplexen Erscheinungsbildes eine objektive Skalierung ermittelt werden. Ist die Summierung einzelner Teilergebnisse, wie beispielsweise des

---

365 Für eine Begriffsdefinition siehe o.V. (2000h), S. 812.

366 Das methodische Vorgehen entstammt weniger der Finanzierungstheorie, sondern eher dem Marketing. Pennings/Wetzels (1999) stellen einen der wenigen finanztheoretischen Ansätze dar, der sich ebenfalls diesem Vorgehen widmet. Entgegen der Arbeit von Pennings/Wetzels fokussiert sich die folgende Analyse auf das besondere Untersuchungsobjekt und seine Eigenschaften.

367 Für ähnliche Probleme bei der Analyse einer Finanzinnovation siehe Glaum (1991), S. 207, 210-212.

368 Für eine allgemeine Einführung siehe Dyckhoff/Allen (1999). Zur Methodik der DEA siehe Cantner/Hanusch (1998). Zur Methodik des MCDM siehe Haimes (2000).

Zinssatzes, über eine einheitliche Skala zwar von großem inhaltlichen Wert,[369] so darf sie dennoch nicht zu einer undifferenzierten Pauschalisierung führen, die letztlich ohne Mehrwert ist. Der Anspruch, eine praxisnahe Beurteilung zu entwickeln, darf dementsprechend nicht dazu führen, dass Durchschnittswerte oder einzelne Gewichtungen für die Analyse genutzt werden, da dies einer willkürlichen Auswahl und somit Verfälschung der Ergebnisse gleichkäme. Um diese Problematik zu vermeiden, bietet sich folglich der generelle Verzicht einer numerischen Bewertung und Gewichtung der einzelnen, für die Entscheidung relevanten Faktoren an.

Da die Problemlösungen aber untereinander konkurrieren und die Leistungsfähigkeit der Alternativen den Einsatz der Innovation beeinflusst, muss eine Vergleichsbasis hergestellt werden. Bei der Beurteilung der Innovation im Rahmen der Effizienzanalyse findet daher implizit immer eine Gegenüberstellung zwischen den Funktionen und Eigenschaften der Innovation und konventionellen Absicherungsmöglichkeiten sowie alternativen Kapitalanlageformen oder anderen Konkurrenzprodukten (z. B. Spekulationsobjekten) statt.

Gerade unter den geschilderten Aspekten wird ein großer Nachteil eines nicht modelltheoretischen Vorgehens deutlich. Eine rein deskriptive, aufzählende Beurteilung der Eigenschaften von Katastrophen-Risiko und der gehandelten Kontrakte anhand verschiedenartiger, willkürlich ausgewählter Dimensionen, die sich eventuell aus empirischen Beobachtungen erfolgreicher Märkte ableiten,[370] ist angesichts der Isolation der Teilergebnisse und des u. U. historischen Fokus problematisch.[371] Daher ist eine Anwendung und Integration unterschiedlicher finanztheoretischer Ansätze zu Finanzinnovationen[372] wünschenswert. Eine umfassende Untersuchung sollte anhand eines logisch geschlossenen Argumentationsrahmens erfolgen, der eine Integration der verschiedenen relevanten Ansätze zur Funktion und Erklärung von Finanzinnovationen und Finanzkontrakten ermöglicht. Wegen der Vielfältigkeit der Argumentationsstränge und der bestehenden Interdependenzen der unterschiedlichen Dimensionen ist dieses Vorgehen aber mit großen Schwierigkeiten behaftet.

Mit dem Funktionalansatz verwendet die vorliegende Arbeit einen Argumentationsrahmen, der die notwendige Zusammenführung der Teilaspekte ermöglicht. Über die Funktionen hinaus, die den Funktionalansatz konstituieren, wird der Analyserahmen in Kapi-

---

369 Damm/Friedla/Schmidt führen eine Effizienzanalyse zur Beurteilung der Finanzierung mittels zinsvariabler Instrumente durch. Vergleichsbasis sind hierbei die Finanzierungskosten in Form des Zinssatzes. Auch sie erkennen das Problem der heterogenen Interessengruppen. Vgl. Damm/ Friedla/Schmidt (1987), S. 148.

370 Für eine solche Liste siehe beispielsweise Kolb (1998), S. 37.

371 Katastrophen-Kontrakte können so auch nicht auf einen liquiden Handel im Basiskontrakt zurückgreifen, der für eine Vielzahl an erfolgreichen konventionellen Finanzinnovationen charakteristisch ist und daher als notwendige Bedingung für einen erfolgreichen Finanzkontrakt gefordert wird. Siehe beispielsweise Kolb (1998), S. 37 sowie die Ausführungen in Abschnitt 4.3.2.1.

372 Für eine Übersicht der verschiedenen Ansätze siehe Siegwart/Mahari/Abresch (1994), S. 21-27.

tel 4.3 und 4.4 durch weitere entscheidungsrelevante Eigenschaften und Charakteristika von Finanzkontrakten erweitert. In Teil 5 – dem Kernkapitel der Arbeit – kann dann durch die Spezifizierung der einzelnen Eigenschaften von Katastrophen-Kontrakten eine fundierte Analyse des Erkenntnisobjekts erfolgen, die zur Beantwortung der Fragestellungen der Arbeit dient. Die individuelle unternehmerische Beurteilung im Rahmen einer Eignungsprüfung dieser Instrumente wird hierdurch entscheidend fundiert, kann aber auf Grund der angesprochenen Probleme nicht im Rahmen dieser Arbeit übernommen werden.

Detailliertes Vorgehen

Der Funktionalansatz soll als Basis der folgenden Analyse dienen, da er eine umfassende Beschreibung des potenziellen Leistungsrahmens einer Finanzinnovation und somit eine vergleichende Beurteilung ermöglicht.[373] Dieser Ansatz liefert über die Erkenntnis der primären Funktion von Katastrophen-Kontrakten (konditionaler Transfer von Risiko und Kapital) hinaus wichtige Anhaltspunkte für die weitere Beurteilung. In Kapitel 4.2 wird daher ein spezifischer Rahmen aufgebaut, mit dessen Hilfe die Funktionen eines Finanzkontrakts hergeleitet, beschrieben und klassifiziert sowie verglichen werden können. Obwohl dieser funktionale Rahmen auch gleichzeitig Beurteilungskriterien für eine Analyse bereitstellt, ist er keineswegs vollständig. Der generische Rahmen ist daher um spezifische, für das Untersuchungsobjekt relevante Faktoren zu erweitern, die mit seiner Hilfe zur zusammenhängenden Analyse strukturiert werden können.

Das nahe liegende Vorgehen einer direkten Befragung der Interessengruppen nach ihren Präferenzen und Bedürfnissen hat sich bei der Einführung grundlegend neuer Produkte infolge mangelnder Erfahrung der Nutzergruppen als problembehaftet herausgestellt.[374] Da Gleiches für Finanzinnovationen generell und speziell auch für neuartige Finanzkontrakte gelten dürfte, scheidet diese Maßnahme zur fundamentalen Bestimmung relevanter Faktoren aus. Daher werden die den funktionalen Rahmen füllenden weiteren Merkmale indirekt aus der bestehenden Literatur und Theorie zu Finanzinnovationen sowie Finanzkontrakten abgeleitet. Hierzu werden in Abschnitt 4.3.1 die Ursachen von Finanzinnovation und in Abschnitt 4.3.2 die Erfolgs- bzw. Misserfolgsfaktoren bereits bestehender erfolgreicher und nicht erfolgreicher Finanzkontrakte analysiert und in den funktionalen Rahmen integriert. Der verwendete Analyserahmen umfasst die relevanten Funktionen und Eigenschaften, die für die Vorteilhaftigkeit einer Finanzinnovation wichtig sein können. In Teil 5 findet daran anschließend eine Spezifizierung der jeweiligen Merkmale des Untersuchungsobjekts statt, welche zugleich eine empirische Kon-

---

373 Eine andere Möglichkeit zur Beurteilung von Finanzkontrakt deren Basis Katastrophen-Risiko ist, wäre die isolierte Betrachtung der spezifischen Eigenschaften von Katastrophen-Kontrakten. Hierbei ist aber problematisch, dass eine zu starke Fokussierung des Analyserahmens an den Kontrakteigenschaften eine theoretische Fundierung erschwert. Für einen solchen Ansatz siehe Glaum (1991), S. 150.

374 Vgl. Avlonitis/Papastathopoulou/Gounaris (2001), S. 335.

trolle der Relevanz der jeweiligen Eigenschaften darstellt. Nach der theoretischen Ableitung dieser Faktoren aus der wissenschaftlichen Literatur soll das im Rahmen der Arbeit verwendete Verfahren der Experteninterviews die ermittelten Merkmale hinsichtlich ihrer spezifischen Ausprägung und ihres tatsächlichen Beeinflussungspotenzials untersuchen.

Dynamische Erweiterung des prinzipiell statischen Funktionalansatzes

Die in Teil 5 vorgenommene Analyse des Untersuchungsobjekts berücksichtigt die Eigenschaften einer innovativen Lösung im Wechselspiel mit ihrer Umwelt und den spezifischen Bedürfnissen ihrer Nutzer. Zeitpunktbezogen kann das existierende Finanzsystem und die jeweilige Finanzinnovation demnach als eine mögliche Lösung bestehender Präferenzen gesehen werden. Der der Konzeption her statische Funktionalansatz vernachlässigt jedoch die dynamischen Prozesse, die für einen Wandel notwendig sind. Eine Innovation muss, genauer gesagt, nicht nur in ihrer jeweiligen Ausprägung den vorhandenen Lösungsmechanismen überlegen sein, sie muss sich auch dynamisch betrachtet in einem Diffusionsprozess am Markt bewähren und durchsetzen. Das bis zu diesem Teil der Analyse statische Grundgerüst wird daher in Kapitel 4.4 durch Aspekte der Adoption von Innovationen und der Diffusionsforschung ergänzt. Gegenüber den zuvor bestimmten Kontrakteigenschaften sind die im Rahmen der dynamischen Analyse zu betrachtenden Faktoren, wie etwa Innovationsbarrieren, fundamental verschieden, so dass sie nicht auf einfache Weise in die Betrachtung integriert werden können.[375]

Die bisherigen Ausführungen zusammenfassend, kann als Ausgangspunkt für das weitere Vorgehen folgende These festgehalten werden:

EINE FINANZINNOVATION IST DANN ERFOLGREICH, WENN SIE FÜR EINEN AUSREICHENDEN BESTAND AN (ANGEBOT UND) NACHFRAGE[376] VERFÜGBAR IST UND EINE RELEVANTE FUNKTION ODER EIN FUNKTIONSBÜNDEL VERGLEICHSWEISE ADÄQUAT ERFÜLLT (STATISCHE EFFIZIENZANALYSE). DARÜBER HINAUS MUSS EIN VERÄNDERUNGSPROZESS ZUM EINSATZ UND ZUR DURCHSETZUNG DER INNOVATION FÜHREN (DYNAMISCHE ERWEITERUNG).

Hieraus leitet sich der weitere Aufbau der Arbeit ab, der in der folgenden Abbildung illustriert ist:

375 Der Begriff der Barriere weist bereits darauf hin, dass Innovationsbarrieren zwar die Adoption behindern, aber durch entsprechende Anstrengungen überwunden werden können. Sie sind dann in der Folge für die Adoptionsentscheidung nicht mehr weiter relevant. Zum Begriff der Innovationsbarriere siehe auch Witte (1999), S. 13.

376 Im Gegensatz zu klassischen Innovationen muss bei Finanzinnovationen auch die Angebotsseite und ihre spezifische Motivation berücksichtigt werden, da eine Trennung zwischen Angebots- und Nachfrageseite nach der klassischen Marketing-Unterscheidung nicht möglich ist.

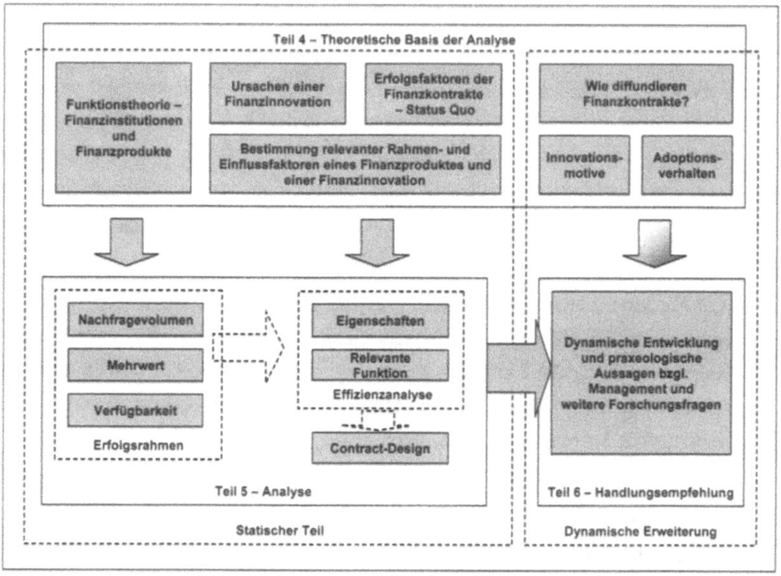

Abbildung 12: ÜBERSICHT, AUFBAU UND ARGUMENTATIONSGANG DER TEILE 4, 5 UND 6

4.1.2 Innovationsbegriff

Die folgende Charakterisierung des Innovationsbegriffs[377] dient zum einen der weiteren Präzisierung des Untersuchungsgegenstands, aber auch, und dies ist für den Verlauf der Arbeit und besonders ihren Erkenntnisgewinn bedeutender, der theoretischen Einordnung des Untersuchungsgegenstands. Hieraus folgt die Bestimmung der wissenschaftlichen Literatur- und Analysebasis. In den folgenden Kapiteln wird deutlich werden, dass der Katastrophen-Kontrakt in seinen verschiedenartigen Handelsformen[378] eine Neuheit für die Kapital- und Finanzmärkten darstellt. Die folgende Einordnung und retrospektiv auch die spätere Analyse bestätigen, dass die theoretische Grundlage der Arbeit in der entsprechenden Literatur zu finden ist.

Literatur zum Begriff der Finanzinnovation

Angetrieben durch die große Zahl von Innovationen an den Finanzmärkten innerhalb der letzten 30 Jahre, entstand eine breite wissenschaftliche Theorie zur Erklärung von Finanzinnovationen.[379] War diese anfangs noch gegründet auf den bedeutenden Arbei-

---

377 Der Ursprung des Innovationsbegriffs liegt im Lateinischen (lat.: innovare) und kann mit „erneuern" übersetzt werden. Als eine Innovation gilt dementsprechend etwas Neuartiges. Vgl. Barnett (1953), S. 7; Rogers (1983), S. 11; Schmookler (1966), S. 16.

378 Vgl. Teil 3.

379 Für einen umfassenden und aktuellen Überblick zur Theorie der Finanzinnovation siehe Molyneux/ Shamroukh (1999), S. 51-77.

ten[380] zur allgemeinen Innovationstheorie von Schumpeter,[381] so hat sich auf Grund der spezifischen Eigenschaften von Finanzprodukten[382] binnen kurzem eine eigenständige Literatur zum Thema herausgebildet. Diese Finanzierungsliteratur definiert den Begriff der Finanzinnovationen in unterschiedlichen Ausprägungen.[383] Eine allgemeingültige und anerkannte Definition hat sich bisher trotz umfangreicher und bereits früher Bemühungen zur sprachlichen Präzisierung und Einordnung des Untersuchungsgegenstands[384] nicht etablieren können.[385] Zumeist werden Finanzinnovationen aber wie andere Innovationen[386] nach zwei bzw. drei Bereichen[387] kategorisiert:[388]

- Als *Prozessinnovationen* werden Veränderungen des bestehenden Ablaufs charakterisiert. Dies kann ohne Konsequenzen für den Endverbraucher bleiben.[389] Besonders durch die Einführung von Computersystemen hat sich in den letzten Jahrzehnten eine deutliche Veränderung der internen Prozessabläufe bei den Finanzmarktteilnehmern ergeben.
- *Systeminnovationen* oder auch Organisationsinnovationen stellen dagegen Änderungen der externen Koordination, also z. B. die Veränderung von Börsen oder die Einführung von Direktbanken, dar. Für den Untersuchungsgegenstand des Katastrophen-Risikos ist die Einführung der CATEX[390] eine solche Innovation, die es den Marktteilnehmern erlaubt, innerhalb einer neu geschaffenen Handelsumgebung tätig zu werden.

---

380 Eine Einordnung und Würdigung der Arbeiten von Schumpeter zur betriebswirtschaftlichen Innovationstheorie findet sich in Recktenwald/Scherer/Stolper (1988).

381 Schumpeter hat sich aber nicht ausdrücklich mit Finanzinnovationen beschäftigt. Für Schumpeter war Kapital „nichts anderes als ... ein Mittel, über Güter ... zu verfügen". Siehe Schumpeter (1912), S. 226. Später stand besonders die innovationsunterstützende Funktion des Finanzsystems als Financier im Vordergrund (vgl. Schumpeter (1912), S. 117-130), trotzdem haben seine Aussagen auch für die Finanzinnovationstheorie wichtige Grundlagen gelegt. Auch Gurley/Shaw sahen in ihren ersten Werken noch hauptsächlich die innovationsunterstützende Funktion des Finanzsystems, wiesen aber schon auf die unterschiedliche Wirkungsweise differenzierter Finanzierungsformen hin. Siehe Gurley/Shaw (1960), S. 92-131.

382 Finanzkontrakte als Produktinnovationen sind besonders unter dem Aspekt der urheberrechtlichen Nicht-Schützbarkeit von hohem Interesse, da im Gegensatz zu vielen anderen Bereichen der Volkswirtschaft kein Patentschutz oder ähnliche Institutionen zum Schutz des geistigen Eigentums bestehen.

383 Vgl. Siegwart/Mahari (1996), S. 5.

384 Ein früher Versuch einer Klassifikation von Definitionen und einer eigenständigen Begriffsdefinition findet sich in der Aufstellung von Franzen (1988) oder Demuth (1988).

385 Vgl. Reichert (1994), S. 38. Für Ausführungen zur Strukturierung des Innovationsbegriffs siehe Siegwart/Mahari/Abresch (1994), S. 20-27.

386 Vgl. Pleschak/Sabisch (1996), S. 14-24; Vahs/Burmester (2002), S. 72-78.

387 Systeminnovationen werden oft unter Prozessinnovationen subsumiert. Vgl. die weiteren Ausführungen.

388 Für detaillierte Ausführungen zu dieser Einteilung siehe Tebroke (2001), S. 812-814; Eilenberger (1993), S. 109; Schneider-Gädicke (1989), S. 7; Zimmermann (1987), S. 165; Frame/White (2002), S. 3-4; Tornatzky/Eveland/Fleischer (1990), S. 20-22.

389 Zum Beispiel die Einführung von Inter-Bank Systemen, wie etwa des SWIFT-Systems, zum schnelleren und sicheren Geld-Transfer. Vgl. Ramsler (1993), S. 430.

390 Vgl. Kapitel 3.3.

- Die dritte Gruppe bilden *Produkt-* bzw. *Dienstleistungsinnovationen.*[391] Beide Konstrukte weisen eine gewisse Außenwirkung auf und werden daher als Aspekt einer Leistungserbringung für Marktteilnehmer definiert. Produktinnovationen, wie etwa die Einführung von Derivaten, die auch als Finanzinnovationen im engeren Sinn bezeichnet werden, können je nach Art der Neuigkeit weiter in originäre (grundsätzlich neu) und derivative (Weiterentwicklungen auf Basis bestehender Kontrakte) unterteilt werden.[392]

Die Abgrenzung der verschiedenen Innovationsbegriffe ist nicht trennscharf und die einzelnen zu charakterisierenden realen Phänomene weisen oft Eigenschaften auf, die sie mehreren Kategorien zugehörig erscheinen lassen. So ist die Abgrenzung zwischen Prozess- und Systeminnovationen nur schwer möglich, weshalb in der Literatur teilweise nur zwischen Prozess- und Produktinnovationen unterschieden wird.[393] Zusätzlich zeigen z. B. die Innovation „Verbriefung", also der Verkauf ausgewählter Aktiva zur Unternehmensfinanzierung, und der Trend zur „Securitization" (Kreierung eines handelbaren Finanzkontraktes aus dem Verkauf von Aktiva) als bedeutende Finanzinnovation, dass auch die Trennung zwischen Prozess- und Produktinnovationen nicht exakt ist und dass diese begriffliche Untergliederung nicht ausschließlich ist.[394] So geht ein neues Produkt (Produktinnovation) i. d. R. mit einem neuartigen Prozess (Prozessinnovation) einher. Beispielsweise wird der Prozess der Unternehmensfinanzierung durch ein neues Finanzierungsprodukt verändert. Gleichzeitig kann es durch die Entstehung neuartiger Finanzprodukte auch zu einer Disintermediation und einer Veränderung der bestehenden Finanzsysteme kommen.[395]

Damit zeigt sich, dass eine allgemeingültige Definition des Begriffs der Finanzinnovation, bedingt durch die vielfältigen interdependenten Prozesse innerhalb der Finanzindustrie, immer zu breit gefasst ist und so kaum präzise genug für die wissenschaftliche Untersuchung spezifischer Phänomene sein kann. Eine zu weite Begriffsdefinition behindert die wissenschaftliche Operationalität und somit letztlich auch die Findung von theoretischen und praxisbezogenen, aussagekräftigen Thesen.[396] Sofern sich die wissenschaftlichen Studien nicht auf die begrifflichen Definitionen selbst als Untersuchungsobjekt richten, indem sie etwa die unterschiedlichen Definitionsansätze katalogisieren und bewerten, definieren sie je nach Erklärungsgegenstand den Begriff der Finanzinnovation im Sinne ihrer Zielsetzung, um einzelne, in der jeweiligen Arbeit untersuchte

---

391 In der Innovationsliteratur wird analog zur Marketing-Literatur zumeinst weiter in Dienstleistungen und Produkte unterschieden.

392 Vgl. Tebroke (2001), S. 814.

393 Vgl. Issing (1987), S. 621 und Ramsler (1993), S. 430.

394 Vgl. Hasekamp (2000), S. 9.

395 Siehe die Arbeiten von Schmidt/Hackethal/Tyrell (1998) und Schmidt/Hackethal/Tyrell (1999).

396 Vgl. Franzen (1988), S. 19-20.

Aspekte zu betonen.[397] Ein analoges Vorgehen wird so auch im Rahmen dieser Arbeit angewendet.

Da sich die vorliegende Arbeit auf die Untersuchung einer speziellen Gruppe von Finanzkontrakten[398] und ihrer Eigenschaften konzentriert, ist bei der Suche nach einer adäquaten Begriffsabgrenzung von Prozessinnovationen zu abstrahieren und die Definition auf eine reine Objektbezogenheit zu fokussieren.[399] Auch ist eine zu weite Definition im Hinblick auf den spezifischen Untersuchungsgegenstand der Arbeit nicht notwendig und schränkt den normativen Charakter nur ein.[400] Daher konzentriert sich die im Rahmen der vorliegenden Arbeit zu verwendende Begriffsabgrenzung auf konkrete Eigenschaften des Untersuchungsgegenstands. Die Definition erfolgt in Anlehnung an die charakteristischen Attribute der Katastrophen-Kontrakte. Hierbei wird normativ wertend, implizit davon ausgegangen, dass die Innovation erfolgreich ist. Wichtigstes reales Charakteristikum der Begriffsabgrenzung im Sinne des Untersuchungsgegenstands ist die Abhängigkeit der Zahlungsströme von einem außergewöhnlichen Naturereignis, das mit entsprechenden Schäden einhergeht, und die in diesem Bezug bisher unvollständigen Finanzmärkte.[401]

Folgende Definition fasst die thematisierten Aspekte zusammen:

EINE FINANZINNOVATION STELLT EIN NEUARTIGES FINANZPRODUKT DAR, DAS AN DEN FINANZMÄRKTEN GEHANDELT WIRD.[402] DIESE INNOVATION WAR BIS DATO IN IHREN CHARAKTERISTISCHEN EIGENSCHAFTEN,[403] BESTEHEND AUS ZUSTANDSABHÄNGIGEN ZAHLUNGSANSPRÜCHEN, WEDER VORHANDEN NOCH DURCH EINE KOMBINATION BEREITS BESTEHENDER FINANZKONTRAKTE SYNTHETISCH REPLIZIERBAR. IHR KOMMT INSOFERN EINE SPEZIFISCHE NEUARTIGE FUNKTION ZU.

Einordnung von Katastrophen-Kontrakten als Innovation

Wichtigstes konstituierendes Merkmal einer Innovation ist ihre bisherige Nicht-Existenz und damit ihr Neuheitscharakter.[404] Die Frage der Neuheit lässt sich dabei an-

397 Für einen umfassenden Überblick über die verschiedenen Definitionen siehe Dowen (1983), S. 21-31 oder die Arbeit von Franzen (1988).

398 Vgl. auch die Ausführungen zu Finanzkontrakten in Abschnitt 3.1.2.

399 Für eine generelle Darstellung von Prozessinnovationen siehe Gutenberg (1967), S. 947.

400 Vgl. Siegwart/Mahari (1996), S. 7.

401 Vertreter dieses engen Innovationsbegriffs sind u. a. Dowen (1983) und Horne (1985).

402 In Anlehnung an Krumnow/Gramlich (2000), S. 519.

403 Brockhoff (1981) definiert Finanzkontrakte als Vertragsbündel mit charakteristischen Eigenschaften wie Risiko, Rendite etc. Siehe Brockhoff (1981), S. 3.

404 Miller (1986) geht über das Merkmal der Nicht-Existenz hinaus und fordert eine Unvorhersehbarkeit der Finanzinnovation. Für ihn ist ein Produkt nur dann innovativ, wenn seine Entstehung nicht etwa durch Extrapolation bereits bekannter Phänomen vorhersehbar ist. Siehe Miller (1986), S. 460. Gerade durch diese Nicht-Vorhersehbarkeit entstehen in der Realität enorme Probleme des Innovationsprozessmanagements. Vgl. Schrader (1993), S. 74; Tushman (1997), S. 47.

hand von zwei unterschiedlichen Dimensionen, des Neuheitsgrades und der Neuheitsintensität erörtern.[405]

Der *Neuheitsgrad* einer Innovation bestimmt die subjektive oder auch objektive Bekanntheit innerhalb der als relevant einzuschätzenden Zielgruppe.[406] Um als Innovation zu gelten, muss das Produkt einen gewissen Neuigkeitsgrad besitzen, d. h. es kann z. B. nicht bereits von großen Teilen des Marktes genutzt werden, oder diesen bekannt sein. Dieser Aspekt ist eng mit der Definition des relevanten Marktes verknüpft. Für das Zielobjekt der vorliegenden Untersuchung ist die Frage nach dem Bekanntheitsgrad der Katastrophen-Kontrakte von untergeordneter Bedeutung, da selbst bei einer theoretischen Bekanntheit einer möglichen Absicherung von Katastrophen-Risiko durch Finanzkontrakte auf Grund von deren Nicht-Existenz vor der Markteinführung durch die CBOT im Jahre 1992 keine derartige Absicherungsmöglichkeit bestand. Vor diesem Hintergrund kann daher festgestellt werden, dass der Untersuchungsgegenstand einen hohen Neuheitsgrad für die Marktteilnehmer aufweist.

Als zweite Dimension beschreibt die *Neuheitsintensität* die Besonderheit der Innovation gegenüber bestehenden Produkten.[407] Der Übergang zwischen einer Verbesserung bereits bestehender Produkte (inkrementelle Innovation) und einer „echten", radikalen Innovation[408] ist kaum messbar.[409] Im Vergleich zu den meisten anderen Finanzinnovationen[410] aber sind Katastrophen-Kontrakte innerhalb dieses Innovationsverständnisses tatsächlich eine echte Innovation.[411] Da Katastrophen-Kontrakte nicht durch Kombination bereits bestehender Kontrakte synthetisch nachgebaut werden können, stellen sie im Gegensatz zu anderen Finanzinnovationen[412] nicht nur eine neue Verbindung bereits bestehender Basiselemente[413] oder eine Weiterentwicklung bestehender Kontrakte dar.[414] Sie erlauben vielmehr eine bisher nicht vorhandene Absicherungsmöglichkeit

---

405 Vgl. Büschgen (1997), S. 193-194.

406 Vgl. Olschowy (1990), S. 11-12.

407 Avlonitis/Papastathopoulou/Gounaris (2001) geben einen Überblick über die in der Literatur zu findenden verschiedenen Typologien des Innovationsattributs. Siehe Avlonitis/Papastathopoulou/Gounaris (2001), S. 326-327.

408 Zum Begriff der inkrementellen und radikalen Innovation siehe Tornatzky/Eveland/Fleischer (1990), S. 18-20.

409 Vgl. Süchting (1995), S. 341.

410 Die meisten Finanzinnovationen stellen kaum etwas fundamental Neues dar. Vgl. Issing (1987), S. 343; Horne (1985), S. 621; Siegwart/Mahari (1996), S. 6.

411 Einschränkungen bezüglich der Neuheitsintensität müssen auf der anderen Seite bezüglich der Produktstruktur gemacht werden. So leiten sich die meisten Katastrophen-Produkte von bereits bestehenden Kontraktstrukturen wie Optionen und Terminkontrakten ab.

412 Vgl. Ramsler (1993) nennt als einzige Ausnahmen die Optionsbewertungsmodelle und die Modellierung des CAPM. Vgl. Ramsler (1993), S. 431, 441.

413 So können Optionen durch ein Portfolio aus Aktien und einer risikolosen Anlage repliziert werden. Siehe hierzu das Optionsbewertungsverfahren nach Black/Scholes (1973). Sie stellen aber trotzdem eine der erfolgreichsten Finanzkontraktneuerungen dar. Ähnliches gilt auch für die Neuheitsintensität von Convertibles, Garantiefonds und einer Vielzahl anderer Kontrakte.

414 Die Schöpfung neuer Finanzkontrakte durch Kombination, also durch den Kauf oder Verkauf bereits bestehender, unterschiedlicher Finanzkontrakte, wird als Financial Engineering bezeichnet und

von Katastrophen-Risiko mittels eines Finanzkontrakts. Insgesamt lässt sich daher feststellen, dass neben dem Neuheitsgrad auch die Neuheitsintensität der Innovation Katastrophen-Risiko als Basis für einen Finanzkontrakt hoch ist. Der Untersuchungsgegenstand kann daher dem Feld der Innovationsforschung zugeordnet werden; eine Anwendung der entsprechenden spezifischen Literatur ist somit unter entsprechender Validierung nahe liegend.

4.1.3 Innovationsprozess

Die vollendete Etablierung einer Innovation stellt das erfolgreiche Ende eines Innovationsprozesses dar. Dieser Prozess kann präziser in die gedankliche Erfindung (*Invention*) und die Umsetzung in Form eines marktfähigen Produktes (*Innovation*) unterteilt werden. Im Anschluss an diese beiden Phasen muss sich das fertig entwickelte Produkt als erfolgreiche Innovation am Markt gegen seine Alternativen durchsetzen und so eine bedeutende Marktdurchdringung erlangen (*Diffusionsprozess*).[415] Durch technologischen Wandel in Form von Fortschritt wird die Innovation im Zeitverlauf entweder durch andere Innovationen verdrängt oder aber sie erfährt einen Relaunch in Form einer Veränderung und Anpassung. Diese Entwicklung der Innovation wird dann in Bezug auf Menge, Nachfrager, Umsatz oder Gewinn als Lebenszyklus in Form einer Glocken-Kurve (oder kumuliert als S-Kurve) dargestellt.[416]

Diese allgemeine Spezifikation des Innovationsprozesses kann auch auf Finanzinnovationen übertragen werden. Die meisten wissenschaftlichen Untersuchungen zu Finanzinnovationen blenden die gedankliche isolierte Schöpfung eines Finanzkontraktes (Invention) aus und behandeln diese als so genannte Blackbox. GREENBAUM/HAYWOOD [1971] vertreten so z. B. die Meinung, dass Finanzkontrakte lediglich zustandsabhängige Zahlungen festlegen, weshalb neue Kontrakte nur andere Konditionen festlegen können.[417] Unter diesem Blickwinkel ist die Invention eines neuen Finanzkontraktes keine besondere Leistung. Insofern besteht ein fundamentaler Unterschied zu technischen Innovationen. Dies erklärt, warum Finanzprodukte in den meisten Fällen als wenig revolutionär gelten, sondern meist in ihrer Struktur und ihren Eigenschaften bereits bekannt bzw. von bestehenden Produkten weitgehend abgeleitet sind. Als eine der viel zitierten Arbeiten gehen DESAI/LOW [1987] davon aus, dass Finanzkontrakte keine neuen Güter

---

ist von der im Rahmen dieser Arbeit verwendeten engeren Definition des Begriffs der Finanzinnovation zu unterscheiden. Vgl. zum Begriff des Financial Engineering: Hampel/Haumer (1994), S. 788; Dufey (1986), S. 17; Siegwart/Mahari (1996), S. 204-211.

415 Vgl. Schumpeter (1912), S. 91; Kane (1981), S. 357-358; Witte (1997), S. 5; Brockhoff (1999), S. 38-39. Schrader (1996) fasst den Prozess der Invention und Innovation zusammen und spricht von Invention und Exploitation. Siehe Schrader (1996), S. 745.

416 Vgl. Vahs/Schäfer-Kunz (2000), S. 206.

417 Siehe Greenbaum/Haywood (1971), S. 572. Dabei ist kritisch anzumerken, dass Finanzkontrakte auch eine Vielzahl an Informations- und Mitbestimmungsrechten inkorporieren, so dass Finanzkontrakte oft auch eine Vielzahl weitere, über die Zahlungshöhe und Konditionen hinausgehende, relevante Facetten aufweisen. Siehe hierzu beispielsweise Harris/Raviv (1989).

darstellen, sondern bereits in der Vergangenheit bekannt und existent waren. Für ihr Nichtvorhandensein wird das Fehlen eines Angebots verantwortlich gemacht.[418] Demzufolge ist die gedankliche Schaffung des Finanzprodukts als solche sowohl für die Praxis als auch die Wissenschaft von untergeordnetem Interesse.[419] Die meisten finanzierungstheoretischen Modelle zu Finanzinnovationen beschäftigen sich stattdessen mit den Ursachen und Wirkungen neuer Finanzkontrakte. Auch der auf die Invention folgende Innovations- und Diffusionsprozess wird im Gegensatz zur betrieblichen Innovationslehre, die sich mit Phasendefinitionen und mit detaillierten Handlungsempfehlungen bis hin zu Umsatz und Preisprognosen beschäftigt,[420] in der Finanzierungstheorie bislang eher vernachlässigt.[421]

Der Forschungsschwerpunkt der vorliegenden Arbeit wird auf Grund der bereits erfolgten Invention und Innovation durch die Markteinführung der verschiedenen Kontrakttypen nicht auf den Frühphasen des Innovationsprozesses liegen. Ziel der Untersuchung ist es hingegen zu klären, warum sich kein erfolgreiches Kapitalmarktprodukt entwickelt, also die Adoption und Diffusion der Innovation nicht in ausreichendem Maße stattfindet. Das folgende Kapitel gibt einen Überblick über den aktuellen Stand der Finanzierungstheorie zu Finanzinnovationen.

4.1.4 Bestehende Literatur zur Erklärung von Finanzinnovationen

Das Finanzsystem unterliegt mit der Flut der Finanzinnovationen einer andauernden Evolution. Da die traditionelle Kapitalmarkttheorie auf Grund der Prämisse perfekter Märkte die Existenz und die in der Realität vorkommende Vielfalt der Finanzkontrakte nicht erklären kann,[422] hat sich – angetrieben durch die Vielzahl an neuen Diensten, Produkten und Prozessen auf den Kapitalmärkten – in den letzten Jahrzehnten eine eigenständige Literaturbasis entwickelt. Diejenigen theoretischen Ansätze, welche geeignet sind, für den vorliegenden Untersuchungsgegenstand (gemäß seiner Definition in Abschnitt 4.1.2) einen Erkenntnisgewinn zu erbringen, beschäftigen sich vor allem mit den Entstehungsursachen und der Durchsetzung von Finanzprodukten. Sie sind entsprechend den Entstehungsursachen der Finanzinnovationen in angebots- und nachfrageinduzierte Ansätze systematisch untergliedert.[423] Da jedoch eine eindeutige Zuordnung auf Grund diverser Überschneidungen gar nicht möglich ist,[424] wird dieser Art der Systematisierung innerhalb der vorliegenden Arbeit nicht gefolgt. Auch die folgende, feiner

---

418 Siehe Desai/Low (1987), S. 115. Auch für Katastrophen-Risiko in Form eines Finanzkontraktes gilt, dass diese bereits lange vor ihrer Markteinführung gedanklich konstruiert waren. Siehe hierzu die Einleitung in Kapitel 3.3.

419 Vgl. Niehans (1983), S. 537-538.

420 Siehe beispielsweise Witte (1968), S. 581; Brockhoff (1999), S. 216.

421 Siehe hierzu auch die Begründung der Motivation der vorliegenden Arbeit in der Einleitung.

422 Vgl. Hax/Hartmann-Wendels/von Hinten (1988), S. 705.

423 Vgl. Hastenpflug (1991), S. 43-86; Cross/Rey/Alexander/Redouin/Laske/Cristini (1986), S. 171-186; Dufey/Giddy (1981), S. 34; Dufey (1986), S. 173; Siegwart/Mahari (1996), S. 12.

gegliederte Strukturierung der bestehenden Literatur bietet zwar keine überschneidungsfreie Zuordnung der einzelnen Ansätze, ermöglicht aber eine Systematisierung im Hinblick auf den weiteren Verlauf der Argumentation.[425]

Eine erste Gruppe der wissenschaftlichen Literatur zu Finanzinnovationen versucht, einen engen Zusammenhang zwischen *Ursache* und *Wirkung* der Finanzinnovation zu identifizieren. Die bekannteste Arbeit dieser Gruppe ist der auf KANE [1977] zurückgehende Ansatz der so genannten „Regulatorischen Dialektik". KANE [1977] sieht in einem Wechselspiel der gesetz- und rahmenbestimmenden Instanzen und dem Ideenreichtum der Märkte und ihrer Akteure, diese kostenauslösenden Regelungen zu umgehen, eine der Hauptursachen für Finanzinnovationen.[426] Banken entwickeln demnach Finanzkontrakte sowie Organisations- und Gesellschaftsformen, die unter Ausnutzung von gesetzlichen Lücken Vorteile gegenüber anderen Konstellationen aufweisen. Angesichts der Komplexität der Sachverhalte ist es Aufsichtsbehörden und Zentralbanken nicht möglich, dieses Verhalten vollständig zu antizipieren. Eines der bekanntesten Beispiele ist die Entwicklung von so genannten „Zero-Bonds"[427] zur Umgehung der Versteuerung von Zinserträgen.[428] Zu der Arbeit von KANE [1977] ähnliche Ansätze finden weitere Ursachen von Finanzinnovationen. So galten beispielsweise in den 70er Jahren auch die zunehmende Inflation[429] und die höhere Volatilität von Finanzmarktdaten, wie etwa Zinsen und Wechselkurse, als Auslöser für Innovationen.[430]

Eine zweite Gruppe bilden die Ansätze, die ausgehend von den Erkenntnissen der Neuen Institutionenökonomik Finanzinnovationen und Finanzkontrakte direkt durch die Existenz von *Marktimperfektionen* (Transaktionskosten[431] und Informationsasymmetrien[432]) erklären und analysieren.[433] Die Gruppe dieser Ansätze ist sehr ähnlich der erst-

---

424 Vgl. Greenbaum/Higgins (1983), S. 230.

425 Zusätzlich lassen sich die bestehenden Ansätze zu Finanzinnovationen nach objektorientierten und strukturfokussierten unterscheiden. Die objekt-orientierten Ansätze, zu denen sich auch die vorliegende Arbeit zählt, beschäftigen sich pragmatisch mit einer bestimmten Innovation, während eher strukturfokussierte Arbeiten über einzelne Phänomene hinaus allgemeine Erklärungsmuster suchen. Sie beschäftigen sich oftmals mit den jeweiligen Ursachen von Finanzinnovationen.

426 Siehe Kane (1977), S. 55-56; Kane (1981), S. 355 und Kane (1983), S. 96-97. Auch Miller (1986) sieht in den regulatorischen Rahmenbedingungen und Steuern die Hauptursache für Finanzinnovationen und versucht, hieraus eine Prognose über zukünftige Innovationen abzuleiten. Vgl. Miller (1986), S. 460-463.

427 Dieser Begriff hat sich für Anleihen etabliert, die keine Zins-Kupons besitzen und deren Attraktivität durch höhere Kurs-Abschläge erreicht wird.

428 Vgl. Allen/Gale (1994), S. 20.

429 Vgl. Kane (1983), S. 98; Campbell (1988), S. 397.

430 Für eine umfassende Darstellung der Gruppe dieser Ansätze siehe Kapitel 4.3. Die Ergebnisse der Arbeiten zum Ursache-Wirkungszusammenhang werden zur Ableitung von relevanten Eigenschaften von Finanzkontrakten genutzt.

431 Siehe beispielsweise: Allen/Gale (1988) (allgemeine Fixkosten der Kapitalaufnahmen), für eine Erweiterung (Marketing-Kosten) dieses Modells siehe das Modell von Madan/Soubra (1991); Merton (1989), S. 225-226 (Handelskosten), Ross (1989), S. 541 (Marketing-Kosten).

432 Siehe beispielsweise zu Agency-Problemen: Townsend (1979), ebenso Diamond (1984); Gale/ Hellwig (1985) und Boot/Thakor (1993); zu Problemen private Informationen: Nachman/Noe

genannten, unterscheidet sich aber vor allem darin, dass eine höhere Abstraktionsstufe der Analyse gewählt wird. Im Gegensatz zur ersten Gruppe werden hier nicht mehr einzelne reale Ursachen von Innovation untersucht, sondern gezielt Marktimperfektionen (zumeist Informationsasymmetrien) in den Vordergrund der Analyse gestellt.[434] So wird unter diesen Aspekten die Existenz, Wirkungsweise und Vorteilhaftigkeit einzelner Finanzkontrakte untersucht.[435] Dieser Teil der Literatur wird auf Grund ihrer besonderen Nähe zur ökonomischen Vertragstheorie als eigene Gruppe dargestellt. Innerhalb der Finanzierungstheorie repräsentiert er die Theorie des so genannten „Security Design“. Ausgehend von den Interessendivergenzen zwischen Management und Aktionär und/oder Gläubiger wird dabei die Ausgestaltung oder Wirkung von Finanzkontrakten als Lösungsmöglichkeiten untersucht. Eine Vielzahl dieser Ansätze beschäftigt sich mit der Fundierung der Basis-Finanzierungsformen (Eigen- und Fremdkapital).[436] So untersuchen z. B. NACHMAN/NOE [1994], welche Finanzierungsquellen Unternehmen in Abhängigkeit von ihrer Qualität zur Finanzierung unsicherer Projekte verwenden.[437] BOOT/THAKOR [1993] zeigen mit der Möglichkeit des kostenbehafteten Erwerbs von Informationen die Vorteilhaftigkeit von Intermediären und die Gründe für die Existenz unterschiedlicher, informationssensitiver Wertpapieren.[438]

Die dritte Gruppe an Literatur zur Entstehung von Finanzinnovationen geht davon aus, dass die bisher an den Finanzmärkten gehandelten Kontrakte nicht alle von den Marktteilnehmern gewünschten Charakteristika darstellen können. Der Kapitalmarkt ist unter den Gesichtspunkten einer ARROW [1953]-DEBREU [1959]-Welt[439] *unvollständig*, d. h.

(1994), ebenso Diamond (1991); Rebello (1995); Chen (1995); Rahi (1996) und Chowdhry/Mark/Levine (2002); für Ausführungen zu unvollständigen Verträgen und der Finanzierung siehe Hart/Holmstrom (1987); Harris/Raviv (1988) und Hart (2001).

433 Die neo-klassische Annahme perfekter Märkte ermöglicht keine Erklärung der empirischen Kontraktvielfalt. Insofern basiert die Mehrzahl der Ansätze zu Finanzinnovationen auf den Erkenntnissen der Neuen-Institutionenökonomik. Zur zweiten Gruppe der Ansätze wird aber nur Literatur gerechnet, die sich mit asymmetrischen Informationen als Resultat von Transaktionskosten befassen und sich mit Transaktionskosten im engeren Sinne beschäftigen.

434 Die Ansätze zu Transaktionskosten und Informationsasymmetrien dienen dem Aufbau und der Entwicklung des Funktionalansatzes sowie der Fundierung der Existenz und des Nutzens unterschiedlicher Wertpapiere.

435 Siehe die Arbeit von Hannss (1995) für eine Untersuchung von Finanzinnovationen zur Milderung von agency-induzierten Problemen. Siehe Harris/Raviv (1989) zu einer Untersuchung der generellen Ausgestaltung von Finanzkontrakten im Umfeld dieses Problemkomplexes.

436 Siehe beispielsweise: Boyd/Smith (1999); Narayanan (1988); Vilasuso/Minkler (2001) und Harris/Raviv (1991). Für einen Überblick siehe Allen/Winton (1995).

437 Nachman/Noe (1994) beziehen sich dabei auf die Arbeiten von Myers/Majluf (1984). Vgl. Nachman/Noe (1994), S. 3. Nachman/Noe (1994) untermauern dabei das von Cho/Kreps (1987) bereits intuitiv hergeleitete Paradigma, dass gute Firmen durch den Einsatz von Fremdkapital ihre Qualität signalisieren können. Vgl. Nachman/Noe (1994), S. 30.

438 Siehe Boot/Thakor (1993), S. 1349.

439 Diese Bezeichnung geht auf die Modelle von Arrow (1953) und Debreu (1959) zurück, die als erste die Allokation von Kapital und Risiko in einer zustandsunsicheren Welt untersuchten. Schlüssel für eine effiziente Allokation ist eine ausreichende Anzahl unterschiedlicher Verträge, die alle möglichen Zustände vollständig abbilden und so alle Informationen inkorporieren.

nicht jede zustandsabhängige Zahlungsposition ist durch den Kauf und/oder Verkauf bestehender Finanzprodukte möglich.[440] Innerhalb dieser Argumentation zeigen GREENBAUM/HAYWOOD [1971], dass Finanzkontrakte als n-dimensionale Vektoren mit unterschiedlichen Eigenschaften dargestellt werden können.[441] Neue Finanzkontrakte gelten dann als Finanzinnovation, wenn diese von den bereits bestehenden Vektoren linear unabhängig sind. Basierend auf der Existenz von Kosten der Finanzanlage erfolgt durch steigenden Wohlstand[442] eine Evolution des Finanzsystems. Eine sich weiterentwickelnde Nachfrage sorgt neben einer Veränderung bestehender Kontrakte auch für das Hinzukommen innovativer Finanzkontrakte. Eine Weiterentwicklung dieser Theorie stellt der Ansatz von HORNE [1985] dar, der die Erklärung für die empirisch zu beobachtende Kontraktvielfalt in der Existenz von Marktunvollkommenheiten sieht.[443] Ausgelöst durch Änderungen in den Rahmenfaktoren[444] führt demnach das Gewinnstreben der Marktakteure zu neuen Finanzkontrakten. Transaktionskosten[445] verhindern die reale Existenz aller theoretisch möglichen Kontrakte. Hierdurch kann auch die reale Existenz und der Erfolg von Finanzkontrakten erklärt werden, die eigentlich nach dem Vektor-Prinzip von GREENBAUM/HAYWOOD [1971] keine Innovationen, sondern nur Variationen bereits bestehender Kontrakte darstellen und somit innerhalb deren Logik auch keine Existenzberechtigung besitzen, aber infolge von geringeren Transaktionskosten gleichwohl einen Nutzen für die Akteure erbringen.[446]

Eine zusätzliche Erweiterung dieser Argumentation erfolgt durch DESAI/LOW [1987], die besonders wegen der Definition des Neuheitsgrades interessant ist. Sie beziehen sich auf die genannten Arbeiten und erweitern diese Ansätze.[447] Nach ihrer Logik bilden Ertrag und Liquidität einen Eigenschaftsraum von möglichen Wertpapieren.[448] Die Verbindung des Eigenschaftspunktes des alten Wertpapiers mit dem Ursprung und selbige Gerade des neuen Wertpapiers wiederum bilden einen Winkel, dessen Größe direkt proportional für den Innovationsgrad steht. Dieser Raum kann um eine beliebige Anzahl

---

440 Miller (1986) führt hierzu das Beispiel von Milton Friedman an, der 1971 gegen das britische Pfund spekuliert wollte, aber weder ein entsprechendes Kapitalmarkt-Produkt noch einen Handelspartner fand. Vgl. Miller (1986), S. 464.

441 Vgl. Greenbaum/Haywood (1971), S. 571-572.

442 Dieser so genannte Einkommenseffekt und die Substitutionshypothese gehen auf Gurley/Shaw (1955) zurück.

443 Vgl. Horne (1985), S. 621.

444 Vgl. Horne (1985), S. 622-625.

445 Auch im Rahmen dieser Strukturierung ist eine eindeutige Zuordnung einzelner Ansätze nicht möglich.

446 Horne (1985) selbst argumentiert auf der Basis unvollständiger Kapitalmärkte und sieht auf Grund der komplexen Zukunft Finanzinnovationen als Mittel zum Erreichen eines annähernd kompletten Marktes. Die Nachfrage nach „unechten“ Innovationen stellt für ihn ein irrationales Verhalten dar. Vgl. Horne (1985), S. 626.

447 Vgl. Desai/Low (1987), S. 112.

448 Siehe Desai/Low (1987), S. 116-118. In Anwendung der Nachfragetheorie von Lancaster (1966) und Lancaster (1971) auf Finanzkontrakte. Vgl. Lancaster (1971), S. 7. Zu den Grundlagen der Nachfragetheorie und eine Kritik siehe Hendler (1975).

an Dimensionen erweitert werden. Marktimperfektionen (wie etwa Transaktionskosten) verhindern wiederum, dass sich nur Einheitsvektoren etablieren können und führen so zu einer großen Zahl an möglichen Finanzkontrakten mit unterschiedlichen Eigenschaften und Funktionen.[449] ALLEN/GALE [1988] betrachten die besondere Rolle der Risikoallokation innerhalb dieses Analyserahmens.[450] Die Popularität des State-Preferenz-Ansatzes[451], der in den letzten beiden Jahrzehnten besonders in der wissenschaftlichen Literatur auf Basis der Kritik am CAPM-Modell an Bedeutung gewonnen hat, führte zu einer großen Vielfalt an Ansätzen in dieser Gruppe.[452]

Obwohl alle bisherigen Ansätze Veränderungen untersuchen, lässt sich (teilweise mit Überschneidungen zu den anderen Gruppen) eine weitere, vierte Gruppe von Ansätzen bilden, die sich explizit mit der Dynamik von Finanzinnovationen, d. h. ihrer Durchsetzung als erfolgreiches Produkt auf den Finanzmärkten und den besonderen Eigenschaften von Finanzkontrakten beschäftigen. Wie die Ausführungen in Kapitel 4.4 zeigen werden, ist diese Gruppe aus Sicht der finanzierungswissenschaftlichen Theorie bisher am dürftigsten besetzt. Deshalb werden die Ausführungen zur Adoption und Diffusion auch an der üblichen Diffusionsliteratur angelehnt. Ausnahmen bilden beispielsweise die Ansätze von PERSONS/WARTHER [1997], von GALE [1992] sowie die in Kapitel 4.4 und 6.1 explizit angesprochenen Beiträge.

Erklärungsdefizit der bestehenden Literatur zu Finanzinnovationen

Trotz der zentralen Rolle des Finanzsystems und seiner Produkte für die Volkswirtschaft[453] und des damit einhergehenden hohen wissenschaftlichen Interesses hat sich bisher kein umfassendes Konzept zur Erklärung der Entstehung und des Erfolges von Finanzkontrakten konstituieren können.[454] Die auf den Erkenntnissen der Neoklassik aufbauende klassische Finanzierungstheorie, welche die Finanzwissenschaft lange dominiert hat, ist durch das Paradigma der Friktionslosigkeit der Märkte nicht in der Lage, die Entstehung und Existenz komplexer, vielschichtiger Verträge zu klären.[455] Die sich mit Unvollkommenheiten (Transaktionskosten und asymmetrische Informationen) beschäftigenden Ansätze in der Finanzierungstheorie (z. B. die ursachenorientierten Ansätze, die letztlich eine Senkung von Transaktionskosten durch Finanzinnovationen in den Vordergrund stellen oder die finanzorientierte Vertragstheorie[456]) sind zwar besser

---

449 Vgl. Pesendorf (1995) und Chen (1995).

450 Siehe Allen/Gale (1988) und Allen (1990).

451 Zu den theoretischen Grundlagen siehe Arrow (1964) und Debreu (1959).

452 Die dritte Gruppe der Ansätze dient dem Aufbau eines fundierten Verständnisses der Nachfrageseite.

453 Vgl. beispielsweise die Arbeit von Allen/Gale (2001); Planesa/Bardosa/Avouyi-Dovib (2001), S. 2, für einen Überblick siehe Levine (1997); für die Wirkung von Finanzinnovationen auf das Wachstum einer Volkswirtschaft siehe Merton (1992); Mattern/Seifert/Streit/Voth (1997).

454 Vgl. Goergen (2000), S. 1; Holz (1996), S. 2; Brealey/Myers (2000), S. 1013 Molyneux/Shamroukh (1999), S. 53; Bank (1998), S. 97; Hannss (1995), S. 3.

455 Vgl. Büschgen (1997), S. 194-195.

456 Siehe etwa Hart (2001); Rheinbaben (1998); Kürsten (1994).

in der Lage, einzelne Aspekte zu charakterisieren. Auf Grund der interdependenten Zusammenhänge sind sie aber andererseits kaum bei der Ableitung relevanter Managementziele hilfreich. Diese oft sehr fokussierten Ansätze können zwar einzelne Bereiche logisch in sich geschlossen erklären, eine Integration der unterschiedlichen Erkenntnisse unterblieb bislang jedoch. Die in der Realität vorkommenden wechselseitigen Abhängigkeiten erschweren so die Ableitung von Handlungsempfehlungen aus diesen Theorien. Die vorliegende Arbeit hat daher den Anspruch, die Aspekte der jeweiligen Theorien für eine ganzheitliche Betrachtung in einen Analyserahmen zu integrieren. Das folgende Kapitel wird mit dem Funktionalansatz einen hierzu geeigneten Analyserahmen vorstellen.

4.2 Funktionalansatz

4.2.1 Theoretische Grundlage

Die traditionelle Stellung der Intermediäre als Mittler zwischen Kapitalangebot und Nachfrage war und ist einer fortwährenden Veränderung unterworfen.[457] Da bereits früh die Bedeutung des Finanzsystems für die gesamte Volkswirtschaft erkannt wurde,[458] wurden die realen Veränderungen der Bankbranche stets mit großem öffentlichem Interesse verfolgt. Durch die fortschreitende Globalisierung und die sich immer schneller verändernden Strukturen des Finanzsystems[459] war Mitte der 90er Jahre eine kontroverse Diskussion über die Rolle von Banken als Finanzintermediären entbrannt.[460] Die empirische Beobachtung einer offenbar abnehmenden Stellung von Banken,[461] forcierte so eine Debatte über eine Disintermediation in den Finanzsystemen und andere *strukturelle Veränderungen*[462] in der Bankbranche.[463]

Hintergrund war, dass die *zentrale Rolle* des Finanzsystems bei einem Zusammenbruch große externe Effekte entstehen lässt.[464] Durch die Finanzkrisen[465] in Südwest-Asien[466]

---

457 Vgl. Greenspan (1994), S. 1.

458 Siehe Fisher (1933). Für die allgemeine Bedeutung des Finanzsystems für die Volkswirtschaft siehe auch Fn. 453.

459 Andere Faktoren, die zu einer rapiden Veränderung führen, sind: Finanzinnovationen, die Weiterentwicklung der Informationstechnologien sowie anderer Technologien und schließlich auch die wissenschaftliche Weiterentwicklung wie beispielsweise die Bewertung von Finanzoptionen durch Black/Scholes (1973). Siehe hierzu auch Fn. 476.

460 Vgl. Boyd/Gertler (1994), S. 2-4.

461 Zur sich wandelnden Rolle von Finanzintermediären siehe für die USA: Allen (2001) und für den europäischen Raum Schmidt/Hackethal/Tyrell (1999); Hackethal (2000).

462 Beispielsweise entstand durch so genannte „Near-Banks“ eine völlig neue Wettbewerbssituation, welche die Regulierungsbehörden herausforderte. Siehe Raven (1981); Reber (1999); Miller (2002). Des Weiteren kam es durch eine zunehmende Verbriefung von Aktiva zu einer fundamentalen Umgestaltung der Bilanzpositionen von Finanzinstitutionen. Vgl. die Quellenangaben in Fn. 461.

463 Siehe beispielsweise die Konferenz der Federal Reserve Bank of Chicago im Jahr 1994 mit dem Thema: „The Declining Role of Banking“.

464 Vgl. Hester (1994), S. 140; Bernacke (1983); King/Levine (1993), S. 157-158.

und Russland[467] zusätzlich motiviert, hatten die Gesetzgeber und Regulatoren daher über die Beachtung des Finanzsystems als die Wirtschaft fördernde Kraft[468] hinaus[469] ein hohes Interesse an den Eigenschaften eines idealtypischen Finanzsystems.[470] Durch den stärkeren Wettbewerb[471] zusätzlich unter Druck geraten, wurde es gleichzeitig für die Bankmanager immer schwieriger, ihre Institutionen langfristig auszurichten. Besonderes Problem dieser beiden Interessengruppen war, dass die strukturellen Veränderungen der Bankbranche in keiner Weise mit dem konventionellen Schema der Finanzierungstheorie zu erklären und zu managen waren.[472] Aus diesem Grund entstand ein großes wissenschaftliches Interesse an der Erforschung und Erklärung des Finanzsystems.[473] Es entwickelte sich eine finanzwissenschaftliche Literatur, die sich mit der Konstellation der Finanzsysteme im Zeitverlauf und den national sehr unterschiedlichen Gegebenheiten beschäftigt.

Anforderungen an einen Bezugsrahmen zur Analyse von Finanzinnovationen

Bei der Bestimmung eines Analyserahmens sind vordringlich drei Aspekte von elementarer Bedeutung: Der Analyserahmen muss die realen Gegebenheiten berücksichtigen, d. h. Marktimperfektionen wie Steuern, asymmetrische Informationen etc. integrieren; zusätzlich muss er eine grundlegende Ordnung entwickeln, die einen Vergleich unterschiedlichster Systeme erlaubt. Darüber hinaus sollte der Analyserahmen eine Übertragung der Erkenntnisse aus einem Theoriebereich (Finanztheorie) auf einen traditionell anderen Theoriebereich (Versicherungstheorie) ermöglichen, der als Konvergenzprodukt nur sehr eingeschränkt durch historische Erfahrungen erklärt werden kann.

Die Beachtung von *Marktimperfektionen* muss als wichtige, die Handlungen der Marktteilnehmer entscheidend beeinflussende Komponente in den Analyserahmen integriert

---

465 Für eine aktuelle, umfassende Darstellung des Konstrukts der Finanzkrise siehe Kindleberger (2000). Für eine breite Auflistung einzelner Ereignisse siehe Peachey (2002).

466 Für einen Überblick zu der Asienkrise siehe Resinek/Stierlek (2001); Stierlek (2000). Für eine allgemeine Einführung zu den Herausforderungen der Währungspolitik bei globalen Finanzmärkten siehe Resinek/Stierlek (2001).

467 Zusätzlich kommt besonders in den ehemals zentralregierten kommunistischen Ländern der Transformationsprozess zu einer Marktwirtschaft hinzu. Vgl. Boot/Thakor (1997), S. 694.

468 Der Zusammenhang wurde erstmals ausführlich von Gurley/Shaw (1955) und Gurley/Shaw (1960) gezeigt und wird kontrovers diskutiert. Siehe Gurley/Shaw (1960), S. 37-39. Für eine Zusammenfassung dieser Diskussion siehe Pagano (1993). Für einen ersten umfassenden Überblick zum Zusammenhang von wirtschaftlicher Entwicklung und Finanzintermediation siehe King/Levine (1993); Kregel (1998).

469 Weitere Fragestellungen lagen auf der Kredit-Sanktionierung durch Banken, der Überwachungsfunktion eines Finanzsystems, den Auswirkungen auf die Unternehmensfinanzierungsstruktur, „Bank-Runs", etc. Vgl. Thakor (1996), S. 924.

470 Vgl. Allen/Gale (2000), S. 1, 4. Da Finanzmärkte sehr informationssensitiv sind, ist auch der Verbraucherschutz eine wichtige Aufgabe des Rahmengesetzgebers. Vgl. Hester (1994), S. 140. Zur Regulation von Finanzmärkten siehe auch die Ausführungen in Kapitel 4.3.1.1.

471 Die Bankbranche befindet sich in einer starken Restrukturierung, die sich besonders durch grundlegende institutionelle Veränderungen auszeichnet.

472 Vgl. Merton (1995a), S. 462.

473 Vgl. Thakor (1996), S. 917.

werden, da andernfalls wesentliche Einflussfaktoren vernachlässigt würden und die realen Gegebenheiten nicht angemessen erklärt werden könnten. In den neoklassisch geprägten Ansätzen[474] der Finanzierungstheorie spielt die Institutionenkonstellation keine Rolle.[475] Konnten durch die auf den Annahmen der Neoklassik aufbauenden Kapitalmarktansätze wichtige Erkenntnisse gewonnen werden,[476] so ist in diesem Theoriegerüst für Banken als Finanzintermediäre keine Existenzgrundlage vorhanden. Folglich ist eine Erklärung und Prognose institutioneller Entwicklungen innerhalb dieses Theorierahmens nicht möglich. Vielmehr werden Marktimperfektionen, wie Transaktionskosten und Informationsasymmetrien und hieraus folgende spezifische Friktionen wie Steuern, Gesetze und regulatorische Rahmenbedingungen, als Grundlage für die Existenz von Finanzintermediären identifiziert.[477] Auf Basis dieser Argumentation hat sich eine Theorierichtung gebildet, welche die Grundlage der Finanzintermediation in Vorteilen gegenüber der marktlichen Koordination, basierend auf den beschriebenen Marktunvollkommenheiten, sieht. Durch die Existenz von Intermediären können z. B. Allokationsprobleme bei asymmetrischer Informationsverteilung besser als durch reine Finanzmärkte ohne Institutionen gelöst werden.[478] Wenn also untersucht werden soll, wie ein Kapitalmarktprodukt eine traditionell institutionell erbrachte Leistung ergänzt, müssen Marktimperfektionen zwingend berücksichtigt werden.

Als zweites Gütekriterium muss der Analyserahmen die vergleichende Beurteilung heterogener Systeme erlauben, da nur hierdurch eine realitätsnahe Einschätzung möglich ist. Auf Grund unterschiedlicher historischer Rahmenbedingungen in einzelnen Ländern haben sich deutliche Unterschiede in den Finanzsystemen einzelner Länder herausgebildet.[479] So dominiert in den angloamerikanischen Ländern der Kapitalmarkt das Finanzsystem, während besonders in Deutschland und Japan die Hausbanken eine starke Rolle einnehmen.[480] Eine rein institutionenorientierte Betrachtung, die sich an den vorwiegend historisch begründeten realen Systemen ausrichtet, erweist sich aber als wenig zielführend. So ist über die Pauschalisierung eines markt- oder institutionenorientierten Systems hinaus festzustellen, dass auch die Aufgaben und Strukturen der Bank- und Versicherungsbranche nicht gleich, sondern von Land zu Land verschieden sind. Dies macht die insgesamt komplexe Struktur der unterschiedlichen Finanzsysteme deutlich, die eine Beurteilung auf institutioneller Ebene verhindert. Zusätzlich ist eine weitere

---

474 Für eine Übersicht zu den Annahmen der neoklassisch geprägten Ansätze siehe Wilhelm (1991).

475 Vgl. Hurwicz (1973), S. 1, Richter (1990a), S. 4; Hester (1994), S. 133.

476 Die Einführung neuer Bewertungsmethoden auf der Basis von Modigliani/Miller (1958); Sharpe (1964) und Lintner (1965) (CAPM); Optionsbewertung durch Black/Scholes (1973); die Portfolio Theorie durch Markowitz (1952).

477 Für einen Überblick der auf Transaktionskosten und Informationsasymmetrien basierenden Intermediationsansätze siehe Santomero (1984); Bhattacharya/Thakor (1993).

478 Vgl. Bieta/Milde (1996), S. 295.

479 Für eine Übersicht über die historische Entstehung der verschiedenen Finanzsysteme siehe Allen/Gale (2001), S. 25-45.

480 Vgl. Hackethal (2000), S. 45-46.

Unsicherheit bezüglich der Folgen der strukturellen Veränderungen zu konstatieren.[481] Um eine von jeweiligen Märkten, Regionen sowie der strukturellen Dynamik losgelöste Betrachtungsweise zu ermöglichen, muss der Analyserahmen – will er eine Beurteilung unterschiedlichster Systeme ermöglichen – folglich eine tiefere, den *realen Institutionen zugrunde liegende Ordnung* entwickeln.

Drittens sollte der Analyserahmen eine interdisziplinäre Übertragung unterschiedlicher Theorien erlauben. Durch eine fundamentale Darstellung der finanzwissenschaftlichen Theorien ist eine Charakterisierung des Untersuchungsgegenstands (traditionell der Versicherungslehre zuzurechnen) innerhalb anderer Theorien möglich. So ermöglicht die konsequente Ausrichtung der Arbeit am Funktionalansatz eine Übertragung der Erkenntnisse der weitgehend finanzierungsorientierten Literatur auf das historisch eher versicherungsspezifische Konstrukt des Katastrophen-Risikos. Zusätzlich können auch andere Theorien (Adoptions- und Diffusionstheorie) zur Erklärung des Untersuchungsgegenstands genutzt werden.

Eine solche fundamentale Analyse ermöglicht neben dem besonderen Erklärungsgehalt für den Untersuchungsgegenstand eine Übertragung der Ergebnisse auf andere Objekte. Die Verbriefung von Versicherungsrisiko und der Handel mit diesem in einem traditionell den Banken zugerechneten Marktsystem ist Zeichen einer voranschreitenden tief greifenden Veränderung des Finanzsystems, die innerhalb bestehender institutionenorientierter Ansätze kaum erfassbar ist. Wird aber von der institutionellen Ausprägung abstrahiert und eine, wie in dieser Arbeit, funktionsorientierte Sichtweise verwendet, werden die Erkenntnisse übertragbar.

<u>Funktionalansatz als Alternative zur institutionenorientierten Sichtweise</u>

Der Funktionalansatz stellt einen aus den geschilderten Erkenntnissen und Anforderungen entstandenen Ansatz dar, der sich für die Beurteilung des Finanzsystems insgesamt und daher auch als Grundlage für die Analyse dieser Arbeit eignet.

Die Beobachtung, dass sich die Finanzinstitutionen in verschiedenen Ländern völlig unterschiedlich entwickelt haben und ihre spezifischen Dienstleistungen zudem einem permanenten Wandel unterliegen,[482] forcierte die Suche nach einem Analyserahmen, der die verschiedenen Systeme vergleichbar macht.[483] Basierend auf der Erkenntnis, dass hinter den unterschiedlichen institutionellen Ausprägungen des Finanzsystems eine zugrunde liegende, zeitlich konstante Ordnung existiert, entstand der Funktionalansatz. Er resultierte aus dem „Global Financial System Project" der Harvard Business School[484] und wurde im Wesentlichen durch die Arbeiten von MERTON [1989],

---

481 Vgl. Litan (1994), S. 32; Furash (1994), S. 25.

482 Hester (1994) leitet hieraus die Notwendigkeit einer verhaltensorientierten Darstellung des Finanzsystems ab. Siehe Hester (1994), S. 146.

483 Für die verschiedenen Anwendungsmöglichkeiten des Funktionalansatzes siehe Abschnitt 4.2.3.

484 Vgl. Crane/Froot/Mason/Perold/Merton (1995), S. 3 (Vorwort).

MERTON [1992], MERTON [1993], BODIE/MERTON [1995], MERTON [1995a] und OLDFIELD/SANTOMERO [1997] sowie ALLEN/SANTOMERO [1997] entwickelt. Motivation ihrer Arbeit war die Kritik an der Mehrzahl der bestehenden Ansätze, die entweder auf Grund ihres rein deskriptiven Charakters keine zukunftsgerichtete Analyse- und Entscheidungsgrundlage boten oder aber sich wegen ihres sehr eingeschränkten Fokus nicht zur Beurteilung der in der Realität vorkommenden interdependenten Sachverhalte eigneten.

Die Kritik an den bisherigen institutionenorientierten Ansätzen[485] veranlasst MERTON [1995a] zu einer Ausrichtung auf die Funktionen des Finanzsystems. Er bemängelte beispielsweise die institutionenorientierte Regulierung in den USA, die zu einer Ungleichbehandlung funktional gleicher Sachverhalte führte.[486] Als Beispiel nennt er die Eigenkapitalhinterlegungspflicht von Hypotheken, die leicht durch ein Swap-Geschäft umgangen werden kann. Hierbei übernimmt die Bank wie bisher die gesamte Beratung und Abwicklung des Geschäfts, verkauft aber die Ansprüche an einen Dritten weiter. Investiert die Bank nun das freigewordene Kapital in risikolose Staatsanleihen und schließt eine wechselseitige Verpflichtung mit diesem Dritten (die Bank zahlt ihm die Ansprüche aus den Staatsanleihen und erhält hierfür die Beträge aus den Hypotheken), so hat sie unter Umgehung der Hinterlegungspflicht von teurem Eigenkapital die gleiche Risikoposition wie vor diesem Geschäft.[487] MERTON [1995a] zeigt mit diesem Beispiel die Limitation einer rein institutionenorientierten Regulierung, die relativ leicht umgangen werden kann und deren lenkende Funktion so ohne Wirkung bleibt.

Daher wird beim Funktionalansatz von den bestehenden Merkmalen und Strukturen der heterogenen Finanzinstitutionen abstrahiert und eine tiefer liegende Ordnung entwickelt.[488] Ziel der verschiedenen Forschungsvorhaben war es, eine Basis für die Untersuchung und Beurteilung des Finanzsystems mit seinen unterschiedlichen realen Ausprägungen (Produkte, Märkte und Institutionen)[489] zu entwickeln. Dementsprechend beurteilen die für die Finanzmärkte zuständigen Regulierungsbehörden in den USA, die traditionell, wie die Mehrheit der staatlichen Regulierungsstellen anderer Nationen, exklusiv institutionell geprägte Ansätze nutzten, neue Finanzprodukte gegenwärtig auch nicht

---

485 Die aus seiner Sicht wenig sinnvolle Ungleichbehandlung von Finanzgeschäften, die in ihrer Struktur zwar unterschiedlich sind, von den Auswirkungen letztlich aber die gleiche Funktion erbringen. Merton (1995a) benennt hierzu elf unterschiedliche Möglichkeiten, kreditfinanziert in den S&P 500 zu investieren und verweist auf weitere Varianten. Siehe Merton (1995a), S. 474.

486 Für einen Überblick zur Finanzmarkt-Regulation siehe Stoll (2002), zu den Vorteilen der funktionalen Betrachtung besonders Stoll (2002), S. 127-128.

487 Vgl. Merton (1995a), S. 468-469.

488 Vgl. Crane/Froot/Mason/Perold/Merton (1995), S. 1 (Vorwort).

489 Siehe hierzu die verschiedenen Anwendungsmöglichkeiten des Funktionalansatzes in Kapitel 4.2.3.

mehr ausschließlich nach ihrer institutionellen Struktur, sondern versuchen, eine funktionalorientierte Sichtweise zu etablieren.[490]

Grundannahmen des Funktionalansatzes

Ausgangspunkt der funktionalen Ansätze waren im Wesentlichen zwei Annahmen: Erstens, dass die Funktionen eines Finanzsystems stabiler sind als die historisch gewachsenen Ausprägungen der unterschiedlichen Lösungssysteme („functions are more stable than institutions“[491]).[492] Zweitens, dass die Institutionen des Finanzsystems im Wettbewerb um eine möglichst effiziente Erbringung dieser Funktion konkurrieren und sich dementsprechend verändern („institutional form follows function“[493]).[494] Hieraus folgte konsequenterweise die institutionenunabhängige Orientierung des Ansatzes. Aus dieser Argumentation geht hervor, dass eine Institution, welche die gleichen Funktionen erbringt wie eine andere, letztlich mit dieser auch vergleichbar ist.[495] Dadurch ermöglicht der Funktionalansatz die in der Zielsetzung der Arbeit geforderte normative Beurteilung.

Einordnung des Funktionalansatzes und Relevanz für die Arbeit

Die Analyse der Funktion von Finanzinstitutionen und Märkten ist grundsätzlich nicht neu. Das von BODIE/MERTON [1995] an der Harvard Business School entwickelte Schema, welches sechs Funktionen erforscht, ist dabei einer der populärsten und vor allem umfassendsten Ansätze.[496] Eine Orientierung daran bietet sich deshalb für die vorliegende Arbeit an. Obwohl dieser Ansatz eine hohe allgemeine Anerkennung erfährt, ist eine direkte Übernahme der von BODIE/MERTON [1995] beschriebenen Funktionen für die in dieser Arbeit erfolgende Analyse aber aus zwei Gründen problematisch: Erstens fehlt eine eingehende Ableitung der einzelnen Funktionen. So werden die sechs von BODIE/MERTON [1995] bestimmten Funktionen lediglich qualitativ beschrieben, aber nicht methodisch sauber hergeleitet. Zweitens werden diese Funktionen nicht in

---

490 Siehe Greenspan (1999); Fleischman (1995). Die funktionale Sichtweise konkurriert hierbei mit anderen Ansätzen: Für die Anwendung der „Behavioral Theory“ auf die Regulierung siehe Langevoort (2002). Siehe hierzu auch Brant/Griffin (2003).

491 Siehe Bodie/Merton (1995), S. 4.

492 Vgl. Merton (1995a), S. 466-467.

493 Siehe Bodie/Merton (1995), S. 4.

494 Finanzinnovationen können innerhalb dieses Argumentationsrahmens als Verbesserung des bestehenden Systems gesehen werden. Vgl. Tebroke (2001), S. 811; Süchting (1995), S. 80.

495 Vgl. Llewellyn (1992), S. 15; Zimmermann (1987), S. 166.

496 Bodie/Merton (1995) weisen auf die funktionalen Ansätze von Hubbard (1994); Kohn (1994); Rose (1994) und Sanford (1993) hin. Vgl. Bodie/Merton (1995), S. 26. Aber auch die Arbeiten andere Autoren basieren auf einem funktionalen Grundverständnis: Siehe etwa die Ansätze zur Finanzintermediation von: Scholtens (1992), S. 473 und Scholtens (1993), S. 117; Dewatripoint/Tirole (1993), S. 14; Vives (1991), S. 11-12; Campbell (1987), S. 409-411; Bhattacharya/Thakor (1993); Levine (1997); Cecchetti (1999), S. 1-2; Boyd/Prescott (1986), S. 211-212. Zu Finanzinnovationen siehe: Finnerty (1992), S. 24, 28-37; Bofinger (1987), S. 257; Llewellyn (1992), S. 17; Zimmermann (1987), S. 163-165; Tufano (1995), S. 91. Auch die Katalogisierung der Gründe von Finanzinnovationen der Bank für Internationalen Zahlungsverkehr kann als funktionales Verständnis interpretiert werden. Siehe Cross/Rey/Alexander/Redouin/Laske/Cristini (1986), S. 169-186.

einem Gesamtrahmen bzw. Modell dargestellt, d. h. eventuelle Interdependenzen dieser Funktionen werden nicht untersucht und berücksichtigt.

Im Hinblick auf die vorliegende Arbeit führt die Kritik an dem Vorgehen von BODIE/MERTON [1995] zu zwei Prinzipien, die bei der Bestimmung des hier verwendeten Analyserahmens besonders beachtet wurden. Da wegen der fehlenden Ableitung die Vollständigkeit der von BODIE/MERTON [1995] beschriebenen Funktionen nicht zwingend ist, ist die im Rahmen der vorliegenden Arbeit zur Bestimmung der Funktionen genutzte Literaturbasis möglichst umfassend. Sie repräsentiert den aktuellen Stand der finanzwissenschaftlichen Forschung und soll so zu einer möglichst vollständigen Darstellung potenzieller Funktionen führen. Zweitens werden besonders die Interdependenzen der verschiedenen Funktionen beachtet. Nur für wenige Eigenschaften oder Funktionen ist zu erwarten, dass diese isoliert die Attraktivität einer Lösungskonstellation determinieren und keinen Einfluss auf andere Faktoren nehmen.

Für die in Teil 5 erfolgende Analyse wird dieser Kritik Rechnung tragend ein funktionales Grundgerüst entworfen, das zwar auf der Argumentationsstruktur von BODIE/MERTON [1995] aufbaut und deren Grundgedanken nutzt, diese aber problemadäquat modifiziert. So sind die grundlegenden, den Rahmen bildenden Funktionen derart fundamental, dass per se keine Interdependenzen existieren. Die dann im Zuge der Erweiterung des grundlegenden Analyserahmens durch zusätzliche Funktionen entstehenden wechselseitigen Abhängigkeiten werden zur Minimierung dieser Problematik explizit in der in Teil 5 folgenden Beurteilung berücksichtigt.

Nachfolgend werden die im weiteren Verlauf der Arbeit verwendeten sechs Funktionen eines Finanzsystems zusammenhängend hergeleitet. Die relativ ausführliche Herleitung soll dem Verständnis und einer umfassenden Einordnung der vielfältigen Dienste des Finanzsystems dienen. Alle weiteren Funktionen, die in einem Finanzsystem mit seinen unterschiedlichen Produkten und Institutionen erbracht werden, lassen sich von diesen sechs Funktionen ableiten.

4.2.2 Funktionen eines Finanzsystems

Die klassische Ökonomielehre ging lange Zeit davon aus, dass die Funktion des Finanzsystems hauptsächlich in der Bereitstellung von Geld liege. Da Geld als „Schleier" ohne jegliche reale Funktion betrachtet wurde, konnte folglich die Rolle und Bedeutung des monetären Sektors in den weiteren Analysen vernachlässigt werden. Diese als Dichotomie bezeichnete Unabhängigkeit des finanziellen und des realen Sektors unterstellte, dass reale Größen vollständig von monetären independent seien und daher bei der Analyse aus Vereinfachungsgründen von einer realen Tauschwirtschaft unter Abstraktion von Finanzinstitutionen und dem Kapitalmarkt ausgegangen werden könne. Auch auf

Basis der Keynesschen Kritik[497] an dem Sayschen Theorem[498] hat sich später aber eine Theorie entwickelt, welche die besondere Rolle des Finanzsystems analysiert und erklärt.[499] Ausgehend von der Erkenntnis der Bedeutung von Kapitalströmen für die reale Wirtschaft und beeinflusst durch das historische Entstehen der Volkswirtschaftslehre, wird diese Theorie nach mikro- und makroökonomisch orientierten Bereichen und die Finanzwirtschaft unterschieden.[500] Im Rahmen dieser historischen Entwicklung sind in der Folge viele unterschiedliche Funktionen des Finanzsystems entdeckt und beschrieben worden.

Eine Ableitung der in dieser Arbeit verwendeten Funktionen ist folglich eine zweckgerichtete Auswahl aus unterschiedlichsten durch andere Arbeiten beschriebenen Funktionen. Zur Charakterisierung des im Folgenden zu entwickelnden eigenständigen Funktionsrahmens sollen beispielhaft die beiden Ansätze von MERTON [1995b] und CROSS/ REY/ALEXANDER/REDOUIN/LASKE/CRISTINI [1986] dargestellt werden, welche unterschiedliche Funktionen des Finanzsystems abbilden und die unterschiedlichen Herangehensweisen illustrieren:

---

497 Siehe Keynes (1936).

498 Das nach Jean Baptiste Say benannte Theorem besagt, dass sich jedes Angebot seine Nachfrage schafft und dass daher eine Volkswirtschaft ohne staatliche Interventionen immer zu einem Gleichgewicht tendiert.

499 Vgl. Demmler (2001), S. 463-464.

500 Vgl. Woll (1996), S. 3.

So definiert MERTON [1995b] folgende sechs Funktionen eines Finanzsystems:[501]

1. Bereitstellung eines Zahlungssystems zur Vereinfachung des realen Güterverkehrs
2. Losgrößentransformation
3. Räumliche und zeitliche Allokation der Ressource Kapital auf möglichst breiter Basis
4. Risikomanagement
5. Preisfindungs- und Kommunikationsfunktion
6. Bereitstellung eines Instrumentariums zur Beseitigung von Problemen, resultierend aus asymmetrischen Informationen

CROSS/REY/ALEXANDER/REDOUIN/LASKE/CRISTINI [1986] (Bank für Internationalen Zahlungsausgleich) teilen die Funktionen des Finanzsystems im Gegensatz zu der eher grundlegenden Klassifizierung von MERTON [1995a] aus einem spezifischen nachfrageinduzierten[502] Blickwinkel zur Erklärung von Finanzinnovationen in vier andere Funktionen ein. So erfüllen nach ihrer Einschätzung Finanzinnovationen primär folgende Funktionen:[503]

1. Risikotransfer
2. Liquiditätsverbesserung
3. Fremdkapitalgenerierung
4. Bildung von Eigenkapital

Obwohl beiden Ansätzen eine grundsätzlich funktionale Auffassung zugrunde liegt, werden die Unterschiede bezüglich der Differenzierung der Funktionen deutlich. Die Gegenüberstellung illustriert, dass sich ein Gerüst aus detaillierten Funktionen des Finanzsystems nur sehr begrenzt zur Beurteilung von Finanzinnovationen eignet. Wird eine solche Einteilung zur Analyse genutzt, ist unter Umständen ihre spezielle Ausrichtung einer Beurteilung hinderlich, da den Besonderheiten des Untersuchungsobjektes nicht ausreichend Rechnung getragen werden kann.

Um eine Erfassung des jeweiligen Funktionsbereichs einer spezifischen Finanzinnovation zu gewährleisten, wird daher im Folgenden eine elementare, grundlegende funktionale Sichtweise entwickelt, welche nicht durch eine zu detailbezogene Klassifizierung von vornherein verengt ist. Sie vermag gleichzeitig eine vollständige Integration aller Funktionen eines Finanzsystems zu leisten, um darüber hinaus weitere entscheidungsrelevante Faktoren zu integrieren. Im Rahmen der vorliegenden Analyse wird deswegen von den spezifischen Funktionen des Finanzsystems abstrahiert und zunächst auf einer möglichst hohen Abstraktionsstufe ein Gerüst aus sechs Funktionen bestimmt. Diese

---

501 Siehe Merton (1995b), S. 24-25; Bodie/Merton (1995), S. 5.

502 Veränderungen in den Rahmenfaktoren, die zu Finanzinnovationen führen können, werden nach dieser Einteilung der Angebotsseite zugerechnet. Vgl. Cross/Rey/Alexander/Redouin/Laske/Cristini (1986), S. 181-184.

503 Siehe Cross/Rey/Alexander/Redouin/Laske/Cristini (1986), S. 171.

fundamentalen Funktionen dienen neben einer ersten Bestimmung von Beurteilungsfaktoren auch als Rahmen für weitere Funktionen bzw. Eigenschaften, die im Hinblick auf den Untersuchungsgegenstand aus der aktuellen Finanzierungsliteratur abgeleitet werden.

Überblick über die grundlegenden Funktionen des Beurteilungsrahmens

Ausgangsbasis der folgenden Bestimmung der Funktionen ist, dass das Finanzsystem für Angebot und Nachfrage einen *Austausch von Kapital und Risiko* erbringt (Primär-Funktionen).[504] Der Austausch von Kapital und Risiko erfolgt auf Grund von Wertdifferenzen, die auf einer heterogenen Ausprägung entscheidungsrelevanter Variablen basieren. Zu diesen können die Grundausstattungen, die aktuelle Portfoliosituation, subjektive Präferenzen bezüglich Zeit und Risikopositionen sowie Wissen oder Erwartungen zählen.[505] Die Funktionen des Risiko- und Kapitaltransfers bilden damit die Grundlage für alle weiteren Funktionen eines Finanzsystems.[506]

Neben diesen beiden Primär-Funktionen sind zusätzlich vier fundamentale Funktionen für die funktionale Analyse bedeutend. So sind beim Austausch von Kapital und Risiko auf Grund von Marktimperfektionen die *Senkung von Transaktionskosten* und die *Minimierung von Anreizproblemen* (Konditional-Funktionen) zu beachten. Neben diesen zeichnet sich das Finanzsystem durch zwei Sekundär-Funktionen aus, die im Gegensatz zu den bisher genannten vier Funktionen nicht für jeden Markt, sondern insbesondere für ein Finanzsystem charakteristisch sind. Die *Transformations- und Komplettierungsfunktion* sowie die *Informations- und Bewertungsfunktion* (Sekundär-Funktionen) sind grundlegende Bestandteile eines jeden Finanzsystems.

Diese sechs, im Folgenden detailliert abgeleiteten und beschriebenen, fundamentalen Funktionen bilden das Gerüst für die weitere Analyse. Obwohl Marktimperfektionen in der Realität für eine Vielzahl weiterer Funktionen bzw. Funktionskombinationen sorgen, lassen sich diese immer auf die sechs dargestellten Funktionen beziehen. Diese sind nochmals in der folgenden Abbildung illustriert:

504 Im Sinne einer Fokussierung auf den Untersuchungsgegenstand wird bei dieser Sichtweise gezielt der Dienstleistungssektor des Finanzsystems ausgeblendet.

505 Für einen Überblick über die Motive, die zu einer Risikoabgabe oder auch Versicherung führen, siehe Kapitel 2.1.

506 Für die Betrachtung des Finanzsystems im Rahmen der Arbeit ist die Zahlungsmittelfunktion als Unterstützung des realen Transfers (Geld als universelles Tauschmittel) von untergeordneter Bedeutung. Daher wird diese in den weiteren Ausführungen nicht berücksichtigt. Siehe zu diesem Themenkomplex z. B. Blattner (1997), S. 2-4.

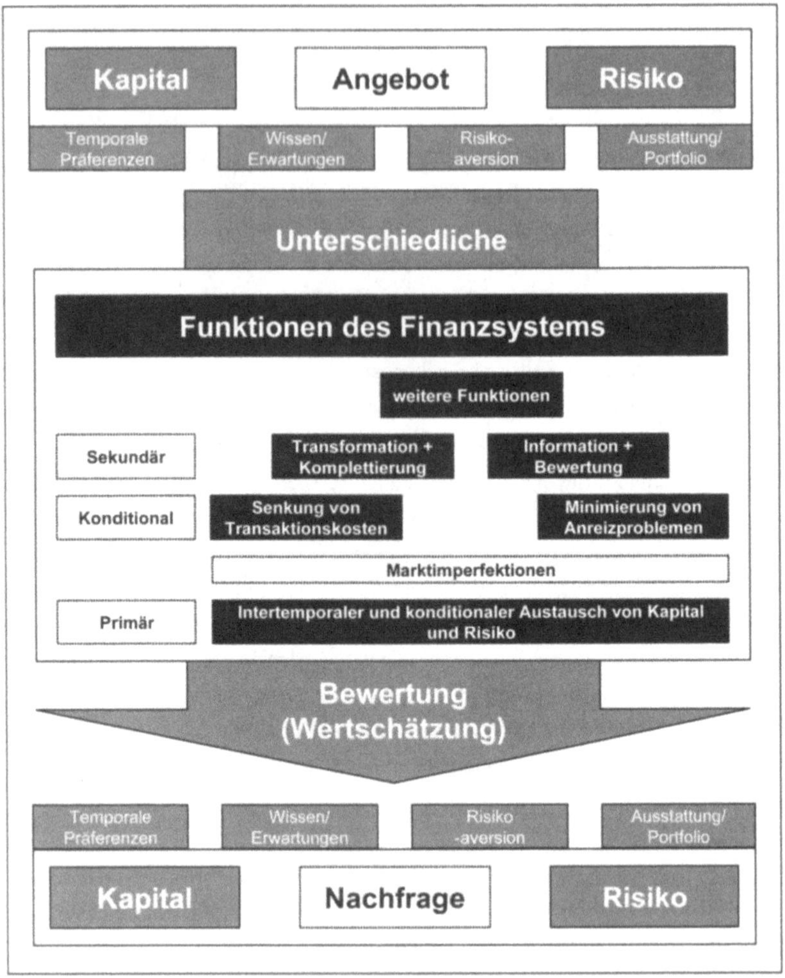

Abbildung 13: FUNKTIONEN DES FINANZSYSTEMS

Für die folgende Analyse einer Finanzinnovation sind diese fundamentalen Funktionen (Primär-, Konditional- und Sekundär-Funktionen) aber zu erweitern. Ihre ausschließliche Betrachtung würde reale Gegebenheiten vernachlässigen. Denn obwohl sich alle weiteren Funktionen letztlich von diesen sechs Funktionen ableiten lassen, hängt die Entscheidung der Marktteilnehmer für oder gegen eine Alternative in der Praxis von einer Reihe weiterer Faktoren ab. Ohne Beachtung dieser weiteren entscheidungsrelevanten Aspekte und der vielschichtigen Zusammenhänge innerhalb eines Finanzsystems wären die ansonsten sehr spezifischen Erklärungen zu den Funktionen des Erkenntnisobjektes nur von sehr abstraktem Wert.[507] Für die Analyse werden daher in Kapitel 4.3 zusätzliche Funktionen und Eigenschaften von Finanzkontrakten bestimmt, klassifiziert und hinsichtlich ihrer möglichen Anwendung auf den Untersuchungsgegenstand geprüft. Der zugrunde gelegte funktionale Rahmen wird so um weitere entscheidungsrelevante Charakteristika ergänzt. Diese in der zweiten Hälfte von Teil 4 abgeleiteten Funktionen und Eigenschaften werden in Teil 5 zusätzlich zu den sechs fundamentalen Funktionen zur Beurteilung der aktuellen Konstellation des Untersuchungsgegenstands verwendet.

Die anschließenden Ausführungen werden zunächst die sechs fundamentalen Funktionen des Finanzsystems herleiten und charakterisieren:

4.2.2.1 Intertemporaler und konditionaler Austausch von Kapital und Risiko

Basis aller wirtschaftlichen Handlungen ist ausgehend von einer Ressourcenknappheit[508] die Erkenntnis, dass durch Arbeitsteilung und daraus folgender Spezialisierung – abstrakt betrachtet – Mehrwert geschaffen werden kann.[509] In einer hoch spezialisierten Wirtschaft, wie sie Industrienationen kennzeichnet, ist als Konsequenz hieraus der Tausch von Gütern und Dienstleistungen notwendig. Dieser Tausch ermöglicht erst die Realisierung der durch die Spezialisierung erreichten Vorteile. Die mit dem realen Tausch verbundenen Kosten mindern aber diese Vorteile.[510] Geld stellt hingegen ein stückelungsfähiges, allgemein akzeptiertes Tauschäquivalent von nachhaltigem Wert dar, das Tauschkosten senkt.[511] Eine der Funktionen des Finanzsystems ist es daher, durch ein Zahlungssystem[512] den realen Güteraustausch einer Volkswirtschaft zu fördern.[513] Die Bereitstellung eines Zahlungssystems kann als traditionelle Aufgabe des Finanzsystems gesehen werden.[514]

Die Funktionen eines Finanzsystems gehen über die ursprüngliche Versorgung der Volkswirtschaft mit einem allgemein akzeptierten Tauschmittel mit den besonderen Eigenschaften einer Rechnungseinheit und der Bereitstellung eines komplexen Systems,

---

507 Vgl. für eine ähnliche Argumentation Siegwart/Mahari (1996), S. 24-25.

508 Zur Ressourcenknappheit als Basis der Wirtschaftswissenschaft siehe Cezanne (1999), S. 2-3; Demmler (2001), S. 1-2.

509 Diese grundlegenden Thesen gehen auf die Arbeiten von Smith (1776) zurück.

510 Vgl. Picot/Dietl/Franck (1999), S. 6; Wallis/North (1988), S. 95.

511 Existieren nur reale, unterschiedliche Tauschgüter der Anzahl n, sind auf Grund der doppelten Koinzidenz $n*(n-1)/2$ Beziehungen möglich, und daher entstehen hohe Suchkosten. Durch Geld als allgemein akzeptiertes Tauschmittel verringern sich die Suchkosten, weil nur noch n Kontakte notwendig sind. Auch die Preisbildung ist durch eine allgemein akzeptierte Skala deutlich einfacher als bei reinen relationalen Preisen.

512 Das Zahlungssystem umfasst dabei die Bereitstellung von Geld, aber auch Funktionen wie Abrechnungssysteme.

513 Für eine Darstellung der grundlegenden Funktionen des Geldes und eine umfassende Entwicklung einer Geldtheorie siehe Richter (1990a).

514 Für eine solche Einordnung siehe DeRoover (1954); Hübner (1968), S. 28.

das den Zahlungsverkehr ermöglicht,[515] hinaus. Neben dieser für den weiteren Gang der Untersuchung weniger relevanten Funktion[516] erfolgt innerhalb eines Finanzsystems – abstrakt beschrieben – der Transfer eines Anspruchs an einem Wert von einem Besitzer zum nächsten und über verschiedene Dimensionen (vor allem Zeit, aber auch Raum, Industrien etc.[517]).

Bei diesem Transfer von Zahlungsansprüchen wird mittels konditionaler Ausgestaltung der Finanzierungsverträge und auf Grund der Nicht-Determinierbarkeit der Zukunft auch mehr oder weniger unterschiedliches Risiko übertragen.[518] Das Finanzsystem erlaubt dem Einzelnen, durch entsprechende Verträge seine Risikoposition individuell zu gestalten und sorgt so über den risikoadjustierten Preis nicht nur für eine Kapital-, sondern auch eine Risikoallokation.[519] Hierbei wird Mehrwert nicht ausschließlich durch die Befriedigung individueller Präferenzen[520], sondern auch durch Pooling und Diversifikation[521] erreicht.[522] Gegenüber der Bedeutung einer Allokation von Kapital durch die Finanzmärkte ist die Allokation von Risiko, obwohl sicher nicht weniger wichtig,[523] erst in den letzten Jahren in den engeren Fokus der Finanzierungswissenschaft gerückt.[524]

Eng mit diesem Transfer von Zahlungsansprüchen verbunden ist die Frage des Preises für ein solches Recht. Da eine Kapitalanlage bzw. ein Kapitaltransfer den heutigen Verzicht auf Konsum darstellt und Konsum heute gegenüber Konsum morgen im Allgemeinen präferiert wird, verlangt der Verleiher eine Leihprämie.[525] Der Zins ist dabei nicht nur von der Dauer der Leihgabe, sondern auch von dem Risiko der Nichtrückzahlung sowie den Bedingungen der Zahlung abhängig. Der Zinssatz als Preis für die Ressource Kapital (insofern auch Kapitalkosten genannt) beeinflusst nicht nur die zeitliche Entscheidung des Sparens oder Verschuldens, sondern auch die des Konsums. Über die Kapitalkosten wird auch das Investitionsverhalten von Unternehmen gelenkt. Im Idealfall bildet ein risikoabhängiger Marktpreis eine dezentrale Basis für Entscheidungen. Ein funktionierendes Finanzsystem sorgt so für eine effiziente Allokation der Ressource

---

515 Zu der besonderen Rolle von Intermediären und der Bereitstellung eines Zahlungssystems siehe Fama (1980), S. 39-40; Scholtens (1992), S. 473; Scholtens (1993), S. 117.

516 Vgl. Fn. 506.

517 Vgl. Fisher (1930), S. 71; Allen/Gale (1997), S. 523. Siehe auch die grundlegenden Arbeiten von Fisher (1907).

518 Zu den Motiven des Kapital- und Risikotransfers siehe Kapitel 2.1.

519 Vgl. Perridon/Steiner (2002), S. 181-182. Im Gegensatz zur Darstellung von Merton (1995b) wird das Risikomanagement und die Risikoallokation als absolute Primär-Funktion gesehen. Siehe Merton (1995b), S. 24. Zu den unterschiedlichen Präferenzen einzelner Marktakteure siehe auch Kapitel 2.1.

520 Vgl. Perridon/Steiner (2002), S. 181.

521 Vgl. hierzu auch die Ausführungen zu den Motiven der Risikoübernahme in Kapitel 2.1.

522 Vgl. zur Transformationsfunktion des Finanzsystems Birchler/Kästli (1987), S. 276.

523 Die Bedeutung der Allokation von Risiko über die Finanzmärkte und die hieraus resultierende Vollständigkeit der Finanzmärkte ist ein zentraler Aspekt vieler finanzwirtschaftlicher Ansätze. Ausgangspunkt dieser Gedanken sind die Arbeiten von Arrow (1970) und Debreu (1959).

524 Vgl. Mason (1995), S. 153.

525 Vgl. Picot/Dietl/Franck (1999), S. 38.

Kapital,[526] und ist damit letztlich auch Grundlage für eine effiziente Ressourcenverwendung.[527]

In der Folge ist ein Finanzsystem über die Bereitstellung eines Zahlungssystems auch koordinierender „Match-Maker“ zwischen Angebot von und Nachfrage nach Kapital und Risiko.[528] Es übernimmt somit auf der einen Seite die Rolle als Finanzier, auf der anderen Seite die des Anbieters von Geldanlagemöglichkeiten.[529] Zu dieser Rolle gehört gleichzeitig die Bereitstellung von Infrastruktur für diese beiden Primär-Funktionen (Risiko- und Kapitalaustausch). Durch die fortschreitende Technologisierung haben sich besonders in den letzten 20 Jahren hoch entwickelte Finanzplätze gebildet, die einen weltweiten Kapitalaustausch ermöglichen. In jüngster Vergangenheit wird durch die zunehmende Verbriefung und den anschließenden Handel von Zahlungsansprüchen eine weitere „Evolutionsstufe“ des Finanzsystems erreicht.[530]

4.2.2.2 Senkung von Transaktionskosten

Aufbauend auf den beiden generischen Primär-Funktionen des Finanzsystems werden, der Einschätzung von CAMPBELL/KRACAW [1980] zur besonderen Rolle von Finanzintermediären folgend, die weiteren Funktionen des gesamten Finanzsystems durch die Existenz von Transaktionskosten[531] und Informationsasymmetrien fundiert.[532]

Die klassische Mikroökonomie, die nach wie vor großen Einfluss auf die Finanzierungstheorie hat, geht von der Existenz vollkommener Märkte aus. Nach diesem Verständnis existieren Transaktionskosten und Informationsasymmetrien nicht bzw. werden als entscheidungsunwirksam vernachlässigt. So können die an einer Transaktion beteiligten Akteure alle relevanten Faktoren einschätzen und deren Zusammenhänge erkennen. Es besteht die Möglichkeit, vollständige Informationen zu beschaffen und die Kosten der Informationsbeschaffung sind so gering, dass sie nicht im Entscheidungskalkül berücksichtig werden müssen.[533] Das Suchen von Handelspartnern, die Abwicklung von

---

526 Vgl. Boot/Thakor (1997), S. 693-694.

527 Siehe auch die Bewertungs- und Informationsfunktion in Abschnitt 4.2.2.5.

528 Die „Market-“ oder „Match-Maker“-Funktion ist dabei eine der grundlegendsten Aufgaben eines Finanzsystems und der Finanzintermediäre. Vgl. Scholtens (1992), S. 473; Scholtens (1993), S. 117; Benston/Smith (1976), S. 216.

529 Vgl. Eilenberger (1997), S. 27-28.

530 Zur Zukunft und Bedeutung der Verbriefung siehe Gandy/Festa (2001); Zolkos (2002); Bund (2000).

531 Die Beachtung von Transaktionskosten im Zusammenhang mit dem monetären Sektor geht auf Gurley/Shaw (1960) zurück. Sie sprechen etwas undifferenziert von „market problems“. Siehe Gurley/Shaw (1960), S. 3.

532 Sie verweisen auf die Ansätze von Benston/Smith (1976); Leland/Pyle (1977) und Campbell (1979). Obwohl sie sich auf Informationsasymmetrien konzentrieren, sehen sie die Ursachen für Finanzintermediation komplementär und nicht ausschließlich. Vgl. Campbell/Kracaw (1980), S. 863-864.

533 Die Vertreter der Neo-Klassik sind sich dabei durchaus bewusst, dass Tranksaktionskosten und Informationsprobleme existieren, sie abstrahieren aber hiervon.

Transaktionen sowie die ex post Kontrolle verursachen keinerlei Kosten und sind mühelos durchführbar.

Obwohl realitätsfern, sind auf der Grundlage dieser Vereinfachung bedeutende Erkenntnisse entwickelt worden. Die Grenzen der Erkenntnis sind jedoch durch diese Abstraktion ebenfalls klar definiert. Es kann damit weder die real beobachtbare Vielfalt der Finanzkontrakte erklärt noch die Bedeutung der Institutionen des Finanzsystems gezeigt werden. Im Umkehrschluss bedeutet dies, dass der Analyserahmen der vorliegenden Untersuchung entsprechend umfassender zu gestalten ist. Erst durch die Beachtung von Transaktionskosten und asymmetrischen Informationen, die zu unvollkommenen und unvollständigen Finanzmärkten führen, ist die Untersuchung eines andernfalls nicht existenten Kontraktes möglich.

Bedeutung und Berücksichtigung von Transaktionskosten

Wie beschrieben, beeinflussen Transaktionskosten die Struktur und Funktionsweise eines Finanzsystems. Das Finanzsystem soll zwar die durch eine reale Transaktion entstehenden Nebenkosten, d. h. Kosten, die durch die Transaktion entstehen, aber nicht zur Bezahlung der Güter dienen, minimieren, um den realen Austausch zu erleichtern. Zudem, und dies ist für die vorliegende Arbeit von Belang, sind aber auch die durch einen reinen Kapitalaustausch und die Risikoabsicherung entstehenden Kosten zu senken.[534] Die unterschiedlichen Finanzsysteme als Lösungen für mannigfache Probleme konkurrieren somit nicht nur im direkten Leistungsvergleich. Ebenso entscheidungsrelevant sind nicht-leistungsbezogene Aufwendungen, resultierend aus diesen Transaktionskosten und Informationsasymmetrien. Auch die Auswahl und der Einsatz eines Finanzkontraktes zur Finanzierung, Investition und Risikoabsicherung werden hierdurch beeinflusst. Besonders wichtig ist, dass die Existenz von Transaktionskosten nicht nur zu Reibungsverlusten führt, sondern auch für eine, im Vergleich zu einer Welt ohne Transaktionskosten, veränderte Allokation sorgt.

Die Theorie, die sich mit dem Finanzsystem und seinen Institutionen beschäftigt, hat sich besonders bemüht, die Rolle der Banken als Finanzintermediäre zu fundieren. Obwohl Kapitalmarkt und Banken in ihrer Bedeutung für das Finanzsystem als komplementär zu sehen sind, fokussiert sich die finanzwissenschaftliche Literatur, die sich mit Transaktionskosten und Informationsasymmetrien beschäftigt, vor allem auf die Rolle und Funktionsweise von Intermediären.

Eine solche Berücksichtigung von Transaktionskosten zur Erklärung und Legitimierung der Existenz von Finanzintermediären geht auf BENSTON/SMITH [1976] zurück. Transaktionskosten beeinflussen demnach nicht nur das inter- und intratemporale Konsum-

534 Da es sich, wie bereits beschrieben, bei der Untersuchung von Katastrophen-Kontrakten um keine realen Transaktionen, sondern um den Austausch von Zahlungen und Zahlungsansprüchen handelt, kann von der Zahlungsfunktion des Finanzsystems abstrahiert werden.

verhalten, sondern besitzen auch Auswirkungen auf das Anlageverhalten.[535] Die Kapitalanlageentscheidung kann somit in der Weise beeinflusst werden, dass statt der Handlungsempfehlungen des CAPM, wonach eine Mischung aus Marktportfolio und risikoloser Anlage zu halten ist, nur noch die risikolose Alternative attraktiv ist.[536]

DIAMOND [1984] schließt hieraus allgemeiner, dass die Existenz von Intermediären mit Kostenvorteilen verbunden sein muss und entwickelt das Konzept des „Delegated Monitoring".[537] Basis der Existenz von Finanzintermediären sind „Economies of Scale and Scope" die zu Kostendegressionen auf Grund von Mengeneffekten führen.[538] Die einfachste Rolle eines Intermediärs zur Senkung von Transaktionskosten ist demnach die Rolle eines „Match-Makers".[539] Dieser muss zur Reduktion von Transaktionskosten keine Geschäfte in eigenem Namen ausführen.[540] Alleine durch die Fokussierung von Angebot und Nachfrage entfallen unnötige Suchkosten.[541] Aber auch durch Skalen- und Verbund-Effekte, beispielsweise bei der Informationsproduktion (Delegated Monitoring) können Finanzintermediäre Transaktionskosten reduzieren.[542] Anbieter und Nachfrager müssen dann nicht mehr eine Vielzahl von verschiedenen Marktpartnern bewerten und kontrollieren, sondern lediglich nach einem passenden Intermediär suchen.[543]

Ohne den weiteren Ausführungen in Kapitel 4.4 vorzugreifen, ist anzumerken, dass Transaktionskosten über die statische Betrachtung hinaus nicht nur eine bestehende Institutionenkonstellation erklären, sondern auch dynamisch als Ursache von Veränderungen gesehen werden können. Ein Großteil aller Finanzinnovationen ist entweder zur Senkung von transaktionsspezifischen Kosten oder aber durch eine Veränderung der Transaktionskosten entstanden.[544] Die Beachtung von Transaktionskosten bei der Beurteilung der Ausgestaltung von Katastrophen-Kontrakten und Marktorganisation ist daher insgesamt ein relevanter Analysebestandteil.[545]

Rekapitulation des Transaktionskostenbegriffs

Obwohl in der Regel ein intuitives Begriffsverständnis vorausgesetzt werden kann, sind die verschiedenen theoretischen Konzepte und Definitionen des Begriffs der Transakti-

---

535 Siehe Benston/Smith (1976), S. 215-216.

536 Vgl. Benston/Smith (1976), S. 217-218.

537 Siehe Diamond (1984), S. 393.

538 Vgl. Freixas/Rochet (1997), S. 18-20.

539 Besonders das Beispiel des „Match-Makers" zeigt, dass eine Trennung der Funktion von Intermediären und Markt für eine Analyse im Rahmen der Arbeit weder notwendig noch möglich ist.

540 Vgl. Fn. 208.

541 Vgl. Benston/Smith (1976), S. 216.

542 Für eine empirische Studie zu Skaleneffekten bei Banken siehe Benston/Hanweck/Humphrey (1982); zu Scope-Effekten siehe Berger/Hanweck/Humphrey (1987).

543 Vgl. Bitz (2000), S. 29. Formal ergibt sich nur auf Grund der geringeren Zahl der Intermediäre im Vergleich zu Anbietern und Nachfragern bereits ein Gewinn.

544 Vgl. Perold (1995), S. 34.

545 Im Rahmen der Analyse in Abschnitt 5.3.1 wird überprüft, inwiefern durch die Innovation eine Veränderung der Transaktionskosten bzw. vice versa zu erwarten ist.

onskosten oftmals wenig trennscharf und teilweise sogar kontrovers. Da die Beachtung der Transaktionskosten eine wichtige Determinante der Beurteilung von Katastrophen-Kontrakten darstellt, ist an dieser Stelle eine kurze, definitorische Rekapitulation hilfreich:[546] Transaktionskosten können fixer oder variabler Natur sein und im Zuge der Marktbenutzung[547] oder durch die Organisation innerhalb eines Unternehmens anfallen.[548] Für die vorliegende Arbeit impliziert dies, dass in erster Linie Markttransaktionskosten[549] zu berücksichtigen und zu bewerten sind. Entsprechend dem Ablauf einer Transaktion können diese in Such- und Informations-, Verhandlungs- und Abschluss- sowie Durchsetzungs- und Kontrollkosten untergliedert werden.[550]

4.2.2.3 Minimierung von Problemen aus asymmetrischer Informationsverteilung

Bei der Untersuchung von Transaktionskosten und ihren Auswirkungen auf das Finanzsystem wurde zunächst die Auffassung vertreten, dass Banken lediglich Transaktionskosten im engeren Sinne minimieren.[551] Marktimperfektionen in Form von Informationsasymmetrien stellen aber ebenfalls Einflussfaktoren für die Tätigkeiten von Banken und Versicherungen dar und müssen daher von den Transaktionskosten auf Grund von unterschiedlichen Ansatzpunkten gesondert betrachtet werden.

Historisch werden Informationsasymmetrien oft durch positive Transaktionskosten begründet. Die Informationsasymmetrien entstehen durch die Existenz von Kosten der Informationsbeschaffung und Verarbeitung. Damit wird vorausgesetzt, dass Informationen entgegen den Annahmen der Neoklassik kein Allgemeingut und nicht frei verfügbar sind. Von daher ist es für den „Homo Oeconomicus" als rationalen Entscheider nur so lange sinnvoll, Informationen zu beschaffen, bis die Grenzkosten der Informationsbeschaffung dem Grenznutzen entsprechen.[552] Hieraus folgt, dass in der Realität, selbst wenn die Beschaffung aller relevanten Informationen möglich wäre, von asymmetrisch verteilten Informationen ausgegangen werden muss, da eine totale Informationsbeschaf-

---

546 Als Grundlage für die deutsprachige Literatur und den Begriff der Transaktionskosten siehe Picot (1982), S. 270.

547 Vgl. Coase (1937), S. 390; Demsetz (1968), S. 35. Zur Marktbenutzung gehören nach dieser Definition auch Kosten der politischen Ordnung, des Rechtssystems oder auch des gesamten gesellschaftlichen Apparates.

548 Für eine extensive Darstellung des Begriffs der Transaktionskosten siehe Richter/Furubotn (1999), S. 45-77.

549 Von den organisatorischen Transaktionskosten wird hier abstrahiert und auf Abschnitt 4.4.2 verwiesen.

550 Vgl. Richter (1990b), S. 577; Richter/Furubotn (1999), S. 51; Richter (1990a), S. 75; North (1992), S. 76. Ausführlichere Aufzählungen erfassen darüber hinaus auch: Anbahnungs-, Entscheidungs-, Vereinbarungs-, Anpassungs- und Beendigungskosten. Vgl. Albach (1988), S. 1160.

551 Siehe die Arbeiten von Black (1975); Fama (1980); Merton (1989).

552 Der Ansatz, die Informationsbeschaffung über die Marginalbedingung zu erklären, geht auf Coase (1937) zurück. Ausgangspunkt der coaseschen Argumentation ist die sog. Marshall-Lerner-Bedingung, nach der die Entscheidung, einzelne substituierbare Faktoren im Produktionsprozess einzusetzen, von den Preisen und dem jeweiligen Grenznutzen abhängig ist. Vgl. Coase (1937).

fung im Gegensatz zu den Annahmen der Neoklassik nicht mehr in jeder Situation sinnvoll ist.[553]

Ohne im Detail die Ursachen zu hinterfragen, ist Ausgangspunkt der folgenden Ausführungen die These, dass den Beteiligten bei Abschluss eines Vertrages nicht alle relevanten Informationen bekannt sind. Zudem können nicht alle Eventualitäten vertraglich garantiert werden.[554] Die Käufer von Finanzierungstiteln müssen beispielsweise damit rechnen, dass der Verkäufer der Anteile besser über die relevanten Eigenschaften informiert ist als sie selbst. Unter der Voraussetzung, dass sich die Vertragspartner jeweils nutzenmaximierend verhalten und der Nutzen des Verkäufers mit dem des Käufers negativ korreliert, entsteht so durch asymmetrische Informationen und Opportunismus ein vertragstheoretisches Problem, bestehend aus Informations- und Durchsetzungsfacetten (ex post und ex ante Vertragsabschluss).

Typen von Informationsasymmetrien

Die Agency-Theorie, als methodische Basis der Informationsökonomik, beschäftigt sich mit der asymmetrischen Verteilung von transaktionsrelevanten Informationen zwischen den Vertragspartnern. Für die wissenschaftliche Betrachtung wird der Agent gegenüber dem Prinzipal definitorisch mit einem höheren Wissensniveau belegt.[555] ARROW [1985] unterscheidet dann zwei grundsätzliche Fälle der Informationsverteilung. Tritt das Problem vor Vertragsabschluss (ex ante) auf, spricht er von „Hidden Information"; tritt es nach Vertragsabschluss (ex post) auf, von „Moral Hazard". Die folgende Darstellung orientiert sich an einer üblichen Dreiteilung und definiert neben „Adverse Selektion" und „Moral Hazard" als dritte Gruppe von mit asymmetrischen Informationen verbundenen Problemen die Gefahr einer Ausnutzung der Unvollständigkeit der Verträge nach Abschluss. Der hieraus entstehende Handlungsspielraum wird als „Hold Up" bezeichnet. Zur weiteren Erläuterung der einzelnen Problembereiche werden im Folgenden diese drei Grundtypen und mögliche Lösungsmechanismen kurz skizziert.

Die Diskussion um die Negativauslese oder auch „*Adverse Selektion*", die durch unbeobachtbare Eigenschaften (Hidden Information oder auch Hidden Characteristics) verursacht wird, geht auf AKERLOF [1970] und sein Beispiel des Gebrauchtwagenmarktes (Market for Lemons) zurück.[556] Er zeigt den Zusammenhang zwischen Qualität und

---

553 Vgl. für die Informationsfunktion des Finanzsystems auch die folgenden Ausführungen. Sind Informationen selbst durch Aufwendungen nicht erhältlich, spricht man von privaten Informationen.

554 Hayek (1945) betonte bereits sehr früh die Bedeutung von asymmetrischen Informationen für wirtschaftliche Aktivitäten. Besonderes Augenmerk galt dabei der Koordination für eine effiziente Allokation. Vgl. Hayek (1945), S. 519.

555 Wenn der Prinzipal und der Agent gemeinsam erst später die Ausprägung von relevanten Parametern erfahren, kann diese Situation als normales Risiko interpretiert werden. Für eine vertragstheoretische Betrachtung ist aber die Konstellation der Informationsasymmetrie besonders interessant.

556 Akerlof benutzt das Beispiel des Gebrauchwagens um den Sachverhalt zu verdeutlichen. Er geht davon aus, dass der beschriebene Effekt der Adversen Selektion bei vielen Märkten und Situationen auftritt. Er führt hierzu explizit Versicherungsmärkte, den Arbeitsmarkt für Minderheiten, Anreize

Unsicherheit. Ausgangspunkt seiner Überlegungen sind Märkte, in denen die Käufer nur statistische Aussagen über die Qualität der Güter machen können, die sie erwerben möchten, d. h. es sind z. B. nur Durchschnittsqualitäten und Standardabweichungen bekannt. Die für den individuellen Käufer eines einzelnen Wagens relevante Qualität des in Betracht kommenden Kaufgegenstands ist jedoch nicht beobachtbar, so dass von versteckter Information (Hidden Information) gesprochen wird. Da der Käufer eines Gebrauchtwagens hieraus resultierend nur bereit ist, einen Durchschnittspreis für einen willkürlichen Wagen zu bezahlen, werden sich die Anbieter überdurchschnittlich guter Wagen vom Markt zurückziehen. Wenn die Käufer dieses Verhalten antizipieren, wird es im Endeffekt zu einem Marktzusammenbruch kommen.

Akerlof unterscheidet zwei Lösungsmechanismen (Signalling und Screening). Gelingt es dem Verkäufer, die relevanten Informationen durch Signale glaubwürdig zu übertragen (engl.: Signalling[557]), können die Folgen der asymmetrischen Informationsverteilung reduziert bzw. beseitigt werden.[558] Die Glaubwürdigkeit des Signals wird in der Regel durch besondere Kosten im Falle einer Täuschung erreicht.[559] Der zweite Lösungsmechanismus zeichnet sich durch eine aktive Rolle des Käufers aus. Bei der Selbstauslese (engl.: Self Selection) als „Screening"-Maßnahme wird der Prinzipal aktiv, indem er dem oder den Agenten mehrere Verträge anbietet.[560] Durch die für ihn optimale Auswahl des Vertrages offenbart der Agent im Rückschluss seine Qualität.

Im Gegensatz zur Negativ-Auslese (Adverse Selektion), bei der, wie gezeigt, die Wirtschaftssubjekte bestimmte, feststehende und für sie relevante Eigenschaften vor Vertragsabschluss (ex ante) nicht einschätzen konnten, geht die Konzeption der versteckten Handlungen (engl.: Hidden Action) oder moralischer Wagnisse (engl.: *Moral Hazard*) von unbeobachtbaren Aktivitäten nach Vertragsschluss (ex post) aus.[561] Die Konzeption des Verhaltensrisikos entstand aus der Versicherungslehre, da besonders Versicherungen damit rechnen müssen, dass Versicherte, sobald Versicherungsschutz besteht, nachlässiger agieren und sich somit das Schadensrisiko nachträglich erhöht. Hier spricht man im Gegensatz zum „Hidden Information"-Problem (unvollständige Informationen) von unvollkommenen Informationen, da durchaus alle relevanten Informationen vor

---

zu ehrlichem Verhalten und den Markt für Fremdkapital in unterentwickelten Ländern auf. Vgl. Akerlof (1970).

557 Zum Begriff des „Signalling" und „Screening" siehe Behrends (1998), S. 25-28.

558 Siehe den grundlegenden Ansatz von Spence (1973). Dieses kann z. B. bei Neuemissionen von Aktien durch einen Selbstbehalt geschehen (siehe das Modell von Leland/Pyle (1977)) oder durch eine spezielle Dividendenpolitik (siehe Easterbrook (1984); Rozeff (1982)) oder über die Wahl der Emissionsbank (siehe Carter/Dark/Singh (1998)) oder durch Kombinationen von Signalen (Talmor/Sick (1981); Grinblatt/Hwang (1989)).

559 Eine verlängerte Gewährleistung verursacht bei schlechter Qualität Kosten, die dazu führen, dass nur der Anbieter guter Qualität in der Lage ist, dem Käufer eine Garantie anzubieten.

560 Siehe den grundlegenden Ansatz von Arrow (1986).

561 Modelltheoretisch wird daher in der Regel von einer symmetrischen Informationsverteilung vor Vertragsabschluss ausgegangen.

Vertragsabschluss bekannt sein können, das Verhalten nach Vertragsabschluss aber nicht vollkommen determiniert bzw. beobachtet werden kann.[562] Diese Konzeption wird modelltheoretisch oft erweitert und damit der Realität angenähert, sofern die Handlungen des Agenten nicht sicher kausal mit dem Ergebnis der Handlungen verknüpft sind. Störungen (engl.: Noise) führen dazu, dass der Prinzipal damit rechnen muss, dass das Ergebnis für ihn positiv ausfällt, obwohl der Agent keine Anstrengungen unternommen hat und vice versa.[563] Da die Handlungsweise des Agenten die Wahrscheinlichkeit für einen Ausgang im Sinne des Prinzipals aber positiv beeinflusst, setzen die üblichen Lösungsmechanismen für Moral-Hazard-Probleme bei der Gestaltung der Verträge an. Im Zentrum steht dabei der Versuch, diese anreizkompatibel zu gestalten, so dass auch der Agent etwa durch ergebnisabhängige Entlohnung zu Anstrengungen im Sinne des Prinzipals motiviert wird.[564]

Da die vertragsschließenden Parteien von eigennützigem Verhalten ausgehen müssen, entsteht ein weiteres Problem. Asymmetrische Informationen in Kombination mit unvollständigen Verträgen ermöglichen den vertragsschließenden Parteien einen Handlungsspielraum (ex post), der unter dem Begriff des *„Hold Up"* („Raubüberfall") in der Literatur behandelt wird.[565] Der Prinzipal kann so nicht davon ausgehen, dass er einen Vertrag abgeschlossen hat, der in jeder zukünftigen Situation dazu führt, dass der Agent sich im Sinne des Prinzipals verhält. Diese Problematik wird noch verschärft durch vertragsspezifische Investitionen, die ggf. als „Sunk Costs" betrachtet werden müssen und den Vertragspartner erpressbar machen.[566] Die Milderung von Hold Up Problemen kann durch langfristige Verträge oder auch durch Eigentumserwerb erreicht werden.[567]

---

562 Holmström (1979) spricht von „Imperfect Information". Siehe Holmström (1979), S. 74. Moral Hazard lässt sich dabei weiter in verstecktes Handeln und versteckte Information einteilen, je nachdem ob die Handlung oder das Ergebnis kontrolliert wird. Vgl. Arrow (1985), S. 38.

563 Vgl. Arrow (1985), S. 37. Für den Versicherungsschutz bedeutet dies, dass der Versicherte den Schaden durch ein korrektes Verhalten eben gerade nicht zu 100% sicher vermeiden kann und deswegen eine Versicherung abschließt.

564 Siehe beispielsweise die Modelle von Holmström (1979); Harris/Raviv (1979).

565 Für eine Übersicht und Darstellung insbesondere zu Aspekten der Unternehmensfinanzierung siehe Hart (1997).

566 Ein eindrucksvolles Beispiel der Erpressbarkeit durch spezifische Investitionen liefert die Automobil-Industrie, bei der durch die zunehmende Verschlankung des internen Produktionsprozesses immer mehr Zulieferer in die Wertschöpfungskette integriert werden und hierdurch die Verlagerung des Zulieferbetriebes in die Nähe des Autoherstellers nötig wird. Die Zulieferer sind durch spezifische Investition stark an den einen Autohersteller gebunden. Gleiches gilt natürlich auch vice versa, was insbesondere bei Streiks der Zulieferer deutlich wird. Demnach kann aber allgemein durch die Größe des Autoherstellers gegenüber dem Zulieferer von einer Hold Up Problematik ausgegangen werden. Ein weiteres Beispiel ist die Beziehung zwischen einem Stahlwerk und einem Elektrizitätswerk, zu finden bei: Alchian/Woodward (1988), S. 67.

567 Für die Herleitung solcher Mechanismen siehe Klein/Crawford/Alchian (1978), für einen Überblick siehe Alchian/Woodward (1988).

Beeinflussung durch asymmetrische Informationsverteilung

Asymmetrisch verteilte Informationen verursachen sowohl für die an der Transaktion beteiligten Individuen, als auch für die gesamte Volkswirtschaft Reibungsverluste. Die theoretisch durch JENSEN/MECKLING [1976] zuerst fundierten so genannten „Agency-Kosten" führen im Vergleich zur Situation der Informationssymmetrie (First-Best-Solution) zu einer „Second-Best-Solution" und damit zu volkswirtschaftlichen Wohlfahrtsverlusten.[568] JENSEN/MECKLING [1976] definieren diese „Agency-Kosten" als die Summe aus:[569]

- *„Monitoring-Kosten"* sind Kosten, die dem Prinzipal dadurch entstehen, dass er ausgehend von dem Bewusstsein der asymmetrischen Informationsverteilung das Verhalten des Agenten beobachtet und ihm im Zuge dessen Kosten entstehen (z. B. Kosten der Informationsbeschaffung und Verarbeitung).
- *„Bonding-Kosten"* sind Kosten, die dem Agenten dadurch entstehen, dass er dem Prinzipal ein für diesen optimales Verhalten vertraglich garantiert, also für Maßnahmen, welche die Glaubwürdigkeit seiner Aussagen verstärken.
- *„Residual-Kosten"* bezeichnen die verbleibenden Kosten, die dadurch entstehen, dass „Monitoring" und „Bonding" eben nicht die vollkommene Beseitigung der asymmetrischen Informationen herbeiführen und so nur eine „Second-Best-Lösung" zustande kommt.[570]

Werden Informationsasymmetrien als Folge von Kosten bei der Informationsbeschaffung und Verarbeitung gesehen, können informationsökonomische Ansätze in der Finanzierungstheorie in zwei Gruppen eingeteilt werden. Die erste Gruppe der Ansätze, auf die nachfolgend noch detaillierter eingegangen wird, geht von definitiven Informationsasymmetrien aus und abstrahiert von der Möglichkeit, diese durch Aufwendungen zu beseitigen. Die zweite Gruppe der Ansätze, zu der viele neuere Modelle gehören, versucht aber von der statischen Informationsverteilung zu abstrahieren und geht dazu über, den Informationsstand modellendogen zu betrachten.[571] In der Tradition von STIGLER [1961] und ALCHIAN [1969] zeigt diese Literatur beispielsweise, dass Intermediäre Informationsasymmetrien durch Aufwendungen beseitigen können, mit der Folge, dass der Informationsstand variabel ist. So beschäftigen sich die auf TOWNSEND [1978] zurückzuführenden Ansätze der Finanzierungstheorie zur Erklärung von Finanzintermediären mit Transaktionskosten im engeren Sinne und begründen die Existenz von In-

---

568 Zur detaillierten Darstellung dieser Zusammenhänge sei hier auf Felderer/Homburg (2003) verwiesen.

569 Siehe Jensen/Meckling (1976), S. 308.

570 Die beiden Vertragspartner werden nur so lange Ressourcen zur Beseitigung einsetzen, solange der Grenzertrag die Grenzkosten übersteigt. Hieraus folgt unmittelbar, dass ein Rest an asymmetrischer Verteilung auf Grund des rationalen Verhaltens der Marktakteure bleiben wird.

571 Vgl. Hartmann-Wendels/Pfingsten/Weber (2000), S. 96-98.

termediären mit der Verringerung von Transaktionskosten.[572] Hieraus entstand die Theorie des „Monitoring“, bei dem durch Aufwendung der Informationsstand der Beteiligten verbessert werden kann.[573]

Für die formale Betrachtung ist zu beachten, dass durch die Fundierung der asymmetrischen Informationsverteilung mit der Existenz von Transaktionskosten nicht zwingend folgt, dass es sich bei einem unter diesen Gesichtspunkten erfolgenden Institutionenvergleich primär um eine eindimensionale, nach neoklassischen Kriterien zu erfolgende Kostenbetrachtung handelt.[574] Dieser insbesondere von WILLIAMSON [1985] verfolgte Ansatz der Neuen Institutionenökonomik (NIÖ) wird der Problematik nur teilweise gerecht und erlaubt keinen über diese neoklassischen Methodiken hinausgehenden Wissenszuwachs, so dass die Methodik der Vertragstheorie diese Annahme aufgibt.[575] In der Vertragstheorie als Disziplin der Informationsökonomik werden die Kosten für die Informationsbeschaffung als unendlich hoch angenommen, so dass in der Folge eine Informationsbeschaffung unmöglich wird und die vertragstheoretischen Modelle die Informationsasymmetrie als exogen gegeben ansehen. Die in der Tradition von AKERLOF [1970] stehenden Ansätze betrachten die Informationsasymmetrien als gegeben und legen das Informationsniveau der Marktteilnehmer modellexogen fest.[576]

Einfluss von Informationsasymmetrien auf die Absicherung von Risiko

Die Beiträge von JENSEN/MECKLING [1976] und MYERS [1977] gelten als Ausgangspunkt der Betrachtung von Prinzipal-Agenten-Problemen in der Finanzierungstheorie. Besonders Finanz- und Versicherungsmärkte werden auf Grund der temporalen Differenz[577] zwischen Leistung und Gegenleistung außerordentlich stark durch asymmetrische Informationen beeinflusst.[578] Dieses Problemfeld hat daher großen Einfluss auf den Handel und die Absicherung von Risiko. Die Märkte für Finanzkontrakte zeichnen sich neben diesem inhärenten Zukunftsbezug der gehandelten Finanzkontrakte darüber hinaus auch durch eine weitgehende Anonymität der einzelnen Marktteilnehmer aus.[579]

---

572 Intermediäre können so zum Beispiel Suchkosten verringern. Vgl. zum Beispiel Diamond (1982); Bhattacharya/Hagerty (1986); Yavas (1994); Rubinstein/Wolinsky (1987) und Winkler (1989).

573 Siehe Feess (1997), S. 587.

574 Hierbei würden die zur Beschaffung und Verarbeitung der Informationen notwendigen Aufwendungen einfach als Kosten mittels einer Nebenbedingung in das Entscheidungskalkül integriert und so die neoklassische Allgemeine Gleichgewichtstheorie erweitert werden. Die Annahmen der NIÖ und die hieraus resultierende Analyse der Handlungen der Vertragspartner würden weiterhin mit den üblichen Methodiken erfolgen. Vgl. Schweizer (1999), S. 3.

575 Vgl. Schweizer (1999), S. 3.

576 Siehe zum Beispiel die Arbeiten von Diamond (1984); Boyd/Prescott (1986) und Williamson/Wright (1994).

577 Finanzverträge ohne temporale Differenz stellen lediglich Tauschgeschäfte z. B. von Währungen dar und sind für Aspekte der vertraglichen Ausgestaltung im Sinne des Untersuchungsgegenstandes von untergeordnetem Interesse.

578 Akerlof (1970) bezieht sich z. B. direkt auf diese Problematik. Siehe Akerlof (1970), S. 492-494.

579 Siehe die Arbeit von Forster/George (1992), wobei besonders bei erstmaligen Börsengängen von Unternehmen die Reputation der betreuenden Investmentbanken eine Rolle spielen kann. Siehe Carter/Dark/Singh (1998), S. 285.

Dies führt dann zu einem Versagen einer Reihe von mildernden Mechanismen wie etwa Reputation.

Der Einfluss von Informationsasymmetrien auf die Absicherung von Risiko wird deutlich, wenn man das bei einer Absicherung mittels eines Finanzkontraktes übertragende Risiko detailliert betrachtet. Wird von dem Kapitalbestandteil der Kontrakte abstrahiert und der Risikoteil näher untersucht, können zwei unterschiedliche Risikoarten definiert werden. Hierbei ist das bewusst inkorporierte primäre Risiko, das mit einem Finanzkontrakt verbunden ist, von dem sekundären Risiko, resultierend aus Unsicherheit, zu unterscheiden:[580] Sekundäres Risiko bezeichnet nach dieser Unterscheidung Risiko, das z. B. durch vertragliche Unsicherheiten, Bewertungsprobleme, Modell-Risiko etc. entsteht[581] und als solches Marktreibungen verursacht. Dieses sekundäre Risiko ist im Sinne der bisherigen Ausführungen als Problemfeld einer asymmetrischen Informationsverteilung zu verstehen. Es findet sich in den angesprochenen drei Problembereichen der „Adversen Selektion", des „Moral Hazard" und des „Hold Up" wieder.[582] Diese Problemfelder stellen damit einen wichtigen Einflussbereich dar, der nachhaltig auf die Marktakteure und das Finanzsystem wirkt. Folgende Darstellung illustriert die Unterscheidung zwischen primärem und sekundärem Risiko:

So sorgt die besondere Strukturierung einer konventionellen Aktienoption beispielsweise dafür, dass in diesem Fall nahezu ausschließlich das Kursänderungsrisiko des Underlyings übertragen wird. Der Vertrag ist durch die klare Definition der relevanten Parameter, wie des Underlyings, der Laufzeit, des Strike-Preises, des Bezugsverhältnisses, und auch durch institutionelle Maßnahmen, wie etwa durch die treuhänderische Funktion des Clearing-Hauses, so strukturiert, dass ganz gezielt nur das primäre Risiko, das Kursänderungsrisiko des Underlyings im Zeitablauf, übertragen wird. Eine solche ausführliche und umfassende Spezifizierung, die zum Abschluss von vollständigen Verträgen führt, ist aber nur in Einzelfällen und mit entsprechenden Einschränkungen bzw. Nachteilen möglich.[583] Im Gegensatz zu der einfachen Konstitution des Preisänderungsrisikos einer Aktie sind andere zu finanzierende Risiken komplexer gestaltet. Die aus solchen Risiken resultierenden Rückzahlungsansprüche sind einem Bündel verschiedenartiger Risiken ausgesetzt. Diesem Sachverhalt müssen die zur Finanzierung und Übertragung solcher vielschichtiger Risiken genutzten Kontrakte Rechnung tragen. Die

---

580 Diese Einteilung geht auf Knight (1924) zurück. Er spricht von „Risk" bei Risikovariablen mit bekannter Verteilungsausprägung und von „Uncertainty" bei unbekannter Ausprägung.

581 Zur Bedeutung der Unsicherheit für Finanzkontrakte siehe Allen/Gale (2001), S. 482.

582 Auf Grund des hohen Zukunftsbezuges von Finanzierungsverträgen und der Existenz von Risiko und Unsicherheit sind die beiden erstgenannten Problembereiche („Adverse Selektion" und „Moral Hazard") von besonders hoher Relevanz bei der Gestaltung von Finanzierungsverträgen. Wegen der sehr detaillierten und umfangreichen Ausgestaltung der Finanzierungsverträge zur Übermittlung von Katastrophen-Risiko ist das Problemfeld des „Hold Up", das vor allem durch Vertragslücken bzw. nicht vorhersehbare Entwicklungen entsteht, weniger relevant, aber wie die Ausführungen im Rahmen der Analyse zeigen doch nicht zu vernachlässigen.

583 Vgl. Richter/Furubotn (1999), S. 160.

Berücksichtigung aller drei angesprochenen Problembereiche und ihrer Auswirkungen auf den Nutzen der Finanzkontrakte ist daher bei der Ausgestaltung von Katastrophen-Risiko-Kontrakten notwendig.[584]

Überleitung

Ein Finanzsystem erfüllt – wie in Abschnitt 4.2.2 gezeigt – neben den beiden primären Funktionen (Austausch von Kapital und Risiko) unter Berücksichtigung der beiden Konditionalbedingungen (Minimierung von Problemen aus Transaktionskosten und asymmetrischen Informationen) eine Reihe von Funktionen höherer Ordnung, die sich mehr oder weniger direkt aus diesen vier Funktionen ableiten lassen.[585] In Anlehnung an die gebräuchliche Literatur werden zwei weitere Funktionen für das Basisgerüst der in Teil 5 folgenden Analyse abgeleitet, die sich zwar ebenfalls aus den vier Funktionen ableiten lassen, wegen ihres besonderen Fokus und ihrer herausragenden Stellung aber explizit veranschaulicht werden müssen.

4.2.2.4 Transformationsfunktion und Komplettierung des Kapitalmarkts

Ein Finanzmarkt stellt den verschiedenartigsten Interessen der Marktakteure folgend unterschiedliche Produkte zur Verfügung. Wäre das Finanzsystem lediglich Match-Maker zwischen Anbietern und Nachfragern, müsste für jeden Austausch eine Interessenskongruenz bestehen. Beide Parteien dürften unterschiedliche Vorstellungen nur bezüglich des Wertes der Positionen haben, wobei der Verkäufer einen niedrigeren Wert- und Nutzenansatz als der Käufer besitzen müsste. Durch die Transformationsfunktion des Finanzsystems gelingt es aber auch, unterschiedliche Interessen auszugleichen. So werden Eigenschaften von einzelnen zu transferierenden Positionen verändert, um die individuellen Bedürfnisse von Angebot und Nachfrage besser zu befriedigen. Die persönlichen Interessen einzelner Investoren müssen daher weder harmonieren noch mit den einzelnen individuellen Bedürfnissen der Schuldner übereinstimmen. Beispielsweise muss die Höhe der einzelnen Einlage nicht unbedingt der gewünschten Kreditsumme entsprechen.[586] Finanzintermediäre transformieren z. B. die Einlagen der Investoren nach den Bedürfnissen der Schuldner und ermöglichen so eine entkoppelte und unabhängige Entwicklung.[587]

Je differenzierter die Eigenschaften der unterschiedlichen Finanzprodukte sind und je besser diese dadurch an die jeweiligen Wünsche der Marktakteure angepasst sind, desto

---

[584] Vgl. Madan/Soubra (1991), S. 362-363.

[585] Beispielsweise sind letztlich auch die Transformationsfunktion und die besondere Rolle der Kapitalmärkte als Informationsproduzent in Marktunvollkommenheiten wie Transaktionskosten und Informationsasymmetrien begründet. Siehe hierzu auch die Ausführungen zur unterschiedlichen Detailtiefe der Funktionsbeschreibungen in Abschnitt 4.2.1.

[586] Das Wachstum großer Konzerne wäre ohne die Pooling-Funktion immer an die Finanzierung eines einzelnen Geldgebers gebunden. Für die Bedeutung der Pooling-Funktion siehe Sirri/Tufano (1995).

[587] Vgl. Bhattacharya/Thakor (1993), S. 3; Niehans (1978); Pyle (1971); Pyle (1972).

„kompletter“ ist das Finanzsystem. Die Komplettierung im Sinne der individuellen Bedürfnisbefriedigung hängt damit direkt von der Transformationsfunktion des Finanzsystems ab. Durch sie wird der Nutzen der einzelnen Marktakteure maximiert. Zur Erläuterung dieser bedeutenden Funktion des Finanzsystems sollen vier unterschiedliche Transformationsprozesse dargestellt werden:[588]

Durch die Existenz von Transaktionskosten und die Unteilbarkeit verschiedener Anlagemöglichkeiten wird per se nicht jede Anlage in der vom Investor gewünschten Losgröße angeboten.[589] Die *Losgrößentransformation* ermöglicht dennoch eine Befriedigung der unterschiedlichen Interessen. Sie ist besonders unter Risikogesichtspunkten relevant, da durch die Stückelung und Verteilung einer Anlage auf Produkte mit unterschiedlichen, nicht korrelierten Risiken eine Diversifikation und so eine *Risikotransformation* erreicht werden kann.[590] Die Diversifikation bewirkt durch eine Stabilisierung der Wertentwicklungen eine Risikominderung, die besonders bei Versicherungen auf Grund des „Gesetzes der großen Zahl“ dafür sorgt, dass in der Regel sogar ohne intertemporalen Ausgleich die Zahlungsansprüche der Geschädigten den Prämien der insgesamt Versicherten plus einem Kosten- und Gewinnaufschlag entsprechen.[591] Auch durch das Sammeln von Einlagen wird ein intertemporaler Ausgleich (*Fristentransformation*) ermöglicht.[592] Diese Fristentransformation ist dabei eng verbunden mit der *Liquiditätstransformation*,[593] wobei z. B. liquide Anteilsscheine an einem Fonds zur Finanzierung von eigentlich illiquiden Hypotheken genutzt werden können.[594] Um dennoch die Flexibilität der Anleger zu gewährleisten, kann ein Kapital-Puffer eingeplant werden, der diesen Transformationsprozess ermöglicht.[595] Ein liquider Kapitalmarkt unterstützt die Funktion der Intermediäre, so dass bei einem etwaigen Missmatch zwischen Einlagen und Krediten ein rascher Ausgleich möglich ist.[596] Insgesamt erlaubt die Transformationsfunktion des Finanzsystems dem Einzelnen eine zielgerichtetere Erfüllung seiner individuellen Bedürfnisse.

---

588 Andere Einteilungen vernachlässigen die Liquiditätstransformation und inkludieren stattdessen eine Informationstransformation. Siehe beispielsweise Bank (2001), S. 837-839.

589 Für einen Literaturüberblick hierzu siehe Cooley/Smith (1995), S. 49-52.

590 Vgl. Sirri/Tufano (1995), S. 101-108. Positive Transaktionskosten erklären so die Rolle von Intermediären. Siehe die Arbeit von Hellwig (1991).

591 Für ein Modell zur Diversifikation siehe Klein (1973); Benston/Smith (1976).

592 Für eine umfassende formale Darstellung siehe Köhler (1969).

593 Vgl. Diamond/Dybvig (1983), S. 401; DeMarzo/Duffie (1999), S. 65; Dowen (1983), S. 25; DeMarzo/Duffie (1999), S. 65, Gatev/Strahan (2003), S. 1-2.

594 Unter dem Gesichtspunkt der Zielstellung der Arbeit ist hier besonders auf die Entwicklung des sog. „Mortgage-Backed Security Markets“ zu verweisen, der ein beträchtliches Volumen entwickeln konnte.

595 Wenn der Kapital-Puffer bei Banken auf Grund von außerordentlich großen und vielen Abhebungen nicht ausreicht, spricht man von dem Phänomen des so genannten „Bank-Run“. Vgl. Fn. 648.

596 Bitz (2000) unterscheidet insgesamt vier mögliche Maßnahmen, mit denen Intermediäre auf Veränderungen reagieren können: Prolongation (Neuanlage fälliger Kapitalanlagen), Substitution durch andere Anlagen, Refinanzierung am Kapitalmarkt und Abtretung der Forderung. Siehe Bitz (2000), S. 30.

Je effizienter diese Transformation verläuft, desto besser werden die individuellen Bedürfnisse der einzelnen Marktteilnehmer befriedigt. Der Kapitalmarkt wird auf diese Weise gewissermaßen komplettiert. Im Sinne der bereits angesprochenen „ARROW [1953]-DEBREU [1959] Welt“ ist eine solche Komplettierung der Kapitalmärkte durch Innovationen ein wesentliches Merkmal der Evolution eines Finanzsystems. Transaktionskosten sorgen, wie beschrieben, dafür, dass Nachfrage nach eigentlich komplementären Finanzprodukten vorhanden ist (Nachfrageseite), andererseits aber auch dafür, dass die Märkte nicht vollständig sind (Angebotsseite).[597] So können durch die Existenz von verschiedenartigen, teilweise komplementären Finanzprodukten individuelle Zielsetzungen verwirklicht werden.[598] Die Komplettierung der Finanzmärkte durch Katastrophen-Kontrakte ist daher eine für die Marktteilnehmer wichtige Eigenschaft, die die Attraktivität der Kontrakte entscheidend beeinflussen kann.

4.2.2.5 Informations- und Bewertungsfunktion

Die generelle Knappheit an Ressourcen erfordert ihre bestmögliche Verwendung.[599] Daher ist ein durch Markt oder Plan koordiniertes Handeln notwendig, um eine effiziente Allokation sicherzustellen.[600] Der Allokationsmechanismus des Marktes ist der sich bildende Preis.[601] Die durch das Finanzsystem bereitgestellten Marktpreise bieten die Möglichkeit, dezentrale Entscheidungen an einem Fokalpunkt auszurichten. So ist z. B. durch die Bestimmung von risikoabhängigen Marktpreisen für Zinsen die effiziente Allokation von Kapital und Risiko erst möglich, die darüber hinaus die Verwirklichung individueller Konsumwünsche plan- und erfüllbar macht.[602] Gleichzeitig ermöglicht der Marktpreis aber auch, rationale Entscheidungen zu treffen. Die Bewertung von bedingten und unbedingten Zahlungsansprüchen sowie die Kommunikation dieser Bewertung sind demgemäß eine weitere bedeutende Funktion des Finanzsystems und ein wichtiges Gütekriterium der Funktion von Kapitalmärkten.

Der Erfolg der Terminmärkte, deren Kontrakte eine Fixierung zukünftiger Preise ermöglichen und so die Erwartungen der Marktteilnehmer widerspiegeln, zeigt die Bedeutung dieser Funktion.[603] Die Funktionsweise der Terminmärkte wird zum ersten Mal formal durch FAMA [1965] beschrieben. Er zeigt, dass auf effizienten Märkten der Wert eines Terminkontraktes dem adjustierten heutigen Marktpreis entspricht.[604] Arbitrageu-

---

597 Vgl. Hester (1994), S. 138; Merton (1989), S. 229.

598 Dieser Gedanke geht auf Benston/Smith (1976) zurück, die so die Existenz von Intermediären fundieren. Vgl. Benston/Smith (1976), S. 219-220.

599 Vgl. hierzu auch die Ausführungen zu der Funktion von Geld als universelles Tauschmittel und die Vorteile durch Spezialisierung.

600 Für einen Vergleich der beiden Koordinationsverfahren siehe Cezanne (1999), S. 19-42; Demmler (2001), S. 9-14.

601 Vgl. Hayek (1945), S. 526.

602 Für eine formale Darstellung siehe Dothan (1990), S. 9-18; Duffie (1996), S. 8.

603 Zur Bewertungsfunktion der Terminmärkte siehe Kolb (1998), S. 18-20.

604 Siehe auch Fama (1970).

re und Spekulanten nutzen etwaige Preisdifferenzen aus und sorgen durch den Kauf (Verkauf) von unterbewerteten (überbewerteten) Finanztiteln für ein Ansteigen (Abfallen) des Preises hin zu seinem „allgemein erwarteten" Wert.[605] Für Terminmärkte wie für andere Märkte folgt aus dem Wettbewerb der einzelnen Marktakteure das sog. „Law of One Price", dementsprechend aus der Gleichheit von Gütern und Zahlungsansprüchen auch gleiche Preise zu folgern sind.[606]

Wegen ihrer zentralen Rolle ist die Bildung von Marktpreisen auf den Kapitalmärkten durch die Inkorporation von Informationen ein wissenschaftlich stark untersuchtes Feld.[607] Viele der Arbeiten zu diesem Themenkomplex gehen auf FAMA [1970] zurück, der die Preisbildung auf einem Markt als effizient beschreibt, sofern die Preise alle verfügbaren Informationen widerspiegeln.[608] Sind Kapitalmärkte dementsprechend informationseffizient[609], bedeutet dies, dass sich durch Informationsbeschaffung und -verarbeitung keine gewinnbringende Prognose zukünftiger Kurse abgeben lässt. Die Kursentwicklung stellt dann einen sog. Random-Walk (zeitdiskret) oder Wiener Prozess (zeitstetig) dar.[610] Die Theorie der „Rationalen Erwartungen" erfordert für effiziente Kapitalmärkte, dass im Gleichgewicht zwischen Angebot und Nachfrage einerseits zwar die Angebotsmenge der Nachfrage entspricht, andererseits aber auch alle, d. h. auch privaten Informationen im Preis enthalten sind.[611] Somit erfüllt das Preissystem gleichzeitig eine Informationsübermittlungs- und eine Informationsaggregationsfunktion.[612] In der Literatur werden drei Formen der Informationseffizienz unterschieden:[613]

- *Schwache* Form der Informationseffizienz, d. h. alle Informationen, die aus den historischen Preisen gewinnbar sind, sind in den aktuellen Preisen enthalten;
- *Halbstrenge* Form der Informationseffizienz, d. h. alle öffentlich verfügbaren Informationen sind enthalten;
- *Strenge* Form der Informationseffizienz, d. h. sogar Insiderinformationen sind bereits in den Kursen „eingepreist".

---

605 Zum Prinzip der Arbitrage siehe Franke/Hax (1999), S. 358-360.

606 Verschiedene Methodiken nutzen dies zur Bewertung von Finanzierungstiteln. Siehe beispielsweise die Optionsbewertung nach Black/Scholes (1973).

607 Für eine umfassende, formale Einführung siehe Sapusek (1998).

608 Siehe Fama (1970), S. 383.

609 Auf Grund der besonderen Bedeutung von Informationen für die Akteure des Kapitalmarktes wird die Informationseffizienz auch kurz als Effizienz des Kapitalmarktes bezeichnet. Siehe o.V. (2000h), S. 813.

610 Vgl. Malkiel (1987), S. 120. Exakt betrachtet lässt sich hieraus auf Grund verschiedener modelltheoretischer Probleme (Auswahl des Marktbewertungsmodells) nicht zwingend schließen, dass eine Kursprognose nicht möglich ist, dennoch stellt diese These das Grundgerüst vieler empirischer Arbeiten dar. Vgl. Sapusek (1998), S. 11-12.

611 Vgl. Fama (1970), S. 393.

612 Vgl. Grossman/Stiglitz (1976), S. 249-250.

613 Vgl. Fama (1970), S. 393 basierend auf Roberts (1959). Für eine alternative Systematisierung siehe Neumann/Klein (1982), S. 171.

Die Informationsaggregation innerhalb der Marktpreise geschieht durch das Handeln der Marktakteure. Sollten diejenigen, die über die Informationen verfügen, nicht selbst investieren, bietet sich die Möglichkeit, Informationen zu verkaufen.[614] Jeder Marktteilnehmer hat Interesse, eine möglichst große Rendite zu erzielen. Kann er dies durch eine mit Kosten verbundene Informationsbeschaffung erreichen, ist er so lange bereit für Informationen zu zahlen, solange der Preis für die Informationsbeschaffung kleiner bzw. gleich dem erwarteten Kursgewinn ist. Gesamtwirtschaftlich betrachtet erfüllen informationseffiziente Kapitalmärkte so eine wichtige Aufgabe der Informationsverarbeitung und Kommunikation.

Unterschiedliche Problembereiche verkomplizieren die Informationsverarbeitung und -aggregation auf den Kapitalmärken: Erstens stellen Informationen in Form von Marktpreisen auf Kapitalmärkten ex post ein öffentliches Gut dar, da sie auf Grund der Marktorganisation jeder beobachten kann. Zweitens ist die Qualität von Informationen ex ante nicht einschätzbar und auf Grund von Störungen (Noise) auch ex post kaum feststellbar.[615] Drittens werden Investoren – wie beschrieben – Anstrengungen der Informationsverarbeitung unternehmen oder Informationen kaufen, wenn sich hierdurch eine Überrendite erzielen lässt, die diesen Disnutzen kompensiert.[616] Sind Kapitalmärkte aber informationseffizient und spiegeln sich dementsprechend alle verfügbaren Informationen in den Kursen wider, so ist für den Einzelnen eine Arbitrage nicht möglich und er hat kein Interesse, zusätzliche Informationen zu erwerben. Der Zustand der Informationseffizienz kann aber gerade nur durch diese Bemühungen erreicht werden. Die Untersuchung dieses „Informationsparadoxons“ geht auf GROSSMAN/STIGLITZ [1980] zurück und wird daher auch als „Grossman-Stiglitz-Paradoxon“ bezeichnet.[617] Störungen, die durch „Noise-“ oder „Liquidity-Trader“ hervorgerufen werden, die aus Hedging- oder Liquiditätsgründen Wertpapiere handeln, sorgen dafür, dass der Wertpapierkurs von dem „fairen“ Kurs abweicht und so ein permanenter Anreiz besteht, Informationen zu beschaffen. Viertens – hierauf hat besonders JENSEN [1978] hingewiesen – müssen in dieses Kalkül auch die Kosten der Informationsbeschaffung und der Bildung der Informationseffizienz mit eingerechnet werden.[618] Hieraus folgt, dass eine „vollständige“ Informationseffizienz, die letztlich für eine Allokationseffizienz notwendig

---

614 Siehe den modelltheoretischen Ansatz von: Hirshleifer (1971) und die Erweiterungen von Leland/Pyle (1977); Millon/Thakor (1985); Ramakrishnan/Thakor (1984).

615 Vgl. Leland/Pyle (1977), S. 376.

616 Beispielsweise könnte der Arbitrageur durch Nachforschungen die zukünftige Gewinnsituation eines börsennotierten Unternehmens besser einschätzen. Erwarten alle anderen eine schlechtere Situation, so ist die Aktie preiswert erhältlich. Damit eine Informationsbeschaffung sinnvoll ist, müssen die hierdurch entstehenden Kosten durch die Ausschüttungen der Aktie kompensiert werden. Die Informationseffizienz auf den Kapitalmärkten stellt die Anwendung des Konkurrenzgleichgewichts der realen Gütermärkte auf diese dar. Vgl. LeRoy (1989), S. 1583.

617 Vgl. Grossman/Stiglitz (1980), S. 393 und als Grundlage und Zusammenfassung auch Grossman (1981).

618 Als Grundlage siehe auch Grossman/Stiglitz (1976), S. 251-252.

ist, infolge von Informationskosten volkswirtschaftlich nicht unbedingt sinnvoll sein muss.

Neben diesen traditionellen Aspekten der Informationseffizienz entstehen durch psychologische Besonderheiten der menschlichen Wahrnehmung weitere Erfolgsfaktoren, die in Abschnitt 4.4.2 hergeleitet und u. a. in Abschnitt 5.5.1.3 untersucht werden.

4.2.3 Übertragung des Funktionalansatzes zur Anwendung auf Finanzinnovationen

Nachdem in Abschnitt 4.2.1 die Auswahl eines funktionalen Rahmens für die Analyse begründet und darauf in Abschnitt 4.2.2 ein funktionales Grundverständnis aufgebaut sowie beschrieben wurde, soll nachfolgend die Anwendung auf den Untersuchungsgegenstand kurz fundiert werden. BODIE/MERTON [1995] selbst beschreiben vier mögliche Einsatzgebiete des Funktionalansatzes.

- Diese Methodik eignet sich für eine Analyse des *gesamten Finanzsystems* auf höchster Aggregationsstufe (Systemebene) und bildet einen Rahmen, der besonders bei der Transformation oder Neugestaltung von Finanzsystemen benötigt wird.
- Er dient der Beurteilung *institutioneller Ausprägungen*, wie etwa dem Vergleich von bankorientierten Systemen gegenüber eher marktorientierten, oder bei der Entscheidung, wie die vom Strukturwandel betroffenen „Spar-Institute“ in ihrer volkswirtschaftlich wichtigen Funktion zu fördern und reformieren sind.[619]
- Durch die Anwendung einer funktionalen Sichtweise wird die Beurteilung *einzelner Aktivitäten* möglich. Hierbei kann sowohl ein Vergleich mit anderen Unternehmen angestellt als auch die Bedeutung für das Finanzsystem beurteilt werden.
- Auf niedrigster Aggregationsstufe ist die Beurteilung *einzelner Finanzprodukte* durchführbar. So ist ein Vergleich verschiedener, aber u. U. komplementärer Produkte möglich.

Obwohl die dargestellten Analysemöglichkeiten nach BODIE/MERTON [1995] keineswegs trennscharf und umfassend sind, eignen sie sich zur Einordnung des Forschungsvorhabens der vorliegenden Arbeit.[620]

Nach der Systematisierung von BODIE/MERTON [1995] entspricht die folgende Analyse einer Anwendung des funktionalen Rahmens auf niedrigster Aggregationsstufe zur Be-

---

619 Hierbei wird der besondere Vorteil der funktionalen Sichtweise deutlich. Das Beispiel zeigt, dass eine rein institutionenorientierte Sichtweise zu einer gegen den Strukturwandel gerichteten Förderung führt, die langfristig wenig erfolgreich sein wird. Vgl. Bodie/Merton (1995), S. 18.

620 Auch bei dieser Aufzählung wird die eher exemplarische Darstellung von Bodie/Merton (1995) deutlich. Eine Betrachtung der verschiedenen Interessengruppen innerhalb eines Finanzsystems und seiner Ausprägungen macht deutlich, dass der Funktionalansatz sich für eine Vielzahl weiterer Analysen eignet, z. B. auch für die strategische Ausrichtung von Unternehmen.

urteilung eines einzelnen Finanzproduktes bzw. einer Finanzinnovation. Bei der Untersuchung einer Finanzinnovation wird dessen spezifische Leistung innerhalb des Finanzsystems analysiert. Der Funktionalansatz dient dieser Leistungsbeschreibung als Basis, die eine grundlegende Einschätzung ermöglicht.[621] Darüber hinaus erlaubt der Funktionalansatz aber nicht nur den Vergleich eines Produktes mit einem anderen. Auch der im Falle der folgenden Untersuchung notwendige Vergleich einer Gruppe von Finanzkontrakten mit den Funktionen von Institutionen ist möglich. Zu den übrigen Vorteilen eines funktionalen Vorgehens bei der Analyse des Untersuchungsgegenstands sei hier auf die bisherigen Ausführungen verwiesen.[622]

4.3 Ableitung von weiteren Determinanten zur Beurteilung der Finanzinnovation

Zur Analyse des Untersuchungsgegenstands werden neben den durch den Funktionalansatz determinierten Faktoren nachfolgend zusätzliche, den Funktionalansatz erweiternde Eigenschaften von Finanzinnovationen bestimmt. Die bereits angesprochenen Probleme der Nicht-Existenz eines Standardwerkes zur Beurteilung von Finanzinnovationen[623] müssen durch eine eigenständige Ableitung relevanter Faktoren kompensiert werden, die eine umfassende Analyse erst ermöglichen.

Diese, den Erfolg oder Misserfolg einer Finanzinnovation bestimmenden, Eigenschaften können unterschiedlicher und vielfältiger Natur sein. Die Bestimmung der weiteren Faktoren geschieht daher in zwei Sektionen; erstens durch eine Analyse der Ursache-Wirkungszusammenhänge von Finanzinnovationen, zu denen eine breite Literaturbasis existiert. Die Gründe für das Entstehen von Finanzinnovationen sind dabei wichtige Indizien für den Eigenschaftsrahmen einer Effizienzanalyse. Als Ursachen anderer Finanzinnovationen stellen sie für alle Finanzkontrakte und so auch für Katastrophen-Finanzkontrakte relevante Einflussfaktoren dar. Zweitens werden darüber hinaus wichtige Eigenschaften anderer, vergleichbarer Finanzkontrakte zur Erweiterung und Ergänzung der bereits identifizierten Faktoren genutzt. Es existiert zwar keine umfassende abgeschlossene, aber doch für mögliche Indikationen ausreichende, theoretische und empirische Literatur zu Faktoren des Erfolges oder des Misserfolges von Finanzkontrakten, die sich besonders zum Risikotransfer eignen.

4.3.1 Ursachen von Finanzinnovationen

Es besteht eine Reihe von Arbeiten, die sich mit den Ursachen von Finanzinnovationen beschäftigen.[624] Diese Triebfedern von Finanzinnovationen beeinflussen den gesamten

---

621 Vgl. Tufano (2002), S. 8.
622 Siehe Abschnitt 4.2.1.
623 Vgl. Kapitel 1.3.
624 Vgl. den Literaturüberblick in Abschnitt 4.1.4.

Innovationsprozess definitionsgemäß als Ursachen von Finanzinnovationen primär in der Inventions- oder Innovationsphase, also in Phasen, die zu Beginn des Innovationszyklus liegen. Der Nutzen dieser Literatur liegt für die folgende Analyse aber nicht in der Klärung der Gründe für das Entstehen von Katastrophen-Kontrakten, sondern in der Fundierung von Ursache-Wirkungsbeziehungen. Die Entstehungsursachen von Finanzinnovationen haben nämlich ebenfalls das Potenzial als Erfolgsfaktoren für den Einsatz der Innovation relevant zu sein. Die Innovationsursachen stellen so Indizien zur Bestimmung von erfolgsrelevanten Determinanten dar, welche die Attraktivität einer Innovation maßgeblich beeinflussen können. Da sie als Ursachen von Innovationen zunächst weniger die Attraktivität der Kontrakte als ihre Entstehung beeinflussen, müssen sie auf ihren Erklärungsgehalt für die in Teil 5 folgende Untersuchung überprüft werden. Die folgenden Ausführungen werden anhand bestehender Literatur[625] die wichtigsten Ursachen von Finanzinnovationen beschreiben und klassifizieren, um sie auf ihre Eignung zu prüfen, den funktionalen Analyserahmen zu ergänzen.

Da die folgenden Ausführungen nicht literatur-deskriptiv, sondern anwendungsbezogen sind, werden Aspekte, die bereits ausführlich in anderen Kapiteln von Teil 4 erläutert wurden und ebenfalls Ursachen für Finanzinnovationen darstellen, nicht mehr aufgegriffen. Beispielsweise stellt die mögliche Reduktion von auf Agency-Problemen beruhenden Transaktionskosten nach der Meinung von ROSS [1989] eine bedeutende Ursache von Finanzinnovationen dar. Da dieser und andere Problembereiche aber bereits im Rahmen des Funktionalansatzes als Einflussfaktor bestimmt worden sind, werden sie nachfolgend nicht weiter berücksichtigt.[626]

Gleichgewichtsthese

Bevor in Kapitel 4.4 das bis zu diesem Punkt statische Verständnis des Analyserahmens um dynamische Aspekte erweitert wird, ist für die nachstehenden Ausführungen die Grundkonzeption der Ursache-Wirkungsansätze zu erläutern. Die überwiegende Mehrheit dieser Ansätze basiert auf einer These, die unterstellt, dass sich Angebot und Nachfrage in dem historisch gewachsenen Finanzsystem in einem Gleichgewicht befindet. Das Gesamtsystem bewegt sich immer von einem zu einem nächsten Gleichgewicht. In diesem Rahmen führen Innovationen aktiv als Veränderungen zu einer Bewegung von einem Gleichgewicht zu dem nächsten, bzw. können sie sich als äußeres Resultat von einer Gleichgewichtsänderung manifestieren, die durch andere Ursachen entstanden ist.

Diese Logik basiert auf der These, dass die Erbringung einer finanzwirtschaftlichen Funktion in einem komplexen System erfolgt, das von verschiedenen Kräften beeinflusst wird. Ein Großteil der Literatur, die sich mit den Ursachen von Finanzinnovatio-

625 Für eine umfassende Aufstellung von Finanzinnovationen und deren Ursachen siehe die tabellarischen Aufstellungen von Kane (1981), S. 360; Horne (1985), S. 625; Silber (1983), S. 91; Matthews (1994), S. 10-12; DeCecco (1987a), S. 10-12.

nen beschäftigt, argumentiert, dass die aktuelle Konstellation an den Finanzmärkten als adäquater und attraktiver Lösungsraum innerhalb der durch die Rahmenfaktoren vorgegebenen Grenzen interpretiert werden kann.[627] Die eine Ursache neuer Finanzkontrakte kann dann eine Veränderung in den Rahmenbedingungen sein (*exogener Anstoß*),[628] die durch das gewinnbringende Ausnutzen durch die Kapitalmarktakteure zum Entstehen von Finanzinnovationen führt.[629] Das Finanzsystem bewegt sich durch den Prozess der Änderung der Rahmenfaktoren, gefolgt von einer Innovation, von einem Gleichgewichtszustand zum nächsten. Es wird dabei so lange in seinem Erscheinungsbild stabil bleiben, bis sich die relevanten Rahmenfaktoren wieder ändern. Diese Gruppe der Ansätze zu Finanzinnovationen charakterisiert die Finanzindustrie damit im Gegensatz zu den meisten Innovatoren des realen Sektors[630] als reaktiv, da Veränderungen in relevanten externen Faktoren den Anlass für neue Finanzkontrakte darstellen.[631]

Die andere Ursache von Finanzinnovationen, das *endogene Entstehen* neuer Produkte und Lösungen beispielsweise durch technischen Fortschritt innerhalb der Finanzindustrie, wird nur selten betrachtet.[632] Selbst die mikroökonomischen Ansätze, die davon ausgehen, dass unvollständige Märkte die Grundlage für eine individuelle Nutzenmaximierung bieten, fundieren das situative Auftreten einer Finanzinnovation in der Regel auch in der Veränderung von Rahmenfaktoren, da Marktunvollkommenheiten als statisch existent angesehen werden.[633] Gründe dafür können in der bereits erwähnten breiten wissenschaftlichen Nicht-Beachtung des Inventionsvorgangs und der allgemeinen Auffassung liegen, dass alle potenziell möglichen Finanzkontrakte gedanklich existent sind, deren Angebotsmenge lediglich nicht vorhanden ist.[634]

Weiteres Vorgehen und Klassifizierung der relevanten Literatur

Die bestehende Kette aus Angebot, Wertschöpfung (Produkt) und Nachfrage befindet sich, der beschrieben Logik folgend, in einem Gleichgewichtszustand, der durch unterschiedliche Ursachen gestört werden kann. Die Gliederung der folgenden Ausführungen in drei unterschiedliche Bereiche erfolgt analog der teilweise historischbedingten Entwicklung der Literatur zu den Ursachen von Finanzinnovationen. Sie ist als solche nicht

---

626 Gleiches gilt auch für die Motivation des Risikotransfers, der nach Allen/Gale (1994) eine bedeutende Ursache darstellt.

627 Vgl. Siegwart/Mahari (1996), S. 25.

628 Vgl. Kilgus/Hirszowicz (1988), S. 34; Abresch (1994), S. 43; Ramsler (1993), S. 433; Link (1992), S. 16; Forsyth (1997), S. 141.

629 Vgl. Horne (1989), S. 551; Kilgus/Hirszowicz (1988), S. 34. Siehe für die Ursachen der Entwicklung von Katastrophen-Kontrakten Kapitel 2.2; für eine dynamische Betrachtung Kapitel 4.4.

630 Siehe beispielsweise die Ausführungen zur Bedeutung des Unternehmers von Schumpeter (1912). Siehe Schumpeter (1912), S. 128.

631 Vgl. Fn. 43.

632 Eine Ausnahme stellen die Beiträge dar, welche die Auswirkungen der Finanzwissenschaft als Ursache für Finanzinnovationen untersuchen.

633 Vgl. Glaum (1991), S. 117.

634 Vgl. die Ausführungen zu dem Innovationsbegriff in Abschnitt 4.1.3.

vollständig, sondern nur in Verbindung mit den Erörterungen zur Motivation der Innovatoren und Adoptoren in Kapitel 4.4 und den anderen Erläuterungen für die Marktteilnehmer handlungsbestimmend. Die Einteilung erfolgt ebenfalls in Hinblick auf die weiteren Aussagen der Arbeit und fügt so der Vielzahl an Klassifikationen,[635] die wirtschaftliche Veränderungen als Ursache für Finanzinnovationen sehen, eine weitere hinzu, deren Existenz im Hinblick auf die Zielrichtung der Arbeit aber als berechtigt betrachtet wird.

Die folgenden Ausführungen orientieren sich wie die Ausführungen in Abschnitt 4.3.2 vornehmlich an den Eigenschaften, die das Untersuchungsobjekt primär selbst und im Wechselspiel mit seiner Umgebung charakterisieren. Dagegen fokussieren sich die Ausführungen in Kapitel 4.4 auf die Motivation der Marktteilnehmer. Als Zusammenfassung stellt Abbildung 14 am Ende dieses Kapitels die betrachteten Aspekte überblicksartig zusammen.

4.3.1.1 Regulatorisch-induzierte Innovationen

Im Gegensatz zu der weit verbreiteten Ansicht, dass eine generelle Deregulierung von Märkten zu einer effizienten Allokation der Ressourcen führt und somit eine Liberalisierung in Form von Deregulierungen von Vorteil ist,[636] kann das Vertrauen der Volkswirtschaften in ihr Bank- und Finanzsystem als begrenzt angesehen werden.[637] Basierend auf negativen historischen Erfahrungen[638] hat sich in nahezu allen Volkswirtschaften ein enges Netz aus Vorschriften und Gesetzen zur Regulierung des Bank- und Finanzwesens etabliert, das auch die Wirkungs- und Funktionsweise von Finanzkontrakten maßgeblich mitbestimmt.[639] Entsprechend den unterschiedlichen Ausprägungen der Finanzsysteme existiert auch eine Vielzahl von im Detail unterschiedlichen Regulierungsansätzen.

<u>Gründe für die Regulierung des Finanzsystems</u>

Ursache der vergleichsweise hohen Regulierungsdichte ist die These, dass es ohne Regulierungsmaßnahmen zu einem Marktversagen kommen könnte, welches auf Grund

---

635 Beispielsweise teilt Glaum (1991) die Ursachen von Finanzinnovationen in mikro-, makro- und mesoökonomische Konstrukte ein. Siehe Glaum (1991), S. 116. Kane (1983) teilt diese Faktoren ein in: „Regulatory, Market, and Technological Constraints". Siehe Kane (1983), S. 96. Für weitere Übersichten von Ursachen der Finanzinnovationen siehe Desai/Low (1987), S. 116; Horne (1985), S. 622-624; Campbell (1989), S. 79. Diese Ursachen sind deckungsgleich mit den im Rahmen der Arbeit angewendeten Ursache-Wirkungszusammenhängen.

636 Für eine aktuelle kritische Stellungnahme siehe Mallaby (2003); Allen/Gale (2003).

637 Vgl. Priewasser (2001), S. 24.

638 Die allgemeine Bankaufsicht wurde in Deutschland als Folge der Bankenkrise von 1931 durch eine Notverordnung des Reichspräsidenten eingeführt. Bis dato waren nur einzelne Institutionen reguliert. Vgl. o.V. (2000f), S. 33-34. Für eine allgemeine Beschreibung der Auswirkungen der Finanzkrisen von 1930 siehe die Arbeit von Bernacke (1983).

639 Vgl. Terberger (2001), S. 217-218; Kane (1981), S. 364-365; Santos (2000), S. 1.

der zentralen Bedeutung des Finanzsystems für die Volkswirtschaft[640] zu negativen externen Effekten führen würde.[641] Dem liegt die Auffassung zugrunde, dass Finanzgeschäfte wegen ihres hohen Zukunftsbezugs naturgemäß Problemen ausgesetzt sind, die aus asymmetrischen Informationen resultieren.[642] Probleme der Adversen Selektion und des Moral Hazard sind bei Finanzgeschäften und ebenso bei Versicherungsgeschäften besonders relevant, da sie eventuell unsichere Versprechen darstellen. Im Detail haben beispielsweise Endnachfrager von Finanzdienstleistungen nur in sehr begrenztem Maße die Möglichkeit einer individuellen Kontrolle.[643] Zusätzlich sind die Verbraucher angesichts der hohen Abhängigkeit von einer einzelnen Institution einem konzentrierten, persönlichen Risiko ausgesetzt.[644] Hierdurch bedingt sich die starke Regulierung der verschiedenen nationalen Finanzsysteme.

Die vielfältigen Krisen in der Finanzindustrie, die auf Grund zu geringer bzw. falscher Regulierung ausgelöst oder nicht verhindert wurden, zeigen zusätzlich die besonderen Probleme der Regulierungsmaßnahmen.[645] Ähnlich wie in anderen Industriesektoren dienen die Regulierungsmaßnahmen in der Regel über die Gewährleistung der allgemeinen Funktionsfähigkeit des Kreditgewerbes im Interesse der Gesamtwirtschaft hinaus auch dem Verbraucherschutz und der Vermeidung von Marktmacht,[646] wobei diese erweiterte Rolle nicht der ursprünglichen Zielsetzung entspricht.[647]

Besondere Bedrohung des Finanzsystems

Ausgangspunkt der zahlreichen Regulierungsmaßnahmen war das Phänomen so genannter „Bank-Runs“, bei denen eine große Zahl von Anlegern die kurzfristige Rückgabe ihrer Einlagen von einer Finanzinstitution fordern, dem die Bank bedingt durch ih-

---

640 Banken stellen neben der Kreditversorgung auch die Geldversorgung der Volkswirtschaft sicher und haben über die sog. passive Geldschöpfung weit reichende Möglichkeiten, die Geldmenge und so auch die Preisstabilität zu beeinflussen.

641 Daneben eignet sich die Einflussnahme auf das Finanzsystem auch als wirtschaftspolitisches Instrument und zur Eindämmung und Verhinderung von Kriminalität wie z. B. von Geldwäsche. Vgl. Boos/Fischer/Schulte-Mattler (2000), S. 107-108. Vgl. ebenso Fn. 464 und die Ausführungen dieses Abschnitts.

642 Für eine umfassende theoretische Einführung in die Thematik siehe Bhattacharya/Boot (1998). Siehe hierzu ebenfalls Abschnitt 4.2.2.3.

643 Regulierung kann in diesem Sinne als Delegation der Informations- und Kontrollaufgabe der Anleger und anderer gesellschaftlicher Gruppen an die Aufsichtsbehörde verstanden werden. Eine Kontrolle durch den Einzelnen ist auf Grund von Kosten der Informationsbeschaffung und Verarbeitung, wenn überhaupt möglich, nicht zwingend wohlfahrtsmaximierend. Vgl. Kane (1977), S. 63-64.

644 Da mit zunehmendem Risikobezug der Finanzkontrakte Probleme der individuellen Beaufsichtigung wachsen und Versicherungen als Institutionen des reinen Risikotransfers fungieren und gleichzeitig deren volkswirtschaftliche Bedeutung ähnlich der von Banken ist, ist auch die Versicherungsaufsicht ähnlich umfassend ausgeprägt.

645 Für einen Überblick siehe Mishkin (2001), S. 293-299.

646 Natürliche Monopole, z. B. auf Grund von sinkenden Durchschnittskosten, können zu einer Marktmacht führen, die nicht durch Wettbewerb aufgelöst werden kann.

647 Vgl. Boos/Fischer/Schulte-Mattler (2000), S. 108-109.

re langfristigen Anlagestrategien nicht gewachsen ist.[648] Die Gründe eines solchen Bank-Runs können fundamentaler Natur sein oder in spekulativen Motiven liegen. Sorgt das Antizipieren der Möglichkeit eines Abzugs von Einlagen wegen fundamentaler Gründe für eine Disziplinierung der Banken sowie ihrer Manager und ist daher gesamtwirtschaftlich positiv, so sind die möglichen negativen Effekte eines rein spekulativen Bank-Runs bedeutend.

Für die Regulatoren sind die Probleme eines Bank-Runs aber nicht in der Insolvenz einer einzelnen Finanzinstitution, sondern in den möglichen Effekten auf das gesamte Finanzsystem zu sehen. Aus Gründen der Risikodiversifikation[649] sind viele Banken und ebenso auch Versicherungen durch verschieden ausgestaltete Kreuzbeteiligungen[650] untereinander vernetzt.[651] Demgemäß ist die Existenz von systematischem Risiko,[652] das von der Bedrohungsintensität weit über das normale Counter-Party-Risiko hinausgeht, besonders gefürchtet. Durch die Zahlungsunfähigkeit einer Finanzinstitution und die Vernetzung mit anderen Finanzinstitutionen kann es zu einem „Domino-Effekt" kommen, der letztlich das gesamte Finanzsystem sowie seine volkswirtschaftlichen Funktionen in Bedrängnis bringt.[653]

Alleine die Antizipation solcher Probleme, z. B. in Form eines geringen Vertrauens, kann negative Effekte haben,[654] zu dessen Verringerung in vielen Ländern eine Politik

---

648 Ein Bank-Run ist ein Phänomen, das in einer Situation entsteht, in der es für die Anleger auf Grund ihrer quasi Mithaftung bei der Insolvenz der Finanzinstitution optimal ist, ihre Einlagen sofort abzuheben. Die Finanzinstitution verfügt aber auf Grund ihrer Liquiditätstransformationsfunktion und der langfristigen Anlage der Einlagen nicht über die nötige Liquidität, so dass nur ein Teil der Gelder ausgezahlt werden kann. Sollte die Pufferwirkung des Eigenkapitals mögliche Risiken nicht abdecken, tragen die verbleibenden Gläubiger der Bank das spezifische Anlagerisiko der Bank. Daher ist es für den Einzelnen eine dominante Strategie, vor den übrigen Gläubigern seine Einlagen in Form einer Abhebung zu sichern und hierdurch seine Haftung auszuschließen. Durch diesen Effekt entsteht eine Dynamik, die als Bank-Run bezeichnet wird. Siehe das grundlegende Modell von Diamond/Dybvig (1983) und Bryant (1980).

649 Dieser Aspekt ist besonders für die Versicherungsindustrie bedeutsam, da hier eine Risikodiversifikation auch innerhalb der Branche grundsätzlich die Systemstabilität erhöht und daher von Vorteil ist. So ist die Versicherungsindustrie auch durch die Existenz von Rückversicherungen stark vernetzt. Bei einem extrem hohen Schaden kann aber durch die Vernetzung die gesamte Industrie blockiert werden.

650 Beteiligungen müssen nicht in Form von Eigenkapitalbeteiligungen existieren. Auch Inter-Bank-Geschäfte, gemeinsame Beteiligungen an Dritten sowie Infrastrukturprojekte können zu einer hohen Abhängigkeit führen.

651 Für einen aktuellen Überblick und eine empirische Studie zu den negativen Effekten der Vernetzung von Banken siehe Furfine (2003). Vgl. ebenfalls Lusser (1987), S. 144.

652 Als systematisches Risiko gilt die Bedrohung der Funktionsfähigkeit eines gesamten Wirkungskomplexes durch einen unerwarteten Schock. Vgl. Mishkin (1995), S. 32; Kaufman (1995), S. 47. Für eine Zusammenfassung zum Begriff siehe Kaufman/Scott (2003). Ursachen können entweder Veränderungen makroökonomischer Art oder extreme Preisänderungen, z. B. auf Grund von Spekulationen sowie Zahlungs- oder Liquiditätsprobleme großer Konzerne oder Finanzinstitutionen, sein. Vgl. Crockett/Cohen (2001), S. 137.

653 Vgl. Rochet/Tirole (1996), S. 733-734; Santos (2000), S. 5.

654 Vgl. Furfine (2003), S. 112-113.

der staatlich geregelten Besicherung betrieben wird.[655] Eine private oder staatlich garantierte Einlagensicherung stärkt aber nicht nur das Vertrauen der Anleger in das Finanzsystem, sondern führt auf der anderen Seite auch zu negativen Effekten.[656] Diese Garantien wirken wie Subventionen hoher Risiken. Gleichzeitig vermindert sich für die Banken der Anreize zur Überwachung. Daher ist wiederum eine verstärkte externe Kontrolle der Finanzinstitutionen notwendig.[657]

Durch die zentrale Rolle des Finanzsystems werden bei Funktionsstörungen große negative Auswirkungen erwartet.[658] Ob der Staat mit seinen Instrumenten aber in der Lage ist, die Herausforderung der Reglementierung von hochkomplexen und sehr dynamisch agierenden Kapitalmärkten und ihrer Institutionen zu bewältigen, wird kontrovers diskutiert.[659] Besonders durch den internationalen Kapitalverkehr und das sowohl internationale als auch branchenübergreifende Zusammenwachsen der verschiedenen Märkte[660] ist die Bankenregulierung extremem Druck ausgesetzt.[661] Die staatlichen Maßnahmen gelten in der Regel als reaktive Antworten mit begrenzter Wirkung[662] auf finanzwirtschaftliche Entwicklungen, die auf Grund umfangreicher Abstimmungs- und Entscheidungsprozesse der Entwicklung im Markt deutlich hinterherhinken.[663] Scheinbar paradoxerweise wird gerade aus dieser Erkenntnis des geringen Wirkungsgrades der Reglementierungen die weitere Förderung einer Marktdisziplin durch Deregulierungsmaßnahmen gefordert.[664] Gerade die Regulierung leitet aber ihre primäre Existenzberechtigung aus dem Nicht-Funktionieren dieser Mechanismen her.[665] Inwiefern eine

---

655 In Deutschland ist die Einlagensicherung 1998 durch die Umsetzung der EG-Einlagensicherungsrichtlinie (94/19/EG vom 30. Mai 1994) und der EG-Anlegerentschädigungsrichtlinie (97/9/EG vom 3. März 1997) durch das Einlagensicherungs- und Anlegerentschädigungsgesetz (ESAEG) umgesetzt worden. Bis dahin bestand ausschließlich eine freiwillige Absicherung der verschiedenen Institutsgruppen. Vgl. o.V. (2000g), S. 29-30; Burgmaier (2003), S. 65.

656 Für eine theoretische Untersuchung zum Trade-Off zwischen Sicherheit und dem Problem der Risikosubvention siehe die Arbeit von Cooper/Ross (2002).

657 Vgl. Flannery (1994), S. 313.

658 Vgl. Reischauer/Kleinhans (1998), S. 2563.

659 Gleichzeitig hinken die staatlichen Aktivitäten in der Regel der finanzwirtschaftlichen Entwicklung mit einem deutlichen Zeitverzug (sog. „Regulatory Lag“) hinterher. Vgl. Kane (1981), S. 358.

660 Vgl. Ryan (2001), S. 44-45.

661 Vgl. Spicka (1999), S. 583-584, hierzu kritisch Watson (1999), S. 58-61.

662 So ist z. B. eine Begrenzung von internationalen Kapitalströmen kaum möglich. Vgl. Helleiner (2001), S. 32-34.

663 Vgl. Lilly (1995), S. 119; Merton (1995a), S. 471.

664 Durch erhöhte Transparenz soll ein besseres Risikoverständnis des Marktes gefördert werden, der durch eine Adjustierung der Kapitalkosten der Finanzinstitution eine Beschränkung der Handlungen herbeiführt.

665 Vgl. MacLachlan (2001), S. 227-228.

starke Regulierung tatsächlich notwendig[666] oder ein Vertrauen in Marktdisziplinierung gerechtfertigt ist,[667] bleibt theoretisch umstritten und empirisch ungewiss.[668]

Struktur der Regulierungsbehörden

Der Einfluss staatlicher Regulierungen auf das Finanzsystem erfolgt durch eine mit unterschiedlichen Mitteln ausgestattete Aufsicht, die sich an der institutionellen Finanzindustriestruktur orientiert und sich in eine Bank- und Börsenaufsicht sowie eine Versicherungsaufsicht einteilen lässt. Angesichts der ansteigenden Komplexität der Aufsicht wird eine weit reichende Integration sowohl nationaler (innerhalb des Finanzsystems) als auch internationaler Art gefordert. Daher werden zunehmend Versuche unternommen, einheitliche Regelungen durchzusetzen.[669] In Deutschland ist die historische Trennung der Bank- und Versicherungsaufsicht durch die Erfüllung der Forderung nach einer einheitlichen Allfinanzaufsicht[670] und die Schaffung der Bundesanstalt für Finanzdienstleistungsaufsicht (BaFin)[671] durch das Gesetz über die integrierte Finanzdienstleistungsaufsicht vom 22. April 2002 erfüllt worden.[672]

Ergänzt wird die staatliche Einflussnahme im Sinne der oben beschriebenen Ziele durch eine dem makroökonomischen Ziel der Preisstabilität verpflichtete Zentralbank[673] und durch den Basler Ausschuss für Bankaufsicht, der in vielen Bereichen über die deutsche Rechtsprechung und die anderer Staaten hinausgeht und besonders die Harmonisierung nationaler Vorschriften vorantreibt.

Struktur und Maßnahmen der Regulierung

Analog des als Gesetzentwurf vorliegenden und in den nächsten Jahren[674] in Kraft tretenden Reformvorschlages Basel II lassen sich die meisten Regulierungsanstrengungen und Systeme durch drei Säulen charakterisieren:[675]

---

666 Die Grenzen solcher Selbstregulierungsversuche wurden in Deutschland bei der Schaffung eines freiwilligen Übernahmekodex deutlich, die misslang. Vgl. Breuer (2002), S. 300-301.

667 Siehe die empirischen Studien von Angelini (1996); Sheldon/Maurer (1998). Für eine aktuelle empirische Studie, die eine Gesamtbedrohung des Finanzsystems durch mögliche externe Schocks auf Grund der Existenz von privaten Sicherungsmechanismen anzweifelt, siehe Furfine (2003). Vgl. auch Skeel (1998), S. 724-726.

668 Zu den grundsätzlichen Unterschieden staatlicher Regulierung und der Disziplinierung der Märkte siehe Flannery (1994), S. 318.

669 Hier sind besonders die Bemühungen des „Basle Committee on Banking Supervision" zu nennen. Vgl. Terberger (2001), S. 228-229. Für eine Übersicht aktueller Maßnahmen siehe Ritter (1999). Für eine Übersicht zur Konstruktion der europäischen Börsenaufsicht siehe Kurth (2000), S. 58-60.

670 Vgl. Breuer (2002), S. 304.

671 Die BaFin besteht aus den ehemaligen Bundesaufsichtsämtern für das Kreditwesen (BaKred), das Versicherungswesen (BaV) und den Wertpapierhandel (BaWe).

672 Zur Versicherungsaufsicht in Deutschland siehe Schradin (2003), S. 617-630.

673 Rechtlicher Grundsatz dieser Unterstützung ist § 7 KWG.

674 Das Inkrafttreten von Basel II wurde bereits mehrfach verschoben. Aktuelle Implementierungsprobleme verhindern eine sichere Prognose des tatsächlichen Umsetzungszeitpunktes.

675 Vgl. Schradin (2003), S. 649-658.

Die erste Säule stellt Maßnahmen dar, die für eine solide statische Situation sorgen sollen. Diese Maßnahmen umfassen verschiedenartige Zulassungsbeschränkungen (z. B. Qualifikation und Zuverlässigkeit der Geschäftsleitung), Organisationspflichten und besonders quantitative Regeln über eine adäquate Liquiditäts- und Eigenkapitalbasis. Die zweite Säule enthält Maßnahmen zur Sicherstellung des ordnungsgemäßen Betriebes des Bankgeschäftes und wird durch verschiedene Vorschriften über interne Risiko-Überwachungs- und Ablaufsysteme repräsentiert. Die dritte Säule regelt – angelehnt an die Grundauffassung des Ordo-Liberalismus – Offenlegungsvorschriften und soll durch eine erhöhte Transparenz eine Marktdisziplinierung sicherstellen.[676] Obwohl Steuern sich auch zur Beeinflussung des Verhaltens der Akteure des Finanzsystems eignen[677] und auch die Entstehung von Finanzinnovationen motivieren,[678] werden sie in der Regel nicht als Instrumentarium der Regulierung des Finanzsystems genannt.

Die Regeln der Bankaufsicht können protektiver oder präventiver Natur sein.[679] Protektive Sicherungsmaßnahmen sind Einlagensicherungen durch den Staat oder durch mehr oder weniger vorgeschriebene private Sicherungsfonds und die Funktion der Zentralbank als so genanntem „Lender of Last Ressort“, die bei der konkreten Bedrohung des Gesamtsystems Gefahr abwenden sollen.[680] Die präventive Regulierung kann anhand des Lebenszyklus einer Institution in Vorschriften bezüglich der Zulassung, des Betriebs und der Schließung von Finanzinstitutionen eingeteilt werden. Restriktive Zulassungskriterien sichern bereits bei der Geschäftsaufnahme eine hohe Qualität des Managements und eine ausreichende Kapitalausstattung. Spezifische Liquiditäts- und Eigenkapitalvorschriften,[681] die als bedeutendstes Reglementarium der Aufsichten gelten und weiter verfeinert werden können,[682] Geschäftsvorschriften[683] und Beschränkungen[684] sowie Restriktionen der Zinshöhe[685] etc. regeln den Betrieb einer Finanzinstitution.[686]

---

676 Vgl. Breuer (2002), S. 304.

677 Z. B. soll die sog. Tobin Steuer den internationalen Kapitaltransfer ganz gezielt bremsen, um spekulative Attacken zu verhindern. Vgl. Tobin (1984).

678 So kann die Änderung von spezifischen Steuern als Transaktionskosten zur Entstehung von Finanzkontrakten führen, die diese Kosten gezielt minimieren oder umgehen. Vgl. Wang/Yau/Baptiste (1997), S. 758; Benston/Irvine/Jim/Sinkey (2003), S. 305.

679 Vgl. Burghof/Rudolph (1996), S. 39.

680 Zur Rolle der Europäischen Zentralbank siehe Priewasser (2001), S. 61-70.

681 Die entsprechenden Regelungen finden sich in §10-13 KWG und den entsprechenden Grundsätzen. Für eine detaillierte Aufstellung der Anforderungen an die Eigenmittel von Banken siehe Schierenbeck (2000), S. 21-65.

682 Beispielsweise ist nicht nur Eigenkapital risikotragend, auch eigenkapitalähnliche Bestände etc. können hinzugerechnet werden. Gleichzeitig stellt die Finanzierungsstruktur auch eine Incentive-Struktur der Bankmanager dar, die regulierend eingesetzt werden kann. Vgl. Prescott (2001), S. 35-36.

683 Siehe § 13-22 KWG.

684 Besonders in den USA war lange Zeit eine strikte Trennung zwischen „Commercial Banking“ und „Investment Banking“ festgeschrieben und eine regionale Fokussierung vorgeschrieben (McFadden Act von 1927). Vgl. Betge (1996), S. 117-122; Kane (1981), S. 357.

685 Hierbei ging es besonders um eine Senkung der Refinanzierungskosten der Banken. In den USA 1986 durch die Regulation Q abgeschafft, in Deutschland 1967 aufgehoben.

Besondere Vorschriften im Hinblick auf die Offenlegung und die Rechnungs- sowie Bilanzierungspraktiken sorgen für ein hohes Maß an Transparenz, das durch eine Unsicherheitsreduktion und Marktdisziplinierung zusätzliche Stabilität erbringt.[687] Trotz der weit reichenden staatlichen Sicherungsmaßnahmen darf im Fall einer drohenden Insolvenz einer einzelnen Finanzinstitution nicht automatisch das Sicherungssystem einspringen. Strategische Ambiguität auf Seiten der Regulatoren führt so zu einer weiteren Marktdisziplinierung.

Die Versicherungsaufsicht begründet ihre Existenz analog der Bankaufsicht. Statt der Gefahr eines Bank-Runs besteht gerade bei der Risikoabsicherung für den einzelnen Versicherungskunden durch den hohen Zukunftsbezug seiner Ansprüche ein hohes Unsicherheitsproblem (Adverse Selektion, Moral Hazard und Hold Up)[688] Z. B. ist dem Modell von REES/GRAVELLE/WAMBACH [1999] folgend die Aufgabe der Versicherungsaufsicht, den Endkunden durch Transparenzvorschriften für Versicherungen die Möglichkeit einer Selektion und Kontrolle zu geben, die dann über Wettbewerbsprozesse zu einer Selbstregulierung führt.[689]

Die Regulierungsbehörden sehen die Bedrohung des Versicherungssystems in einer zu hohen Übernahme von Risiko. Daher gilt analog den drei Säulen von Basel II auch für Versicherungen ein breites Regelwerk an Regulierungsmaßnahmen, die jenen im Bankbereich geltenden sehr ähnlich sind.[690] In der Praxis werden die Offenlegungsvorschriften durch eine Vielzahl weiterer Maßnahmen bezüglich Vertragsbedingungen, Prämienfestsetzungen und Kapitalreserven[691] ergänzt. Im Unterschied zur Bankbranche zeichnen sich Versicherungen jedoch durch eine zögerliche Innovationstätigkeit aus. Dem Untersuchungsobjekt der Arbeit kommt so eine hohe Relevanz zu. In diesem Zusammenhang wird in Teil 5 dieser Arbeit auch auf die besondere Rolle der Versicherungsaufsicht[692] in Bezug auf die Innovation Katastrophen-Kontrakt ausführlich eingegangen.

---

686 Vgl. Mishkin (2001), S. 242-243. Die Zinsreglementierungen sind seit 1967 abgeschafft. Zusätzlich unterliegen Finanzinstitutionen den normalen Gewerberegelungen und Gesetzen, die zum Beispiel die Bildung von Kartellen verhindern oder auch den Verbraucherschutz regeln.

687 Vgl. Schulte-Mattler (2001), S. 66-67.

688 Der deutsche Gesetzgeber hat dies bereits sehr früh erkannt. So ist das Bundesaufsichtsamt für das Versicherungswesen, als für die Versicherungen und ihre Produkte zuständige Regulierungsbehörde, mit Gründungsdatum 1901 die in Deutschland älteste Verbraucherschutzbehörde. Vgl. o.V. (2001c), S. 1. Sie ist damit deutlich älter als ihr Pendant in der Bankbranche, die Bankenaufsicht. Diese wurde in Deutschland erst 1931 infolge der Schließung der Darmstädter und Nationalbank im Laufe der Weltwirtschaftskrise per Notverordnung gegründet. Vgl. Hartmann-Wendels/Pfingsten/Weber (2000), S. 342.

689 Rees/Gravelle/Wambach (1999) unterstellen dabei, dass Konsumenten vollständige Informationen auch adäquat verarbeiten können. Siehe Rees/Gravelle/Wambach (1999), S. 61-62.

690 Für einen Überblick des deutschen Systems siehe Hölscher/Schierenbeck (2000); für das amerikanische System siehe Klein (1998).

691 Siehe hierzu die Arbeit von Cummins/Harrington/Niehaus (1993).

692 Grundlage der Versicherungsaufsicht ist das Gesetz über die Beaufsichtigung der Versicherungsunternehmen (VAG).

Regulierung als Ursache von Finanzinnovationen

Die Umgehung staatlicher Regulatorien ist eine häufig genannte Ursache für die Entstehung von Finanzinnovationen. Besonders in den USA waren und sind viele Finanzinnovationen direkt auf staatliche Regulierungsmaßnahmen und Steuern zurückzuführen.[693] Wie bereits in der Klassifizierung der verschiedenen Ansätze angesprochen, geht die Betrachtung regulatorischer Zwänge als Auslöser für Finanzinnovationen auf die so genannte „Regulatorische Dialektik" von KANE [1977] zurück, der davon ausgeht, dass eine Veränderung der Regulierung[694] die Ursache einer Finanzinnovationen darstellen kann.[695]

Das Befolgen von Gesetzen und Vorschriften ist für Unternehmen mit Kosten verbunden, die wie Steuern den Entscheidungsprozess für oder gegen ein Finanzprodukt indirekt beeinflussen. Aber auch durch eine direkte explizite Regelung, wie beispielsweise durch das Verbot einer spezifischen Finanztransaktion, kann die entsprechende Innovation oder der Markterfolg eines Finanzproduktes verhindert werden.[696]

Die Beachtung von Regeln durch den einzelnen Marktakteur ist ein typisches „öffentliches Gut", dessen Einhaltung für das Gesamtsystem positiv, die Umgehung für den Einzelnen aber mit einem Gewinn verbunden ist.[697] Dabei sind vielfältige Möglichkeiten der Umgehung denkbar.[698] Im einfachsten Fall wird auf ein nicht unter das Gesetz oder die Regelung fallendes alternatives Produkt ausgewichen. Aufwendiger ist dagegen die Möglichkeit, auf eine alternative Institution innerhalb oder außerhalb des Bankensektors zurückzugreifen. Zum Beispiel war in den USA durch das Trennbankensystem[699] eine institutionelle regulatorische Arbitrage möglich. Durch die weitgehende Internationalisierung der Kapitalmärkte ist wegen geringerer Transaktionskosten und besserer Kommunikationsmittel nunmehr auch eine internationale Arbitrage möglich.

Dabei verursachen Regulierungen nicht nur Innovationen, sondern Innovationen beeinflussen rückwirkend auch die Regulierung. Die Verwirklichung der gesetzgeberischen

---

693 Vgl. Link (1992), S. 16; Miller (1986), S. 460-463; Lusser (1986), S. 6-4; Laster/Raturi (2001), S. 10-11 und auszugsweise die tabellarischen Aufstellungen von Kane (1981), S. 360; Horne (1985), S. 625; Silber (1983), S. 91; Matthews (1994), S. 10-12; Miller (1992), S. 6-7; Benston/Irvine/Jim/Sinkey (2003), S. 319.

694 Diese Veränderung kann einerseits durch neu hinzukommende Regulierungen, andererseits aber auch durch Deregulierungsmaßnahmen entstehen. Vgl. Schwolgin (1986), S. 45.

695 Siehe Kane (1977), S. 55-56. Für eine Übersicht des Prozesses der Regulation, gefolgt von einer Innovation, und der darauf folgenden Reregulation siehe Bofinger (1987), S. 256.

696 So waren Terminkontrakte auf einzelne Aktien bislang durch die SEC (Security and Exchange Commission; US-amerikanische Börsenaufsicht) verboten und eine Einführung dieser Kontrakte daher nicht möglich. Vgl. Kolb (2003), S. 37.

697 Vgl. Crockett/Cohen (2001), S. 128.

698 Vgl. Bofinger (1987), S. 254.

699 Infolge der Weltwirtschaftskrise im Jahre 1929 war durch den so genannten Glass-Steagall Act vom 16.6.1933 eine Trennung in „Commercial Banking" und „Investment Banking" festgelegt worden. Siehe Fn. 684.

Ziele kann durch Innovationen in Gefahr geraten.[700] So wird eine Reihe von Finanzinnovationen besonders als Bedrohung der Wirksamkeit einer stabilitätsorientierten Geldpolitik[701] gefürchtet.[702] Finanzinnovationen, wie beispielsweise der „Euro-Dollar-Market" können kurzfristig, z. B. durch eine Umgehung der Eigenkapitalhinterlegungsvorschriften von Kreditinstituten, die Geldmenge beeinflussen.[703] Gleichzeitig wurde durch die neuen Cash-Management-Systeme und die Einführung elektronischer Zahlungssysteme eine Verringerung der Nachfrage nach Geld und somit eine Unabhängigkeit der Geldmenge vom Einfluss der Zentralbanken befürchtet.[704] Auch durch die Möglichkeit der Absicherung des Zinsänderungsrisikos durch Finanzinnovationen (z. B. durch Zinsderivate) besteht die Gefahr, dass sich eine Beeinflussung des Preisniveaus durch eine Zinsänderungspolitik der Zentralbanken nur mit verzögerter oder geschwächter Wirkung vollzieht und so das Ziel dieser Maßnahme nicht erreicht werden kann.[705]

Da die Gesetzgeber durch die ursprüngliche Veränderung das Verhalten der Marktakteure im Sinne der Gemeinschaft positiv beeinflussen wollen und die Innovation eine Umgehung dieser Regeln darstellt, wird der Gesetzgeber zur Senkung der negativen gesellschaftlichen Kosten durch die Finanzinnovation in Form einer Re-Regulierung reagieren.[706] Diese kann wiederum zu Entstehung weiterer Innovationen führen, die eine Reaktion in Form einer Regulierung notwendig machen. Der sich ständig weiterentwickelnde Prozess der Regulierung, gefolgt von einer Innovation, gefolgt von einer Re-Regulierung kann u. U. fortdauernd verlaufen[707] und wird erst zum Stillstand kommen, wenn die sozialen Kosten der Regeln so hoch sind, dass eine Deregulierung dagegen

---

700 Vgl. Siegwart/Mahari (1996), S. 19-21; Lusser (1987), S. 144; Niehans (1983), S. 546.

701 Zur Bedeutung der Geldstabilität siehe Köhler (2002), S. 31-33.

702 Vgl. DeCecco (1987b), S. 1-9; Walter (1989), S. 30; Niehans (1983), S. 546. Für einen Überblick über die Vielzahl an empirischen Studien zur Geldnachfrage und die Auswirkungen von Finanzinnovationen siehe Glennon/Lane (1996).

703 Für weitere Ausführungen zu diesem Beispiel siehe Niehans (1983), S. 545-546; Miller (1986), S. 462-463. Generell vgl. Blank (1991), S. 132; Zmarzly (1990), S. 277, Podolski (1986). Für eine empirische Analyse der Auswirkungen von Finanzinnovationen auf die Geldpolitik in der Schweiz siehe die Arbeit von Birchler/Kästli (1987).

704 Vgl. Niehans (1983), S. 546. Die Geldmengensteuerung erfolgt durch verschiedene Instrumente der Bankenrefinanzierung, durch Devisengeschäfte sowie durch die Festlegung von Mindestreservesätzen. Diese Instrumente werden von verschiedensten Finanzinnovativen direkt oder indirekt beeinflusst.

705 So gelingt es zum Beispiel durch die Vorschriften bezüglich der Finanzierungsseite von Finanzinstitutionen, den Transmissionsmechanismus der Kreditwirtschaft an die Geldpolitik der Notenbanken zu binden. Hierdurch wird das für die Funktionsweise der Volkswirtschaft wichtige Ziel der Geldwertstabilität gesichert und gleichzeitig eine Einlagensicherung verwirklicht. Besonders Anfang der 90er Jahre war der Zusammenhang zwischen Finanzinnovationen und diesem Themenschwerpunkt ein bedeutender Forschungsfokus deutscher Dissertationen. Siehe die Arbeiten von: Link (1992); Rath (1999); Giersberg (1988); Polster (2000); Müller (1996); Bischofberger (1996); Ludes (1995); Blank (1991); Wende (1990); Ruckriegel (1989); Zmarzly (1990); Bofinger (1987); Walter (1989).

706 Vgl. Kane (1977), S. 55.

707 Vgl. Kane (1983), S. 97. Für eine Übersicht zum Ausweichen und zur Re-Regulierung oder Deregulierung siehe auch Bofinger (1987), S. 256.

Sinn macht.[708] Die Deregulierung kann dann erneut die Basis für weitere Innovationen darstellen.[709]

Zusammenfassung und Anwendung auf den Untersuchungsgegenstand

Der Einfluss von regulatorischen Regelungen bestimmt das Verhalten der Marktteilnehmer maßgeblich.[710] Die Bedeutung der vielfältigen gesetzlichen Regelungen für den Erfolg einer Finanzinnovation ist im Sinne der Zielsetzung dieses Kapitels nicht als Ursache für die Entstehung von Katastrophen-Kontrakten zu sehen, sondern in der Bedeutung für den Erfolg von Katastrophen-Kontrakten, der durch sie behindert bzw. verhindert werden kann, wenn das regulatorische Umfeld für die Einführung von Katastrophen-Kontrakten hinderlich ist.

Zur Ableitung weiterer Faktoren der Erfolgsbeurteilung von Katastrophen-Kontrakten ist darüber hinaus der regulatorische Ansatz von KANE [1977] im Sinne von SILBER [1983] zu erweitern. Auch SILBER [1975] sieht Finanzinnovationen als Resultat von gewinnmaximierenden Entscheidungen unter der Restriktion von Nebenbedingungen.[711] Über die gesetzlichen Regelungen hinaus sind die Institutionen einer Vielzahl weiterer quasi rechtlicher und somit verbindlicher Regelungen ausgesetzt, die sich direkt aus der Gesetzgebung ableiten oder auf Grund allgemeiner wirtschaftlicher, gesellschaftlicher oder organisatorischer Konventionen entstanden sind.[712] SILBER [1983] zeigt, dass die zu einer Innovation führenden Zwänge dabei sowohl unternehmensexterner als auch interner Natur sein können. Eine Unternehmung befindet sich so in einem Netzwerk verschiedener Einflussfaktoren, die von den unterschiedlichen Interessengruppen ausgehen und auf die Handlungen des Unternehmens einwirken. Nach der „Constraint Induced Innovation Hypothesis" von SILBER [1983] ist jede Finanzinnovation somit eine Reaktion der Märkte auf eine Änderung der sie umgebenden Einflussfaktoren.[713] Diese können auf die Ziele und Bedürfnisse von Angebot und Nachfrage oder auch auf die Eigenschaften des Produkts wirken.[714] Aus der empirischen Betrachtung lassen sich somit eine Reihe weiterer Einflussfaktoren als Ursachen der Entstehung von Finanzinnovationen ermitteln,[715] die im Folgenden zu beschreiben sein werden. Finanzinnovationen

---

708 Siehe Kane (1983), S. 363.

709 Vgl. Crockett/Cohen (2001), S. 130.

710 Vgl. Boyer (2000), S. 38-40, besonders zum Einfluss auf das Prämienverhalten.

711 Siehe Kane (1983), S. 96 und Silber (1975), S. 64, wobei Silber (1983) darauf hinweist, dass eine rein regulatorisch orientierte Innovationstheorie zu eng argumentiert und weitere Faktoren betrachtet werden müssen. Siehe Silber (1983), S. 89. Silber (1983) spricht von so genannten „Schatten Preisen", die durch zu beachtende Rahmenbedingungen entstehen und bei ausreichender Höhe zu einem Ausweichen auf ein alternatives Konstrukt sorgen. Vgl. Silber (1983), S. 90. Kane (1981) fokussiert dagegen auf das regulatorische Geschehen und sieht andere Faktoren nur als begleitend. Siehe Kane (1981), S. 365.

712 Beispiele sind Rechnungslegungs- und Bilanzierungsvorschriften.

713 Siehe Silber (1983), S. 89.

714 Vgl. hierzu auch die Ausführungen zu der Gleichgewichtsthese in Abschnitt 4.3.1.

715 Übersichten finden sich bei: Kilgus/Hirszowicz (1988), S. 34; Abresch (1994), S. 43; Horne (1985), S. 622; Kane (1983); Ramsler (1993), S. 433-439; Merton (1995a); Miller (1986); Desai/Low

entstehen deshalb neben den bisher beschriebenen Ursachen auch als Folge von Fortschritt oder Veränderung des sozioökonomischen Umfelds.[716]

4.3.1.2 Beeinflussung des Finanzsystems durch allgemeinen Fortschritt

Die rasante Entwicklung der *Informations- und Kommunikationstechnologie* hat in der Finanzindustrie zu Prozessinnovationen geführt,[717] die in der Folge auch die Entstehung neuer Finanzkontrakte gefördert haben.[718] So sind durch die Einführung neuer Technologien die Kosten bei Kapitaltransaktionen gesunken. Die intra- und interspezifischen Zugangskosten zu einzelnen Kapitalmärkten sind durch die neuen Technologien gefallen und fördern eine weltweite Arbitrage. Neuartige, globale Handelssysteme führen insgesamt zu einem vernetzten Kapitalmarkt, der durch moderne elektronische Bewertungssysteme eine hohe Transparenz erreicht.[719] Die Globalisierung und Internationalisierung der Finanzmärkte nimmt somit zu. Als Folge der weit reichenden Vernetzung historisch isolierter Kapitalmärkte,[720] hat sich eine breite Kapitalbasis gebildet, die weltweit neue, aus traditioneller Sicht u. U. exotische Produkte mit attraktiven Renditebedingungen sucht. Obwohl nach wie vor große Teile der Finanzierungsströme innerhalb des Ursprungslandes reinvestiert werden, sind diese infrastrukturellen Veränderungen besonders für die geographische Risikodiversifikation zunehmend von Wichtigkeit. Der Anteil des global investierten Kapitals nimmt daher stetig zu.

Der *wissenschaftliche Fortschritt* gilt nur in wenigen Fällen als direkte Ursache für Finanzinnovationen. Als eine der wenigen Ausnahmen ist die Entwicklung einer Optionsbewertungsmethode durch BLACK/SCHOLES [1973] zu nennen[721], die zeitlich mit der Einführung der Optionskontrakte an der CBOT zusammenfällt.[722] Der Erfolg von Finanzoptionen und Finanzkontrakten mit optionsähnlichen Eigenschaften ist durch die allgemein akzeptierte Bewertungsmethodik deutlich gefördert worden. Trotzdem können i. d. R. spezifische neuartige Erkenntnisgewinne kaum mit der Einführung einzelner Finanzkontrakte verbunden werden, obwohl unzweifelhaft die neueren finanzwissenschaftlichen Theorien die Handlungen und das Umfeld der Kapitalmarktakteure entscheidend beeinflussen.

Für den weiteren Gang der Arbeit ist trotz der fehlenden kausalen Verkettung von wissenschaftlichem Fortschritt und Finanzinnovationen wichtig, dass die Entwicklung an-

---

(1987); Dudler (1987), S. 159; Link (1992), S. 16-17; Lusser (1987), S. 143 und Lusser (1986) sowie Finnerty (1992).

716 Für eine ähnliche Darstellung siehe Ramsler (1993), S. 434-439.

717 Vgl. Wilhelm/Chemmanur (2002), S. 2-3.

718 Vgl. Lusser (1987), S. 143-144; Lusser (1986), S. 5-6; Link (1992), S. 17; Dudler (1987), S. 159; Horne (1985), S. 625; Crockett/Cohen (2001), S. 129-130.

719 Vgl. Miller (1992), S. 5.

720 Die Auswirkungen der Veränderung auf das Ziel der Geldwertstabilität und der regulatorischen Arbitrage sind oben bereits erläutert.

721 Siehe auch eine ausführliche Darstellung zur Entstehung der Formel bei Fischer (1997).

722 Vgl. die Ausführungen in Abschnitt 3.3.1.

derer bedeutender Theorien, die generelle Entwicklung der Kapitalmärkte und auch die Entstehung neuer Finanzkontrakte stark beeinflusst und im Sinne des Untersuchungsgegenstands auf die Diffusion einer Finanzinnovation einwirken können. Das Handeln an den Kapitalmärkten wird so besonders durch die Portfoliotheorie von MARKOWITZ [1952] und die Entwicklung des CAPM durch TREYNOR [1961], SHARPE [1964], LINTNER [1965], MOSSIN [1966] und, wie erwähnt, durch die Optionsbewertungsmethodik, entwickelt durch BLACK/SCHOLES [1973], geprägt.

Anwendung auf den Untersuchungsgegenstand

Für die Analyse in Teil 5 lassen sich im Sinne von SILBER [1983] aus den geschilderten Sachverhalten zwei grundsätzliche Einflussfaktoren ableiten: Erstens sind abstrakt betrachtet Fortschritt und Wissen Faktoren, die die Funktion und den Erfolg einer Finanzinnovation maßgeblich beeinflussen können. Ohne den Ausführungen in Kapitel 4.4 vorzugreifen, prägen das aktuell verfügbare Wissen und die im Finanzsystem verwendeten Methodiken, wie etwa die moderne Portfoliotheorie und die Methoden zur Bewertung von Finanzinstrumenten, den Entscheidungs- und Handlungsspielraum der Marktakteure und beeinflussen im Wechselspiel mit den Eigenschaften eines neuartigen Finanzkontraktes dessen Attraktivität. Zweitens scheint neben der bereits beschriebenen Bedeutung von Informationen für die Kapitalmärkte eine allgemein akzeptierte Bewertungsmethodik eine wichtige Erfolgsdeterminante zu sein. Wie die Ausführungen in Abschnitt 5.3.4 zeigen werden, ist die Bewertung von Naturkatastrophen-Risiko keine triviale Angelegenheit und die Existenz entsprechender Methoden u. U. eine wichtige Erfolgsdeterminante.

4.3.1.3 Sozioökonomische Ursachen von Finanzinnovationen

Finanzwirtschaftliches Agieren ist wie jedes wirtschaftliche Handeln in ein sozioökonomisches Umfeld eingebettet, das die Entstehung neuer Finanzkontrakte beeinflusst.[723] Neue Kontrakte können so durch die makroökonomische Entwicklung gefördert oder verhindert werden. So gilt die Veränderung der Weltwirtschaftslage, der Schuldenquoten der Entwicklungsländer, aber auch das Haushaltsdefizit von Industrienationen als Boden für die Entstehung innovativer Finanzkontrakte.[724] Durch hohe Volatilitäten von Inflation, Zinsen und Wechselkursen[725] werden die Entscheidungen der Marktteilnehmer beeinflusst. Sie haben auch die allgemeine Nachfrage nach Absicherungsprodukten

[723] Vgl. hierzu auch die Ergebnisse der empirischen Untersuchung zu Ursachen von Finanzinnovationen von Holz (1996), S. 259-264.

[724] Vgl. Kilgus/Hirszowicz (1988), S. 34; Link (1992), S. 16-17; Lusser (1986), S. 7-8; Planesa/ Bardosa/Avouyi-Dovib (2001), S. 90.

[725] Die Wechselkurse sind seit dem Zusammenbruch des Bretton-Woods-Systems mit fixierten Wechselkursen 1972 weitgehend ungebunden und nur noch durch vereinzelte Interventionen durch nationale Notenbanken beeinflusst. Die hohen Schwankungen gelten als Ursache für das Entstehen von Währungsterminkontrakten. Vgl. Miller (1992), S. 5. 1972 führte die Chicago Mercantile Exchange (CME) den ersten Währungsterminkontrakt ein.

gegen solche Risiken gesteigert. Die Entstehung entsprechender Produkte kann deswegen als direkte Folge hoher Volatilität gesehen werden.[726]

Wie der Misserfolg des CPI-Futures[727] zeigt, ist als Grundlage für ein nachhaltiges Interesse aber nicht nur ein breiter allgemeiner Einfluss der makroökonomischen Faktoren ausreichend. Zusätzlich muss ein akutes, bedeutendes Bedrohungspotenzial vorhanden sein. Daher ergibt sich aus der Gruppe der sozioökonomischen Faktoren als Ursache von Finanzinnovationen kein zusätzlicher Impuls für die Analyse von Katastrophen-Kontrakten und die Identifikation möglicher Veränderungsmaßnahmen im Rahmen der vorliegenden Arbeit. Die grundsätzliche Existenz von Angebot und Nachfrage nach Katastrophen-Risikoabsicherung ist bereits in Abschnitt 2.1.2 fundiert worden. Das allgemeine Marktinteresse an der Risikoabsicherung mittels Katastrophen-Kontrakten und der Investition von Kapital in solche Kontrakte dürfte vorhanden sein.[728]

Allgemeine sozioökonomische Faktoren wie die Zunahme des Wettbewerbsdrucks, Globalisierung, Technisierung und die Steigerung der allgemeinen Entwicklungsgeschwindigkeit werden zwar auch die Entwicklung und den Erfolg von Katastrophen-Kontrakten beeinflussen, auf Grund der Komplexität dieser Faktoren ist es aber kaum möglich, detaillierte Aussagen bezüglich ihrer direkten Auswirkungen zu treffen. Die weitere Analyse wird daher von diesen allgemeinen Faktoren abstrahieren. Unmittelbar die Risikoabsicherung beeinflussende spezifische Trends werden jedoch wegen ihrer hohen Beeinflussungsrelevanz im Rahmen der dynamischen Analyse in Abschnitt 6.2.2 aufgegriffen.

4.3.1.4 Zwischenfazit

Unterschiedlichste Faktoren beeinflussen die Ausprägung des Finanzsystems mit seinen verschiedenen Produkten und Institutionen. Die aktuelle Konstellation stellt eine Gleichgewichtssituation dar, die sich bei einer Änderung der beschriebenen Rahmenbedingungen entsprechend anpasst. Auf Basis dieser Darstellung lassen sich eine Vielzahl von Innovationsursachen bestimmen. Indirekt geben diese Ursachen so Aufschluss über die Erfolgsfaktoren von Finanzkontrakten. Hierdurch können wichtige Erkenntnisse für die Analyse der relevanten Kontrakteigenschaften gewonnen werden.

Nachfolgende Abbildung stellt den Zusammenhang der Ausführungen grafisch dar:

---

[726] Vgl. Link (1992), S. 16; Lusser (1987), S. 143; Lusser (1986), S. 7; Dudler (1987), S. 159; Desai/Low (1987), S. 112.

[727] Der „Consumer Price Index“ (CPI)-Future bot die Möglichkeit, sich gegen eine Inflationsänderung abzusichern und wurde nach der Markteinführung im Jahre 1972 bereits nach kurzer Zeit wegen mangelnden Interesses wieder vom Markt genommen. Ursache für den Misserfolg sind weder Konstruktions- noch Marketingfehler, sondern die weitgehend konstante Entwicklung der Inflation in den USA. Vgl. Miller (1986), S. 469; Case/Shiller/Weiss (1993), S. 90; Lovell/Vogel (1973). Zu dem Misserfolg siehe auch die weiteren Ausführungen.

[728] Siehe hierzu die Ausführungen in Kapitel 2.1.

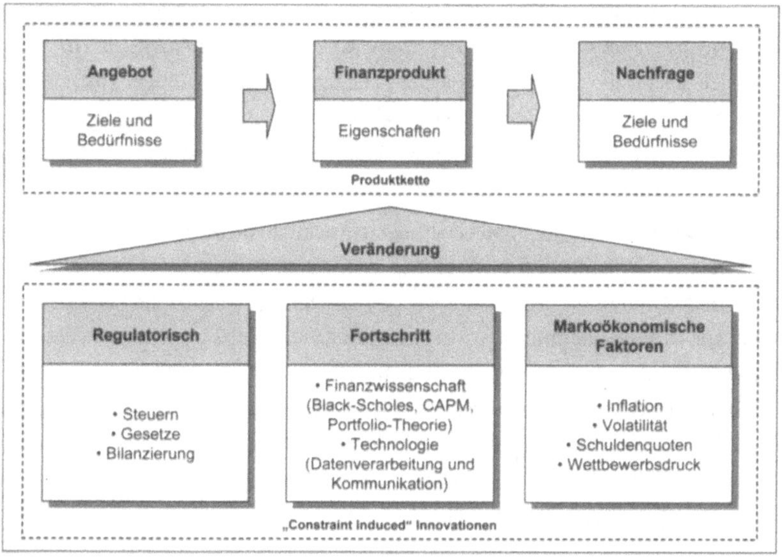

Abbildung 14: EINFLUSS VON RAHMENFAKTOREN AUF EIN FINANZPRODUKT

Kritisch ist dazu aber anzumerken, dass der Gleichgewichtstheorie zufolge bei Wegfall der zu einer Innovation führenden Ursache auch das entsprechende Produkt wieder vom Markt verschwinden müsste. Dies ist aber empirisch nicht für alle Innovationen zu beobachten.[729] Begründet wird dies dann damit, dass das Finanzsystem sich auch über die Anpassung an veränderte Faktoren hinaus weiterzuentwickeln scheint. Eine solche Evolution der Finanzmärkte, wie sie demnach empirisch zu beobachten ist, ist innerhalb des oben angewendeten Theoriegerüsts aber nicht erklärbar.

4.3.2 Einfluss- und Erfolgsfaktoren vergleichbarer Finanzkontrakte

Nachdem in Kapitel 4.3.1 die beeinflussenden Faktoren des Finanzsystems und von Finanzinnovationen im Allgemeinen dargestellt wurden, wird nachfolgend untersucht, wodurch sich der Erfolg von Finanzkontrakten auszeichnet, welche sich in Anlehnung an das Untersuchungsobjekt zur Übertragung von Risiko eignen.[730] Eine Reihe von deskriptiven und empirischen Arbeiten bestimmen Erfolgsfaktoren von Finanzkontrakten

[729] Obwohl die steuerliche Lücke, die zur Entstehung von Zero-Bonds geführt hat, nicht mehr existiert, ist das Handelsvolumen der Kontrakte nach wie vor bedeutend. Vgl. Miller (1986), S. 463.

[730] Für eine ähnliche Vorgehensweise siehe Dresig (2000), S. 131. Dresig untersucht die generelle Handelbarkeit von Risiko. Er gliedert daher seine Untersuchung in Versicherbarkeit und Handelbarkeit bzw. Verbriefbarkeit. Siehe Dresig (2000), S. 127-129. Diese Vorgehensweise ist vor dem Hintergrund des Untersuchungsgegenstands aber nicht zielführend, da die Absicherung von Katastrophen-Risiko faktisch existent ist. Hieraus kann auch direkt auf die grundsätzlich mögliche Handelbarkeit bzw. Verbriefbarkeit geschlossen werden. Dresig zweifelt selbst auf Grund von empirischen Gegenbeispielen an der allgemeinen Gültigkeit der von ihm untersuchten Studien. Siehe Dresig (2000), S. 132-134.

des reinen Risikotransfers,[731] die meisten davon auf der Basis von Fallbeispielen einzelner Finanzkontrakte.[732] Dieses auf einzelne Charakteristika fokussierte Vorgehen erscheint jedoch für die hier anzustrebende Ableitung allgemeingültiger Aussagen nicht zweckmäßig,[733] so dass im Folgenden allgemeine, logisch zusammenhängende Aussagen zu bestimmen sein werden. Hierzu wird die relevante Literatur in drei unterschiedliche Gruppen eingeteilt.

Neben Arbeiten, die Angebot und Nachfrage hinsichtlich dieser Finanzkontrakte genauer betrachten (Abschnitt 4.3.2.1),[734] gibt es zwei weitere Gruppen anderer Beiträge, die sich mit dem Erfolg oder Misserfolg von spezifischen Derivaten zum Zwecke der Ableitung von Erfolgsdeterminanten beschäftigen. Die erste Gruppe untersucht die Finanzkontrakte hinsichtlich ihrer Eigenschaften (sog. „Contract Approach"; Abschnitt 4.3.2.2). Dieser Contract Approach lässt sich in Anlehnung an die bisherige Argumentation als funktional ausgerichtet auffassen. Die zweite Gruppe enthält jene Beiträge, die sich mit den Eigenschaften der den Finanzkontrakten zugrunde liegenden Basis (sog. „Commodity Approach"; Abschnitt 4.3.2.3) beschäftigen.[735]

4.3.2.1 Existenz von Marktinteresse als notwendige Bedingung

Die im Folgenden strukturierten Arbeiten beschäftigen sich mit unterschiedlichen Konstrukten, die als Erfolgsfaktoren von Kontrakten der Risikoallokation angesehen werden.

Die nachfolgend charakterisierten Attribute stellen letztlich aber nur Indikatoren eines möglichen Interesses von Angebot und/oder Nachfrage dar. Sie bieten als solche keine Basis für die Ableitung von hierüber hinausgehenden Erfolgsfaktoren.

Liquider Kassamarkt

Basis der an den verschiedenen Börsen weltweit gehandelten Finanzkontrakte zur Risikoallokation sind meist entweder andere Finanzkontrakte (Aktien oder Anleihen) oder aber reale Waren (Öl, Gold, Korn etc.). Die überwiegende Mehrheit dieser Derivate leitet sich damit definitionsgemäß[736] direkt von einem im Sinne der Definition aus Kapitel 3.5 erfolgreichen Kassamarkt ab. Einige Arbeiten zu Erfolgsfaktoren von Risiko-Kontrakten folgern aus dieser empirisch zu beobachtenden Korrelation der Existenz von Kassa- und Derivate-Markt die kausale Notwendigkeit eines *liquiden Kassamarktes* für

---

731 In der überwiegenden Mehrzahl handelt es sich bei den untersuchten Finanzkontrakten um Terminkontrakte.

732 Siehe die Arbeiten von Silber (1981); Miller (1986); Horrigan (1987); Sandor (1973); Powers (1967); Gray (1970); Nothaft/Lekkas/Wang (1995); Johnston/McConnell (1989).

733 Vgl. Cuny (1993), S. 58.

734 Arbeiten zum allgemeinen Interesse an Finanzkontrakten werden auch dem „Commodity Approach" zugerechnet (vgl. Black (1986), S. 6.), die entsprechende Literatur wird aber aus Strukturierungsgründen separat betrachtet.

735 Vgl. Pennings/Wetzels (1999), S. 535; Black (1986), S. 5.

736 Derivat kommt von dem lateinischen „Derivatio" und bedeutet Ableitung.

die Existenz von erfolgreichen Derivaten.[737] So gilt beispielsweise der Misserfolg des CPI-Futures[738] als Folge der Nichtexistenz eines entsprechenden Basismarktes.[739] Auch der Misserfolg verschiedener, auf Immobilien-Indices beruhender Derivate wird immer wieder mit dem Fehlen eines liquiden Basismarktes begründet.[740]

Allerdings ist es im Sinne dieser Argumentation nicht gerechtfertigt, etwa den mangelnden Erfolg eines Inflations-Terminkontraktes mit der Nichtexistenz eines zugrunde liegenden Konstrukts zu begründen. So gibt es seit einigen Jahren Staatsanleihen, deren Verzinsung von der allgemeinen Preisentwicklung abhängt.[741] Diese könnten eine Basis für entsprechende Risiko-Kontrakte auf die Preisentwicklung darstellen. Ein entsprechender Derivate-Markt hat sich in diesen Ländern aber bislang noch nicht etabliert. Die Existenz eines Kassamarktes kann daher nicht ausschließlich für den Erfolg eines Derivate-Marktes verantwortlich sein. Zum zweiten existieren Beispiele erfolgreicher Derivate ohne das Vorhandensein eines liquiden Kassamarktes.[742]

Unzweifelhaft ist ein liquider Kassamarkt ein Unterstützungsfaktor, der angesichts verschiedener Querverbindungen die Entstehung von erfolgreichen Derivaten fördern kann.[743] Auf Basis dieser Korrelation aber eine notwendige Bedingung der Existenz eines Basismarktes für den Erfolg eines Derivate-Marktes abzuleiten, ist kausal nicht möglich. Ein liquider Kassamarkt muss somit als Indikator eines möglichen Marktinteresses interpretiert werden, da er ebenfalls ein hohes Interesse an den Derivaten erwar-

---

737 Siehe Black (1986), S. 9; Nothaft/Lekkas/Wang (1995), S. 600; Holland/Vila (1997), S. 182-183; Kolb (1998), S. 37; Sandor (1973), S. 125; Fofana (1995), S. 11; Brorsen/Fofana (2001), S. 138, 140; Pennings (2002), S. 10; Janssen (1994), S. 301.

738 Für eine detaillierte Darstellung der Funktionsweise und der Eigenschaften des CPI-Future siehe Horrigan (1987), S. 6-8.

739 Vgl. Wrase (1997), S. 6; Horrigan (1987), S. 12-13.

740 Vgl. Nothaft/Lekkas/Wang (1995), S. 600.

741 Vgl. Wrase (1997), S. 7. Das ausstehende Volumen in diesem Markt beträgt Anfang 2004 ca. 62 Mrd. USD. Quelle: HSBC Trinkaus & Burkhardt, Strategie 3/2004.

742 Besonders in jüngerer Gegenwart ist der aktuelle Erfolg von Wetterderivaten in ihren unterschiedlichen Ausprägungen ein gutes Gegenbeispiel. Zum Wetterderivate-Markt siehe Werner (2000); Grandi/Müller (2000); Rudolf (2000); Schirm (2000). Vgl. ebenso Fofana (1995), der die Existenz eines liquiden Kassamarktes als notwendige Bedingung für einen Terminmarkt sieht, aber gleichzeitig von Ausnahmen (Zucker) spricht, ohne diese jedoch in seine Erklärungen aufzunehmen. Siehe Fofana (1995), S. 16, 18.

743 Ein liquider Basismarkt ist neben dem Indiz des Marktinteresses besonders für Derivate-Märkte und deren Kontrakte wichtig, bei denen kein „Bar-Ausgleich" stattfindet, sondern der Vertrag die Auslieferung der entsprechenden Ware vorsieht. Da dies bei Katastrophen-Kontrakten inhärent nicht möglich ist, kann von diesem Vertragsfeature abstrahiert werden. Die entsprechende Argumentation ist damit widerlegt. Für die Ableitung der Erfolgsfaktoren spielt die Lieferbarkeit generell eine untergeordnete Rolle, da ein Großteil der Derivate finanziell ausgeglichen wird. Siehe Garbade/Silber (1983a), S. 19.

ten lässt.[744] Er ist aber keineswegs eine notwendige Bedingung für die Etablierung eines Risiko-Kontraktes.[745]

Hohe Volatilität der Basis

Ähnlich sind Aussagen über die Existenz einer *hohen* bzw. schwankenden *Volatilität* und Unsicherheit[746] bezüglich der Basis der Derivate als notwendige Bedingung für einen erfolgreichen Kontrakt zu bewerten.[747] Derivate eignen sich zur Abspaltung der Risikokomponente von den zugrunde liegenden Basiskontrakten. Durch ihren Kauf oder Verkauf ist es möglich, gezielt Änderungsrisiken des Basiskontraktes zu übernehmen bzw. bei entgegenlaufender individueller Risikoposition dieses Risiko entsprechend abzusichern. Der Nutzen eines Derivates als Mittel der Risikoabsicherung ist bei der Nicht-Existenz von Risiko in Form einer Volatilität dementsprechend nicht vorhanden.[748] Als Kontrakt des reinen Risikotransfers ist der Erfolg eines Derivates damit direkt mit dem Risiko des zugrunde liegenden Kontraktes verbunden, d. h. wenn ein liquider Basiskontrakt gleichzeitig durch ein Risiko bedroht wird, ist in direkter Folge die Wahrscheinlichkeit hoch, dass sich der Erfolg eines Derivates auf diesen Basiskontrakt einstellen wird.[749] Unter der Annahme, dass die Existenz eines Kassamarktes keine notwendige Bedingung für einen Markt der Risikoabsicherung darstellt,[750] ist aber auch eine potenzielle, u. U. fiktive Schwankung der Basis ausreichend für ein Kontraktinteresse, das auf dem Absicherungswunsch gegenüber dem Risiko beruht. Die Existenz von Risiko in Verbindung mit einem großen Exposure von Angebot und/oder Nachfrage ist somit ausreichend als Fundierung für die Existenz eines generellen Absicherungswunsches.

Im Hinblick auf das grundsätzliche Marktinteresse ist diese sehr generelle Aussage zur Fundierung eines Absicherungswunsches hinreichend. In Teil 5 ist aber detaillierter zu prüfen, inwieweit eine permanente Volatilität für andere Marktteilnehmer bedeutend ist. Bis jetzt wurden nur das originäre Interesse der Risikoabsicherung und des Angebots einer Versicherungsleistung als Handelsmotiv für risikobehaftete Finanzkontrakte dargestellt. Vor 1920 sah man Terminmärkte hingegen primär als Instrument der Spekulation.[751] Denn im Unterschied zu den eher langfristig orientierten Anbietern einer Versi-

---

744 Vgl. Black (1986), S. 47.

745 Vgl. Case/Shiller/Weiss (1993), S. 91. Diese These verneint die Ableitung einer Kausalität aus der empirischen Beobachtung, dass ein großer Kassamarkt mit erfolgreichen Derivaten korreliert. Siehe etwa die Ergebnisse von Black (1986), S. 48-49.

746 Ein Großteil der Arbeiten differenziert nicht zwischen Risiko und Unsicherheit.

747 Siehe Black (1986), S. 8; Telser (1981), S. 17-18; Nothaft/Lekkas/Wang (1995), S. 598-600; Case/Shiller/Weiss (1993), S. 88; Carlton (1984), S. 242; Amundsen/Singh (1992), S. 96-97; Holland/Vila (1997), S. 182-183; Silber (1981), S. 129; Sandor (1973), S. 125; Kolb (1998), S. 37; Horrigan (1987), S. 12; Sandor (1973), S. 125; Fofana (1995), S. 5.

748 Vgl. Cornell (1981), S. 303.

749 Vgl. Telser (1981), S. 19.

750 Vgl. Fn. 742.

751 Vgl. Working (1953), S. 318.

cherungsleistung, d. h. der Übernahme von Risiko gegen eine Prämie,[752] sind auch kurzfristig orientierte Marktteilnehmer auf den Finanzmärkten aktiv. Spekulanten und Arbitrageure sind neben den sich gegen das Risiko aus fundamentalen Gründen absichernden Hedgern die andere Gruppe der an den Märkten für Risiko handelnden Marktteilnehmer, die für den Erfolg eines Risiko-Kontraktes wichtig ist.[753] Daher sind die vorangestellten Aussagen unter deren Blickwinkel zu prüfen.

Spekulanten, Arbitrageure und Market-Maker üben, so eine verbreitete These, Einfluss auf die Finanzmärkte, indem sie neben einer Stabilisierung der Märkte für eine permanente Preisbildung sorgen und bei fehlender Gegenpartei deren Position übernehmen.[754] Ein rein auf der Risikoabsicherung der Marktteilnehmer aufbauender Markt kann hingegen eine relativ hohe Instabilität aufweisen.[755] Bei alleiniger Existenz von „Fundamentalisten“ würden im Falle eines temporären Angebots- oder Nachfrageüberhangs u. U. große Preisschwankungen entstehen.[756] Auch wenn die stabilisierende Wirkung von Spekulanten nicht unumstritten ist,[757] so ist zumindest die Beachtung der Rolle von Spekulanten, Arbitrageuren und Market-Makern für einen erfolgreichen Markt und somit auch für die Ableitung weiterer Erfolgsfaktoren für Finanzkontrakte wichtig.

Hierbei sind auf Grund ihrer im Vergleich zu den Fundamentalisten anderen, auch untereinander heterogenen Motivation weiterer Kontrakteigenschaften zu beachten. Für diese Gruppe ist davon auszugehen, dass eine hohe Volatilität der Basis und hieraus folgend auch im Derivate-Kontrakt die Marktattraktivität und somit letztlich auch die Handelsaktivität steigert.[758]

Zwischenfazit

Für die in Teil 5 erfolgende Untersuchung lässt sich somit allgemein festhalten, dass eine ausreichende Zahl an Anbietern und Nachfragern mit entsprechendem Handelsgewicht vorhanden sein muss, damit sich ein Produkt erfolgreich etablieren kann.[759] Die Existenz eines liquiden Basiskontraktes ist lediglich Indikator für ein mögliches großes Interesse, stellt aber keine notwendige Bedingung dar.

Vorausgesetzt, dass das originäre Handelsinteresse[760] an einem Derivat die Risikoabsicherung einer individuellen Position darstellt, ist jedoch die entsprechende Risiko-

---

[752] Die Motivation der bewusst Risiko übernehmenden Marktteilnehmer wurde bereits in Abschnitt 2.1.2 beschrieben.

[753] Vgl. Silber (1981), S. 129. Zur Rolle von Market-Makern als Spekulanten und ihre Auswirkungen auf den Marktpreis siehe Garbade/Silber (1976), S. 725-728.

[754] Vgl. Friedman (1953), S. 175; Tomek/Gray (1970), S. 379; Gray (1966), S. 115-117.

[755] Vgl. Wang (2003), S. 28.

[756] Vgl. Black (1986), S. 14; Silber (1981), S. 129.

[757] Siehe die Arbeiten von Hart/Kreps (1986); Stein (1987).

[758] Vgl. Telser/Higinbotham (1977), S. 18; Cornell (1981), S. 303.

[759] Vgl. Carlton (1984), S. 243.

Bedrohung eine notwendige Bedingung. Zusammengefasst bedeutet dies tautologisch, dass das Interesse an einem entsprechenden Produkt notwendige Bedingung für dessen Erfolg darstellt. Diese grundlegenden Aspekte der Nachfrage nach Risikoabsicherung müssen nach ihrer Behandlung in Teil 2 im weiteren Gang der Untersuchung nicht mehr betrachtet werden. Zusätzlich aber ist die Attraktivität des Katastrophen-Marktes für nicht fundamental orientierte Marktteilnehmer zu untersuchen, denen – wie gezeigt – eine bedeutende Rolle bei der Schaffung liquider Märkte zukommen kann.

4.3.2.2 Funktionen von Finanzderivaten

Die Ergebnisse derjenigen Arbeiten, die sich mit dem Erfolg von Finanzkontrakten beschäftigen und in diesem Zusammenhang die charakteristischen Vertragsparameter untersuchen (Contract Approach), können als Weiterführung der bisherigen Argumentation aufgefasst werden. Im Sinne der funktionalen Perspektive der vorliegenden Arbeit erfüllen Verträge für die abschließenden Parteien eine spezifische Funktion. Entsprechend muss bei der Analyse von Verträgen untersucht werden, inwiefern diese geeignet sind, die Ziele von Anbietern und Nachfragern gleichzeitig in Übereinstimmung zu bringen. Die einzelnen Vertragseigenschaften der Katastrophen-Kontrakte werden daher in Abhängigkeit von der Motivation der Marktteilnehmer untersucht. Als ein traditionelles Mittel der Risikoabsicherung untersuchend können die Arbeiten zu den Erfolgsfaktoren von Derivaten und Terminkontrakten auf den Kapitalmärkten Indizien für die zur Gestaltung von Katastrophen-Kontrakten relevanten Vertragsparameter und andere Eigenschaften darstellen. Folgende Kontrakteigenschaften werden dabei als Erfolgsfaktoren identifiziert:

Hedge-Effizienz

Wie bereits beschrieben, kann als originäres Handelsmotiv von Derivaten und Terminkontrakten die Absicherung von individuellen Risikopositionen definiert werden.[761] Entsprechend dieser Definition, aber auch den Ergebnissen einer Reihe von theoretischen und empirischen Arbeiten,[762] ist die Erfüllung dieser Funktion eine wichtige Kontrakteigenschaft,[763] die z. B. als eine Ursache für das Scheitern der PCS-Futures gilt.[764] Unter der sog. *Hedge-Effizienz* ist der Grad der Risikoelimination durch die hierzu getä-

760 Die grundsätzliche Handelsmotivation kann neben der Risikoabsicherung auch nach spekulativen Motiven und Arbitrage unterschieden werden. Auf die beiden letztgenannten Motive wird im Verlauf der weiteren Argumentation eingegangen. Siehe hierzu beispielsweise Abschnitt 5.3.1.2.

761 Vgl. Working (1953), S. 318.

762 Vgl. Fn. 770.

763 Im Folgenden werden nur Funktionen des Derivate-Marktes betrachtet, die auf Grund ihrer entsprechenden Ausgestaltung in einer Beeinflussung der Handelsaktivität resultieren. Terminmärkte können darüber hinaus auch die Funktion einer Orientierung für die Lagerhaltung und die Bildung zukünftiger Preise erfüllen. Siehe hierzu Tomek/Gray (1970), S. 372. Zur Bedeutung der Informationsverarbeitung auf Kapitalmärkten siehe auch Abschnitt 4.2.2.5.

764 Vgl. Harrington/Niehaus (1999), S. 50.

tigte Transaktion zu verstehen.[765] Da, wie bereits ausgeführt, ein Kassamarkt oft als Voraussetzung für einen Derivate-Markt gesehen wird, definieren ein Großteil der Arbeiten unter der Voraussetzung eines Bar-Ausgleichs[766] die Hedge-Effizienz als Differenz zwischen Kassamarkt-Preis und dem Wert des zur Risikoabsicherung genutzten Derivats.[767] Für eine Untersuchung der Katastrophen-Kontrakte ist diese Definition aber auf Grund der Nicht-Existenz eines Kassamarktes nicht zielführend. Im Rahmen dieser Arbeit ist vielmehr der Zusammenhang zwischen individuellen Risikoabsicherungsbedürfnissen und den Charakteristika des Absicherungskontrakts relevant. Vor dem Hintergrund der Zielsetzung dieser Arbeit ist Hedge-Effizienz somit als Differenz zwischen der aus dem Finanzkontrakt folgenden Zahlung und der individuellen Risikoposition zu definieren.[768] Das verbleibende, nicht durch den Finanzkontrakt abgesicherte Abweichungsrisiko[769] ist als Basis-Risiko definiert.[770] Ceteris paribus sind Kontrakte mit geringem Basis-Risiko solchen mit hohem Basis-Risiko vorzuziehen. Eine möglichst große Hedge-Effizienz und infolgedessen ein geringes verbleibendes Basis-Risiko durch eine Transaktion mit einem Finanzkontrakt für eine Vielzahl an potenziellen Interessenten gilt als wichtige Erfolgsdeterminante von Derivaten.[771]

Nicht-Existenz eines Cross-Hedge

In der Praxis stimmt die individuelle Risikoposition nur in Ausnahmefällen mit der Zahlungsstruktur des Derivates überein bzw. ist perfekt negativ korreliert. Daher muss in der überwiegenden Mehrzahl der Risikoabsicherungsmaßnahmen davon ausgegangen werden, dass Basis-Risiko bewusst in die Risikoabsicherungsentscheidung einbezogen wird. Der Entschluss zur Risikoabsicherung hängt damit entscheidend von der Korrelation mit der eigenen Risiko-Position und somit der möglichst geringen Existenz von

---

765 Bereits Working (1953) erkannte, dass die Mehrzahl der zur Risikoabsicherung eingesetzten Kontrakte sich kaum perfekt entgegengesetzt zur eigenen Risikoposition entwickeln, so dass immer ein gewisses Restrisiko verbleibt. Siehe Working (1953), S. 320-321. Für weitere Ausführungen hierzu siehe Ederington (1979), S. 159-160.

766 Sollte dagegen eine physische Lieferung vereinbart oder optional sein, so wird dieses Basis-Risiko minimiert. Vgl. Hranaiova/Tomek (2002), S. 784.

767 Siehe Holland/Vila (1997), S. 182; Hull (2000), S. 36. Diese Definition erfolgt vor allem auch wegen der guten Operationalisierbarkeit bei empirischen Studien.

768 Da kein Kassamarkt für Katastrophen-Risiken existiert, ist diese Definition auch im Sinne der Arbeit und der weiteren Ausführungen im Rahmen der Analyse. Vgl. für eine sachlich ähnliche, ebenfalls auf den vorliegenden Untersuchungsgegenstand bezogene Definition von Hedge-Effizienz und Basis-Risiko Kist/Meyers (1999), S. 9; Laster/Raturi (2001), S. 18.

769 Hierbei ist zu beachten, dass ein negatives Basis-Risiko i. d. R. auch die Chance auf einen zusätzlichen Gewinn enthält, also der tatsächliche Schaden geringer ausfällt als die Zahlung aus dem entsprechenden Finanzkontrakt. Vgl. Bouriaux (2001), S. 102.

770 Basis-Risiko kann dementsprechend als Folge einer fehlenden Identität von der Basis des zur Risikoabsicherung genutzten Vertrages und der individuellen Risikoposition entstehen. Vgl. Ederington (1979), S. 159-160. Z. B. existieren verschiedene Kornsorten, aber nicht für jede Kornsorte existiert ein Terminkontrakt, so dass bei leicht unterschiedlichen Marktpreisen ein Restrisiko verbleibt. Für weitere Ausführungen siehe Hull (2000), S. 35.

771 Vgl. Silber (1981), S. 131; Black (1986), S. 12-13; Cuny (1993), S. 58; Nothaft/Lekkas/Wang (1995), S. 589; Holland/Vila (1997), S. 182; Johnston/McConnell (1989), S. 3.

Basis-Risiko zusammen. Ist das Basis-Risiko zu groß, kann die Anwendung eines Hedges unattraktiv werden. In Erweiterung der bisherigen Argumentation kann aber auch bewusst Basis-Risiko eingegangen werden. Wenn kein am Kapitalmarkt bestehendes Derivat perfekt der individuellen Risikoposition entspricht, ist eine Risikoabsicherung durch Derivate auf Grund der Vielzahl an verfügbaren, unterschiedlichen Finanzkontrakten trotzdem durchführbar. Hierzu sind unter diesen Bedingungen Finanzkontrakte zu nutzen, die der gewünschten konditionalen Zahlungsstruktur möglichst nahe kommen (sog. „Cross-Hedges"). Die Basis des Cross-Hedges sollte, bei Beachtung des Basis-Risikos, durch eine möglichste große positive oder negative[772] Korrelation zu der eigenen Risikoposition charakterisiert sein.

Die Existenz ähnlicher, bereits bestehender Kontrakte, mit denen ein Cross-Hedge durchführbar ist, ist trotz des Nachteils des Basis-Risikos eine häufige Ursache misslungener Innovationsbemühungen.[773] Obwohl ein Cross-Hedge durch die Existenz von Basis-Risiko nicht die ideale Absicherungsmöglichkeit ist, kann das Vorhandensein eines bereits bestehenden, stark korrelierten Finanzkontraktes die Einführung anderer, mit vergleichsweise geringem Basis-Risiko verbundenen Kontrakte verhindern, da über die Korrelation hinaus weitere Eigenschaften der Finanzkontrakte für oder gegen die Nutzung eines spezifischen Produktes sprechen. Tatsächlich unterscheiden sich die vielfältigen Derivate nämlich nicht nur durch ihre Korrelation mit der individuellen Risikoposition, sondern auch durch weitere, in die Argumentation einzubeziehende Attribute.

Liquidität

Eine solche handlungsrelevante Eigenschaft ist die spezifische *Liquidität* der Finanzkontrakte. So existieren verschiedene Beispiele, die zeigen, dass Derivate mit hohem Basis-Risiko solchen mit geringem Basis-Risiko angesichts von Liquiditätsunterschieden vorgezogen werden.[774] Die bereits etablierten Produkte verfügen bereits über eine, relativ zu dem neuen Kontrakt, hohe Liquidität, so dass ihre Attraktivität u. U. insgesamt trotz eines höheren Basis-Risikos größer sein kann.[775] Als logische Konsequenz ist die Nicht-Existenz eines liquiden, konkurrierenden Marktes ein Erfolgsfaktor für ein erfolgreiches Derivat.[776] Daneben ist die Liquidität eines Finanzkontrakts selbst aber auch

---

772 Dementsprechend ist der Hedge entweder durch Verkäufe oder Käufe der entsprechenden Position aufzubauen.

773 Vgl. Case/Shiller/Weiss (1993), S. 90.

774 Dieser Gedanke geht auf Working (1953) zurück. Siehe Working (1953), S. 341. Siehe hierzu auch die Ausführungen von Black (1986), S. 22-24 und die Ergebnisse von Black (1986), S. 44 sowie Janssen (1994), S. 301, 304.

775 Vgl. Silber (1981), S. 134, 137-139. Allgemein ist davon auszugehen, dass es Börsen nicht oder nur sehr schwer gelingt, bereits liquide Kontrakte anderer Börsen erfolgreich zu kopieren. Vgl. Bollen/ Smith/Whaley (2003), S. 2003.

776 Siehe Holland/Vila (1997), S. 182; Kolb (1998), S. 37; Brorsen/Fofana (2001), S. 130; Nothaft/Lekkas/Wang (1995), S. 594.

Erfolgsfaktor[777] und Erfolgsmaßstab zugleich, wobei die Liquidität als Erfolgsfaktor besonders auf Grund dieser Zirkelverknüpfung[778] nur schwer steuerbar ist.[779]

Manipulationsfreiheit

Angesichts des hohen Zukunftsbezugs von Finanzkontrakten ist unter Moral-Hazard-Gesichtspunkten besonders die Unmöglichkeit einer Manipulation der Derivate für die Marktteilnehmer wichtig.[780] Ein den Derivaten zugrunde liegender großer Kassamarkt ist daher – neben dem bereits erläuterten Indiz für ein hohes Interesse – für die Akteure ein Garant einer weitgehenden Manipulationsfreiheit. Ein großer Cash-Markt verhindert die Marktkontrolle durch Einzelne und somit auch die Möglichkeit der Beeinflussung, da immer ein durch das freie Spiel von Angebot und Nachfrage gebildeter Marktpreis verfügbar ist.[781] Die Wertfeststellung am Verfallstag wird so von den Interessen Einzelner unabhängig und folglich objektiviert. Auch während der Laufzeit verhindert ein großer Kassamarkt durch die Existenz von Arbitrageuren ein Abweichen des Derivate-Preises von dem durch den Kassamarkt determinierten fairen Preis.

Neben der Manipulation der Kurse durch einzelne Marktteilnehmer kann eine Beeinflussung auch durch Regulierungsmaßnahmen oder z. B. durch direkte Markteingriffe staatlicher Institutionen erfolgen.[782] Auf Grund der inhärenten Vorteile des Bar-Ausgleichs[783] ist die Existenz eines liquiden, manipulations- und regulationsfreien Basis-Marktes unter diesen Aspekten ein entscheidender Erfolgsfaktor. Beim Fehlen eines Basis-Marktes ist daher eine andere, trotzdem aber manipulationsunabhängige Bestimmung des Derivat-Wertes eine wichtige Erfolgsdeterminante,[784] die bei der Gestaltung der Katastrophen-Kontrakte beachtet werden muss.

Informationsverfügbarkeit

Ist bei einer Kapitalmarkt-Transaktion zur Risikoabsicherung (fundamentale Transaktion) theoretisch die Ableitung einer Handelsstrategie auf Grund von internen, subjektiven Informationen möglich, so benötigen besonders Spekulanten und Arbitrageure weitere, externe Informationen. Die in Abschnitt 4.2.2 angesprochene Informationseffizienz der Kapitalmärkte steht in direktem Zusammenhang mit der Handelsaktivität dieser beiden Gruppen. In der Folge ist die freie Verfügbarkeit von relevanten und verlässlichen

---

777 Vgl. Marton (1984), S. 246; Nothaft/Lekkas/Wang (1995), S. 594-598; Holland/Vila (1997), S. 184; Cuny (1993), S. 59; Silber (1981), S. 137-138; Black (1986), S. 20-21.

778 Die Existenz einer großen Liquidität erfordert eine Vielzahl an Investoren, wobei die Investoren sich nur engagieren, wenn Liquidität vorhanden und gesichert ist.

779 Vgl. Marton (1984), S. 246.

780 Vgl. Silber (1981), S. 131.

781 Vgl. Sandor (1973), S. 125.

782 Vgl. Carlton (1984), S. 243; Black (1986), S. 9-10.

783 Siehe Lien/Tse (2002), S. 361; Jones (1982); Garbade/Silber (1983a), Sektion II. Besonders die Hedge-Effizienz wird in der Regel durch einen Bar-Ausgleich und die geschickte Wahl des Indices erhöht. Vgl. Chan/Lien (2001), S. 66. Für eine Übersicht von Vertragsklauseln bei Lieferung siehe die Arbeit von Powers (1967).

784 Vgl. Garbade/Silber (1983a), S. 22; Fofana (1995), S. 11; Sandor (1973), S. 125.

Informationen ein wichtiger Erfolgsfaktor, der besonders bei der Schaffung von vergleichsweise neuen Märkten zu beachten ist.[785] Hierfür ist kein Zustand der vollständigen und absolut gleichen Informationsausstattung aller Marktteilnehmer notwendig. Es müssen aber Informationen verfügbar sein, die den Einzelnen in die Lage versetzen, eine Strategie entsprechend zu entwickeln und anzupassen. In Erweiterung der generellen informationsverarbeitenden Funktion der Kapitalmärkte[786] sehen auch die Arbeiten zu den Erfolgsfaktoren von Finanzkontrakten Informationen als kritische Erfolgsgröße.[787] Dies inkludiert auch die Fähigkeit, aus den Informationen entsprechende Bewertungen entwickeln zu können, d. h. die Fähigkeit, mit den entsprechenden wertrelevanten Komponenten umzugehen.[788]

Zusammenfassung

Die Ausführungen in diesem Kapitel haben gezeigt, dass ein erfolgreicher Finanzkontrakt gleichzeitig eine Angebots- und Nachfrage-Basis besitzen muss, für die er unterschiedliche Funktionen möglichst attraktiv erfüllt. Über die bereits in den vorausgegangenen beiden Kapiteln hergeleiteten Faktoren sind die Hedge-Effizienz, die Liquidität, die weitgehende Unmöglichkeit einer Manipulation und die Verfügbarkeit und Verarbeitbarkeit von kursrelevanten Informationen wichtige Erfolgsfaktoren eines Finanzkontraktes.

Damit sich auf einer heterogenen Interessensbasis unterschiedlicher Marktakteure ein erfolgreiches Produkt etablieren kann, muss eine entsprechende Ausgestaltung der Eigenschaften des Produktes erfolgen, die in einem möglichst großen Interesse an einem Kontrakt resultiert.[789] Die Schwierigkeit bei der Kontraktgestaltung (z. B. im Rahmen einer Standardisierung) ist die Ausgestaltung einzelner Eigenschaften unter der Berücksichtigung von heterogenen Interessen und Interdependenzen.

4.3.2.3 Eigenschaften der Kontrakt-Basis

Die dritte Gruppe der Arbeiten, die sich mit Erfolgsfaktoren von Risiko-Kontrakten beschäftigen, untersucht die den Verträgen zugrunde liegende Basis und ihre Eigenschaften (Commodity Approach). Anhand von Vergleichen zwischen erfolgreichen und nicht-erfolgreichen Derivaten und Unterschieden in den Charakteristika der ihnen zugrunde liegenden Güter versuchen diese Arbeiten Erfolgsfaktoren zu bestimmen. Die

---

785 Vgl. Kolb (1998), S. 29; Kolb (2003), S. 99; Franke (1995), S. 542. Die deutsche Börse stellt daher historische und aktuelle Wetterdaten zur Förderung des Wetterderivate-Handels der Öffentlichkeit zur Verfügung. Siehe www.xelsius.com. Für weitere Ausführungen zum Zusammenhang zwischen Datenlage und Wetter-Derivate-Markt siehe Werner (2000), S. 859-860.

786 Vgl. Abschnitt 4.2.2.5.

787 Vgl. Fn. 785.

788 Vgl. Amundsen/Singh (1992), S. 98 sowie die Ausführungen zur Bewertbarkeit als Komponente der Versicherbarkeit in Abschnitt 2.1.3.

789 Vgl. Silber (1981), S. 129.

Lagerbarkeit, Lieferbarkeit[790], *Homogenität bzw. Standardisierbarkeit, Beständigkeit* und die generelle Möglichkeit der *Spezifikation* von *Menge* und *Qualität* der Basis sind Eigenschaften,[791] die besonders vor dem Hintergrund des physischen Ausgleichs von derivativen Risiko-Kontrakten Erfolgsfaktoren darstellen können.[792]

Obwohl eine Reihe von Studien die Charakteristika der den Wertpapieren zugrunde liegenden realen Güter untersucht[793] und so einen Hinweis auf mögliche Erfolgsfaktoren anderer Finanzkontrakte geben will, stellt sich heraus, dass diese Eigenschaften kaum Aufschluss über den potenziellen Erfolg neuartiger Risiko-Kontrakte geben können und immer wieder durch Gegenbeispiele widerlegt werden.[794] BLACK [1986] vergleicht beispielsweise zwölf sehr ähnliche Underlyings paarweise und zeigt, dass sich trotz gleicher Eigenschaften der Basis nur in jeweils einem Fall der Erfolg des Terminkontraktes eingestellt hat.[795] GARBADE/SILBER [1983b] weisen nach, dass die von vielen Arbeiten geforderte *Homogenität* des Underlyings nicht grundsätzlich gegeben sein muss, sofern dieser Umstand den Marktteilnehmern bekannt ist.[796] Es ist daher wenig wahrscheinlich, dass die fundamentalen Eigenschaften der den Derivaten zugrunde liegenden Basen Erfolgsfaktoren für die Katastrophen-Risiko-Finanzkontrakte darstellen. Da bereits in Abschnitt 2.1.3 die grundsätzliche Versicherbarkeit von Katastrophen-Risiko gezeigt wurde, werden die Eigenschaften erfolgreicher Kontrakte auf Grund der fehlenden Entscheidungsrelevanz im Verlauf dieser Arbeit nicht weiter betrachtet.[797]

---

790 Dies umfasst auch geringe Kosten der Lieferung. Vgl. Black (1986), S. 10.

791 Vgl. Kohl (1967), S. 211; Black (1986), S. 6-10; Amundsen/Singh (1992), S. 98; Nothaft/ Lekkas/Wang (1995), S. 586; Kolb (1998), S. 37; Brorsen/Fofana (2001), S. 130; Fofana (1995), S. 5; Pennings (2002), S. 9.

792 Eine Beschreibung der Gründe, warum diese einzelnen Eigenschaften Erfolgsfaktoren für Derivate darstellen sollen, wird hier auf Grund der geringen Bedeutung für den Untersuchungsgegenstand nicht durchgeführt.

793 Vgl. Fn. 791.

794 Vgl. Pennings (2002), S. 10; Powers (1967), S. 833.

795 Siehe Black (1986), S. 5.

796 Siehe Garbade/Silber (1983b), S. 267.

797 Für eine ähnliche Argumentation und ausführliche Darstellung dieser Eigenschaften siehe Black (1986), S. 5. Diese Darstellung ist so grundlegender Natur, dass sie bis heute eine hohe Relevanz aufweist.

4.4 Adoption und Diffusion von Innovationen

Man stelle sich einmal vor, dass der menschliche Nutzer einer Maschine zu schnell für diese ist und dass zur Vermeidung einer Beschädigung der Maschine ein Mechanismus entwickelt wird, um den Menschen abzubremsen. Unvorstellbar, dass dieser Mechanismus nach Weiterentwicklung der Maschine nach wie vor die Nutzer bremst und sich eine Beseitigung nicht realisieren lässt? Haben Sie sich jemals gefragt, warum die Tasten auf den Schreibmaschinen und Computern für ihre Bedürfnisse so ungünstig angeordnet sind?[798]

Kapitel 4.2 und 4.3 haben sich mit der Herleitung von Funktionen und Eigenschaften von Finanzkontrakten beschäftigt. Die Analyse in Teil 5 wird anhand des in Kapitel 4.2 bestimmten funktionalen Rahmens beurteilen, inwiefern die zu beobachtenden Ausprägungen der Katastrophen-Kontrakte den spezifischen Bedürfnissen und Erfordernissen angepasst sind. Die in Kapitel 4.2 und 4.3 bestimmten Eigenschaften dienen innerhalb des funktionalen Rahmens als Beurteilungsmaßstäbe. Aus dieser Betrachtung lässt sich die aktuelle Situation bewerten sowie Maßnahmen zur weiteren zielgerichteten Entwicklung der Kontrakte ableiten, um so z. B. die Entfaltung eines erfolgreichen Marktes zur Verbesserung der aktuellen Situation zu realisieren. Durch die besondere Rolle des Untersuchungs- und Erkenntnisobjekts der Katastrophen-Kontrakte lassen sich damit wichtige Ergebnisse im Sinne des Erkenntnisziels der vorliegenden Arbeit ableiten.

Das einführend zitierte Beispiel verdeutlicht aber eindrucksvoll, dass das Faktum einer Verbesserung oder einer überlegenen und sinnvollen Innovation keine Garantie für deren Erfolg darstellt.[799] Der bisherige Argumentationsrahmen und damit auch die in Teil 5 vorzunehmende Analyse ist in Anwendung des Funktionalansatzes von der Grundauslegung her statisch. Diese Beurteilung eignet sich zwar durch ihre fundamentale Betrachtungsweise der realen Abläufe zur strukturierten Analyse von Zusammenhängen im Gesamtzusammenhang und zur Orientierung bei Veränderungen. Mittels dieses Analyserahmens können aber nicht die zu Veränderungen führenden dynamischen Prozesse abgebildet und beschrieben werden. Da die Beachtung der dynamischen Prozesse – nur durch diese kann die Innovation sich am Markt etablieren – eine wichtige Größe darstellt, erweitert Kapitel 4.4 diesen bisher statisch-orientierten Analyserahmen um den dynamischen Prozess der Durchsetzung von Innovationen.

Begriffliche Anmerkungen und Einführung

Eine Innovation wird durch einen Innovator an den Markt gebracht. Dieser muss bei seiner Innovationstätigkeit damit rechnen, dass Imitatoren seine Ideen kopieren und damit zu ihm in Konkurrenz treten. Die Verbreitung der Innovation als Resultat des

---

798 Zitiert nach Rogers (1983), S. 9-10.

799 Vgl. Brockhoff (2000), S. 117; Rogers (1983), S. 7-10.

Verhaltens von Nachfragern und Anbietern ist so auch von strategischen Überlegungen abhängig. Die Durchsetzung einer Innovation innerhalb eines Marktes im Zeitverlauf wird als Diffusion bezeichnet.[800] Sie ist Folge einer individuellen Adoption (Übernahme) der Innovation durch die Nachfrager, die mit einer eventuellen Adaption (Anpassung) der Innovation durch die Anbieter an die spezifischen Eigenschaften der Nutzer verbunden sein kann.

Analog den jeweiligen Forschungsrichtungen werden im Anschluss an die Innovationsmotive nachfolgend zuerst der Prozess und die Entscheidung der Adoption und dann der Prozess der Diffusion dargestellt, wobei die Adoption als intrapersonale Entscheidung, die Diffusion hingegen als interpersonales Phänomen aufgefasst werden.[801] Die Adoptionstheorie liefert durch Aggregation der einzelnen Nutzer die Grundlage für die Diffusionsforschung.

Die sehr begrenzte Literatur zur Theorie der Adoption und Diffusion von Finanzinnovationen bedingt eine weitgehende Anlehnung der Ausführungen an die allgemeine betriebswirtschaftliche Innovationsliteratur. Dieser Mangel an spezifischer Literatur zum Untersuchungsgegenstand stellt die Ableitung relevanter Erfolgsfaktoren für die Analyse in Teil 5 und Teil 6 aus dem folgenden Themenfeld vor große Probleme. Die vorliegende Arbeit möchte ein möglichst vollständiges Abbild des Untersuchungsgegenstands erarbeiten. Eine umfassende Betrachtung der allgemeinen Literatur zur Adoption und Diffusion von Innovationen und eine entsprechende Ableitung relevanter Erfolgsfaktoren unter Berücksichtigung der wesentlichen Charakteristika des Untersuchungsgegenstands würden einerseits den Rahmen der Arbeit sprengen. Andererseits stellt dies auch nicht die Zielsetzung der Arbeit dar. Wenn die Untersuchung in den folgenden Analyseteilen zeigt, dass dieser Themenbereich eine besondere Relevanz zur Erklärung des Untersuchungsgegenstands im Speziellen und der Erfolgsumstände von Finanzkontrakten im Allgemeinen besitzen, müssen retrospektiv andere Arbeiten diese Grundlagen vertiefen. Die folgende, unter Umständen wenig zwingende Ableitung der in den weiteren Untersuchungsverlauf inkludierten Fakten ist unter diesen Aspekten ausreichend.

4.4.1 Innovationsmotive

Obwohl bei Katastrophen-Kontrakten die eigentliche Innovation bereits erfolgte, d. h. das Untersuchungsobjekt schon bekannt ist und in der Praxis Verwendung findet,[802] ist

---

800 Vgl. Rogers (1983), S. 5-7. Siehe auch Fn. 415. Wolfe/Fleischer/Morell/Eveland (1990) weisen explizit auf die Zielorientierung der jeweiligen Adoptionsdefinition hin. Siehe Wolfe/Fleischer/Morell/Eveland (1990), S. 178-179.

801 Vgl. Böcker/Gierl (1988), S. 32.

802 Auf Grund dieses Umstandes bietet sich nicht die Anwendung und Übertragung eines klassischen Innovationsprozessmanagements an. Zu dem klassischen Prozessmanagement von Innovationen siehe beispielsweise Pleschak/Sabisch (1996), S. 24-35, 43-46; Brockhoff (1999), Kapitel 4-6, Vahs/Burmester (2002), Kapitel 4. Zum Begriff des Innovationsmanagements siehe Hauschildt (1997), S. 25-29.

es dennoch wichtig, die Rolle der Innovatoren zu betrachten. Diesen kommt, da sich der Markt für Katastrophen-Kontrakte nicht wie gewünscht entwickelt, eine entscheidende Bedeutung zu. Die Innovatoren haben nämlich über die Bereitstellung der ursprünglichen Innovation eine zusätzliche, zweigeteilte Funktion. Einerseits ist in den allermeisten Fällen, so auch im Hinblick auf das Untersuchungsobjekt, nicht davon auszugehen, dass die erste Version des Produkts bereits optimal an die Bedürfnisse der Nachfrager angepasst ist. Die Innovatoren werden daher die Innovation weiterentwickeln. Auf der anderen Seite ist die Diffusion aber auch davon abhängig, inwieweit und mit welchem Nachdruck der Markt aktiv entwickelt wird. So sind gegebenenfalls Anfangsinvestitionen, wie etwa Aufklärungsmaßnahmen, Marketing etc., nötig, um eine Diffusion der Innovation sicherzustellen. Daher ist die Diffusion auch von der Motivation der Innovatoren abhängig, das Produkt und den Markt aktiv zu fördern. In der Industrie ist die Bedeutung der zielgerichteten Marktbearbeitung zur Förderung der Diffusionsprozesse erkannt. Die Aufwendungen hierfür können ein Vielfaches der F&E-Aufwendungen betragen.[803]

Die weitere Entwicklung der Innovation und der Aufbau eines funktionierenden Marktes erfolgt dabei aus denselben Motiven, wie die ursprüngliche Innovationstätigkeit.[804] Die Hervorbringung von Innovationen liegt im Gewinnstreben[805] einzelner Marktakteure begründet.[806] Da die Entwicklung neuer Produkte jedoch mit Kosten[807] und gleichzeitig hoher Unsicherheit verbunden ist,[808] muss den Aufwendungen als Kompensation ein entsprechend hoher erwarteter Gewinn gegenüberstehen. Innovationsanstrengungen sind so von dem positiven Ergebnis einer Wirtschaftlichkeitsrechnung der einzelnen

---

803 Vgl. Pleschak/Sabisch (1996), S. 211.

804 Die weiteren Ausführungen gehen bewusst idealisierend davon aus, dass Innovatoren sich für oder gegen ein Engagement entscheiden können und ihr Verhalten dabei ausschließlich von den Vor- und Nachteilen der jeweiligen Handlungen bestimmt wird. Bei der Innovationstätigkeit im engeren Sinne ist nicht von einer solchen Situation auszugehen. Diese hängt auch von einer Reihe von anderen Faktoren ab und ist z. B. auch Fähigkeits- und Wissensgetrieben. Vgl. Lieberman/Montgomery (1988), S. 49. Da die Invention des Untersuchungsobjektes aber bereits erfolgt ist, sind im Folgenden besonders Faktoren wichtig, die das weitere Engagement motivieren. Von den Umständen einer Inventionstätigkeit wird daher wie beschrieben abstrahiert. Für eine umfassende Darstellung von verschiedenen innovationsfördernden Faktoren und Umständen siehe die einzelnen Beiträge in Fischer/Fröhlich (2001).

805 Schumpeter (1912) weist hierbei ausdrücklich darauf hin, dass auch die Veränderung an sich bereits einen Wert darstellen kann. Von diesen Gedanken sei hier aber abstrahiert und auf den engeren Bereich des ökonomischen Gewinns verwiesen.

806 Hierbei ist in den „Supply Push“ und „Demand Pull“ zu unterscheiden. Vgl. Geroski/Walters (1995), S. 916. Die weiteren Ausführungen abstrahieren von der Nachfrageseite und fokussieren primär auf die Bemühungen der Innovatoren. Zum Zusammenhang zwischen Innovationsanstrengungen und Unternehmensprofit siehe auch Geroski/Machin/Reenen (1993), S. 201-204.

807 Innovatoren müssen beträchtliche Aufwendungen für Forschung und Entwicklung sowie Marktvorbereitung und Erschließung tragen. Vgl. Erichson (1997), S. 9-10; Urban/Hauser (1987), S. 39.

808 Vgl. Brockhoff (1999), S. 14; Urban/Carter/Gaskin/Mucha (1986), S. 645; Biggadike (1979), S. 103.

Marktteilnehmer abhängig.[809] Der Innovator wird also bereits bei der Entwicklung neuer Produkte über die Berücksichtigung der Anforderungen der Nachfrager hinaus darauf achten, dass diese Wertschätzung für seine Innovation in einem adäquaten Verdienst resultiert.

Innovationsgründe

Traditionell geht die Literatur davon aus, dass sich der Innovator als Markterster[810] durch marktinhärente Mechanismen einen entsprechenden Ausgleich sichern kann und dass seine Innovationstätigkeit und Pionierrolle hierin begründet liegen. Das Konzept der Markteintrittsbarrieren[811] garantiert dem Innovator eine durch die Innovation geschaffene Sonderstellung (*zeitlich befristete Monopolstellung*). Hierdurch kann er eine mehr oder weniger zeitlich stabile Position aufbauen, die ihm durch Preis- oder Mengenvorteile im weiteren Zeitverlauf für die Aufwendungen der Innovationsanstrengungen entschädigt. Im einfachsten Fall ist diese Sonderstellung auf eine zeitlich verzögerte Imitation der vom Innovator neu kreierten Produkte zurückzuführen.[812] Während dieser Zeitspanne ist der Innovator quasi Monopolist und kann als Entschädigung und Entlohnung für seinen Innovationsaufwand eine Rente abschöpfen. Ein Innovator sollte aber auch über die zeitlich begrenzte Position des Quasi-Monopolisten hinaus in der Lage sein, diese Vorteile z. B. durch Lern- und Skaleneffekte in eine langfristige Sonderstellung zu transferieren.[813] Er muss aber jederzeit mit Imitationen und weiteren Innovationen rechnen, die dazu führen, dass seine Sonderstellung erodiert.[814]

Die positiven Folgen der Innovationstätigkeit für die Volkswirtschaft wurden bereits sehr früh erkannt.[815] Gleichzeitig wurde befürchtet, dass natürliche Markteintrittsbarrieren bei einer einfachen Kopierbarkeit der Innovation nicht ausreichen, um den Innovator ausreichend zu motivieren. Unter der Voraussetzung der vollständigen Konkurrenz ist damit zu rechnen, dass erfolgreiche Innovation sehr schnell *Imitationsbemühungen* der Konkurrenz nach sich ziehen werden.[816] Da davon auszugehen ist, dass Imitations-

---

809 Zur Wirtschaftlichkeitsrechnung von Innovationen siehe Pleschak/Sabisch (1996), S. 169-210; Brockhoff (1999), S. 388-406.

810 Der Innovator muss nicht unbedingt auch die Pionierrolle bei der Markteinführung übernehmen. Für die weiteren Ausführungen wird der First-Mover als der Markterste bezeichnet. Vgl. auch Patterson (1993), S. 765.

811 Markteintrittsbarrieren sind Kosten, die den nachfolgenden Unternehmen beim Markteintritt entstehen, aber nicht durch die Innovatoren aufzubringen waren. Vgl. Weizsäcker (1980), S. 400.

812 Vgl. Patterson (1993), S. 765.

813 Vgl. Patterson (1993), S. 766.

814 Siehe hierzu das spieltheoretische Modell von Reinganum (1985), bei dem Reihen von Innovationen eine Evolution der gesamten Branche verursachen. Siehe Reinganum (1985), S. 83-90.

815 Bereits Smith (1776) geht auf Veränderungen durch Innovationen ein. Schumpeter (1912) gilt als Schöpfer der Innovationslehre, die aber erst retrospektiv durch die empirische Arbeit von Solow (1957) breite Aufmerksamkeit erlangte.

816 Die Imitation erfolgreicher Innovationen durch Wettbewerber wird auf Grund ihrer hohen Eintrittswahrscheinlichkeit teilweise sogar als fester Bestandteil des Innovationsprozesses gesehen. Vgl. Brockhoff (1999), S. 38.

kosten geringer als Innovationskosten sind,[817] können die Imitatoren bei einem Preiswettbewerb durch geringere Kosten Vorteile realisieren, wodurch dem Innovator die Entschädigung für seine Innovationstätigkeit verloren geht. Daher kann es bei der Abwesenheit von marktinhärenten Mechanismen wie Reputationsgewinnen, Erfahrungsvorsprüngen etc. zu einem Marktversagen kommen, das dem Einzelnen keinen Antrieb mehr gewährt, Ressourcen für Innovationstätigkeiten aufzuwenden. Im Extremfall antizipiert der Innovator die rasche Imitation, so dass die Innovationsbemühungen völlig unterbleiben bzw. nicht in optimaler Weise durchgeführt werden.[818] Die individuellen Innovationsbemühungen des Innovators haben aber positive externe Effekte, die nicht in Kompensationsansprüchen resultieren. Aus diesem Grund wurden die natürlichen Markteintrittsbarrieren durch staatliche Kopiersanktionen in Form von Patenten und Gebrauchsmustern in nahezu allen Volkswirtschaften erweitert.[819] Die Erlangung eines Patentes stellt damit eine künstliche, aber wirksame Markteintrittsbarriere dar, die Innovationstätigkeit belohnt.[820]

Obwohl die Imitation von Innovationen fast eindeutig negativ besetzt ist,[821] da sie, wie gezeigt, sogar Innovationsanstrengungen verhindern kann, ist es volkswirtschaftlich aber sinnvoll, dass erfolgreiche Neuerungen im Zeitverlauf kopiert werden.[822] Die positiven Folgen von Wettbewerb sind eines der Grundprinzipien unserer Wirtschaftsordnung. Hierin begründet sich die zeitliche Begrenzung des Patentschutzes, der idealerweise einerseits sicherstellt, dass Innovationsanstrengungen honoriert werden, andererseits durch die Befristung trotzdem Wettbewerb erlaubt und hierdurch für eine hohe Allokationseffizienz sorgen kann. Da eine Innovationstätigkeit und eine First-Mover-Aktivität[823] sowohl mit positiven als auch negativen Effekten verbunden ist, werden nachfolgend überblicksartig Vor- und Nachteile der jeweiligen Position dargestellt.

---

817 Die Imitationskosten werden auf Grund der zielgerichteten Entwicklung und Orientierung an der ursprünglichen Innovation als deutlich geringer gesehen, so dass die Differenz aus Innovations- und Imitationskosten positiv sein kann und der Innovator mit Kostennachteilen rechnen muss. Vgl. Cottrell/Sick (2002), S. 251-252. Mansfield/Schwartz/Wagner (1981) finden, dass die Imitationskosten durchschnittlich lediglich 65% der Innovationskosten betragen und der Zeitbedarf der Imitation um ca. 30% geringer ist, als der der Innovationstätigkeit. Siehe Mansfield/Schwartz/Wagner (1981), S. 910.

818 Für eine ausführliche Darstellung dieser Problematik siehe Tirole (1988), Kapitel 10.

819 Für eine Übersicht zum Patentschutz und ähnlicher Mechanismen siehe Brockhoff (1999), S. 95. Zur Bedeutung des Patentschutzes und ähnlicher rechtlicher Schutzmechanismen für Innovationen siehe ebenfalls Pleschak/Sabisch (1996), S. 46-52; Hase (2000), S. 197. Siehe auch die grundlegende Arbeit von Nordhaus (1969) und den Literaturüberblick zur optimalen Länge der Patentdauer von Denicolo (1996).

820 Vgl. Lieberman/Montgomery (1988), S. 42-43. Mansfield (1986) findet dagegen, dass Patente kaum Innovationstätigkeiten auslösen, weil sie nicht wirksam vor Imitation schützen. Siehe Mansfield (1986), S. 180, als Basis siehe auch Mansfield/Schwartz/Wagner (1981).

821 Vgl. Schwartz (1978), S. 46.

822 Wettbewerb dient allgemein der breiten Verteilung der Innovationsgewinne, was im Speziellen auch für Finanzinnovationen gilt. Vgl. Allen/Gale (1994), S. 100.

823 Als First-Mover wird der Markt-Erste bezeichnet.

First-Mover-Vorteile

First-Mover-Vorteile existieren definitionsgemäß dann, wenn der Innovator Vorteile im Zeitablauf gegenüber nachfolgenden Imitatoren besitzt. Diese Markteintrittsbarrieren können vielfältiger Natur sein. Sie sind in ihrer Wirkungsweise komplex und lassen sich daher kaum trennscharf klassifizieren.[824] Für eine Bestimmung allgemeingültiger Phänomene, die sich zur Übertragung auf Finanzkontrakte und die Motivation der Innovatoren eignet, bietet sich eine Klassifizierung der Gründe nach folgender Dreiteilung an:

Die erste Gruppe der Markteintrittsbarrieren entsteht durch Phänomene, die charakteristisch für den Anbieter der Innovation sind und ihn im Vergleich zu Konkurrenten bevorteilen. So kann sich der Innovator im einfachsten Fall Kostenvorteile sichern.[825] Z. B. kann eine höhere Marktaufmerksamkeit für den Innovator entstehen, die nachfolgende Unternehmen durch Marketingaufwendungen kompensieren müssen.[826] Die höhere Herstellungsmenge, die der Markterste während seiner zeitlich befristeten Monopolstellung realisieren kann, kann aber auch zu so genannten „*Economies of Scale*" führen. Die geringeren Kosten erlauben ihm eventuell auch noch später durch z. B. günstigere Preise, diese Position nachhaltig zu sichern. Durch den früheren Beginn und die damit verbundene längere Erfahrung können etwa bei der aufwändigen Produktion von Technologie-Gütern auch *Lerneffekte* realisiert werden, welche nachfolgende Unternehmen nicht oder nur durch erhöhte Anstrengungen aufholen können.[827] Da eine erfolgreiche Innovation i. d. R. eine Verbesserung für den Kunden darstellt, resultiert daraus auch ein Image- und *Reputationsgewinn* für den Innovator, der zwar nicht unmittelbar zu einer Markteintrittsbarriere führt, aber doch einen Vorteil darstellt, der mit dem First-Mover verbunden ist und so das Verhalten entsprechend motivieren kann.[828] Existieren *industriespezifische Umstände*, wie etwa knappe Ressourcen oder auch ein limitiertes Marktpotenzial, kann der Markterste durch sein rasches Handeln weitere Wettbewerber an einem Markteintritt hindern. Er kann je nach Industrie sogar langfristig eine Sonderstellung aufbauen, die im Extremfall zu einem natürlichen Monopol führt.[829]

Eine zweite Gruppe stellen Vorteile dar, die in einem besseren oder einzigartigen Produkt resultieren und daher einen Wettbewerbsvorteil darstellen. Nicht trennscharf zur ersten Gruppe können neben Kostenvorteilen auch besondere technische Verfahren und

---

824 Für unterschiedliche Klassifikationen und Erläuterungen der einzelnen First-Mover-Vorteile sowie Ausführungen zur jeweiligen wissenschaftlichen Literatur siehe Kerin/Varadarajan/Peterson (1992), S. 39; Patterson (1993), S. 763-764; Lieberman/Montgomery (1988), S. 42-43; Schnaars (1986), S. 31; Lilien/Yoon (1990), S. 569; Porter (1980), S. 7, für allgemeine Markteintrittsbarrieren siehe Porter (1998), S. 42-43.

825 Vgl. Robinson/Fornell (1985), S. 306.

826 Vgl. Hauser/Wernerfelt (1990), S. 393.

827 Hierdurch ist es sogar möglich, dass die gesamte Wohlfahrt mit zunehmender Anzahl an Marktteilnehmern sinkt. Vgl. hierzu und auch zu Markteintrittsbarrieren durch Lerneffekte Spence (1981), S. 60-61.

828 Vgl. Cottrell/Sick (2002), S. 248.

829 Vgl. Lieberman/Montgomery (1988), S. 44-46.

internes technologisches Knowhow dazu führen, dass einzigartige Produkte entstehen, die nicht kopierbar sind.[830] So können z. B. Netzwerkeffekte dafür sorgen, dass der Innovator durch sein Produkt einen Quasi-Standard definiert, der auf Grund der überlegenen Marktstellung weitere Kunden anzieht.[831] Besonders der Patentschutz stellt, wie oben beschrieben, einen mehr oder weniger wirksamen Kopierschutz dar, der typisch für das Produkt ist.[832]

Die dritte Gruppe schließlich umfasst Effekte, die auf der Seite des Kunden entstehen und in einer höheren Kundenbindung resultieren.[833] Sog. „*Switching Costs*" verhindern, dass der Kunde von einem Produkt zum nächsten wechseln will oder kann.[834] Diese Bindung kann durch produktspezifische Investitionen sowohl monetärer als auch nichtmonetärer Art erfolgen.[835] Besitzt das neue Produkt für den Kunden wichtige Eigenschaften, die nur durch Gebrauch festzustellen sind (sog. Erfahrungseigenschaften), so ist die Innovation gegenüber qualitativ gleichwertigen, nachfolgenden Konkurrenzprodukten durch den frühen Markteintrittszeitpunkt auch über längere Zeit im Vorteil.[836] Nutzt der Kunde die Innovation bereits während der künstlichen oder durch Patentrechte gesicherten Monopolphase des Innovators, ist er bis zu einem gewissen Grad nicht gewillt, selbst bei überlegenen Konkurrenzprodukten zu wechseln, da er z. B. Erfahrung mit dem Innovationsprodukt gesammelt oder andere Investitionen unternommen hat. Dadurch, dass nicht eine unendliche Anzahl an Kunden vorhanden ist und diese in ihren individuellen Eigenschaften heterogen sind, kann der Marktführer bei hohen Wechselbarrieren auch besonders attraktive Kundengruppen für sich sichern.[837] Da der Innovator einen bisher nicht vorhandenen Markt erst aufbaut, ist er darüber hinaus u. U. in der Lage, die Präferenzen der Nachfrager in seinem Sinne zu gestalten.[838]

<u>First-Mover-Nachteile</u>

Vordergründig betrachtet scheint eine ausreichende Zahl von Gründen für ein Innovationsverhalten zu bestehen, so dass eine Pioniertätigkeit in jedem Fall erstrebenswert ist. Diese theoretischen und teilweise sogar empirisch belegten Aussagen sind aber keines-

---

830 Vgl. Hauschildt (1993), S. 52.

831 Vgl. Fn. 924.

832 Vgl. Fn. 820.

833 Kerin/Varadarajan/Peterson (1992) sprechen von „Behavioral Factors". Siehe Kerin/Varadarajan/Peterson (1992), S. 42.

834 Vgl. Lieberman/Montgomery (1988), S. 46-47; Weizsäcker (1984), S. 1085.

835 Vgl. Kerin/Varadarajan/Peterson (1992), S. 42; Mueller (1997), S. 831.

836 Vgl. Schmalensee (1982), S. 351; für eine Übersicht siehe Carpenter/Nakamoto (1988). Mueller (1997) weist auch darauf hin, dass eine Kaufentscheidung einen Gewohnheitscharakter besitzen kann. Siehe Mueller (1997), S. 832-837; vgl. auch Ratchford (2001), S. 397. Klemperer (1988) zeigt mögliche Wohlfahrtsverluste durch „Switching Costs". Siehe Klemperer (1988), S. 162. Klemperer (1988) zeigt auch, dass Innovatoren bei der Existenz von „Switching Cost" Anreize haben, besonders viele Kunden durch Preisnachlässe in der Monopol-Periode zu akquirieren. Siehe Klemperer (1988), S. 286-288 und in diesem Sinne auch Klemperer (1989), S. 406.

837 Vgl. Varian (1998), S. 1; Lane (1980), S. 253-255

838 Vgl. Carpenter/Nakamoto (1989), S. 286.

wegs unumstritten, sondern werden kontrovers diskutiert.[839] So sieht sich der Innovator nicht nur Gründen, die ihn in seinem Handeln bestärken, sondern auch Nachteilen seiner Pioniertätigkeit ausgesetzt. Beispielhafte empirische Untersuchungen finden eine Reihe von Märkten, in denen sich die dem Innovator folgenden Unternehmen besser als dieser profilieren konnten.[840] Die Konkurrenz profitiert durch ein sog. „Free-Rider-Verhalten" von den Anstrengungen des Innovators, ohne dafür die entstandenen Kosten zu tragen.[841] Über die Kostenvorteile der Imitation hinaus[842] können die Imitationsprodukte eventuell nicht nur preiswerter als das Original sein,[843] sondern sogar besser an die Bedürfnisse der Nachfrager angepasst sein. Wie bereits in den obigen Ausführungen zu der u. U. volkswirtschaftlich sinnvollen Institution des Patentschutzes erläutert, kann dies dazu führen, dass ein Innovator antizipativ nicht bereit ist, Investitionen in Forschung und Entwicklung zu tätigen. Die Entscheidung zur Innovation setzt so ein Abwägen zwischen den Vor- und Nachteilen der Innovationsbemühungen voraus.

Die als Second-Mover-Advantage bezeichneten Vorteile der dem Innovator folgenden Unternehmen stehen den Innovationsvorteilen gegenüber. Die First-Mover-Nachteile zeichnen sich im Wesentlichen durch zwei charakteristische Aspekte aus. Die Nachteile, die durch die Innovationstätigkeit entstehen, lassen sich in versunkene Kosten und eine mögliche Pfadabhängigkeit der Entscheidungen gliedern:[844]

Da den heutigen Aufwendungen des Innovators unsichere, zukünftige Gewinne gegenüberstehen, die im Wesentlichen von dem nicht vollständig determinierbaren Verhalten der Kunden, der Konkurrenten und anderer Institutionen abhängig sind, ist er dem Risiko ausgesetzt, dass seine Investitionen künftig nicht den beabsichtigten und kalkulierten Effekt erreichen und im Extremfall sogar völlig vergebens sein können.[845] Der z. B. durch eine Umweltveränderung oder durch eine falsche Einschätzung relevanter Parameter verursachte Schaden geht eventuell sogar über den Verlust der in Forschung und Entwicklung investierten Beträge hinaus. Genauso wie eine erfolgreiche Investition einen Reputationsgewinn bewirken kann, kann eine misslungene Investition zu einem Reputationsverlust führen.[846]

---

839 Gal-Or (1985) zeigt spieltheoretisch, dass auch ein First-Mover-Nachteil (Disadvantage) existieren kann. Siehe Gal-Or (1985), S. 651-652 und die Erweiterung durch Gal-Or (1987). Siehe hierzu auch die weiteren Erläuterungen.

840 Siehe beispielsweise Cottrell/Sick (2002), S. 253.

841 Vgl. Mansfield/Schwartz/Wagner (1981), S. 47.

842 Vgl. auch Fn. 817.

843 Darüber hinaus kann auch eine verbesserte, neuere Fertigungstechnologie der Konkurrenten für geringere Stückkosten sorgen. Vgl. Boulding/Christen (2001a), S. 7.

844 Andere Gründe, wie etwa unterschiedliche Fähigkeitsanforderungen an Innovator und Imitator, bleiben aus Gründen der Komplexitätsreduktion zur Übertragung auf das Untersuchungsobjekt der Arbeit unberücksichtigt.

845 Von dem in dem Prozess der Forschung und Entwicklung inkludierten Risiko sei bei dieser Darstellung abstrahiert.

846 Vgl. Cottrell/Sick (2002), S. 248.

Im Idealfall stellen die Investitionen in Forschung und Entwicklung in den folgenden Zeitperioden nur noch sog. „Sunk Costs" dar, die für weitere Entscheidungen keine Relevanz mehr aufweisen. In der Praxis gibt der Innovator aber durch sein frühzeitiges Handeln bewusst die Möglichkeit auf, erst später zu agieren.[847] Der Innovator muss damit rechnen, dass er durch seine früheren Entscheidungen in eine Pfadabhängigkeit gerät und seine weiteren Schritte durch diese Entscheidungen beeinflusst werden.[848] Eine Reihe empirischer Arbeiten zeigen, dass Unternehmensorganisationen einen oftmals hohen Grad an Inflexibilität aufweisen, der die negativen Auswirkungen von Fehlentscheidungen erhöht.[849]

Validierung der theoretischen Kontroverse durch empirische Arbeiten

Die obige Darstellung zeigt, dass die Entscheidung, als Erster ein Produkt zu entwickeln oder einen Markt aufzubauen, sowohl mit Vor- als auch Nachteilen verbunden ist. Zusammenfassend kann aus theoretischer Sicht nicht generell begründet werden, ob die Vor- oder Nachteile überwiegen.[850] Die verbleibende Klärung bedarf daher der empirischen Validierung.[851] Zur Überprüfung der teilweise sehr detaillierten theoretischen Thesen hat sich eine Vielzahl an empirischen Arbeiten herausgebildet. Im Folgenden werden die Ergebnisse und Erkenntnisse dieser Arbeiten kurz zusammenfassend dargestellt.

Die Überprüfung von First-Mover-Vorteilen erfolgte anfänglich besonders durch Untersuchungen der Korrelation von Markteintrittszeitpunkt und Marktanteil. Besonders in den 80er Jahren konnte eine Reihe von empirischen Studien zeigen, dass die Marktersten tatsächlich über entscheidende Vorteile verfügten, die ihnen auch längerfristig einen deutlich höheren Marktanteil sicherten.[852] Die normative Wertung dieser Arbeiten, hieraus die Vorteilhaftigkeit einer First-Mover-Strategie abzuleiten, wurde aber in den folgenden Jahren zunehmend kritisiert.[853] Scheinbare methodische und theoretische Män-

---

847 Der Innovator muss daher damit rechnen, dass seine Aufwendungen einem hohen Risiko ausgesetzt sind. Steht dem hohen Risiko die Aussicht auf große Gewinne gegenüber, so ist trotzdem ein Innovationsverhalten ableitbar. Auf der anderen Seite entsteht durch die Möglichkeit des Wartens und Lernens auch eine Art Real-Option, deren Wert mit zunehmender Unsicherheit steigt. Dies kann dazu führen, dass der Innovator bei hoher Unsicherheit seine Bemühungen bewusst verzögert. Vgl. Cottrell/Sick (2002), S. 232-233.

848 Vgl. Boulding/Christen (2001b), S. 7-8.

849 Vgl. Lieberman/Montgomery (1988), S. 48-49.

850 Vgl. Kerin/Varadarajan/Peterson (1992), S. 35.

851 Vgl. Kalyanaram/Robinson/Urban (1995), S. 212.

852 Siehe beispielsweise die Ergebnisse der empirischen Arbeiten von Urban/Carter/Gaskin/Mucha (1986), S. 645-655; Kardes/Kalyanaram (1993), S. 72; Robinson/Fornell (1985), S. 312. Für umfangreiche Übersichten zu den Ergebnissen einzelner empirischer Arbeiten siehe Lieberman/ Montgomery (1998), S. 1117-1120; Kerin/Varadarajan/Peterson (1992), S. 36-37; Szymanski/Troy/ Bharadwaj (1995), S. 19.

853 So gibt es eine Reihe von Einzelbeispielen, bei denen nachfolgende Firmen ehemalige Innovatoren überflügeln (Palm gegenüber Sharp, Amazon gegenüber Barnes & Noble, etc.). Siehe hierzu auch Han/Kim/Kim (2001), S. 1.

gel[854] dieser frühen Untersuchungen motivierten die folgenden, kritischeren wissenschaftlichen Arbeiten.[855] Besonders die Ergebnisse einer Analyse von GOLDER/TELLIS [1993] regten dabei eine kontroverse Diskussion an.[856] Auf Basis dieser Beiträge entstanden wissenschaftliche Untersuchungen, welche die Ergebnisse der empirischen Studien systematisch überprüften.[857] Diese Meta-Studien zu First-Mover-Vorteilen zeigen, dass methodische Kritik an den vorhergehenden Arbeiten zwar gerechtfertigt ist, deren Ergebnisse aber hierdurch nicht hinfällig werden. So kommen KALYANARAM/ROBINSON/URBAN [1995] zu dem Ergebnis, dass tatsächlich ein First-Mover-Vorteil in Form eines höheren Marktanteils existiert,[858] der zeitlich stabil ist.[859] VANDERWERF/MAHON [1997] wie auch LIEBERMAN/MONTGOMERY [1998] finden gleichfalls Vorteile im Marktanteil für First-Mover.[860] Auch die umfangreiche[861] Untersuchung von SZYMANSKI/TROY/BHARADWAJ [1995] zeigt durchschnittlich höhere Marktanteile für Pioniere.[862] Insgesamt kann daher konstatiert werden, dass First-Mover i. d. R. einen durchschnittlich höheren Marktanteil aufweisen als Unternehmen, die erst später in den Markt kommen.[863]

Fraglich ist aber, ob der höhere Marktanteil per se erstrebenswert ist und sich hieraus die Vorteilhaftigkeit einer First-Mover-Strategie begründen lässt. SZYMANSKI/

854 Besonderer Kritikpunkt war z. B. die Auswahl der Innovatoren, die in der Regel bereits nicht mehr am Markt agierende Unternehmen ausschloss. Siehe Golder/Tellis (1993), S. 158.

855 Zur Kritik siehe z. B. die Arbeiten von Lieberman/Montgomery (1988); Kerin/Varadarajan/Peterson (1992).

856 Golder/Tellis (1993) finden, dass die First-Mover-Vorteile nicht so stark ausgeprägt sind. Siehe Golder/Tellis (1993), S. 166. In einer ähnlichen Untersuchung zeigen Golder/Tellis (1996) sogar, dass First-Mover-Nachteile gegenüber Early-Followern (den Innovatoren unmittelbar folgende, schnelle Imitatoren) haben und sehen diese in den unterschiedlichen Anforderungen begründet. Siehe Golder/Tellis (1996), S. 72. Die Begriffsdefinition zeigt bereits die Probleme der Vergleichbarkeit zwischen den einzelnen Studien.

857 Ein Kritikpunkt war, dass lediglich noch existente bzw. auch erfolgreiche Unternehmen in den meisten empirischen Arbeiten Beachtung finden. Vgl. Fn. 854. Kerin/Varadarajan/Peterson (1992) können aber zeigen, dass bei einem Misslingen der Innovation die nachfolgenden Unternehmen deutliche Vorteile für sich realisieren können. Siehe Kerin/Varadarajan/Peterson (1992), S. 35.

858 Beispielsweise scheint der prozentuale Marktanteil des First-Movers relativ unabhängig von der Anzahl der nachfolgenden Unternehmen um ca. 40% höher zu sein, als der der nächstgrößeren Unternehmen. Eigene Auswertung auf Basis der Ergebnisse von Urban/Carter/Gaskin/Mucha (1986), S. 654. Lopez/Roberts (2002) finden, dass der Marktanteil des Second-Movers 78% des First-Movers beträgt. Siehe Lopez/Roberts (2002), S. 1003.

859 Siehe Kalyanaram/Robinson/Urban (1995), S. 213-214.

860 Siehe VanderWerf/Mahon (1997), S. 1510; Lieberman/Montgomery (1998), S. 1116. VanderWerf/Mahon (1997) weisen noch einmal ausdrücklich auf die Kritik von Golder/Tellis (1993) hin. Sie können aber keine Verfälschung der Ergebnisse durch die Selektion der Unternehmen feststellen.

861 Szymanski/Troy/Bharadwaj (1995) inkludierten 23 einzelne empirische Arbeiten in ihr Framework. VanderWerf/Mahon (1997) betrachten 22 Studien; Lieberman/Montgomery (1998) beschränken sich auf ca. 18 Arbeiten und werten diese im Gegensatz zu den beiden vorgenannten Studien hauptsächlich qualitativ aus; Kalyanaram/Robinson/Urban (1995) beziehen dagegen lediglich drei andere empirische Arbeiten in ihren Meta-Fokus ein.

862 Siehe Szymanski/Troy/Bharadwaj (1995), S. 23.

863 Vgl. auch Boulding/Christen (2001b), S. 5-6.

TROY/BHARADWAJ [1995] weisen ausdrücklich darauf hin, dass der Marktanteil als Indikator für First-Mover-Vorteile in Abhängigkeit zu anderen Faktoren gesehen werden muss und dass sog. Interaktionseffekte[864] existieren.[865] So gehen Ausgaben für Marketing und die Breite der gesamten Produktlinie Hand in Hand mit einer Innovationstätigkeit und einem hohen Marktanteil, wodurch u. U. die Ergebnisse positiv beeinflusst werden. Auch ist fraglich, ob ein hoher Marktanteil gleichzeitig einen hohen Erfolg in Form eines Profits und ein Überleben des Innovators bedingt.[866] VANDERWERF/MAHON [1997] zeigen so auch, dass ein First-Mover-Vorteil in Form eines höheren Profits oder einer höheren Überlebenswahrscheinlichkeit nicht signifikant ist.[867] Auch BOULDING/CHRISTEN [2001b] stellen in Frage, ob der höhere Marktanteil wirklich in einer größeren Profitabilität resultiert.[868] Sie können zeigen, dass die Kosten der Innovatoren im Vergleich zu anderen Unternehmen deutlich höher sind und die positiven Effekte des höheren Marktanteils durch höhere Kosten überkompensiert werden.[869]

Obwohl KALYANARAM/ROBINSON/URBAN [1995] konstatieren, dass es wegen der benötigten Untersuchungszeitspanne kaum möglich ist, individuelle Markteintrittszeitpunkte und ihre Auswirkungen methodisch sauber von anderen Effekten zu unterscheiden und ein allgemeines Ergebnis herauszufiltern,[870] lassen sich einige Effekte aber über alle Studien hinweg feststellen. So führt beispielsweise eine hohe Unsicherheit bezüglich der zukünftigen Umweltzustände dazu, dass die Vorteile des First-Movers sinken,[871] da hierdurch ein Anpassen der Strategie u. U. problematisch ist. PORTER [1985] wiederum sieht eine besonders hohe Gefahr des Scheiterns, wenn die Aufbau- und Entwicklungskosten hoch sind.[872] Insgesamt ist aber fraglich, ob generelle Aussagen hierzu überhaupt möglich sind. SZYMANSKI/TROY/BHARADWAJ [1995] etwa finden, dass First-Mover-Vorteile nicht unbedingt durchgängig für alle Industrien bestehen und sich daher keine allgemeinen Aussagen ableiten lassen.[873] Auch VANDERWERF/MAHON [1997] zeigen, dass Untersuchungen industriespezifisch sein müssen.[874] LIEBERMAN/MONTGOMERY [1998] finden über die industriespezifischen Bedingungen oder Produktkategorien hinaus auch geographische Unterschiede.[875] All dem muss die folgende Anwendung der

---

864 Für eine Übersicht siehe Szymanski/Troy/Bharadwaj (1995), S. 25. Vgl. auch Kerin/Varadarajan/Peterson (1992), S. 39.

865 Siehe Szymanski/Troy/Bharadwaj (1995), S. 23-24 und in diesem Sinne auch Lieberman/Montgomery (1998), S. 1116.

866 Vgl. VanderWerf/Mahon (1997), S. 1517.

867 Vgl. VanderWerf/Mahon (1997), S. 1510.

868 Vgl. Boulding/Christen (2001b), S. 2, 7.

869 Vgl. Boulding/Christen (2001b), S. 27.

870 Siehe Kalyanaram/Robinson/Urban (1995), S. 215.

871 Vgl. Shepherd (1997), S. 407.

872 Siehe Porter (1985), S. 186.

873 Siehe Szymanski/Troy/Bharadwaj (1995), S. 17.

874 Vgl. VanderWerf/Mahon (1997), S. 1517.

875 Vgl. Lieberman/Montgomery (1998), S. 1116, 1121.

Erkenntnisse der Innovationsforschung auf den Untersuchungsgegenstand Rechnung tragen und dabei die besonderen Eigenschaften des Erkenntnisobjekts und ihre Auswirkungen berücksichtigen.

Einfluss der Markt- und Wettbewerbsstruktur

Eine Reihe von Arbeiten zu Innovationen beschäftigt sich mit dem Einfluss der Markt- und Wettbewerbsstruktur auf die Innovationsentscheidung.[876] Ausgangspunkt vieler empirischer und theoretischer Untersuchungen zum Einfluss von Unternehmensgröße und Marktkonzentration ist der bekannte Trade-off der Marktstruktur[877] von SCHUMPETER [1942]. ARROW [1962] formalisiert die Argumente von SCHUMPETER [1942]. Die Logik ist hierbei, dass die betriebswirtschaftliche Innovationsentscheidung einem hohen Risiko ausgesetzt ist. Dem Innovator wird es auf Grund von Wettbewerb nicht gelingen, die vollständige Entschädigung für das übernommene Risiko zu erhalten.[878] Daher ist volkswirtschaftlich zu erwarten, dass die Innovationstätigkeit unter dem optimalen Niveau bleiben wird.[879] Hieraus auf die Vorteilhaftigkeit einer Quasi-Monopolisierung zu Lasten des Wettbewerbs zu schließen,[880] ist aber nicht möglich. Wettbewerb ist nämlich eine notwendige Bedingung für Innovationen, da ein Monopolist grundsätzlich weniger Anreize hat, eine Innovationstätigkeit durchzuführen, als ein Oligopolist.[881] Da bei einem zu starken Wettbewerb auf der anderen Seite aber keine Ressourcen für die Innovationstätigkeit verwendet werden können, gilt – gewissermaßen als Kompromisslösung – ein enges Oligopol für eine hohe Innovationstätigkeit als optimal. Diese Ergebnisse sind jedoch zum Teil auf Grund von methodischen Mängeln nicht unumstritten,[882] so dass der Zusammenhang zwischen Unternehmensgröße und Innovationstätigkeit insgesamt kontrovers diskutiert wird.[883]

---

876 Als wichtige Einflussfaktoren, die das Verhalten der Innovatoren und Adoptoren beeinflussen, sind darüber hinaus die gesamtwirtschaftliche Situation, das Marktwachstum, die Produktcharakteristika etc. zu nennen. Vgl. Gatignon/Robertson (1986), S. 2; Hannan/McDowell (1984), S. 329.

877 Schumpeter geht davon aus, dass ein starker Wettbewerb die statische Allokationseffizienz löst, währenddessen ein Monopolist größeren Anreiz zur Innovationstätigkeit besitzt. Vgl. Schumpeter (1942), Kapitel 7, und besonders auch die Interpretationen von Galbraith (1952). Für eine umfassende, formale Darstellung dieses Trade-Offs siehe die Arbeit von Nelson/Winter (1982).

878 Arrow (1962) führt hierfür u. a. mangelnde Wirkung von Patenten und externe Effekte der Innovationstätigkeit an. Siehe Arrow (1962), S. 617.

879 Siehe Arrow (1962), S. 616-619.

880 Eine Reihe von empirischen Arbeiten zeigen so auch, dass mit zunehmender Größe die Ausgaben für F&E überproportional steigen. Vgl. die Ergebnisse der empirischen Studien von Villard (1958); Hamberg (1964); Cohen/Levin/Mowery (1987).

881 Vgl. Arrow (1962), S. 621. Auf der anderen Seite kann gerade die Monopolrente Marktexterne zu Innovationstätigkeit und Markeintritt veranlassen. Vgl. Romano (1987), S. 356. Auch die zeitlich befristete Monopolstellung gilt ja gerade als Innovationsanreiz. Vgl. Fn. 813.

882 Ein offensichtliches Problem ist die Messung der Innovationseigenschaft. So können F&E-Ausgaben kaum mit genereller Innovationstätigkeit gleichgesetzt werden.

883 Siehe z. B. die Kritik von Demsetz (1969) an Arrow (1962). Für eine ausführliche Zusammenfassung und Klassifikation der Vielzahl an empirischen Arbeiten siehe Cohen (1995). Siehe auch die Ergebnisse von Atkins/Lowe (1994), die untersucht haben, inwieweit sich durch Größenunterschiede der Erfolg von Innovatoren oder Imitatoren erklären lässt. Sie finden, dass es sich nicht feststel-

Zusammenfassung

Die theoretische Auseinandersetzung, ob First-Mover-Vorteile oder -Nachteile überwiegen, kann auch durch die empirischen Untersuchungen nicht vollständig gelöst werden. Es ist aber festzustellen, dass die Studien ihre Ergebnisse nicht allgemeingültig für jeden Markt entwickeln.[884] Der Argumentation von SZYMANSKI/TROY/BHARADWAJ [1995] folgend, sind First-Mover-Vorteile in Abhängigkeit von und in der Interaktion mit anderen spezifischen Faktoren zu sehen.[885] Die einzelnen, handlungsbestimmenden Vor- und Nachteile sind in Abhängigkeit von den Charakteristika des Marktes, der Industrie und anderer, typischer externer Parameter im Verhältnis zu den individuellen Eigenschaften und Fähigkeiten der Unternehmung unterschiedlich zu gewichten und lassen so keine allgemeingültigen Aussagen zu.[886] Eine Innovationsentscheidung ist daher eine individuelle Beurteilung in Abhängigkeit von der industrie- und unternehmensspezifischen Situation.[887] Die Analyse des Innovationsverhaltens in Abschnitt 6.2.1 muss Industriespezifika und den Besonderheiten des Untersuchungsgegenstands Rechnung tragen.

Da die vorliegende Arbeit auf der einen Seite allgemeingültige Ergebnisse ableiten will, auf der anderen Seite aber eine spezifische Beurteilung des Untersuchungsgegenstands nötig ist, werden in Abschnitt 6.2.1 zwar weitere Ausführungen zur Motivation der Innovatoren in Abhängigkeit von industriespezifischen Charakteristika erfolgen, eine darüber hinausgehende Betrachtung der individuellen Gründe einzelner Unternehmen unterbleibt aber bewusst.[888] Diese stellt eine unternehmerische Leistung dar, die durch im Rahmen einer wissenschaftlichen Arbeit gewonnene Erkenntnisse fundiert und erleichtert, aber eben nicht übernommen werden kann.[889] Daher wird, wie beschrieben, in Abschnitt 6.2.1 die Motivation zur allgemeinen Innovationstätigkeit und die generelle Bereitschaft, den Markt aktiv zu entwickeln, in Abhängigkeit von den Besonderheiten des Untersuchungsobjekts und der Finanz- und Versicherungsindustrie analysiert.

Leider existiert für die Motivation der Innovatoren von Finanzkontrakten keine umfassende eigenständige Literatur, deren Darstellung als Grundlage für die weiteren Ausfüh-

---

len lässt, ob die Innovatoren klein oder groß sein müssen, um erfolgreich zu sein, aber dass eine gewisse Größe der Imitatoren förderlich ist.

884 Vgl. Kalyanaram/Robinson/Urban (1995), S. 213. Z. B. findet Patterson (1993) First-Mover-Vorteile, die von den Fähigkeiten des Managements und der Industrie abhängen. Siehe Patterson (1993), S. 766.

885 Vgl. Szymanski/Troy/Bharadwaj (1995), S. 25.

886 Vgl. Lieberman/Montgomery (1990), S. 21. Ebenso die Ausführungen zu individuellen und industriespezifischen Entscheidungsfaktoren im Folgenden, siehe Fn. 917.

887 Für einen solchen Analyserahmen siehe beispielsweise Han/Kim/Kim (2001), S. 4; Bickford/Nash/Zahra (1995), S. 17.

888 Siehe hierzu die Darstellung der Fokussierung und Zielsetzung der vorliegenden Arbeit in Kapitel 1.4.

889 Eine individuelle Unternehmensanalyse kann z. B. anhand üblicher Tools, wie etwa der Potenzial- und Lückenanalyse, der Value-Chain Zerlegung, der SWOT-Analyse etc., erfolgen. Vgl. Kreikebaum (1991), S. 132-142.

rungen dienen könnte. Demzufolge werden die auf der allgemeinen Literaturbasis abgeleiteten generischen Aussagen zu First-Mover-Vor- und Nachteilen auf der Grundlage der strukturierten Interviews mit den wenigen anderen wissenschaftlichen Arbeiten zu diesem Themenkomplex in Beziehung gesetzt.

4.4.2 Adoptionsentscheidung

Wurden bisher die für das Verhalten der Innovatoren und Imitatoren charakteristischen Umstände dargelegt, so ist die Ausbreitung einer Innovation auch von der Entscheidung der Adoptoren abhängig. Diese bilden die Grundlage für die im nächsten Abschnitt dargestellte Diffusion.

Die individuelle Adoption[890] entscheidet über die Diffusion einer Innovation innerhalb eines Marktes. Primär ist die Adoptionsentscheidung davon abhängig, ob die Innovation dem einzelnen Adoptor einen *zusätzlichen Nutzen* bringt.[891] Dieser Nutzen wird durch eine Vielzahl unterschiedlicher entscheidungsrelevanter Faktoren bestimmt. Deren Verarbeitung führt in einem Entscheidungsprozess zu einer möglichen Übernahme der Innovation. Kern dieser Einschätzung ist eine Entscheidungslogik,[892] die im Sinne eines individuellen Zielsystems[893] durch Unterstützung eines Informationssystems eine Handlung hervorruft.[894] Da das Zielsystem und die Entscheidungslogik als gegeben gelten können, beschäftigt sich die Adoptionstheorie unter Voraussetzung der Vorteilhaftigkeit der Innovation besonders mit Informations-, Kommunikations- und Erfahrungsvorgängen bezüglich der Existenz und der Eigenschaften dieser.[895] Der Diffusionsverlauf wird dann außer durch das Marktpotenzial im Wesentlichen durch unterschiedliche Kommu-

---

890 Unter einer Adoption soll nachfolgend der Kauf bzw. die Übernahmeentscheidung im Zusammenhang mit einer Innovation verstanden werden. Vgl. Felten (2001), S. 7.

891 Vgl. Schmalen/Pechtl (1996), S. 816. Wie auch für die Motivation der Innovatoren gibt es für die Adoptionsentscheidung von Finanzkontrakten keine gefestigten Theorien. Daher muss zur Untersuchung der Adoptionsentscheidung auf eine allgemeine Theorie zurückgegriffen werden. Eine Ausnahme stellt die Arbeit von Jagtiani/Saunders/Udell (1995) dar, die aber keine klaren Faktoren zur Adoptionsentscheidung ableiten kann und dabei methodisch umstritten ist. Für die Arbeit siehe Jagtiani/Saunders/Udell (1995), S. 655-657; zur Kritik siehe Oldfield (1995), S. 660. Eine vergleichbare Arbeit existiert von Molyneux/Shamroukh (1996). Die Erkenntnisse der zum Untersuchungsobjekt ähnlichen Arbeiten sind in Teil 6 eingearbeitet.

892 Die unterschiedlichen Entscheidungssysteme können in vier Gruppen eingeteilt werden: Rationale-Entscheidungsmodelle, Begrenzt-Rationale-Entscheidungsmodelle, Gruppen-Nutzen-Maximierende-Modelle, und Chaotische-Entscheidungsmodelle. Vgl. für Ausführungen und Modelle zu den entsprechenden Gruppen Wolfe/Fleischer/Morell/Eveland (1990), S. 181-182.

893 Campbell/Yeung (1991) sprechen von einem „Mission Building". Siehe Campbell/Yeung (1991), S. 11-15.

894 Vgl. Bamberg/Coenenberg (2002), S. 1.

895 Siehe hierzu die grundlegenden Ausführungen von Rogers (1983) und die weiteren Verweise. Everett Rogers hat inzwischen mehrere Auflagen seines 1962 zum ersten Mal erschienenen Werkes „Diffusion of Innovations" verfasst. Da sowohl die vierte als auch die fünfte Auflage kaum Veränderungen zu der dritten darstellen, wird im Folgenden immer auf die meistzitierte dritte Auflage verwiesen. Zu Informations- und Kommunikationsprozessen siehe ebenfalls Merten (1999), S. 54-117.

nikationsaspekte[896] und durch den Einsatz von so genannten absatzpolitischen Mitteln charakterisiert.[897]

Wie auch die folgende Darstellung basieren die meisten Ansätze zur Adoptionsentscheidung auf der Darstellung von ROGERS [1983],[898] die diesen Prozess in aufeinander aufbauende Phasen einteilt.[899] Im Rahmen dieser werden externe und interne Informationen über die relevanten Entscheidungsfaktoren gesammelt und verarbeitet.[900] Die Informationen können dabei je nach Zusammenhang mit der Entscheidungsfindung in allgemeine, grundlegende Informationen und problemorientierte Informationen unterteilt werden. Je nach Beziehung zu der Entscheidung über die Übernahme der Innovation lassen sich drei Kommunikationsbereiche unterscheiden (Wissensbereich, Überzeugungsbereich und Versuchsbereich), die sich in den drei Phasen des Entscheidungsverlaufes (allgemeine Informationsabsorption, Meinungsbildung und Handlung) wiederfinden.[901] Diese Strukturierung erlaubt anhand der empirischen Problemidentifikation die Ableitung von Maßnahmen zur gezielten Beeinflussung des Diffusionsprozesses. So kann z. B. der Innovator durch eine fokussierte Informationspolitik die Adoptionsentscheidung aktiv unterstützen.

Unsicherheitsreduktion durch Informationen

Die besondere Bedeutung der Informationen entsteht dadurch, dass jede Innovation die Aufgabe bzw. Ergänzung des gewohnten Alten mit sich bringt und in der Regel Investitionen bedarf, die unsicher sind. Die Argumentation „pro Innovation“ wird dadurch erschwert, dass die komplexen internen und externen Zusammenhänge keine zukünftige Determination der Sachverhalte zulassen. Hierdurch entsteht Risiko, welches die Übernahmeentscheidung beeinflussen wird. Zweifel bezüglich der Funktionstüchtigkeit der Innovation, dem richtigen Einsatzzeitpunkt sowie mögliche interne und externe Umstel-

---

896 Vgl. Lambkin/Day (1989), S. 6.

897 Hierfür eignen sich Werbung, Public Relations, persönliche Kontakte etc. Vgl. für eine umfassende Übersicht Kotler/Bliemel (1999), S. 927.Vgl. Hesse (1988), S. 29.

898 Vgl. Jochims (2002), S. 27.

899 Vgl. Rogers (1983), S. 163-191. Rogers (1983) teilt diesen Prozess in fünf Phasen ein. Die folgende Einteilung verändert diese Darstellung im Sinne der „Greifbarkeit“ des Untersuchungsobjekts, jedoch ohne die grundlegenden Aussagen von Rogers (1983) zu verändern. Die Ausführungen sind damit im Sinne von Ozanne/Churchill (1971) angepasst, die sich besonders mit der Adoptionsentscheidung von Unternehmen beschäftigen. Siehe Ozanne/Churchill (1971), S. 323. Auch Loh/Ong (1989) sehen den Entscheidungsprozess im Vordergrund und somit den Informationsfluss im Hintergrund. Siehe Loh/Ong (1989), S. 83. Zaltman/Duncan/Holbeck (1984) geben einen Überblick über verschiedene an dem Individuum orientierte Phasenmodelle der Innovationsadoption. Siehe Zaltman/Duncan/Holbeck (1984), S. 61.

900 Dieser Prozess kann in einen marketingüblichen Prozess der Kaufentscheidung überführt werden, stellt aber den Kommunikationsprozess bewusst in den Vordergrund. Zum Kaufentscheidungsprozess siehe z. B. Fill (2001), S. 116.

901 In Anlehnung an Rogers (1983), S. 202.

lungsschwierigkeiten, besonders auch in Verbindung mit einer komplexen Umwelt, erschweren die Adoptionsentscheidung.[902]

Der potenzielle Adoptor muss trotz dieser nicht determinierbaren Verhältnisse eine Entscheidung treffen. Ein besonderes Problem für seine Urteilsfindung ist jedoch neben der unsicheren Umwelt die Unsicherheit in Bezug auf die Charakteristika der Innovation.[903] Diese Zweifelhaftigkeit des Mehrwerts der Innovation kann zu einer Behinderung oder in letzter Instanz sogar zu einer Ablehnung der Adoptionsentscheidung führen.[904] Informationen über die Innovation sowie ihre Eigenschaften und Funktionen können die Entscheidungsfindung erleichtern. Der Wert der Informationen für die Entscheidungsfindung bestimmt sich neben einer hohen Relevanz vor allem durch den Grad der Verlässlichkeit.[905]

Kommunikation als Informationszubringer

Neue Informationen werden durch eine Kommunikation übertragen,[906] in der ein sachbezogener Datenaustausch stattfindet. Information entsteht durch Kommunikation zwischen verschiedenen Personengruppen, die durch unterschiedliche Einflusskanäle die Adoptionsentscheidung maßgeblich beeinflussen können.[907] Die Kommunikation ist dabei nicht auf eine eindimensionale Aufnahme von Informationen beschränkt, sondern bietet auch bidirektional die Möglichkeit des Feedbacks.[908] Sie findet über verschiedene Kanäle zwischen verschiedenen Personengruppen statt. Für die Kommunikation mit dem potenziellen Adoptor kommen vielfältige Gruppen in Betracht; dies sind neben den *Innovatoren* und *Imitatoren* andere *Adoptoren*,[909] *Change Agents*[910] und unabhängige *Dritte*.

Phasen des Adoptionsprozesses

Am Anfang des Entscheidungsprozesses erfährt der potenzielle Adoptor u. U. zufällig von der Existenz der Innovation. In dieser allgemeinen Informationsabsorptionsphase

---

902 Vgl. Hauschildt (1997), S. 131-133.

903 Vgl. Rogers (1983), S. 12-14.

904 Vgl. Mueller (1997), S. 832-835.

905 Auf Grund moderner Massenkommunikationsmittel hat die Information der Existenz der Innovationen keine entscheidenden Auswirkungen mehr auf das Adoptionsverhalten. Vgl. Mansfield (1985), S. 221. Gleiches wird auch für den Untersuchungsgegenstand gelten.

906 Zum Begriff der Kommunikation siehe Merten (1977), S. 14.

907 Vgl. Attewell (1992), S. 1.

908 Siehe das grundlegende Kommunikationsmodell von Prakke (1968), S. 101. Vgl. ebenso Thomke/von Hippel (2002), S. 76. Besonders von Hippel (1986) hat das Konzept des „Lead Users" als Möglichkeit der engen Zusammenarbeit zwischen Unternehmen und Kunden zur zielorientierten Ausrichtung des Innovationsprozesses geprägt. Siehe von Hippel (1986), S. 796-803.

909 Diese Heterogenität der Adoptoren wird oft auch als Ursache einer zeitversetzten Adoption gesehen. Vgl. Rogers (1983), S. 11-12, 245-247.

910 Vgl. Mahajan/Peterson (1978), S. 1589. Das Bild der Meinungsführer geht auf Katz/Lazarsfeld (1955) zurück. Siehe Katz/Lazarsfeld (1955), S. 33. Solche Innovationspromotoren können auch Adoptoren sein, die sich auf Grund einer hohen Bekanntheit, einer Vorbildrolle etc. besonders zur

nimmt der Adoptor die Innovation noch nicht als mögliche Lösung für seine individuellen Probleme wahr. Informationen, die sich durch verschiedenartige, nicht unbedingt problemorientierte Kommunikation ergeben, werden aber von diesem Augenblick an seine Vorstellung bezüglich der Innovation und ihre Einsatzmöglichkeiten sowie Vor- und Nachteile prägen. Da der potenzielle Adoptor bisher keine Informationen über die Innovation erlangt hat, werden besonders die ersten Informationen seine weiteren Handlungen entscheidend beeinflussen.

Von der allgemeinen Informationsabsorptionsphase kommt der Adoptor dann zu der konkreten Meinungsbildungsphase.[911] Der Übergang kann dabei durch einen exogenen Anstoß erfolgen oder aber endogen durch die über die Innovation gesammelten Informationen oder ein tatsächliches Problem stimuliert werden.[912] In dieser Phase wird er den Einsatz der Innovation anhand von deren spezifischen Eigenschaften im Vergleich zu anderen Alternativen und weiteren Entscheidungsfaktoren prüfen. Hierzu wird er die bereits zufällig gesammelten Informationen um neue, auf die konkrete Entscheidungssituation bezogene Informationen erweitern. Die eine Adoption beeinflussenden Entscheidungsfaktoren lassen sich allgemein in vier[913] Gruppen einteilen:

Die erste Gruppe der Entscheidungsfaktoren stellt, der bisherigen Argumentation der Arbeit folgend, die Funktion und die Eigenschaften der Innovation dar. Wie bereits in Abschnitt 4.1.1 beschrieben, ist die relative Vorteilhaftigkeit das wichtigste Kriterium für den Erfolg eines neuen Produktes.[914] Darüber hinaus lassen sich aber weitere, die Meinungsbildung und hieraus resultierend auch die Adoption generell erleichternde Eigenschaften einer Innovation ableiten. ROGERS [1983] findet durch eine Meta-Analyse von zwölf empirischen Arbeiten zur Adoption und Diffusion von Innovationen weitere vier Faktoren, welche eine Adoptionsentscheidung maßgeblich mit beeinflussen:[915] So erleichtert eine (1) *hohe Kompatibilität* der Innovation mit den bestehenden Gewohnheiten, Abläufen etc. die Übernahme dieser in das existierende Umfeld. Für die Entscheidung einer Übernahme und den Einsatz einer Innovation muss der Entscheidungsträger und Anwender diese verstehen. Daher ist eine (2) *geringe Komplexität* der Innovation einem Einsatz förderlich. Die (3) *Möglichkeit des Ausprobierens* erleichtert dem

---

Verbreitung neuer Ideen eignen. Das Promotorenkonzept wird auch besonders zur organisationsinternen Innovationsdurchsetzung eingesetzt, auf das später noch eingegangen wird. Siehe Fn. 944.

911 U. U. entfällt auch die erste Phase, wenn der Adoptor von der Innovation erst im Rahmen einer zielgerichteten Lösungssuche erfährt.

912 Hierbei kann unterschieden werden, ob die Innovation eine alternative Lösung verdrängt oder aber ob durch die gesammelten Informationen der Nachfragestimulus so stark angewachsen ist, dass er eine Aktion auslöst.

913 Die Entscheidungsfaktoren werden zusammenfassend am Ende des Kapitels in Abbildung 14 dargestellt. Hier werden nur drei der Gruppen dargestellt, da auf die vierte Gruppe, Innovationsbarrieren, noch im Folgenden detaillierter eingegangen wird.

914 Vgl. die Ausführungen in der Einleitung von Kapitel 4.1.1.

915 Vgl. Rogers (1983), S. 211-232. Auch Rogers (1983) findet, dass die relative Vorteilhaftigkeit einer Innovation die wichtigste Eigenschaft einer Innovation bei der Adoption und Diffusion darstellt.

Adoptor die endgültige Adoptionsentscheidung, da er quasi simulieren kann, inwieweit die Informationen über die Innovation auch verlässlich für seine persönlichen Bedürfnisse zutreffen und wie sich diese dann tatsächlich in seinem für ihn spezifischen Umfeld verhält. Schließlich ist die (4) *Beobachtbarkeit des Einsatzes* bei anderen Adoptoren eine bedeutende Entscheidungserleichterung, da der Nutzen der Innovation somit objektiviert wird.[916]

Spezifische individuelle Faktoren[917] sorgen dafür, dass der Nutzen und die Kosten der Innovationstätigkeit und der folgenden Adoption und Implementierung subjektiv unterschiedlich sind.[918] Daher ist nicht davon auszugehen, dass jeder Adoptor zeitgleich zu demselben Ergebnis kommen wird. ROGERS [1983] findet fünf unterschiedliche Adoptoren-Kategorien, die sich in Bezug auf sozioökonomische Faktoren wie Alter, Geschlecht, Ausbildung etc. ebenso wie in Bezug auf persönliche Faktoren Entscheidungsverhalten, Rationalität und ihr Kommunikationsverhalten unterscheiden.[919] Da diese Variablen stark individualfokussiert sind, werden sie in der folgenden Analyse nur sehr bedingt berücksichtigt.[920]

Die Adoptionsentscheidung ist ähnlich wie die Motivation der Innovatoren[921] von industriespezifischen *externen Faktoren* abhängig, die das Verhalten der gesamten Branche oder zumindest Teile derselben in ihrem Verhalten beeinflussen. Der Markt und die Wettbewerbsstruktur werden so auf die Adoptionsentscheidung einwirken. Aber auch das Verhalten anderer Nutzer kann über die Funktion als glaubwürdige Information hinaus eine andere wichtige Rolle spielen. Wie in dem vorausgegangenen Abschnitt gezeigt, ist der Nutzen der Adoptoren u. U. auch von der Zahl der anderen Nutzer abhängig.[922] Durch positive externe Effekte kann der Nutzen eines Adoptors mit der Anzahl

---

916 Die Beobachtung des Verhaltens kann insofern als glaubwürdige Kommunikation der positiven Eigenschaften der Innovation verstanden werden. Hierbei gilt allgemein, dass je höher die Anzahl der Anwender der Innovation ist, desto sicherer ist die übertragene Information. Vgl. Mansfield (1961), S. 745; Feder/O'Mara (1982), S. 147.

917 Zu diesen individuellen Faktoren zählen beispielsweise die Unternehmensgröße, die generelle Profitabilität, die Organisationsstruktur, ein generelles Interesse, aber auch externe Faktoren wie Vertriebswege, Kunden- und Lieferantenstruktur etc. Diese Faktoren beeinflussen den Reiz einer Innovationsübernahme, also den Nutzen. Für Grundlagen siehe Galbraith (1952). Für eine Übersicht siehe Attewell (1992), S. 2. Siehe auch Fn. 887.

918 Vgl. Mano/Oliver (1993) und zu einer empirischen Überprüfung dieser Faktoren siehe Latour/ Hanna/Miller/Pitts (2002), S. 5-6.

919 Vgl. Rogers (1983), S. 251-263.

920 Im Rahmen der Diskussion um Katastrophen-Kontrakte haben sich einige Arbeiten zu psychologischen Effekten in Bezug auf den Umgang mit Risiko etabliert, die in Abschnitt 5.5.1 berücksichtigt werden.

921 Vgl. die vorherigen Ausführungen.

922 Reinganum (1983) zeigt spieltheoretisch, dass theoretisch auch negative Effekte möglich sind, die dazu führen, dass mit den individuell ansteigenden Adoptionskosten auch die Adoptionswahrscheinlichkeit der Konkurrenten sinkt. Siehe Reinganum (1983), S. 62-64 und die Grundlage hierzu in Reinganum (1981).

der anderen Anwender verbunden sein.[923] Da die Adoptoren nicht losgelöst voneinander agieren, sondern miteinander operieren, ist z. B. eine hohe Kompatibilität der Innovation eine Eigenschaft, deren Attraktivität mit der Anzahl der Nutzer steigt.[924] Wenn eine Innovation, wie beispielsweise das Telefon, solche *Netzwerkeigenschaften* aufweist,[925] kann das Erreichen einer kritischen Masse eine notwendige Bedingung zur Entwicklung eines funktionierenden Marktes darstellen. Durch eine höhere Ausbringungsmenge können auch andere Verbesserungen erreicht werden, wie etwa sinkende Preise, bessere Qualität etc. „Bandwagon“ oder Trend-Effekte können sogar dafür sorgen, dass der Druck durch andere Nutzer so groß wird, dass eine individuelle Adoption nur auf Grund der großen Anzahl der anderen Nutzer sinnvoll ist.[926] Daher ist das Verhalten anderer Adoptoren als wichtige Entscheidungsvariable mit in das Kalkül zu integrieren.

Am Ende der Meinungsbildungsphase wird eine Entscheidung getroffen, welche die Basis einer Handlung darstellt und so, die Verfügbarkeit der Innovation vorausgesetzt, zur Annahme oder auch Ablehnung der Innovation führen kann. Im weiteren Zeitverlauf entsteht durch die Entscheidung und deren Bewährung in der Praxis eine Rückwirkung auf die Einstellung gegenüber der Innovation, welche weitere Entscheidungsfindungen prägen wird. Der Adoptor wird auch während der Handlung und des Einsatzes der Innovation weiterhin externe Informationen aufnehmen und verarbeiten, die sein Verhalten beeinflussen, so dass die einmal gefällte Entscheidung insgesamt kein statisches, feststehendes Ergebnis ist.[927] Im Zeitverlauf folgen vielmehr weitere Entscheidungsprozesse.[928] Erfahrungen und neue Informationen können zu einer Revision der getroffenen Entscheidung führen.[929] Eine Änderung des Verhaltens ist aber auch durch eine Veränderung der Entscheidungsfaktoren und/oder eine andere Gewichtung derselben möglich.[930] So modelliert eines der ersten und bekanntesten Diffusionsmodelle von BASS [1969] den externen Einfluss auf die kumulierte Adoptionsentscheidung als abnehmend, während interne Aspekte am Anfang eher unwichtig sind und im Zeitablauf

---

923 Siehe die grundlegenden Arbeiten von Katz/Shapiro (1985) und die Erweiterung in Katz/Shapiro (1992) sowie die Arbeit von Farrell/Saloner (1985).

924 Vgl. Katz/Shapiro (1985), S. 434; Mueller (1997), S. 831-832. In dem Bereich der Datenverarbeitung existiert eine Reihe von Beispielen, die zeigen, dass trotz qualitativ höherwertiger Lösungen auf Grund von Quasi-Standards und der besonderen Bedeutung des Datenaustauschs andere Innovationen sich nicht durchsetzen können. Vgl. Katz/Shapiro (1986), S. 824.

925 Diese Gedanken und das Beispiel der externen Effekte von Telefonanschlüssen gehen auf die Arbeiten von Allen (1988) zurück.

926 Vgl. Abrahamson/Bartner-Rosenkopf (1990), S. 155; Abrahamson/Rosenkopf (1993), S. 491-493; Abrahamson/Rosenkopf (1997), S. 291-294.

927 Von dem einmaligen Einsatz sei abstrahiert.

928 Vgl. Molyneux/Shamroukh (1999), S. 140-141.

929 Darüber hinaus sind auch die Innovation mit ihren Eigenschaften und die anderen Entscheidungsfaktoren im Zeitverlauf einer Veränderung unterworfen, wodurch eine Modifikation des Verhaltens hervorgerufen werden kann.

930 Siehe das theoretische Modell von Triandis (1980).

an Bedeutung zunehmen.[931] Eine Auswahl der unterschiedlichen Modelle, die den Diffusionsverlauf abbilden, wird in Kapitel 6.1 im Zuge der Anwendung auf den Untersuchungsgegenstand dargestellt.

Folgende Abbildung stellt den Kommunikations- und Entscheidungsablauf grafisch dar:

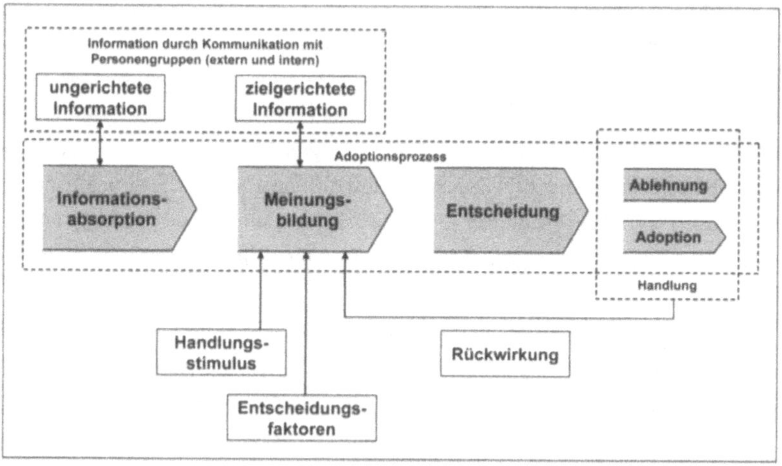

Abbildung 15: ADOPTIONSENTSCHEIDUNGSPROZESS[932]

Innovationsbarrieren

Die Darstellung der Übernahmeentscheidung einer Innovation ist damit bisher sehr stark auf die Innovation und ihre Eigenschaften fokussiert. Innovationen stehen aber, wie bereits das Beispiel zu Anfang des Kapitels verdeutlicht, einem Beharrungswiderstand in Unternehmen, Organisationen und Gesellschaft gegenüber.[933] Der Entscheidungsrahmen ist daher in seiner bislang dargestellten Form um ein weiteres Phänomen zu erweitern. Der Erfolg einer Innovation ist nämlich nicht nur in Abhängigkeit von deren Ausgestaltung und ihren eventuellen Konkurrenzprodukten zu sehen. Bei der Analyse der Durchsetzung einer Innovation ist darüber hinaus auch die Überwindung von Widerständen zu beachten.

Bereits früh wurde erkannt, dass die Diffusion einer Innovation nicht nur von einer positiven Einschätzung ihres Marktpotenzials abhängt, sondern dass bei der anschließenden Umsetzung der Adoptionsentscheidung auch Beharrungswiderstände überwunden werden müssen.[934] So existieren Innovationsbarrieren, die das erstmalige Nutzen einer

931 Vgl. die Ausführungen von Martinez/Polo/Flavián (1998), S. 325-326.

932 Eigene Abbildung.

933 Vgl. Schumpeter (1912), S. 108-118. Siehe hierzu auch die ausführliche Darstellung von Hauschildt (1997), S. 125-145.

934 Siehe etwa Schumpeter (1912), S. 108.

Innovation behindern.[935] Definitionsgemäß fallen diese aber nur bei erstmaliger Nutzung an und haben in der Folge keinen Einfluss mehr auf weitere Entscheidungen.

Innovationsbarrieren lassen sich in zwei unterschiedliche Konstrukte gruppieren. Einerseits stellen Innovationsbarrieren Kosten dar, die als *Fixkosten der Innovationsübernahme* mit in das Entscheidungskalkül aufgenommen werden müssen und so die Übernahme einer Innovation erschweren. Auf der anderen Seite werden unter Innovationsbarrieren aber auch Probleme verstanden, welche die endgültige Durchsetzung einer Innovation nach der ersten Entscheidung behindern können. Zaltman/Duncan/Holbeck [1984] zeigen, dass eine insgesamt erfolgreiche Adoption i. d. R. einer zweistufigen Entscheidung bedarf.[936] Zunächst wird auf einer strategischen und dann, zeitlich verzögert, auf einer operativen Ebene entschieden, ob und wie die Innovation einzusetzen ist. Dieser Prozess kann als „*Organisationsassimilation*" der Innovation bezeichnet werden.[937]

Besonders die bestehenden Abläufe[938] und Strukturen innerhalb der Unternehmen können für eine erschwerte Übernahme der Innovation sorgen.[939] Die Dekonstruktion der Unternehmensorganisation von Mintzberg [1980] in fünf miteinander verknüpfte Teile[940] zeigt, wie komplex eine Unternehmenstransformation zum Zwecke der Implementierung einer Innovation sein kann.[941] Diese Barrieren können große Probleme verursachen[942] und müssen daher bei der Implementierung der Innovation beachtet werden.[943] Der Abbau kann durch entsprechende Maßnahmen gefördert werden. Im deutschsprachigen Raum haben besonders Hauschildt [1997] und Witte [1973] ein Modell der internen Promotoren entwickelt,[944] welche den Organisationswandel zur Assimilation von Innovationen erfolgreich fördern können.[945]

---

935 Vgl. Lambkin/Day (1989), S. 5.

936 Zaltman/Duncan/Holbeck (1984) unterscheiden zwischen der „Initiation" und der „Implementierung". Siehe Zaltman/Duncan/Holbeck (1984), S. 58-70.

937 Siehe Gallivan (2001), S. 51-52. Fichman/Kemerer (1999) sprechen demzufolge von einer „Assimilation Gap" und unterscheiden zwischen einer Innovations-„Acqusition" und dem „Deployment". Siehe Fichman/Kemerer (1999), S. 256-257. Dies stellt konzeptionell eine Übertragung der Unterscheidung von Rogers (1983) zwischen Innovations-„Awareness" und „Adoption Rate" dar. Siehe Rogers (1983), S. 204.

938 Diese müssen keineswegs formalisiert sein. Mintzberg (1983) spricht ebenso von sozialen Normen, Kultur etc. Siehe Mintzberg (1983), S. 48-49.

939 Für eine aktuelle empirische Untersuchung zum Widerstand von Mitarbeitern gegen Innovationen und einen entsprechenden Literaturüberblick siehe Thomas (2003), S. 16-17.

940 Siehe Mintzberg (1980), S. 324.

941 Vgl. Mintzberg (1984), S. 213, für ein Modell des organisatorischen Wandels.

942 Vgl. Rogers (1983), S. 347-370.

943 Für eine umfassende Darstellung der Theorie der organisationalen Veränderung und des Lernens siehe Beyer (2000), S. 19-126.

944 Diese zerlegen die Rolle der Promotoren in Fach-, Macht- und Prozesspromotoren. Siehe Hauschildt (1997), S. 167-172 und Witte (1999), S. 15-16.

945 Siehe neben den empirischen Arbeiten von Hauschildt (1997) und Witte (1999) auch Gemünden (1999); Folkerts (2001).

Ursachen der Innovationswiderstände

Innovationswiderstände basieren über mögliche Interessenskonflikte hinaus auf der menschlichen Natur und dem Umgang des Menschen mit dem Neuen.[946] Ihre Ursachen können dabei auf zwei Problembereiche zurückgeführt werden:[947] Die Barriere des „*Nicht-Wollens*" ist in aller Regeln nicht sachbezogen und stellt die individuellen Beharrungskräfte in Bezug auf den Status quo dar. Obwohl sie eine Einführung erfolgreich verzögern oder sogar verhindern kann, ist sie der Sache nach ein internes Managementproblem, das unter dem Aspekt der finanztheoretischen Ausrichtung der vorliegenden Arbeit von untergeordnetem Interesse ist. Es wird daher im Folgenden nicht explizit betrachtet. Die Barriere des „*Nicht-Wissens*"[948] ist dagegen sachbezogen und wird wegen ihrer allgemeinen Bedeutung detaillierter beschrieben.

Wissen und dessen Vorstufe, Informationen, sind elementare Bestandteile der Adoptionsentscheidung und der ihr folgenden Assimilation einer Innovation. So stellt die Information der Existenz einer Innovation eine notwendige Bedingung für die Adoptionsentscheidung dar.[949] Besonders in den Anfängen der Adoptionsforschung ist der Diffusionsprozess als direkte Folge der Bekanntheit der Existenz einer Innovation und somit abhängig vom individuellen Kommunikationsverhalten dargestellt worden.[950] Aber auch möglichst sichere[951] Informationen in Bezug auf die Eigenschaften und den grundsätzlichen Nutzen der Innovation werden die Entscheidung nachdrücklich mitbestimmen. Angesichts der Existenz von Massenkommunikationsmedien sind die Informationen über Existenz und Eigenschaften der Innovation (Informations- und Signalling-Rolle) infolge sinkender Relevanz in den Hintergrund des Forschungsfokus gerückt.[952]

Die Assimilation, aber auch bereits die Entscheidungsfindung, wird neben der grundsätzlichen Vorteilhaftigkeit der Maßnahme direkt und indirekt vom Wissen um die zielgerichtete Anwendung, also dem tieferen, umfassenden Verständnis einer Innovation beeinflusst.[953] Ein ausgeprägtes Verständnis erleichtert einerseits die Einschätzung der Eigenschaften der Innovation und fördert andererseits die der Entscheidung folgende Übernahme.[954] Wird vom Wissensstand innerhalb des Unternehmens angesichts einer

---

946 Vgl. Schumpeter (1912), S. 120.

947 Typologie nach Witte (1973), S. 5. Siehe auch Witte (1999), S. 13-14.

948 Witte (1999) spricht auch von einer „Fähigkeitsbarriere". Siehe Witte (1999), S. 14.

949 Z. B. findet Hoyt (1989) als einen wichtigen Hinderungsgrund, der gegen den Einsatz von Terminkontrakten bei Versicherungen spricht, interne Wissens- und Umsetzungsprobleme. Siehe Hoyt (1989), S. 745. Ebenso auch D'Arcy/France (1992), S. 596.

950 Vgl. Attewell (1992), S. 2.

951 Siehe hierzu auch die Ausführungen zur Unsicherheit bei der Adoptionsentscheidung in diesem Kapitel.

952 Siehe hierzu die Ergebnisse von Hesse (1988), S. 52; Mansfield (1985), S. 222.

953 Siehe hierzu die Arbeit von von Hippel (1994). Ratchford (2001) zeigt, dass unterschiedliches Wissen Ursache von heterogenen Konsumplänen sein kann. Siehe besonders Ratchford (2001), S. 407-408.

954 Vgl. Rosenberg (1982), S. 140.

hohen Neuartigkeit der Innovation abstrahiert, so müssen bei einer außerordentlichen Komplexität der Innovation viele Informationen beschafft werden. Um diese in zielgerichtetes Wissen zu verwandeln und für die Entscheidung sowie die spätere Implementierung nutzen zu können, sind u. U. aufwändige Lernprozesse erforderlich. Besonders bei komplexen Innovationen können unzureichende, zur Anwendung notwendige Informations- und Lernprozesse eine erfolgreiche Adoption beeinträchtigen.[955] Anwendungsbezogenes Wissen wird somit zu einem kritischen Faktor im Adoptionskalkül.[956]

Vor diesem Hintergrund lässt sich für den weiteren Verlauf der Analyse festhalten, dass vom klassischen Konzept der Informations- und Signalling-Rolle abzusehen und stattdessen auf Aspekte des Verständnisses und des Wissenstransfers zu fokussieren ist.

Organisational Inertia

Den Anfängen der Adoptionsforschung folgend, wurde das Verhalten der Adoptoren bisher bewusst vereinfachend als das rationale Kalkül einer Person dargestellt. Die organisatorischen Entscheidungsabläufe innerhalb eines Unternehmens werden damit gezielt ausgeklammert. Die aus dieser Vereinfachung abgeleiteten Schlussfolgerungen sind aber im Rahmen einer detaillierten Analyse zu erweitern. Besonders bei komplexen Innovationen ist von einem vielschichtigen Entscheidungsfindungsprozess[957] auszugehen,[958] da die Tragweite einer Adoptionsentscheidung gar nicht von einer Person alleine erfasst und verantwortet werden kann.[959] In einem kontrovers ausgetragenen Prozess der Urteilsfindung können somit auch Innovationsopponenten die Entscheidungsfindung in ihrem Sinne beeinflussen.[960] Darin manifestieren sich Innovationswiderstände mit dem Ziel, die Innovation zu verhindern, zu verzögern oder zu verändern.[961] Das Modell der individuellen Entscheidungsfindung einer Einzelperson ist daher auf eine organisatorisch geprägte, kollektive Entscheidungsfindung hin auszudehnen.

Auch im Hinblick auf den Untersuchungsgegenstand der vorliegenden Arbeit ist keine eindimensionale Form der Meinungsbildung und der daran anschließenden Entschei-

---

955 Fichman/Kemerer (1993) untersuchen die Adoption und den Einsatz von objektorientierter Programmierung bei der Software-Entwicklung und zeigen, dass die Komplexität einen großen Einfluss auf die Durchsetzung hat. Vgl. Fichman/Kemerer (1993), S. 18, hierzu auch Fichman/Kemerer (1997), S. 1345. Latour/Hanna/Miller/Pitts (2002) gehen davon aus, dass die Adoption hauptsächlich von dem Nutzen der Innovation und der Benutzbarkeit im Sinne einer möglichst geringen Komplexität abhängt. Vgl. Latour/Hanna/Miller/Pitts (2002), S. 3. Siehe auch die grundlegenden Arbeiten von Yaverbaum/Culpan (1990); Bagozzi/Davis/Warshaw (1989).

956 Vgl. Attewell (1992), S. 4-5.

957 Für ein Modell zur Entscheidungsfindung zwischen mehreren Unternehmensabteilungen siehe Dutton (1967), S. 86-89, und zu den möglichen Interessenskonflikten zwischen den einzelnen Abteilungen siehe Walton/Dutton (1969), S. 74.

958 Siehe die Ergebnisse der empirischen Arbeiten von Mann/Williams (1985), S. 336; Le Compte (1985), S. 309.

959 Dies liegt sowohl in der physischen Aufnahmefähigkeit eines Menschen, als auch in den hieraus resultierenden Kompetenzverteilungen innerhalb von Organisationen begründet. Vgl. Eveland/Tornatzky (1990), S. 123-124.

960 Vgl. Hauschildt (1997), S. 172-176.

dung über eine Adoption zu erwarten.[962] Vielmehr wird dieser Prozess in einem internen Verfahren über mehrere Entscheidungsebenen verlaufen. Die Aufnahme der Innovation in den Katalog relevanter Maßnahmen dürfte sinnvollerweise dann erfolgen, wenn sich Katastrophen-Kontrakte als adäquater Lösungsrahmen erweisen. Auf Grund der finanztheoretischen Sichtweise der vorliegenden Arbeit wird auf unternehmensinterne Entscheidungsabläufe hier nicht weiter einzugehen sein, es kann aber bereits festgehalten werden, dass auch im Rahmen der Interviews in Teil 5 keine Diskrepanz zwischen strategischer Entscheidung und organisatorischer Umsetzung festzustellen war. Dieser Aspekt wird daher im Weiteren nicht betrachtet.

4.4.3 Zusammenfassung und Übertragung auf den Untersuchungsgegenstand

Die in diesem Kapitel abgeleiteten Faktoren stellen wichtige Determinanten des Verhaltens der Innovatoren und Adoptoren dar. Daher ist auch für den Untersuchungsgegenstand zu erwarten, dass sie eine Entscheidungswirksamkeit haben. Da die Anwendung dieser Faktoren auf den Untersuchungsgegenstand in keinerlei Hinsicht trivial ist und u. U. nicht ohne weitere Erläuterungen direkt nachvollzogen werden kann, wird folgend deren weitere Berücksichtigung und Anwendung beschrieben. Bei dieser Ableitung sind die am Anfang des Kapitels beschriebenen Probleme bezüglich einer fehlenden spezifischen Literaturbasis zu Finanzinnovationen offensichtlich. Die daher teilweise rudimentär erscheinende Ableitung von Thesen ist vor diesem Hintergrund zu rechtfertigen.

Die folgende Abbildung fasst die handlungsbeeinflussenden Parameter der Innovatoren und Adoptoren zusammen. Sie stellt sowohl die Motivationsfaktoren der Innovatoren als auch die Entscheidungsfaktoren der Adoptoren sowie den Zusammenhang beider im Überblick dar:

---

961 Vgl. Hauschildt (1997), S. 146.

962 Zum Begriff der verschiedenen Entscheidungsfindungen bei der Adoption von Innovationen siehe Rogers (1983), S. 29-31.

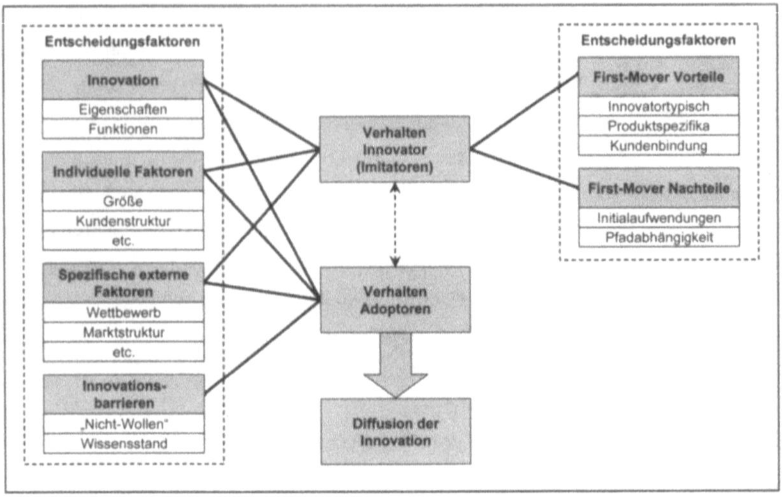

Abbildung 16: ENTSCHEIDUNGSFAKTOREN DER INNOVATOREN UND ADOPTOREN[963]

Die Übertragung der einzelnen Faktoren auf den Untersuchungsgegenstand im Rahmen der folgenden Analyse richtet sich nach der Systematisierung der vorgestellten Abbildung. Grundsätzlich erfolgt diese Anwendung nach der Grundkonzeption von Teil 5 (statische Kontrakteigenschaften) und Teil 6 (Betrachtung dynamischer Prozesse und Verhalten der Marktakteure). Während beispielsweise der statische Aspekt des aktuellen Wissens- und Informationsstandes in Teil 5 behandelt wird, werden die den dynamischen Kommunikations- und Promotionsprozessen zugrunde liegenden Motive (First-Mover-Vor- und -Nachteile) der Marktakteure in Abschnitt 6.2.1 analysiert. Der Mehrwert, der durch die Beachtung der Adoptions- und Diffusionsforschung entsteht, liegt damit zum einen in der Benennung von weiteren, entscheidungsrelevanten Faktoren und zum anderen in der Spezifizierung konkreter die Situation erklärender Prozesse.

Die in diesem Kapitel dargestellten, für Adoptoren relevanten Entscheidungsfaktoren, die den Kontrakt- oder *Innovationseigenschaften* entsprechen, werden dieser Argumentation folgend in Teil 5 integriert. Auf der strukturellen Ebene stellt die detaillierte Analyse der Funktionen und Eigenschaften der Innovation bereits den Inhalt dieses Kapitels dar. Der Mehrwert der Adoptionsforschung für diese Analyse kann daher einerseits in einer Bestätigung des analytischen Vorgehens gesehen werden, da diese Arbeiten zeigen, dass Innovation mit ihren spezifischen Eigenschaften und Funktionen einen wesentlicher Treiber des Erfolges darstellt. Zum anderen haben die Ausführungen zur Adoptionsforschung gezeigt, dass die übergeordneten Innovationseigenschaften, wie Kompatibilität, Komplexität, Probierbarkeit sowie Beobachtbarkeit[964] die Übernahme

963 Quelle: Eigene Abbildung.
964 Vgl. Rogers (1983), S. 211.

entscheidend erleichtern können. Die bisher abgeleiteten Erfolgsfaktoren sind daher um diese Eigenschaften zu erweitern.[965]

Eine Betrachtung der *individuellen Entscheidungsfaktoren* ist, wie bereits erklärt, im Rahmen einer allgemeinen Arbeit nicht möglich. Diese subjektiven, internen Faktoren werden auf Grund des geringen Verallgemeinerungspotenzials im Rahmen der weiteren Analyse nicht angesprochen. Die spezifischen *externen Faktoren*, die im Rahmen der Innovationsforschung betrachtet werden, sind als Kontrakteigenschaften in Teil 5 zu integrieren (z. B. Netzwerkeigenschaft: Liquidität), betten aber auch die Handlungen der Marktakteure in einen Gesamtkontext ein. Wettbewerbs- und Marktstruktur sowie andere industriecharakteristische Eigenschaften werden daher nicht explizit angesprochen, bilden aber grundsätzlich immer wieder die implizite Basis für die unterschiedlichen Argumentationen.

Innovationsbarrieren können die Implementierung einer vorteilhaften Innovation dauerhaft verhindern. Basierend auf einer positiven Entscheidung stellt die organisatorische Umsetzung eine dieser Innovationsbarriere dar und die bestehende Organisationsstruktur und die Abläufe können die operative Umsetzung verhindern. Obwohl damit die so genannte „Organisational Inertia“[966] ein Problem bei der Umsetzung der Adoption darstellt, wird dieser Aspekt wegen der genannten Gründe und angesichts des finanztheoretischen Fokus der Arbeit lediglich untergeordnet beachtet. Die Innovation des im Rahmen der Arbeit betrachteten Finanzkontraktes weist aber einige allgemeine Eigenschaften auf, die das Adoptionsverhalten beeinflussen können und als Entscheidungsfaktoren verstanden werden können. Die in Kapitel 4.2 und 4.3 abgeleiteten Faktoren werden daher wiederum um diese Attribute zu erweitern.[967]

Die traditionelle Darstellung des Diffusionsprozesses von Innovationen als primär abhängig von Informationsprozessen ist – wie gezeigt – um Lern- und Wissensaspekte zu erweitern. Dienen die Kommunikations- und Informationsprozesse als Grundlage für die Analyse der dynamischen Entwicklung der Innovation in Teil 6, so sind auch Wissensprobleme als Innovationsbarrieren zu untersuchen. Diese lassen sich nicht einfach als Erweiterung der traditionellen Informationsmodelle darstellen.[968] Daher wird in Teil 5 untersucht, inwieweit bei den einzelnen Marktakteuren spezifisches, für den Einsatz der Innovation notwendiges Wissen verfügbar ist.

Daneben haben die Erläuterungen im vorausgegangenen Kapitel gezeigt, wovon das *Verhalten der Innovatoren* im Wesentlichen abhängt und wie es strukturell dargestellt werden kann. Für die Diffusion einer Innovation und somit für die Ausführungen in

---

965 Dieses erfolgt im Rahmen von Abschnitt 5.5.1.

966 Zur Darlegung der unterschiedlichen Gründe und verschiedenen wissenschaftlichen Ansätze der „Organisational Intertia“ siehe Colombo/Delmastro (2002), S. 596-599.

967 Z. B. werden in Abschnitt 5.5.1 psychologische Faktoren im Umgang mit Risiko betrachtet.

968 Vgl. Attewell (1992), S. 6.

Teil 6 ist besonders wichtig, dass das Verhalten der Innovatoren und das der Adoptoren wechselseitig die Entscheidungen beider Akteure sowie die der anderen Marktteilnehmer beeinflusst. Da davon auszugehen ist, dass die das Verhalten bestimmenden internen und externen Entscheidungsfaktoren insgesamt nicht zeitlich stabil, sondern einem kontinuierlichen Veränderungsprozess unterworfen sind,[969] ist zu untersuchen, inwieweit die Innovatoren diese Faktoren durch ihr Verhalten bewusst oder unbewusst beeinflussen. Die bisherigen Ausführungen haben beispielsweise die besondere Bedeutung von Informations- und Kommunikationsaspekten für die Adoption und Diffusion gezeigt. Da auch die Informationsweitergabe[970] besonders von der Motivation einzelner Marktakteure abhängt, werden in Abschnitt 6.2.1 zusätzlich die Anreize einer aktiven Marktentwicklung der unterschiedlichen Gruppen untersucht.

4.4.4 Diffusion von Innovationen

Die bisherigen Ausführungen in Teil 4 dienten der Ableitung eines adäquaten Analyserahmens, der in den Teilen 5 und 6 angewendet wird und so eine umfassende Abbildung des Untersuchungsgegenstands im Sinne der Zielrichtung dieser Arbeit erlauben wird. Die Betrachtung des Diffusionsverlaufs von Finanzkontrakten ist hingegen in Erweiterung der Ausführungen von Kapitel 3.5 als Indikation für den aktuellen Entwicklungsstand des Marktes zu sehen. Die Anwendung dieser Methoden erfolgt in Kapitel 6.1.

In der betriebswirtschaftlichen Forschung versteht man unter Diffusion allgemein die mengenmäßige Entwicklung eines neuen Produktes oder einer Dienstleistung im Zeitverlauf.[971] Die Diffusion einer Innovation beginnt mit der Einführung dieses neuen Produktes am Markt. Während der dann folgenden Perioden wird sich die Ausbringungsmenge zwischen den beiden Extremen der Marktsaturierung und des Nichtentwickelns bewegen. Empirisch kann für die überwiegende Anzahl der erfolgreichen Diffusionen ökonomischer Güter festgehalten werden, dass die kumulierte Ausbringungsmenge der Innovation nach einem Anfangsprozess eine zunehmende Geschwindigkeit aufweist, die dann aber wieder abnimmt und somit einer S-Kurve ähnelt.[972] Die nicht erfolgreiche Diffusion wird im Gegensatz dazu über einen längeren Zeitraum kein bedeutendes Volumen hervorbringen.

Die Wurzeln der betriebswirtschaftlichen Diffusionsforschung liegen – fachfremd – in der Analyse demographischer Entwicklungen sowie in der biologischen Forschung zur Vermehrung von Bakterien. Charakteristisch für diese Entwicklungsprozesse sind die

---

969 Beispielsweise gewinnt der Innovator auf Grund des Einsatzes der Innovation und der Rückmeldung durch die Adoptoren Erfahrung, die zu einer Re-invention der Innovation, d. h. einer Veränderung wichtiger Variablen führen kann. Vgl. Rogers (1983), S. 175-176.

970 Beobachtbares Verhalten sei in diesem Sinne als glaubwürdige Information interpretiert.

971 Es wurde auch bereits darauf hingewiesen, dass neuere Konzepte zwischen der Übernahme einer Innovation und ihrer Anwendung differenzieren. Siehe Fn. 937.

972 Vgl. Durth (2001), S. 1625.

selbstständigen Vermehrungsabläufe.[973] Im Unterschied zur naturwissenschaftlichen Diffusionsforschung steht bei wirtschaftswissenschaftlichen Diffusionsmodellen jedoch zumeist die Ableitung von beeinflussenden Determinanten zur Erklärung des Prozesses und z. B. zur Beurteilung der Wirksamkeit von Marketing-Maßnahmen im Vordergrund. Die ersten ökonomischen Diffusionsmodelle stammen von MANSFIELD [1961] und GRILICHES [1957].[974] Der von ROGERS [1983] spezifizierte Diffusionsverlauf in Form der Dichtefunktion der Normalverteilung[975] wurde, sich von dem naturgesetzmäßigen Diffusionsverlauf entfernend, weiterentwickelt. So ist die Adoptionsentscheidung zunehmend detaillierter und auf Basis heterogener Adoptoren modelliert worden.[976] Zusätzlich zur Modulation der Diffusion auf Basis der Anzahl der bisherigen Adoptoren sind andere Prozesse, wie etwa die Kommunikation und die Erfahrung einzelner Nutzer sowie die Rolle von Meinungsführern, als für die Diffusionsverläufe entscheidend bestimmt worden.[977]

Die S-förmige Diffusionskurve ist neben der Marktsättigungsgrenze besonders durch die Zeitdauer, die eine Innovation zu einer bedeutenden Marktdurchdringung benötigt, charakterisiert. Diese Zeitspanne kann beachtlich sein[978], scheint jedoch mit der Evolution unserer Volkswirtschaften kleiner geworden zu sein.[979] Die geringere Diffusionsdauer findet sich in der Verkürzung von Produktlebenszyklen wieder und kann mit der Entwicklung von Massenkommunikationsmitteln und damit der besseren Verfügbarkeit von Informationen erklärt werden.

Obwohl die These der verkürzten Adoptionsdauer durch eine Reihe von Arbeiten untermauert wird, ist eine empirisch eindeutige Überprüfung bisher nicht gelungen, und viele Einzelbeispiele zeigen, dass erfolgreiche Innovationen nach wie vor eine bedeutende Marktdurchdringungszeit benötigen können.[980] Die Entwicklungsdauer scheint offenbar stärker von den spezifischen Eigenschaften der Innovation als von der allge-

---

973 Vgl. Böcker/Gierl (1988), S. 32. Andere Darstellungen legen semilogistische oder exponentielle Verläufe zugrunde. Vgl. Hesse (1988), S. 29-32.

974 Mansfield (1961) beschäftigte sich mit Diffusion und sieht diese in positiver Korrelation zur Anzahl der bisherigen Adoptoren und der Profitabilität, während sich ein höherer Investitionsbedarf negativ auswirkt. Siehe Mansfield (1961), S. 745-747. Griliches (1957) untersucht die Verbreitung von neuartigem Saatgut und spezifiziert zum ersten Mal eine S-Kurve für den Diffusionsverlauf. Siehe Griliches (1957), S. 503-504. Die Arbeit von Griliches (1957) ist damit in der Tradition der Arbeit von Ryan/Gross (1943) zu sehen.

975 Vgl. Rogers (1983), S. 247. Für eine Übersicht der einzelnen mathematischen Diffusionsgleichungen siehe Böcker/Gierl (1988), S. 38-42.

976 Vgl. Fn. 909.

977 Vgl. Böcker/Gierl (1988), S. 33-35.

978 Üblich für eine bedeutende Durchdringung (mindestens 10% Marktanteil) sind Zeiträume von im Durchschnitt unter fünf Jahren bis maximal zehn Jahren, aber nur in Extremfällen über zehn Jahren. Vgl. Nabseth/Ray (1974), S. 17; Mansfield (1961), S. 744. Siehe auch die Ergebnisse von Mansfield/Schwartz/Wagner (1981), deren Werte deutlich höher liegen, die aber auch von einer Marktdurchdringung von 50% ausgehen.

979 Vgl. Mansfield (1961), S. 756.

980 Vgl. Olshavsky (1980), S. 425.

meinen Wirtschaftsentwicklung beeinflusst zu werden.[981] Demgemäß ist die lange Entwicklungsdauer eines im Vergleich zum konventionellen System der Katastrophen-Risikoabsicherung mittels Rückversicherungen immer noch unbedeutenden alternativen Risikoabsicherungsinstruments allenfalls als ein mögliches Indiz, nicht aber als direktes und eindeutiges Zeichen einer Fehlentwicklung zu interpretieren. Daher werden im Folgenden empirische Arbeiten zur Diffusion von Finanzkontrakten untersucht, um den spezifischen Eigenschaften des Untersuchungsobjekts Rechnung zu tragen.

Empirische Diffusionsverläufe von Finanzkontrakten

Trotz der ungeheuren Zahl an allgemeinen Arbeiten zur Diffusion von Innovationen,[982] ist die Anzahl empirischer Arbeiten zur Diffusion von Finanzkontrakten nicht einmal zweistellig.[983] Angesichts der Knappheit empirischer Arbeiten kann daher nicht die Anwendung eines umfassend diskutierten theoretischen Rahmens zur Bestimmung des Diffusionsprozesses von neuartigen Finanzkontrakten in Kapitel 6.1 erfolgen. Auch eine Erweiterung des engen Fokus der empirischen Arbeiten zur Diffusion von Finanzkontrakten kann diesem Mangel kaum Abhilfe verschaffen. Inkludiert man in die Betrachtung auch solche Arbeiten, die sich mit der Diffusion von Finanzinnovationen allgemein beschäftigen, so steigt die Zahl der Arbeiten ebenfalls nicht signifikant an.[984] Die überwiegende Mehrheit dieser Arbeiten beschäftigt sich mit der Ausbreitung von Geldausgabeautomaten innerhalb der Bankindustrie.[985] Ergebnisse der Arbeiten sind, dass die Adoptionsgeschwindigkeit von Geldausgabeautomaten positiv mit der Unternehmensgröße, der Profitabilität und der Marktkonzentration korreliert. Gleichzeitig ist die Adoptionsentscheidung sowohl vom beobachtbaren, erfolgreichen Verhalten der Wettbewerber als auch von Anstrengungen der Anbieter der Innovation abhängig.[986] Es überrascht kaum, dass die Ergebnisse dieser Untersuchungen analog zu den Ergebnissen von Industriestudien zu ähnlichen Erkenntnisobjekten sind.[987]

Auch hier ist, wie in Kapitel 4.4 bereits bezüglich der allgemeinen Diffusionsforschung erklärt, eine detaillierte Betrachtung dieser Arbeiten und eine Übertragung ihrer Erkenntnisse auf den Untersuchungsgegenstand der vorliegenden Arbeit nicht sinnvoll.

---

981 Vgl. die Ergebnisse Olshavsky (1980), S. 428.

982 Wejnert (2002) schätzt, dass seit 1940 ca. 4000 unterschiedliche Arbeiten zur Diffusion von Innovationen entstanden sind. Siehe Wejnert (2002), S. 298.

983 Eine Ausnahme bilden die in Kapitel 6.1 zitierten Arbeiten.

984 Frame/White (2002) finden nur fünf empirische Arbeiten zur Diffusion von Finanzinnovationen. Siehe Frame/White (2002), S. 17. Diese Aufzählung ist nicht vollständig, bestätigt aber die Thesen des Autors dieser Arbeit in Bezug auf den Mangel an Literatur zur Durchsetzung von Finanzinnovationen.

985 Siehe die Arbeiten von: Hannan/McDowell (1984); Hannan/McDowell (1987); Saloner/Shepard (1995); Gourlay/Pentecost (2000), im weiteren Sinne auch Escuer/Redondo/Fumas (1991).

986 Vgl. Dos Santos/Peffers (1998), S. 182; Gourlay/Pentecost (2000), S. 17; Saloner/Shepard (1995), S. 494; Hannan/McDowell (1984), S. 333; Hannan/McDowell (1984), S. 163.

987 Geldausgabeautomaten können als Investitionen in IT-Infrastruktur interpretiert werden. Für eine Übersicht zu allgemeinen empirischen Arbeiten zu diesem Thema siehe Durrington/Repman/Valente (2000), S. 16-18.

Einerseits kann auf Grund der geringen Zahl der Arbeiten kaum von gefestigten Erkenntnissen ausgegangen werden, andererseits aber sind die Unterschiede zwischen Bankautomaten und Finanzkontrakten derart fundamental, dass ein spezifischer, den Besonderheiten des Untersuchungsobjekts Rechnung tragender Erkenntnisgewinn nicht möglich ist. Die verbleibenden Untersuchungen stellen Arbeiten zu Einzelthemen von hohem wissenschaftlichen Wert, aber geringem Verallgemeinerungs- bzw. Übertragungspotenzial für die Arbeit dar. Sie sind entsprechend im Verlauf der Arbeit eingearbeitet.[988] Die Anwendung der verschiedenen Diffusionsmodelle in Kapitel 6.1 dient damit im Wesentlichen einer Deskription der historischen und aktuellen Entwicklung, weniger der Ableitung zugrunde liegender prozessualer Zusammenhänge.

988 Siehe etwa die Arbeit von Jochims (2002) zur Diffusion innovativer Dienstleistungen am Beispiel von Direktbanken. Malecki (1977) zur Ausbreitung von IT-Infrastruktur innerhalb der Banken und bei Kredit-Karten. Mahler/Rogers (1999) zur Adoption von interaktiven Kommunikationsmedien bei deutschen Bänken. Loh/Ong (1989) zum internetbasierten Aktienhandel. Hesse (1988) untersucht die Diffusion von Sparprodukten für Privatkunden. Jagtiani/Saunders/Udell (1995) analysieren die Diffusion von „Off-Balance Sheet" Verträgen; Molyneux/Shamroukh (1996) die von Junk Bonds. Beide Erkenntnisobjekte weisen Ähnlichkeiten mit dem Untersuchungsobjekt auf.

5 Analyse der bestehenden Katastrophen-Kontrakte

5.1 Grundlagen zur Durchführung der Analyse

5.1.1 Aufbau und Gang der Argumentation

Nachdem in Teil 4 der Analyserahmen und die ihn füllenden Eigenschaften für die in Teil 5 und 6 folgende Untersuchung hergeleitet wurden, erfolgt nun dessen Anwendung auf den Gegenstand der Untersuchung. Die Anwendung und Übertragung des Analyserahmens aus Teil 4 liefert relevante Kontrakteigenschaften, die als Entscheidungsfaktoren für die Markteilnehmer von Bedeutung sind.

Neben der grundsätzlichen Verfügbarkeit sowie des Angebots- und Nachfragevolumens ist, basierend auf den spezifischen Zielen der Marktteilnehmer, besonders der Mehrwert der Innovation gegenüber konventionellen Lösungsmöglichkeiten zu analysieren. Potenzielle Emittenten und Investoren von Katastrophen-Kontrakten verfügen täglich über eine Vielzahl an unterschiedlichen Instrumenten zur individuellen Zielerfüllung. Sie werden Katastrophen-Kontrakte nur dann nutzen, wenn diese gegenüber traditionellen Alternativen Vorteile aufweisen.[989] Daher erfolgt in diesem Kapitel eine vergleichende Betrachtung (statische Analyse), welche die spezifischen Anforderungen der Marktteilnehmer berücksichtigt. Die Fundierung der Aussagen findet anhand entsprechender Literatur zur Entwicklung des Katastrophen-Marktes sowie durch strukturierte Experteninterviews[990] statt.

Abbildung 17 stellt die Anwendung des Analyserahmens aus Teil 4 und den Verlauf der Untersuchung in Teil 5 grafisch dar.

[989] Siehe hierzu auch die Einleitung von Teil 4.

[990] Im Folgenden wird auf Grund von sprachlichen Vereinfachungen immer nur von männlichen Experten gesprochen. Dies ist insofern inkorrekt, als einer der Gesprächspartner weiblich war.

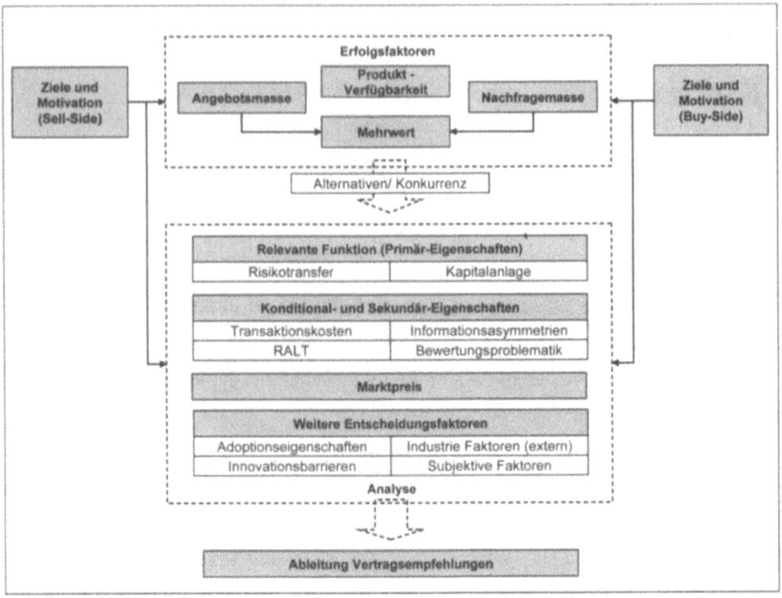

Abbildung 17: DETAILAUFBAU KAPITEL 5[991]

5.1.2 Methodik der strukturierten Interviews

Wie bei allen wissenschaftlichen Arbeiten ist bei der Auswahl der Forschungsmethodik für die vorliegende Arbeit vorab festzustellen, dass keinerlei Methodik, ob modelltheoretisch oder empirisch, ob quantitativ oder qualitativ, per se richtig oder falsch ist. Die vermeintliche Objektivität von großzahligen, quantitativen Untersuchungen und der Trend innerhalb der Sozialwissenschaften, sich an den Verfahren der Naturwissenschaften zu orientieren, dürfen nicht zu einer allgemeinen Wertung einzelner Methoden führen.[992] Vielmehr ist unter dem Aspekt der Zielorientiertheit des Forschungsvorhabens die eine oder andere Methode mit Vor- bzw. Nachteilen verbunden. Die Auswahl der Forschungsmethodik muss daher an den Zielen der Arbeit begründet werden.[993] Das „Primat der Methode" ist so dem „Primat der Sache" unterzuordnen.[994]

Da der Methodenwahl bei jeder wissenschaftlichen Arbeit eine zentrale Rolle zukommt, erfolgen nachstehend eine detaillierte Begründung der Wahl und eine Charakterisierung der gewählten Methodik. Hierbei wird besonders auch auf mögliche kritische Vorbehal-

991 Unter der Abkürzung RALT (Regulatory, Accounting, Legal, Tax) werden die in Abschnitt 4.3.1.1 beschriebenen Faktoren zusammengefasst.

992 Vgl. hierzu die Kritik von Lamnek (1995), S. 6-21. Besonders die qualitative Forschung muss sich oft der Kritik der Willkür oder möglicher Ergebnismanipulation aussetzen. Vgl. Kaufmann (1999), S. 36-37.

993 Vgl. Brosius/Koschel (2003), S. 20.

994 Vgl. Lamnek (1995), S. 11-12.

te gegenüber dem Vorgehen eingegangen. Aber so sehr solche kritischen Aspekte auch sachlich gerechtfertigt sein mögen, müssen sie doch, da mehr oder weniger methodeninhärent, im Sinne der Zielsetzung der Arbeit geduldet werden.

Ableitung der Forschungsmethode aus der Zielsetzung der Arbeit

Ziel der vorliegenden Untersuchung ist die Erklärung und Fundierung eines realen Sachverhalts (Umstände um die Entwicklung eines Marktes und seiner Produkte). Hierzu sind verschiedene Eigenschaften des Untersuchungsobjekts zu charakterisieren. Die Auswahl der im Rahmen dieser Arbeit zu verwendenden Methodik muss sich neben den Zielen der Arbeit auch an den besonderen Eigenschaften des Untersuchungsgegenstands orientieren. Da bislang kein allgemein akzeptierter Rahmen zur Analyse des Untersuchungsgegenstands existiert, wurde ein eigenständiger Analyserahmen entwickelt, der mit den entsprechenden, auf das Untersuchungsobjekt übertragenen Eigenschaften eine Erforschung der aktuellen Situation ermöglicht. Die anzuwendende Methodik muss daher auch eine Absicherung der Relevanz des Analyserahmens und seiner Faktoren aus Teil 4 sowie die Ausweitung um weitere sachliche Inhalte erbringen. Weiteres Ziel der sachbezogenen Erhebung sind die inhaltliche Erkenntnis von Zusammenhängen und die Logik unterschiedlicher Sachlagen. Der vorliegenden Untersuchung geht es somit insgesamt weniger darum, standardisiert und systematisch sehr spezifische Fragestellungen und Thesen zu erheben,[995] sie will vielmehr sachbezogen komplexe Phänomene in ihrer gesamten Tragweite erschöpfend erfassen[996] und retrospektiv den Analyserahmen mit seinen charakteristischen Bestandteilen rechtfertigen. Somit ist das Selbstverständnis der Arbeit nicht, eine abschließende Antwort zu geben, als vielmehr – neben den anderen sachspezifischen Zielen – auch weiteren Forschungsvorhaben eine Grundlage zu legen.

Begründung der Methodenwahl

Ohne die verschiedenen methodologischen Ansätze zu ausführlich darzustellen, kann Wissenschaft in sog. Formal- und Realwissenschaften gegliedert werden. Formalwissenschaften beschäftigen sich mit der internen Logik von abstrakten Systemen, während Realwissenschaften dingliche Zusammenhänge untersuchen. Die Realwissenschaft kann ihrer Zielsetzung folgend weiter in eine theorie- und eine praxisorientierte Wissenschaft eingeteilt werden. Wie die Sozialwissenschaften allgemein ist auch die vorliegende Arbeit auf Grund ihrer normativen Orientierung der praxisorientierten Wissenschaft zugehörig. In diesem Sinne können, je nach gewähltem primärem Vorgehen, zwar die Teilbereiche Theorie und Empirie unterschieden werden, aber selbst das isolierte theoretische Entwickeln von logischen Zusammenhängen muss letztlich wegen der Zielsetzung der Realwissenschaften immer auch an der Empirie erfolgen. Je nachdem, ob eine

995 Dies ist Ziel der quantitativen Empirie. Vgl. Brosius/Koschel (2003), S. 19.
996 Vgl. Brosius/Koschel (2003), S. 20.

Hypothesengenerierung eher durch die Empirie erfolgt, oder an dieser überprüft wird, spricht man so von induktivem oder deduktivem Vorgehen.

Dem Postulat der Zielsetzung des Forschungsvorhabens folgend sind nicht alle Methoden der wissenschaftlichen Auseinandersetzung mit dem Untersuchungsobjekt gleichermaßen möglich bzw. sinnvoll. Der Umstand einer relativ neuartigen Fragestellung und die wenig entwickelte Literatur dazu favorisieren grundsätzlich ein induktives Vorgehen. Eine modelltheoretische Untersuchung hätte nicht nur den Nachteil einer möglichen Fokussierung auf u. U. aus praktischer Sicht wenig relevante Bereiche, sondern wäre auch mit dem Problem einer fehlenden Generalisierbarkeit verbunden. Auch wäre wegen der beschränkten Literaturbasis eine zusammenhängende Darstellung der gewonnenen Ergebnisse nur sehr schwer möglich. Da die Ergebnisse einer modelltheoretischen Analyse in aller Regel sehr stark annahmengetrieben sind, ist ein fundiertes Verständnis der Ausgangslage eine notwendige Bedingung. Dieser Umstand ist durch die Neuartigkeit des Untersuchungsgegenstands aber nicht gegeben. Unter diesen Aspekten ist im Rahmen dieser Untersuchung ein induktives, exploratives Vorgehen zweckmäßig.

Beim induktiven Vorgehen können grundsätzlich unterschiedlichste Methodiken angewendet werden. Die Verwendung einer standardisierten, quantitativ-empirischen Hypothesenüberprüfung ist ein sehr oft angewandtes Verfahren, das aber für die vorliegende Untersuchung nicht zielführend ist. Letztlich fasst eine Erhebung in Gestalt eines standardisierten Fragebogens kommunikative Erfahrungen in Daten.[997] Der formalisierte Fragebogen stellt somit bereits eine Interpretation dar. Methodeninhärent sind solche empirischen Arbeiten dann besonders interessant, wenn die Existenz konträrer theoretischer Arbeiten keine eindeutigen Aussagen über reale Zusammenhänge und Abläufe erlaubt. Im Fall des vorliegenden Untersuchungsgegenstands ist hiervon aber nicht auszugehen. Da die vorliegende Analyse nicht auf eine umfassende theoretische Basis zurückgreifen kann und die zur Diskussion stehenden Thesen keineswegs klare Beziehungen im Sinne unabhängiger und abhängiger Variablen aufweisen, ist eine durch standardisierte Fragebögen durchgeführte Erhebung, die zwecks hoher Repräsentativität einen Rückschluss auf die Grundgesamtheit ermöglicht, nicht angebracht. Für die vorliegende Untersuchung wird deshalb eine empirische qualitative Methodik gewählt, die sich durch ihre Besonderheiten vor allem zur Erschließung bislang wenig erforschter Gegenstandsbereiche und deren kausale interne und externe Zusammenhänge sowie Abläufe eignet,[998] und sich somit auch für die Analyse des bisher in seinem Zusammenhang wenig erforschten Untersuchungsgegenstands anbietet.

---

997 Vgl. Habermas (1967), S. 192.

998 Zu den Einsatzmöglichkeiten des qualitativen Interviews siehe Brosius/Koschel (2003), S. 20; Stier (1999), S. 189; Lamnek (1995), S. 12-13; Bogner/Menz (2002), S. 36-39. Zu den besonderen Vorteilen dieser Methodik siehe Arksey/Knight (1999), S. 32-33. Zu der kontroversen Diskussion, ob qualitative Methoden lediglich den Einstieg in quantitative Erhebungstechniken ermöglichen, oder eine eigenständige Methode darstellen, siehe Schnell/Hill/Esser (1999), S. 354.

Besonderheiten der strukturierten Interviews

Im Rahmen dieser empirisch qualitativen Methodik nutzt die in der vorliegenden Arbeit durchzuführende Analyse aus zwei Gründen das Verfahren des problemorientierten Interviews, dessen Besonderheiten sowie Vor- und Nachteile im weiteren Verlauf kurz charakterisiert werden.[999] Die Befragung mittels eines Interviewleitfadens bietet sich einerseits besonders dann an, wenn kein Rückgriff auf bestehende Thesen erfolgen kann, sondern die Thesenentwicklung erst im Rahmen der Untersuchung erfolgen soll.[1000] Gleichzeitig hat sich dieses Vorgehen der wenig bzw. teilstrukturierten Interviews in mündlicher Form bei Expertenbefragungen als adäquate Erhebungsmethodik erwiesen, um deren Wissen zu erschließen.[1001]

In Anlehnung an eine weit verbreitete Systematisierung von ATTESLANDER [2003] handelt es sich bei der verwendeten Interviewtechnik um eine teilstrukturierte Form, die als Leitfaden- und/oder Expertengespräch bezeichnet wird.[1002] Der Interviewer nutzt für das problemorientierte Gespräch einen Leitfaden als Orientierung, um den Experten auf für den Interviewenden relevante Problembereiche zu lenken. Das teilstrukturierte Interview entstammt der qualitativen Sozialforschung und gilt als Sonderform der empirischen Befragung.[1003] Als Untergruppen dieser Methodiken können das fokussierte, das narrative sowie das problemorientierte Interview unterschieden werden.[1004] Bei problemorientierten Interviews werden Experten befragt, deren Wissen eine möglichst vollständige Abbildung des realen Sachverhaltes zulässt. Die Sachkenner werden in einem sog. verschränkten Interview[1005] sowohl gegenstandsbezogen als auch positionszentriert befragt, um eine systematische Charakterisierung des Untersuchungsgegenstands zu ermöglichen.

Trotz dieser damit vorgegebenen Grobgliederung des Gesprächs, die sicherstellen soll, dass forschungsrelevante Aspekte angesprochen werden,[1006] ist dem Interviewten ein großer Freiraum bezüglich seiner Antworten und seiner Argumentation, die als Besonderheit gegenüber anderen empirischen Methoden miterfasst werden kann, zu geben.[1007] Diese Interviewtechnik unterscheidet sich damit grundlegend von der standardisierten Befragung[1008] und wird im Gegensatz dazu als offene oder wenig strukturierte Befra-

---

999 Für einen Überblick der Nachteile eines Leitfadengesprächs siehe Schnell/Hill/Esser (1999), S. 356.

1000 Vgl. Diekmann (1997), S. 443-444. Durch dieses Faktum wird die qualitative empirische Forschung auch als Vorstufe zur „richtigen" quantitativen Erhebung gesehen. Siehe etwa Atteslander (2003), S. 156. Vgl. hierzu Diekmann (1997), S. 444.

1001 Siehe die Typen der Befragung in der Abbildung von Atteslander (2003), S. 145.

1002 Siehe hierzu Atteslander (2003), S. 145.

1003 Vgl. Schnell/Hill/Esser (1999), S. 354-356.

1004 Vgl. Diekmann (1997), S. 446-451.

1005 Siehe hierzu Lehmann (2001), S. 8-9.

1006 Vgl. Schnell/Hill/Esser (1999), S. 355.

1007 Vgl. Stier (1999), S. 184.

1008 Zur standardisierten telefonischen Befragung siehe Diekmann (1997), S. 429-439.

gung bezeichnet.[1009] So werden Gesprächskomplexe, wie z. B. mögliche Probleme bezüglich der Ausgestaltung von Katastrophen-Kontrakten unter Berücksichtigung der konventionell üblichen Bewertungsmethodik an den Kapitalmärkten, vorgegeben. Der Experte ist aber bei der Beantwortung der Frage keineswegs an eindimensionale Skalen gebunden, sondern kann seine Antwort begründen, im Zusammenhang darstellen und gleichzeitig auf andere, möglicherweise relevantere Problembereiche hinweisen.

Besonderheiten der Auswertung von teilstrukturierten Interviews

Im Laufe der methodologischen Entwicklung der empirischen Methodiken wurden verschiedene Analyseverfahren zur Auswertung der im Rahmen von qualitativen Interviews erhobenen Daten entwickelt.[1010] Die Verarbeitung der durch qualitative Befragungen gewonnenen Erkenntnisse stellt eine besondere Schwierigkeit dar,[1011] die ein gänzlich anderes Vorgehen als in der quantitativen Forschung erfordert.[1012] Die überwiegend heterogenen Gesprächsverläufe ermöglichen keine standardisierte, auf wenige Fokalpunkte ausgelegte Auswertung, die aber auch nicht das Bestreben der verwendeten Erhebungsmethodik darstellt. Deren Ziel und auch das der nachfolgenden Auswertung ist hingegen die Entdeckung neuer Sachverhalte und ihrer Zusammenhänge, die in einem umfassenden Verständnis des betrachteten Untersuchungsobjekts resultieren sollte.[1013]

Um dem Rechnung zu tragen, ist während der Erhebung u. U. die Lösung von vorgegebenen, standardisierten Frage-Antwort-Abläufen notwendig, wodurch im Ergebnis heterogene Gesprächsprotokolle entstehen. Diese sind dann im Rahmen der Auswertung wiederzugeben und durch eine argumentative Absicherung der einzelnen Aussagen zu manifestieren. Die Analyse der Konversationen darf dabei nicht durch die isolierte Analyse jedes einzelnen Gesprächs stattfinden (Ziel der objektiven Hermeneutik),[1014] sondern muss im Zusammenhang mit den übrigen Experteninterviews erfolgen. Da es sich bei den erhobenen Texten um sog. Argumentationstexte handelt,[1015] ist der Vergleich und die Wertung der einzelnen Argumente durch die wiederholte Nennung in den Gesprächen in Verbindung mit erweiternder Literatur aber besonders durch entsprechende logische Verknüpfung im Gesamtzusammenhang der Arbeit zu gewährleisten.[1016] Hilfreich bei der Auswertung, die zum Teil ähnlich einer quantitativen Analyse eine Deskription von einfachen Gegebenheiten erbringt, ist im Gegensatz zu der ansonsten offenen Gesprächsführung, die sich primär auf den Leitfaden als Orientierung stützt, eine

---

1009 Vgl. Atteslander (2003), S. 153-155.

1010 Für einen Überblick siehe Mayring (1990), S. 76-99; Lamnek (1995), S. 196-218.

1011 Vgl. Lamnek (1995), S. 196-197.

1012 Vgl. Atteslander (2003), S. 235.

1013 Vgl. Kleining (1982), S. 228.

1014 Siehe hierzu Mayring (1990), S. 90-94.

1015 Vgl. Lamnek (1995), S. 205-206.

1016 Vgl. Kaufmann (1999), S. 44.

Fokussierung auf entsprechende Schlüsselbegriffe.[1017] Die operative Auswertung im Rahmen der Arbeit erfolgt nach dem durch MÜHFELD/WINDOLF/LAMPERT/KRÜGER [1981] vorgeschlagenen Vorgehen, welches über sechs operative Stufen mit unterschiedlicher inhaltlicher Interpretationstiefe verläuft.[1018]

Kritik an der verwendeten Methodik

Ziel wissenschaftlichen Arbeitens ist es, belegbare Theorien über statische und dynamische Zusammenhänge von realitätsnahen Sachverhalten zu entwickeln.[1019] Die Methodik der Experteninterviews als Mittel der qualitativen Sozialforschung ist auf Grund unterschiedlicher normativer wissenschaftstheoretischer und methodologischer Grundsätze nicht mit den Kriterien der „Reproduzierbarkeit, Standarisierbarkeit und Messbarkeit“ als klassische Kriterien der quantitativen Sozialforschung beurteilbar, sondern muss sich an anderen, die methodologischen Besonderheiten beachtenden Qualitätsmaßstäben ausrichten.[1020] Genauso wie andere wissenschaftliche Methoden ist aber auch die qualitative Forschung der Forderung nach zuverlässigen und gültigen Ergebnissen im Rahmen des wissenschaftlichen Arbeitens zu unterwerfen.[1021]

MAYRING [1990] entwickelt aus diesem Grundverständnis sechs Kennzeichen, die er als Kritik an den Gütekriterien der quantitativen Forschung (Validität und Reliabilität) versteht, die sich aber gleichzeitig zur Beurteilung von qualitativen Arbeiten eignen.[1022] Diese sollen im Weiteren als Zulässigkeitskriterien der im Rahmen der Arbeit eingesetzten Experteninterviews genutzt werden:

Als erstes Kriterium der Wissenschaftlichkeit einer empirischen Untersuchung nennt MAYRING [1990] die *Verfahrensdokumentation*, die eine intersubjektive Nachprüfbarkeit gewährleisten soll. Die Nachvollziehbarkeit der einzelnen Interviews – als notwendige Bedingung der Wissenschaftlichkeit der Datenerhebung neben der Zielgerichtetheit[1023] – ermöglicht zum einen eine Kontrolle, zum anderen erlaubt sie die Bestimmung von möglichen Verzerrungen, die durch die Befragung selbst entstehen.[1024] Diesem Umstand ist bei der Durchführung der Experteninterviews Rechnung zu tragen. So sind sowohl die Experten als auch die Charakteristika der Interviews selbst dokumentiert. Es besteht eine Übersicht über die Namen der Gesprächspartner, die den entspre-

---

1017 Vgl. Lehmann (2001), S. 74.

1018 Mühfeld/Windolf/Lampert/Krüger (1981) spezifiziert relativ detailliert, wie die Prozesse des Lesens, des Kategorisierens und des Interpretierens zu gestalten sind. Siehe Mühfeld/Windolf/Lampert/Krüger (1981), S. 336.

1019 Vgl. Atteslander/Kopp (1999), S. 148.

1020 Vgl. Lamnek (1995), S. 152-153.

1021 Vgl. Lamnek (1995), S. 155.

1022 Vgl. Mayring (1990), S. 103-106. Lamnek (1995) kritisiert dieses Vorgehen als zu generisch und leitet demgegenüber vier Kriterien als für die Wissenschaftlichkeit einer qualitativen Untersuchung ausschlaggebend her (1. Gültigkeit, 2. Zuverlässigkeit, 3. Objektivität, 4. Repräsentativität und Generalisierbarkeit). Siehe Lamnek (1995), S. 158-193.

1023 Vgl. Atteslander (2003), S. 122-123.

1024 Vgl. Atteslander/Kopp (1999), S. 148.

chenden Prüfungsgremien[1025] mit detaillierter Beschreibung der Interviewsituation (persönlich/telefonisch, Datum, Dauer, Position und Unternehmen des Gesprächpartners sowie dessen Hintergrund etc.) vorliegt. Zusätzlich wurde zur Sicherung der Nachprüfbarkeit der Datenerhebung versucht, die einzelnen Interviews wortwörtlich zu dokumentieren. Obwohl den einzelnen Gesprächspartnern absolute Vertraulichkeit zugesagt wurde, untersagten die Interviewten in der überwiegenden Mehrheit der Fälle aber Mitschnitte in Form von Tonbandaufnahmen.[1026] Daher existieren lediglich stichwortartige Mitschriften der einzelnen Interviews. Die Interviews sind damit – soweit dies unter den eingeschränkten Bedingungen möglich war – zum Zwecke der Nachvollziehbarkeit dokumentiert. Die Kritik der eingeschränkten Nachvollziehbarkeit kann damit aber nicht vollständig entkräftet werden. Wie bereits einführend bemerkt, ist die Wahl der Methodik und entsprechend auch die Kritik an der Durchführung dem Ziel der Untersuchung zu unterwerfen. Daher ist die begrenzte Nachvollziehbarkeit dem möglichen Erkenntnisziel unterzuordnen und das Vorgehen somit zu rechtfertigen.

Die argumentative Darlegung der Expertenmeinungen und die Aufnahme dieser im Rahmen der Analyse durch eine schlüssige Interpretation ist das Hauptziel der verwendeten Methodik. Zweitens ist daher die sog. *argumentative Interpretationsabsicherung* wichtig, wonach die aus den einzelnen Interviews gewonnenen Aussagen über einen Argumentationsverlauf begründet werden müssen. Dieser lässt sich aus der Methodik heraus nicht wie eine mathematische Gleichung errechnen, sollte aber durch die argumentative Darstellung nachvollziehbar und möglichst zwingend sein. Hierzu sind die Prämissen der Aussagen zu beschreiben und die Aussagen ggf. durch entsprechende andere wissenschaftliche Literatur zusätzlich zu belegen.[1027] Im Zuge der Analyse sind dann Alternativdeutungen zu suchen und zu überprüfen sowie ggf. Brüche entsprechend zu rechtfertigen. Dieser Forderung ist im darauf folgenden Teil der Arbeit durch die schlüssige Argumentation und die Einbeziehung anderer wissenschaftlicher Arbeiten Rechnung getragen.

Drittens nennt MAYRING [1990] als Gütekriterium bei der Methodik der qualitativen Befragung, dass die Beeinflussung der Interviews durch eine *Regelgeleitetheit* und weitgehende Systematisierung der Befragung vermieden bzw. konstant gehalten werden soll. Auf Grund der explorativen Zielsetzung der Experteninterviews ist dieser Forderung nur begrenzt Aufmerksamkeit zu schenken. Der Kritik von LAMNEK [1995] folgend,[1028] ist dieses Kriterium damit bewusst nicht in Extremform bei der vorliegenden Erhebung beachtet worden. Gerade die mögliche Flexibilität stellte ein wichtiges Argument der Methodenwahl dar. Auf Grund der Komplexität der Materie und der Ziel-

1025 Die Arbeit ist im Rahmen des Promotionsprozesses den entsprechenden Ausschüssen vorzulegen.

1026 Lediglich zwei Interviewteilnehmer erlaubten einen Mitschnitt des Gesprächs.

1027 Vgl. hierzu auch die Ausführungen zu der Auswertung der Interviews.

1028 Siehe Lamnek (1995), S. 157.

setzung der Untersuchung bietet sich ein vollständig standardisiertes Vorgehen gerade nicht an. Wie andere empirische Untersuchungen gezeigt haben, ist besonders bei Expertenbefragungen die Verwendung eines standardisierten Fragebogens mit Alternativen bzw. Likert-Skalen etc. mit Vorsicht zu genießen, da dieses Instrumentarium oft zu grob konstruiert ist, um die sehr differenzierten, dem komplexen Sachverhalt angemessenen Antworten adäquat wiedergeben zu können.[1029] Im Gegensatz zur statischen Befragung mittels eines standardisierten Fragebogens wurde, wie in der qualitativen Forschung durchaus üblich, auch die vorliegende Untersuchung als sequentielle Abfolge konzipiert, d. h. die Analysebestandteile werden von dem Verlauf der Datenerhebung abhängig gemacht.[1030] MAYRING [1990] fordert zwar, dass die grundsätzliche Offenheit der qualitativen Forschung nicht in einem unsystematischen Vorgehen resultieren darf.[1031] Der Einsatz eines strukturierten Interviewleitfadens sowie die Expertenauswahl können aber bereits als solche Systematisierungen verstanden werden, so dass dieser Anforderung im Rahmen der vorliegenden Arbeit unter Beachtung der Besonderheiten der Methodik ausreichend Rechnung getragen wurde.

Viertens fordert MAYRING [1990] eine *„Nähe zum Gegenstand"* und beschreibt hiermit, dass kein isoliertes Experiment stattfinden sollte, sondern möglichst nahe an der Alltagswelt des Untersuchungsobjektes geforscht wird.[1032] Ziel dieses Kriteriums ist es, die Reaktivität[1033] durch die Interviewsituation möglichst gering zu halten.[1034] Da lediglich eine Person die Befragung als Interviewer durchgeführt hat und gleichzeitig auch nur ein Interviewleitfaden Anwendung fand, ist eine grundsätzliche Reaktivität durch die Befragung nicht zu ermitteln. Hinzu kommt, dass methodeninhärent die Experteninterviews in der Realität immer unterschiedlich verlaufen, so dass insgesamt eine Reaktivität auf Grund der Befragung kaum herauszufiltern ist.[1035] Eine entsprechende Überprüfung kann aber auf Grund der geforderten Konstanz der Erhebung nicht im Rahmen einer alleinigen Untersuchung erfolgen, sondern muss durch weitere Arbeiten mit gleichem Fokus geschehen. Dieser Umstand legitimiert gleichzeitig das Vorgehen im Rahmen der vorliegenden Arbeit sowie ihr folgende weitere wissenschaftliche Untersuchungen zum Untersuchungsobjekt.

Als fünftes Gütekriterium schlägt MAYRING [1990] eine *kommunikative Validierung* der Ergebnisse vor. Die Konfrontation der Befragten mit Ergebnissen der Befragung ist besonderer Bestandteil der sog. „Delphi-Methode", bei der einer Reihe von Experten im Rahmen einer mehrfachen Befragung die aufgearbeiteten Ergebnisse der Vorrunden

---

1029 Vgl. Atteslander/Kopp (1999), S. 149.
1030 Vgl. Filstead (1970), S. 189.
1031 Vgl. Mayring (1990), S. 104.
1032 Siehe Mayring (1990), S. 105.
1033 Zum Begriff der Reaktivität siehe Schnell/Hill/Esser (1999), S. 330-335.
1034 Siehe hierzu auch die weiteren Ausführungen.
1035 Siehe hierzu Schnell/Hill/Esser (1999), S. 210.

mitgeteilt werden.[1036] Dieses Vorgehen hat sich im vorliegenden Fall angesichts der sehr dezidierten Meinungen der Experten als nicht zielführend erwiesen. Die Experten waren sich der Standpunkte anderer Gesprächspartner bewusst. Hinzu kommt, dass auf Grund des relativ komplexen Sachverhalts eine höhere Anzahl an Experten einen Mehrwert schafft. Daher wurde von der Mehrfachbefragung eines kleinen Expertengremiums zugunsten einer Erhöhung der Anzahl der Experten Abstand genommen.

Letztes Qualitätsmerkmal der qualitativen Datenerhebung ist das Prinzip der sog. *Triangulation*, bei dem nach MAYRING [1990] unterschiedliche Betrachtungsperspektiven eingenommen werden sollen. Dies kann durch eine Beachtung verschiedener Datenquellen, unterschiedlicher Interpreten etc. erfolgen. Durch Einarbeitung von weiterer Literatur in der folgenden Untersuchung wurde auch diesem Sachverhalt Rechnung getragen.

Einordnung des Interviewziels

Die mit den Experteninterviews verknüpften Ziele sind im Lichte der Vor- und Nachteile der angewendeten Methodik zu betrachten. Das Verfahren teilstrukturierter Experteninterviews vermag keine Statistik mit hoher Aussagekraft für die Gesamtheit des Marktes hervorzubringen. Die deskriptiven Aussagen stellen Indikationen dar. Sie erheben keinerlei Anspruch auf eine vollständige, statistisch saubere Beschreibung der Grundgesamtheit. Aus den bereits genannten Gründen werden die methodeninhärenten Mängel bewusst akzeptiert. Die Kritikpunkte, die nicht die Methodik als solche betreffen, haben im Rahmen der Konzeption und Durchführung der Untersuchung Beachtung gefunden.[1037] Die Anwendung der Methodik erfolgte unter Berücksichtigung zweier grundlegender für die Beurteilung der Wissenschaftlichkeit wichtiger Kriterien. Zum einen werden alle Analyse- und Argumentationsschritte möglichst nachvollziehbar dokumentiert. Hierdurch können die Ergebnisse geprüft und im Sinne einer wissenschaftlichen Diskussion vor allem inhaltlich diskutiert werden. Zum anderen wird die Auswahl der Methodik sowie der Ablauf des Verfahrens streng an den Zielen der Arbeit und den Besonderheiten des Untersuchungsgegenstands ausgerichtet. Die Zielsetzung der Arbeit und der Mangel an vergleichbaren Arbeiten sowohl zum Untersuchungsgegenstand als auch zu verwandten Themenfeldern haben die Wahl der Methodik bestimmt. Die hiermit verbundenen Nachteile sind bewusst hinzunehmen.

5.1.3 Detailliertes Vorgehen bei der empirischen Untersuchung

Nachdem die Methodenwahl im vorhergehenden Abschnitt begründet und sich mit etwaigen Kritikpunkten auseinandergesetzt wurde, wird folgend das detaillierte Vorgehen bei der empirischen Untersuchung beschrieben.

1036 Zu der Delphi-Methodik siehe Häder/Häder (2000).

1037 Für Ausführungen zur Kritik an der Methodik als solcher siehe Atteslander (2003), S. 157.

Auswahl der Experten

Untersuchungsziel der folgenden Expertenbefragung ist die Exploration eines relativ neuen Untersuchungsfelds sowie die Strukturierung vorhandener Thesen. Hierzu werden Experten befragt, deren Wissen im Rahmen der Untersuchung eine Schlüsselrolle zukommt. Bei einem qualitativ ausgerichteten Interview kann die Auswahl der interviewten Personen daher nicht zufällig erfolgen. Die Zusammenstellung der Gesprächspartner erfolgt vielmehr anhand verschiedener Kriterien, die den Expertenstatus der jeweiligen Gesprächspartner sicherstellen. Als Experte qualifizieren sich in diesem Fall Personen, die sich mit der Absicherung von Katastrophen-Risiko aus u. U. sehr unterschiedlichen Perspektiven beschäftigen.[1038] Sie verfügen in Fragenbereichen über sicheres und eindeutiges Wissen, das kommunikativ und reflektiv verfügbar und daher auch im Rahmen der Interviewsituation abfragbar ist.[1039] Die Auswahl der Gesprächspartner und die gleichsame Identifikation als Experte wurde vorab oder während des Gesprächs auf Grund der Aussagen der interviewten Personen unmittelbar verifiziert.[1040] Es stellte sich dabei heraus, dass alle Gesprächspartner über langjährige Erfahrungen in dem entsprechenden Themenbereich verfügten und ihre Aussagen somit als fachlich qualifiziert angesehen werden können.

Zum Zweck einer gezielten Auswahl und Ansprache potenzieller Gesprächspartner wurde anhand der im folgenden Kapitel hergeleiteten generischen Systematisierung der Marktteilnehmer eine Bestimmung der insgesamt am Markt für Katastrophen-Absicherung tätigen Institutionen durchgeführt. Um eine möglichst breite und umfassende Meinungsbasis zu erhalten, wurden von den identifizierten Institutionstypen jeweils unterschiedliche Gesprächspartner kontaktiert. Je nach dem öffentlichkeitswirksamen Aktivitätsniveau konnte die Identifikation einzelner Personen durch die Sichtung entsprechender Publikationen (Fachbeiträge, Unternehmensbroschüren etc.) bzw. öffentlich verfügbarer Informationen (vorausgegangene Interviews in anderen Publikationen, Fachvorträge bei Konferenzen, Internetseiten des Unternehmens etc.) erfolgen. Schien ein Unternehmen im Hinblick auf den Untersuchungsgegenstand als Ansprechpartner besonders prädestiniert zu sein, was entweder in seiner Schlüsselposition oder in bereits getätigten Transaktionen am Markt begründet war, und war im Rahmen der vorangegangenen Suche bislang kein Gesprächspartner identifiziert worden, erfolgte eine Kontaktaufnahme durch eine allgemeine Anfrage an entsprechende Zentralstellen des Unternehmens mit der Bitte um Weiterleitung. Darüber hinaus wurden während der Un-

---

1038 Ein Experte zeichnet sich im Gegensatz zum Laien durch besonderes Wissen in Bezug auf das Erkenntnisobjekt aus, das durch Ausbildung, aber auch durch Erfahrung erlangt worden sein kann. Ein Experte ist darüber hinaus in der Lage, dieses Wissen im Zuge einer sachlichen Kommunikation weiterzugeben. Zu dem Begriff des Experten siehe Hitzler (1994), S. 14-17; Bogner/Menz (2002), S. 39-43; Pfadenhauer (2002), S. 122-125.

1039 Zum Begriff des Experten im Rahmen der Methodendiskussion von Experteninterviews siehe Bogner/Menz (2001), S. 481-484.

1040 Siehe zu dem Vorgehen der Überprüfung des Expertenstatus Atteslander (2003), S. 155.

tersuchung die Gesprächspartner auch zur Akquise weiterer, potenziell interessanter Kontakte genutzt.

Bei der Zusammenstellung des befragten Expertenpanels wurde eine Verteilung der Gesprächspartner über die unterschiedlichen institutionellen Gruppen sowie über jeweils verschiedene Erfahrungshorizonte hinweg beachtet. Gerade der Aspekt der jeweiligen Erfahrung mit dem Untersuchungsobjekt schien ein besonderes Potenzial zur möglichen Verfälschung der Ergebnisse zu enthalten. So ist zu erwarten, dass Mitarbeiter von Institutionen, die der Verbriefung von Versicherungsrisiken positiv gegenüberstehen, eher öffentlich durch Publikationen, Fachbeiträge und real abgewickelte Transaktionen auffallen, als Vertreter von Institutionen, die sich gegen die Verbriefung von Katastrophen-Risiko entschieden haben. Um Verzerrungen der Ergebnisse durch die Auswahl von lediglich sehr aktiven Unternehmen und deren Vertretern auszuschließen, wurde deshalb darauf geachtet, dass möglichst von jeder Institutionengruppe mindestens ein Unternehmensvertreter befragt wurde, der bislang über keine Transaktionserfahrung, gleichzeitig aber über den notwendigen Sachverstand verfügte, um sich etwa gezielt gegen eine Transaktion entschieden zu haben.

Diese heterogene Zusammenstellung der interviewten Gruppe und der unterschiedliche Hintergrund der Gesprächspartner beschränkt zwar die Vergleichbarkeit jedes einzelnen Interviews gegenüber allen anderen. Sie ermöglicht aber eine umfassende Betrachtung des Untersuchungsobjekts. Da es das Ziel der Experteninterviews war, das Erkenntnisobjekt aus möglichst vielen verschiedenen Perspektiven zu betrachten und so eine möglichst exakte Beschreibung des aktuellen Zustands zu sichern, gleichzeitig aber auch den Zusammenhang der verschieden Kausalitäten zu fundieren, muss die mangelnde Vergleichbarkeit der einzelnen Gespräche zu Lasten einer anzunehmenden höheren Objektivität bewusst in Kauf genommen werden.

Konzeption und Durchführung der Interviews

Zu Beginn der Untersuchung war der Verfasser der Arbeit zunächst davon ausgegangen, dass eine persönliche Durchführung der Interviews (Face-to-face) möglich sein würde. Im Verlauf der Akquise neuer Gesprächpartner stellte sich jedoch heraus, dass dies keineswegs der Fall war. Probleme verursachten auf der einen Seite die Nicht-Bereitschaft einiger interviewter Personen zu einem persönlichen Gespräch auf Grund von Problemen der Fixierung des Gesprächstermins in Kombination mit Zeitdruck.[1041] Auf der anderen Seite war ein Großteil der Experten in London, New York oder auf den Bermudas angesiedelt. Dies hatte zur Folge, dass in der Mehrzahl der Fälle auf die Face-to-face Interviews zugunsten von Telefoninterviews verzichtet wurde. Hierbei stellte sich heraus, dass die telefonische Befragung einige spezifische Vorteile aufweist.

1041 Auf Grund der besonderen Vorteile von persönlichen Gesprächen wurden die Interviews zu Anfang der Interviewrunde dennoch persönlich durchgeführt. Dies hatte für den Interviewer den Vorteil einer direkten Rückmeldung und ermöglichte so die Verfeinerung des Fragen-Antwort Ablaufs.

Durch einen an die Terminkalender der Experten flexibler anzupassenden Gesprächstermin war es wesentlich leichter, „hochkarätige" Gesprächspartner zu gewinnen. Darüber hinaus war festzustellen, dass durch den informellen Kontakt die Gespräche sehr offen und inhaltsreich verliefen.

<u>Beseitigung methodeninhärenter Probleme</u>

Grundsätzlich muss davon ausgegangen werden, dass die Antworten der Experten durch die Wahrnehmung der Fragen und durch die generelle Bereitschaft, die Fragen auch zu beantworten, beeinflusst werden.[1042] Die Ergebnisse, die im Rahmen einer qualitativen, empirischen Untersuchung gewonnen werden, können durch verschiedene Fehlerquellen verfälscht werden, die sich grob in zwei[1043] Kategorien untergliedern lassen:[1044]

Durch die Auswahl der Befragten kann eine *Stichprobenselektion* erfolgen, die u. U. ein verzerrtes Abbild der Grundgesamtheit widerspiegelt. Soziale Erwünschtheit, Response-Set und andere Effekte[1045] können zu einer Verfälschung der Ergebnisse führen. Besonders bei qualitativen Interviews werden die befragten Personen, wie auch in der vorliegenden Arbeit, bewusst ausgesucht.[1046] Daher sind die Äußerungen der Gesprächspartner unter Beachtung ihrer Gruppenzugehörigkeit zu relativieren. Im Rahmen der weiteren Argumentation werden die Antworten der befragten Experten immer unter besonderer Beachtung ihrer spezifischen Positionen gewertet. Zur Minimierung dieser Problematik wurde eine Vertraulichkeitserklärung genutzt, die eine möglichst freie Meinungsäußerung sicherstellen sollte.[1047]

Zweitens ist durch die Interviewsituation selbst eine Beeinflussung (*Reaktivität*) der erfassten Angaben und so auch der Ergebnisse möglich.[1048] Für die Datenerhebung im Rahmen der empirischen Sozialforschung ist daher eine weitgehende Konstanthaltung exogener Stimuli im Zuge der Befragung notwendig, um eine Veränderung der Ergebnisse durch die Befragung auszuschließen.[1049] Streng genommen kann bereits durch den Umstand der Befragung eine Veränderung der erhobenen Daten erfolgen. Auch durch das äußere Erscheinungsbild oder die Mimik kann der Gesprächspartner beeinflusst werden.[1050] Besonders bei einem qualitativen Interview muss der Interviewer diesen

---

1042 Vgl. Lehmann (2001), S. 2-3.

1043 Eine dritte Problemkategorie (Schwierigkeiten bei der Datenauswertung) wird bei der Methodenkritik ausführlich dargestellt.

1044 Vgl. Diekmann (1997), S. 451-455. Darüber hinaus sind auch die Probleme quantitativer Erhebungen bei qualitativen Interviews zu beachten. Siehe zu den Problemen quantitativer Erhebungen Diekmann (1997), S. 382-403.

1045 Für eine ausführliche Darstellung siehe Diekmann (1997), S. 382-389; Stier (1999), S. 185-187.

1046 Vgl. Diekmann (1997), S. 451.

1047 Siehe hierzu auch die weiteren Ausführungen.

1048 Vgl. Schnell/Hill/Esser (1999), S. 356.

1049 Vgl. Diekmann (1997), S. 375-376. Für eine ausführliche Darstellung dieser Problematik siehe Atteslander (2003), S. 124-131.

1050 Vgl. Atteslander/Kopp (1999), S. 146; Diekmann (1997), S. 399.

Problemkomplex beachten, da er seine Fragestellungen spontan ausformuliert.[1051] Daher ist bei den Fragen und dem Verhalten des Interviewers insgesamt eine weitgehende Neutralität bzw. ein Gleichverhalten sicherzustellen. Die Standardisierung des allgemeinen Vorgehens und speziell der Befragung ist somit ein wichtiges Kriterium zur Vergleichbarkeit der Ergebnisse, dem auf folgende Art und Weise Rechnung getragen wurde:

Alle befragten Personen erhielten vor dem Interview die gleichen Auskünfte über den Inhalt des Gesprächs, das Ziel und den Umstand der Befragung.[1052] Während des Interviews wurde auf eine möglichst hohe Neutralität und Seriosität des Interviewers geachtet.[1053] Die Rolle des Interviewers war den Forderungen von SCHEUCH [1962][1054] folgend so neutral wie nötig, aber gleichzeitig die Aussagen des Interviewten bestätigend, so dass eine freie Meinungsäußerung ermöglicht wurde. Wertende Reaktionen auf die Aussagen der Gesprächspartner wurden vermieden. Bei Unklarheiten bezüglich der Antworten wurde nachgefragt, aber gleichzeitig darauf geachtet, dass Ergebnisse vorheriger Fragerunden sowie Meinungen des Interviewers nicht die Antworten der Gesprächspartner beeinflussen. Wurden Themenkomplexe durch den Interviewten nicht aktiv angesprochen, so wurde dem Interviewleitfaden folgend das Gespräch auf einzelne potenzielle Problemfelder gelenkt.

Vertraulichkeitserklärung

Genauso wie die Neutralität der Fragen und das Auftreten des Interviewers sind mögliche Veränderungen der Aussagen zu berücksichtigen, die aus der Außenwirkung der Antworten und der potenziell hieraus zu erwartenden Konsequenzen für den Arbeitgeber und den Interviewten resultieren können.[1055] Daher wurde den Gesprächspartnern vor den Interviews eine Vertraulichkeitserklärung übermittelt, welche eine absolute Diskretion zusicherte, die nur nach nochmaliger, schriftlicher Anfrage bezüglich einzelner Zitate und Aussagen außer Kraft gesetzt werden konnte. Diese Vertraulichkeitszusage steht damit im direkten Widerspruch zu dem Ziel einer wissenschaftlichen Arbeit (Publikation von nachvollziehbaren Ergebnissen). Wie sich im Rahmen der Interviews gezeigt hat, war die Vertraulichkeitserklärung aber notwendige Bedingung für die Durchführung der Interviews. Die Verwendung der Ergebnisse findet daher nur in anonymisierter Form statt, die keinen Rückschluss auf die entsprechenden Institutionen bzw. Personen ermöglicht.

1051 Vgl. Stier (1999), S. 188-189.

1052 Diese Maßnahme wird zur Erhöhung der Interviewbereitschaft und zur Verbesserung der Antwortqualität eingesetzt. Vgl. Lehmann (2001), S. 2-3.

1053 Vgl. Scheuch (1962), S. 153; Macoby (1965), S. 65.

1054 Siehe Scheuch (1962), S. 155-157, oder auch Macoby (1974), S. 63.

1055 Vgl. Diekmann (1997), S. 375; Lehmann (2001), S. 3.

Konkretes Vorgehen

Im Laufe des Jahres 2003 und des Frühjahrs 2004 wurden strukturierte Experteninterviews durchgeführt.[1056] Um die Erreichbarkeit und Bereitschaft der Interviewten zu einem Gespräch sicherzustellen, wurde allen Interviewten vorab im Rahmen der Kontaktaufnahme die Motivation und das Ziel der Interviews schriftlich mitgeteilt. Das Interview selbst fand dann zu einem vereinbarten Termin statt. Der überwiegende Teil der Gespräche wurde auf Englisch geführt.[1057]

Im Interesse einer möglichst großen Einheitlichkeit und Vergleichbarkeit wurden die einzelnen Interviews anhand eines Leitfadens durchgeführt. Dieser ist jedoch nicht einem standardisierten Fragebogen gleichzusetzen, sondern gibt lediglich stichpunktartig Fragen vor, die das Gespräch auf bestimmte, potenziell besonderes interessante Fragestellungen und Probleme fokussieren. Im Gegensatz zu den in standardisierten Interviews verwendeten sog. geschlossenen Fragen mit mehr oder weniger exakt vorgegebenen Antworten formulieren Experteninterviews eher offene Fragen, die dem Experten die argumentative Ableitung seiner Antwort ermöglicht.[1058] Relativ kurze Fragestellungen können so von den Befragten im Gespräch ausführlich und individuell beantwortet werden, wobei der Interviewleitfaden einerseits eine gewisse, erforderliche Standardisierung gewährleistet, gleichzeitig aber auch sowohl dem Interviewten als auch dem Interviewer die Flexibilität verleiht, interessante Aspekte, die sich u. U. erst im Zuge der Befragung ergeben, situativ zu thematisieren.

Sowohl die Konzeption des Leitfadens als auch die Durchführung der Interviews trug den Besonderheiten persönlicher Interviews im Allgemeinen[1059] sowie telefonischer Interviews im Besonderen Rechnung.[1060] So gilt es etwa, die durch das Medium Telefon begrenzte Aufnahmefähigkeit des Interviewten zu beachten. Die Fragestellungen erfolgten daher kurz, präzise und in verständlicher Wortwahl.[1061] Das persönliche Expertengespräch folgte dem üblichen Ablauf von problemzentrierten Interviews,[1062] wobei situationsabhängig eine Vertiefung des Themas stattfinden konnte.

Ablauf der Interviews

Der Leitfaden gliederte das Gespräch in acht Teile:

1056 Der Hauptteil der Interviews wurde während des Sommers 2003 durchgeführt, da erwartungsgemäß in dieser Zeit keine allzu hohe Arbeitsbelastung und so eine möglichst große Gesprächsbereitschaft der Experten zu erwarten war.

1057 Lediglich 8 der 47 befragten Personen wurden auf Deutsch interviewt.

1058 Vgl. Mayring (1990), S. 47. Zur Unterscheidung der möglichen Antworten siehe Atteslander (2003), S. 161-165.

1059 Siehe hierzu Lehmann (2001), S. 48-57.

1060 Siehe hierzu auch Atteslander (2003), S. 176-177; Schnell/Hill/Esser (1999), S. 312-313. Für generelle Ratschläge zur Durchführung eines Interviews siehe Arksey/Knight (1999), S. 102. Zur Konzeption des Leitfadens siehe Kaufmann (1999), S. 65-69.

1061 Vgl. Schnell/Hill/Esser (1999), S. 312.

1062 Siehe hierzu beispielsweise Lehmann (2001), S. 59-73.

Wie im Rahmen jedes telefonischen Interviews kam der Einleitung und den ersten Fragen entscheidende Bedeutung zu.[1063] Nach einer Begrüßung ohne fachlichen Bezug folgte eine kurze Darstellung der Hintergründe und der Zielsetzung des Gesprächs, die auch auf den vorausgegangenen E-Mail-Kontakt verwies. Bedarfsweise wurden dann weitere Erklärungen zum Kontext der Befragung gegeben. Die dann folgende Wiederholung der Vertraulichkeitserklärung im Hinblick auf alle Aussagen des Befragten war nicht nur eine formale Voraussetzung des Interviews, sondern stellte das nun folgende Gespräch auf eine Vertrauensbasis mit dem Ziel, dem Gesprächspartner eine weitestgehende Offenheit einzuräumen. Sollte nicht bereits sichergestellt sein, dass es sich bei ihm um einen Experten seines Fachs handelte, wurde durch entsprechende Nachfrage nochmals der Expertenstatus sichergestellt.

Nach einer kurzen Erklärung zum weiteren Ablauf des Gesprächs begann das thematisch ausgerichtete Interview. Besonders zu Anfang galt es dabei, durch einfache Fragestellungen Spannungen aus dem Gespräch zu nehmen und den Experten in eine sachliche „Erzählstimmung" zu versetzen.[1064] Hierzu wurde die allgemeinen Rolle des Befragten und seines Unternehmens in Bezug auf Katastrophen-Risiko erfragt. Diese Frage war auf Grund des fachlichen Hintergrunds des Gesprächspartners relativ einfach zu beantworten. Hieran anschließend fokussierte sich das Gespräch entlang dem Leitfaden auf die bisherige konkrete Erfahrung im Umgang mit der Übertragung von Katastrophen-Risiko durch einen Finanzkontrakt und eventueller Vorteile dieser Lösung. Ebenso wurde nach dem aktuellen Entscheidungsstand und möglichen Alternativen gefragt, wobei insbesondere deskriptive Darstellungen ggf. bereits getätigter Transaktionen etc. erwünscht waren. Obwohl grundsätzlich darauf geachtet wurde, dass den Experten ein ausreichender Freiraum zur Beantwortung der Fragen (offene Fragen) gewährt wurde, waren einzelne Fragestellungen sehr detailliert. Je nach individuellem Hintergrund des Interviewten wurde das Thema durch spezifischere Fragen[1065] vertieft.[1066] Prinzipiell wurde bei der Befragung auf psychologische oder suggestive Fragen[1067] verzichtet und vielmehr eine sachliche Orientierung gesucht. Wurden einzelne Aspekte, die aus der Analyse der Literatur oder anderen Interviews als besonders interessant identifiziert schienen, nicht angesprochen, so erfolgte am Ende der jeweiligen Themenblöcke eine Validierung.

Die weiteren Fragen entwickelten sich anhand von Fragekomplexen, die sich aus Teil 4 und der aktuellen Literatur zur Entwicklung des Marktes für Katastrophen-Kontrakte

---

1063 Vgl. Schnell/Hill/Esser (1999), S. 347.

1064 Vgl. Schnell/Hill/Esser (1999), S. 348.

1065 Generell können die im Rahmen eines Interviews gestellten Fragen in Sondierungsfragen, Leitfragen sowie Ad-hoc-Fragen unterschieden werden,[1065] die je nach Gesprächsverlauf adäquat einzusetzen sind. Vgl. Mayring (1990), S. 48.

1066 Vgl. Friedrichs/Lüdtke (1973), S. 227.

1067 Siehe hierzu Atteslander (2003), S. 180-181; Lehmann (2001), S. 70-71.

ableiten ließen. So wurde in Teil 3 des Fragebogens nach der Einschätzung der aktuellen konventionellen Absicherungssituation von Katastrophen-Risiko und der Situation an den ART-Märkten gefragt. Diese Einschätzung stellte eine Überleitung zur Erhebung der vermuteten Gründe für die gegenüber den optimistischen Prognosen der späten 90er Jahre augenscheinlich langsame Entwicklung des Marktes dar. Die folgenden Fragestellungen (Absatz 4) waren ausführlich und stellten den Kern des Interviews dar. Besonders in diesem Teil war zu beachten, dass die Experten einerseits sehr detailliert aus ihrer Perspektive die aktuelle Situation und deren Hintergründe beschrieben, sie auf der anderen Seite aber auch Stellung im Hinblick auf die abgeleiteten Thesen bezogen und die entsprechenden Sachverhalte ansprachen. Die Ausführungen über eine mögliche Entwicklung des Marktes (Absatz 5) sowie die entsprechende Rolle der Institution in Bezug auf diese Weiterentwicklung (Absatz 6) führten dann zu dem Schlussteil (Absatz 7). Dieser Teil stellte eine sehr kurze und prägnante Zusammenfassung der Gespräche dar, in dem noch einmal sehr offen nach u. U. wichtigen Faktoren gefragt wurde. Am Ende des Interviews wurde darauf geachtet, dass der Experte ein insgesamt positives Gefühl bezüglich des Interviews in Erinnerung behielt.[1068] Der Experte erhielt nach der Konversation auch noch eine schriftliche Rückmeldung In dieser wurde nochmals für die Möglichkeit des Gespräches gedankt, eine abermalige Vertraulichkeitserklärung abgegeben sowie entsprechende im Rahmen der ersten Auswertung des Gesprächs entdeckte Unklarheiten geklärt.

Das Gespräch war durch den Leitfaden in acht Teile gegliedert und richtete sich wie beschrieben nach folgender Struktur:

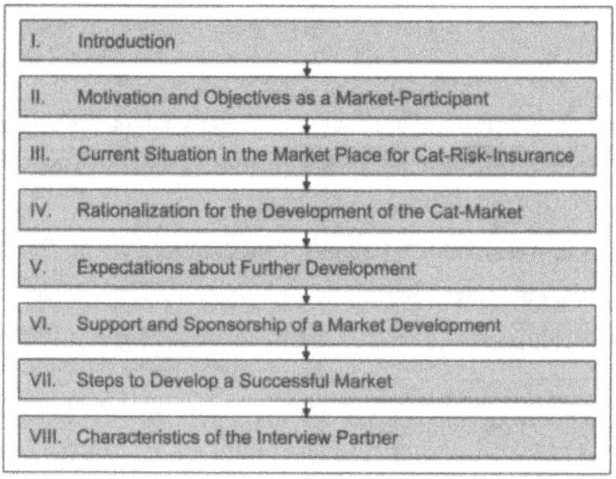

Abbildung 18: STRUKTUR DES INTERVIEWLEITFADENS[1069]

1068 Vgl. hierzu auch Arksey/Knight (1999), S. 102.

1069 Eigene Abbildung. Da die Mehrheit der Interviews auf Englisch geführt wurde, ist diese Grobgliederung ebenfalls auf Englisch.

Resonanz und Charakteristika der Stichprobe

Insgesamt konnten durch das oben beschriebene Vorgehen 53 potenziell interessante Unternehmen ermittelt werden. Es wurden im einzelnen 96 Personen von diesen Institutionen angesprochen. Davon waren 47 (49%) bereit, sich zu den Fragen im Rahmen eines Interviews zu äußern. Das Feedback auf die Anfragen war damit sehr positiv. Die Interviews dauerten in der Regel zwischen 45 und 75 Minuten und nur in zwei Fällen ca. 35 Minuten (wobei in einem der beiden Fälle ein zweites Telefonat folgte). Insgesamt wurden 37 der Interviews telefonisch geführt.

Folgende Tabelle stellt die Verteilung der Gesprächspartner auf die unterschiedlichen Institutionstypen dar. Weitere Informationen zu den einzelnen Gesprächspartnern und deren Charakteristika finden sich im Anhang.

Institutionentypus	Verwendete Abkürzung[1070]	Interviewpartner Nr.	Anzahl
Börse	Bö	1-2	2
Broker, auf Versicherungen spezialisiert	Br	3-9	7
Investmentbank	Ib	10-16	7
Investor	In	17-19	3
Modelling-Agentur	Mo	20-23	4
Rating-Agentur	Ra	24-25	2
Rechtsanwalt, Steuerberater oder Wirtschaftsprüfer	Re	26-30	5
Regulator und Aufsichtsbehörde	Au	31-33	3
Rückversicherung	Rü	34-40	7
Versicherung	Ve	41-45	5
Weitere Unternehmen	We	46-47	2
Summe			**47**

Tabelle 8: ÜBERBLICK ÜBER DIE INTERVIEWTEILNEHMER[1071]

5.1.4 Überblick über die Marktteilnehmer

Nachdem bisher in Teil 5 der vorliegenden Arbeit das weitere Vorgehen erklärt und begründet wurde, beginnt mit dem folgenden Abschnitt die inhaltliche Analyse des Erkenntnisobjekts.

Die Ausführungen in Abschnitt 4.1.1 zeigen, dass die erfolgreiche Etablierung von neuen Finanzprodukten nur unter Beachtung der individuellen Bedürfnisse potenzieller Marktteilnehmer möglich ist.[1072] Der bisherigen Argumentation folgend wird ein Finanzkontrakt wie der vorliegende Untersuchungsgegenstand eingesetzt, wenn er für die entsprechenden Interessengruppen einen Mehrwert erbringt; die Leistung der Innovation ist folglich in Abhängigkeit von der Zielsetzung der Marktteilnehmer zu beurteilen.

1070 Um die Nachvollziehbarkeit der Aussagen der Interviewteilnehmer zu erleichtern und gleichzeitig den Aussagegehalt zu verstärken, sind bei allen Zitaten der Interviewteilnehmer sowohl die Institutionenzugehörigkeit als auch die Nummer des Interviewpartners angegeben.

1071 Für eine detaillierte Beschreibung der Interviewteilnehmer siehe Anhang 2.

1072 Vgl. Marton (1984), S. 240.

Deren Bedürfnisse müssen daher noch vor der Analyse der Vertragseigenschaften identifiziert werden.

Die in der Realität vorkommende Überschneidung der Ziele und Motive der einzelnen Marktteilnehmer[1073] erschwert eine grundsätzliche Beurteilung. In Fortsetzung der Argumentation zur Auswahl des Funktionalansatzes ist für eine Untersuchung einer Finanzinnovation nicht auf die komplexe Motivation einer individuellen, in der Realität vorkommenden einzelnen Person oder Institution abzustellen, sondern auf einem relativ hohen Abstraktionsniveau die Funktion der Innovation in Bezug auf eine Grundmotivation zu unterstellen. Diese von den realen institutionellen Ausprägungen abstrahierende Einteilung erleichtert die Darstellung. Eine Übertragung der Ergebnisse auf die jeweiligen Institutionen muss dann im Rahmen des unternehmerischen Managements erfolgen. Im Folgenden werden daher auf Grundlage der institutionellen Ausprägung des konventionellen sowie des „innovativen Systems" der Absicherung von Katastrophen-Risiko zuerst Institutionengruppen und darauf basierend deren jeweilige Motive bestimmt.

Primär-Funktion: Risikoabsicherung und Kapitalanlage

Die primäre Funktion von Katastrophen-Kontrakten ist der *Risikotransfer*. Dieser ist mit einer Abgabe des Risikos durch einen Marktteilnehmer und der Aufnahme durch einen oder mehrere andere Marktteilnehmer verbunden. Die grundsätzliche Motivation, sich an einer Katastrophen-Transaktion zu beteiligen, unterteilt sich somit in eine risikoabgebende und eine risikoaufnehmende Rolle. Der Risikotransfer ist gemäß der Darstellung in Abschnitt 4.2.2 immer auch mit der anderen Primär-Funktion des Finanzsystems, der *Kapitalanlage*[1074] verbunden. Die unterschiedlichen Ursachen und Motive, die zu Risikotransfer und Kapitalanlage führen, sind bereits in Kapitel 2.1 und Abschnitt 4.2.2 dargestellt.[1075]

Nach diesen beiden Zielen (Risikoabgabe bzw. Kapitalanlage mit Risikoübernahme) sowie der in der Empirie zu beobachtenden Aktivität lassen sich unterschiedliche, potenziell interessierte Institutionstypen bestimmen. Die klassische Konstellation innerhalb der Versicherungsindustrie (vom Endnachfrager über die Versicherung zur Rückversicherung) ist dabei jedoch zu modifizieren. In Absehung vom Endnachfrager, der kaum eine direkte Rolle bei Katastrophen-Transaktionen spielt,[1076] sind vielmehr institutionelle Investoren in die Betrachtung einzubeziehen, die als Konkurrenz zu Versiche-

---

[1073] Rückversicherungen können z. B. sowohl Adoptoren der Innovation „Cat-Bonds" als auch Innovatoren im Bereitstellen eines Sekundär-Marktes sein.

[1074] Die Motivation von Versicherungen und Rückversicherungen als investierende Marktakteure ist in die Betrachtung der Kapitalanlage integriert. Diversifikationsaspekte stellen die Motivation für solche Engagements dar.

[1075] Siehe hierzu die Ausführungen zur Motivation von Versicherung, der Risikoweitergabe und zum Risikomanagement. Als Motive kommen in Frage: persönliche Risikoaversion, Möglichkeiten der Diversifikation unter der Voraussetzung unterschiedlicher Ausstattungen. Vgl. Abschnitt 2.1.2.

[1076] Individuelle Nachfrager von Katastrophenabsicherung werden hier explizit von der Betrachtung ausgeschlossen.

rungen und Rückversicherungen Katastrophen-Risiko übernehmen können. Der Gruppe der Investoren sind auch kurzfristig orientierte Marktteilnehmer zuzurechnen. Neben den fundamental orientierten Hedgern[1077] kann auch die Rolle der Spekulanten und Arbitrageure[1078] als Anbieter kurzfristiger Liquidität für den Erfolg eines Finanzmarktes zur Risikoabsicherung wichtig sein.[1079]

Darüber hinaus ist eine weitere Interessengruppe zu berücksichtigen. Gemäß den Ausführungen in Abschnitt 2.1.5, wonach die Möglichkeit des isolierten Handels von zustandsabhängigen Zahlungen bereits an sich einen Mehrwert darstellt, besteht im konventionellen System der Risikoabsicherung durch Versicherungen und Rückversicherungen nahezu keine Möglichkeit für Unternehmen mit positivem Katastrophen-Exposure, sich gegen das Nicht-Eintreten von Katastrophen abzusichern.[1080] Angesichts der neuen Möglichkeiten von Katastrophen-Kontrakten sind solche Unternehmen nunmehr jedoch in die Betrachtung und auch in die Befragung innerhalb dieser Arbeit zu integrieren.[1081]

Durch die Charakterisierung der einzelnen Institutionen werden auch die mit den Katastrophen-Kontrakten konkurrierenden Lösungen evident. Für die an einem Risikotransfer interessierten Institutionen sind Versicherungs-, Rückversicherungs- und Retrozessionsverträge als unterschiedliche Lösungsalternativen aufzufassen. Aus dem Blickwinkel der Investoren wiederum stehen Katastrophen-Kontrakte in direktem Wettbewerb mit verschiedenen anderen konventionellen Kapitalanlagen. Sollten die Investoren eine Beteiligung suchen, die von Katastrophen-Risiko abhängig ist, stehen auch Instrumente wie beispielsweise Eigen- oder Fremdkapital von Versicherungen oder Rückversicherungen, Contingent-Capital etc. zur Verfügung. Die weitere Untersuchung fokussiert sich unter Beachtung der Zielsetzung der Arbeit auf die in Kapitel 3.3 bestimmten Instrumente.

Fee-orientierte Marktteilnehmer

Neben den von den beiden Basis-Motiven geleiteten Institutionen sind weitere bei einer Katastrophen-Transaktion beteiligt. Eine Reihe von Marktakteuren erbringt gegen eine

---

1077 Vgl. Gray (1966), S. 122.

1078 Streng genommen spielen Arbitrageure im Bereich der ILS eine untergeordnete Rolle, da die Kapitalmärkte im Hinblick auf Versicherungsrisiken unvollständig sind, d. h. keine verbundenen Märkte existieren. Bestimmte Gruppen der Kapitalmarktteilnehmer sind aber auf Grund ihrer anderen Tätigkeiten in der Lage, Arbitrage durchzuführen. Dennoch ist von einer eher unterdurchschnittlichen Aktivität dieser Gruppe auszugehen. Siehe hierzu die weiteren Ausführungen in Teil 5.

1079 Vgl. Gray (1970), S. 131.

1080 Im Rahmen der Interviews wurden Gespräche mit einem Unternehmen geführt, das durch Naturkatastrophen verursachte Schäden beseitigt. Die interviewten Experten verneinten die Existenz von Hedge-Alternativen. Baumärkte sind als weiteres Beispiel für Unternehmen anzuführen, die im Falle einer Naturkatastrophe überdurchschnittlich hohe Umsätze verzeichnen können. Vgl. ebenso Pearl/Brannigan (1992), S. 12.

1081 Interessanterweise sind solche Unternehmen auf Grund ihrer verschiedenartigen Situation bereit, sogar für die Übernahme von Katastrophen-Risiko zu bezahlen, während Versicherungen i. d. R. einen Risikozuschlag verlangen.

Gebühr eine Dienstleistung. Diese als Markt-Support zu bezeichnenden Institutionen erfüllen für die anderen Marktteilnehmer Spezialistenfunktionen, die z. B. in der rechtlichen, steuerlichen oder strukturellen Gestaltung des Kontraktes sowie in der Bereitstellung einer Marktinfrastruktur, der Bewertung, der Modellierung etc. liegen kann. In Bezug auf die Befragung im Rahmen der vorliegenden Arbeit ist dabei wichtig, dass die Vertreter dieser Institutionen über sehr spezifisches Detailwissen verfügen. Anhand dessen kann die Innovation detaillierter charakterisiert und ihre Vor- sowie Nachteile entdeckt werden. Die Auswahl von Experten für die Interviews ist folglich um Personen aus diesen Institutionen zu erweitern.

Folgende Abbildung stellt die Institutionen und die Instrumente des Katastrophen-Marktes im Überblick dar. Diese Systematik der beteiligten Institutionstypen erlaubt auch die zielgerichtete Bestimmung potenzieller Gesprächpartner im Rahmen der Befragung.

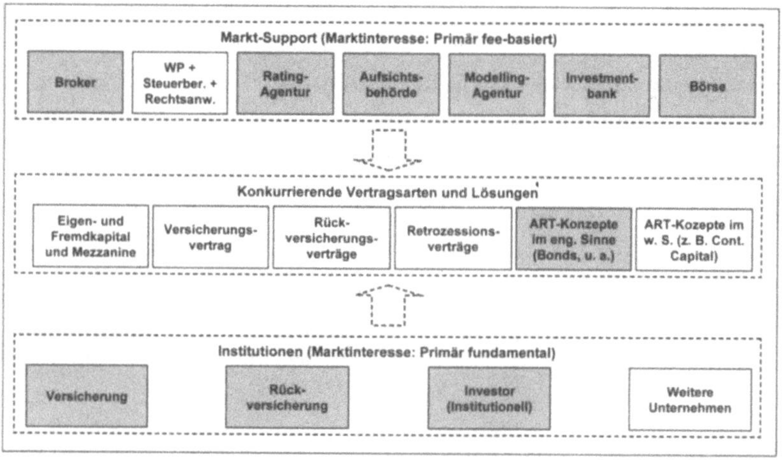

Abbildung 19: AN DER KATASTROPHEN-RISIKOABSICHERUNG BETEILIGTE INSTITUTIONEN[1082]

Traditionell teilt die Literatur die an einer Innovation beteiligten Parteien in Anbieter (Innovatoren und Imitatoren) und Nachfrager (Adoptoren) ein. Der Markt für Finanzkontrakte und so auch für Finanzinnovationen unterscheidet sich jedoch von dieser Konstellation, so dass diese Struktur modifiziert werden muss. Anbieter von Katastrophen-Risiko in Form von Finanzkontrakten müssen nicht zwingend die Innovation mehr oder weniger aktiv weiterentwickelnde Innovatoren und Imitatoren sein. In dem folgenden Kapitel wird daher von der Struktur der aktiven Innovatoren und passiven Adoptoren abstrahierend, in Anbieter und Nachfrager von Katastrophen-Risiko eingeteilt. Beide Gruppen werden dabei als passiv die Innovation übernehmende Adoptoren darge-

[1082] Eigene Abbildung. Im Rahmen der Arbeit betrachtete Komplexe sind grau-schattiert.

stellt. Erst im folgenden Teil 6 wird dann die aktiv entwickelnde Rolle der Innovatoren und Imitatoren und ihre Auswirkungen auf den Untersuchungsgegenstand untersucht.

5.2 Primär-Eigenschaften

In diesem ersten Kapitel der Analyse der Katastrophen-Kontrakte werden nach einigen generellen Ausführungen zur Verfügbarkeit und Marktsituation die primären Eigenschaften der Kontrakte untersucht. Für die Anbieterseite ist die tatsächliche Zahlung der Katastrophen-Kontrakte im individuellen Schadensfall eine wichtige Entscheidungsvariable. Für die Nachfrager ist die durch eine Investition in die Kontrakte zu erzielende Rendite im Vergleich zu ihren alternativen Anlageinstrumenten zu analysieren.

Analog zu den Motiven der Marktteilnehmer muss auch nachfolgend nicht jede einzelne Kontraktform gesondert betrachtet werden. Wenn möglich, werden Gemeinsamkeiten untersucht. Sollten sich die üblichen Kontraktformen jedoch in Bezug auf die analysierten Eigenschaften unterscheiden, wird von diesem Vorgehen abgewichen werden und diese Unterschiede werden einzeln untersucht. Durch dieses Vorgehen wird insgesamt gleichzeitig eine fundamentale der gleichartigen Aspekte und eine differenzierte Beurteilung der verschiedenen Kontraktarten ermöglicht, welche die empirische Erfahrung mit dem Untersuchungsobjekt strukturiert.

5.2.1 Verfügbarkeit, aktuelle Marktsituation und Konkurrenz

Als wichtige notwendige Voraussetzung für die Adoption und Diffusion einer Innovation wurde bereits deren Verfügbarkeit bestimmt. Der Diffusionsprozess selbst wird dann durch das Angebots- bzw. Nachfragevolumen charakterisiert.[1083] Bevor im Rahmen der Analyse die Eigenschaften der Katastrophen-Kontrakte detailliert untersucht werden, sollen diese drei Charakteristika kurz betrachtet werden.

Verfügbarkeit

Die grundsätzliche Verfügbarkeit gilt für die beiden börsengehandelten Katastrophenrisiko-Kontraktarten (Derivate und Terminkontrakte) nur eingeschränkt gegeben. So musste der Handel mit diesen Kontrakten auf Grund mangelnden Interesses eingestellt werden.[1084] Eine Belebung dieser beiden Vertragsarten durch die Börsen CBOT oder BCOE ist nicht geplant. Auch andere Börsen, wie etwa die Deutsche Börse AG, beabsichtigen nach Aussagen der Interviewpartner in naher Zukunft keine Betätigung in diesem Markt.[1085] Die grundsätzliche Verfügbarkeit der Finanzinnovation ist daher nur

[1083] Die weiteren Ausführungen sind vor dem Hintergrund der potenziellen Volumenschätzungen in Kapitel 3.5 zu sehen.

[1084] Vgl. die Ausführungen in Kapitel 3.4.

[1085] Entsprechende Aussagen kamen von den Interviewpartnern 1 (Bö), 2 (Bö), 12 (Ib) und 14 (Ib).

durch die Existenz von Katastrophen-Anleihen gegeben. Das jährliche Emissionsvolumen[1086] zeigt, dass diese Lösung präsent ist und bei Bedarf eingesetzt werden kann.

Existenz von ausreichend Angebot und Nachfrage

Neben der Verfügbarkeit der Innovation ist die Existenz von potenziellem Angebot und Nachfrage eine weitere Bedingung für den Erfolg einer Innovation. Die Marktsituation wurde bereits in Teil 3 ausführlich beschrieben. Die tatsächlich mögliche Angebots- und Nachfragemasse muss, ausgehend vom momentanen faktischen Marktvolumen, gemäß der Schätzung des potenziell möglichen Interesses erweitert werden. Motiviert die Kapazitätslücke des bestehenden Risikoabsicherungssystems die vorliegende Arbeit, so sollte von einem grundsätzlich hohen Angebot von Katastrophen-Risiko, auszugehen sein. Ein Größenvergleich der Versicherungsindustrie mit dem gesamten Kapitalmarkt begründete die Kreierung der Katastrophen-Kontrakte und zeigt, dass auch ausreichend Nachfrage durch potenzielle Investoren vorhanden sein müsste. Aus dieser Argumentation heraus lässt sich das relativ geringe Volumen der Katastrophen-Kontrakte im Vergleich zu dem Angebot und der potenziellen Nachfrage nicht erklären.

Das Größenverhältnis zwischen Angebot und Nachfrage deutet, die Beteiligung aller potenziellen Marktakteure vorausgesetzt, auf das mögliche Bestehen eines Nachfrageüberhangs hin. Da aktuell deutlich geringe Volumina zu beobachten sind, ist zwar nicht davon auszugehen, dass sich alle Marktakteure aktuell gerne beteiligen möchten, trotzdem sprechen einige Indizien, die im weiteren Verlauf der Arbeit dezidiert untersucht werden, dafür dass ein leichter Nachfrageüberhangs existiert. Auch verschiedene Publikationen und einige der interviewten Experten untermauern die These, dass das momentane Marktvolumen eher durch die Angebotsseite beschränkt wird und eine über dem Angebot liegende Nachfrage nach Katastrophen-Kontrakten durchaus besteht.[1087] Ohne den weiteren Ausführungen vorzugreifen, ist diese These gleichwohl insofern kritisch zu hinterfragen, als insbesondere die mit einer hohen Nachfrage einhergehenden Preiseffekte nicht zu beobachten sind.

5.2.2 Risikoabsicherung durch Katastrophen-Kontrakte

In Anwendung der Argumentation aus Abschnitt 4.2.2.1 ist die tatsächliche Zahlung der Instrumente im Schadensfall eine relevante Kontrakteigenschaft. Die Zahlung an die risikoabsichernde Partei ist unterschiedlichen Unsicherheiten ausgesetzt, die in verschiedenen Teilen der Arbeit untersucht werden. Der Sponsor einer Transaktion muss damit rechnen, dass die Zahlung aus dem Finanzkontrakt nicht mit seiner individuellen Scha-

---

1086 Für eine detaillierte Darstellung siehe Kapitel 3.4.

1087 Vgl. McGhee (2004), S. 4; o.V. (2003a), S. 45; o.V. (2002e), S. 1; D'Agostino (2003), S. 28; o.V. (2000e), S. 16, 20; o.V. (2004a), S. 9; ebenfalls Meinung einer Vielzahl von Industrieexperten bei der "US Bond Market Association's Third Annual Conference". Siehe Polyn (2003), S. 10. Kritisch hierzu o.V. (2002a), S. 45. Bestätigt wurde diese These ebenfalls durch die Interviewpartner 6 (Br), 7 (Br), 11 (Ib), 18 (In), 23 (Mo), 38 (Rü) und 41 (Ve).

denssituation übereinstimmt und dass dadurch (1) Basis-Risiko existiert. Er kann sich ebenfalls nicht sicher sein, dass die Zahlung (2) erfolgen wird (Existenz von Kredit-Risiko). Beide Aspekte sind für die Absicherung von Katastrophen-Risiko sehr relevant und werden folglich als Primär-Eigenschaften im folgenden Abschnitt untersucht.

Darüber hinaus ist für Versicherungsnehmer wichtig, dass die risikoübernehmende Partei (3) einen positiven Zahlungswillen hat und nicht die Existenz von Vertragslücken (Hold Up) ausnutzt, um ihren Verpflichtungen zu entgehen. Die Probleme des Hold Up werden im Rahmen der Analyse der Auswirkungen asymmetrischer Informationen betrachtet. Letztendlich ist auch der Zeitpunkt der Zahlung für den Sponsor wichtig. Die Zahlung muss (4) zeitnah erfolgen. Die Schadensermittlung sollte daher möglichst rasch, ohne einen langen Zeitverzug geschehen. Hieraus resultierend darf der Schadensfeststellungszeitraum nicht zu lange sein. Diese weiteren beiden Aspekte werden im Rahmen der folgenden Ausführungen in unterschiedlichen Abschnitten betrachtet.[1088]

5.2.2.1 Hedge-Effizienz

Wie die Ausführungen in Abschnitt 4.3.2 zeigen, ist die Minimierung von Basis-Risiko eine wichtige Erfolgsdeterminante. Zentraler Punkt der Hedge-Effizienz von Katastrophen-Kontrakten ist der Zahlungsmechanismus. Die in Abschnitt 3.2.3 beschriebenen und in der Praxis verwendeten Auszahlungsmechanismen der Katastrophen-Kontrakte gehen bis auf den Mechanismus des individuellen Triggers immer mit der in Abschnitt 4.3.2 erklärten Problematik der Existenz von Basis-Risiko einher, da i. d. R. ein Abweichungsrisiko des individuellen Schadens und des Triggers besteht. Zahlreiche Arbeiten konstatieren so auch mangelnde Hedge-Effizienz als ein wichtiges Problem bei der Absicherung von Katastrophen-Risiko mittels Finanzkontrakten.[1089] Die Risiko abgebende Partei muss demzufolge abwägen, ob der Risikotransfer trotz der Existenz von Basis-Risiko sinnvoll ist.

Eine geringe Hedge-Effizienz (d. h. ein hohes Basis-Risiko) ist für Versicherungsmärkte im Vergleich zu den Kapitalmärkten dabei ein eher neues Phänomen, da Versicherungsverträge in der überwiegenden Mehrzahl auf individuellen „Indemnity"-Triggern basieren.[1090] Lediglich so genannte „Industry-Loss Warranties",[1091] die seit einigen Jahren in seltenen Fällen als Rückversicherungsverträge zur Absicherung von Katastro-

1088 Auf Aspekte des Hold Up wird besonders in Abschnitt 5.3.2 eingegangen; auf Aspekte im Zusammenhang mit der zeitnahen Zahlung in Abschnitt 5.6.2.

1089 Harrington/Niehaus (1999) weisen auf Industrie-Analysten hin. Siehe Harrington/Niehaus (1999), S. 50. Ebenso Cox/Schwebach (1992), S. 643 sowie die im folgenden Abschnitt aufgeführten Quellen.

1090 Nur in einigen besonderen Fällen werden Industrie- oder parametrische Trigger verwendet.

1091 Diese Verträge zahlen bei gleichzeitiger Überschreitung von Individual- und Kollektivschäden, wobei aber der Individual-Schadenstrigger in der Regel so niedrig gesetzt wird, das von ihm streng genommen abstrahiert werden kann. Vgl. Laster/Raturi (2001), S. 16.

phenschäden eingesetzt werden, weisen ebenfalls Basis-Risiko auf.[1092] Die u. U. geringe Hedge-Effizienz eines Katastrophen-Kontraktes ist als Nachteil gegenüber der konventionell nicht von Basis-Risiko behafteten Möglichkeit der Risikoabsicherung mit individualisierten Rückversicherungsverträgen zu sehen.[1093] Als Lösung der Problematik bietet sich neben einer Übersicherung (Abschluss von zusätzlichen Verträgen, Absicherung von höheren Volumina etc.) auch die stärkere Individualisierung der alternativen Kontrakte an.

Zur Fundierung der Entscheidungsrelevanz von Basis-Risiko werden nachfolgend dessen Ursachen, die Ergebnisse anderer Studien sowie die Meinungen der interviewten Experten dargelegt.

Ursachen der Existenz von Basis-Risiko

Die Existenz von Basis-Risiko bei der Absicherung eines individuellen Schadensportfolios durch nicht individualisierte Katastrophen-Finanzkontrakte kann verschiedene Ursachen haben:[1094]

- Erstens kann die grundsätzliche Existenz von Basis-Risiko Resultat *unternehmensindividueller Faktoren* sein, die dazu führen, dass das Schadensportfolio der Versicherung unterschiedliche Empfindlichkeiten gegenüber dem Marktportfolio der restlichen Versicherungen aufweist. Diese können auf der Kundenselektion, der Vertragsausgestaltung und Art der Vertriebsorganisation etc. basieren und können z. B. eine regionale Fokussierung unterschiedlicher Risiko-Exposure bedingen.
- Zweitens kann es durch die *Konstruktion des Zahlungsmechanismus* dazu kommen, dass ein Portfolioabgleich nicht möglich ist. Wenn z. B. die Schäden nur auf Ebene der Bundesstaaten aggregiert werden, ist kaum zu erwarten, dass der Schaden einer einzelnen Versicherung deckungsgleich mit dem Index ist. So verursacht ein Tornado etwa sehr punktuelle Schäden, die ein eher hohes Basis-Risiko erbringen, während Erdbeben eher geographisch breite Schäden verursachen, die daher ceteris paribus mit einem geringen Basis-Risiko einhergehen können.
- Drittens ist die *Zahlungsstruktur des Instruments* nicht unbedingt mit dem Schadensverlauf, resultierend aus dem individuellen Versicherungsportfolio, deckungsgleich. Selbst bei einer hohen Korrelation des Indexes mit dem Portfolio der Versicherung ist durch eine dynamische Entwicklung im Zeitverlauf mit einer Abweichung des Indexes gegenüber dem sich dynamisch entwickelnden

---

1092 Die Verwendung dieser neuartigen Triggerstrukturen kann als Antwort des konventionellen Systems auf die Innovation der Katastrophen-Kontrakte gesehen werden. Vgl. Doherty/Richter (2002), S. 12. Sie zeigt die mögliche Überlegenheit dieser Triggerstruktur gegenüber den konventionell verwendeten.

1093 Vgl. Doherty (1997), S. 86-87.

1094 Vgl. hierzu Kist/Meyers (1999), S. 10-12; Bouriaux (2001), S. 104; Major (1999a), S. 394.

Versicherungsportfolio bzw. vice versa zu rechnen.[1095] Auch können währungsbedingte Unterschiede zu Basis-Risiko führen.[1096]

- Als letzte Ursache der Existenz von Basis-Risiko ist das sog. *Modell-Risiko* zu nennen. Dieses entsteht z. B. durch eine unpräzise, nicht die tatsächlichen Eigenschaften treffende Hedge-Strategie auf Grund von Modellierungsfehlern.[1097]

Ergebnisse einzelner Studien zur Relevanz von Basis-Risiko

Die Entscheidungsrelevanz von Basis-Risiko bei der Absicherung von Risiko mittels standardisierter Kontrakte bzw. mit auf standardisierten Triggern beruhenden Zahlungen ist nicht neu. Es existieren daher einige Arbeiten, die sich mit der Hedge-Effizienz solcher Kontrakte beschäftigt haben.[1098] Die Messung der tatsächlichen Hedge-Effizienz einzelner Instrumente wird jedoch durch die sehr unterschiedlichen Ursachen von Basis-Risiko erschwert. Daher sind die Ergebnisse der nachfolgend dargestellten Studien immer unter Beachtung des jeweiligen Untersuchungsfokus zu sondieren.

Der Arbeit von D'ARCY/FRANCE [1992] folgend[1099] untersuchen HOYT/WILLIAMS [1995] neun Versicherungsunternehmen. Sie messen die Abweichungen von individuellen und aggregierten Schäden, um so letztlich eine Aussage bezüglich der Wirksamkeit einer Risikoabsicherung, basierend auf einem Industrie-Schadensindex, treffen zu können. HOYT/WILLIAMS [1995] kommen zu dem Ergebnis, dass größere Versicherungen bei der Absicherung weniger Basis-Risiko ausgesetzt sind als kleinere. Eine individuelle Rückversicherungslösung ist aus dieser Argumentation besonders für kleine, regional fokussierte Versicherungen deutlich attraktiver als ein auf einem Index basierender Katastrophen-Finanzkontrakt. Sehr kritisch und damit der allgemeinen Meinung ihrer Zeit voraus[1100] merken HOYT/WILLIAMS [1995] an, dass ein auf einem Index beruhender Kontrakt deswegen niemals die individualisierte traditionelle Rückversicherung vollständig ablösen wird.

MAJOR [1999a] untersucht die Existenz von Basis-Risiko durch eine Computersimulation. Er bestimmt mittels einer zweistufigen Schätzung unterschiedliche Markt-Charakteristika (Risiko-Exposure in Gebieten mit unterschiedlicher Postleitzahl) von fiktiven Versicherungen, um unter Verwendung einer Auswahl historischer Naturkatastrophen

---

1095 Vgl. Croson/Kunreuther (1999), S. 18-19.

1096 Das Exposure kann beispielsweise in einer exotischen Währung sein, der Cat-Bond aber in USD zahlen.

1097 Zu einer ausführlichen Darstellung der Aspekte der Modellierung von Naturkatastrophen siehe Abschnitt 5.3.4.1.

1098 Die Auswahl der hier dargestellten Arbeiten basiert auf dem konkreten Bezug der Arbeiten zum Untersuchungsobjekt. Weniger fokussierte Arbeiten finden sich in der Finanzierungstheorie. Hierzu und zu weiteren Ansätzen siehe Major (1999a), S. 414-417. Siehe ebenfalls als methodische Vorläufer der dargestellten Arbeiten D'Arcy/France (1992); Meyers (1996).

1099 D'Arcy/France (1992) untersuchen nicht die Hedge-Effizienz, sondern die Abweichung von versicherten Naturschäden und die Gewinn-Margen von Versicherungsunternehmen.

1100 Besonders in den späten 90ern wird durch den Trend zur „Securitization“ eine völlige Veränderung der Industriestruktur in der Versicherungsbranche erwartet. Siehe etwa Feeney (1995).

die Wirksamkeit einer Risikoabsicherung durch einen bundesstaatsbezogenen und einen auf zip-code basierenden Hedge zu simulieren. Die Untersuchung zeigt, dass durch eine bundesstaatsbezogene Absicherung auf Grund der Existenz von Basis-Risiko nur eine bescheidene Risiko-Reduktion erreicht werden kann. Eine entscheidende Verbesserung der Hedge-Effizienz ist aber durch eine geographisch detaillierte Modellierung des Schadensindexes möglich.[1101]

Die Ergebnisse von MAJOR [1999a] sind aber nur von eingeschränkter Gültigkeit. So ist durch die Auswahl von lediglich neun, u. U. nicht repräsentativen, weil modellierten Wirbelstürmen eine Verfälschung der Ergebnisse möglich.[1102] Besonders die Beschränkung auf den Risikotyp Wirbelsturm ist kritisch, da der geographische Schadensverlauf sehr punktuell ist. Bei einer anderen Naturkatastrophenart, wie etwa einem Erdbeben, ist von einem weniger deutlichen Vorteil durch eine regionale Untergliederung auszugehen. Ebenfalls sind die Simulationen von MAJOR [1999a] auf andere Schadensarten zu erweitern.[1103] Die feinere geographische Auflösung scheint aber grundsätzlich ein adäquates Mittel zur Reduktion von Basis-Risiko darzustellen.

In einer der Untersuchung von MAJOR [1999a] ähnlichen Analyse betrachten THOMAS/CAO [1998] ebenfalls die Unterschiede in der Hedge-Effizienz bei der Absicherung mittels eines bundesstaatsbezogenen gegenüber einem „post- oder zip-code“ basierten Hedges. Im Gegensatz zur Arbeit von MAJOR [1999a], die besonders wegen der Verwendung eines komplexen Modells zur Schätzung der Wirbelstürme kritisiert wurde, betrachten THOMAS/CAO [1998] die fiktiven Absicherungsmöglichkeiten gegen die Schäden durch den „Hurricane Fran“. Bei der Untersuchung von 16 Versicherungen kommen sie zu dem Ergebnis, dass ein Risikotransfer basierend auf einem bundesstaatsbezogenen Hedge (durchschnittliche Korrelation: 40%, durchschnittliche Volatilitätsreduktion: 11%) gegenüber dem untersuchten GCCI-Index (durchschnittliche Korrelation: 92%, durchschnittliche Volatilitätsreduktion: 65%) mit deutlich mehr Basis-Risiko verbunden ist. Darüber hinaus ist die Hedge-Ratio für den GCCI-Index nahe 1, was im Gegensatz zu der bundesstaatsbezogenen Hedge-Ratio zu einer analytisch relativ einfachen Absicherung führt.

THOMAS/CAO [1998] bestätigen damit die Ergebnisse von MAJOR [1999a]. Die feinere geographische Auflösung kann für einige Versicherungen ein wirksames Mittel zur Verbesserung der Hedge-Effizienz sein. Die Kritik an der Untersuchung von THOMAS/CAO [1998] entspricht der vorgenannten Kritik an der Arbeit von MAJOR [1999a]. „Hurricane Fran“ verursachte 1996 einen Schaden von ca. 1,6 Mrd. USD. Da bei größeren Schäden von einer höheren Korrelation auszugehen ist, könnte bei einer Variation des

---

1101 So reduziert ein bundesstaatsbezogener Hedge im „unconditional“ Fall (Major (1999a) bezeichnen hiermit die Untersuchung über mehrere Wirbelstürme) die Volatilität durchschnittlich um 50-75%, während ein „zip-code“ basierter Hedge diese um 90-99% verringert.

1102 Vgl. Bouriaux (2001), S. 105.

1103 Major (1999a) betrachtet ausschließlich „Residential Buildings“.

Ereignisses die Differenz in der Hedge-Effizienz zwischen den beiden Index-Arten deutlich sinken. Weitere Arbeiten müssen die Ergebnisse dieser beiden sehr spezifischen Untersuchungen untermauern.

HARRINGTON/NIEHAUS [1999] prüfen die Auswirkungen von Basis-Risiko auf die Hedge-Effizienz anhand einer retrospektiven Betrachtung der fiktiven Risikoabsicherung durch die an der CBOT gehandelten PCS-Optionen und möglicher Variationen für das Beispiel US-amerikanischer Versicherungen.[1104] In dem ersten Teil ihrer Untersuchung betrachten HARRINGTON/NIEHAUS [1999] die Abweichung und somit Effektivität einer aggregierten, Multi-Line-Rückversicherung, die zum Beispiel mit einem Derivat durchgeführt werden könnte. In Abhängigkeit von den Schadenssummen liegt der Korrelationskoeffizient als Maßstab der Güte der Absicherung in vier von den untersuchten 20 US-Staaten über 50% und in drei davon über 70%. In den zwei risikoexponiertesten US-Staaten (Florida und Süd-Carolina) übersteigt dieser Wert sogar 90%.

Anfangs haben die an der CBOT gehandelten Derivate noch auf „Industry-Line" spezifischen Indexen basiert. Da durch die Bildung von Schadensgruppen mögliches Basis-Risiko vermindert werden kann, überprüfen HARRINGTON/NIEHAUS [1999] im zweiten Teil ihrer Untersuchung eine mögliche Verbesserung der Hedge-Effizienz durch eine Separierung der Schäden nach Kontraktarten.[1105] Sie finden, dass die Differenzierung der Indices in die unterschiedlichen Schadensarten das Basis-Risiko weiter vermindert.[1106] HARRINGTON/NIEHAUS [1999] weisen aber darauf hin, dass diese Verminderung gegenüber den Nachteilen einer spezifischeren Indexgestaltung abzuwägen ist und es in diesem Sinne weiterer Untersuchungen bedarf.

Im dritten Teil ihrer Arbeit untersuchen HARRINGTON/NIEHAUS [1999] die nahe liegende Variation der Aufspaltung in unterschiedliche Regionen zur Elimination von Basis-Risiko und zur Erhöhung der Hedge-Effizienz. Sie kommen zu dem Ergebnis, dass eine geographische Detaillierung zur Elimination von Basis-Risiko konstruktiv ist. Obwohl die von HARRINGTON/NIEHAUS [1999] betrachteten Schadenindices im Gegensatz zu etwa Post-Code basierten Indices, wie dem RMS- oder dem GCCI-Index, die Schäden der Versicherungsbranche auf einer sehr breiten geographischen Grundlage aggregieren,[1107] ist entgegen der Erwartung das Basis-Risiko für Teile der Versicherungen in Abhängigkeit von den Vertragsarten eher gering. Zusammenfassend kann festgestellt werden, dass die von HARRINGTON/NIEHAUS [1999] getesteten Variationen der Kontrakte (Untergliederung nach Geschäftsart und Regionen) zu einer Verbesserung der Hedge-Effizienz führen können.

1104 Diese Studie knüpft an die Ergebnisse aus Harrington/Niehaus/Mann (1995) an.

1105 Harrington/Niehaus (1999) unterscheiden hierbei in „Home-Owners", „Commercial Multiple Peril" und „Fire".

1106 Der Versicherungskontrakt ist dabei besser in „Home-Owners Insurance" als in „Fire Insurance".

1107 Vgl. die Übersicht in Abschnitt 3.2.2.

Die Arbeit von HARRINGTON/NIEHAUS [1999] ist vor allem in methodischer Hinsicht zu kritisieren. Denn eine Analyse mittels historischer Daten ist insofern problematisch, als – in der Natur des Untersuchungsobjekts liegend – selbst bei einem langen Untersuchungszeitraum von 20 Jahren kaum von einem verlässlich langen, repräsentativen Zeitraum gesprochen werden kann.[1108] Entgegen der allgemeinen[1109] Deutung von HARRINGTON/NIEHAUS [1999] und der Interpretation ihrer Arbeit durch andere Autoren[1110] können die Ergebnisse der sehr unterschiedlichen Korrelationskoeffizienten daher durchaus ein Indiz für eine mangelnde Hedge-Effizienz darstellen. Sie zeigen nicht zwingend, dass von einer generellen adäquaten Absicherung durch die staatenspezifischen[1111] PCS-Indices ausgegangen werden kann.[1112]

Ähnlich der Arbeit von MAJOR [1999a] analysieren CUMMINS/LALONDE/PHILLIPS [2004] in der bisher in dieser Art umfangreichsten Untersuchung 225 Versicherungen mit einem Marktanteil von 93% in Florida.[1113] Sie nutzen dabei ein Modell von Applied Insurance Research (AIR), um die Wirbelsturmschäden über 10 Tsd. Jahre zu simulieren. Ziel ihrer Untersuchung ist neben der Bestimmung des potenziellen Basis-Risikos verschiedener Indices eine Ableitung von die Hedge-Effizienz beeinflussenden Charakteristika der Versicherungsportfolios. Sie vergleichen einen auf Bundesstaatsebene basierenden Index gegenüber vier regionalen Indices, die in der Summe jeweils dem Staat Florida entsprechen, und werten beide Hedges im Vergleich zu einer auf den individuellen Schäden basierenden Rückversicherungslösung aus.

CUMMINS/LALONDE/PHILLIPS [2004] bestätigen in ihrer Untersuchung die Vermutung, dass Versicherungen, die stärker geographisch diversifiziert sind,[1114] sich besser durch standardisierte, bundesstaatsbezogene Kontrakte absichern können, als regional fokussierte Unternehmen. So können große, diversifizierte Unternehmen (36 der 255 untersuchten Unternehmen) durch bundesstaatsbezogene Kontrakte die Varianz[1115] ihrer Portfolios um 90% reduzieren. Den wenig diversifizierten Versicherungen ermöglichen

---

1108 Vgl. zu dieser Kritik auch die Selbstkritik von Litzenberger/Beaglehole/Reynolds (1996) an ihrer 39 Jahre dauernden Untersuchung. Siehe Litzenberger/Beaglehole/Reynolds (1996). Vgl. ebenso kritisch zu den kurzen Betrachtungszeiträumen bei der Modellierung von Katastrophen-Risiko Kozlowski/Mathewson (1996), S. 325-326.

1109 Harrington/Niehaus (1999) weisen darauf im Verlauf ihrer Arbeit hin. In dem einleitenden Abstract und in der Zusammenfassung kommen sie aber zu dem Ergebnis, dass Basis-Risiko keine besondere Bedeutung besitzt.

1110 Siehe die Interpretation der Ergebnisse durch Bouriaux (2001), S. 105.

1111 Harrington/Niehaus (1999) variieren den PCS-Index, so dass dieser von dem ursprünglichen Index zu unterscheiden ist.

1112 Die durch Harrington/Niehaus (1999) vorgeschlagene Erläuterung (S. 52) des intuitiv einsichtigen Umstandes, dass der Korrelationskoeffizient bei Staaten mit niedrigem Katastrophen-Exposure geringer ist, ist nicht ausreichend.

1113 Siehe hierzu auch die Arbeit Cummins/Lalonde/Phillips (2002).

1114 In der Regel sind größere Versicherungen stärker regional diversifiziert.

1115 Cummins/Lalonde/Phillips (2004) erweitern die Betrachtung der Varianz noch durch eine Untersuchung des „Value at Risk“ (VAR) und des „Expected Exceedence Value“ (EEV). Diese Variation führt aber zu keinen grundlegend anderen Ergebnissen als die Betrachtung der Varianzreduktion.

regionalspezifische Kontrakte dagegen eine deutlich verbesserte Möglichkeit, sich gegen Wirbelsturmrisiken abzusichern Der regionale Kontrakt erbringt für 76 (143) von 255 analysierten Unternehmen eine Reduktion der Varianz von 95% (90%). Verglichen mit einer auf die individuellen Portfolios der Versicherungen zugeschnittenen Absicherung[1116] ist ein Hedge mittels des regionalen Kontraktes nicht zwingend deutlich schlechter. Der regionale Kontrakt erbringt aber gegenüber dem bundesstaatsbezogenen Kontrakt eine klare Verbesserung der Hedge-Effizienz. 70% (92%) des Risikoexposures können mit dem regionalen Kontrakt bei einer Effizienz von 95% (90%) abgesichert werden. Bundesstaatsbezogene Kontrakte erbringen vergleichsweise schlechtere Werte (36% Reduktion bei 95% Effizienz bzw. 55% bei 90%). Für 105 Unternehmen erbringt dieser Kontrakt weniger als 50% Risiko-Reduktion und stellt so keine adäquate Möglichkeit des Risikotransfers dar.

CUMMINS/LALONDE/PHILLIPS [2004] analysieren über die Absicherungsmöglichkeiten hinaus auch die Robustheit des von ihnen verwendeten Modells. Wie bereits in der Einleitung beschrieben, ist die Beseitigung von Problemen der Adversen Selektion und des Moral Hazard eine wichtige Ursache für die Verwendung nicht-individualisierter Auslösemechanismen.[1117] Ohne den folgenden Ausführungen vorzugreifen, überrascht, dass es durch die Verwendung eines Modells, das neben dem geographischen Verlauf auf drei Charakteristika[1118] des Wirbelsturms basiert, gelingt, 90% aller individuellen Schäden abzubilden.[1119] Kritisch zu dieser Aussage muss allerdings angemerkt werden, dass bei der Schätzung der Schäden des Wirbelsturms Katrina die Modelle der führenden drei Modelling-Agencies deutliche Differenzen aufweisen und die Bandbreite der Schäden (reine Schäden durch den Wirbelsturm, ohne die Schäden der resultierenden Überschwemmung) mit 17 Mrd. USD bis 35 Mrd. USD sehr groß ist.[1120]

Zusammenfassung der Ergebnisse

Basis-Risiko ist eine wichtige, bei der Risikoabsicherung zu beachtende Determinante, die den Wert der Risikoabsicherung entscheidend beeinflusst. Insgesamt zeigen diese Ergebnisse und besonders die letzte aufgeführte Studie aber, dass trotz der Existenz von Basis-Risiko Katastrophen-Kontrakte durchaus für große Teile der Versicherungsindustrie eine Alternative zur traditionellen Form der individuellen Rückversicherung darstellen und auch für die Retrozession geeignet sind. Basis-Risiko ist durch die zweckmäßige Ausgestaltung des Zahlungsmechanismus steuerbar und auf ein individuell ausreichendes Maß reduzierbar. Je nach dem spezifischen Portfolio des sich versi-

---

1116 Diese würde definitionsgemäß 100% der Varianz reduzieren.

1117 Siehe hierzu Abschnitt 5.3.2.

1118 1. Der zentrale Druck in dem sog. Auge des Wirbelsturms; 2. die Geschwindigkeit; 3. der Radius zur maximalen Windgeschwindigkeit.

1119 Zu dieser Darstellung siehe die Working-Paper-Version des Artikels. Veröffentlicht 2000, gleiche Autoren gleichnamiger Titel, The Wharton School, Pennsylvania.

1120 Siehe o.V. (2005b).

chernden Unternehmens und seiner Zielvorstellungen ist dabei die eine oder andere Ausgestaltung zielführend.

Besonders für kleine oder spezialisierte Versicherungen oder Unternehmen mit einem besonderen Risikoexposure kann aber die Existenz von Basis-Risiko auch dazu führen, dass z. B. ein auf Industrieschäden beruhender Kontrakt keine attraktive Lösung darstellt und demzufolge die Nutzung von Katastrophen-Kontrakten unterbleibt. Die generelle Bedeutung der Hedge-Effizienz für die Absicherungsentscheidung ist daher zu relativieren. Zwar war auch nach der Modifikation der Kontrakte durch die CBOT die Existenz von Basis-Risiko ein Hauptkritikpunkt an dem den Future ablösenden Optionskontrakt.[1121] Und obwohl zahlreiche Indizien auf die Wichtigkeit der Hedge-Effizienz hindeuten und in dieser ein Hauptproblem bezüglich der Nicht-Existenz eines voluminösen Katastrophen-Marktes zu sehen ist, können die aufgeführten Studien zeigen, dass das Basis-Risiko beherrschbar ist.[1122] Analog der von BOUZOUITA/YOUNG [1998] durchgeführten Befragung nannten auch einige Experten in den im Rahmen der Arbeit durchgeführten Interviews Basis-Risiko als eine oftmals angeführte Problematik, die das Entstehen eines großvolumigen Marktes verhindert. Die interviewten Personen gaben aber an, dass Basis-Risiko auch ein leichtfertig genanntes Argument gegen die Nutzung solcher Kontrakte darstellen könnte, das auf mangelndes Wissen bzw. mangelnde Beschäftigung mit der Sache zurückzuführen sei.[1123] Für die Interviewpartner selbst war die Bedrohung durch Basis-Risiko eher ein untergeordnetes Problem, das durch entsprechende Ausgestaltung der Kontrakte zu beseitigen bzw. bewusst in Kauf zu nehmen ist.[1124]

Die zeitliche Differenz zwischen der von BOUZOUITA/YOUNG [1998] und der im Rahmen der vorliegenden Arbeit durchgeführten Befragung könnte nach Auffassung der Interviewteilnehmer zu einem Wissenszuwachs der Marktakteure geführt haben. D. h. zum Zeitpunkt der von BOUZOUITA/YOUNG [1998] durchgeführten Befragung war tatsächlich noch mangelndes Verständnis und somit eine falsche Einschätzung von Basis-Risiko problematisch. Inzwischen ist aber durch die Erfahrungen der Marktteilnehmer deutlich geworden, dass Basis-Risiko ein beherrschbares Problem darstellt. Für die Gruppe, die sich aktiv mit der Entscheidung auseinandersetzt, sind inzwischen andere Faktoren relevanter. Sie managt Basis-Risiko z. B. durch den Abschluss zusätzlicher Sicherungsmaßnahmen (wie etwa konventionelle Rückversicherung). Diejenigen, die sich aus anderen Gründen nicht mit dem Markt beschäftigen, nennen in dieser Tradition noch Basis-Risiko als Ursache für potenzielle Probleme.

1121 Vgl. Harrington/Niehaus (1999), S. 50.

1122 Vgl. ebenso Niehaus (2002), S. 592.

1123 Diese These untermauerten die Interviewpartner 20 (Mo), 22 (Mo) und 25 (Ra).

1124 Hierzu äußerten sich die Interviewpartner 5 (Br), 34 (Rü), 38 (Rü), 40 (Rü) und 46 (We).

Insgesamt dürfen die vorgestellten Ausführungen und die Ergebnisse zur Bedeutung von Basis-Risiko aber nicht isoliert betrachtet werden.[1125] Die Ausgestaltung des Finanzkontraktes ist von vielen sich gegenseitig beeinflussenden Faktoren abhängig. Bei der Bestimmung des optimalen Auslösemechanismus im Rahmen der Kontraktgestaltung sind zusätzlich zur Minimierung des Basis-Risikos Überlegungen bezüglich möglicher asymmetrischer Informationsverteilung (Adverse Selektion und Moral Hazard) und Manipulation, Transaktionskosten, Liquidität, regulatorische Anerkennung, Ermittlungszeiten, Betreibungs- und Monitoringkosten etc. anzustellen, welche die Attraktivität der Katastrophen-Kontrakte nachhaltig beeinflussen. Wie aus anderen Arbeiten bekannt ist,[1126] sind die Marktteilnehmer z. B. bereit, einen gewissen Teil Basis-Risiko bewusst zu akzeptieren, sofern dadurch der Preis (als wichtiger Maßstab für das Interesse der Gegenpartei) gesenkt werden kann. Die Ausgestaltung des Kontraktes ist insgesamt eine komplexe Entscheidung, die einer detaillierten Abwägung bedarf. Kapitel 5.5 wird zusammenfassend die Ergebnisse zur Ausgestaltung des Triggers in den Kontext mit den in weiteren Teilen der Arbeit dargestellten Einflussfaktoren in Beziehung setzen.

5.2.2.2 Kredit-Risiko

Wie in der Einleitung zu diesem Abschnitt beschrieben, muss der Emittent des Katastrophen-Kontraktes neben dem Basis-Risiko auch auf Grund anderer Faktoren damit rechnen, dass die Risikoabsicherung nicht perfekt mit seiner persönlichen Schadenssituation übereinstimmt. Unter dem Begriff des Kredit-Risikos subsumiert sich die Problematik, dass eine Vertragspartei nicht in die Lage ist, ihre vertraglichen Verpflichtungen zu erfüllen.

Wie die Ausführungen in Abschnitt 2.2.3 zeigen, müssen die Marktteilnehmer auch im konventionellen Katastrophen-Risiko-Absicherungssystem damit rechnen, dass im Schadensfall ihre Ansprüche durch den Versicherungsgeber nicht gedeckt sind.[1127] Obwohl die staatlichen Versicherungsaufsichten über eine Vielzahl unterschiedlicher Maßnahmen versuchen, diesen Misstand zu beseitigen[1128] und im Normalfall auch eine hohe Solvabilität der Versicherungsunternehmen gewährleistet ist, ist eine Bedrohung des Systems durch Extremszenarien gegeben. Übertragen auf den Untersuchungsgegenstand bedeutet dies, dass basierend auf der hohen Wahrscheinlichkeit einer Insolvenz des konventionellen Systems bei einer oder mehreren besonders großen Katastrophen, die sichere Zahlung der alternativen Instrumente ein wichtiges Alleinstellungs-

---

1125 Harrington/Niehaus (1999) weisen selbst auf diese notwendigen Erweiterungen hin. Bei Major (1999a) geschieht dies durch den Kommentar von Perold (1999), S. 431.

1126 Siehe Black (1986), S. 23.

1127 Dies kann zum einen daran liegen, dass per se zu wenig deckendes Kapital vorhanden ist, oder aber auch daran, dass der Versicherungsgeber zu viel Risiko versichert hat. Vgl. Kapitel 2.2.3.

1128 Vgl. Abschnitt 4.3.1.1.

merkmal sein kann, das u. U. entscheidend für den Nutzen der Versicherungsnehmer ist.[1129]

Da die Kontraktarten unterschiedliche Charakteristika in Bezug auf die Zahlungsfähigkeit aufweisen, erfolgt die Beurteilung des Untersuchungsgegenstands unter dem Aspekt der Zahlungsfähigkeit getrennt nach seinen realen Ausprägungsformen (Derivate und Cat-Bonds). Die Ausführungen zu börsengehandelten Derivaten zeigen die Sicherungsmaßnahmen am Beispiel der an der CBOT gehandelten Kontrakte.

Kredit-Risiko börsengehandelter Derivate

Da bei Abschluss der Transaktion der Optionshalter an den Optionsgeber die Prämie zahlt, besteht ein Kredit-Risiko lediglich bezüglich des Optionsgebers. Die an den Börsen gehandelten Katastrophen-Derivate wurden hiergegen mit den gleichen Mitteln gegen Kredit-Risiko abgesichert, wie sie auch bei anderen Derivaten üblich sind. Die Absicherung von börsengehandelten Derivaten findet grundsätzlich auf zwei verschiedenen Ebenen statt. Vorrangig haftet bei einer Derivate-Transaktion in erster Instanz der entsprechende Vertragspartner. Zur Erleichterung des standardisierten, stark anonymisierten Handels ist aber bei Ausfall einer Partei auch die Haftung der Börsenorganisation vorgesehen. So sind das CBOT-eigene Clearing-Haus (BOTCC) und seine Mitglieder[1130] für die jeweilige Gegenpartei rechtlicher Handelspartner, so dass im Falle eines Zahlungsproblems die Mitglieder und das Clearing-Haus selbst haften.[1131] Zur Minimierung ihres Risikos verlangen die Börsenorganisationen deshalb von den über sie handelnden Institutionen ein Pfand. Die Optionsverkäufer sind so verpflichtet, zur Besicherung ihrer Positionen eine werthaltige Sicherheit (Barreserven, Staatsanleihen etc.) zu hinterlegen. Über die „Initial Margin“, die zum generellen Handel berechtigt, muss für jede verkaufte, noch offene Position eine täglich neu berechnete „Maintenance Margin“ deponiert werden, die durch sog. „Margin Calls“ an die täglichen Veränderungen der Position angepasst wird. Die Bereitstellung der „Variation Margin“, die zusätzlich zweimal täglich gefordert werden kann, muss dabei innerhalb einer Stunde erfolgen.

Die CBOT benutzt zur Berechnung der verschiedenen Margen ein System (Standard Portfolio Analysis of Risk), das nicht nur die Wertveränderung des dem Short-Selling zugrunde liegenden Wertpapiers berücksichtigt, sondern auch eine u. U. hierzu negativ korrelierte Entwicklungen der anderen Positionen für eine Minderung der „Maintenance Margin“ nutzt. Ohne auf die spezifische Zahlungsstruktur der in der Historie üblichen

---

[1129] Vgl. Croson/Kunreuther (1999), S. 6; Brink/Teste (2000), S. 15.

[1130] Das Clearing-Haus der CBOT besteht aus ca. 130 eigenständigen in dem BOTCC organisierten Unternehmen, die unterschiedliche Kapitalausstattungen erbringen müssen und neben der Kapitaldecke der Dachorganisation auch eigene Sicherheitsreserven besitzen.

[1131] Vgl. Borden/Sarkar (1996), S. 4. Für die weiteren Ausführungen siehe ebenfalls o.V. (1995d).

Derivate einzugehen,[1132] ist durch das Prinzip des „Mark-to-Market" in der Praxis ein Mechanismus gefunden, der eine vollständige Besicherung des theoretisch möglichen Zahlungsanspruches unnötig macht und dennoch für eine weitgehende Zahlungssicherheit der Kontrakte sorgt.[1133]

<u>Stress-Testing der Sicherungsmaßnahmen</u>

Da Derivate in der Regel als Hebelprodukte konstruiert werden, d. h. relativ kleine Schwankungen der Basis große Auswirkungen auf den Wert des Derivates haben, muss die Wirksamkeit der dargestellten Sicherungsmaßnahmen überprüft werden. Besonders das Auftreten eines Naturereignisses und der hiermit verbundenen Schäden ist entgegen der üblichen Kursverläufe der den Derivaten zugrunde liegenden Wertpapiere kein stetiger Prozess, sondern stellt eher einen Sprungprozess dar. Das Margen-Konzept der CBOT könnte daher unwirksam sein.[1134] Theoretisch ist nur durch eine Marge in Höhe des potenziellen Sprungwertes eine Vermeidung von Kredit-Risiko möglich. Auch die auf ca. 440 Mio. USD geschätzte Kapital-Basis der CBOT[1135] ist im Vergleich zu den Schäden einer Naturkatastrophe kaum ausreichend. Daher ist von besonderem Interesse, inwieweit die üblichen Sicherungsmechanismen tatsächlich auch für die Katastrophen-Derivate wirksam sind. Es ist zu untersuchen, ob die von der CBOT kalkulierten Margen auch zur Absicherung der Zahlungen von Katastrophen-Derivaten ausreichen.[1136]

Eine Untersuchung des Kredit-Risikos von Katastrophen-Derivaten kann leider nicht auf reale Kursverläufe der Wertpapiere zurückgreifen, sondern muss wegen des geringen Volumens dieser Kontrakte auf einer Schätzung basieren.

D'ARCY/FRANCE/GORVETT [1999] betrachten die Auswirkungen des Wirbelsturms Andrew (1992), der bis dato das größte Naturschadensereignis darstellte.[1137] Dieses Ereignis könnte bis zu einer Verzehnfachung des Wertes des National-Kontraktes[1138] im gesamten Zeitverlauf[1139] geführt haben.[1140] Die Verkäufer dieser Kontrakte hätten dementsprechend einen Verlust von ca. 22 Tsd. USD pro Kontrakt zu tragen, bei einer ursprünglichen Marge von 1.350 USD. Da aber der Wert des Terminkontrakts auf der

---

1132 Der durch die CBOT modifizierte Kontrakt besitzt auf Grund der nicht-linearen Zahlungsstruktur eine natürliche Begrenzung der Auszahlung. Vgl. hierzu Abschnitt 3.3.1 und die folgenden Ausführungen.

1133 Zur Problematik der Tageslimite siehe Fn. 1141.

1134 Vgl. Doherty (1997), S. 89.

1135 Vgl. Jaffee/Russell (1997), S. 221.

1136 Für eine umfassende Darstellung der Kritik an den Sicherungsmaßnahmen der CBOT siehe Jaffee/Russell (1997), S. 220-222.

1137 Siehe hierzu auch die Ausführungen in Abschnitt 2.1.1.

1138 Der National-Kontrakt basiert auf der gesamten Schadensentwicklung der USA und hätte bei einer historisch gerechtfertigten Prämie von ca. 2.029 USD (D'Arcy/France/Gorvett (1999) schätzen grob 2.500 USD) einen Preis nach dem Wirbelsturm Andrew von 24.802 USD. Der entsprechende regionale Kontrakt („Eastern-Contract") hätte einen Wert von 44.732 USD gehabt.

1139 Die Schadensprognosen wurden mehrfach angehoben. Dazu kam noch eine Verschlechterung der Schadenssituation durch den Wirbelsturm Iniki.

1140 Vgl. Karras (1995), S. 54.

Schadensprognose zum aktuellen Zeitpunkt basiert, rechnen D'ARCY/FRANCE/GORVETT [1999] mit einem Wert von 12 Tsd. USD. Diese Summe musste der Verkäufer aufbringen, um die Schäden zu tragen. Dann böte sich für die Verkäufer wieder eine Situation, ihre Kontrakte zu verkaufen und so ihre Verluste zu begrenzen.[1141] Dieser Verlust ist in jedem Fall nicht durch die ursprünglich gezahlte Risikoprämie in Höhe von 2.500 USD besichert. D'ARCY/FRANCE/GORVETT [1999] schätzen die deckende Kapitalbasis der gesamten Clearing-Haus-Organisation großzügig auf 500 Mio. USD. Bei einem Gesamtversicherungsschaden durch Wirbelsturm Andrew von ca. 17 Mrd. USD[1142] und einer 25%igen Absicherungsquote durch börsengehandelte Versicherungsderivate hätte also bereits ein Bruchteil an nicht-zahlungsfähigen Kunden das gesamte Clearing-Haus der CBOT in Zahlungsschwierigkeiten gebracht. Obwohl diese vereinfachte Darstellung sicher durch weitere Arbeiten fundiert werden muss, illustriert sie doch die potenzielle Bedrohung der Institution „Clearing-Haus“ durch ein einzelnes Naturereignis dieser Größenordnung.[1143] Die an der CBOT gehandelten Katastrophen-Derivate hätten sich aus dieser bewusst vereinfachten Argumentation heraus also nur zur Ergänzung des traditionellen Systems geeignet.

Alleine durch die Kontraktmodifikation, die später zu einem „Option-Spread“ geführt hat,[1144] ist entgegen anderer Äußerungen[1145] auch nicht zu erwarten, dass sich diese Situation verbessert hat. Soll entsprechendes Risiko über diese Derivate transferiert werden, ist eine gewisse Anzahl an Kontrakten zu zeichnen. Ist das Schadensvolumen der Kontrakte nach oben begrenzt, müssen entsprechend mehr Kontrakte zum Risikotransfer genutzt werden. Nur durch eine gleichzeitige Anpassung der Marge im Verhältnis zum übertragenen Risiko, die mehr haftendes Kapitel verfügbar macht, ist eine fundamentale Veränderung zu erwarten.

Vordergründig betrachtet können damit Zweifel an der Zahlungsfähigkeit der Katastrophen-Kontakte der CBOT entstehen. Bislang ist aber nicht bekannt, dass ein als übergeordnete Instanz die Geschäfte aller Mitglieder deckendes Clearing-Haus in Zahlungsschwierigkeiten geraten wäre. Selbst die enormen Kursverluste 1987 von durchschnittlich 23% an einem Tag (Tagesverlust des Dow Jones Industrial Average am 19.10.1987) oder die 2 Billionen USD Tagesverlust am 14.4.2000 stellten keine Bedrohung dieses Systems dar. Da die Marktteilnehmer Katastrophen-Derivate i. d. R. nicht

---

1141 Die Preise für Terminkontrakte und Optionen sind grundsätzlich dem freien Spiel von Angebot und Nachfrage ausgesetzt. Es sei denn, dass sie an das sog. Tageslimit stoßen, das den möglichen Tagesverlust begrenzt. Der totale Verlust wird hierdurch aber nicht begrenzt, da das Limit durchaus mehrere Tage durchstoßen werden kann und so die Marktteilnehmer erst nach einigen Tagen ihre Positionen „schließen“ können. Bis zu diesem Zeitpunkt sind sie der rechtliche Vertragspartner und müssen auch haften.

1142 Damaliger Zeitwert.

1143 Die tatsächlich gehandelten Kontrakte im März 1998 hatten dagegen nur eine Kapazität von ca. 100 Mio. USD.

1144 Vgl. Abschnitt 3.3.1.

1145 Siehe z. B. Niehaus (2002), S. 591.

isoliert handeln werden, muss in obigem Kalkül berücksichtigt werden, dass ein breites Portfolio an unterschiedlichen Kontrakten vorliegt, das als Haftungsgrundlage dienen kann.[1146] Durch die geringe Korrelation von Katastrophen-Risiko mit Kapitalmarktrisiken und wegen des geringen Volumens dieser Kontrakte gegenüber den allgemein über die Clearing-Häuser abgewickelten Transaktionen ist daher selbst im Schadensfall von keiner systematischen Bedrohung des Gesamtsystems auszugehen.[1147] Gerade die geringe Korrelation und das vergleichsweise niedrige Volumen des Katastrophen-Risikos im Vergleich zu den täglichen Kursbewegungen an den Kapitalmärkten werden als Hauptgrund für die Adäquatheit des Risikotransfers an die Kapitalmärkte angeführt. In der Retrospektive ist daher nicht mit einem Default-Risiko der Kredit-Derivate bei Schadenseintritt zu rechnen.[1148] Durch Maßnahmen wie Beschränkungen der in Katastrophen-Risiko investierten Beträge im Vergleich zum gesamten verfügbaren Kapital und eine eventuelle Anpassung der Margen etc. ist eine Veränderung des bestehenden Systems möglich, die zu einer für die Marktteilnehmer akzeptablen Reduktion des Kredit-Risikos führt.

Im Vergleich zu den CBOT-Kontrakten waren die an der BCOE gehandelten Kontrakte durch einen ähnlichen Mechanismus besichert. Im Gegensatz zu den CBOT musste hier aber das gesamte mögliche Verlustkapital (5 Tsd. USD pro Kontrakt) durch die Short-Seller bereits bei Abschluss des Vertrages bereitgestellt werden, so dass hier Ausfallrisiko keine entscheidende Rolle gespielt hat.[1149]

Kredit-Risiko von Katastrophen-Anleihen

Bei Cat-Bonds besteht, anders als bei Katastrophen-Optionen, grundsätzlich ein Risiko, dass der Versicherungsnehmer seine Prämie im Zeitverlauf nicht zahlt.[1150] Die Analyse ist daher auch um eine Betrachtung dieses Risikos zu erweitern. Der durch die Bank Leu gemanagte öffentliche Fonds muss z. B. auf Grund seiner Zielgruppe (er ist der bislang einzige Fonds, der primär in Katastrophen-Kontrakte investiert und auf private Anleger abgestimmt ist) sehr restriktive, durch den Regulator vorgeschriebene Regeln beachten.[1151] So darf er zur Minimierung des durch den Versicherungsnehmer bestehenden Risikos nicht in Katastrophen-Anleihen investieren, deren Sponsor ein Rating unter „Single A“ besitzt.

Die Situation eines Verzugs der Prämienzahlung ist im Rahmen des Offering-Circulars explizit festgelegt. So sieht ein im Rahmen der Arbeit analysierter Verkaufsprospekt

1146 Konträr dazu siehe D'Arcy/France/Gorvett (1999), S. 26-27.
1147 Vgl. Canter/Cole/Sandor (1997), S. 74.
1148 Vgl. D'Agostino (2002), S. 36, 59.
1149 Vgl. Bouriaux/Himick (1998), S. 34.
1150 Bei den Optionen der CBOT musste der Optionsverkäufer die Prämienzahlung zu Anfang der Vertragslaufzeit leisten.

vor, dass bei ausstehenden Prämienzahlungen umgehend eine Auflösung und Rückzahlung der eingezahlten Beträge veranlasst werden kann.[1152] In einem anderen Emissionsprospekt war geregelt, dass die Auflösung automatisch erfolgte, wenn der Sponsor 14 Tage mit seiner Zahlung im Verzug ist.[1153] Die Anlage der in das SPV durch die Investoren bereitgestellten Mittel ist sehr restriktiv geregelt, was einen ausreichenden Schutz der Investoren gegen die Nicht-Zahlung der Sponsoren darstellt. Auch laut Aussagen der interviewten Experten ist mit den üblichen Klauseln hinreichend der Fall geregelt, wenn der Sponsor den Zahlungen nicht nachkommt.[1154] Diese Problematik hat dementsprechend keine weitere Entscheidungswirkung.

Entscheidungsrelevant ist hingegen, wie auch bei den Katastrophen-Derivaten, das Risiko, dass der Sponsor im Schadensfall nicht ausreichend für seinen Schaden entschädigt wird, welches im Folgenden näher zu betrachten ist.

Das im Schadensfall haftende Kapital wird bei einer Cat-Bond-Transaktion zu Beginn der Vertragslaufzeit durch den Investor in das SPV eingebracht.[1155] Wie die Ausführungen in Abschnitt 3.3.2 dargestellt haben, ist bei Katastrophen-Anleihen oftmals nur ein geringer Teil des „Principals on Risk", d. h. dass selbst bei dem größten zu erwartenden Schaden noch Kapital an die Investoren zurückgezahlt wird. Da in der Praxis aus den Kapitalanlagen des SPVs kein Risiko erwächst und da das SPV nur für eine Transaktion genutzt wird, bedeutet diese vergleichsweise hohe Kapitaldecke für den Versicherungsnehmer, dass seine Ansprüche im Schadensfall gesichert sind. Hierdurch sind die Versicherungsnehmer faktisch keinem Kredit-Risiko[1156] ausgesetzt.[1157]

Nachteile der Besicherung

Die Begrenzung des Kapitalanlagerisikos durch eine sehr konservative Investitionspolitik[1158] und zusätzliche Sicherungsmaßnahmen gehen aber mit dem Nachteil einer im Vergleich zur Rendite hohen Kapitalbindung einher. Die hohe Kapitalbindung in Verbindung mit der durch das geringe Kapitalanlagerisiko niedrigen Verzinsung ist ein

---

1151 Im Detail handelt es sich um zwei durch die Bank Leu gemanagte Fonds. Nachdem der erste Fonds aufgelegt und verkauft war, wurde wegen des großen Interesses im Juni 2003 ein zweiter Fonds aufgelegt.

1152 In diesem Fall mussten die Befürworter dieser Maßnahme 25% des Kapitals halten.

1153 Das erste Vertragsfeature wurde bei der „Formosa Re"-Transaktion eingesetzt; das zweite bei der „St. Agatha Re"-Transaktion.

1154 Diese These untermauern die Aussagen der Interviewpartner 9 (Br), 37 (Rü), 43 (Ve) und 46 (We).

1155 Siehe z. B. die Ausführungen zu der Residential Re Transaktion (1997) bei Froot (2001), S. 545-546.

1156 Als Ausfall-Risiko von Katastrophen-Anleihen wird oft auch das Risiko bezeichnet, dass ein Cat-Bond nicht die investierte Summe zurückzahlt. Bei dieser Betrachtung geht es aber isoliert um das Risiko, dass ein Kontrakt die rechtliche Zahlungsverpflichtung nicht erfüllt.

1157 Vgl. Cholnoky/Zief/Werner/Bradistilov (1998), S. 8; Croson/Kunreuther (1999), S. 6; Froot (1997), S. 546; D'Agostino (2002), S. 20; Cummins/Phillips (2000); McGhee/Eng (2003), S. 19; Hodge/Etherington/Kane (1998), S. 2; Niehaus (2002), S. 593.

1158 Diese ist speziell vertraglich festgeschrieben und spezifiziert exakt die mögliche Kapitalverwendung.

Nachteil für die Investoren. Da die Eintrittswahrscheinlichkeit der Katastrophen niedrig, der Kapitalbedarf im Schadensfall aber hoch ist, kann der intrinsische Risikoaufschlag für eine solche Investition unter Verwendung der aktuellen SPV-Struktur, die eine Bereitstellung der gesamten haftenden Summe erfordert, nicht sehr hoch sein.

Im Rahmen der Interviews konnte festgestellt werden, dass dies einen bedeutenden Nachteil für einige Investoren darstellt, die zwar in Naturkatastrophen-Risiko investieren möchten, aber gleichzeitig keine so großen Kapitalsummen in den SPVs binden möchten.[1159] Anders als oft in der Finanzierungstheorie vereinfachend angenommen,[1160] ist durch die Existenz von Transaktionskosten und Informationsasymmetrien die Kapitalverfügbarkeit in der Realität eben nicht nur am Risiko und der Rendite orientiert. Bemerkenswert ist daher, dass in den Interviews gleichzeitig festgestellt werden konnte, dass die Anbieter von Katastrophen-Kontrakten bislang keine alternativen Strukturen zur Umgehung dieses Problems planen.[1161] Im Rahmen der nachfolgenden Zusammenfassung der Ergebnisse dieses Teils der Arbeit wird dieser Aspekt noch näher betrachtet.[1162]

Zusammenfassung

Wie die obigen Ausführungen zeigen, ist trotz eventuell notwendiger weiterer Untersuchungen im Bereich der Katastrophen-Derivate das Ausfall-Risiko des Versicherungsnehmers besonders für die aktuell meistgenutzte Ausprägung der Katastrophen-Kontrakte sehr gering.[1163] Es überrascht daher nicht, dass in einer 1999 durch das Unternehmen Denton Wilde Sapte durchgeführten Befragung von 50 Marktteilnehmern[1164] zu den Vorteilen der alternativen Produkte gegenüber der traditionellen Lösung das geringe Ausfallrisiko als häufigste Antwort genannt wurde.[1165] Auch in der im Rahmen dieser Arbeit durchgeführten Befragung wurde die Nicht-Existenz des Ausfallrisikos als eine wichtige Eigenschaft der Kontrakte genannt.[1166] Die hohe Zuverlässigkeit kann daher im Vergleich mit den traditionellen Formen der Rückversicherung als großer Vorteil der betrachteten alternativen Instrumente angesehen werden.

Wie die Ausführungen in Abschnitt 2.2.3 gezeigt haben, ist zwar ein Ausfall-Risiko der Versicherungsgeber im Katastrophen-Fall vorhanden, die Entscheidungswirksamkeit

---

1159 Hierzu äußerten sich die Interviewpartner 5 (Br), 39 (Rü) und 43 (Ve).

1160 Siehe z. B. die Annahmen von Modigliani/Miller (1958)

1161 Diese Aussage bestätigten die Interviewpartner 10 (Ib), 34 (Rü), 35 (Rü), 36 (Rü) und 37 (Rü).

1162 Siehe Abschnitt 5.4.

1163 Vgl. Croson/Kunreuther (1999), S. 15.

1164 Die Marktteilnehmer bestanden aus 17 Rückversicherungen, 8 Investmentbanken, 5 Brokern, 4 Erstversicherungen und anderen Industrieexperten.

1165 Siehe o.V. (2000e), S. 13.

1166 Diese These untermauerten die Aussagen der Interviewpartner 4 (Br), 5 (Br), 6 (Br), 8 (Br), 11 (Ib), 21 (Mo), 22 (Mo), 35 (Rü), 42 (Ve), 43 (Ve) und 45 (Ve).

dieser Eigenschaft scheint dennoch nicht sehr bedeutend zu sein.[1167] Obwohl die Eigenkapitalgeber der Versicherungsunternehmen nicht unbedingt ein Interesse an einer totalen Reduktion dieses Distress-Risikos haben,[1168] sollte die Beachtung des Kundeninteresses einen ausreichenden Profit und so letztlich auch eine Beachtung des Kredit-Risikos herbeiführen. Faktisch wird in der Praxis i. d. R. davon ausgegangen, dass die Zahlungsfähigkeit vorhanden ist. Der Einsatz alternativer Instrumente zur Sicherung der Zahlungsfähigkeit (z. B. Bankbürgschaften, oder Kredit-Derivate) zur Absicherung der eigenen Forderungen im Schadensfall ist ebenfalls nicht üblich.

5.2.3 Kapitalanlage und Diversifikation mit Katastrophen-Kontrakten – Unvollständigkeit der Kapitalmärkte

Die Attraktivität der Katastrophen-Kontrakte für Investoren hängt essentiell von deren Rendite-Risikokonstellation ab. Diese ist in Fortführung der Gesamtlogik der Analyse nicht absolut, sondern im Vergleich mit bestehenden konventionellen und damit konkurrierenden Anlagemöglichkeiten zu beurteilen.

Die Motivation der Investoren, in Katastrophen-Kontrakte zu investieren, wird durch die in Abschnitt 4.3.1.2 beschriebenen neueren Theorien der Kapitalanlage beeinflusst. Bei der Auswahl ihrer Anlagen berücksichtigen die Investoren entsprechend den Erkenntnissen der Portfolio-Theorie und dem CAPM nicht nur die isolierten Eigenschaften eines Investitionsobjekts, sondern beziehen auch die Korrelation neuer Investitionsmöglichkeiten zu ihrem bereits bestehenden Portfolio in ihre Überlegungen ein. Sie können durch Diversifikation Teile des einzelnen Anlagerisikos eliminieren und müssen im Umkehrschluss daher nur für nicht-diversifizierbare Risiken entschädigt werden.[1169] Der Argumentation von MARKOWITZ [1952] folgend, fordern Investoren somit eine Gesamtrendite, die aus dem Zins für risikolose Anlagen besteht, plus einen Risikoaufschlag, der sich aus der Korrelation der Anlage mit dem Marktportfolio, multipliziert mit dem üblichen Marktrisikoaufschlag, ergibt. Inwieweit Investoren für die Übernahme von Katastrophen-Risiko entschädigt werden wollen, hängt nach dieser Argumentation folglich von der Korrelation der Naturkatastrophen-Schäden mit ihrem bereits bestehenden diversifizierten Portofolio ab.

Eines der wichtigsten Motive für die Investition in Katastrophen-Kontrakte ist ihre Exotik. Katastrophen-Risiko soll im Verhältnis zu den bestehenden, am Kapitalmarkt vor-

---

[1167] D'Agostino (2003) vermutet, dass diese von den Marktteilnehmern unterschätzt wird. Siehe D'Agostino (2003), S. 5, 22.

[1168] Eigenkapital stellt letztlich eine Call-Option auf die Assets der Unternehmung dar. Vgl. in diesem Zusammenhang Froot (2001), S. 568.

[1169] Für grundlegende Ausführungen zur Portfolio-Theorie und eine kritische Stellungnahme siehe Elton/Gruber (1995).

handenen Risiken nicht korrelieren.[1170] Nach der Sichtweise von GREENBAUM/HAYWOOD [1971] bedeutet dies, dass durch die existierenden Finanzvektoren die Zahlungsstruktur von Katastrophen-Kontrakten nicht nachgebildet werden kann.[1171] Der Kapitalmarkt gilt dementsprechend als unvollständig.[1172] Wenn Katastrophen-Kontrakte wenig oder nicht korreliert mit dem bestehenden Markt sind, kann durch Aufnahme von Katastrophen-Kontrakten in das Investitionsportfolio, die „Efficient Market Line" nach „oben verschoben" und der Wert des Portfolios gesteigert werden.[1173]

Diese Argumentation wurde als Verkaufsargument bereits 1995 durch die CBOT angeführt[1174] und gilt als fundamentaler Grund für das Investoreninteresse an Katastrophen-Kontrakten. Eine Reihe von Studien untersucht daher die Korrelation von Katastrophen-Kontrakten[1175] mit verschiedenen Investitionsportfolios.[1176]

CANTER/COLE/SANDOR [1997] analysieren die Korrelation zwischen dem S&P 500[1177] und dem PCS National Index.[1178] Sie vergleichen die Entwicklung dieser beiden Reihen von 1949 bis 1996 und finden keine Korrelation.[1179] LITZENBERGER/BEAGLEHOLE/REYNOLDS [1996] ermitteln die Korrelation der durch PCS spezifizierten Industrie-Verluste und dem S&P 500 sowie amerikanischer Staatsanleihen von 1955 bis 1994 und weisen eine Korrelation von 0,056 bzw. 0,105 nach.[1180] CHOLNOKY/ZIEF/WERNER/BRADISTILOV [1998] finden eine Korrelation zwischen nicht näher spezifizierten historischen Katastrophen-Schäden von 1956 bis 1994 von -0,03 (S&P 500) bzw. -0,02 (Salomon Bond Index).[1181] In einer Studie von Guy Carpenter wird eine Korrelation von Katastrophen-Kontrakten und anderen Vermögensklassen von -0,13 bis 0,21 gezeigt.[1182] Sie weisen darauf hin, dass diese Werte nicht statistisch signifikant von Null zu unter-

---

1170 Das Argument der möglichen Diversifikation des Portfolios durch Hinzufügen einer neuen Asset-Klasse ist auch als Verkaufsargument für Junk Bonds eingesetzt worden. Die Wichtigkeit dieses Ansatzes bestätigt auch die Interviewpartner 6 (Br), 10 (Ib), 13 (Ib), 17 (In), 19 (In) und 22 (Mo).

1171 Vgl. Abschnitt 4.1.4.

1172 Daher hat sich auch die Bezeichnung „New Asset Class" etabliert.

1173 Für eine ausführliche methodische Darstellung siehe Cox/Fairchild/Pedersen (2000a), S. 176-184. Vgl. ebenso Deistler/Ehrlicher/Heidorn (1999), S. 1122.

1174 Sie vergleichen die Entwicklung des S&P 500 und die durch Naturkatastrophen verursachten Schäden von 1980 bis 1994 und kommen zu dem Ergebnis, dass beide nicht korrelieren. Siehe o.V. (1995d), S. 47.

1175 Die Bezeichnung „Katastrophen-Kontrakt" und vor allem der Begriff des Ertrags oder der Rendite sind in diesem Zusammenhang zu erweitern. Da faktisch keine Katastrophen-Kontrakte in der Historie existierten, müssen in den einzelnen Studien fiktive Renditen betrachtet werden.

1176 Für eine umfassende Darstellung und hypothetische Portfoliozusammensetzungen siehe Canabarro/Finkemeier/Anderson/Bendimerand (1998), S. 22-26.

1177 Der S&P 500 stellt auf Grund seiner Größe eine gute Einschätzung des Marktportfolios dar.

1178 Der PCS National Index eignet sich besonders gut, da er über einen langen Zeitraum verfügbar ist und auch die Optionen an der CBOT ihn als Basis nutzen.

1179 Siehe Canter/Cole/Sandor (1997), S. 78.

1180 Siehe Litzenberger/Beaglehole/Reynolds (1996), S. 17.

1181 Siehe Cholnoky/Zief/Werner/Bradistilov (1998), S. 10.

1182 Der niedrigste Wert von -0,13 ergibt sich für den S&P 500, der höchste für ein Portfolio aus internationalen Bonds und einem Index aus europäischen sowie asiatischen Wertpapieren (beide 0,21).

scheiden sind[1183] und dass Katastrophen-Risiko bzw. die entsprechenden Finanzkontrakte somit hervorragend zur Diversifikation von konventionellen Anlageportfolios geeignet sind.

Die bisher dargestellten Studien haben auf Grund des Mangels an Marktpreisen von Katastrophen-Kontrakten die Korrelation von tatsächlichen oder geschätzten Schadensentwicklungen zur Rendite-Entwicklung des Kapitalmarktes untersucht. HOYT/ MCCULLOUGH [1999] nutzen stattdessen u. a.[1184] die tatsächliche Marktentwicklung der PCS Catastrophe Insurance Options (CBOT).[1185] Ihre Ausgangsthese ist, dass in einem liquiden Markt tatsächlich eine geringe Korrelation zu beobachten sein müsste,[1186] dass aber durch das eher mäßige Interesse und andere Effekte die fundamental geringe Korrelation überlagert werden könnte und deswegen empirisch nicht zu beobachten ist. Wenn bereits die bisher gehandelten Optionen sich wie „Zero Beta Assets" verhalten, könnte dies einen Investitionsanreiz für potenzielle Investoren darstellen, die durch ihr Auftreten die Liquidität verbessern und weitere Investoren anziehen würden. HOYT/ MCCULLOUGH [1999] errechnen daher die reale Korrelation von drei unterschiedlichen, aus PCS-Optionen bestehenden Portfolios über drei Zeiträume mit dem S&P 500 im gesamten Zeitraum September 1995 bis März 1997. Ergebnis ihrer Berechnungen ist, dass die Korrelationskoeffizienten im Bereich von -0,3597 bis 0,0771 liegen. Die PCS-Katastrophen-Optionen korrelieren dementsprechend im Betrachtungszeitraum nicht signifikant mit dem Marktportfolio.

DUBINSKY/LASTER [2003] betrachten in einer methodisch zu HOYT/MCCULLOUGH [1999] ähnlichen Arbeit vier Cat-Bonds und ihre Korrelation zu dem Lehman BB Corporate Index. Sie finden „Betas" zwischen 0,16 und 0,29.[1187] Da diese Daten auf den Sekundär-Marktpreisen eher illiquider Wertpapiere basieren und der Betrachtungszeitraum kurz ist, sind die Resultate von DUBINSKY/LASTER [2003] methodisch stark angreifbar. Sie repräsentieren aber dennoch die bislang einzige Arbeit, die tatsächliche Marktpreisentwicklungen von Katastrophen-Anleihen gegenüber der Entwicklung von konventionellen Anlagemöglichkeiten darstellt.

1183 Siehe Froot/Murphy/Stern/Usher (1995), S. 6.

1184 Sie zeigen ebenso, dass zwischen 1970 und 1995 keine Korrelation zwischen Schäden aus Naturkatastrophen und Aktien (S&P) und Anleihen (amerikanische Staatsanleihen und Unternehmensanleihen) besteht.

1185 Für eine methodisch und inhaltlich ähnliche Analyse siehe Balbas/Longarela/Lucia (1999). Die Ergebnisse von Balbas/Longarela/Lucia (1999) sind aber auf Grund des kurzen Betrachtungszeitraums und der starken Schwankungen zwischen den beiden von ihnen betrachteten Zeiträumen zu überprüfen.

1186 Sie untermauern diese These mit einer Analyse der Katastrophen-Schäden von 1970 bis 1995 im Vergleich zum S&P 500 und verschiedenen Staatsanleihen sowie Portfolios aus Aaa und Baa gerateten Anleihen und kommen zu dem Ergebnis der Nicht-Korrelation. Siehe Hoyt/McCullough (1999), S. 153.

1187 Siehe Dubinsky/Laster (2003), S. 18.

LOUBERGE/KELLEZI/GILLI [1999] kritisieren Teile der vorausgegangenen Arbeiten wegen möglicher methodischer Defizite.[1188] Im Rahmen unterschiedlicher Analysen überprüfen sie die von ihnen bestimmten methodischen Kritikpunkte. Die durchgeführten Simulationen bestätigen aber die Ergebnisse der früheren Studien und weisen ebenfalls nach, dass keine Korrelation zwischen Katastrophen-Schäden und einem Kapitalmarktportfolio besteht.

Kritische Zusammenfassung

Wie bei der „Hedge-Effizienz von Katastrophen-Kontrakten“ ist auch bei dieser Betrachtung der Ergebnisse von auf historischen Daten basierenden Arbeiten anzumerken, dass der Betrachtungszeitraum relativ kurz ist.[1189] So zeigen verschiedene Beispiele, dass durchaus eine Korrelation zwischen Kapitalmärkten und Versicherungsmärkten für Katastrophen-Schäden vorhanden sein könnte.[1190] FROOT [1997] interpretiert daher die quantitativ fundierte Nicht-Korrelation anhand logischer Argumente: Demnach ist eine Naturkatastrophe zwingend mit großen wirtschaftlichen Schäden verbunden. Diese Korrelation wird bei Eintritt der Naturkatastrophe maximal 100% betragen. Wenn eine Naturkatastrophe mit einem solchen Maximal-Schaden aber nur ein Mal in 100 Jahren passiert, wird deutlich, dass in den übrigen 99 Jahren keinerlei Korrelation bestehen kann.[1191] Im Durchschnitt ist also dieser eine Tag in den 100 Jahren zu vernachlässigen und die Korrelation insgesamt gleich Null.

Gestützt durch unterschiedliche wissenschaftliche Arbeiten kann davon ausgegangen werden, dass Naturkatastrophen-Risiko zur Diversifikation von Investitionen geeignet ist. Daher ist aus Gründen der Risikodiversifikation das Hinzufügen von Katastrophen-Kontrakten zu einem Investmentportfolio ratsam. Wegen dieser Null-Korrelation[1192] von Katastrophen-Risiko mit dem bestehenden Investmentportfolio lässt sich durch Hinzufügen dieser „Asset-Klasse“ eine Risikoreduktion bei Beibehaltung der Rendite erreichen.[1193] Die sehr hohe Volatilität der Katastrophen-Kontrakte im Schadensfall macht aber deutlich, dass es sich nicht um isolierte Investitionen handeln darf, sondern dass Katastrophen-Risiko einem bestehenden Investitionsportfolio beizumischen ist.[1194] Darüber hinaus ist zu beachten, dass die Investoren ihr Portfolio durch die Beteiligung an unterschiedlichen Naturkatastrophen-Risiken innerhalb dieser Asset-Klasse weiter diversifizieren können. Einhergehend mit dieser These ist aktuell am Markt tatsächlich

---

1188 Siehe Louberge/Kellezi/Gilli (1999), S. 131.

1189 Siehe Ausführungen in Abschnitt 5.2.2.1 sowie Fn. 1108.

1190 Der Zusammenbruch der Barings Bank im Jahr wird auf das Erdbeben in Kobe am 17. Januar 1995 zurückgeführt, das einen Kursverlust des Nikkei 225 von 8% hervorrief. Vgl. Durrer (1996), S. 18. Auch die Auswirkungen des Anschlages auf das World Trade Center am 11.9.2002 zeigen die mögliche Beeinflussung der Kapitalmärkte durch Katastrophen.

1191 Vgl. Froot (1997), S. 6.

1192 Daher wird in Anlehnung an das CAPM auch von einem Zero-Beta-Asset gesprochen.

1193 Für Zahlenbeispiele siehe Belonsky (1999), S. 21.

1194 Vgl. Durrer (1996), S. 18. Siehe hierzu auch die Ausführungen von Hogan/Nickerson (2000).

zu beobachten, dass besonders nach Kontrakten, die exotische Risiken verbriefen, eine erhöhte Nachfrage existiert.[1195]

Der optimale Portofoliobestandteil

Eines der besonderen Ergebnisse der Portfolio-Theorie ist, dass letztlich jeder Investor das gleiche Portfolio an risikobehafteten Wertpapieren hält, das durch Verschuldung oder Anlage in risikolose Wertpapiere auf das individuell gewünschte Risikomaß dosiert wird. Auf die Investitionsmöglichkeit Katastrophen-Risiko übertragen bedeutet dies, dass in Abhängigkeit der Charakteristika der Katastrophen-Kontrakte ein optimaler Portfoliobestandteil ermittelbar ist und dass so letztlich ein potenzielles, nachfragespezifisches Marktvolumen geschätzt werden kann. Neben der in Abschnitt 2.2.3 geschätzten Kapazitätslücke lässt dies eine fundierte Schätzung des möglichen Gesamtmarktvolumens aus Sicht der Investoren zu.

Unterschiedliche Arbeiten untersuchen anhand der Korrelationseigenschaften der Katastrophen-Kontrakte den optimalen Portfoliobestandteil:

LITZENBERGER/BEAGLEHOLE/REYNOLDS [1996] finden, dass in Abhängigkeit von der Verzinsung und des Marktportfolios[1196] 1-2% des verfügbaren Kapitals in Katastrophen-Kontrakte investiert werden sollten.[1197] Die den Berechnungen von LITZENBERGER/BEAGLEHOLE/REYNOLDS [1996] zu Grunde liegende Rendite liegt dabei ein Vielfaches unter der tatsächlichen Prämie von Katastrophen-Kontrakten.[1198] Auch DURRER [1996] kommt zu einem Portfolioanteil von 1-2%. Das Ergebnis von DURRER [1996] basiert sowohl auf einer Portfoliobetrachtung als auch auf einer Marktbefragung.[1199] Die Industrieexperten von Guy Carpenter schätzen eine Zielgröße von 2%, die zu einem erwarteten Renditeanstieg von 1,25% und einer Verringerung der Portfoliovarianz von 0,25% führt.[1200]

Methodisch anders ausgerichtete Arbeiten ermitteln dagegen deutlich höhere Investitionsanteile. FROOT/MURPHY/STERN/USHER [1995] zeigen, dass aus Portfoliogesichtspunkten ein Anteil katastrophenabhängiger Titel von über 25% des Portfoliowertes noch empfehlenswert ist. BALBAS/LONGARELA/LUCIA [1999] betrachten die Investition in PCS-Optionen und ermitteln unter Minimum-Varianz-Gesichtspunkten einen Portfolioanteil für zwei Beispielportfolios von 12% bzw. 32% als möglich.[1201] CANABARRO/

1195 Siehe hierzu die weiteren Ausführungen in Abschnitt 5.4.4.

1196 Litzenberger/Beaglehole/Reynolds (1996) unterscheiden zwischen einem reinen Anleihen-Portfolio, dem S&P 500 und einer Mischung aus beiden.

1197 Siehe Litzenberger/Beaglehole/Reynolds (1996), S. 19.

1198 Litzenberger/Beaglehole/Reynolds (1996) rechnen mit 1-2 Basis-Punkten (BP; 1 BP entspricht 0,01%), wogegen sie als tatsächliche Rendite 794 BP angeben. Für nähere Ausführungen zu den Marktpreisen von Katastrophen-Kontrakten siehe Kapitel 5.4.

1199 Auch bei Durrer (1996) liegt der aus der Portfolio-Theorie zu erwartende optimale Mix über dem durch sie angegebenen Wert von 2%.

1200 Stephen Levy (1996) zitiert nach Cummins/Lalonde/Phillips (2000), S. 78.

1201 Siehe Balbas/Longarela/Lucia (1999), S. 578.

FINKEMEIER/ANDERSON/BENDIMERAND [1998] modellieren unterschiedliche Korrelationen der Katastrophen-Kontrakte sowie die Möglichkeit, in unterschiedliche Cat-Bonds zu investieren. Bei der Annahme von fünf verfügbaren Katastrophen-Anleihen kann ihren Ergebnissen folgend 50% des investierten Vermögens in die Katastrophen-Kontrakte investiert werden, ohne dass das Gesamtrisiko zunimmt. DUBINSKY/LASTER [2003] betrachten das sog. Sharpe-Ratio[1202] eines Anlageportfolios, dessen geringster Wert als bestmögliche Diversifikation interpretiert werden kann. Der Minimalwert wird bei einem Anteil von ca. 33% Katastrophen-Anleihen am Portfoliogesamtwert erreicht.[1203]

Die sehr gemischten Ergebnisse dieser Arbeiten zeigen die Probleme bei der Gewichtung von Katastrophen-Kontrakten in einem Portfolio. Den reinen Empfehlungen der Portfolio-Theorie folgend, müsste es zu einer massiven Investition in die verfügbaren Katastrophen-Kontrakte kommen. Deren Anteil auf Basis der besonderen Eigenschaften von Katastrophen-Risiko-Kontrakten ist dabei besonders von ihrer Rendite abhängig. Ohne den Ausführungen in Kapitel 5.4 vorzugreifen, kann davon ausgegangen werden, dass die überdurchschnittlich hohen Renditen der Katastrophen-Anleihen sinken werden bzw. z. B. auf Grund von besonderen Informationskosten[1204] nicht im direkten Vergleich mit konventionellen Anlagen betrachtet werden können. In Anbetracht eventueller methodischer Mängel und des erhöhten Investitionsaufwands sowie einer möglichen Bewertungsnormalisierung sind die aus den theoretischen Arbeiten stammenden Ergebnisse zu relativieren. Eine Berücksichtigung dieser Aspekte und die Beachtung der Erfahrung von Experten in den Studien von LITZENBERGER/BEAGLEHOLE/REYNOLDS [1996] und DURRER [1996] führen zu einer revidierten Einschätzung und zu der Empfehlung, durchschnittlich 1-2% des Portfoliowertes in Katastrophen-Kontrakte zu investieren.[1205]

Anhand der oben berichteten Ergebnisse kann eine fundierte Schätzung des möglichen Kapazitätserweiterungseffekts durch Katastrophen-Kontrakte ermittelt werden. DURRER [1996] geht so von 30 bis 40 Mrd. US-Dollar zusätzlicher Kapazität durch Katastrophen-Produkte für die Versicherungsindustrie in den USA aus.[1206] Bei einer Schätzung der gesamten Marktkapitalisierung der US-amerikanischen Kapitalmärkte von ca. 28

1202 Sie definieren Sharpe-Ratio als: Die zu erwartende Rendite eines Anlageportfolios minus eins geteilt durch die Volatilität des Anlageportfolios. Allgemein ist das Sharpe Ratio immer eine Rendite im Verhältnis zu einem Schwankungsmaß, wobei die Rendite um den risikolosen Zins oder einen Benchmark bereinigt wird. Das Schwankungsmaß ist dementsprechend anzupassen.

1203 Siehe Dubinsky/Laster (2003), S. 20.

1204 Siehe hierzu Abschnitt 5.3.2 und 5.6.

1205 Ein Teil der institutionellen Investoren limitiert ihr Engagement auf 3% des gesamten Portfolios. Vgl. D'Agostino (2003), S. 28. Andere Fonds spezialisieren sich auf das Investment in Katastrophen-Anleihen und kommen so zu deutlich höheren Anteilen.

1206 Siehe Durrer (1996), S. 3.

Billionen USD[1207] könnte es durch Katastrophen-Kontrakte zu einer alternativen Gesamtkapazität in Höhe eines Vielfachen der bislang bereitgestellten Summe führen. In jedem Fall liegt dieser Betrag deutlich über der in Abschnitt 2.2.3 identifizierten Kapazitätslücke. Potenziell ist aus diesen Überlegungen heraus ein deutlicher Nachfrageüberhang vorhanden. Dessen Auswirkungen werden im weiteren Verlauf der Arbeit detaillierter betrachtet.

Diversifikation durch Investitionen in Rückversicherungsaktien

Die bisherigen Untersuchungen haben die positiven Diversifikationseffekte durch Hinzufügen von Katastrophen-Kontrakten in ein konventionelles Marktportfolio gezeigt. Dieser positive Effekt basiert in der Argumentation von GREENBAUM/HAYWOOD [1971] auf der Unvollständigkeit der Kapitalmärkte. Danach können Katastrophen-Kontrakte und die positiven Risikodiversifikationseffekte nicht durch Investitionen in andere Anlagen dupliziert werden. Diese These ist nicht unbedingt evident, da Rückversicherungsunternehmen als traditionelle Möglichkeit der Absicherung von Naturkatastrophenrisiken oft öffentlich gelistete Unternehmen darstellen. Empirisch lässt sich aber feststellen, dass die Aktien von Rückversicherungen, im Gegensatz zu den Katastrophen-Kontrakten, sehr stark mit den generellen Bewegungen am Aktienmarkt korrelieren. CANTER/COLE/SANDOR [1997] betrachten zehn große Rückversicherungsunternehmen und finden als Maßstab der Korrelation ein Beta von 0,83.[1208] HOYT/MCCULLOUGH [1999] ermitteln Betas für sieben amerikanische Rückversicherungen zwischen 0,51 und 1,87.[1209] Die Aktien von Rückversicherungsunternehmen weisen daher nicht die gleichen positiven Diversifikationsmöglichkeiten wie die Katastrophen-Kontrakte auf.

An dieser Aussage kann aber kritisiert werden, dass, wie die generische Darstellung der Funktionsweise von Versicherungen in Kapitel 2.1.4 gezeigt hat, Rückversicherungsunternehmen auch als Investitionspool zu verstehen sind. Zur Analyse der tatsächlichen Korrelation müsste also das Kapitalanlageportfolio herausgerechnet und das isolierte Risikoportfolio der Versicherungen ermittelt werden. Da bislang aber hierzu keine wissenschaftliche Arbeit existiert, kann nur spekuliert werden, dass vermutlich auch durch die Investition in Rückversicherungsunternehmen ein positiver Diversifikationseffekt erreicht werden kann.

Reaktionen des Aktienkurses

Die Beurteilung der Katastrophen-Kontrakte durch den Kapitalmarkt ist aus der obigen Argumentation heraus als kontrovers bzw. nicht eindeutig anzusehen. Wenn diese Kontrakte durch die isolierten Katastrophen-Risiken attraktive Investments darstellen und diese Investition nicht durch Anlagen in (Rück-)Versicherungsaktien erreicht werden

---

1207 Siehe Priebe (2005), S. 12. Die Bank Leu schätzt die Marktkapitalisierung der weltweiten Aktienmärkte auf mindestens 23 Billionen USD. Quelle: Bank Leu, Schätzung.

1208 Vgl. Canter/Cole/Sandor (1997), S. 78.

1209 Siehe Hoyt/McCullough (1999), S. 156.

kann, sollten die Versicherungsunternehmen im Sinne ihrer Aktionäre einen großen Anreiz besitzen, solche Transaktionen durchzuführen. Ob aber tatsächlich durch das „Carving-Out" von Naturkatastrophen-Risiken aus dem Portfolio der Versicherungen Share-Holder-Value maximiert wird, lässt sich auf Grund der angesprochenen Probleme durch die obigen Arbeiten nicht zweifelsfrei klären.

Als eine mögliche Auflösung dieser Kontroverse bietet sich eine Beobachtung des Aktienkurses auf die Ankündigung einer Sponsoring-Tätigkeit an. Da die bisherigen Transaktionen zu einem Großteil durch Rückversicherungsunternehmen erfolgen, könnte in Weiterführung der obigen Logik argumentiert werden, dass die Verbriefung für die Aktionäre der Rückversicherungsunternehmen nachteilig ist, da attraktive Anlagemöglichkeiten unter Wert an den Kapitalmarkt weiterverkauft werden. Demgegenüber könnte argumentiert werden, dass aus den in Abschnitt 2.1.2 genannten Gründen die Verbriefung ein Risikomanagement im Sinne der Aktionäre ist und die Anteilseigner der Unternehmen daher positiv auf die Ankündigung einer Katastrophen-Transaktion reagieren. Daher ist sowohl die eine als auch die andere Kursreaktion nachvollziehbar. Die tatsächliche Kursreaktion der Rückversicherungsaktien könnte wichtige Hinweise auf eine mögliche Vorteilhaftigkeit der Strategie des alternativen Risikotransfers geben.

Bislang existiert lediglich eine Event-Studie, welche die Kursreaktion, ausgelöst durch eine Sponsoring-Aktivität, untersucht. MÜLLER [2002] betrachtet 16 Transaktionen im Zeitraum von 1998 bis 2002 und ermittelt die Abweichung von tatsächlicher zu geschätzter Kursentwicklung.[1210] Hauptproblem dieser Arbeit, welches auch weitere Autoren und so auch den Verfasser der vorliegenden Arbeit von der Erstellung methodisch ähnlicher Arbeiten fernhält, ist die Bestimmung des Event-Zeitpunktes. Katastrophen-Kontrakte sind in aller Regel Privatplatzierungen, deren Existenz in keiner standardisierten Prozedur der breiten Öffentlichkeit bekannt gegeben wird. So wird ein Teil der potenziellen Investoren bereits vorab von dem Ereignis wissen und auch durch die Vielzahl der an einer Transaktion beteiligten Institutionen ist insgesamt mehr von einem Informationsprozess denn von einem Event-Zeitpunkt auszugehen. MÜLLER [2002] untersucht daher sowohl den Zeitpunkt der teilweisen Bekanntgabe des sog. „Private Placement Memorandums" sowie den Zeitpunkt der Veröffentlichung in der Presse und damit der allgemeinen Öffentlichkeit. Insgesamt kann er keinen statistisch signifikanten Kurseffekt durch die Bekanntgabe einer Katastrophen-Transaktion feststellen. Lediglich bei einer Transaktion (Atlas II; Sponsor: Scor) im Jahr 2002 sind offenbar positive Effekte nachzuweisen. Damit ist aus diesen Ergebnissen insgesamt keine valide Aussage abzuleiten.

1210 Zur Schätzung nutzen sie ein übliches Marktmodell, das über 252 Tage bis 6 Tage vor der Veröffentlichung ermittelt wird. Der betrachtete Entwicklungszeitraum verläuft dann über 31 Tage (t = -5 bis t = 25; t = 0: Zeitpunkt der Veröffentlichung).

5.3 Konditional- und Sekundär-Eigenschaften

Nach einer Analyse der Primär-Eigenschaften des Untersuchungsobjekts im vorausgegangenen Abschnitt, sind in den nachstehenden Abschnitten die Konditional- und Sekundär-Eigenschaften zu untersuchen.

5.3.1 Transaktionskosten

Wie die Ausführungen in Abschnitt 3.1.3 und 4.2.2.2 gezeigt haben, stellen Transaktionskosten als Kosten der Marktnutzung einen wichtigen Entscheidungsfaktor für die Marktteilnehmer dar. Der Begriff der Transaktionskosten, ihre Bedeutung für die Marktteilnehmer und ihre Relevanz in Form von unvollständigen Kapitalmärkten sind bereits in früheren Teilen der Arbeit erläutert worden. Auf dieser Grundlage werden im Folgenden zuerst die expliziten Transaktionskosten, d. h. die tatsächlich zu Zahlungen führenden Kosten für Cat-Bond-Transaktionen sowie für Cat-Derivate beurteilt. In einem zweiten Schritt werden die impliziten, aber ebenfalls quantifizierbaren Kosten untersucht, die beim Verkauf und Kauf von Katastrophen-Kontrakten entstehen und eine Entscheidung ebenfalls nachhaltig beeinflussen.

Über diese beiden Kostenarten hinaus sind die kaum monetär zu messenden weiteren Transaktionskosten, wie Organisations-, Informations- und Lernkosten etc., entscheidungsrelevant. Um diese Aspekte zu verdeutlichen, wird in Abschnitt 5.3.1.3 die für eine Katastrophen-Transaktion benötigte Zeitdauer der einer konventionellen Lösung gegenübergestellt. Informations- und Lernkosten werden dagegen in den Abschnitten 5.3.1, 5.5.1 und 5.6 behandelt.

5.3.1.1 Explizite Kosten

5.3.1.1.1 Strukturierungskosten einer Katastrophen-Anleihe

Die Kosten, die durch die Kreierung einer Katastrophen-Anleihe entstehen, sind im Folgenden nach den durch sie entstehenden Institutionen zu strukturieren. Die einmaligen, bei der Auflegung der Anleihe anfallenden Kosten sind am Ende der Ausführungen in Tabelle 9 zusammengefasst. Die entsprechend der Tabelle jährlich anfallenden Kosten werden nachfolgend betrachtet und dann im Gesamtkontext dargestellt. Grundsätzlich gilt, dass für die Analyse der expliziten Kosten uninteressant ist, ob diese zuerst durch die Sponsoren gezahlt oder letztendlich in Form einer geringeren Rendite durch die Investoren getragen werden, da im Prinzip nur die Marktmacht darüber entscheidet, wie sich die Kosten tatsächlich verteilen.

<u>Investment Bank</u>

Der größte Kostenblock bei einer Cat-Bond-Transaktion entfällt auf die mit der Strukturierung, dem Verkauf und der Gesamtorganisation betrauten Investmentbanken. Diese berechnen ihr Honorar, wie auch bei anderen Transaktionen üblich, als Prozentsatz der zu strukturierenden Kontraktsumme. Die Gebühren können je nach Komplexität und

Größe der Transaktion, dem Aufgabenspektrum und der Reputation der Investmentbank deutlich schwanken. FROOT [1999a] geht von einem Kostenbereich zwischen 50 und 250 Basis-Punkten aus.[1211] CANTER/THORNHILL/WILLIAMS/BUSMAN [1999] geben pauschal 1% der Kapitalsumme als übliche Gebühren an. Im Rahmen der Interviews wie auch in einer vertraulichen Unternehmenspräsentation wurde eine Summe von ca. 1,5 Mio. USD für eine 150 Mio. USD Transaktion bestimmt. Die Interviewpartner gaben an, dass die Kosten bei komplexen und großen Transaktionen[1212] deutlich über diesem Wert liegen können.[1213] Diese Gebühren stellen für die Investment-Banken insgesamt eher durchschnittliche Geschäftsgrößen dar[1214] und entsprechen den tatsächlichen, aus der Komplexität der Transaktion resultierenden Aufwendungen. Eine Erosion der Gebühren für die Investment-Bank bei einer Cat-Bond-Transaktion ist demnach kurz- bis mittelfristig nicht zu erwarten.

Rechtliche Strukturierung

Im Gegensatz zu den Investmentbanken werden die Rechtsanwaltskanzleien unmittelbar abhängig von ihrem Aufwand entlohnt. Die Kosten werden auf Stundenbasis in Rechnung gestellt und sind insgesamt in hohem Maße von der Individualisierung und Komplexität der Transaktion abhängig. Im Gespräch mit einem Vertreter der führenden Kanzlei (Skadden, Arps, Slate, Meagher & Flom LLP) wurde festgestellt, dass die aktuellen Kosten für die rechtliche Strukturierung ca. 50% unter denen liegen, die für die ersten Transaktionen zu entrichten waren.[1215] Obwohl die am Kapitalmarkt durchgeführten Transaktionen unterschiedlicher Art sind, ist es möglich, die hierfür ausgearbeiteten Verträge mit mehr oder weniger großen Modifikationen zu übernehmen. Daher lässt sich erklären, warum ca. 70% aller Katastrophen-Transaktionen mit Unterstützung der Kanzlei durchgeführt werden, die bei den ersten Transaktionen involviert war. Die Höhe der zwischen 225 und 350 Tsd. USD liegenden Honorare wird auf Grund dieser Umstände künftig stark davon abhängen, inwieweit eine Duplizierung bereits bestehender Kontrakte oder sogar eine Standardisierung möglich ist. Hierdurch lassen sich die Kosten für die rechtliche Gestaltung der Katastrophen-Kontrakte weiter senken.

Modellierung

Neben der Investment-Bank wird für die technische Strukturierung, d. h. die Verknüpfung des Naturereignisses mit der Zahlungsstruktur des Cat-Bonds bzw. mit dem individuellen Schadensportfolio des Sponsors, eine Modelling-Agentur eingesetzt. Die Kos-

---

1211 Siehe Froot (1999a), S. 22.

1212 Im Folgenden wird von einer ca. 150 Mio. USD großen durchschnittlichen Transaktion ausgegangen, die auch immer Basis der Kostenanalysen in den Interviews war.

1213 Hierzu äußerten sich die Interviewpartner 9 (Br), 25 (Ra), 30 (Re) und 40 (Rü).

1214 Im Jahr 2000 lagen die durchschnittlichen Gebühren der Top-5-Investmentbanken zwischen 3 und 5 Mio. USD. Quelle: Thomson Financial.

1215 Um die Anonymität der Aussagen zu garantieren, unterbleibt hier ein Verweis auf den speziellen Interviewpartner

ten für die Modellierung des Risikos sind vom Aufwand abhängig und betragen für die aktuell üblichen Transaktionen zwischen 150 und 200 Tsd. USD. Bei indemnity-basierten Transaktionen sind diese Kosten i. d. R. niedriger, da keine besonderen, die Transaktion unterstützenden Modellierungen notwendig sind. Auf der einen Seite ist durch eine Standardisierung und Etablierung der Verfahren zwar mit Kostenvorteilen zu rechnen. Auf der anderen Seite aber geht die Etablierung von Methoden mit deren Verfeinerung einher, so dass nach Aussage der in den Interviews kontaktierten Gesprächspartner von Seiten der Modelling-Agenturen kurz- bis mittelfristig nicht mit einer Senkung der Kosten zu rechnen sei.

Rating

Üblicherweise werden für die Beurteilung einer Katastrophen-Transaktion zwei Rating-Agenturen genutzt, welche die Ausgestaltung im Sinne der Investoren überprüfen und ein externes Qualitätssignal darstellen.[1216] Die Kosten für die zwei an einer üblichen Katastrophen-Transaktion beteiligten Agenturen liegen insgesamt zwischen 225 und 350 Tsd. USD. Diese Kosten sind im Vergleich mit den üblichen Aufwendungen für andere Rating-Aufgaben zu sehen. Die Rating-Agentur Moody's veranschlagt für das Rating einer Unternehmensanleihe zwischen 3-5 Basispunkten (BP) mit einem üblichen Minimum von 25 Tsd. USD und einem üblichen Maximum von 80 Tsd. USD, das aber bei komplexen Transaktionen überschritten werden kann.[1217] Insgesamt liegen die Kosten für das Rating einer durchschnittlichen Unternehmensanleihe zwischen 25 und 125 Tsd. USD, was einem durchschnittlichen Kostensatz von 3,25 Basis-Punkten entspricht.[1218] Die absoluten Kosten für das Rating einer Katastrophen-Anleihe liegen also an der oberen Grenze des üblichen Rahmens[1219] und lassen sich mit der größeren Komplexität und der Unüblichkeit der Transaktion begründen. Eine Senkung der Rating-Kosten könnte daher mittelfristig zu erwarten sein.

Die Transaktionskosten, welche für die unter anderem durch die Rating-Agentur erbrachte Beurteilung der Transaktion anfallen, dürften insgesamt aber nicht sinken, da die Investoren, wie aus den Interviews zu vernehmen war, eher noch mehr Sicherheit durch unabhängige Dritte wünschen und z. B. durch die Schaffung einer weiteren, möglichst unabhängigen Kontrollinstitution zusätzliche Kosten entstehen könnten.

Übrige Kosten der Ingangsetzung

Die bis hier dargestellten Kosten für die Investmentbank, die rechtliche und technische Gestaltung und das Rating umfassen ca. 95% der im Rahmen einer Katastrophen-Transaktion entstehenden expliziten Transaktionskosten. Daneben verursacht die Grün-

---

1216 Die an Katastrophen-Kontrakten beteiligten Rating-Agenturen sind: Duff & Phelps, Fitch, Moody's und Standard & Poor's.

1217 Siehe Smith/Walter (2001), S. 19.

1218 Siehe Treacy/Carey (1998), S. 911.

dung und Implementierung des SPV Kosten. Da die meisten SPVs auf den Cayman Islands oder den Bermudas in einem regulatorisch und steuerlich optimalen Umfeld untergebracht sind, könnten nur durch eine sog. on-shore Securitization, d. h. durch eine entsprechende Änderung der inländischen Regulierung, Kostenvorteile erreicht werden. Die Gesprächspartner gaben jedoch an, dass diese Kosten zum Großteil durch die dann zu erwartende genauere Dokumentation und andere Vorschriften allenfalls verschoben werden.[1220] Bei der Analyse der übrigen Kosten fallen die relativ hohen Kosten für den Druck des sog. „Offering Circulars" auf, die u. U. gesenkt werden könnten, was aber durch die geringe Höhe zu keiner deutlichen Senkung der Gesamtkosten führen wird. Eine Reduktion der übrigen Kosten ist wegen der geringen relativen Bedeutung ebenfalls kaum relevant.

Folgende Tabelle fasst übliche Transaktionskosten für die Konstruktion einer Katastrophen-Anleihe zusammen.[1221] Die Spalte „2004" gibt die Ergebnisse der im Rahmen der vorliegenden Untersuchung befragten Experten wieder. Die angegebenen Werte stellen Schätzgrößen dar, die je nach Art und Komplexität stark abweichen können.[1222] So ist z. B. die Erneuerung eines bereits bestehenden Bonds deutlich günstiger als die erstmalige Neuemission.

1219 Moody's verlangt für ein Anleihen-Rating 3,6 BP mit einem Minimum von 35 Tsd. und einem Maximum von 150 Tsd. USD. Quelle: Moody's Präsentation.

1220 Dies bestätigten die Interviewpartner 15 (Ib), 23 (Mo), 25 (Ra), 28 (Re), 30 (Re) und 33 (Au).

1221 Lehman Brothers ermitteln dagegen Transaktionskosten von ca. 1,1 Mio. USD (basierend auf einer 100 Mio. USD Transaktion). Die Abweichung entsteht durch die geringeren Kosten der Strukturierung von 50 Tsd. USD gegenüber dem hier ermittelten Durchschnitt von 1,5 Mio. USD. Quelle: Zitiert nach o.V. (2003d), S. 28-29. Die Banken erwirtschaften neben der Gebühr auch noch einen Gewinn durch die Übernahme der Bonds bis zum Verkauf mit einem Disagio. Hierdurch lässt sich auch die Abweichung erklären. Diese Kosten werden im Weiteren nicht betrachtet.

1222 Für eine durchschnittliche 150 Mio. USD Transaktion. Die durchschnittliche Größe der Transaktionen betrug im Jahr 2001 (2002) 138 Mio. USD (175 Mio. USD). Quelle: McGhee/Eng (2003), S. 1.

Kostenart	1999[1223]	2001[1224]	2004[1225]	Durchschnitt
Struktur (Bank)[1226]	1.500	1.500	1.500	1.500
Struktur (rechtl.)	300-350	350	225	300
Modelling	150	200	150	167
Rating[1227]	150-250	200	150	175
SPV	30	30		20
Druckkosten		20	50	23
Road-Show			30	10
Verwaltung			50	17
Verschiedenes		25	20	15
Gesamtkosten[1228]	2.180	2.325	2.175	2.227

Tabelle 9: TRANSAKTIONSKOSTEN EINER KATASTROPHEN-ANLEIHE[1229]

Neben der Konstruktion fallen weitere Kosten für den laufenden Betrieb an. So muss für jedes Jahr Laufzeit (inkl. dem ersten) mit ca. 180 Tsd. USD laufenden Kosten gerechnet werden.[1230] Insgesamt entsprechen die Kosten bei einer einjährigen Laufzeit einem einmaligen Aufschlag von 1,6% pro Kapitaleinheit.[1231] Bei einer durchschnittlichen Laufzeit von drei Jahren fallen in der Summe ca. 2,8 Mio. USD Transaktionskosten an. Bezogen auf die untersuchte Größe von 150 Mio. USD entspricht dies einem jährlichen Aufschlag von lediglich 0,6%.[1232] Durch eine mehrjährige Laufzeit lassen sich so die Kosten pro transferierter Risikoeinheit deutlich senken.

Zur relativen Einschätzung der Höhe der Kosten bietet sich eine Betrachtung vergleichbarer Transaktionen an: LIVINGSTON/MILLER [2000] untersuchen die Kosten von 2.449 Anleihen-Ausgaben in den USA im Zeitraum von 1990 bis 1997 und finden einen „Un-

1223 Quelle: Canter/Thornhill/Williams/Busman (1999). Basierend auf einer 150 Mio. USD Transaktion.
1224 Quelle: Vertrauliche Unternehmenspräsentation eines Industrieexperten. Angaben für eine 100 Mio. USD Katastrophen-Anleihe.
1225 Quelle: Eigene Schätzung basierend auf den strukturierten Interviews. Basierend auf einer 150 Mio. USD Transaktion.
1226 Siehe ebenfalls Fn. 1221.
1227 Die Angaben sind die gesamten Kosten und umfassen die Aufwendungen für zwei Rating-Agenturen.
1228 Die Kosten sind relativ größenunabhängig. Daher werden in der Tabelle auch absolute und nicht prozentuale Sätze angegeben.
1229 Alle Angaben in Tsd. USD.
1230 Die ungefähren Kosten bestehen aus: Modelling Reset (25 Tsd. USD), Claims Reviewer (37,5 Tsd. USD), Loss Reserve (15 Tsd. USD), Indenture Trustee (25 Tsd. USD), Reg 114 (Trustee 25 Tsd. USD), Admin (50 Tsd. USD). Quelle Fn. 1224, ebenso o.V. (2003d), S. 28-29, wobei diese von ca. 150 Tsd. USD ausgehen.
1231 Für eine durchschnittliche 150 Mio. USD Transaktion. Vgl. Fn. 1222.
1232 Diese Schätzung bestätigt die Schätzung anderer Autoren. Froot (1999a), S. 23, geht von 150 BP oder mehr für einen einjährigen Bond aus. D'Agostino (2003) ermittelt ca. 2%. Siehe D'Agostino (2003), S. 21. Mimicopoulos (2004) schätzt pauschal ca. 2 Mio. USD. Siehe Mimicopoulos (2004), S. 14. Vgl. zur Sache ebenso o.V. (2002a), S. 49-50.

derwriting Spread"[1233] von durchschnittlich 1,1% der Kapitalsumme.[1234] LEE/LOCHHEAD/RITTER/ZHAO [1996] vergleichen die Kosten[1235] für die Aufnahme von Eigenkapital und Fremdkapital über die Kapitalmärkte und finden durchschnittliche Transaktionskosten von 1,62% für Anleihen. ALTÝNKÝLÝC/HANSEN [2000] ermitteln bei 628 betrachteten Anleihen durchschnittliche Kosten von ca. 1,1% für eine Zeitraum von 1990 bis 1997.[1236] LANE [2000a] untersucht sog. „Collateralized Bond Obligations" (CDOs) und schätzt die durchschnittlichen Ausgaben für die Auflage auf 1,5% und die jährlichen Aufwendungen auf 5 BP.[1237] Die absolute Kostenhöhe liegt aber auf Grund einer durchschnittlichen Transaktionsgröße von ca. 300 Mio. USD ebenfalls deutlich über denen einer Katastrophen-Transaktion, wodurch eine nur sehr eingeschränkte Vergleichbarkeit gegeben ist. Die Transaktionskosten für die Kapitalaufnahme mittels einer Anleihe sind dabei durchschnittlich deutlich geringer als die für die Aufnahme von Eigenkapital.[1238] Auf Grund des Übernahmerisikos sind die Kosten für risikoreichere Finanztitel insgesamt größer als für risikoärmere.[1239]

In diesem Sinne ergaben auch die Interviews, dass die Gebühren mit anderen üblichen Transaktionen zu vergleichen sind.[1240] Lediglich die Aufwendungen für die Modellierung stellen spezifische Kosten einer Katastrophen-Transaktion dar. Im Vergleich zu den Gebühren für andere Kapitalmarkttransaktionen ist daher in Zukunft nicht mit einer deutlichen Senkung der Kosten zu rechnen. Durch mehr Wettbewerb,[1241] eine Standardisierung der Kontrakte und somit auch der Abläufe ist zwar, ähnlich der Kostenentwicklung in anderen Marktsegmenten, langfristig eine Senkung dieser möglich, kurz- bis mittelfristig aber nicht zu erwarten.

Kostensenkungsmöglichkeiten

Es bestehen vier verschiedene Möglichkeiten, die Kosten für die Risikoabsicherung zu senken:

Da die Aufwendungen überwiegend Fixkosten darstellen,[1242] bedeutet dies erstens für kleinere Transaktionen einen größeren Aufschlag.[1243] Der in Kapitel 3.4 festgestellte

---

1233 Livingston/Miller (2000) verstehen hierunter die Ausgaben für Management, Underwriting Fee, Selling Concession and Reallowance Fee. Siehe Livingston/Miller (2000), S. 25.

1234 Siehe Livingston/Miller (2000), S. 26.

1235 Sie gehen von Management Fee, Underwriting Fee und Selling Concession aus.

1236 Siehe Altýnkýlýc/Hansen (2000), S. 210.

1237 Siehe Lane (2000a), S. 6.

1238 Für Eigenkapital ist durchschnittlich mit ca. 7% Transaktionskosten zu rechnen. Quelle: Interviews. Vgl. ebenso die zitierten Studien, ebenso Altýnkýlýc/Hansen (2000), S. 194. Für eine empirische Untersuchung und einen Überblick über Kosten bei der Eigenkapitalaufnahme siehe Bühner/Kaserer (2002).

1239 Vgl. Altýnkýlýc/Hansen (2000), S. 212.

1240 Dies bestätigten die Interviewpartner 9 (Br), 14 (Ib), 15 (Ib), 16 (Ib) und 25 (Ra).

1241 Wettbewerb führt z. B. bei den Anleihe-Emissionen zu einem Gebührenverfall. Vgl. Walker (2003), S. 3-4.

1242 Vgl. obige Ausführungen, ebenso Froot (1999a), S. 23.

Trend zu *größeren Transaktionen* hilft daher, die Kosten pro Kapital- bzw. Risikoeinheit zu senken. Zweitens können Katastrophen-Kontrakte mit einer *Laufzeit von mehreren Jahren* begeben werden. Hierdurch lassen sich die hohen Fixkosten der Auflegung einer Transaktion über mehrere Jahre verteilen. Bislang ist der Ausdehnung der Laufzeit aber noch eine Grenze gesetzt. Zum einen bringen lange Laufzeiten eine Inflexibilität für den Sponsor der Transaktion mit, zum anderen ist davon auszugehen, dass eine schwächere Nachfrage der Investoren nach langen Laufzeiten besteht, da diese wegen der geringen Sekundär-Markt-Liquidität an ihre Investitionen gebunden sind. Drittens können in einem Bond mehrere Risikoexposures gebündelt werden. Sog. *„Multi-Peril-, Multi-Region-Bonds“* sind sehr stark an die Bedürfnisse der Sponsoren angepasst und führen unterschiedliche Exposures eines Sponsors zusammen. Neben dem Ziel einer stärkeren Individualisierung kann hierdurch auch eine Transaktionskosten-Senkung erreicht werden. Wie aus den Interviews zu verlauten war, bevorzugen Investoren aber einfache Strukturen.[1244] Scheinbar durch die Investoren-Wünsche beeinflusst, geht der aktuelle Trend entgegen dem Trend der Vorjahre[1245] zu einfacher strukturierten „Single-Peril“-Transaktionen.[1246]

Eine alternative Möglichkeit, die Transaktionskosten zu minimieren und gleichzeitig die Transaktionsstruktur individuell zu gestalten, hat im Juni 2002 die SwissRe eingeführt.[1247] Durch die Nutzung einer *Dachstruktur*, die verschiedene Charakteristika unabhängig von den einzelnen Tranchen regelt, können Transaktionskosten gesenkt werden, da bestimmte relevante Regelungen nicht mehr dupliziert werden müssen. Einzelne Cat-Bonds können als Ableger dieser Struktur zu vorher nicht bestimmten Zeitpunkten und auf unterschiedliche Risiken laufend emittiert werden. Diese Quasi-Standardisierung erlaubt eine deutliche Senkung der Kosten. Die Pioneer-Transaktion besteht so aus sechs einzelnen Tranchen, die auf parametrischen Triggern und fünf einzelnen unterschiedlichen Naturkatastrophen-Schäden basieren. Diese sind untereinander kaum korreliert.[1248] So gelingt es gleichzeitig, die Transaktionskosten für beide beteiligten Parteien zu senken und die Bedürfnisse der Investoren und Sponsoren in Übereinstimmung zu bringen. Da die die Informationskosten der Investoren eine wesentliche Einflussgröße für deren Verhalten sind, wird in Kapitel 5.6 noch ausführlich darauf eingegangen.

1243 In der wissenschaftlichen Literatur wird von einem Trade-Off ausgegangen. Die durch eine höhere Transaktionssumme minimierten Transaktionskosten können dabei durch die höheren Aufwendungen für das Übernahmerisiko durch die Investmentbank nivelliert werden. Als Einstieg siehe die Arbeit von Bajaj/Mazumdar/Sarin (2002).

1244 Diese These untermauern die Aussagen der Interviewpartner 3 (Br), 4 (Br), 8 (Br), 11 (Ib) und 23 (Mo).

1245 Vgl. Lane (2003c), S. 6.

1246 Vgl. DeCaro (2003), S. 6; Beckwith/Lane (2004), S. 13-15.

1247 Inzwischen wird dieses Verfahren auch durch Hartford Re und die EIB eingesetzt.

1248 Im Detail sind dies: North Atlantic Hurricane, Europe Windstorm, California Earthquake, Central US Earthquake, Japan Earthquake und eine Multi-Peril-Tranche.

Als Rekapitulation der bisherigen Ausführungen lässt sich festhalten, dass eine deutliche Veränderung der Transaktionskosten im weiteren Zeitverlauf, wie bereits im Detail beschrieben, kurzfristig kaum zu erwarten ist. Durch die Etablierung von Standards kann aber mittel- bis langfristig eine Senkung der Kosten für die Konstruktion herbeigeführt werden.

5.3.1.1.2 Analyse der Handelskosten an der Chicago Board of Trade und der Bermuda Commodity Exchange

Die bisher betrachteten Katastrophen-Anleihen werden zumeist unter der so genannten „Rule 144 A“ emittiert, bei der eine ca. 130 Seiten umfassende Dokumentation als Kontraktbeschreibung dient. Die „Rule 144 A“ erleichtert die Ausgabe von Anteilen und setzt dafür das allgemeine nationale Börsengesetz[1249] der USA außer Kraft, so dass eine verringerte Regulierung als Kontraktbasis dient, die durch individuelle vertragliche Regelungen im Sinne der Vertragsparteien ergänzt werden muss. Im Gegensatz dazu stellen die an der CBOT und BCOE gehandelten Derivate vollständig standardisierte Finanzkontrakte dar, die in ein bestehendes, erprobtes Reglement eingebettet sind. Die oben bestimmte Möglichkeit zur Senkung der Transaktionskosten durch die Standardisierung der Katastrophen-Kontrakte ist eines der Grundprinzipien von organisierten Börsen und so auch Motiv der Schaffung der Katastrophen-Derivate.

Die Standardisierung der Katastrophen-Kontrakte führt zu einer deutlichen Senkung der Transaktionskosten für die Marktteilnehmer. Eine detaillierte Ausarbeitung und Information jeder einzelnen Transaktion entfällt.[1250] Die Marktteilnehmer müssen lediglich die Handelsgebühren an die beiden Börsenorganisationen zahlen. Die so genannten „Round-Trip“-Kosten, die für einen Kauf und Verkauf anfallen, lagen bei 15 USD (CBOT) bzw. 20 USD (BCOE). Dazu kamen die indirekten Kosten, die als Opportunitätskosten durch die Hinterlegung der Sicherheitsmarge entstanden. Die CBOT verzinste Bar-Einlagen mit einem Abschlag von 50 BP. Die BCOE berechnete auf die zu hinterlegende Summe eine Gebühr von 200 BP, wogegen die CBOT keinerlei Gebühren hierfür veranschlagte.[1251] Insgesamt sind daher die zu betrachtenden expliziten Transaktionskosten für die börsengehandelten Derivate im Vergleich zu den Kosten der individuellen Cat-Bonds bei der Absicherungs- oder Investitionsentscheidung zu vernachlässigen.

5.3.1.2 Liquidität

Die Ausführungen in Kapitel 3.4 haben das geringe Gesamt- und Handelsvolumen von Katastrophen-Anleihen dargelegt. Markt-Liquidität, z. B. als Spanne zwischen Verkauf-

---

1249 In diesem Fall die Börsengesetze der USA.

1250 Von den durch die Börse zu entrichtenden Markteinrichtungskosten wird hier abstrahiert.

1251 Vgl. Froot (1999a), S. 18.

und Kaufkurs, kann für die Marktteilnehmer wichtig sein[1252] und stellt, wie die Ausführungen in Abschnitt 3.1.3 gezeigt haben, u. U. eine bedeutende Entscheidungsvariable dar, welche die Attraktivität eines Finanzkontraktes beeinflussen kann. Über die geringen Kosten der Umschichtung erleichtert eine hohe Liquidität auch eine unmittelbare Veränderung der individuellen Position.

Obwohl konzeptionell oft zwischen Primär-Markt und Sekundär-Markt unterschieden wird, ist aus Aspekten der Handlungsflexibilität streng genommen nicht relevant, ob ein liquider Sekundär-Markt existiert, wenn ein liquider Primär-Markt vorhanden ist.[1253] Ein liquider Primär-Markt erlaubt es jederzeit, die individuelle Position durch gegenläufige Geschäfte „glattzustellen". Daher muss im Folgenden grundsätzlich nicht streng zwischen diesen beiden Märkten getrennt werden. Da aber aus der jeweiligen Position heraus unterschiedliche Aspekte der Handlungsflexibilität wichtig sind, ist den individuellen Positionen der Marktteilnehmer folgend, das Konstrukt der Liquidität feiner zu gliedern. In den weiteren Ausführungen wird konzeptionell unterschieden, ob der Markt in der Lage ist, einmalig und vereinzelt ein großes Volumen aufzunehmen (quasi Primär-Markt-Liquidität) und ob der Markt auch kontinuierlich kleinere Volumina (quasi Sekundär-Markt-Liquidität) ohne große Preisveränderungen absorbieren kann.

Sekundär-Marktvolumen

Nachdem das Primär-Marktvolumen bereits in Teil 3 charakterisiert wurde, soll nachfolgend das Sekundär-Marktvolumen untersucht werden.

In Forschung und Praxis wird die Frage der Markt-Liquidität der Katastrophen-Anleihen eher kontrovers diskutiert. LANE [2001b] geht davon aus, dass nahezu kein Sekundär-Markt für Cat-Bonds existiert und dass die Ergebnisse der hierauf basierenden empirischen Studien daher keine hohe Aussagekraft besitzen.[1254] Auch andere Befragungen kommen zu dem Ergebnis, dass kein bedeutendes Volumen im Sekundär-Markt abgewickelt wird.[1255] Das Meinungsbild in den Interviews war hingegen nicht einstimmig. Die den Institutionen angehörenden Interviewpartner, die einen Sekundär-Markt inszenieren, gaben an, dass Handelsvolumen vorhanden sei.[1256] Die anderen Interviewpartner vertraten die Ansicht, dass nicht von einem hohen Handelsvolumen ausgegangen werden kann.[1257] Die Interviewpartner waren nicht bereit, konkrete Zahlen für eine dezidierte Untersuchung bereitzustellen. Schätzungen zufolge liegt das monatlich

1252 Siehe hierzu die Ausführungen in Kapitel 3.1.3.

1253 Die Frage der Primär- und Sekundär-Markt-Liquidität kann insofern auf eine generelle Liquidität reduziert werden.

1254 Siehe Lane (2001b), S. 2.

1255 Vgl. o.V. (2002a), S. 54.

1256 Wegen der direkten Zuordenbarkeit der Interviewpartner auf Grund der Antworten sei hier nur erwähnt, dass die Zahl der Interviewpartner, die diese These stützen, zwei betrug.

1257 Hierzu äußerten sich die Interviewpartner 1 (Bö), 2 (Bö), 8 (Br), 13 (Ib), 14 (Ib), 15 (Ib), 17 (In) und 43 (Ve).

im Sekundär-Markt gehandelte Volumen insgesamt zwischen 50 und 75 Mio. USD.[1258] Im Gegensatz zu den Jahren 2000 und 2001 scheint der aktuelle Sekundär-Markt-Handel sich damit unter dem Niveau der Vorjahre zu befinden.[1259]

Sekundär-Markt-Spread

Neben dem tatsächlichen Sekundär-Marktvolumen kann die Markt-Liquidität, wie beschrieben, auch durch andere Konzepte erfasst werden. Als einer der am einfachsten zu messenden und auch abzubildenden Maßstäbe der Liquidität bietet sich die Betrachtung der Differenz zwischen An- und Verkaufskurs (Bid-Ask-Spread) an. Die folgende Abbildung stellt den Mittelwert der Differenz zwischen Verkaufs- und Ankaufskurs von 81 im Rahmen der Arbeit analysierten Katastrophen-Anleihen bzw. Tranchen im Zeitraum von März 2002 bis März 2003 dar.[1260] Da der Bid-Ask-Spread von Finanzanlagetiteln ceteris paribus vom Risiko abhängt, sind die Anleihen nach der Ausfallrate der entsprechenden Bonds in drei Gruppen[1261] unterteilt.

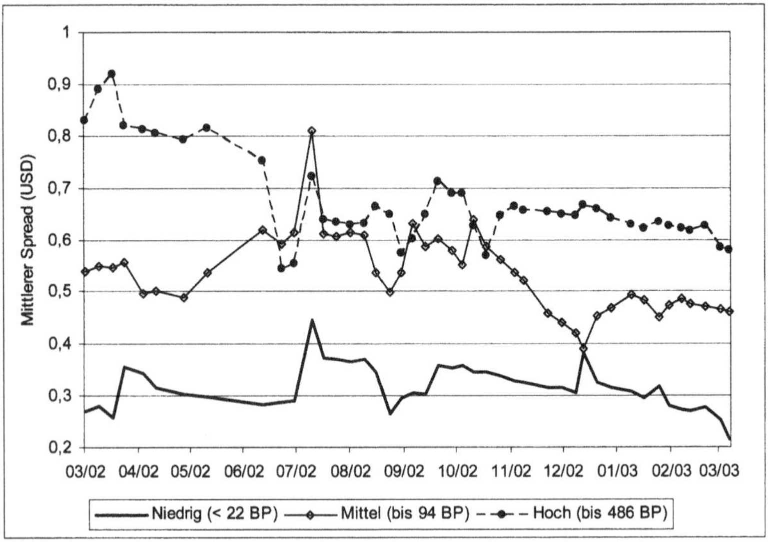

Abbildung 20: SPREAD IM ZEITVERLAUF[1262]

[1258] Quelle: Interviewpartner 16 (Ib), 29 (Re) und 41 (Ve). Im Anleihenmarkt wird sowohl der Kauf als auch der Verkauf als Handelsvolumen angegeben (sog. „double count").

[1259] Für dies spricht neben den Einschätzungen einiger Interviewpartner auch die Tatsache, dass Sekundär-Markt-Daten wie Preise und Volumina i. d. R. nicht mehr veröffentlicht bzw. für wissenschaftliche Untersuchungen bereitgestellt werden.

[1260] Basiswert der Anleihen sind immer 100 USD. Die Abszisse stellt den Zeitverlauf dar, die Ordinate den Spread in USD.

[1261] Die niedrige Risikoklasse umfasst Anleihen mit einem „expected loss" von weniger als 22 BP, die mittlere die verbleibenden Anleihen bis 94 BP und die hohe Risikoklasse besteht aus den restlichen Anleihen, die durch eine Ausfallwahrscheinlichkeit von bis zu 486 BP charakterisiert sind.

[1262] Quelle: Eigene Abbildung, Daten HypoVereinsbank, nicht bereinigt um Größenunterschiede und Änderungen der Gruppenzusammensetzungen.

Wie die Abbildung zeigt, ist der durchschnittliche Bid-Ask-Spread der analysierten Anleihen nicht konstant. Er ist vom Risiko des Cat-Bonds abhängig und bewegt sich im Bereich von 0,20 bis 0,90 USD. Dies ist im Vergleich zu dem durchschnittlichen Spread von US-Anleihen keine besonders hohe Größe. CHAKRAVARTY/SARKAR [2003] betrachten den US-Markt für Anleihen im Zeitraum von 1995 bis 1997 und ermitteln für Unternehmensanleihen einen Spread von durchschnittlich 21 Cent und für Staatsanleihen einen Spread von nur 8 Cent.[1263] Sie exkludieren von dieser Betrachtung aber explizit Anleihen, die unter die „Rule 144 A" fallen. CHAKRAVARTY/SARKAR [2003] finden, dass der Bid-Ask-Spread mit schlechterem Rating, also höherem Risiko, zunimmt. Im Vergleich zu High-Yield-Bonds, die qua Definition dem Non-Investment-Grade-Bereich zugehörig sind, d. h. ein schlechteres Rating als ein durchschnittlicher Cat-Bond besitzen, sind Katastrophen-Anleihen zwar besser geratet, weisen aber einen höheren Spread auf.[1264]

Aus den analysierten Daten kann geschlossen werden, dass Katastrophen-Anleihen in Bezug auf den Bid-Ask-Spread im Mittel keine abnormal schlechtere Liquidität als andere an den Kapitalmärkten gehandelte Investitionsobjekte besitzen. Bei näherer Betrachtung wird aber deutlich, dass Papiere mit einem gleichen Risikogehalt (Unternehmensanleihen) einen geringeren Bid-Ask-Spread aufweisen. Die Liquidität kann unter diesen Gesichtspunkten als vergleichsweise schlecht interpretiert werden. Die Qualität dieser Aussage ist aber angesichts der verwendeten Daten zu kritisieren. Die oberen untersuchten Kurse sind von einem Market-Maker bereitgestellt worden. Sie sind als solche keine Indikatoren tatsächlich vollzogener Transaktionen. Im Detail bedeutet dies, dass die berechneten Spreads auf Illiquiditätspreisen basieren, d. h. dass kein entsprechendes Handelsvolumen existiert.[1265] So sind diese Zahlen lediglich unverbindliche Einschätzungen durch die die Preise bereitstellenden Institutionen. Sollte tatsächlich ein bedeutendes Volumen gehandelt werden, ist nicht auszuschließen, dass sich der Spread deutlich erhöht. Die Aussagekraft der zur Analyse verwendeten Daten ist damit sehr eingeschränkt. Daher sind die Analysen und die aus ihnen abgeleiteten Aussagen lediglich Indizien für einen absolut normalen, relativ aber hohen Bid-Ask-Spread.[1266]

Zwischenfazit

Obwohl die Bid-Ask-Spreads der aktuell existenten Katastrophen-Kontrakte (Anleihen) nicht abnormal hoch sind, können die durch einzelne Marktteilnehmer inszenierten Sekundär-Märkte für Katastrophen-Kontrakte auf Grund der geringen Umsätze als wenig

---

1263 Siehe Chakravarty/Sarkar (2003), S. 39.

1264 Chakravarty/Sarkar (2003) finden für Junk Bonds einen mittleren Spread von 28 Cent.

1265 Zusätzlich muss angemerkt werden, dass Spreads immer für Volumina gelten, d. h. sollten höhere Volumina als angegeben gehandelt werden, kann die den Kurs stellende Partei andere Preise quotieren.

1266 Die die Preise bereitstellenden Institutionen gehen hingegen trotz des geringen Handelsvolumens von verlässlichen Indikatoren aus. Siehe beispielsweise Dubinsky/Laster (2003), S. 22.

liquide charakterisiert werden. Wie die Ausführungen in Kapitel 3.4 gezeigt haben, war der Markt an der CBOT und der BCOE für Katastrophen-Terminkontrakte und Katastrophen-Optionen ebenso durch eine geringe Handelsaktivität geprägt, die sich durch geringe Volumina und eine nicht vorhandene Liquidität auszeichnen.

Sollte die Liquidität der Katastrophen-Anleihen eine wichtige Entscheidungsvariable für die Nutzer darstellen, kann diese ein Engagement verhindern. Problematisch ist hierbei, dass Liquidität eine Netzwerkeigenschaft (externer Entscheidungsfaktor) für die aktuellen und potenziellen Marktakteure darstellt.[1267] Je größer die Handelsaktivität in dem entsprechenden Kontrakt ist, desto besser ist die Liquidität und je mehr Liquidität ein Kontrakt aufweisen kann, desto höher ist ceteris paribus auch seine Attraktivität und dementsprechend wiederum die Handelsaktivität. Ob Sekundär-Markt-Liquidität damit letztlich das Resultat oder eine notwendige Bedingung eines hohen Marktinteresses und damit einer hohen Aktivität darstellt, kann aus dieser Betrachtung heraus nicht beantwortet werden.[1268]

Zur Einordnung dieses Charakteristikums erfolgt im Weiteren eine Beurteilung der geringen Liquidität für die Entscheidung der Marktteilnehmer.

<u>Bedeutung der Liquidität</u>

Das Konstrukt der Liquidität erhält seinen Wert über die mit ihm verbundenen Handlungsmöglichkeiten. Diese Flexibilität gewinnt ihrerseits Bedeutung durch eine hohe zukunftsbezogene Unsicherheit. Die Marktteilnehmer können bei hoher Liquidität auf eine Änderung der Entscheidungsfaktoren ohne große Kursabschläge (Kosten) reagieren und ihre individuelle Position ändern. Somit hängt der individuelle Wert der Liquidität von der individuellen Wahrscheinlichkeit des Wunsches einer Portfolioumbildung ab.[1269] Ceteris paribus sind Investoren daher eher bereit, in liquide Finanztitel zu investieren als in illiquide.

Die Wertschätzung durch die Investoren geht mit einer geringeren von diesen geforderten Verzinsung einher, die letztlich zu einem Kursabschlag für illiquide Wertpapiere führt.[1270] Der Wert einer liquiden Aktie kann so 12-22% über dem Wert einer vergleichbaren, aber illiquiden liegen.[1271] Da die von Natur aus unbegrenzte Laufzeit von Aktien nicht mit der Haltedauer der meisten Investoren übereinstimmt, ist der resultie-

---

[1267] Vgl. Abschnitt 4.4.1.

[1268] Vgl. Laster/Raturi (2001), S. 25.

[1269] Vgl. Boudoukh/Whitelaw (1993), S. 284.

[1270] Vgl. Laster/Raturi (2001), S. 15.

[1271] Siehe die Ergebnisse von Benveniste/Capozza/Seguin (2001); wobei ein Großteil dieses Kursgewinns durch die Kosten der Liquiditätsschaffung verzehrt wird. Siehe Benveniste/Capozza/Seguin (2001), S. 635. Silber (1991) findet durchschnittlich 34% für Aktien, die 2 Jahre nicht gehandelt werden dürfen. Siehe Silber (1991), S. 60. Vgl. ebenfalls Breen/Hodrick/Korajczyk (2002), S. 470. Ähnliches ist auch für festverzinsliche Wertpapiere zu beobachten. Vgl. Boudoukh/Whitelaw (1993), S. 278-280. Als theoretische Grundlage siehe Amihud/Mendelson (1986), S. 246; Kane (1994); Glosten/Milgrom (1985).

rende Aufschlag für liquide Titel nachvollziehbar. Der Wert der Liquidität ist aber besonders bei Finanzkontrakten mit begrenzter, mittelfristiger Laufzeit nicht allgemeingültig bestimmbar, sondern wird im Wesentlichen von der individuellen Motivation der Marktteilnehmer abhängen.[1272] Wenn es Ziel der Investoren ist, einen Finanzkontrakt zu kaufen und bis zu seiner Fälligkeit zu halten, stellt eine hohe Liquidität einen geringen Wert dar. Daher ist besonders für kurzfristig orientierte Interessengruppen wie Spekulanten und Arbitrageure eine hohe Markt-Liquidität eine wichtige Kontrakteigenschaft. Eine geringe Liquidität kann sie von einem Engagement abhalten.[1273]

Zur Überprüfung der Bedeutung der Liquidität muss die Zielstruktur und die Handelsaktivität der einzelnen Marktakteure betrachtet werden. Hierdurch lässt sich einerseits die aktuelle Situation erklären und es kann gezeigt werden, warum als Folge der individuellen Marktaktivität keine hohe Liquidität in den entsprechenden Kontrakten entsteht.[1274] Auf der anderen Seite ist die Entscheidungsrelevanz einer hohen Liquidität zu ermitteln, um zu prüfen, ob eine hohe Liquidität notwendige Bedingung für die Marktteilnehmer ist und ob diese bereit sind, für eine hohe Liquidität andere Nachteile in Kauf zu nehmen.[1275]

Bedeutung der Liquidität für Sponsoren

Für die Sponsoren von Katastrophen-Anleihen ist die Bedeutung der Liquidität nach der konzeptionellen Untergliederung des Liquiditätsbegriffs vom Anfang dieses Abschnitts zu trennen:

Die Sekundär-Markt-Liquidität als Eigenschaft des Marktes, kontinuierlich Volumina ohne Preiseffekte abwickeln zu können, ist als Handlungsflexibilität für Sponsoren in dem Maße wichtiger, wie eine bedeutende Änderung ihres eigenen Risikoexposures zur Notwendigkeit einer Anpassung ihrer alternativen Rückversicherungslösung führt. Z. B. kann im Falle der Erst- und Rückversicherungen Handlungsflexibilität wichtig sein, wenn ein nicht zu prognostizierendes Neugeschäft möglich ist. Zusätzlich zu diesem Anpassungswunsch wird der Sponsor einer Transaktion eine mögliche Handlungsflexibilität umso höher bewerten, je weniger andere Instrumente er zur Anpassung einsetzen kann und je größer die Bedeutung der Transaktion im Vergleich zu den bestehenden Instrumenten ist.[1276]

Da bislang nur sehr vereinzelt Risikospitzen ausgelagert werden, ist aktuell, analog zu den Ergebnissen aus den Interviews, davon auszugehen, dass die geringe *Sekundär-*

1272 Siehe hierzu auch die weiteren Ausführungen in diesem Teil der Arbeit.

1273 Vgl. Adams (2000), S. 5.

1274 Die Handelsaktivität ist als direkte Folge der Angebots- und Nachfragestruktur und ihrer Präferenzen zu sehen. Vgl. Brorsen/Fofana (2001), S. 140.

1275 Wie die weiteren Ausführungen zeigen werden, kann eine hohe Liquidität z. B. durch eine Standardisierung der Kontrakte erreicht werden, die u. U. aber zu einer verringerten Hedge-Effizienz führen kann.

1276 Vgl. zu beiden Aspekten Niehaus/Mann (1992), S. 608-609.

Markt-Liquidität kein Problem für die Sponsoren darstellt.[1277] Die Instrumente des traditionellen Risikomanagements (Diversifikation, Rückversicherung und Retrozession) sind ausreichend, um eine notwendige operative Flexibilität sicherzustellen. Hinzu kommt, dass klassischerweise das Management von Versicherungsrisiken, im Gegensatz zum kurzfristig orientierten Management von Kapitalmarktrisiken, eher mittelfristig orientiert ist. So geschieht z. B. eine Abstimmung der Rückversicherungsverträge eher in größeren Zeitabständen (quartalsweise).[1278] Geprägt durch die traditionelle Industriepraxis und die Existenz von komplementären Instrumenten ist ein liquider Sekundär-Markt für die Sponsoren damit von keiner hohen Bedeutung und nicht entscheidungswirksam.[1279]

In Anwendung der konzeptionellen Untergliederung des Liquiditätsbegriffs ist neben diesen Aspekten zu beachten, dass die aktuelle Schwäche an Liquidität im Sekundär-Markt keine Auswirkungen für die Sponsoren im Rahmen des „Initial Public Offering" (Primär-Markt) darstellt, da ausreichend Nachfrage existiert, um den Verkauf der Anleihen sicherzustellen. Es scheint damit eine *ausreichend hohe Primär-Markt-Liquidität* zu existieren, die gleichzeitig mit einer Illiquidität des Sekundär-Marktes einhergeht. Diese spiegelt sich, wie beschrieben, in geringen Handelsvolumina wider. Auf dieses scheinbare Paradoxon wird nachfolgend noch detaillierter eingegangen.

Obwohl die geringe Illiquidität auf dem Sekundär-Markt kein Problem für die Sponsoren darstellt, könnte sich dies langfristig ändern. Sollten ILS eine stärkere Bedeutung erlangen und als beachtenswerte Konkurrenz zur traditionellen Absicherungslösung fungieren (Erfolgszenarien IV und V), wird der permanenten Aufnahmefähigkeit des Kapitalmarktes eine höhere Bedeutung zukommen, da in diesen Szenarien die Sponsoren der Transaktionen sich auf die u. U. kurzfristige Verfügbarkeit der Risikoabsicherung verlassen müssen.

In standardisierten Märkten ist die Sekundär-Markt-Liquidität scheinbar von größerer Bedeutung. Bouzouita/Young [1998] finden so, dass ausreichend Liquidität für diese Zielgruppe eine wichtige Eigenschaft für ein Engagement im Katastrophen-Derivate-Markt darstellt, da nur hierdurch eine flexible Absicherung möglich ist.[1280] Die Marktteilnehmer differenzieren hier scheinbar nicht mehr zwischen der einmaligen Aufnahmefähigkeit des Marktes (unmittelbare Platzierung des Risikoexposures) und der Fähigkeit, die Position im Zeitverlauf beliebig anpassen zu können (Sekundär-Markt-Liquidität). Der Derivate-Markt unterscheidet sich insofern fundamental von dem An-

---

1277 Diese These vertraten auch die Interviewpartner 3 (Br), 18 (In), 39 (Rü) und 43 (Ve). Explizit nicht bestätigt wurde diese These von Interviewpartner 41 (Ve).

1278 Traditionell ist der kürzeste übliche Vertragszeitraum das Quartal. Der Großteil der Verträge wird aber auf halbjährlicher oder jährlicher Basis geschlossen.

1279 Vgl. Lane (2003b), S. 6.

1280 Siehe Bouzouita/Young (1998), S. 322.

leihe-Markt, da eine ausreichende Flexibilität eine Grundvoraussetzung für ein Engagement darstellt.

Eine Erklärung für die Differenzierung der Marktteilnehmer könnte sein, dass zwar keine permanente Änderung des Portfolios gewünscht wird, aber dass die geringe Liquidität auf den Optionsmärkten für die Marktteilnehmer als Indiz für die Unfähigkeit des Marktes gesehen wird, ihre Volumina überhaupt abzuwickeln. Veranlasst durch die Ergebnisse und Erfahrungen aus dem Cat-Bond-Markt muss retrospektiv hinterfragt werden, ob das Ergebnis von BOUZOUITA/YOUNG [1998] eventuell nur ein vorgeschobenes Argument ist, das die mangelnde Erfahrung der Sponsoren mit dieser Asset-Klasse widerspiegelt.

Bedeutung der geringen Liquidität für Investoren

Wie Interviews bestätigen, haben die aktuell tätigen Investoren auf Grund der Intention ihres Engagements (Diversifikationsabsicht) kurz- bis mittelfristig ebenfalls eher keinen Bedarf, ihr Portfolio an Katastrophen-Kontrakten in kurzen Zeitabständen anzupassen.[1281] Den Interviews war so zu entnehmen, dass aktuell für die eher langfristig orientierten Investoren die vorliegende geringe *Sekundär-Markt-Liquidität kein Problem* darstellt, da sie nach der Investitionsentscheidung nicht an einem Weiterverkauf interessiert sind. Die Beimischung von Katastrophen-Risiko erfolgt zur langfristigen Portfoliodiversifikation. Die Fonds, die sich auf die ausschließliche Investition in Katastrophen-Produkte spezialisiert haben, sind nach Angaben der entsprechenden Fondsmanager ebenfalls nicht daran interessiert, ihre Anteile vor Ablauf der Laufzeit abzugeben. Gemäß der Erfahrung des Handels an der CBOT lässt sich feststellen, dass nahezu alle Handelsteilnehmer ihre Kontrakte abschließen und dann über die gesamte Laufzeit halten.[1282] Auf Grund des fundamentalen Interesses der Investorengruppe an der Diversifikation ihres Investitionsportfolios durch das Hinzufügen von nicht-korreliertem Risiko, ist eine weitere Veräußerung der einmal erworbenen ILS ein Ausnahmefall. Daher ist nicht zu erwarten, dass diese Investoren die Sekundär-Markt-Liquidität erhöhen werden. Wie die Experten der marktinszenierenden Institutionen angeben, können mittelfristig auf Grund eines leichten Nachfrageüberhangs auch kleinere Mengen weiterverkauft werden.[1283]

Zwischenfazit

Zur aktuellen Situation kann auf Basis der obigen Ergebnisse festgehalten werden, dass die geringe Liquidität gegenwärtig kein Problem für die am Markt aktiven Sponsoren und Investoren darstellt. Die Sponsoren können ihre Volumina in einem Primär-Markt verkaufen (liquider Primär-Markt). Die geringen Handelsvolumina auf dem Sekundär-

---

1281 Hierzu äußerten sich die Interviewpartner 11 (Ib), 18 (In) und 43 (Ve).

1282 Vgl. Eramo (1996), S. 54.

1283 Diese These vertraten die Interviewpartner 10 (Ib), 16 (Ib), 36 (Rü), 37 (Rü) und 43 (Ve). Vgl. auch o.V. (2002d), S. 8 und Fn. 1087.

Markt stellen keine Probleme dar, da eine kurzfristige Anpassung bislang nicht notwendig und üblich ist. Die Investoren, die Katastrophen-Anleihen im Portfolio haben, möchten diese entweder über einen langen Zeitraum halten oder können bei Bedarf kleinere Volumina weiterverkaufen. Durch die Größe der Kapitalmärkte kann aus dieser Argumentation heraus vermutet werden, dass auch ein größeres Volumen (Erfolgsszenario IV) ohne die Existenz hoher Handelsvolumina auf dem Sekundär-Markt problemlos aufgenommen werden kann. Ob bei deutlich größeren Volumina (Erfolgsszenario V) eine entsprechende Liquidität notwendige Bedingung für das Engagement einer breiten Investoren-Basis ist,[1284] ist aus der obigen Argumentation heraus unklar. Die Größe und Heterogenität des Kapitalmarktes erschwert eine solche Behauptung.

Obwohl die zu beobachtende geringe Handelsaktivität durch die Ausführungen zur Motivation der aktuell aktiven Marktteilnehmer logisch begründet ist, bleibt unklar wie die Situation für größere Volumina aussehen würde. Konträr zu der obigen fundamentalen Argumentation war im Rahmen der Interviews nämlich von einigen Fondsmanagern, die sich bislang nicht am Markt engagieren, zu vernehmen, dass sogar längerfristig orientierte Investoren offenbar entgegen der genannten logisch plausiblen Argumentation die nicht vorhandene Sekundär-Markt-Liquidität der Katastrophen-Anleihen-Märkte als Hindernis ansehen.[1285] In den Erfolgszenarien IV und V wäre damit zu erwarten, dass eine höhere Liquidität für die Sponsoren und Investoren immer größere Bedeutung erlangt.

Nachfolgend ist zu untersuchen, wodurch grundsätzlich eine Veränderung dieser Liquiditätssituation zu erwarten ist.

Steigerung der Liquidität durch Arbitrageure und Spekulanten

Bisher wurden lediglich die Motive der aktuell tatsächlich aktiven Marktteilnehmer (Sponsoren und langfristig orientierte Investoren) betrachtet. Diese beiden Gruppen von Marktteilnehmern werden aber, wie real zu beobachten und in den bisherigen Ausführungen aufgezeigt, das gewünschte Maß an Sekundär-Markt-Liquidität durch ihre originären Aktivitäten kurz- bis mittelfristig nicht bereitstellen. Auch die langfristig orientierten Marktteilnehmer, die sich bislang nicht am Markt engagieren, die aber eine höhere Markt-Liquidität als conditio qua non fordern, werden durch ihr Verhalten die Entstehung einer größeren Sekundär-Markt-Liquidität nicht fördern. Eine solche wird entsprechend nur durch die Aktivität kurzfristig orientierter Anleger (Spekulanten) und Arbitrageuren entstehen.[1286] Daher ist nachfolgend deren Motivation zu untersuchen.

1284 Vgl. D'Agostino (2003), S. 6.

1285 Ergebnis aus den geführten Interviews (Interviepartner 18 (In), 19 (In), 38 (Rü), 41 (Ve) und 44 (Ve)). Vgl. auch D'Agostino (2002), S. 66.

1286 Vgl. Louberge/Kellezi/Gilli (1999), S. 129; zur allgemeinen Bedeutung von Spekulanten siehe Black (1986), S. 13.

Arbitrageure werden immer dann handeln, wenn sich risikolos eine Möglichkeit zur Investition bietet. Faktisch geschieht dies durch ein Abweichen des Marktpreises von seinem fundamentalen Wert, der u. U. durch verbundene Märkte determiniert wird. Für die im Rahmen der Arbeit untersuchten Märkte existiert bislang erst eine Arbeit, die sich mit den Arbitrage-Möglichkeiten dezidiert auseinandergesetzt hat. LANE [1998a] untersucht Arbitrage-Möglichkeiten zwischen unterschiedlichen Katastrophen-Risiko-Märkten (CATEX und Optionen der BCOE sowie der CBOT). Obwohl die Kontrakte nicht vollkommen identisch sind, kann durch unterschiedliche Positionen tatsächlich nahezu risikolose Arbitrage betrieben werden.[1287] Ein Abweichen des Preises ist nur durch die Handelsaktivität von Sponsoren und/oder Investoren zu erwarten. Wenn Sponsoren und Investoren aber, wie aktuell zu beobachten, langfristig orientiert sind und nur sehr vereinzelt handeln, ist per se die Existenz von Arbitrageuren statisch nicht liquiditätsfördernd. Insgesamt bedeutet dies für die Arbitrageure eine seltene Möglichkeit zur Arbitrage. Es zeigt, dass der Markt in dieser Konstellation nicht in der Lage ist, permanentes Interesse von Arbitrageuren auf sich zu ziehen. Bei der Existenz von Fixkosten der Marktbeteiligung[1288] ist davon auszugehen, dass sich Arbitrageure überhaupt nicht in einem solchen Marktumfeld engagieren werden.

Eine ähnliche Argumentationskette gilt ebenfalls für *Spekulanten*. Diese nutzen individuelle Einschätzungen aus, um Marktpreise zu berechnen. Weichen die tatsächlichen von den erwarteten Marktpreisen ab, tätigen Spekulanten Geschäfte in der Hoffnung auf die lernende Allgemeinheit und die damit verbundenen Kursgewinne. Für die Spekulanten stellen demnach ihr spezifisches Wissen und marktbezogene Informationen wichtige Faktoren dar, welche die Attraktivität eines Marktes bestimmen.

Da die Bewertung von Katastrophen-Kontrakten auch für andere Marktteilnehmer handlungsbestimmend ist, wird diese im Folgenden noch detailliert erläutert. Es ist aber bereits hier festzustellen, dass bislang keine allgemeingültige bzw. universal anerkannte Bewertungsmethodik existiert, so dass Spekulanten eher davon abgehalten werden, sich in einem solchen Markt zu betätigen.[1289]

Besonders wichtig für Spekulanten ist auch die Informationssituation (die Veränderung von kursrelevanten Informationen). Für Katastrophen-Märkte ist aber davon auszugehen, dass die Informationssituation im Zeitverlauf eher statisch ist, d. h. sich nur unmittelbar vor dem Eintreffen einer Naturkatastrophe ändert.[1290] Da diese – trotz der in den letzten Jahren zu beobachtenden Zunahme – grundsätzlich eher selten auftreten, sind Spekulanten als informationsverarbeitende Einheiten über lange Dauer ohne neue Informationen. Eine solche Informationsstruktur gilt bereits beim CPI-Terminkontrakt als

---

[1287] Siehe Lane (1998a), S. 10.
[1288] Siehe Abschnitt 5.6.2.
[1289] Siehe Abschnitt 5.3.4.2.

Grund für dessen Scheitern.[1291] Für Spekulanten ist der Markt für Katastrophen-Kontrakte wegen der aktuellen Bewertungsproblematik und der spezifischen Informationssituation folglich nicht sehr attraktiv.

Für beide Interessengruppen (Arbitrageure und Spekulanten) gilt gleichermaßen, dass die Volatilität der Kontrakte eine besondere Bedeutung hat. Allgemein wurde die These, dass eine hohe Volatilität des Marktes eine notwendige Bedingung für die Existenz eines Derivate-Marktes ist, verworfen.[1292] Für Spekulanten und Arbitrageure stellt sie aber eine wichtige Eigenschaft dar. Eine hohe Volatilität bietet die Möglichkeit, im Rahmen dieser aktiv zu sein. In Abgrenzung zum fundamentalen Interesse, d. h. Anbietern und Nachfragern für die eine potenzielle Bedrohung bzw. eine langfristige Rendite wichtig ist, ist über die bisherigen Argumente hinaus eine Beteiligung von Spekulanten und Arbitrageuren wahrscheinlicher, je höher die Volatilität der Kontrakte ist.[1293] Obwohl durchaus eine Volatilität in den Marktpreisen der Katastrophen-Anleihen zu beobachten ist, ist jedoch die eher zufällige und geringe Schwankungsbreite bei gleichzeitig geringen Handelsvolumina nicht in der Lage, das Interesse von kurzfristig orientierten Marktteilnehmern auf sich zu ziehen.

Die spezifische Informationsstruktur der Katastrophen-Märkte (langer Zeitraum ohne neue Informationen), die aktuelle Bewertungsproblematik und die geringe Volatilität im Zeitverlauf bilden daher grundlegende Attribute, die dazu führen, dass der Markt seiner Natur nach spekulanten- und arbitrageunfreundlich charakterisiert werden kann. Daher ist auch nicht zu erwarten, dass die geringe Liquidität durch die Aktivitäten dieser beiden Gruppen beseitigt wird. Spekulanten und Arbitrageure dürften eher als Folge einer hohen Liquidität am Markt aktiv werden.

Zusammenfassung

Obwohl die obige Argumentation von ihrem Aufbau her generisch ist und einer genaueren modelltheoretischen oder empirischen Analyse bedarf, ist auf dieser Basis festzustellen, dass im Markt für Katastrophen-Kontrakte kurz- bis mittelfristig keine hohe Sekundär-Markt-Liquidität entstehen wird. Die fundamentale Angebots- und Nachfragestruktur, d. h. Volumen und Häufigkeit der potenziellen Handlungsaktivitäten, sind durch traditionelle Gewohnheiten[1294] sowie Marktcharakteristika mittel- und langfristig orientiert. Aus dem originären Verhalten dieser Gruppen wird daher auch langfristig keine zusätzliche Sekundär-Markt-Liquidität zu erwarten sein.

Für die aktuell aktiven Sponsoren und Investoren ist dies kein handlungsrelevanter Nachteil. Denn durch die eher vereinzelte Nutzung dieses Instruments und den offenbar

---

1290 Vgl. D'Arcy/France (1992). Dies unterscheidet den Katastrophen-Markt von anderen Risikomärkten, wie etwa den Markt für Kredit-Derivate. Vgl. o.V. (1998a), S. 3.

1291 Vgl. Marton (1984), S. 240.

1292 Siehe Abschnitt 4.3.2.1.

1293 Siehe Abschnitt 4.3.2.1.

leichten Nachfrageüberhang ist eine Platzierung der gewünschten Volumina möglich. Ein kurzzeitiges Anpassen ihrer Positionen ist bislang nicht notwendig. Gleichzeitig ist auch für die Gruppe der langfristig orientierten Investoren durch die statische Informationsentwicklung von keinem hohen Umschichtungsbedürfnis auszugehen. Für die Gruppe der Arbitrageure und Spekulanten bedeutet dies aber in Verbindung mit den anderen erläuterten Marktcharakteristika eine geringe Attraktivität des Marktes für Katastrophen-Risiko. Es ist daher fraglich, ob eine hohe Sekundär-Markt-Liquidität entstehen wird oder ob durch fundamentale Marktcharakteristika, wie z. B. die Informationsentwicklung in Bezug auf Naturkatastrophen, also das Ausbleiben von fundamentalen Neuigkeiten über einen langen Zeitraum, in Verbindung mit den anderen genannten Argumenten, die Höhe der Sekundär-Markt-Liquidität generell begrenzt wird.

Auch wenn diese Situation für die aktuell am Markt sich engagierenden Institutionen kein Problem darzustellen scheint, kann hierdurch möglicherweise dennoch das Entstehen eines großvolumigen Marktes verhindert werden. Denn wenn die Investoren eine Prämie für die geringe Liquidität fordern, gleichzeitig aber durch die Existenz der traditionellen Rückversicherungslösungen ein alternativer Markt existiert, sind die Sponsoren für besondere Risiken nur vereinzelt bereit, diese Prämie zu bezahlen. Da sich eine hohe Sekundär-Markt-Liquidität, wenn überhaupt, aus der obigen Argumentation heraus nur als Folge eines hohen Primär-Marktvolumens bilden dürfte, könnte die Entstehung einer hohen Sekundär-Markt-Liquidität letztlich durch die oben angesprochene Dynamik verhindert werden.

Wie andere Finanzkontrakte zeigen,[1295] ist eine geringe Sekundär-Markt-Liquidität aber nicht unbedingt ein Hinderungsgrund für die Existenz eines erfolgreichen Finanzkontraktes, d. h. für ein hohes Primär-Marktvolumen. Zum Beispiel kann aus der Unattraktivität des Marktes für Arbitrageure und Spekulanten nicht generell abgeleitet werden, dass der Markt für Katastrophen-Kontrakte nicht existieren kann.[1296] Wichtig ist aber, dass eine mögliche Illiquiditätsprämie die Entstehung des Marktes nicht verhindert. Wie den Interviews zu entnehmen war, ist aktuell nicht davon auszugehen, dass eine bedeutende Prämie für die Illiquidität gezahlt wird.[1297] Eine etwaige Prämie ist daher eher durch Informationskosten und den Exotenstatus der Kontrakte zu erklären[1298] als in Folge der Illiquidität.

1294 Wie bereits beschrieben, werden Versicherungsportfolios traditionell eher langfristig abgestimmt.

1295 Beispielsweise Asset-Backed Securities, Syndicated Loans, Closed-End-Funds etc.

1296 Grinblatt/Longstaff (2000) finden etwa, dass die sehr erfolgreiche Finanzinnovation STRIPs (Separate Trading of Registered Interest and Principal of Securities) eher durch fundamentale Investoren, denn durch Spekulanten oder Arbitrageure im engeren Sinne nachgefragt wird. Siehe Grinblatt/ Longstaff (2000), S. 1435.

1297 Hierzu äußerten sich die Interviewpartner 8 (Br), 14 (Ib), 21 (Mo), 26 (Re) und 45 (Ve).

1298 Die weiteren Ausführungen werden sich mit diesen Komplexen noch beschäftigen.

5.3.1.3 Verdeckte Transaktionskosten und Zusammenfassung

Im Unterschied zur Abwicklung des traditionellen Rückversicherungsgeschäfts wird eine Katastrophen-Transaktion i. d. R. unter Mitwirkung verschiedener externer Experten abgewickelt. Durch den Einsatz von Katastrophen-Kontrakten werden so Tätigkeiten quasi aus den beteiligten Unternehmen ausgelagert. Konventionell sind externe Transaktionsgebühren meist nur an einen Broker zu entrichten, der als Vermittler genutzt wird. Seine Tätigkeit wird dabei mit rund 10% der jährlichen Prämienzahlungen entgolten.[1299] Bei der geringen Eintrittswahrscheinlichkeit und hieraus folgend auch der gemessen an der Schadenssumme geringen Prämie wird deutlich, dass die Kosten für einen Rückversicherungsbroker deutlich niedriger sind[1300] als die Zahlungen im Rahmen einer Katastrophen-Anleihe an die Investmentbank, die Rating-Agentur, die Modelling-Agency etc. Aus dieser Sicht liegen die Kosten eines Cat-Bonds deutlich über denen des traditionellen Geschäftes.

Neben den expliziten Transaktionskosten beeinflussen aber auch noch andere Transaktionskosten die Attraktivität der Katastrophen-Kontrakte. Es ist zu erwarten, dass eine alleinige Betrachtung der zu Zahlungen führenden Kosten (hier als explizite Transaktionskosten bezeichnet) kaum die gesamte Tragweite der insgesamt anfallenden Transaktionskosten abbilden kann.[1301] Die tatsächlichen Transaktionskosten einer Katastrophen-Transaktion werden um ein Vielfaches über den pekuniären Aufwendungen liegen.[1302] Zur Erläuterung dieser Kosten zeigt folgende Abbildung den durchschnittlichen Zeitbedarf zur Implementierung einer Katastrophen-Anleihe in Tagen. Die lange Zeitdauer von 168 bzw. 192 Tagen ist neben dem Nachteil einer hohen Inflexibilität auch noch mit dem entsprechenden internen Betreuungsaufwand verbunden. Ein traditionelles fakultatives Rückversicherungsgeschäft wird im Vergleich hierzu in einem Zeitrahmen zwischen 30 und 90 Tagen abgewickelt. Eine vertraglich komplexe Quoten-Rückversicherung kann zwar einen längeren Zeitraum in Anspruch nehmen, die Risikoabsicherung mittels einer Katastrophen-Anleihe ist aber dennoch zeitlich deutlich aufwändiger.

1299 Diese Prämie bewegt sich zwischen 5 und 15% und ist von unterschiedlichen Faktoren abhängig. Im eher seltenen Bereich des ART werden Broker dagegen auf der Basis einer „Flat Fee" honoriert, d. h. pauschal bezahlt. Quelle: Interviews (7 (Br) und 42 (Ve)).

1300 Siehe Lane (2001a), S. 11.

1301 Vgl. Goldberg (1985), S. 395.

1302 Siehe hierzu die weiteren Ausführungen in Abschnitt 5.5.1.1.

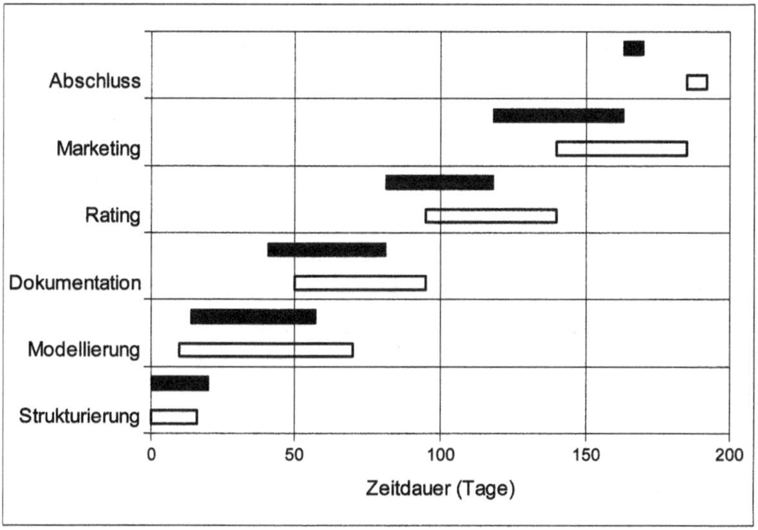

Abbildung 21: ZEITBEDARF ZUR IMPLEMENTIERUNG EINER TRANSAKTION[1303]

Die Zeitdauer zur Implementierung einer Katastrophen-Anleihe ist im Vergleich zu anderen Absicherungsmöglichkeiten beachtlich. Diese Zeitdauer stellt einen Maßstab zur Abschätzung des großen organisatorischen Aufwands dar. Es muss beachtet werden, dass gegenüber dem konventionellen System der Risikoabsicherung eine Katastrophen-Transaktion in Teilen völlig andere Abläufe erfordert. Die internen organisatorischen Abläufe müssen dementsprechend um- bzw. neu gestaltet werden. Der interne zeitliche und organisatorische Aufwand hängt sehr stark von der bereits vorhandenen Erfahrung mit den entsprechenden Kontrakten ab. Dabei sind entscheidende Lerneffekte zu realisieren. Die Gesamtheit der Transaktionskosten bemisst sich somit über die pekuniären Kosten hinaus an internen Transaktions-, Organisations- aber auch Lernkosten.

All dies macht die Nachteile des innovativen Umgangs mit Katastrophen-Risiko gegenüber herkömmlichen Absicherungslösungen deutlich. Diese sind im Hinblick auf die Transaktionskosten den Katastrophen-Anleihen deutlich überlegen. Ihr entscheidender Vorteil ist dabei, dass die Marktteilnehmer über unzählige Transaktionen spezifische Abläufe entwickelt haben, welche die Transaktionskosten minimieren. Obwohl auch die traditionellen Abläufe wie etwa die Vertragsverhandlungen aufwändig sein können,[1304] besitzen die Marktteilnehmer hier wesentliche Erfahrung. Die Interviewpartner waren daher überwiegend der Meinung, dass das traditionelle Rückversicherungsgeschäft mit deutlich geringeren Transaktionskosten verbunden ist als der Risikotransfer durch eine

---

[1303] Quelle: Eigene Schätzung basierend auf Interviews (Interviewpartner 17 (In), 20 (Mo) und 43 (Ve)); parametrische bzw. modellierte Transaktion in schwarz, Indemnity-Transaktion in weiß.

[1304] Vgl. Bouzouita/Young (1998), S. 315.

Katastrophen-Anleihe.[1305] In einer Reihe von Interviews wurde die nicht näher spezifizierte Attraktivität des konventionellen Risikoabsicherungssystems als Hauptgrund für die Nicht-Existenz eines großen Finanzmarktes für Katastrophen-Risiko genannt.[1306]

Obwohl die bisherigen Erläuterungen der Transaktionskosten ausschließlich auf die Bedürfnisse der Sponsoren gezielt haben, lässt sich auch für die Investoren feststellen, dass Lern- und Informationsaufwendungen wichtige Entscheidungsfaktoren sind. Damit der Einsatz von Katastrophen-Kontrakten folglich ökonomisch gerechtfertigt ist, müssen entweder andere Vorteile die hohen Transaktionskosten ausgleichen, oder aber eine dynamische Entwicklung muss die Transaktionskosten deutlich senken. Angesichts der besonderen Bedeutung der Transaktionskosten werden diese Aspekte im Folgenden erneut aufgegriffen und erläutert. Informations- und Lernkosten werden gesondert in den Abschnitten 5.3.1, 5.5.1 und Kapitel 5.6 behandelt.

5.3.2 Probleme auf Grund von Informationsasymmetrien

Wie die Ausführungen in Abschnitt 4.2.2.3 gezeigt haben, sind besonders Finanz- und Versicherungs- sowie auch Rückversicherungsverträge auf Grund ihres hohen Zukunftsbezugs Problemen der asymmetrischen Informationsverteilung zwischen den einzelnen Handelspartnern ausgesetzt. Obwohl einige neuere empirische Studien zeigen, dass der Einfluss asymmetrischer Informationsverteilung bei der Risikoabsicherung scheinbar überschätzt wird,[1307] beeinflussen Adverse Selektion, ex post und ex ante[1308] Moral Hazard sowie Hold Up dennoch die Gestaltung von und den Umgang mit Versicherungsverträgen.[1309] Wie die weiteren Ausführungen sowie die Einschätzungen der Marktteilnehmer zeigen, ist dieser Problembereich für die Risikoabsicherung relevant.[1310] Die Existenz von asymmetrischen Informationen ist ein Problem und Ent-

---

1305 Diese These vertraten die Interviewpartner 4 (Br), 5 (Br), 8 (Br), 9 (Br), 11 (Ib), 16 (Ib), 20 (Mo), 24 (Ra), 26 (Re), 28 (Re), 29 (Re), 35 (Rü), 36 (Rü), 41 (Ve), 42 (Ve), 44 (Ve) und 45 (Ve).

1306 Diese These vertraten die Interviewpartner 6 (Br), 7 (Br), 13 (Ib), 17 (In), 24 (Ra), 44 (Ve) und 47 (We).

1307 Siehe die Ergebnisse der Arbeiten von Cawley/Philipson (1999), die zeigen, dass keine höhere Sterblichkeit bei Personen mit Lebensversicherung besteht. Siehe Cawley/Philipson (1999), S. 842-843. Cardon/Hendel (2001) untersuchen die Krankenversicherung in den USA und können keine asymmetrischen Informationen feststellen. Siehe Cardon/Hendel (2001), S. 425-426. Chiappori/ Salanie (2000) untersuchen Fahranfänger in Frankreich und können nicht feststellen, dass diese anhand ihrer Vertragswahl in Risikoklassen eingeteilt werden können. Siehe Chiappori/Salanie (2000), S. 73.

1308 Vor dem Schadenseintritt (ex post Vertragsabschluss) muss der Versicherungsgeber mit einem für ihn mehr oder weniger schlechten Verhalten rechnen. Nachdem der Schaden eingetreten ist, hat der Versicherungsnehmer auf Grund der Versicherung einen Anreiz, bezüglich der Schadensgröße zu täuschen.

1309 Siehe die grundlegenden Arbeiten von Akerlof (1970) und Rothschild/Stiglitz (1976).

1310 Vgl. Froot (1999a), S. 24.

scheidungsfaktor bei der Verbriefung von Versicherungsrisiken,[1311] dem sich die Vertrags- und Marktgestaltung entsprechend anpassen muss.[1312]

Probleme aus asymmetrischen Informationen können dabei nicht nur in der Konstellation des Versicherungsnehmers als Agent und des Versicherungsgebers als Prinzipal auftreten. Das bereits angesprochene Kredit-Risiko, die Abwicklung im Schadensfall sowie andere Beispiele zeigen, dass eine doppelte asymmetrische Informationsverteilung vorliegt. Besonders bei eingetretenen Schäden kommt es analog zu der Umkehr der Zahlungsströme zu einer Verschiebung der Probleme. Die Probleme aus Hold Up werden, wie bereits für Kredit-Risiko erfolgt, auch in anderen Teilen entsprechend dem Aufbau der Arbeit eruiert.

Im traditionellen Versicherungsgeschäft existiert eine Reihe von Mechanismen, welche die Probleme aus asymmetrischer Informationsverteilung verringern.[1313] Selbstbehalte, langjährige Vertragsdauern, unabhängige, den Schaden feststellende Institutionen[1314] etc. können als feste Vertragsbestandteile oder wie etwa Reputationsmechanismen und über Jahre entwickelte Beurteilungs- und Diagnoseverfahren quasi mildernd wirken.[1315] Bei anonym gehandelten Kapitalmarktprodukten versagen aber z. B. Mechanismen wie Reputation oder langfristige, implizite Verträge.[1316] Andere Mechanismen, wie etwa ein höherer Selbstbehalt oder detailliertes Screening und Monitoring sind letztlich mit Kosten für den Versicherungsnehmer oder für den Versicherungsgeber verbunden, die eine Verbriefung bedeutend erschweren. Sollen Versicherungsverträge standardisiert in Tranchen gehandelt werden,[1317] muss quasi als Disintermediation, in Umkehrung der Argumentation von BENSTON/SMITH [1976] und DIAMOND [1984][1318] zur Begründung der Existenz von Intermediären, die Vertrags- und Marktgestaltung diesem Problem besonders Rechnung tragen.

Wenn die asymmetrischen Informationen durch Aufwendungen beseitigt werden können, sind besonders die Fixkosten der Informationsverarbeitung entscheidungsrelevant.

1311 Vgl. o.V. (1998a), S. 2.

1312 Vgl. Laster/Raturi (2001), S. 28; Froot (1999a), S. 24; Dove/Lalonde (2002), S. 3; Niehaus (2002), S. 589-590.

1313 Auch für Naturkatastrophen-Risiko existieren solche Mechanismen. Das Eintreffen einer Naturkatastrophe kann im Gegensatz zu vielen anderen Versicherungsrisiken nicht beeinflusst werden. Hierdurch reduziert sich die zu beachtende Problematik bereits um diese Bereiche des Moral Hazard. Auch sichern Katastrophen-Kontrakte beispielsweise im Gegensatz zu Kfz-Versicherungen zumeist Ereignisse bzw. Schäden ab, bei denen durch eine hohe Selbstbeteiligung des Versicherungsnehmers ein weiterer Quasi-Schutz gegen Probleme der asymmetrischen Informationsverteilung besteht. Vgl. Froot (2001), S. 566; Jaffee/Russell (1997), S. 206-207.

1314 Z. B. verhindern sog. „Claims Control"-Regeln, dass das Versicherungsunternehmen ohne den Rückversicherer Entscheidungen über die Schadensabwicklung trifft. Siehe o.V. (2003b), S. 1-3.

1315 Vgl. Doherty/Richter (2002), S. 11.

1316 Vgl. D'Agostino (2002), S. 7; Froot (2001), S. 565; Croson/Kunreuther (2000), S. 29-30.

1317 Siehe hierzu Kapitel 2.2.3 und 3.5.

1318 Vgl. hierzu die Ausführungen in Abschnitt 4.2.1 sowie die folgenden Abschnitte zur Fundierung der Existenz von Intermediären.

Die Fixkosten der Informationsverarbeitung, die im Zuge der Investitionsbeurteilung, Durchführung und des laufenden Monitorings entstehen, gewinnen bei der Stückelung der Investitionsobjekte im Vergleich zum investierten Kapital an Bedeutung und können letztlich Ursache dafür sein, dass eine Investitionsentscheidung nicht zur Disposition steht.[1319] Daher wird dieser Aspekt in Abschnitt 5.6 bei der Vertragsgestaltung im Zusammenhang mit anderen Faktoren erneut aufgenommen.

Darüber hinaus ist die Beseitigung von asymmetrischen Informationen auch unter dem Blickwinkel der individuellen Erfahrung einzelner Marktteilnehmer bezüglich der zu verbriefenden Risikoart zu sehen. So verfügen Investmentbanken und Kapitalmarktinvestoren zwar über ausreichend Verständnis im Umgang mit üblichen Kapitalmarktrisiken, im Vergleich mit der Versicherungsindustrie stellen Katastrophen-Risiken aber Neuland für sie dar. Die Versicherungsunternehmen besitzen langjährige Kenntnisse und entsprechende Aufzeichnungen, die sie in die Lage versetzen, Versicherungsrisiken besser zu verstehen und zu beurteilen als andere Marktteilnehmer. Sollen Versicherungsrisiken an den Kapitalmarkt isoliert verkauft werden, müssen die neu hinzukommenden Investoren in der Lage sein, das verbriefte Katastrophen-Risiko zu verstehen. Wie die weiteren Ausführungen zeigen, ist dies nicht nur durch eine hohe Transparenz, eine Offenlegung historischer Daten[1320] sowie eine adäquate Bewertungsmethodik zu erreichen.

Da die Probleme der asymmetrischen Informationsverteilung im Wesentlichen von den Auslösemechanismen abhängen, werden nachfolgend die Besonderheiten der in Abschnitt 3.2.3 eingeführten Trigger unter diesem Aspekt dargestellt. Über den Untersuchungsgegenstand hinaus ist die Beseitigung asymmetrischer Informationen auch für die Verbriefung und den Handel weiterer Versicherungsrisiken eine wichtige Erfolgsgröße.[1321]

Indemnity-Trigger

Wenn die Zahlungsstruktur des Katastrophen-Kontraktes direkt von dem Schadensportfolio des Sponsors abhängt (Indemnity-Struktur), bestehen sowohl Probleme der Adversen Selektion[1322] als auch des Moral Hazards.[1323] Das Beispiel der Winterthur-Transaktion (2000), bei dem Blechschäden an Pkws, verursacht durch Hagel, abgesi-

---

1319 Diese Ausführungen greifen die Argumentation der in Abschnitt 4.2.2.2 dargestellten Arbeiten auf, die asymmetrische Informationen als Transaktionskostenproblem sehen, und erweitern die Aussagen zu den Transaktionskosten im vorangegangenen Kapitel.

1320 Vgl. Kist/Meyers (1999), S. 14.

1321 Vgl. o.V. (2000e), S. 4.

1322 Der Investor muss davon ausgehen, dass er auf Grund des Informationsgefälles (der Sponsor wird in jedem Fall besser als der Investor über sein eigenes Portfolio informiert sein) ein schlechteres Risiko erwirbt, als das Risiko einer durchschnittlichen Versicherung.

1323 Der Sponsor kann vor und nach dem Zeitpunkt des Schadenseintritts ein Verhalten zeigen, das ihm nützt, dem Investor aber schadet. Vgl. Fn. 1308. Zu beiden Problembereichen siehe auch Andersen (2002), S. 13.

chert wurden, zeigt die enormen Probleme durch asymmetrische Informationsverteilung. Die Transaktion sah vor, bis zu 6.000 beschädigten Pkws keine und ab 6.001 ca. 998 Tsd. CHF Entschädigungszahlung zu leisten. Sollten also tatsächlich knapp unter 6.000 Fahrzeuge durch Hagel beschädigt worden sein, hätte für den Sponsor der Transaktion beträchtlicher Anreiz bestanden, die Statistik durch großzügige Schadensanerkennung, Aufnahme anderer Schäden oder sogar Manipulation über diese Grenze zu treiben.[1324]

Im Gegensatz zu normalen Versicherungsverträgen sind Probleme des Hold Up bei Indemnity-Triggern und allen anderen Katastrophen-Kontrakten weniger relevant, da die Auszahlungsbeträge und entsprechenden Konditionen i. d. R. klar festgeschrieben sind. Dieser Umstand kann zwar nicht immer sicherstellen, dass die vertraglich versprochenen Zahlungen auch erfolgen,[1325] minimiert die hieraus resultierenden Probleme aber, wie die Interviewpartner angaben, auf ein verlässliches Maß.[1326]

Damit ein Investor in ein Produkt investiert, das vom individuellen Schadensportfolio eines Versicherungsunternehmens abhängt, sollte dieses zu einer weitgehenden Offenlegung seines Risikoportfolios bereit sein. Eine solche Aufstellung muss dabei nicht nur die detaillierten, aktuellen Versicherungsverträge des Unternehmens möglichst standardisiert[1327] auflisten, sondern auch Vergangenheitsdaten sowie u. U. Beschränkungen bezüglich des zukünftigen, im Absicherungsvertrag inkludierten Risikos beinhalten. Diese weit reichende Transparenz zur Vermeidung von asymmetrischen Informationen wird von den Versicherungs- und Rückversicherungsunternehmen als wenig attraktiv empfunden. Eine Offenlegung von umfangreichen Informationen wird aus geschäftsstrategischen Gründen nicht uneingeschränkt akzeptiert.[1328] Allgemein wird dieser Umstand nur für Unternehmen annehmbar sein, deren Kernaktivität nicht das Risikogeschäft ist, die aber dennoch einem großen Naturkatastrophen-Risiko ausgesetzt sind und sich gegen ein solches möglichst individuell absichern möchten.[1329] Neben der weitgehenden Offenlegung und der sehr detaillierten Beschreibung des zu verbriefenden Risikos kann zur Vermeidung von Problemen der Adversen Selektion und des Moral Hazard bei Indemnity-Kontrakten, wie bei den USAA-Transaktionen üblich, auch ein

---

1324 Vgl. König (1997), S. 1048.

1325 Bei dem sog. „Hollywood Case" haben verschiedene Versicherungen produktionsspezifisches Risiko durch ein SPV abgesichert. Als der Schadensfall eintrat, versuchten die Versicherungen ihrer Zahlungsverpflichtung zu entkommen, indem sie angaben, dass relevante Informationen nicht offen gelegt bzw. falsch dargestellt worden seien. Vgl. o.V. (2002a), S. 28-29.

1326 Hierzu äußerten sich die Interviewpartner 9 (Br), 15 (Ib), 21 (Mo), 22 (Mo), 25 (Ra), 39 (Rü) und 46 (We).

1327 Vgl. Dove/Lalonde (2002), S. 7.

1328 Vgl. o.V. (2000e), S. 25.

1329 Zum Beispiel die Absicherung der Oriental Land Company (Betreiber von Disney World Japan) mit der Transaktion Concentric (1999). Demgegenüber zeigt die Transaktion von Vivendi Universal zur Absicherung der Universal Filmstudios durch die Studio Re Transaktion im Jahr 2002, dass die spezifische Absicherung nicht unbedingt notwendig ist und vor allem zur Kostensenkung geeignet ist.

kompletter Geschäftszweig mit der Berücksichtigung einer dynamischen Portfolioveränderung Grundlage für die Verbriefung sein.[1330] Bei Indemnity-Triggern kommt quasi unabhängigen Dritten wie Rating-Agenturen eine besondere Bedeutung zur Minimierung der betrachteten Probleme zu.

Industrieschäden als Trigger

Wie beschrieben, ist das Problem der asymmetrischen Informationsverteilung vor den anderen angesprochenen Schwierigkeiten wesentlich vom Zahlungsmechanismus der Katastrophen-Kontrakte abhängig. Unter diesem Aspekt ist es daher hilfreich, wenn dieser Mechanismus außerhalb der Kontrolle des Agenten liegt.[1331] Durch die Verwendung standardisierter Schadensindices, die auf aggregierten Industrieschäden beruhen und hierdurch nicht mehr im Einflussbereich der einzelnen Unternehmen liegen, können Probleme aus asymmetrischer Informationsverteilung gemildert werden.[1332] Auch Hold Up Probleme, die im Zuge der Schadensermittlung zu Differenzen und zu erheblichen Verzögerungen führen können, werden durch die Index-Basierung gemildert.[1333] Ebenso kann eine Offenlegung des individuellen Schadensportfolios unterbleiben,[1334] da sich die Investoren am Industriedurchschnitt orientieren können.

Die ursprüngliche Gestaltung einzelner Indices erlaubte zwar noch die Manipulation und Beeinflussung durch einzelne Marktteilnehmer. So bestanden z. B. beträchtliche Anreize, die Schadenshöhe zu übertreiben oder in einer anderen Art zu manipulieren, wenn das Gewicht eines Versicherungsunternehmens in dem Index zu groß war.[1335] Im Laufe der Zeit aber wurden die Befragungs- und Berechnungsverfahren zur Ermittlung der Indices so verfeinert, dass derartige Probleme bei modernen Indices kaum existent sind und diese Problembereiche hierdurch erfolgreich minimiert werden.[1336]

Dennoch bleibt für die Investoren als Prinzipale problematisch, dass sie im Vergleich zu den Industriespezialisten der Erst- und Rückversicherungen letztlich über eine geringere Erfahrung im Umgang mit den aggregierten Versicherungsschäden verfügen. Gerade Rückversicherungen weisen als Versicherungen der Versicherungen gegenüber den Kapitalmarktinvestoren weit reichende Erfahrung bezüglich der kumulierten Schadensentwicklung in der Versicherungsindustrie auf. Die begrenzte historische Datenverfügbarkeit in Verbindung mit der relativen Seltenheit von Naturkatastrophen setzt die in-

---

[1330] Vgl. Canabarro/Finkemeier/Anderson/Bendimerand (1998), S. 12.
[1331] Vgl. Froot (1999a), S. 24.
[1332] Für eine beschreibende Darstellung der Indices siehe Abschnitt 3.2.2.
[1333] Vgl. Dubinsky/Laster (2003), S. 15.
[1334] Vgl. Sayers/Fulcher (1998), S. 12.
[1335] Beispielsweise kann durch die verzögerte Bekanntgabe von Schäden wertvolles Insiderwissen entstehen. Vgl. Cox/Schwebach (1992), S. 631.
[1336] Vgl. Sayers/Fulcher (1998), S. 11.

dustriefremden Investoren einer Unsicherheit aus, die ihren geforderten Risikoaufschlag erhöht.[1337]

Parametrische Auslösemechanismen

Sowohl bei parametrischen Zahlungsstrukturen als auch bei auf diesen aufbauenden, simulierten Schäden werden Probleme der asymmetrischen Informationsverteilung minimiert. Sowohl Sponsoren als auch Investoren der Transaktionen können auf entsprechende historische Daten zurückgreifen, ihre individuellen Bewertungsmethodiken entwickeln und entsprechend ihren subjektiven Strategien handeln. Obwohl die Simulation von Schäden durch Naturkatastrophen sehr komplex ist, hat sie neben anderen Vorteilen[1338] die besondere Eigenschaft, dass die Investoren mit einem begrenzten Lernaufwand das gleiche Wissensniveau wie die traditionellen Marktinsider erreichen können und dass so Probleme durch Informationsvorsprünge insgesamt gemildert werden. Auf Grund der Probleme bei der Nutzung der anderen Auslösemechanismen erwartet ein Teil der Marktteilnehmer daher, dass sich die dritte Gruppe der Trigger-Mechanismen basierend auf den Naturereignissen selbst besser zur Vermeidung von Problemen aus einer asymmetrischen Informationsverteilung eignet und sich deswegen durchsetzt.[1339]

Kombination verschiedener Auslösemechanismen

Als vierte Möglichkeit zur Minimierung der Schwierigkeiten wird bei verschiedenen Transaktionen auch eine Kombination von Indemnity-Triggern und einem weiteren Auslösemechanismus eingesetzt (sog. Dual- oder auch Double-Trigger-Transaktionen). Die Zahlung aus dem Katastrophen-Kontrakt ist dabei zusätzlich zu dem Eintreffen eines hohen individuellen Schadens in zweiter Instanz davon abhängig, dass ein entsprechender Schadensindex oder ein parametrischer Wert ein definiertes Niveau überschreitet.[1340] Im Gegensatz zu Double-Trigger-Transaktionen, die auf unterschiedlichen Risiken beruhen,[1341] dient die Fixierung eines Risikos aus unterschiedlichen Perspektiven nur der Beseitigung von Problemen aus asymmetrischen Informationen. Die erhöhte Komplexität dieser Konstruktion mindert aber wiederum deren Attraktivität.[1342]

Zusammenfassung

Um die Probleme der asymmetrischen Informationsverteilung zu mildern, bietet sich eine Entkopplung der Auszahlung des Katastrophen-Kontraktes von der individuellen,

---

[1337] Vgl. Abschnitt 5.3.4.

[1338] Die Interviewpartner gehen auf Grund der sehr detaillierten Modelle von eher geringem Basis-Risiko aus. Vgl. Abschnitt 5.2.2.

[1339] Vgl. o.V. (2000e), S. 14. Diese These unterstützten auch die Interviewpartner 14 (Ib), 16 (Ib), 26 (Re) und 46 (We).

[1340] Vgl. Froot/Asaff/McGhee/Sullivan/McDaniels (1998), S. 33.

[1341] Als Double-Trigger-Transaktionen werden auch solche Transaktionen bezeichnet, die z. B. einen Erdbebenschaden mit einem Wirbelsturmschaden oder einen Versicherungsschaden mit steigenden Zinsen, d. h. unterschiedliche Risiken, kombinieren. Vgl. Cox/Fairchild/Pedersen (2000b), S. 48.

tatsächlichen Schadensentwicklung an.[1343] Wie auch die geführten Interviews bestätigen,[1344] zeigt die zu beobachtende Ausgestaltung der Katastrophen-Anleihen in der Praxis sowie die Konstruktion der gehandelten Optionen, dass dem Bedürfnis der Investoren entsprechend versucht wird, Probleme aus asymmetrischer Informationsverteilung effektiv zu mindern. Neben den traditionell unter diesem Problembereich betrachteten Aspekten ist auch die spezielle Markterfahrung bzw. das entsprechende Vorwissen und die informative sowie bezüglich des operativen Einflusses zu erreichende Gleichstellung beider Vertragsparteien eine wichtige bei der Vertragsgestaltung zu beachtende Komponente.

Obwohl bei Absicherung eines individuellen Risikos mit einem industriespezifischen, parametrischen oder auch modellierten Trigger die Beseitigung der betrachteten Probleme auf Grund asymmetrischer Informationen gelingt, muss der Versicherte damit rechnen, dass sein Schaden je nach individuellem Portfolio von der Zahlungsstruktur abweicht. Durch die Unabhängigkeit der Zahlungsstruktur des Finanzkontraktes von der individuellen Schadensentwicklung entsteht neben der positiven Beseitigung der Probleme einer asymmetrischen Informationsverteilung gleichzeitig Basis-Risiko.[1345]

Ein besonderer Vorteil der Katastrophen-Transaktionen zeigt sich bei einer asymmetrischen Informationsverteilung mit umgekehrter Rollenverteilung. In den geführten Interviews wurden die Vorteile im Bereich des Hold Up, d. h. die schnelle, sichere Zahlung im Bedarfsfall, als positive Eigenschaft der Katastrophen-Kontrakte dargestellt. Traditionell können sowohl durch die für die Schadensfeststellung benötigte Zeit als auch durch die u. U. gerichtliche Klärung der abgedeckten Schäden Probleme bezüglich der Entschädigungszahlung sowie ihrer Höhe entstehen.[1346] Einige Interviewpartner weisen zwar darauf hin, dass erst die Erfahrung unproblematischer Zahlungen im Rahmen von Katastrophen-Kontrakten[1347] die Marktteilnehmer von deren Vorteilen zu überzeugen vermag. Sie sind gleichzeitig sicher, dass bei adäquater Ausgestaltung des Zahlungsmechanismus und der Kontraktstruktur dieser Charakter einen bedeutenden Nutzen darstellen kann.[1348]

1342 Siehe die weiteren Ausführungen in Kapitel 5.4.4.

1343 Sollte eine Entkopplung auf Grund individueller Interessen nicht möglich sein (siehe beispielsweise die Ausführungen zur USAA Transaktion), so kann zur effektiven Minderung der betrachteten Probleme durch das Einschalten eines unabhängigen Dritten eine Objektivierung der Schadensermittlung stattfinden.

1344 Diese Aussage vertraten die Interviewpartner 2 (Bö), 11 (Ib), 25 (Ra), 31 (Au), 37 (Rü) und 40 (Rü).

1345 Vgl. Tynes (2000), S. 18.

1346 Ein Interviewpartner gab an, dass die gerichtliche Auseinandersetzung in Bezug auf Rückversicherungsverträge durchaus keine Seltenheit darstellt und verwies auf die Auseinandersetzung um die Zahlungen im Fall des World Trade Centres. Dieser Aspekt wird aber kontrovers diskutiert. Siehe D'Agostino (2003), S. 23.

1347 Siehe hierzu auch Fn. 1611.

1348 Hierzu Interviewpartner 6 (Br), 39 (Rü), 46 (We) und 47 (We).

5.3.3 Regulatorische Aspekte

Die Einbettung der Katastrophen-Kontrakte in das regulatorische Umfeld, die steuerliche Wirksamkeit und die Bilanzierung der Kontrakte kann den Einsatz und den Erfolg von Katastrophen-Kontrakten nachhaltig beeinflussen. Diese Faktoren bestimmen die Attraktivität der Kontrakte gegenüber dem konventionellen System der Risikoabsicherung mit.[1349]

Eine Beurteilung der Katastrophen-Kontrakte wird durch unterschiedliche Aspekte erschwert:

Gemäß ihrer Zielsetzung sollte sich die vorliegende Arbeit auf das deutsche System fokussieren. Dabei ist jedoch zu beachten, dass bislang keine Katastrophen-Transaktion durch eine in Deutschland ansässige Gesellschaft begeben wurde.[1350] Die gesamte Auslegung der entsprechenden Grundsätze ist somit bislang in der Praxis noch nie angewendet bzw. praxisnah diskutiert worden.

Die Probleme der historisch getrennten Aufsicht und die Frage, ob Katastrophen-Kontrakte Versicherungsverträge oder Finanzierungsinstrumente sind, erschweren die Beurteilung zusätzlich.[1351]

Gleichzeitig ist festzustellen, dass die Versicherungsregulierung bezüglich des Einsatzes von modernen Risikomanagement-Instrumenten deutlich hinter den entsprechenden Grundsätzen der Bankenregulierung zurückbleibt. Die notwendige Weiterentwicklung der entsprechenden Regelungen und Systeme, die in nächster Zeit zu erwarten ist,[1352] erschwert eine detaillierte Betrachtung zum jetzigen Zeitpunkt.

Obwohl das regulatorische Umfeld, steuerliche und bilanzielle Aspekte grundsätzlich einflussreiche Eigenschaften sein können, ließ sich im Rahmen der Interviews feststellen, dass die nationalen Regelungen angesichts der Möglichkeit, diese Geschäfte international abzuwickeln, keine Bedeutung haben.[1353]

Eine zukunftsgerichtete Analyse der aktuellen regulatorischen Beeinflussung der Katastrophen-Kontrakte hat über eine Auslegung der gegenwärtigen Regelungen hinaus zu beachten, dass die Regulatoren in Form einer Re-Regulierung auf ungewollte Entwicklungen reagieren werden. Das aktuell rudimentäre Gerüst aus Vorschriften und Gesetzen zur Regelung von Katastrophen-Kontrakten ist daher nicht als statisches Konstrukt

---

1349 Vgl. Laster/Raturi (2001), S. 3, 26; Bouzouita/Young (1998), S. 322; Dubinsky/Laster (2003), S. 28. Einer der Haupteinflussfaktoren für Kredit-Derivate scheint die hierdurch mögliche regulatorische Arbitrage zu sein. Die sog. finite Rückversicherung wird maßgeblich durch steuerliche Aspekte getrieben. Siehe o.V. (2000e), S. 31, 23.

1350 Die deutschen Gesellschaften nutzen ausländische Tochtergesellschaften, um etwaige regulatorische Probleme zu umgehen.

1351 Vgl. Kaplan/Lefebvre (2003), S. 8.

1352 Siehe hierzu auch die weiteren Ausführungen in diesem Abschnitt.

1353 Diese These stützten die Interviewpartner 3 (Br), 4 (Br), 6 (Br), 19 (In), 26 (Re), 28 (Re), 34 (Rü), 36 (Rü) und 43 (Ve). Kontrovers hierzu äußerte sich Interviewpartner 29 (Re).

aufzufassen, sondern es wird entsprechend der Evolution der Finanzsysteme und der Zielsetzung der Regulatoren weiter verändert.[1354] Wenn eine Verbriefung von Katastrophen-Risiko zu einer negativen Veränderung und Destabilisierung des Finanzsystems führen sollte, ist eine weitere Steuerung durch entsprechende Gesetze und Regelungen zu erwarten.

Eine Bestimmung des Einflusses nationaler Normen wäre daher weitgehend hypothetisch. Vor diesem Hintergrund würde auch eine fundierte Betrachtung der bilanziellen, steuerlichen und regulatorischen Faktoren einer Katastrophen-Anleihe oder Katastrophen-Option unter Beachtung nationaler Besonderheiten wenig Sinn machen. Daher muss unter Vernachlässigung einer ohnehin wenig aussagekräftigen Beschreibung der jetzigen Situation eine Analyse der Auswirkungen der Einführung auf das Gesamtsystem erfolgen, um so die grundlegende Haltung der gesetzgebenden Institutionen zu Katastrophen-Kontrakten zu bestimmen.

Nachfolgend wird daher zunächst die gegenwärtige regulatorische Situation für Sponsoren und Investoren erläutert, um auf dieser Grundlage die in Zukunft zu erwartende Haltung der Regulatoren ableiten zu können. Insgesamt wird versucht, die Ausführungen in Anlehnung an deutsche und amerikanische Regelungen so konkret wie möglich zu halten.[1355]

5.3.3.1 Situation für die Sponsoren

Fundamentales Ziel des Sponsors einer Katastrophen-Transaktion ist die Risikoabgabe. Dazu muss die Transaktion innerhalb des gesetzlichen und regulatorischen Rahmens zulässig sein. Darüber hinaus ist für die Sponsoren der Transaktion die steuerliche und regulatorische Wirksamkeit des Risikotransfers entscheidend, da nur hierdurch die entsprechenden positiven Effekte erreicht werden können.[1356] Besonders die steuerlichen Probleme bei der Bildung von Kapitalreserven für den Katastrophen-Fall zeigen die Wichtigkeit der steuerlichen Anerkennung der Katastrophen-Absicherung mittels alternativer Instrumente. Die regulatorische Anerkennung stellt dabei die Grundlage einer steuerlichen Anerkennung dar.

Im Folgenden soll deshalb zuerst die Zulässigkeit und dann die Wirksamkeit des Katastrophen-Risikotransfers durch Finanzkontrakte untersucht werden.

Die Risikoabsicherung von Anlagerisiken (dementsprechend Aktiva-Risiken) durch Maßnahmen des Risikomanagements, d. h. durch Terminkontrakte und Optionen, ist

---

1354 Siehe hierzu die Erläuterungen in Abschnitt 4.3.1.1.

1355 Für eine Darstellung der regulatorischen Problemfelder in den USA siehe Goldman/Pinsel/Spaccini-Rosenberg (1998); Hoyt/Williams (1995), S. 47-50; D'Agostino (2003), Appendix II, III. Für eine hypothetische Untersuchung des deutschen Systems siehe Hasekamp (2000), S. 130-134; Strube (2001), S. 71-94; König (1997). Für eine Betrachtung des englischen Systems siehe Spiller/Mellman (1999).

1356 Mit der regulatorischen Wirksamkeit wird das Eigenkapital entlastet, wogegen die steuerliche Wirksamkeit eng an der ersten Argumentation anliegt.

den deutschen Versicherungen grundsätzlich, vorbehaltlich einiger Einschränkungen, erlaubt.[1357] Der Einsatz dieser Finanzkontrakte zum Management von Kapitalanlagerisiken, also die Absicherung gegen Kurs- oder Zinsänderungsrisiken darf nur bei vorhandenen oder potenziellen Vermögenswerten erfolgen, d. h. ein rein spekulatives Investment ist ausgeschlossen. Die zuständige Regulierungsbehörde schließt den Einsatz von derivativen Finanzinstrumenten zum Management von Kursrisiken versicherungstechnischer Rückstellungen und Verbindlichkeiten (passive Risiken) in diese Regelung explizit mit ein. Streng genommen ist damit der Einsatz von Terminkontrakten zur Absicherung von versicherungstechnischen Risiken nicht erlaubt. Besonders die in den folgenden Rundschreiben erfolgten Präzisierungen[1358] spezifizieren ausdrücklich und extensiv die erlaubten Geschäfte. Diese Erläuterungen umfassen nicht den Einsatz von versicherungstechnischen Derivaten. Anderslautende Auffassungen[1359] dieser Quasi-Gesetze, die eine Zulässigkeit interpretieren, sind insofern als Vermutungen zu sehen, die in der Zukunft durch entsprechende Präzedenzfälle zu klären sind. Bislang ist eine Klärung dieser Sachverhalte durch die mangelnde Nachfrage der im deutschen Raum ansässigen Institutionen noch nicht erfolgt.

Der Einsatz von Katastrophen-Anleihen zur Risikoabsicherung ist dagegen leichter möglich. Bei einer Katastrophen-Anleihe wird, wie in Abschnitt 3.3.2 beschrieben, ein Spezial Purpose Vehicle (SPV) zwischengeschaltet. Durch diese indirekte Struktur ist sowohl für Erst- als auch für Rückversicherungen aus aufsichtsrechtlichen Aspekten der Risikotransfer vollzogen. Zum Vergleich ist der direkte Verkauf, z. B. als Contingent-Capital, dagegen laut Aussagen der BaFin für Erstversicherungen nach § 7 Abs. II VAG (versicherungsfremde Geschäfte) untersagt. Diese Interpretation ist jedoch nicht zu Ende diskutiert und muss wie alle anderen Instrumente auch im Sinne einer funktionalen Reglementierung mit anderen Transaktionen verglichen und beurteilt werden.

Die Betrachtung der Zulässigkeit der entsprechenden Absicherungstransaktionen als originäres Merkmal ist aber um eine Analyse der regulatorischen Anerkennung als Risikotransfer im Sinne einer solchen Wirksamkeit zu erweitern. Damit eventuelle Prämienzahlungen der Erstversicherungen[1360] als Aufwendungen z. B. steuerlich wirksam über mehrere Bilanzierungsjahre verteilt werden können und gleichzeitig eine Senkung der so genannten Soll-Solvabilität erreicht werden kann, muss über die Zulässigkeit hinaus eine regulatorische Anerkennung des Instrumentes festgestellt werden. Wie die Diskussion von STRUBE [2001] zeigt, ist diese Anerkennung auf der Grundlage der be-

---

1357 Siehe § 7 Abs. 2 Satz 2 VAG und die Präzisierung durch o.V. (1995a).

1358 Siehe o.V. (1999b); o.V. (2000b).

1359 Siehe beispielsweise Strube (2001), die davon ausgeht, dass Transaktionen mittels PCS-Optionen unter diesen Kriterien zulässig sind. Siehe Strube (2001), S. 73.

1360 Die aktuell in Deutschland durch die BaFin vorgeschriebenen Regeln gelten nur für Erstversicherungen. Rückversicherungen müssen keine bestimmten Solvabilitätsmaßstäbe erfüllen. Die BaFin plant aber eine entsprechende Regelung, die auch durch die Umsetzung vergleichbarer EG-Richtlinien in naher Zukunft erfolgen wird.

stehenden Gesetzen und Interpretationen weiter zu verfeinern und aktuell nicht zweifelsfrei geklärt.[1361]

Auf Grund dieser aktuell unzureichenden Spezifizierung ist für die mittel- bis langfristige Beurteilung weniger die Interpretation bestehender Gesetzestexte ausschlaggebend. Es ist stattdessen zu untersuchen, inwieweit diese Instrumente mit den grundlegenden Zielen der Versicherungsaufsicht übereinstimmen. Diese Analyse erfolgt im übernächsten Abschnitt. Darüber hinaus hat die bisherige Nicht-Regelung durch den deutschen Gesetzgeber und die Versicherungsaufsicht in der Vergangenheit dazu geführt, dass durch die Zwischenschaltung von im Ausland, in wenig regulierten Bereichen beheimateten Zweckgesellschaften die deutschen Vorschriften und Gesetze erfolgreich umgangen wurden. Der Einfluss dieser Regelungen auf die Entstehung und Entwicklung des Marktes kann daher als sehr begrenzt angesehen werden.

Befragt nach dem tatsächlichen Einfluss dieser Faktoren, bezogen sich die im Rahmen der Arbeit interviewten Marktteilnehmer nahezu ausschließlich auf das amerikanische System. Ein Großteil des gesamten Volumens wird unter den dort herrschenden regulatorischen Bedingungen auf der Grundlage eines „off-shore SPV“ verkauft und gehandelt. Die Interviewpartner gaben an, dass die regulatorischen Regeln bei den aktuell stattfindenden Transaktionen die Strukturierung zwar entscheidend beeinflussen, dass hierdurch aber keine Probleme entstehen, die eine Transaktion behindern oder verhindern. Daher können die bestehenden Regelungen für das aktuelle Transaktionsvolumen als wenig entscheidungswirksam angesehen werden. Soll die Risikoabsicherung mittels Katastrophen-Kontrakten weiter an Bedeutung erlangen[1362] und die bestehenden mögliche Ineffizienzen beseitigen, ist die regulatorische und steuerliche Behandlung sowohl in den USA als auch insbesondere in Deutschland zu klären.

5.3.3.2 Situation für Investoren

Bislang wurde ausschließlich der Einfluss der regulatorischen Situation auf die Sponsoren betrachtet. Steuerliche, regulatorische und Bilanzierungsvorschriften können theoretisch aber auch das Verhalten der Investoren beeinflussen. Im Rahmen der Interviews wurde allerdings deutlich, dass für den Großteil der Investoren regulatorische, steuerliche und bilanzielle Probleme aktuell keine besondere Entscheidungsrelevanz besitzen.[1363] Obwohl für Teile der Investoren spezielle rechtliche Vorschriften bezüglich der zulässigen Investitionsobjekte bestehen,[1364] können diese Anforderungen entweder durch entsprechende Strukturierung der Produkte erfüllt oder aber durch einen Verkauf an Investoren, die keinerlei Beschränkungen unterliegen, umgangen werden. Die Be-

---

1361 Gleiches gilt auch für die USA. Vgl. Kaplan/Lefebvre (2003), S. 8.

1362 Erfolgsszenarien IV und V.

1363 Diese These vertraten die Interviewpartner 3 (Br), 4 (Br), 6 (Br), 24 (Ra), 26 (Re), 28 (Re), 29 (Re), 34 (Rü), 36 (Rü) und 43 (Ve). Siehe hierzu auch Fn. 1353.

1364 So dürfen Lebensversicherungen beispielsweise nur in besondere Anlagekategorien investieren.

schränkungen der Investoren sind dagegen eher in ihren selbst gegebenen Satzungen und der grundsätzlichen Ausrichtung ihrer Investitionstätigkeit zu sehen. Die breite Investorenbasis untermauert die These, dass keine entscheidungsrelevanten Probleme existieren.

5.3.3.3 Potenzielle Gefahren für das Finanzsystem

Wie bereits im vorhergehenden Abschnitt beschrieben, ist die allgemeine Haltung der Regulatoren gegenüber einer langfristigen Etablierung der Katastrophen-Kontrakte zu analysieren. Da die Regulatoren grundsätzlich ein Interesse an der Beseitigung der in Kapitel 2.2 beschriebenen möglichen Ineffizienz haben, werden sie Katastrophen-Kontrakten grundsätzlich positiv gegenüberstehen. Die mit einer Katastrophen-Transaktion und dem entsprechenden Risikotransfer verbundenen Vorteile umfassen aus ihrer Sicht in unterschiedliche Aspekte:[1365] So kann durch Katastrophen-Kontrakte neben der Verbesserung der in Kapitel 2.2 angesprochenen Defizite eine Erhöhung der Solvabilität erreicht werden; die Ergebnis-Schwankungen können reduziert werden, die Bildung von Reserven wird erleichtert und die traditionellen Kapazitäten können damit erweitert werden. Nachteilig ist aber, dass Katastrophen-Kontrakte gleichzeitig auch eine regulatorische und steuerliche Arbitrage ermöglichen, die den Einflussbereich der nationalen Aufseher reduziert und aus deren Sicht daher grundsätzlich differenziert zu betrachten ist.[1366]

Als im Zusammenhang mit Finanzinnovationen problematisch gilt traditionell die Gefahr einer Bedrohung der Funktion des gesamten Finanzsystems (konventionell besonders die Sicherung der Spareinlagen). Bis zum Erfolg reiner Risiko-Kontrakte (Terminkontrakte, Optionen und Swaps) wurde Risiko innerhalb des Finanzsystems breit gestreut oder verblieb in der Mehrzahl der Fälle bei dem originären Ursprung. Durch die neuartigen Risiko-Kontrakte und so auch durch Katastrophen-Kontrakte ist eine Trennung der Risikokomponenten von Kapitalbestandteilen erreichbar. Risiko-Kontrakte sollen so eine bessere Risikoallokation innerhalb des Finanzsystems ermöglichen.[1367] Sie erlauben durch geringere Transaktionskosten und die Möglichkeit des Short-Sellings[1368] das schnellere und effizientere „Einpreisen" von Informationen. Einzelne Institutionen können aber durch diese Kontrakte auch im Vergleich zu ihrer Kapitalbasis große Risikopositionen aufbauen, die bei extremen, womöglich korrelierten Marktbewegungen nicht nur diese einzelnen Institutionen, sondern auf Grund der zunehmen-

[1365] Vgl. o.V. (2000c), S. 25.
[1366] Vgl. o.V. (2000c), S. 33.
[1367] Vgl. Zimmermann (1987), S. 195, ebenso Abschnitt 2.2.6.
[1368] Vgl. Diamond/Verrecchia (1987).

den Vernetzung innerhalb des Finanzsystems durch Kettenreaktionen die Gesamtfunktion des Finanzsystems bedrohen.[1369]

Die auf KEYNES zurückgehende Diskussion um den negativen Einfluss großer Investoren und Spekulanten[1370] befürchtet, dass diese durch ihren großen Einfluss absichtlich oder unabsichtlich die Wirkung von Kapitalmärkten stören und so den realen Sektor in seiner Funktionsweise behindern können.[1371] Dabei wird befürchtet, dass den institutionellen Investoren durch die Kontrakte des reinen Risikotransfers ein Mittel gegeben wird, ihre Strategien unabhängig von Kapitalrestriktionen und regulatorischen Beschränkungen zu verfolgen. Über diese temporäre Störung hinaus kann auch eine systematische Bedrohung des gesamten Finanzsystems entstehen. Der Begriff des so genannten systematischen Risikos kann dabei nach der Ursache oder den Folgen charakterisiert werden, umfasst aber immer Schäden, die charakteristischerweise durch Netzwerkeffekte einem Großteil der Institutionen eines Finanzsystems einen signifikanten Schaden zufügen.[1372] So lässt sich bei Derivaten feststellen, dass rund 80% des Nominalvolumens von Banken und bankähnlichen Instituten gehalten wird,[1373] so dass negative Folgen eines Risikohandels potenziell eine besondere Bedrohung des Banksystems darstellen. Hieraus resultierte die Frage, ob derivative Finanzinstrumente, die primär zur besseren Risikoallokation und zum Risikomanagement eingesetzt werden können, sekundär durch Spekulationen und Missbrauch zu einer Gefahr für das gesamte Finanzsystem werden können.[1374] Inwieweit diese These aber die Realität tatsächlich abbildet, muss dezidiert untersucht werden.

In perfekten Märkten kann durch die Einführung neuer Kontrakte kein zusätzliches Risiko geschaffen, sondern nur bestehendes Risiko umverteilt werden. Da die realen Märkte aber durch Marktunvollkommenheiten geprägt sind, hat das Entstehen dieser neuen Risiko-Kontrakte[1375] zu einer kontroversen Diskussion geführt. Eine Vielzahl empirischer Studien erforscht die Auswirkungen der Einführungen eines Risiko-Kontraktes auf die zugrunde liegenden Basiskontrakte. Empirische Analysen zu negativen Netzwerkeffekten im Bankensektor sind durch die gute Datenlage besonders am Beispiel der USA vorgenommen worden. Hierbei werden insbesondere die Auswirkungen der Einführung von Derivaten und die wechselseitigen Wirkungen untersucht. Der

---

1369 Kaufman (1994) spricht daher von „contagion“ (engl.: Ansteckung). Siehe Kaufman (1994), S. 123. Für einen aktuellen Überblick und eine empirische Studie zu den negativen Effekten der Vernetzung von Banken siehe neben Kaufman (1994); Furfine (2003). Vgl. ebenfalls Lusser (1987), S. 144.

1370 Siehe hierzu Minsky (1977), S. 25.

1371 Kontrovers dazu Friedman (1953), S. 175; Hart/Kreps (1986).

1372 Für eine begriffliche Definition siehe Kaufman/Scott (2003).

1373 Vgl. Birchler/Hermann/Rime (1994), S. 345.

1374 Vgl. Stein (1987).

1375 Für den Erfolg von Terminkontrakten, Optionen und Swaps siehe Kolb (2003).

Fokus der Arbeiten liegt auf der Preisbildung,[1376] der Volatilität,[1377] der Geld-Brief-Spanne, der Liquidität[1378] oder dem Handelsvolumen. Insgesamt sind die theoretisch möglichen negativen Effekte einer Volatilitätssteigerung durch die Ergebnisse der empirischen Arbeiten nicht zu fundieren.[1379] Diese Forschungen können die These einer nicht funktionierenden Regulierung und einer Bedrohung des gesamten Finanzsystems durch die Zahlungsunfähigkeit einzelner Institute nicht untermauern,[1380] sind aber durch methodische Probleme wie z. B. der Existenz eines Regulierungssystems nicht ohne weiteres verallgemeinerbar.

Übertragung auf die Regulierung von Katastrophen-Kontrakten

Um mögliche negative Effekte der Katastrophen-Kontrakte auf die Finanzsysteme zu ermitteln, bietet sich eine Übertragung der obigen Argumentation auf diesen Sachverhalt an. Zu beachten ist, dass für die Untersuchung einer Bedrohung des Finanzsystems durch Katastrophen-Kontrakte nicht unbedingt historische, sondern potenzielle Gefahren zu beachten sind.

Eine destabilisierende Wirkung auf die Sponsoren von Katastrophen-Kontrakten ist nur dann zu erwarten, wenn diese im Schadensfall der Gefahr ausgesetzt sind, nicht die versprochene Zahlung zu erhalten. Wie die bisherigen Ausführungen gezeigt haben, ist der besondere Vorteil der im Rahmen der Arbeit betrachteten Kontrakte aber ihre, nicht nur im Vergleich zur traditionellen Industrie, absolut hohe Zuverlässigkeit im Schadensfall. Diese Zahlungsfähigkeit ist ein besonderer Vorteil der Katastrophen-Kontrakte gegenüber dem konventionellen System der Risikoabsicherung und wird dadurch erreicht, dass die im Schadensfall zu leistende Zahlung unabhängig von der zu diesem Zeitpunkt herrschenden Liquiditätssituation des Investors ist. Durch „Up Front Capital" (das Kapital wird bereits vor Schadenseintritt in das SPV eingezahlt) und Bereitstellung von Sicherheiten wurden Mechanismen entwickelt, die im Gegensatz zu u. U. korrelierten konventionellen Kapitalmarktrisiken zwar im Rahmen der normalen regulatorischen Aufsicht kontrolliert und gesichert werden müssen, aber das Finanzsystem, d. h. weder die Sponsoren noch die Investoren, durch den Aufbau von potenziell ungesicherten, spekulativen Positionen destabilisieren können.

Im Gegensatz zu einer möglichen Gefährdung des Finanzsystems durch Katastrophen-Kontrakte kann argumentiert werden, dass vielmehr die Bedrohung eines Versicherungsunternehmens durch Katastrophen-Risiko innerhalb dieser Institution als systema-

---

1376 Zum Lead-Lag, d. h. der auf Grund von Transaktionskosten verzögerten Anpassung der Bewertung von Derivaten, siehe Jiang/Fung/Cheng (2001).

1377 Siehe beispielsweise Kraus/Zimmermann (2002); Jochum/Kodres (1998); Hagelin (2000); Edwards (1988); Baldauf/Santoni (1991); Dennis/Sim (1999).

1378 Für eine empirische Studie zu den Auswirkungen der Einführung des HSI-Futures siehe Kan (1999).

1379 Vgl. Miller (1992), S. 8.

1380 Vgl. Kaufman/Scott (2003), S. 375; Kaufman (1994), S. 143.

tisches Risiko zu interpretieren ist. Die Bedrohung durch Katastrophen-Risiko ist sogar so groß, dass dadurch im Schadensfall die gesamte konventionelle Versicherungsindustrie in Bedrängnis geraten kann. Die relativ geringe Größe der Versicherungsindustrie im Vergleich zur Gesamtheit der Kapitalmärkte sowie die geringe Korrelation dieser beiden historisch getrennten Risiko-Märkte ist dabei gerade der Vorteil der neuen Lösung, die für eine Verbindung der beiden Segmente durch Katastrophen-Kontrakte spricht.[1381]

Zu den bisherigen Ausführungen ist zu ergänzen, dass die Regulatoren die Möglichkeit haben, den Markt für Katastrophen-Risiko aktiv zu fördern. Die in den USA geführte Diskussion zur Zulässigkeit und Anerkennung der Katastrophen-Kontrakte hat verschiedene Probleme verdeutlicht.[1382] Der wichtigste Aspekt, der bei der Regulierung von Katastrophen-Kontrakten zu beachten ist, ist eine zweckmäßige Beschränkung, die einen zielorientierten Einsatz sicherstellt. Daher sind sowohl Spezifikationen bezüglich eines erlaubten Maßes an Basis-Risiko, die sich in einer fassbaren Definition der Korrelation wiederfinden, als auch der Beschränkungen bezüglich des möglichen Transaktionsvolumens und der Qualitätsnormen (Beschränkung des Kredit-Risikos) gefordert.[1383] Durch diese Maßnahmen kann die Unsicherheit der Marktteilnehmer bezüglich dieser Instrumente reduziert und die Attraktivität erhöht werden.

5.3.3.4 Zusammenfassung und Einordnung

Wie die Diskussion, die seit Mitte der 90er Jahre in den USA zu Fragen der regulatorischen Ausgestaltung[1384] geführt wird, zeigt, können Katastrophen-Kontrakte wegen der steuerlichen Probleme der Rücklagenbildung für den Katastrophen-Fall im traditionellen System[1385] als steuerlich und regulatorisch getriebene Innovation verstanden werden.[1386] Obwohl die Möglichkeit der Umgehung regulatorischer Vorschriften durch die spezielle Strukturierung der Transaktionen (z. B. SPVs auf den Bermudas) bis 2016 verlängert wurde,[1387] ist durch eine Anpassung der regulatorischen Rahmenbedingungen jederzeit eine Änderung der entscheidungsrelevanten Parameter möglich. Die Reaktion der Regulierungsbehörden auf die Innovation Katastrophen-Kontrakt hängt von der Wirkung dieser Entwicklung auf die Stabilität und Funktion des Finanzsystems ab.

Die möglicherweise bestehenden Ineffizienzen des konventionellen Systems[1388] erfordern eine Veränderung des traditionellen Systems der Risikoabsicherung. Der Untersuchungsgegenstand der vorliegenden Arbeit könnte eine solche Veränderung bewirken.

1381 Vgl. hierzu die Ausführungen in Abschnitt 2.2.6.
1382 Siehe o.V. (2000a).
1383 Vgl. o.V. (2000a), S. 6; Bouriaux (2001), S. 102-106.
1384 Vgl. Smith/Canelo/Di Dio (1997), S. 30-31.
1385 Vgl. Abschnitt 2.2.5.
1386 Siehe hierzu auch Abschnitt 4.3.1.1.
1387 Vgl. Searby (2003), S. 40.
1388 Siehe Kapitel 2.2.

Wie dargestellt, ist durch diese Instrumente des Risikomanagements bei entsprechenden aufsichtsrechtlichen Regelungen grundsätzlich keine erhöhte Systeminstabilität zu erwarten. Daher ist es wahrscheinlich, dass die zuständigen Behörden der Versicherungsaufsicht, vergleichbar mit der fördernden Rolle des Basler Ausschusses für Bankenaufsicht,[1389] künftig mit entsprechenden proaktiven Regelungen das innovative Risikomanagement der Versicherungen weiter fördern werden. Die amerikanischen Regulatoren gedenken z. B. die Kapazitäten für Katastrophen-Versicherung mit der Zulassung von on-shore SPVs zu erweitern. Der 1999 durch die NAIC[1390] verabschiedete „Spezial Purpose Reinsurance Vehicles (SPRVs) Model Act" soll eine gesetzliche und steuerliche Plattform schaffen, welche die in Kapitel 2.2 gezeigten Missstände durch die im Rahmen der Arbeit analysierten Instrumente beseitigt.[1391] Obwohl diese Gesetzesvorlage noch nicht umgesetzt ist, sondern z. Zt. kontrovers diskutiert wird,[1392] zeigt diese Diskussion, dass die bestehenden regulatorischen und steuerlichen Probleme in einem Wechselspiel aus proaktiver Regulation und Marktnachfrage gelöst werden können.

Für den deutschen Raum ist angesichts mangelnden Bedarfs die entsprechende Sicherheit aktuell nicht vorhanden. Die teilweise widersprüchlichen Aussagen der Regulierungsbehörde[1393] zu funktional gleichen Sachverhalten zeigt, dass die derzeitige Situation als in der Entwicklung befindlich charakterisiert werden kann. Scheinbar auf Grund des mangelnden Interesses der deutschen Versicherungswirtschaft an solchen alternativen Instrumenten ist die deutsche Regulierung und Rechtsprechung deutlich hinter den USA zurück, in deren Direktiven sowohl die Absicherung von Katastrophen-Risiken mittels Optionen als auch mittels Anleihen erlaubt[1394] und sogar durch eine proaktive Interpretation gefördert wird.[1395] Wie dargestellt, sind in den USA zur Beseitigung der steuerlichen und regulatorischen Probleme Gesetzesvorlagen entwickelt worden, welche die steuerliche Gleichstellung von SPV und bilanzieller „on-shore" Reserve-Bildung beabsichtigen.[1396] Diese Maßnahme kann als positive Re-Regulierung im Sinne der Ausführungen in Abschnitt 4.3.1.1 verstanden werden.

Die wachsende Bedeutung von SPVs und Captive-Strukturen zur Absicherung von Extrem-Schäden nach den Anschlägen am 11. September 2001[1397] zeigt die Attraktivität solcher Konstrukte zur Lösung der bestehenden Probleme. Die durch den Enron Skandal in allgemeinen Misskredit geratenen SPVs und Captives können eine Lösung des

---

1389 Siehe z. B. o.V. (1999c).

1390 National Association of Insurance Commissioners (NAIC).

1391 Vgl. Bouriaux (2001), S. 97-98, als Grundlage Hancock/Britt (2002).

1392 Siehe o.V. (2001b); Grace/Klein/Phillips (2001); Grace (2001).

1393 Siehe Strube (2001), Anhang 3 und die Interpretation auf S. 74.

1394 Vor allem die besonders durch Naturkatastrophen gefährdeten Staaten wie Kalifornien oder Florida zeigen einen proaktiven Umgang mit entsprechenden Fragestellungen und Problemen.

1395 Vgl. o.V. (2000c), S. 3.

1396 Vgl. Niehaus (2002), S. 593-594.

1397 Vgl. Hess (2002), S. 18-20.

bestehenden Problems darstellen. Sie können aber ebenso durch eine Re-Regulierung unattraktiv werden. Die Interpretation der „Consolidation of Variable Interest Entities" (FIN 46) durch die FASB[1398] Anfang 2003 könnte auch die im Zuge der Katastrophen-Anleihen genutzten SPVs durch eine Re-Regulierung unattraktiv machen und dazu führen, dass der Markt für Katastrophen-Anleihen beträchtlich an Anziehungskraft verliert.[1399] Da sich bei den Regulierungsbehörden aber offenbar die Erkenntnis durchgesetzt hat, dass Katastrophen-Risiko nur sehr begrenzt zur örtlichen Diversifikation geeignet ist und bestehende Reglementierungen die Diversifikation über die Zeit behindern,[1400] ist auf Grund der positiven Gesamteffekte der ILS davon auszugehen, dass der Gesetzgeber in den USA die Entstehung solcher Kontrakte durch entsprechende Gesetze und Regeln künftig unterstützen wird.[1401]

Auch in Deutschland ist zu erwarten, dass solche Instrumente im Risikomanagement der Versicherungen an Bedeutung gewinnen werden. Die Zusammenlegung der beiden historisch getrennten Aufsichtsbehörden unter dem Dach der BaFin als Antwort auf die steigende Komplexität der Regulierung und die Konvergenz von Banken und Versicherungen wird eine weitere Entwicklung ermöglichen. Im Zuge dieser neuen Regelungen ist auch davon auszugehen, dass die Regulierungsunsicherheit bezüglich des Einsatzes von Katastrophen-Kontrakten beseitigt wird. Hierbei ist eine Gleichheit der Instrumente sicherzustellen, d. h. die steuerliche Besserstellung der SPVs darf nicht zu Wettbewerbsnachteilen der gesamten Rückversicherungsindustrie führen. Gleichzeitig dürfen die neuen Instrumente keine Intransparenz und Instabilität des gesamten Systems mit sich bringen. Im Gegensatz zu den traditionell meist mit Kapital der Versicherungen ausgestatteten Selbstversicherungen in Form von Captives fließt in Katastrophen-Kontrakte auch neues Kapital, das der Absicherung von Risiken dient und so die Absicherungssituation verbessern kann. Eine entsprechende positive Regelung bezüglich der Zulässigkeit und Wirksamkeit ist insgesamt sinnvoll und daher auch langfristig zu erwarten.

5.3.4 Preisbildung

Fundamentale Grundlage der Handelsaktivitäten an den Kapitalmärkten ist die Bildung von Marktpreisen.[1402] Das Vorhandensein von Marktpreisen als kollektive Übereinstimmung der individuellen Werteinschätzung basiert auf subjektiver Einschätzung,[1403] die sich an einer oder mehreren Bewertungsmethodiken ausrichtet. Wissenschaftlich fundierte Bewertungsmethoden können daher ein Erfolgsfaktor für die Existenz von

---

1398 Financial Accounting Standard Board (FASB).

1399 Vgl. D'Agostino (2002), S. 26; Hoffman (2002), S. 10.

1400 Vgl. Abschnitt 2.2.5.

1401 Siehe dazu ebenfalls Mimicopoulos (2004), S. 14.

1402 Vgl. Abschnitt 3.1.1 und 4.2.2.1.

1403 Im Resultat bilden sich Marktpreise durch die Übereinstimmung von Angebot und Nachfrage.

Märkten[1404] und so auch für Katastrophen-Kontrakte sein.[1405] Insgesamt bestehen im Vergleich zur Bewertung von allgemeinen Finanzkontrakten nur wenige Arbeiten zur Wertermittlung von Katastrophen-Risiko-Kontrakten.[1406] Die Bewertung von Katastrophen-Risiko ist dabei mit einigen methodischen Problemen behaftet. Bisher konnte keine Bewertungsmethodik eine umfassende wissenschaftliche oder praktische Akzeptanz erreichen. Das subjektive Vertrauen der Marktteilnehmer in diese Methoden wird hierdurch entscheidend beeinflusst. Der Minderung der Bewertungsunsicherheit von Katastrophen-Kontrakten könnte daher eine Schlüsselrolle bei der Schaffung eines liquiden, großvolumigen Marktes zukommen.[1407]

Das Basisproblem bei der Bewertung von Katastrophen-Kontrakten ist die Erfassung der den Kontrakten zugrunde liegenden Katastrophen. Diese müssen bezüglich ihres zeitlichen Auftretens, ihrer Stärke etc. abgebildet und letztlich zu Schadensprognosen verarbeitet werden. Eine Möglichkeit zur Behebung dieses Problems ist die Modellierung mittels Computer-Simulationen.

5.3.4.1 Modellierung

Der Modellierung von Katastrophen-Risiko kommt bei fast allen Fragestellungen im Umgang mit Katastrophen-Risiko eine große Bedeutung zu.[1408] Als individuelle oder kollektive Entscheidungsgrundlage von Investoren, Sponsoren und öffentlichen Institutionen,[1409] zur Bestimmung der Kontraktpreise oder als Auslösemechanismen einer Katastrophen-Transaktion etc. ist das tiefere Verständnis des potenziell eine Katastrophe auslösenden Naturereignisses von fundamentaler Wichtigkeit.

Auf Grund der Charakteristika von Katastrophen-Risiko (niedrige Frequenz kombiniert mit hohem Schadensausmaß) ist eine simple, aus historischen Erfahrungswerten abgeleitete statistische Auswertung kaum möglich. Diese in anderen versicherungstechnischen Bereichen übliche Art der Risikoanalyse wurde zwar auch auf Katastrophen-Risiken angewendet,[1410] stößt aber angesichts der Besonderheiten dieses Risikos[1411] an ihre Grenzen. Die relative Seltenheit einer Naturkatastrophe gepaart mit fundamentalen Veränderungen der relevanten Faktoren[1412] erfordert eine hypothetische Betrach-

---

1404 Auch der Erfolg der Optionen, der mit der Fundierung der Bewertung durch Black/Scholes (1973) einhergeht, verdeutlicht diesen Aspekt.

1405 Vgl. Hommel (2000), S. 55.

1406 Vgl. Vaugirard (2003), S. 121.

1407 Vgl. Jaffee/Russell (1997), S. 219-220; Froot (2001), S. 569.

1408 Einen generellen Überblick zum Ablauf der Modellierung bei Katastrophen-Kontrakten aus Sicht einer Modelling-Agentur (RMS, Marktanteil ca. 60%) gibt Hutton (1998).

1409 Zu den Anforderungen von Regulatoren an die Modellierung von Naturkatastrophen am Beispiel verschiedener US-Staaten siehe Nordman/Piazza (1997).

1410 Vgl. Nordman/Piazza (1997), S. 361.

1411 Siehe die Ausführungen in Kapitel 2.1.

1412 Relevante Faktoren, die sich in den letzten Jahren verändert haben und für die Bestimmung der Katastrophen-Schäden relevant sind, sind die in den entsprechenden Regionen versicherten Werte, die Klimaveränderung, die Anfälligkeit von Gebäuden etc.

tung,[1413] wie sie nur durch eine logisch-analytische Untersuchung erfolgen kann. Daher werden sowohl die Schadenshöhe als auch die Schadenshäufigkeit durch Computer-Simulationen modelliert. Die Abbildung der Katastrophe und ihrer Schäden findet innerhalb dieser Simulation üblicherweise in unterschiedlichen Modulen statt:[1414]

Im ersten Modul (*Hazard Module*) wird die Naturkatastrophe selbst modelliert. Hierbei werden verschiedene, für den Naturkatastrophentyp charakteristische Parameter wie der Ort, die Stärke, der Zeitpunkt, die Intensität, die Richtung etc. und ihre Eintrittswahrscheinlichkeit bestimmt. Ergebnis dieses Teils der Modellierung sind mögliche Verläufe von Naturkatastrophen mit ihren entsprechenden Wahrscheinlichkeiten und Charakteristika. Die geringe Eintrittshäufigkeit der Katastrophen[1415] macht dabei eine möglichst realistische Simulation von Naturereignissen erforderlich, die sich an den historischen Erfahrungen nur anlehnen darf.[1416] Die Modellierung von Naturereignissen ist dabei trotz intensiver Forschung bislang nicht befriedigend möglich. Die fundamentale Unterschiedlichkeit der verschiedenen als Naturkatastrophe bezeichneten Vorfälle[1417] erschwert die Ableitung allgemeiner Modelle. Auch die Diskussion um eine globale Klimaveränderung belastet die Bildung von Modellen zur Prognose.[1418] Die insgesamt relativ kurze Verfügbarkeit von Daten zu Naturkatastrophen macht eine historische Validierung der Modelle zusätzlich nahezu unmöglich. Eine Evaluation der Modelle ist daher nur konzeptionell möglich.

Im zweiten Modul (*Damage Module*) werden die durch die modellierten Naturereignisse zu erwartenden Schäden bestimmt. Hierzu ist eine detaillierte Analyse der betroffenen Gebiete und ihrer Sachwerte notwendig. Dabei werden die Daten aus dem ersten Modul mit den Daten und den entsprechenden Simulationen der Modelling-Agencies verbunden. Die Verknüpfung geschieht nicht auf einer aggregierten Ebene, sondern auf einem sehr detaillierten Niveau, bei dem die Gebäudeeigenschaften, die genaue Lage einzelner Objekte und natürliche Gegebenheiten etc. verarbeitet werden. Wie im Falle des ersten Modulteils sind die Modelle um das Wissen aus verschiedenen Disziplinen und von Experten wie Ingenieuren, Statikern etc. zu ergänzen. Die Abschätzung der Folgen einer Naturkatastrophe für die teils sehr komplexen versicherten Gebäude und Sachwerte ist dabei sehr schwierig.

In einem dritten Modulteil (*Financial Module*), der oft mit dem zweiten Modul direkt kombiniert wird, werden die zu erwartenden, resultierenden Versicherungsschäden be-

---

1413 Vgl. Canabarro/Finkemeier/Anderson/Bendimerand (1998), S. 5-6.

1414 Vgl. Kozlowski/Mathewson (1996), S. 326; Canabarro/Finkemeier/Anderson/Bendimerand (1998), S. 7. Die Anzahl der Module und deren genaue Aufgabe sind dabei von der Modelling-Agentur abhängig. Zimmerli (2003) spricht von vier Modulen. Siehe Zimmerli (2003), S. 18-28.

1415 Vgl. Abschnitt 2.1.1.

1416 Vgl. Canabarro/Finkemeier/Anderson/Bendimerand (1998), S. 6.

1417 Vgl. Kapitel 2.1.1.

1418 Vgl. Berz (1999), S. 432; Fallegger/Helbling/Hill (1996), S. 8.

stimmt. Hierzu ist eine Erfassung und gründliche Analyse der Versicherungsverträge notwendig. Diese erfordert nicht nur die einfache Summierung maximal möglicher Schadenshöhen, sondern eine detaillierte geographische, nach Versicherungsarten (Gebäude, Kfz, Feuer etc.) und anderen Eigenschaften[1419] untergliederte Aufstellung.[1420] Hierbei sind z. B. auf Grund der Strukturierung der Rückversicherungsverträge und der generellen Bedrohung für den Sponsor der Transaktion nicht nur die isolierten, zu erwartenden Katastrophen-Schäden zu beachten, sondern ist das gesamte Risiko-Portfolio mit einzubeziehen.[1421]

Kritik an der Modellierung von Naturkatastrophen

Die Notwendigkeit der Abbildung der Naturkatastrophen beeinflusst die Investoren und Sponsoren auf unterschiedliche Art und Weise. Neben den Problemen der Modellierung von Naturkatastrophen ist besonders die externe Nachprüfbarkeit des Vorgehens problematisch. Die hochkomplexen Simulationen erlauben einem Investor kaum eine fundierte Prüfung der innerhalb der Modelle vorgenommenen Berechnungen. Diese inhärenten Unsicherheiten könnten Investoren, so ist zu vermuten, davon abhalten, in solche Anlagen zu investieren. Gleichwohl gaben die Marktteilnehmer im Rahmen der Interviews an, dass ihnen der Missstand zwar bewusst sei, sie aber einerseits den bestehenden Kontrollorganen[1422] und den Modelling-Agencies vertrauen, andererseits mangels Alternativen damit umgehen müssen und das auch können.[1423] Die mit der Modellierung verbundenen Informations- und Kontrollkosten sind dennoch beträchtlich und beeinflussen die Investitionsentscheidung.[1424] Die Kontrolle der Modelling-Agencies geschieht aktuell erstens durch die verschiedenen amerikanischen Aufsichtsbehörden, die beispielsweise bei der Bestimmung von Versicherungsprämien mit Unterstützung der durch Modellierung ermittelten Schäden entsprechende Qualitätsmerkmale anlegen.[1425] Zweitens durch die Rating-Agenturen, die bei Katastrophen-Anleihen die Modellierung begutachten.[1426]

1419 Beispielsweise müssen auch Selbstbehalte, Ausschlussklauseln etc. erfasst werden.

1420 Diese Erhebung ist, wenn überhaupt möglich, mit einigen operationalen Problemen verbunden und nur durch moderne Datenverarbeitung durchführbar. Um ein detailgenaues Bild zu erhalten, muss z. B. unterschieden werden, ob Rechnungs- und die Gebäudeadresse übereinstimmen. Vgl. Kozlowski/Mathewson (1996), S. 326-328; Canabarro/Finkemeier/Anderson/Bendimerand (1998), S. 9.

1421 Zur Modellierung von Versicherungsschäden siehe auch Pfeifer (2003).

1422 Die Prüfung der Modelle stellt einen wesentlichen Aufgabenbereich im Rahmen des Ratings dar.

1423 Diese These untermauern die Interviewpartner 12 (Ib), 18 (In), 34 (Rü) und 35 (Rü), während Interviewpartner 42 (Ve) hier Probleme sah.

1424 Siehe hierzu auch die weiteren Ausführungen.

1425 Für eine detaillierte Aufstellung von möglichen Qualitätsmerkmalen siehe Walters/Morin (1997) Appendix D. Vgl. ebenso Nordman/Piazza (1997), S. 366-371.

1426 Siehe Mordecai (1998), S. 175-179 sowie Efrat/Falcone/Gluck/Kwoh/Murray/Powar (1997), deren Ausführungen den Ablauf eines Ratings beschreiben. Da aber bis dato lediglich drei Katastrophen-Anleihen geratet worden sind (Efrat/Falcone/Gluck/Kwoh/Murray/Powar (1997), S. 4-5), wird sich der aktuelle Prozess deutlich verändert und verfeinert haben.

Ein Qualitätsmerkmal der Modelle stellt deren Fähigkeit dar, reale Katastrophen nachzurechnen oder sogar in nahezu Echtzeit den modellierten Ergebnissen gegenüberzustellen.[1427] Der Vergleich zwischen Modell und Realität kann mit Hilfe aller drei Module durchgeführt werden. Die modellierten Ergebnisse werden aber i. d. R. nicht mit den tatsächlichen Ausprägungen übereinstimmen.[1428] Die Modelle können nämlich trotz ihrer hohen Komplexität einerseits nicht alle realen Gegebenheiten erfassen, andererseits handelt es sich bei den Simulationen oft auch um Zufallsprozesse. Der Mehrwert der Modellierung ist daher nicht in einer deterministischen Aussage, sondern vielmehr in der Bildung von fundierten Wahrscheinlichkeitsausprägungen zu sehen.[1429] Damit wird deutlich, dass durch die Modelle keine 100%ige Sicherheit erreicht werden kann und daher die auf der Modellierung von Naturkatastrophen basierenden Kontrakte letztlich auch immer mit Basis-Risiko verbunden sind.[1430]

Zusammenfassende Beurteilung

Gegenüber dem traditionellen Vorgehen, das zumeist auf historischen Daten basiert, erbringt die Modellierung von Naturkatastrophen entscheidende Vorteile bei der Einschätzung von Katastrophen-Risiko. Obwohl die Abbildung von Naturkatastrophen durch Computer-Simulationen vor dem Wirbelsturm Andrew kaum üblich war, sind seitdem deutliche Wissenszuwächse generiert worden. Trotzdem kann die Verlässlichkeit der Modellierung von Naturkatastrophen als noch nicht vollständig befriedigend angesehen werden.[1431] Die aktuelle Situation kann aber als Zwischenstand aufgefasst werden, der im weiteren Zeitverlauf kontinuierlich verbessert wird. Die Bandbreite der durch Modelle geschätzten Schäden durch Hurricane Katrina (17 bis 35 Mrd. USD reine Schäden durch den Wirbelsturm, ohne die Schäden der resultierenden Überschwemmung)[1432] zeigt die aktuellen Schwächen der Methoden. Die Weiterentwicklung und dementsprechende Annäherung der Modelle an die Realität wird mit einer Steigerung der Komplexität einhergehen. Die hierdurch entstehenden Probleme bezüglich der Nachprüfbarkeit müssen durch eine weitgehende Offenlegung und entsprechende Qualitätsstandards bzw. Gütesiegel sichergestellt werden. Eine Standardisierung der Modelle bzw. der Risikomaße, wie sie im Bankensektor z. B. durch den Quasi-Standard Value-at-Risk erlangt wurde, ist durch die Komplexität der Materie nicht zu erwarten. Die Unsicherheitsreduktion durch die Modellierung wird durch die Ungewissheit bezüglich der

---

1427 Siehe beispielsweise Hutton (1998), S. 159-161.

1428 Problematisch ist auch eine Beurteilung der Prognosequalität. So hat z. B. die simple Voraussage, dass kein Tornado eintrifft, in 98,2% der Fälle recht. Vgl. hierzu und allgemein zu der Aussagekraft dieser Modellen Pielke Jr./Landsea/Musulin/Downton (1999), S. 181.

1429 Vgl. Kozlowski/Mathewson (1996), S. 333-334.

1430 Die Abweichung der Ergebnisse wird dann auch als Modell-Risiko bezeichnet. Siehe beispielsweise Kist/Meyers (1999), S. 12-13.

1431 Ergebnisse der Gespräche, wobei die Modelling-Agenturen selbst ein hohes Vertrauen in ihr Vorgehen rechtfertigen.

1432 Siehe o.V. (2005b).

Methoden der Modellierung vermindert. Die Modelling-Agencies müssen sich hierbei das Vertrauen der Marktteilnehmer erarbeiten. Eine entsprechende Kontrolle durch Regulatoren und Rating-Agenturen wird die notwendige, aber sehr kostenintensive Kontrolle durch die anderen Marktteilnehmer unterstützen. Als Fazit für die weiteren Ausführungen lässt sich feststellen, dass die Unsicherheit, die durch die Komplexität des Katastrophen-Risikos entsteht, die Handlungen der Marktteilnehmer beeinflusst.[1433]

5.3.4.2 Bewertungsmethodiken

Die Methodik zur Bewertung von Katastrophen-Risiko ist unabhängig von der Produktgestaltung. Die Bewertung der unterschiedlichen in Kapitel 3.3 dargestellten Kontrakte zur Absicherung und zum Handel mit Katastrophen-Schäden ist fundamental gleich. Der Kauf einer Katastrophen-Anleihe kann als Investition in eine risikolose Anlage und als Kauf bzw. Verkauf einer Option verstanden werden. Die exotischeren Zahlungsprofile anderer Kontrakte können letztlich ähnlich konstruiert werden. Daher wird nachfolgend nicht nach den Kontrakten unterschieden, sondern generell von Bewertungsmethodiken gesprochen.

Die Bewertung der Katastrophen-Kontrakte ist durch die Anwendung und Adaption konventioneller Methoden kaum möglich. Traditionelle Verfahren wie beispielsweise die Optionsbewertung nach BLACK/SCHOLES [1973] oder die Bewertung durch das Sharpe-Lintner-CAPM können auf Grund einzelner Besonderheiten des Untersuchungsgegenstandes nicht verwendet werden. Die Probleme bei der Bewertung von Katastrophen-Risiko entstehen dabei besonders aus zwei Gründen:

Erstens wird der zugrunde liegende Wert nicht gehandelt, d. h. relative Bewertungsverfahren (Arbitrage-Pricing) können nur mit Einschränkungen angewendet werden. Zweitens ist die Abbildung von Katastrophen-Schäden nicht durch eine einfache, allgemein akzeptierte, symmetrische Verteilungsfunktion möglich. So basieren viele Bewertungsverfahren von Finanz-Optionen beispielsweise darauf, dass die Wertentwicklung der Basis normalverteilt[1434] und stetig ist.[1435] Die Varianz als Risikomaß in Kombination mit der Diversifizierbarkeit von Risiko stellt das große Paradigma der Bewertungsmethodiken dar. Die Verteilung von Katastrophen-Schäden ist dagegen schwer zu charakterisieren. Sie sind nicht gleich verteilt und folgen durch ihr plötzliches Auftreten sog. Sprung-Diffusionsprozessen. Die Bestimmung der Verteilungsfunktion von Naturka-

---

1433 Weitere Erläuterungen hierzu finden sich im Zusammenhang mit der Methodenunsicherheit der Bewertung am Ende des Kapitels.

1434 Die Normal-Verteilungen mit ihrer Gleichverteilung von Gewinn- und Verlustmöglichkeiten ist die Grundlage der Portfolio-Theorie nach Markowitz (1952).

1435 Im Gegensatz zu der bei der Bewertung von Optionen allgemein üblichen Black/Scholes (1973)-Methodik verwenden Versicherungsmathematiker zumeist diskrete Verteilungen, die der ihrer industriespezifischen Realität mehr entsprechen. De facto werden Zahlungen aus Versicherungsverträgen i. d. R. nach Schadenseintritt, also quasi periodisch evaluiert.

tastrophen bezüglich Zeitpunkt und Schadenshöhe ist daher von entscheidender Bedeutung für die Bewertung der Kontrakte.[1436]

Während die Bewertung der Katastrophen-Kontrakte durch die Duplizierung der Anlage nicht möglich ist, impliziert das am Kapitalmarkt für die Bewertung anderer Finanzkontrakte übliche Bewertungsverfahren des Sharpe-Lintner-CAPMs für Katastrophen-Kontrakte auf Grund der nicht vorhandenen bzw. geringen Korrelation mit dem Kapitalmarktportfolio eine Verzinsung nahe dem risikolosen Zins.[1437] Kaum ein Investor wird aber in Katastrophen-Kontrakte investieren, wenn er hierfür nur einen Zeitausgleich, aber keine Risikoprämie erhält. Daher müssen andere Methoden zur Bewertung der Katastrophen-Kontrakte eingesetzt werden.

Gebräuchliche Bewertungsverfahren

Die Verfahren, die zur Bewertung von Katastrophen-Risiko eingesetzt werden, können nach versicherungsüblichen und kapitalmarktorientierten unterschieden werden:[1438]

Bis Anfang der 90er Jahre bauten die in den Versicherungen verwendeten Methodiken zumeist auf historischen Daten auf. Erst Wirbelsturm Andrew erschütterte den Glauben an diese Methoden[1439], so dass in der Folge die vergangenheitsorientierten Daten zunehmend durch modellierte ersetzt wurden. Die Versicherungspreise bestimmen sich dann durch die zu erwartenden Verluste plus eines Risikoaufschlags, der von der Schadensverteilung abhängig ist und z. B. als ein Vielfaches der Standardabweichung ausgedrückt werden kann.[1440] Die individuelle Kostenstruktur und das Versicherungsportfolio werden dabei ebenfalls in die Betrachtung einbezogen, wodurch mehr oder weniger implizit eine Risikoaversion entsteht, die methodisch der Verwendung einer Nutzenfunktion ähnelt.[1441] Problematisch bei dieser Art der Bewertung ist aber, dass die so ermittelten Preise nicht arbitrage-frei sind.[1442]

Die kapitalmarktorientierten Bewertungsverfahren sind dagegen unabhängig von individuellen Parametern. Es handelt sich dabei um spezielle Variationen des Sharpe-Lintner-CAPMs oder der üblichen Optionsbewertungsmethodiken, die sich mit der Bewertung von Finanzkontrakten unter der Voraussetzung von unvollständigen Märkten

---

1436 Vgl. die Einleitung zu diesem Kapitel.

1437 Vgl. beispielsweise Jaffee/Russell (1997), S. 218-219; Moore (1999), S. 3, und die grundlegende Arbeit von Merton (1976) zur Bewertung von Sprung-Diffusionsprozessen und zur Diversifizierbarkeit von Risiko.

1438 Zu den Unterschieden der Methoden und ihrer Implikationen für die Bewertung von Versicherungsrisiken siehe Kromschröder (1987). Für einen Überblick siehe Schöchlin (2002a), S. 44-58.

1439 Vor dem Wirbelsturm Andrew waren sich die Versicherungsexperten einig, dass kaum Katastrophen mit einem Schadensausmaß von mehr als 7 Mrd. USD zu erwarten seien, obwohl einige Modelle bereits einen Schaden von 20 Mrd. USD prognostizierten. Vgl. Porter/Virkud (2002), S. 1.

1440 Vgl. Bühlmann (1970), S. 86-87; Kreps (1990).

1441 Siehe beispielsweise Major/Kreps (2003), S. 204.

1442 Wie die weiteren Ausführungen zeigen werden, ist diese Arbitrage-Freiheit des Bewertungsergebnisses eine wichtige Eigenschaft einer Bewertungsmethodik.

bzw. der Verwendung von anderen Verteilungsprozessen beschäftigen.[1443] Teilweise stützen sich diese Ansätze auf die traditionellen Verfahren der Versicherungstheorie.[1444] Eine umfassende Evaluierung der verschiedenen Methoden ist bisher nicht erfolgt und würde den Rahmen der vorliegenden Arbeit sprengen.[1445] Die folgende Darstellung ist daher als exemplarische Aufzählung der unterschiedlichen Probleme und Vorgehensweisen zu verstehen:

Ein Teil der Modelle lehnt sich an die Modelle von COX/ROSS [1976] und MERTON [1976] an, die Sprünge im Preis des Basiswertes modellieren. CHANG/CHANG/YU [1996] bewerten Terminkontrakte der CBOT durch eine Variation der BLACK/SCHOLES [1973]-Methodik. DONG/SHAH/WONG [1996] bewerten Katastrophen-Risiko aus Sicht einer kapazitätsbeschränkten Versicherung mittels einer Computer-Simulation. AASE [2001] entwickelt allgemein ein Markov-Modell zur Bewertung von Zahlungsstrukturen, deren Wertentwicklung einem Sprungprozess ähnelt. DASSIOS/JANG [2003] nutzen einen sog. Cox-Prozess (doppelt stochastische Poisson-Verteilung) zur Bewertung von Katastrophen-Risiko. Ihre Arbeit geht einher mit der Literatur, welche die Verwendung des einfachen Poisson-Prozesses kritisiert.[1446] MOORE [1999] zeigt die enorme Bedeutung der Schadensverteilung für die Preisfindung, und wie kleinste Variationen große Auswirkungen auf die Preise der Katastrophen-Kontrakte haben.

In einer methodisch seltenen Arbeit untersuchen FINN/LANE [1995] die Preisbildung der Terminkontrakte und Optionen an der CBOT. Im Gegensatz zu anderen Ansätzen bestimmen sie die Katastrophen-Risiko-Verteilung auf Grund der beobachteten Marktpreise. Ihr Ansatz ist damit einer der wenigen auf empirischen Marktpreisen beruhenden Arbeiten zur Bewertung von Katastrophen-Risiko. Auch LANE [2000b] geht empirisch vor. Er bewertet Katastrophen-Kontrakte durch einen Vergleich zwischen der Ausfallrate von Unternehmensanleihen und dem Ausfallrisiko einer Katastrophen-Transaktion. Sein Ansatz beruht auf einem dem Rating entsprechenden Vergleich, der darauf basiert, dass das Ausfall-Risiko einer Unternehmensanleihe genauso wenig diversifizierbar ist wie der Eintritt einer Katastrophe.

Neben den einzelnen Ansätzen vergleichen einige wissenschaftliche Arbeiten mehrere Bewertungsverfahren und prüfen ihre individuelle Eignung zur Bewertung von Katastrophen-Risiko:

[1443] Die weiteren Ausführungen beschränken sich auf die im Rahmen der thematischen Diskussion entworfenen Beiträge. Eine generelle Einführung mit Erläuterungen zu anderen Verfahren gibt Cummins/Phillips (2000).

[1444] Z. B. Major/Kreps (2003).

[1445] Für eine Übersicht siehe Hommel/Ritter (2004).

[1446] Siehe für einen Überblick Dassios/Jang (2003), S. 4.

So bewertet LANE [2002b] Katastrophen-Anleihen und „Industry-Loss Waranties (ILWs)" anhand dreier üblicher Methodiken.[1447] Die beiden verwendeten empirischen Methodiken können die tatsächlichen Marktpreise fundieren. Die andere, in der Versicherungswissenschaft übliche Bewertungsmethodik (stochastische Methodik) eignet sich dagegen weniger zur Bewertung. In einem methodisch ähnlichen Vorgehen untersuchen BALBAS/LONGARELA/LUCIA [1999] verschiedene Modelle zur Bewertung der PCS-Optionen. Basierend auf historischen Daten und Schadenssimulationen ermitteln sie die Zahlungsbereitschaft eines diversifizierten Investors, der seine Entscheidungen und Preisbildung an einem Minimum-Varianz-Portfolio ausrichtet. Ihre Betrachtung[1448] inkludiert nicht nur die tatsächlichen Marktpreise und Schwankungen der PCS-Optionen, sondern zusätzlich auch den zugrunde liegenden Index (Betrachtungszeitraum: 25 Jahre). Das von ihnen präferierte Modell basiert aber auf einer Arbitrage-Gelegenheit, die für Cat-Kontrakte nicht gegeben ist. FROST [1998] gibt eine umfassende Einführung in die Bewertungsthematik und versucht sowohl PCS-Optionen als auch eine Katastrophen-Anleihe mit den vorher bestimmten Methoden zu bewerten. Seine Arbeit ist als umfassender Überblick zu verstehen, kann aber neuere Verfahren nicht berücksichtigen. FLASSE/HARTUNG/LIEBWEIN [1999] untersuchen die Eignung verschiedener traditionell üblicher Methodiken[1449] zur Bewertung der PCS-Optionen. Bei der Determination der zugrunde liegenden Prozesse unterscheiden sie zwischen einem Korrekturprozess und dem Schadensprozess, der die Ableitung stochastischer Prozesse vereinfacht. Ihre Arbeit gibt wichtige Impulse für weitere Arbeiten. FROOT/POSNER [2000] berichten, dass sich in der Praxis zur Bewertung von Katastrophen-Kontrakten Vielfache (engl.: Multiple) der Schwankungsbreite (Volatilität als Risikomaßstab) etabliert haben.[1450] Der Wert einer Katastrophen-Transaktion ist dann, wie bereits beschrieben, ein Vielfaches des erwarteten Verlustes plus einer Risikoprämie.[1451] Trotz einiger methodischer Probleme[1452] scheint diese Berechnung in der Praxis durchaus üblich zu sein. Ein Teil der Interviewpartner gab aber an, dass diese Regel allenfalls zur groben Bewertung genutzt werde.[1453] Die Methoden zur Bewertung von Katastrophen-Kontrakten sind in den letzten Jahren besonders durch Arbeiten erweitert worden, die sich komple-

---

1447 Er überprüft einerseits die in der Versicherungswirtschaft übliche Bewertung, nach welcher der Preis einer Risikoabsicherung ihrem Mittelwert plus einem Risikoaufschlag entspricht (stochastische Methode); andererseits zwei Methodiken, welche empirischer Natur sind.

1448 Betrachtungszeitraum sind dabei zwei unterschiedlich lange Perioden (38 bzw. 55 Tage). Die betrachteten Handelstage liegen dabei zwischen 10 und 36 Tagen.

1449 Sie untersuchen den sog. Brownschen Prozess (Black/Scholes (1973)), ein Sprungmodell basierend auf Cox/Ross (1976) und eine Weiterentwicklung (Sprung-Diffusionsprozess) beider Ansätze durch Merton (1976).

1450 Alternativ können auch Nutzenfunktionen zur Transformation des Risikos in eine entsprechende Prämie verwand werden.

1451 Vgl. ebenso Lane (2003a), S. 5; Cummins/Geman (1995), S. 50.

1452 Diese Art der Berechnung berücksichtigt beispielsweise keine Korrelation mit dem Gesamtportfolio.

1453 Dies bestätigten die Interviewpartner 12 (Ib), 13 (Ib), 15 (Ib), 18 (In) und 43 (Ve).

xeren Fragen widmen. Neuere Arbeiten beschäftigen sich so z. B. mit Bewertung von sog. Multi-Peril-Transaktionen.[1454] GRÜNDL/SCHMEISER [2002] bewerten Versicherungsverträge, die auf so genannten „Double-Triggern" basieren. Sie vergleichen dabei versicherungsmathematische mit kapitalmarktorientierten Methoden.

Daneben existiert eine Vielzahl weiterer Bewertungsansätze, die den vorgestellten ähneln bzw. auf diese aufbauen.[1455]

Einfluss der Methodenunsicherheit in der Praxis

Wie die obigen Ausführungen gezeigt haben, existiert eine Reihe unterschiedlicher theoretischer Ansätze zur Bewertung von Katastrophen-Kontrakten. Zusammenfassend lässt sich feststellen, dass die Ergebnisse der einzelnen Ansätze weder konsistent sind noch dass sich bisher eine alleinige Methode hat etablieren können. Insgesamt liefern die einzelnen Bewertungsmodelle unterschiedliche Ergebnisse, so dass eine Bandbreite von theoretisch möglichen Werten entsteht. Diese Bandbreite ist bei der Bewertung der Kontrakte in der Praxis ein Problem. Im Gegensatz zur Unternehmensbewertung, bei der die Verfahren i. d. R. auch zur Bestimmung möglicher Bandbreiten genutzt werden, sind die Modelle zur Evaluierung von Katastrophen-Risiko sehr komplex und schwer verständlich. Wie aus den Interviews deutlich wurde, folgen daraus Probleme beim praktischen Umgang mit den Bewertungen, die weniger in der wissenschaftlichen Korrektheit der Modelle zu sehen sind.[1456] Die Fragen, die in Bezug auf die Modellierung und auch auf die Bewertung der Katastrophen-Kontrakte existieren, lassen sich eher als Unsicherheitskomponente und Vertrauensproblem charakterisieren. Z. B. wird bei der Unternehmensbewertung oft Multiples eingesetzt. Diese Methodik ist dabei theoretisch sehr angreifbar. Da sich die Marktteilnehmer dieser Nachteile aber bewusst sind und innerhalb der Methodik eine Kompetenz aufgebaut haben, wird diese trotz der Probleme in Verbindung mit anderen Methoden oft genutzt.[1457] Im Gegensatz dazu haben die Marktteilnehmer bei der Bewertung von Katastrophen-Kontrakten bislang keine ausreichende Erfahrung. Allgemein fehlt bislang die Sicherheit und Erfahrung im Umgang mit den Methoden.

Zusammenfassung

Insgesamt lässt sich daher konstatieren, dass die Bewertungsmethodiken noch nicht ausreichend in der Praxis etabliert sind und dass dieser Umstand das aktuell an den Märkten zu beobachtende Verhalten der einzelnen Akteure beeinflusst. Die jeweiligen An-

---

[1454] Siehe beispielsweise Lane (2003a); Jung/Ramezani (1999); Gründl (2002).

[1455] Siehe die Arbeiten von Embrechts/Meister (1995); Christensen (2001); Poncet/Vaugirard (2001); Cox/Pedersen (2001); Vaugirard (2003); Penalva Zuasti (2002); Mürmann (2001); Cummins/Lewis/Phillips (1998).

[1456] Dies bestätigten die Interviewpartner 13 (Ib), 41 (Ve), 42 (Ve) und 43 (Ve).

[1457] Ein anderes Beispiel gibt Thomas (2002), der zeigt, dass sogar die Verwendung einer nicht arbitragefreien Bewertungsmethodik die Marktteilnehmer nicht behindert, solange diese der Methodik versätze zur Bewertung von Katastrophen-Risiko und den entsprechenden Finanzkontrakten zeigen immer sowohl Vor- als auch Nachteile. Bislang konnte kein Ansatz eine ähnliche Dominanz wie die Bewertungsmodelle[1458] zur Bewertung traditioneller Finanzkontrakte erreichen. Dies ist partiell auf die Nachteile der jeweiligen Methodiken zurückzuführen und erfordert insgesamt weitere wissenschaftliche Auseinandersetzung.[1459] Zum anderen liegt die Ursache aber sicher auch in der Komplexität des dem Untersuchungsgegenstand zu Grunde liegenden Risikos, die sich auch auf die Bewertungsmethoden überträgt und so ein tieferes Verständnis erschwert. Eine Weiterentwicklung der Bewertungsmethodiken ist durch die wissenschaftliche und praktische Diskussion, die nicht direkt vom Erfolg der Katastrophen-Kontrakte abhängt, zu erwarten. Es ist abschließend nicht möglich, eine Prognose darüber abzugeben, ob es in Zukunft zu einer allgemein akzeptierten Bewertungsmethodik kommen wird oder ob die Marktteilnehmer die Existenz einer Rest-Unsicherheit auch künftig werden hinnehmen müssen.

Den bisherigen Ausführungen zufolge könnte der Eindruck entstehen, dass allein die Nicht-Existenz einer allgemein anerkannten Bewertungsmethode das Entstehen eines Marktes für Katastrophen-Risiko nachhaltig verhindert. Der Einfluss der methodischen Unsicherheit und ihrer Auswirkungen auf das Verhalten der Marktakteure ist aber zu relativieren. Bislang haben sich die Ausführungen auf die Versuche der Kapitalmarktakteure fokussiert. Diese Suche nach einer Bewertungsmethodik für Katastrophen-Risiko auf den Kapitalmärkten kann sich dabei nicht auf eine in der traditionellen Versicherungslehre dominante Methodik beziehen.[1460] Im traditionellen Versicherungsmarkt konnte die Nicht-Existenz einer dominierenden, unumstrittenen Bewertungsmethodik[1461] jedoch die Marktteilnehmer nicht von einem breiten Engagement abbringen. Daher ist zu bezweifeln, ob diese Methodenunsicherheit den Erfolg der Kontrakte tatsächlich nachhaltig beeinträchtigt. Die höhere Bewertungsunsicherheit kann aber durchaus einen höheren Risikoaufschlag begründen. Daher werden im folgenden Kapitel die Marktpreise für Katastrophen-Kontrakte untersucht.

5.4 Marktpreise

Die vorangegangenen Ausführungen zur theoretischen Bewertung von Katastrophen-Risiko werden im Folgenden mit den empirisch zu beobachtenden Preisen verbunden. Auf Grund der Aktualität und der Datenverfügbarkeit fokussiert sich diese Darstellung dabei auf eine Analyse der am Kapitalmarkt beobachtbaren Preise der Katastrophen-

---

trauen bzw. sich ihrer Mängel nicht bewusst sind. Im konkreten Fall hat eine hohe Komplexität das unmittelbare Lernen über einen Zeitraum von vier Jahren verzögert.

1458 Beispielsweise die Methodik von Black/Scholes (1973) zur Bewertung von Finanzoptionen oder das Sharpe-Lintner-CAPM.

1459 Vgl. Cummins/Lalonde/Phillips (2004), S. 108-109.

1460 Die Bewertungsprobleme existieren auch für die traditionelle Versicherungslehre.

Anleihen, die historischen Kurse der an der CBOT und BCOE gehandelten Derivate werden angesichts der spärlichen Verfügbarkeit von empirischen Daten sowie ihrer geringen Aktualität nicht betrachtet.

5.4.1 Preisniveau der Katastrophen-Anleihen

Eine Analyse der Preise von Katastrophen-Kontrakten greift immer auch auf eine oder mehrere Bewertungsmethoden zurück. Die Beurteilung der zu beobachtenden Marktpreise ist daher auf Grund der aufgezeigten Bewertungsunsicherheit ebenfalls mit Methodenproblemen verbunden. Die folgenden Ausführungen und Interpretationen sind daher unter dem Aspekt der beschriebenen Methodenprobleme zu relativieren. Sie erbringen aber trotzdem wichtige Erkenntnisse über den Markt und die Preisentwicklung im Zeitverlauf.

Wenn im Folgenden die Ergebnisse der raren empirischen Untersuchungen des Preisniveaus der Katastrophen-Anleihen dargelegt werden, wird immer das verwendete Bewertungsmodell mit dargestellt.[1462] Mit der Untersuchung der Marktpreise wird so auch die verwendete Bewertungstechnik der Marktteilnehmer evaluiert. MAJOR/KREPS [2003] wählen ein konzeptionell ähnliches Vorgehen. Sie können mittels Interpretation der Marktpreise zeigen, dass die Marktteilnehmer im Zeitablauf ihre verwendeten Bewertungsmethoden geändert haben. Daher vermuten sie, dass aktuell eine Umbruchsituation in der Methodenwahl vorliegt, die auf eine Weiterentwicklung im Umgang mit Katastrophen-Kontrakten schließen lässt.[1463]

In einer der ersten Arbeiten zur Untersuchung der Renditen von Katastrophen-Anleihen vergleichen CANABARRO/FINKEMEIER/ANDERSON/BENDIMERAND [1998] die Renditen von Cat-Bonds mit denen von Unternehmensanleihen basierend auf einer korrigierten Ausfallwahrscheinlichkeit. Die Analyse des Sharpe-Ratios[1464] zeigt, dass Katastrophen-Kontrakte den Investoren einen deutlich höheren Gewinn versprechen. Die möglichen Diversifikationseffekte sind bei dieser Betrachtung exkludiert und verstärken die Attraktivität des Investments. Zusätzlich ist zu berücksichtigen, dass im Unterschied zu den Katastrophen-Anleihen vergleichbaren High-Yield-Anleihen, die sich kaum zu einer intra-spezifischen Diversifikation eignen,[1465] das Portfolio-Risiko durch Hinzufügen von anderen Katastrophen-Kontrakten gesenkt werden kann. Daher empfiehlt sich, das bereits bestehende Kapitalmarktportfolio nicht nur durch einen Katastrophen-Kontrakt, sondern durch eine Mischung unterschiedlicher Kontrakte zu ergänzen.

1461 Vgl. Lane (2001a), S. 10.

1462 Nicht dargestellt werden im Folgenden Arbeiten, die lediglich den Market-Fit einzelner Modelle zur Evaluierung dieser untersuchen.

1463 Siehe Major/Kreps (2003), S. 18.

1464 Hier definiert als Überrendite über der risikolosen Anlage im Verhältnis zur Standardabweichung des Returns.

1465 Allgemein gelten High-Yield-Anleihen als untereinander stark korreliert. Vgl. Canabarro/Finkemeier/Anderson/Bendimerand (1998), S. 21.

LANE [1998c] untersucht in dieser und in folgenden Arbeiten das Preisniveau von Katastrophen-Anleihen anhand eines im Vergleich zu anderen Bewertungsmethodiken einfachen Instruments. Der so genannte „Conditional Expected Loss" (CEL) dient dabei basierend auf einer unkomplizierten Bewertungslogik[1466] als Multiple zur Bewertung. Trotz einiger Vorteile dieses Multiples[1467] und eines relativ hohen Erklärungsgehalts der Methodik bei der Fundierung des Bewertungsniveaus der im Jahre 1998 ausstehenden Anleihen, muss Lane später angesichts der hinzugewonnenen Erfahrung seine Bewertungsmethode um den PFL (Probability of First Dollar Loss) erweitern.[1468] Daraufhin zeigt LANE [2000b], dass einige Katastrophen-Kontrakte überdurchschnittlich teuer waren, d. h. die Risikoprämie entsprechend niedrig war.[1469] Lane interpretiert die Nicht-Erneuerung eines Teils der Kontrakte als Zeichen mangelnder Nachfrage wegen dieses unattraktiven Preisniveaus. Der Annahme folgend, dass der Aufschlag für die Übernahme eines Risikos unabhängig von der Art des Risikos ist, vergleicht er auf Basis seiner Bewertungsmethode die Renditen von Katastrophen-Anleihen und Unternehmensanleihen. LANE [2000b] kommt dabei zu dem Schluss, dass der Risikoaufschlag für Katastrophen-Anleihen deutlich über den nach seiner Methodik vergleichbaren Unternehmensanleihen liegt und dass Katastrophen-Anleihen daher ein überaus attraktives Investitionsobjekt darstellen.

Eine Analyse der neueren Katastrophen-Anleihen durch LANE [2001a] zeigt,[1470] dass der vorher dargestellte Ansatz tatsächlich einen Teil der Preise begründen kann, dass aber nach wie vor eine große Abweichung zwischen einzelnen Katastrophen-Anleihen besteht. Basierend auf neuen Daten und Erkenntnissen zu Rückversicherungspreisen[1471] vergleicht er darüber hinaus die Preise der Anleihen mit den Kosten der traditionellen Risikoabsicherung, der Rückversicherung. Er kommt dabei zu dem Ergebnis, dass die Risikoprämien der Katastrophen-Anleihen zwischen 100 und 200 Basispunkten über

---

1466 Basis der Bewertung ist immer, dass der Preis einer Katastrophen-Anleihe im Wesentlichen als Spread über dem risikolosen Zinssatz und dem erwarteten Verlust interpretiert werden kann. Siehe Kreps (1990).

1467 So werden beispielsweise Diversifikationseffekte berücksichtigt und führen zu einer Senkung der geforderten Verzinsung. Dies ist aber gleichzeitig mit dem Nachteil der Nicht-Arbitrage-Freiheit der errechneten Preise verbunden. Zur Kritik der Nicht-Arbitrage-Freiheit siehe Lane (2001a), S. 12-13.

1468 Die Verknüpfung dieser beiden Variablen geschieht durch eine einfache und erweiterte Cobb-Douglas-Funktion. Der CEL kann als Charakteristikum der Schadenszahlung, der PFL als Wahrscheinlichkeit dieser interpretiert werden. Lane (2000b) spricht von „Severity" (engl. für Stärke des Schadensausmaßes; CEL) und „Frequency" (für die Schadenshäufigkeit; PFL). Für eine ausführliche Darstellung siehe die beiden Quellen.

1469 Es handelt sich hierbei um die Bonds bzw. Tranchen: Junior Mosaic, beide Telvin- und die gesamte Atlas-Anleihe. Siehe Lane (2000b), S. 12, für weitere Details.

1470 Siehe hierzu auch die generellen Ausführungen zum Preisniveau von Versicherungsrisiken in Lane (2004).

1471 Er bezieht sich dabei auf die Erkenntnisse von Major/Kreps (2003), die zu diesem Zeitpunkt bereits in Form von Präsentationen veröffentlicht waren.

den vergleichbaren Rückversicherungspreisen liegen[1472] und die Risikoabsicherung durch Cat-Bonds damit deutlich teurer als die traditionelle Rückversicherung ist.[1473]

FROOT [2001] betrachtet die Prämien von zwei Katastrophen-Transaktionen (USAA und CEA) und findet dagegen, dass diese vergleichbar mit den Prämien für die traditionelle Rückversicherungslösung sind. Er weist ausdrücklich darauf hin, dass für sog. „Low-Probability Layer" (besonders geringe Eintrittswahrscheinlichkeit) überproportionale Risikoprämien gezahlt werden[1474] und dass diese Prämie bei der Analyse der betrachteten alternativen Transaktionen berücksichtigt werden muss. Die am Markt üblichen Katastrophen-Anleihen sichern i. d. R. Ereignisse ab, die durchschnittlich alle 100 bis 250 Jahre auftreten.[1475] Die traditionellen Rückversicherungslösungen werden dagegen auch zur Absicherung von Ereignissen genutzt, die höhere Eintrittswahrscheinlichkeiten aufweisen.

SCHÖCHLIN [2002a] nutzt zur Bewertung von Katastrophen-Kontrakten ein Verfahren, das sich bei der Bewertung von Kredit-Derivaten etabliert hat,[1476] und überprüft anhand einer Simulation die Preise von 13 Katastrophen-Anleihen im Jahr 2000. Sie ermittelt ein Quasi-Beta für Cat-Bonds von 0,44. SCHÖCHLIN [2002a] findet zwar eine Prämie für Katastrophen-Kontrakte, zeigt aber, dass diese im Verlauf des Betrachtungszeitraumes[1477] und im Vergleich mit dem Risikoaufschlag von Unternehmensanleihen deutlich abnimmt und sogar verschwindet.[1478] Ihre Ergebnisse stehen damit im Widerspruch zu den vorgenannten Studien und zur vorherrschenden Meinung der Marktteilnehmer.

MAJOR/KREPS [2003] betrachten in der bislang umfangreichsten Untersuchung die Preise von 46 Tranchen verschiedener Katastrophen-Anleihen und vergleichen sie mit den Preisen für die traditionelle Rückversicherungslösung. Ihre Arbeit zeichnet sich durch die detaillierte Analyse der Preisbildung in der Rückversicherungsindustrie aus. MAJOR/KREPS [2003] bestimmen als Maßstab die so genannte „Rate on Line" (ROL).[1479] Obwohl ihre Ergebnisse nicht eindeutig sind, scheint sich, wie bereits durch FROOT [2001] diagnostiziert, abzuzeichnen, dass in der traditionellen Rückversicherungsindustrie für hohe Risiken mit einer geringen Ausfallwahrscheinlichkeit die ROL nicht gegen Null läuft, sondern sich auf einem Niveau von ca. 3% stabilisiert.[1480]

1472 Siehe Lane (2001a), S. 10.

1473 Lane (2001a) weist selbst auf einige methodische Probleme hin. Da sich die beiden Betrachtungszeiträume nicht vollständig überdecken, könnte hierdurch ein Verzerrungseffekt entstehen. Zweitens werden Katastrophen-Anleihen oftmals als Retrozessionsprodukt (Absicherung der Rückversicherungen untereinander) angesehen und das Preisniveau dieses Marktes wird über dem Rückversicherungsmarkt angesehen.

1474 Siehe Froot (2001), S. 540.

1475 Siehe auch Abschnitt 2.1.1.

1476 Das Verfahren stammt von Jarrow/Turnbull (1995).

1477 Sie betrachtet den Zeitraum von 01/00 bis 01/01.

1478 Siehe auch Schöchlin (2002b), S. 103.

1479 Als Rate on Line wird die Prämie im Verhältnis zur maximalen Deckung bezeichnet.

1480 Siehe Major/Kreps (2003), S. 209. Siehe hierzu auch die Ausführungen in Kapitel 2.2.

MAJOR/KREPS [2003] finden aber, dass Katastrophen-Kontrakte trotz ihrer vergleichsweise geringen Trigger-Wahrscheinlichkeit[1481] und der Existenz eines überproportionalen Risikoaufschlags immer noch eine relativ hohe Risikoprämie besitzen. Sie ermitteln, dass die betrachteten Katastrophen-Anleihen bei Verlustwahrscheinlichkeit von 0,5% bzw. 1% eine ROL von 4% bzw. 5-6% aufweisen. Dies liegt deutlich über dem Preisniveau für Rückversicherungsverträge (ROL von 2,5% für 0,5% erwartete Verlustwahrscheinlichkeit; ROL von 4% für 1% erwartete Verlustwahrscheinlichkeit).[1482]

Zur detaillierteren Erforschung wurde im Rahmen der vorliegenden Arbeit eine Analyse der Ausgabepreise von 93 Cat-Bonds bzw. Tranchen durchgeführt. Die folgende Abbildung stellt den Aufschlag der Tranchen über Libor als Renditemaß im Verhältnis zu dem „Expected Loss" als Risikoschätzer graphisch dar. Sie zeigt, dass die Emissionspreise mittels dieser einfachen Beziehung zu erfassen sind. Die Regressionsgerade (Abszissenwert: 255; Steigung 2,422) eignet sich recht gut zur Schätzung der Emissionspreise (R-Quadrat: 0,89).

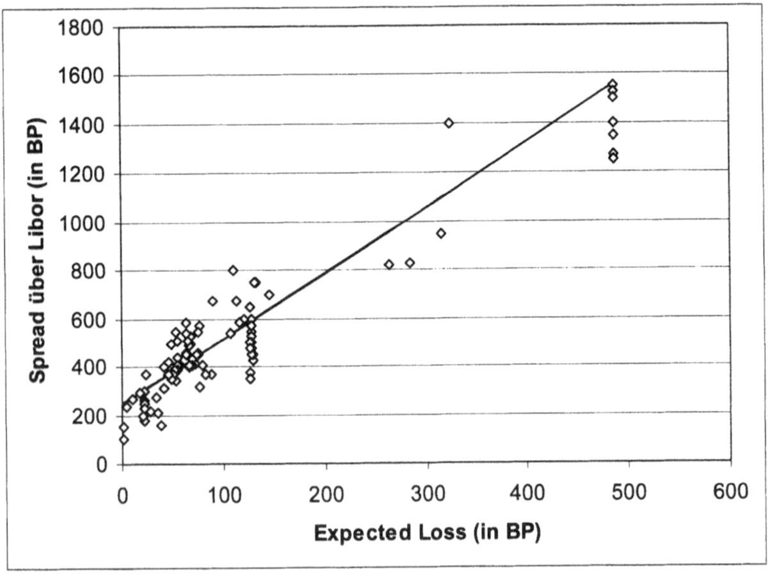

Abbildung 22: PREISNIVEAU VON KATASTROPHEN-TRANSAKTIONEN ALS MULTIPLE[1483]

Im Mittel haben die betrachteten Anleihen eine Ausfallwahrscheinlichkeit von 114 BP und zahlen einen Aufschlag über Libor von 532 BP. Bei Betrachtung der einzelnen

1481 Die von Major/Kreps (2003) betrachteten Katastrophen-Kontrakte besitzen i. d. R. einen „Expected Loss" von weniger als 1% (lediglich vier Katastrophen-Anleihen besitzen einen von über 4%), wogegen die vergleichbare traditionelle Rückversicherungslösung eine Ausfallwahrscheinlichkeit von durchschnittlich 5,4% aufweist. Siehe Major/Kreps (2003), S. 212. Siehe hierzu auch die Analyse in Abschnitt 5.4.1.

1482 Siehe Major/Kreps (2003), S. 212-213.

1483 Quelle: Eigene Abbildung basierend auf eigener Analyse von öffentlich berichteten Transaktionen.

Tranchen zahlen diese damit im Durchschnitt einen Multiple (Spread/Ausfallwahrscheinlichkeit) von 8,75. Allein dieses Faktum müsste ausreichen um die Attraktivität der Katastrophen-Anleihen für die Sponsoren zu fundieren. Aber auch Unternehmensanleihen zeichnen sich durch Aufschläge aus, die nicht alleine durch die Ausfallwahrscheinlichkeiten gerechtfertigt sind. REMOLONA [2003] zeigt, dass US-amerikanische Unternehmensanleihen mit einem BB-Rating (erwarteter durchschnittlicher Verlust: 83,3 BP) im Mittel das 4,4Fache ihres erwarteten Verlustes zahlen (Betrachtungszeitraum: 1998-2002).[1484] Die in der obigen Abbildung dargestellten Katastrophen-Anleihen sind dazu im Vergleich deutlich teurer.

Zu dieser Analyse ist kritisch anzumerken, dass die Berechnung von einer Emission zum Nennwert ausgeht. Etwaige Auf- oder Abschläge, die im Rahmen des Book-Building erfolgen, können durch die Nichtverfügbarkeit der Daten nicht berücksichtigt werden.[1485]

Zwischenfazit

Im Rückblick auf die bislang dargestellten Arbeiten sprechen einige Indizien dafür, dass die an die Investoren für die Übernahme von Katastrophen-Risiko zu zahlenden Prämien höher sind, als dies eine reine Betrachtung der Ausfallrate impliziert. Auch andere unter der „Rule 144 A“ emittierte Anleihen zeichnen sich durch einen Risikoaufschlag aus, der über denen vom Risiko vergleichbaren Unternehmensanleihen liegt. Obwohl die Ursachen dieses Risikoaufschlages[1486] nur sehr eingeschränkt auf Katastrophen-Kontrakte übertragbar sind, wird im Vergleich aber offensichtlich, dass die Risikoprämie für Katastrophen-Kontrakte deutlich über dem „üblichen“ Aufschlag (19 BP)[1487] von anderen unter „Rule 144 A“ emittierten Anleihen liegt.[1488] Die bislang angeführten Arbeiten lassen so – obwohl nicht einheitlich – durchschnittlich ein hohes Preisniveau der Katastrophen-Kontrakte, d. h. hohe Prämien im Verhältnis zum übertragenen Risiko im Vergleich zu alternativen Anlagen und teils auch zur traditionellen Rückversicherung, feststellen.[1489] Die Preisaufschläge der am Kapitalmarkt gehandelten Katastrophen-Kontrakte orientieren sich offenbar an den – u. U. aus Marktimperfektionen resultierenden – hohen Preisen des traditionellen Rückversicherungsmarktes. Diese zu beobachtenden Aufschläge müssen durch weitere Erklärungen fundiert werden.

1484 Siehe Remolona (2003), S. 4.

1485 Da Cat-Bonds nicht öffentlich gelistet werden, sind keine Daten z. B. für den ersten Handelstag erhältlich, die eine Berechnung des tatsächlichen Preisniveaus und der Rendite ermöglichen.

1486 Siehe Livingston/Zhou (2002), S. 5-6.

1487 Siehe die Ergebnisse von Livingston/Zhou (2002), die im Vergleich zu anderen Studien einen hohen Aufschlag ermitteln. Siehe Livingston/Zhou (2002), S. 17.

1488 Siehe hierzu die Analyse nach der folgenden Abbildung.

1489 Siehe hierzu auch die Ergebnisse der meisten im weiteren Verlauf dargestellten Arbeiten. Vgl. ebenso Belonsky (1999), S. 22; Dubinsky/Laster (2003), S. 17; Laster/Raturi (2001), S. 15; Zolkos (2000), S. 2.

5.4.2 Entwicklung der Preise im Zeitverlauf

Nach der erfolgten statischen Analyse des Preisniveaus ist eine Untersuchung etwaiger temporaler Differenzen interessant. Besonders unter dem Aspekt der hohen Preisschwankungen am traditionellen Markt für Katastrophen-Rückversicherung[1490] ist es aufschlussreich zu untersuchen, ob auch die Preise der Katastrophen-Kontrakte diesen zeitlichen Veränderungen unterliegen.

Bislang existieren nur einige wenige Studien zur Preisentwicklung der Katastrophen-Anleihen im Zeitverlauf. Diese vergleichen entweder die Preise unterschiedlicher Katastrophen-Anleihen zum Emissionszeitpunkt oder die Preisentwicklung auf dem Sekundär-Markt. Eine Analyse der Sekundär-Marktdaten muss wegen der quasi nicht vorhandenen Sekundär-Markt-Liquidität sehr kritisch beurteilt werden. Daher wurde im Rahmen der vorliegenden Arbeit [1491] eine Analyse der risikoadjustierten Rendite bei der Emission durchgeführt. Die Ergebnisse dieser Analyse werden nachfolgend dargestellt und dann mit den Resultaten anderer Studien verglichen.

Es ist intuitiv einsichtig, dass eine Untersuchung der Preise von Katastrophen-Anleihen eine Risikoadjustierung erfordert. Eine einfache Darstellung der Rendite als Spread über Libor im Zeitverlauf ermöglicht keine fundierte Beurteilung.[1492] Bei der Beachtung des Risikomaßes ist eine möglichst detaillierte Betrachtung wichtig. Eine Verwendung des Ratings zur Bildung von Risikoklassen ist hier eine zu grobe Einteilung. Da im Zeitverlauf sowohl die Rendite als auch das Risiko dargestellt werden sollen, bietet sich zur graphischen Darstellung eine Abbildung der risikoadjustierten Rendite in Form des Vielfachen des erwarteten Verlustes an. Abbildung 23 stellt die Entwicklung des Multiples („Spread über Libor" zu „Expected Loss") von verschiedenen analysierten Tranchen (N: 89) dar.[1493] Zur Ermittlung einer zeitlichen Entwicklung wurde eine Trendlinie (Polynom 2. Ordnung, R-Quadrat: 0,14) eingefügt.

1490 Siehe Abschnitt 2.2.4 und die weiteren Ausführungen.

1491 Siehe Kapitel 3.4 sowie die weiteren Ausführungen im Rahmen der Arbeit.

1492 Siehe z. B. die Analyse von Laster/Raturi (2001), die keine Risikoadjustierung durchführen. Siehe Laster/Raturi (2001), S. 20.

1493 Vier Katastrophen-Anleihen wurden wegen zu geringer Ausfallwahrscheinlichkeit (<0,1%) von der Betrachtung ausgeschlossen.

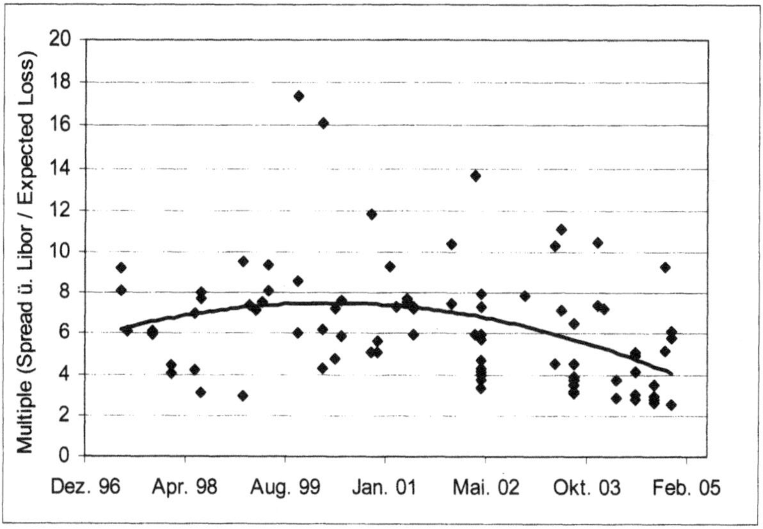

Abbildung 23: ZEITLICHE PREISENTWICKLUNG DER KATASTROPHEN-ANLEIHEN (SCHÄTZUNG MITTELS MULTIPLE)[1494]

Die Analyse der Multiples zeigt, dass die abgebildeten Anleihen durchschnittlich das 6,4Fache ihrer erwarteten Verluste zahlen. Dieses Ergebnis bestätigt eine andere Untersuchung.[1495] Die Multiples liegen damit im Schnitt unter dem höchsten Preisniveau der Rückversicherungspreise, das 1994 bei dem 7,5Fachen des erwarteten Verlustes lag.[1496]

Die Darstellung verdeutlicht darüber hinaus offensichtliche Unterschiede im Zeitverlauf. Bei einer anderen Datenbasis (Betrachtung des Multiples von zum Jahresende ausstehenden Transaktionen) zeigt sich ebenfalls, dass der durchschnittliche Multiple in den letzten Jahren deutlich abgenommen hat. So liegt der Durchschnitt der am jeweiligen Jahresende ausstehenden Transaktionen für 2004 mit 5,6 deutlich unter dem Wert von vor 2 Jahren (6,5; 2003: 6,4).[1497] Auf die Form und Lage der Trendlinie wird bei der Analyse der folgenden Abbildung im Vergleich eingegangen.

Die obige Darstellung der Preisentwicklung anhand des verwendeten Multiples ist mit methodischen Problemen behaftet. So zeigt die recht gute Schätzung der Regressionsgeraden in dem vorhergehenden Abschnitt, dass von einem Basis-Aufschlag bei der Risikoabsicherung ausgegangen werden muss. Bei einer reinen Betrachtung des Multiples impliziert dies ceteris paribus immer einen höheren Multiple für risikoarme Katastrophen-Anleihen. Um diesen Effekt zu eliminieren, wurde daher in der folgenden Abbil-

1494 Eigene Abbildung. Dargestellt ist der entsprechende Multiple zum Emissionszeitpunkt.

1495 Lane (2003c) ermittelt durchschnittlich das 7,5Fache des zu erwartenden Verlustes. Siehe Lane (2003c), S. 4-5.

1496 Froot (2001) ermittelt für 1994 ein Verhältnis von Prämie zu erwartetem Verlust von ca. 7,4 als Maßstab für die hohen Rückversicherungspreise. Siehe Froot (2001), S. 539.

1497 Quelle: Eigene Auswertung basierend auf öffentlich verfügbaren Daten zu Transaktionen.

dung ein alternatives Vorgehen angewandt. Dargestellt wird die Abweichung der tatsächlichen Rendite zum Emissionszeitpunkt von der mit Hilfe der Regression aus Abschnitt 5.4.1 geschätzten Rendite als einfache Differenz. Da die Regressionsgerade über den gesamten Zeitabschnitt ermittelt wurde, kann die Abweichung der jeweiligen Rendite als Differenz zum Durchschnitt interpretiert werden. Wie in Abbildung 23 wurde auch in der nachfolgenden Abbildung zur Darstellung des Trends ein Polynom 2. Ordnung (R-Quadrat: 0,25) ergänzt (N: 89).

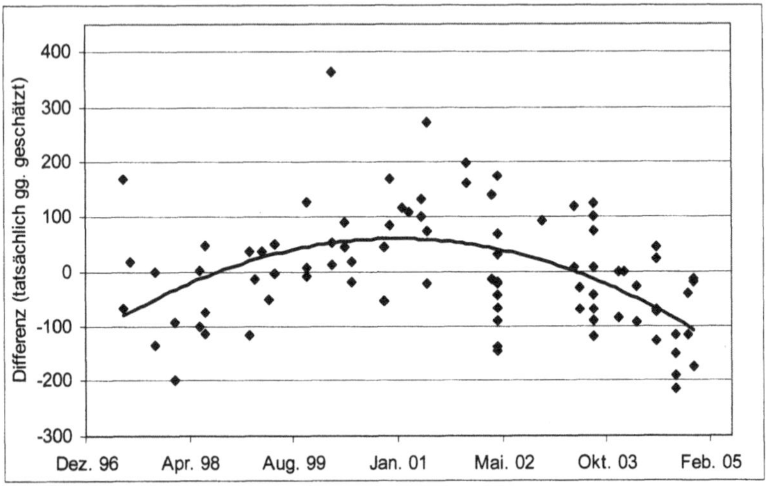

Abbildung 24: ZEITLICHE PREISENTWICKLUNG DER KATASTROPHEN-ANLEIHEN (SCHÄTZUNG DER DIFFERENZ)[1498]

Wie der Vergleich der Schätzqualität (R-Quadrat) der beiden Schätzungen (Polynome in den Abbildungen 23 und 24) zeigt, ist die Verwendung eines einfachen Modells der Preisabbildung in Form eines Multiples deutlich überlegen. Die implizite Wertung durch die Verwendung der Bewertungsmethodik muss im Rahmen einer Fundierung der Bewertungsmethoden erfolgen.

Die Analyse der Bewertungssituation im Zeitverlauf anhand der beiden Abbildungen zeigt in den Jahren von 1997 bis 2001 ein Ansteigen der geforderten Rendite. Entgegen anderer Aussagen ist damit eine gewisse Unabhängigkeit der Bewertung der Katastrophen-Anleihen von der Bewertungssituation am Rückversicherungsmarkt zu beobachten (sinkende Preise von 1994 bis 1999; steigende Preise von 1999 bis 2003). Parallelen zur Entwicklung am Markt für Unternehmensanleihen lassen sich zwar an steigenden Zinssätzen bis zum Jahr 2001 festmachen, das dann zu beobachtende Sinken der Preise (Abbildung 24) ist aber am Markt für Unternehmensanleihen nicht erkennbar. Auch wenn eine umfängliche Interpretation des sinkenden Preisniveaus seit 2001 durch ein

[1498] Eigene Abbildung. Dargestellt ist die entsprechende Differenz der tatsächlichen Prämie gegenüber der geschätzten zum Emissionszeitpunkt.

Abklingen des Risikoaufschlags als Zeichen der Marktreife wegen der angesprochenen Probleme zu weit führen würde, geht diese Beobachtung mit den Ergebnissen anderer Arbeiten einher.

Daneben zeigt ein Vergleich der beiden Grafiken, dass die Schätzung mittels Multiple einen größeren Preisrückgang ausweist. Dieses Ergebnis enthüllt die methodischen Probleme der Schätzung des Preisniveaus mittels Multiple und motiviert die zweite Schätzung. So ist die Schätzung mittels Multiple nicht in der Lage, das höhere Risikoniveau im Zeitverlauf adäquat herauszufiltern. Da, wie im vorhergehenden Abschnitt gezeigt, ein Basis-Aufschlag für Katastrophen-Kontrakte zu existieren scheint, sinkt die Rendite pro Risikoeinheit bei zunehmendem Risiko. Das offenbar starke Sinken des Preisniveaus bei Betrachtung des Multiples spiegelt wegen der fundamentalen Veränderung der Basis so nicht die Marktgegebenheiten wider. Doch zeigen beide Abbildungen zusammen deutlich, dass das Preisniveau in den letzten Jahren offenbar gesunken ist.

Auch andere Autoren finden bei anderen Betrachtungszeiträumen, unterschiedlichen Bewertungsmethodiken und anderen Datengrundlagen, dass der Risikoaufschlag bzw. das Preisniveau der Katastrophen-Anleihen im Zeitverlauf gesunken ist.[1499] Besonders sehr frühe Beiträge prognostizieren ein Abnehmen der Prämienaufschläge auf Basis der Betrachtung einzelner Transaktionen, die z. B. erneuert werden oder vergleichbar sind.[1500] So hatte die als erste Katastrophen-Anleihe bekannte USAA-Transaktion (1997) einen Risikoaufschlag von 576 Basis-Punkten. Für die Erneuerung der Transaktion war ein Jahr später nur noch ein Risikoaufschlag von 400 Basis-Punkten notwendig.[1501] Konträr zu der Mehrzahl der Arbeiten finden LASTER/RATURI [2001] dagegen kein sinkendes Preisniveau. Sie untersuchen die Preisentwicklung von 15 Katastrophen-Anleihen von 1997 bis 2000. Sie bereinigen ihre Daten zwar nicht um die unterschiedlichen Ausfallwahrscheinlichkeiten, kommen aber zu dem Schluss, dass die Risikoprämie im Zeitverlauf nicht gesunken ist und dass nach wie vor ein deutlicher Aufschlag gegenüber gleich gerateten Unternehmensanleihen besteht.[1502] Verglichen mit den bisherigen Ausführungen bestätigen sie damit einerseits die vorhergehende Analyse der Preisentwicklung im Zeitverlauf, anderseits aber auch die These, dass das Preisniveau immer noch deutlich über vom Risiko vergleichbaren konventionellen Anlagen liegt.

Insgesamt müssen die Ergebnisse der einzelnen Arbeiten wie die Ergebnisse der im Rahmen dieser Arbeit durchgeführten Analyse relativiert werden. Auf Grund der mangelnden Sekundär-Markt-Liquidität können streng genommen lediglich die erstmaligen

---

1499 Siehe Cummins/Lalonde/Phillips (2004), S. 109; Schöchlin (2002b), S. 103; Selius/Decker (2003), S. 9; o.V. (2004c), S. 3; o.V. (2005a), S. 1; Lane/Beckwith (2005), S. 10; McGhee/Faust/Clark (2005), S. 2.

1500 Siehe Tilley (1995), S. 7; Lane (1998c) findet basierend auf zehn Transaktionen, dass die Preise im Zeitverlauf von 1997 bis 1998 gefallen sind. Siehe Lane (1998c), S. 10.

1501 Vgl. Whitney (1999), S. 78.

1502 Siehe Laster/Raturi (2001), S. 15.

„Offering"-Preise verglichen werden. Leider existieren hierzu aber keine öffentlich publizierten Preise. Problematisch ist zudem, dass die betrachteten Anleihen sehr unterschiedlich sind und dass sich die bewertungsrelevanten Faktoren im Zeitverlauf verändern.[1503] Durch die Auswahl einzelner Katastrophen-Anleihen bzw. einzelner Marktsegmente können die Ergebnisse verändert werden. Auch bei der Analyse unterschiedlicher Transaktionen ist ein Vergleich der Bewertungsmethoden notwendig. Die in Kapitel 5.3.4 angesprochenen Probleme erschweren so auch die Untersuchung des relativen Preisniveaus.

Trotz dieser Vorbehalte lässt sich auf Grund der Abbildung eines großen Marktausschnittes und der Kombination mit den Ergebnissen anderer Arbeiten jedoch festhalten, dass erstens die Rendite von Katastrophen-Anleihen im Verhältnis zu dem übernommenen Risiko hoch ist; zweitens scheint das Preisniveau in den letzten drei Jahren leicht gesunken zu sein.

5.4.3 Relativer Preis als Entscheidungskriterium

Die absoluten Preise für die Absicherung von Katastrophen-Risiko sind nur bedingt entscheidungswirksam. Vielmehr gewinnt das Preisniveau der Katastrophen-Anleihen im Vergleich mit anderen Möglichkeiten des Katastrophen-Transfers für die Marktteilnehmer seine Handlungsrelevanz. Dementsprechend gelten die Preise der Katastrophen-Anleihen im Vergleich zu denen der Rückversicherungslösung[1504] als relevanter Entscheidungsfaktor.[1505] Daher müssen bei einer Analyse der Attraktivität dieses alternativen Risikoabsicherungsinstruments die Prämien der Katastrophen-Kontrakte im Vergleich zu den Preisen der traditionellen Rückversicherungslösung interpretiert werden. Leider existiert bislang keine Arbeit, welche die Preise für Katastrophen-Kontrakte im Zeitverlauf bereinigt um die Preisentwicklung am Rückversicherungsmarkt und auf den Kapitalmärkten darstellt.

Auswirkungen der Preiszyklen auf die unterschiedlichen ART-Instrumente

Die Preiszyklen der Rückversicherungsindustrie dürften nicht nur die relative Attraktivität der Katastrophen-Anleihen, sondern auch anderer ART-Instrumente beeinflussen.

[1503] Die Prämien für Katastrophen-Anleihen werden von mindestens drei sehr unterschiedlichen Determinanten beeinflusst. Erstens von der Ausfallwahrscheinlichkeit, die im Zeitverlauf nur theoretisch konstant ist. Zweitens vom Preisniveau auf den Rückversicherungsmärkten. Drittens sind sie vom entsprechenden Risikoaufschlag vergleichbarer Unternehmensanleihen abhängig. Die beiden ersten Faktoren werden im Rahmen der Arbeit ausführlich erklärt. Zum letzten Punkt vgl. Seitz (2001), S. 19.

[1504] Für eine umfassende Darstellung siehe Abschnitt 2.2.4 der vorliegenden Arbeit.

[1505] Beim Vergleich der relativen Preise darf selbstverständlich nicht nur die Prämie im Verhältnis zum übertragenen Risiko betrachtet werden. Auch die weiteren entscheidungsrelevanten monetären Variablen, wie z. B. Transaktionskosten, aber auch die weiteren unterschiedlichen Vor- und Nachteile der einen oder der anderen Lösung, müssen mit in die Analyse einbezogen werden.

Nach dem Wirbelsturm Andrew (1992)[1506] war im Einklang mit dieser These tatsächlich zu beobachten, dass verstärkt „Contingent-Capital" zur Finanzierung im Katastrophen-Fall eingesetzt wurde. Im Jahr 1994 erreichte dieses Instrument mit über 2 Mrd. USD sein bisher höchstes Volumen.[1507] Auch nach den Anschlägen am 11. Septembers 2001 kam es durch die enormen Schäden zu einer Kapazitätsverknappung und zu einer Neueinschätzung der Risiken. Diese Situation wurde noch durch die weltweite Talfahrt der Börsen verschärft, wodurch es insgesamt zu einer deutlichen Preisanhebung kam.[1508] Unmittelbar nach den Anschlägen zeigte sich die relative Bedeutung der einzelnen ART-Instrumente. So flossen ca. 20 Mrd. USD in Form von neuem Kapital in auf den Bermudas angesiedelte Rückversicherungsfonds (totaler Mittelzufluss in die Versicherungsbranche zu dieser Zeit ca. 30 Mrd. USD).[1509]

Diese Aussagen untermauern die Vermutung, dass sich wahrscheinlich auch die Entwicklung des Marktes für Katastrophen-Kontrakte in direkter Abhängigkeit vom Preisniveau des traditionellen Rückversicherungsmarkts befindet. So ist zu erwarten, dass ein harter Rückversicherungsmarkt in Kombination mit der zu beobachtenden sinkenden Prämie der Katastrophen-Anleihen zu einer deutlichen Attraktivitätssteigerung und auch zu mehr beobachtbarem Volumen führt.[1510] Besonders in den Zeiten der weicheren Versicherungsmärkte (1999 und 2000) waren einige Experten überzeugt, dass der Markt für Katastrophen-Kontrakte positiv durch höhere Rückversicherungspreise beeinflusst wird.[1511] Es wurde spekuliert, dass eine Preiserhöhung, ausgelöst z. B. durch eine besonders große Naturkatastrophe, eine Initialzündung für den Katastrophen-Markt darstellen könnte.[1512] Nach Meinung vieler Marktteilnehmer war dann die aus den Anschlägen des 11. Septembers 2001 resultierende Kapazitätsknappheit auf Grund der hohen Schäden und den hohen Anlageverlusten die nachdrückliche Chance für das Konstrukt der Katastrophen-Kontrakte.[1513]

1506 Wirbelsturm Andrew verursachte versicherte Schäden in Höhe von ca. 20,9 Mrd. USD und stellte damit das bislang teuerste einzelne Versicherungsereignis, verursacht durch eine Naturkatastrophe, dar (Wert auf Basis 2004). Nur die Terroranschläge am 11. September verursachten höhere Schäden (21,1 Mrd. USD). Siehe Laster/Raturi (2001), S. 41. Der Wirbelsturm Katrina wird diese Schadenshöhe deutlich übertreffen. Das Insurance Services Office (ISO) schätzt die versicherten Schäden auf ca. 34.4 Mrd. USD. Siehe Pressemitteilung des Insurance Services Office (ISO) vom 4.10.05.

1507 Vgl. Seitz (2001), S. 13.

1508 Vgl. Mooney/Zaffino (2002), S. 3; o.V. (2002b), S. 3.

1509 Vgl. Mooney/Zaffino (2002), S. 3; o.V. (2002b), S. 17. Andere ART-Instrumente konnten dagegen keinen bedeutenden Volumenzuwachs in den folgenden Quartalen vorweisen. Wodurch die relative Bedeutungslosigkeit dieser Instrumente deutlich wurde.

1510 Siehe die Ergebnisse einer empirischen Untersuchung unter Industrie-Experten. Siehe o.V. (2000d), S. 35-36. Ebenso Laster/Raturi (2001), S. 24-25; Dubinsky/Laster (2003), S. 13.

1511 Siehe beispielsweise Tynes (2000), S. 25; Lane (1997), S. 4, 15; Lewis/Davis (1998), S. 117, Holzheu/Karl/Raturi (2003), S. 4, 40; o.V. (2000c), S. 8-9; McLeod (1999), S. 2; Barry (2000), S. 23; Laster/Raturi (2001), S. 12; Shirreff (1999), S. 39.

1512 Vgl. Belonsky (1999), S. 26; DeFontaine (2001), S. 68.

1513 Vgl. o.V. (2002a), S. 43-44; Allen (2002), S. 25; Panning (2002), S. 64. Dieser Argumentation folgten auch die Interviewpartner 10 (Ib), 21 (Mo), 22 (Mo), 38 (Rü) und 42 (Ve).

Im Rahmen der vorliegenden Arbeit wurde daher versucht, eine Beziehung zwischen der Preisentwicklung des traditionellen Rückversicherungsmarktes und den Aktivitäten an den Märkten für Katastrophen-Kontrakte herzustellen. Zur Analyse der Auswirkungen des relativen Preisniveaus werden aus Vereinfachungsgründen Annahmen getroffen. Wie der vorherige Abschnitt gezeigt hat, scheint sich das Preisniveau für die Cat-Bonds im Zeitverlauf geändert zu haben, für die folgende Darstellung wird hiervon aber abstrahiert. Das Preisniveau der Katastrophen-Anleihen wird so als konstant angenommen. Ebenfalls wird für die Transaktionskosten angenommen, dass diese im Zeitverlauf der letzten Jahre konstant geblieben sind. Neben weiteren Faktoren, deren zeitliche Veränderung zur Simplifizierung der Darstellung als konstant angenommen wird, ist das Emissionsvolumen der Katastrophen-Kontrakte damit im Wesentlichen von den in Kapitel 2.2 charakterisierten Preiszyklen in der traditionellen Rückversicherungsindustrie abhängig.

Folgende Abbildung stellt die Entwicklung des Marktes für Katastrophen-Kontrakte (Volumen und Anzahl) sowie die Preisentwicklung auf den Rückversicherungsmärkten für Katastrophen-Deckung[1514] dar. Der obigen Argumentation folgend werden Katastrophen-Kontrakte als eine Alternative zum konventionellen System der Rückversicherung aufgefasst, womit die Anzahl bzw. das Volumen der Katastrophen-Kontrakte mit dem Preisniveau der traditionellen Rückversicherungsmärkte korrelieren sollte.[1515]

1514 Die Daten für die Rückversicherungspreise wurden durch die SwissRe zur Verfügung gestellt und entstammen einer internen Studie (CAMARES).

1515 Ein hoher Preis der traditionellen Rückversicherung initialisiert eine hohe Zahl an Katastrophen-Kontrakten, wogegen ein niedriger Preis die Entstehung des Marktes behindert könnte.

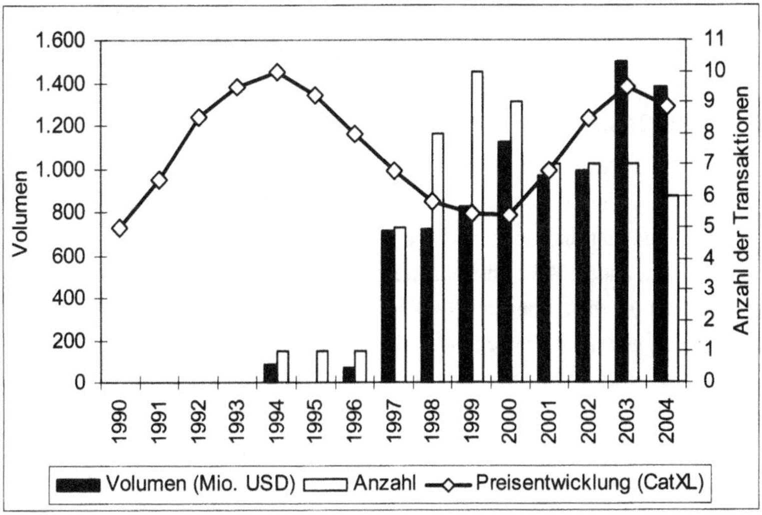

Abbildung 25: ZUSAMMENHANG ZWISCHEN DEM PREISNIVEAU DES RÜCKVERSICHERUNGSMARKTES UND DER EMISSION VON KATASTROPHEN-KONTRAKTEN[1516]

Die grafische Darstellung zeigt, dass eine Verbindung der Aktivitäten im Markt für Katastrophen-Kontrakte mit dem Preisniveau auf dem Rückversicherungsmarkt nicht zwingend offensichtlich ist. Obwohl die Katastrophen-Kontrakte als Alternative zur traditionellen Rückversicherung zu Zeiten besonders harter Rückversicherungsmärkte entwickelt wurden[1517] und lange davon ausgegangen wurde, dass die in den folgenden Jahren weichen Rückversicherungsmärkte die Entstehung eines liquiden Marktes verhindern, scheint keine positive Reaktion (Emissionsvolumen oder Anzahl der Kontrakte) auf den Anstieg des Preisniveaus in den Jahren von 2000 bis 2003 feststellbar zu sein.[1518] Das in den Zeiten der weichen Rückversicherungsmärkte prognostizierte starke Ansteigen der Anzahl und der Volumina der Katastrophen-Kontrakte scheint damit auszubleiben. Auch ein direkter Zusammenhang zwischen einer Naturkatastrophe bzw. hohen Anlageverlusten (beides Ursachen für hohe Rückversicherungspreise) und den Volumina der Katastrophen-Kontrakte, konnte bislang ebenfalls nicht nachgewiesen werden.[1519]

Ein Grund für das nicht beobachtbare Ansteigen der Aktivitäten könnte in einer durch die notwendige Anpassung der realen Geschäftstätigkeit verursachten Verzögerung liegen. Demnach unterbleibt in der ersten Phase des Preisaufschwungs eine Änderung der

1516 Quelle: Eigene Auswertung basierend auf öffentlich bekannten Transaktionen und verschiedenen Marktreports.

1517 Vgl. Allen (2002), S. 25; o.V. (2002b), S. 38; Laster/Raturi (2001), S. 24.

1518 Siehe o.V. (2003b), S. 5. Kontrovers dazu Lane (2002b), S. 2.

1519 Vgl. Seitz (2001), S. 14-17, 20; Holliger/Muth (2002), S. 7.

Geschäftsstrategien, weil diese Anpassung z. B. mit Aufwendungen und Entscheidungsabläufen verbunden ist.[1520] Erst in der zweiten Phase reagieren die Unternehmen mit einem höheren Selbstbehalt und der verstärkten Nutzung von ART-Instrumenten auf die höheren Marktpreise.

Wie Abbildung 5 zeigt, sind höhere Selbstbehalte bei den Versicherungsunternehmen als Folge des höheren Preisniveaus aber bereits seit mehreren Jahren gegeben. Die vorherigen Ausführungen haben ebenfalls gezeigt, dass traditionelle Methoden der Kapitalaufnahme und andere ART-Instrumente wie etwa Captives ohne große Zeitverzögerung eingesetzt werden können.[1521] Obwohl die Strukturierung von Katastrophen-Anleihen einen gewissen Zeitverzug in der Reaktion begründen könnte,[1522] ist durch den langen Betrachtungszeitraum ausgeschlossen, dass ausschließlich durch den weiteren Zeitverlauf eine große Zahl weiterer Emissionen als Reaktion auf den Preisanstieg im Jahr 2001 entsteht. Auch konnte im Rahmen der Interviews sichergestellt werden, dass sich keine große Zahl an Katastrophen-Kontrakten kurz vor der Emission befindet.

Entsprechend den obigen Ausführungen geht die überwiegende Mehrheit der Interviewpartner auf Grund ihrer Marktbeobachtungen davon aus, dass sich die Preisverschärfung am Rückversicherungsmarkt nicht positiv auf die Zahl und das Volumen der Katastrophen-Kontrakte im Allgemeinen und der Katastrophen-Anleihen im Speziellen auswirkt.[1523] Dieses Ergebnis untermauert die Argumentation der vorliegenden Arbeit, nach der die Nutzung von Katastrophen-Kontrakten nicht allein vom absoluten oder relativen Preisniveau abhängt. Die Entscheidung für oder gegen eine Katastrophen-Transaktion muss daher weitere Kontrakteigenschaften in das Kalkül mit einbeziehen.

5.4.4 Preisdeterminanten

Die im ersten Abschnitt des Kapitels dargestellten Arbeiten untersuchen das Preisniveau der Katastrophen-Anleihen absolut bzw. im Vergleich mit anderen Anlagen. Die im Folgenden dargestellten Arbeiten erforschen die Preissituation zur Bestimmung möglicher Determinanten, die eine Erklärung der Preisunterschiede zwischen den einzelnen Katastrophen-Anleihen bieten können. Die Ergebnisse anderer Arbeiten werden durch eine eigene Analyse der in Abschnitt 5.4.1 und 5.4.2 bereits untersuchten Kontrakte bzw. Tranchen erweitert.

Im Rahmen der folgenden Untersuchung wird die systematische Abweichung der Rendite-Schätzung anhand der bereits beschriebenen Methodik zu der tatsächlichen Rendite

---

1520 Vgl. o.V. (2002c), S. 32.

1521 Siehe hierzu auch den vorhergehenden Abschnitt.

1522 Jenkins (2002) geht davon aus, dass sich eine Reaktion erst ca. sechs Monate nach dem 11.9.01 einstellen wird. Siehe Jenkins (2002), S. 38.

1523 Wobei diese These aber sehr polarisiert und kontrovers diskutiert wird. Interviewpartner 4 (Br), 12 (Ib), 24 (Ra), 27 (Re) und 44 (Ve) gingen von keinem Zusammenhang aus, während die Interviewpartner 34 (Rü), 35 (Rü), 36 (Rü) und 38 (Rü) einen direkten Zusammenhang sahen.

der einzelnen Cat-Bonds durch einen Mittelwertvergleich unabhängiger Stichproben überprüft.[1524] Methodisch problematisch ist die geringe Anzahl an Datenpunkten, die eine Gruppierung und somit eine detaillierte Analyse erschwert. Die Bildung von Untergruppen innerhalb der insgesamt 89 Anleihen bzw. Tranchen führt dazu, dass die Ergebnisse eher als indikativ denn als statistisch verlässlich angesehen werden müssen. Die quantitativen Ergebnisse werden am Ende dieses Abschnitts tabellarisch dargestellt.

Saisonale Risikofaktoren

Der aktuelle Marktpreis einer Katastrophen-Anleihe sollte primär durch das in ihr enthaltene Risiko fundiert sein. Wenn dieses im Zeitverlauf nicht konstant ist, ist zu erwarten, dass der Marktpreis diese Risikoschwankungen widerspiegelt. Wie bereits in Kapitel 2.1 erläutert, lassen sich Naturereignisse mehr oder weniger gut voraussagen.[1525] Die Eintrittswahrscheinlichkeit eines Teils der Naturkatastrophen erfährt aber einen jahreszeitbedingten Wandel.[1526] So durchlaufen die auf Wetter im Allgemeinen und Wind im Speziellen beruhenden Katastrophen-Anleihen saisonale Schwankungen. Diese Veränderung der Schadenswahrscheinlichkeit sollte sich auch in der Entwicklung der Marktpreise der entsprechenden Katastrophen-Kontrakte[1527] niederschlagen.[1528]

SELIUS/DECKER [2003] modellieren auf Basis dieser Thesen die Preise für zwei Katastrophen-Anleihen vor und während der so genannten „Hurricane Season“. Sie finden, dass die Preise der beiden Anleihen (SR Wind A2 und Prime Hurricane) zwar auf die höhere potenzielle Bedrohung reagieren, diese Reaktion aber deutlich unter den theoretisch zu erwartenden Werten bleibt. Scheinbar reagieren die Marktpreise also nicht so stark auf die Risikoveränderung, wie dies fundamental zu rechtfertigen wäre. Eine Erklärung dafür mag die geringe Sekundär-Markt-Liquidität sein, die kaum eine Indikation für die tatsächlichen Preise darstellen kann. Auf Grund der Schwierigkeit einer methodisch sauberen Modellierung von Naturkatastrophen-Wahrscheinlichkeiten als Basis des Vergleichs und der Probleme bezüglich der Sekundär-Markt-Liquidität unterbleibt eine eigene Analyse der Preisentwicklung im Zeitverlauf im Rahmen der Arbeit.

Geographische Unterschiede

Die enge Verbindung der Katastrophen-Anleihen mit dem traditionellen Markt für Katastrophen-Risiko (Rückversicherungsmarkt und Retrozessionsmarkt) begründet die Existenz einer weiteren – empirisch zu beobachtenden – Preisdeterminante. Die Risiko-Prämie der Katastrophen-Kontrakte scheint auch von der jeweiligen der Transaktion

1524 Zur generell verwendeten Methodik siehe Abschnitt 5.4.2.

1525 Vgl. Abschnitt 2.1.1.

1526 Der Großteil der zu beobachtenden Naturkatastrophen ist auf atmosphärische Phänomene zurückzuführen, so dass deren Eintrittswahrscheinlichkeit den unterschiedlichen Jahreszeiten unterliegt.

1527 73% aller bestehenden Katastrophen-Kontrakte sind von diesen Saisoneffekten betroffen. Vgl. Selius/Decker (2003), S. 9.

1528 Für bewertungstechnische Grundlagen dieser Besonderheit siehe Canabarro/Finkemeier/Anderson/Bendimerand (1998), S. 27-29.

zugrunde liegenden Risikoregion abzuhängen. So sollen Cat-Bonds, die Risiko aus den USA verbriefen, den Preisunterschieden des traditionellen Rückversicherungsmarktes folgend, preiswerter (d. h. die Rendite und die erforderte Risikoprämie sind höher) sein als Anleihen, die dem Risiko anderer Regionen ausgesetzt sind.[1529] Kalifornisches Erdbebenrisiko soll die höchste Rendite aller Katastrophen-Risiken erbringen.[1530]

Die Analyse der Cat-Bonds im Rahmen dieser Arbeit zeigt, dass japanische Katastrophen-Anleihen signifikant teurer sind, die Rendite zur Übernahme also geringer ist als durchschnittliches Katastrophen-Risiko.[1531] Ebenso erfordern europäische (ohne Frankreich) Kontrakte eine signifikant[1532] geringere Risikoprämie als die übrigen Kontrakte. Die Preise von allgemeinem amerikanischen Katastrophen-Risiko sind dagegen nicht signifikant von den anderen Katastrophen-Risiken zu unterscheiden. Multi-Region-Kontrakte sind dagegen preiswerter, d. h. die Rendite ist höher.[1533] Dieser Aufschlag stellt u. U. ein Indiz für eine Komplexitätsprämie bzw. einen Informationsaufwand dar und wird im weiteren Verlauf erneut aufgegriffen.[1534]

Risikoarten

Einige andere Arbeiten können nachweisen, dass der Preis für Katastrophen-Risiko-Kontrakte auch von der Art des verbrieften Risikos abhängt. SCHÖCHLIN [2002a] zeigt, dass Wirbelsturmrisiko sowohl für die USA als auch für Japan teurer als entsprechendes Erdbeben-Risiko zu sein scheint.[1535] Logische Begründung für dieses Ergebnis soll die besondere Sprungcharakteristik [1536] von Erdbeben-Risiko sein, die eine zusätzliche Risikoprämie erfordert.

Im Gegensatz zu diesen Ergebnissen zeigt die vorliegende Untersuchung, dass zentralamerikanisches[1537], japanisches[1538] und taiwanesisches Erdbebenrisiko eine geringere Rendite als die übrigen Kontrakte erbringen. Auch kalifornisches Erdbebenrisiko scheint günstiger als die übrigen Risikoarten zu sein, auch wenn dieses letzte Resultat im Unterschied zu den vorherigen nicht statistisch signifikant ist. Ein allgemeiner Vergleich der einzelnen Risikoarten zeigt, dass Erdbeben-Risiko beim vorliegenden Datensatz dieser Einschätzung entspricht und signifikant[1539] teurer als die restlichen Anleihen

1529 Für einen Vergleich USA gegenüber Japan siehe die Ergebnisse von Schöchlin (2002a), S. 95.
1530 Vgl. McGhee/Eng (2003), S. 22.
1531 Signifikanz-Niveau: 5%. Auch Schöchlin (2002a) bestätigt dieses Ergebnis. Siehe Schöchlin (2002a), S. 95.
1532 Signifikanz-Niveau: 5%.
1533 Signifikanz-Niveau: 5%.
1534 Siehe Abschnitt 5.5.1 und Kapitel 5.6.
1535 Siehe die Ergebnisse von Schöchlin (2002a), S. 95.
1536 Siehe die Ausführungen in Abschnitt 2.1.1 und 5.5.1.3.
1537 Signifikanzniveau 10%.
1538 Signifikanzniveau 5%.
1539 Signifikanzniveau 5%.

ist (d. h. eine geringere Rendite erbringt). Dieses Ergebnis steht damit konträr zu anderen Studien.

Multi-Peril-Transaktionen

Auch die Art der Zusammensetzung des Risikos in den einzelnen Cat-Bonds soll einen Einfluss auf den Preis und die Rendite der Wertpapiere haben. LANE [2003a] untersucht anders als in seinen beiden vorhergehend zitierten Arbeiten die Möglichkeit der synthetischen Duplizierung von einzelnen Multi-Peril-Katastrophen-Anleihen durch andere und bildet so synthetische Arbitrage-Preise. Er findet, dass künstlich kreierte Multi-Peril-Anleihen signifikant teurer sind (in einem Beispiel 85 Basis-Punkte) als die am Markt verfügbaren Multi-Peril-Katastrophen-Anleihen. Dies deckt auf, dass die Nachfrage nach Multi-Peril-Anleihen über der nach üblichen Katastrophen-Anleihen zu liegen scheint, so dass die gezahlte Risikoprämie pro eingesetzter Kapitaleinheit geringer ist. LANE [2003a] begründet seine Ergebnisse mit dem erhöhten Kapitalbedarf, der zur Arbitrage notwendig ist. Eine andere Erklärung könnte in der Existenz von Informationskosten liegen. Sollte für jede Investition in Katastrophen-Risiko durch Informationskosten[1540] ein Fixkostenblock entstehen,[1541] würde dies ebenfalls erklären, warum synthetische Multi-Peril-Bonds teurer sind, d. h. der Investor eine geringere Prämie fordert.

Dieses Ergebnis steht im Widerspruch zu den Ergebnissen anderer Arbeiten,[1542] die finden, dass Multi-Peril-Katastrophen-Anleihen preiswerter sind (eine höhere Prämie pro eingesetzter Kapitaleinheit zahlen). Diese Autoren gehen davon aus, dass eine erhöhte Komplexität größere Informationskosten verursacht und daher die Investoren eine höhere Rendite fordern.[1543] Gleichzeitig sind die Sponsoren für diese höhere Individualisierung, d. h. die Anpassung der Zahlungsströme der Katastrophen-Anleihe an ihr spezifisches Risiko-Exposure, bereit, eine höhere Prämie zu zahlen.

Bei der Analyse der Transaktionen im Rahmen der Arbeit zeigt sich, dass die Multi-Peril-Transaktionen im Vergleich zu den übrigen Transaktionen eine höhere Rendite zahlen.[1544] Sie bestätigen damit die Mehrzahl der anderen empirischen Arbeiten. Sowohl die betrachteten Multi-Peril- als auch, wie bereits oben berichtet, die Multi-Region-Transaktionen sind deutlich teurer, d. h. durch eine höhere Risikoprämie cha-

---

1540 Dieser ist von den generellen Lernkosten und den Kosten der Marktteilnahme zu unterscheiden. Siehe hierzu Abschnitt 5.3.1.3.

1541 Beispielsweise ist die Dokumentation von Multi-Peril-Transaktionen nicht exakt doppelt so aufwändig wie die einer Single-Peril-Anleihe.

1542 Siehe die Ergebnisse von Schöchlin (2002a), S. 95-96, McGhee/Faust/Clark (2005), S. 14 und McGhee/Eng (2003), S. 35.

1543 Vgl. McGhee/Eng (2003), S. 17.

1544 Statistisch signifikant; Signifikanz-Niveau: 5%.

rakterisiert als die übrigen Transaktionen.[1545] Dieses Resultat untermauert die These, dass die Komplexität einer Transaktion eine Preisdeterminante darstellen kann.

Insgesamt zeigen die Ergebnisse der im Rahmen der Arbeit durchgeführten Analyse und die Widersprüche gegenüber den anderen empirischen Arbeiten, dass eine weitere wissenschaftliche Auseinandersetzung mit dem Preisniveau und den Preisdeterminanten der Katastrophen-Kontrakte notwendig ist. Die gefundenen Unstimmigkeiten können zum einen in den unterschiedlichen genutzten Methodiken bzw. den unterschiedlichen Betrachtungszeiträumen liegen. Zum anderen zeigt die Inkompatibilität der einzelnen Arbeiten die Methodenprobleme. Die Beobachtung der Arbitrage-Möglichkeiten und etwaiger Preisinkonsistenzen auf den Katastrophen-Anleihen-Märkten muss anhand differenzierterer Methoden evaluiert werden. Die Unsicherheit, die durch die Nutzung von Bewertungsmethodiken entsteht, die nicht-arbitrage-freie Preise zur Folge haben, wird deutlich.

Folgende Tabelle stellt die Ergebnisse der Preisanalyse unterschiedlicher Katastrophen-Anleihen bzw. Tranchen dar. Abgebildet ist der arithmetische Mittelwert der Abweichung der Rendite-Schätzung gegenüber dem tatsächlichen Spread über Libor zum Zeitpunkt der Emission. Ein höherer (niedrigerer) Mittelwert, als durch die Schätzung ermittelt, ist dementsprechend ein Indiz, dass die untersuchte Gruppe eine höhere (niedrigere) Rendite, d. h. Risikokosten aufweist als die übrigen untersuchten Kontrakte der Stichprobe. Die Summe der Abweichungen ist für die gesamte Stichprobe modellgemäß gleich Null.

1545 Multi-Peril-Transaktionen sind gegenüber anderen Auslösern schwach signifikant teurer (Signifikanzniveau 10%), wogegen Multi-Region-Kontrakte gegenüber regional-fokussierten Transaktionen deutlich teurer sind (Signifikanzniveau: 5%).

Charakteristika	Abweichung (Mittelwert)	Stichproben-anzahl	Statistische Signifikanz[1546]
Regionenfokus			
Frankreich	-3,3	3	- / -
Rest Europa	-92,3	6	* / **
Japan	-72,1	12	* / *
Taiwan	-43,7	1	- / -
USA	7,6	51	- / -
Multi-Region	67,8	16	* / *
Risiko-Art			
Kalifornisches Erdbeben	14,2	17	- / -
Zentral-amerikanisches Erdbeben	-80,9	7	* / **
Japanisches Erdbeben	-72,1	3	* / *
Taiwanesisches Erbeben	-43,7	12	* / *
Französische Wetter-Phänomene	-3,3	1	- / -
Amerikanische Wetter-Phänomene	13,3	22	- / -
Multi-Risk	35,2	27	* / **
Trigger-Art			
Indemnity	12,9	29	- / -
Industrie-basiert	1,6	11	- / -
Modell	64,1	10	* / **
Parametrisch	-26,5	39	* / *

Tabelle 10: GRUPPENUNTERSCHIEDE IM PREISNIVEAU FÜR CAT-BONDS[1547]

Mögliche Ursachen für die beobachtbaren Preisdifferenzen

Neben den bereits erklärten Ursachen können die geschilderten Bewertungsinkonsistenzen (perfekte Märkte unterstellt, sollten gleiche Risiken auch gleiche Prämien bedingen) an unterschiedlichen realen Gegebenheiten liegen. Die folgenden zwei – nachfrageorientierten – Argumente können als vorstellbare Erklärung dienen:

Eine Ursache kann zum einen die Käuferstruktur der Katastrophen-Kontrakte sein. Hintergrund der Argumentation ist, dass die Käufer der Katastrophen-Kontrakte versuchen, ihr Risiko-Portfolio zu diversifizieren. Wie in Kapitel 3.4 aufgezeigt, entstammt ein Teil der Investoren aus der traditionellen Versicherungsindustrie. Diese Investoren sind u. U. bereits durch ihre konventionelle Geschäftstätigkeit in einigen Regionen gleichartigen Versicherungsrisiken ausgesetzt. Die durch Katastrophen-Kontrakte zusätzlich gegebene Diversifikationsmöglichkeit, also weiteres Risiko aus diesen Regionen zu erwerben, ist daher für diese Gruppen von eher geringem Wert. Im Gegensatz dazu stellen Naturkatastrophen-Kontrakte aus exotischen Regionen eine zusätzliche Diversifikationsmöglichkeit dar. Durch diesen positiven Diversifikationseffekt für einen Teil der

[1546] Der erste Wert unterstellt gleiche Varianzen in den Datengruppen, der zweite geht von einer Ungleichheit aus. Das Signifikanzniveau beträgt 5% (*) bzw. 10% (**).

[1547] Quelle: Eigene Abbildung; Daten basierend auf den beschriebenen Modellierungen.

Käufer könnte der Marktpreis für europäisches Naturkatastrophen-Risiko unter dem für kalifornisches Erdbeben-Risiko liegen.[1548] Gegen diese Argumentation spricht aber, dass auch die Preise für die traditionelle Rückversicherung zum Analyse-Zeitraum weltweit unter den amerikanischen Prämien lagen.[1549] Die Beobachtung der Preisdifferenzen steht damit im Einklang mit geographischen Unterschieden im Rückversicherungspreisniveau.[1550]

Zum anderen können die Preisunterschiede aber auch an dem Bestand an bereits verbrieftem Risiko liegen. Auch die anderen Investoren, die in Cat-Bonds investieren, könnten versuchen, wie die traditionellen Rückversicherungen, ein Portfolio aus unterschiedlichen Katastrophen-Risiken aufzubauen. Wenn bereits viele Katastrophen-Kontrakte einer Risikoregion auf dem Markt erhältlich sind, fordern die Investoren für die Übernahme des gleichen Risikos eine zusätzliche Prämie, wogegen neue exotische Risikoarten im Vergleich dazu einen Preisnachlass erhalten.[1551]

Insgesamt lässt sich aber feststellen, dass die beobachteten Preisdeterminanten bislang nicht ausreichend empirisch fundiert und logisch schlüssig geklärt sind. Auf Grund von methodischen Problemen bei der Analyse von Offering-Preisen und der unzulänglichen Verfügbarkeit von Sekundär-Markt-Preisen sind umfassende wissenschaftliche empirische Arbeiten aber nur sehr schwer durchzuführen.

5.4.5 Ursachen hoher Prämien

Im Vergleich mit den erwarteten Ausfallraten zeigen die beobachteten Renditen der Katastrophen-Kontrakte einen deutlichen Risikoaufschlag. Ursache dieses Aufschlags können unterschiedliche Phänomene sein, die im Weiteren näher erläutert werden.

Neuigkeits- und Komplexitätsprämie

Die wohl meistgenannte Erklärung zur Fundierung der hohen Renditen der Katastrophen-Anleihen ist die Existenz einer „Novelty Premium"[1552] oder einer Komplexitätsprämie.[1553] Bei dieser Argumentation wird davon ausgegangen, dass der Marktpreis für die Übernahme von Katastrophen-Risiko über dem als fair zu erachtenden Preis liegt, da die Abwicklung der Transaktion durch die Neuigkeit und/oder die Komplexität der Art des Kontraktes spezifischer Investitionen bedarf. Daher wird vermutet, dass die Sponsoren als Hauptnutznießer der Transaktionen bereit seien, den Investoren zur Entschädigung ihrer Aufwendungen als „Appetizer" einen Aufschlag zu zahlen.

1548 Diese These untermauern die Aussagen der Interviewpartner 10 (Ib), 18 (In) und 45 (Ve).

1549 Vgl. o.V. (2002b), S. 19.

1550 Vgl. McGhee/Eng (2003), S. 24.

1551 Vgl. McGhee/Eng (2003), S. 21.

1552 Vgl. Dubinsky/Laster (2003), S. 18; Fisher/Kist (2001), S. 17; Bantwal/Kunreuther (2000), S. 79.

1553 Vgl. D'Agostino (2002), S. 4; Rode/Fischhoff/Fischbeck (2000), S. 118-119.

Besonders in den frühen Jahren des Katastrophen-Marktes war dieser These zufolge davon auszugehen, dass tatsächlich eine „Novelty Premium" existierte.[1554] Heute wird diese Frage jedoch kontrovers diskutiert. Im Einklang mit verschiedenen anderen Autoren[1555] gehen auch einige der im Rahmen der Interviews befragten Marktteilnehmer inzwischen davon aus, dass die genannte Argumentation nicht mehr valide ist und der Preisaufschlag keine Neuigkeitsprämie mehr darstellt.[1556] Die Interviewteilnehmer äußern im Einklang mit den Indizien aus der Prämienbetrachtung der Cat-Bonds aber, dass nach wie vor eine Prämie für die Übernahme von Katastrophen-Risiko gezahlt wird.[1557] Da der Markt für Katastrophen-Kontrakte inzwischen mit über 60 Transaktionen eine gewisse Größe erreicht hat, kann vermutet werden, dass die Existenz eines solchen Aufschlages inzwischen jedoch keine Novelty-Premium mehr darstellt, sondern auf Grund der Komplexität der Kontrakte gezahlt wird.[1558]

Der daraus erwachsende entscheidende Unterschied ist, dass eine Komplexitätsprämie im Gegensatz zu einer „Novelty Premium" ceteris paribus einen dauerhaften Charakter aufweist. Während die Neuigkeitsprämie als Markteintrittsbarriere nur zu Anfang einer Marktteilnahme anfällt und nach den Anfangsjahren das Verhalten der Marktakteure nicht mehr beeinflusst,[1559] ist bei einer Komplexitätsprämie ein permanentes Einwirken zu erwarten.

Die Komplexitätsprämie ist primär von der Spezifität des Kontraktes und des verbrieften Risikos abhängig. Sie kann durch eine entsprechende Spezialisierung der Marktteilnehmer ihre Relevanz verlieren. Ein solcher Wissensaufbau erfordert aber eine gewisse Marktgröße, da nur dann die entsprechenden Spezialisierungsvorteile auch ausgenutzt werden können. Der bisherige Katastrophen-Markt könnte bei hohen Informationskosten zu klein sein, um eine solche Spezialisierung zu rechtfertigen.[1560] Daher müssen andere Möglichkeiten gesucht werden, die eine Senkung der Informationskosten erlauben. Die entsprechende, die Komplexität reduzierende Kontraktausgestaltung ist aus dieser Argumentation heraus eine wichtige Kontrakteigenschaft. Diese These wird in Abschnitt 5.4.4 noch einmal aufgegriffen und findet ebenso in der zusammenfassenden Kontraktgestaltung in Kapitel 5.6 besondere Beachtung.

1554 Vgl. Whitney (1999), S. 78; Lane (1998c), S. 12-13.

1555 Vgl. Gorvett (1999), S. 26.

1556 Diese These vertraten die Interviewpartner 3 (Br), 4 (Br), 10 (Ib), 23 (Mo), 24 (Ra), 37 (Rü) und 43 (Ve). Interviewpartner 18 (In) war dagegen der Meinung, dass die Prämie nach wie vor auf Grund der Neuigkeit der Kontrakte gezahlt wird.

1557 Dies äußerten die Interviewpartner 3 (Br), 18 (In), 23 (Mo) und 24 (Ra).

1558 Wie die Ausführungen in dem vorangegangenen Abschnitt zeigen, kann tatsächlich ein Aufschlag für eine Multi-Peril- oder Multi-Region-Transaktion beobachtet werden.

1559 Vgl. Lane (1998c), S. 1.

1560 Vgl. Dubinsky/Laster (2003), S. 18.

Existenz von Unsicherheit

Eine weitere Komponente, die zu einer Erhöhung der geforderten Rendite führt, ist die bereits mehrfach angesprochene Problematik bezüglich der Nicht-Existenz einer allgemein akzeptierten Modellierungs- und Bewertungsmethodik.[1561] Das Vorhandensein verschiedener Bewertungsmethodiken hat in den allermeisten Fällen zur Folge, dass bei deren Anwendung kein exakter Wert als Preis für den entsprechenden Katastrophen-Kontrakt resultiert, sondern dass stattdessen eine Bandbreite möglicher Preise ermittelt wird.[1562] Bei pragmatischer Betrachtung könnte davon ausgegangen werden, dass sich die Renditeansprüche bei der Existenz mehrerer Bewertungsergebnisse einfach am für den Betrachter günstigsten Wert oder am Mittelwert etc. orientieren. Die Bewertungsunsicherheit[1563] kann aber in Kombination mit einer Art der Risikoaversion[1564] einen darüber hinausgehenden Aufschlag bedingen.

Bislang existieren nur wenige wissenschaftliche Arbeiten, die sich mit der Modellunsicherheit und ihren Auswirkungen auf die Prämienforderungen bei Katastrophen-Anleihen beschäftigt haben:

Eine erste Gruppe von Ansätzen verändert unterschiedliche Parameter innerhalb einer Bewertungsmethode und untersucht die hierdurch entstehenden Preisdifferenzen. MOORE [1999] variiert die Verteilungsfunktion der Katastrophen-Risiken und findet Preisdifferenzen, die aber nur unter der Voraussetzung extrem risikoaverser Investoren die am Markt beobachtbaren Risikoprämien der Katastrophen-Anleihen fundieren können.[1565] FROOT/POSNER [2000] modellieren ebenfalls eine Parameter-Unsicherheit und zeigen, dass die am Markt zu beobachtenden höheren Risikoaufschläge für Katastrophen-Risiko nicht durch diese Unsicherheit erklärbar sind.[1566] Auch MILLER [1999] analysiert eine Art Parameter-Unsicherheit. Er vergleicht diese Unsicherheit mit den Volatilitätsschwankungen von vergleichbaren Unternehmensanleihen und findet, dass sie vergleichsweise gering sind und daher auch einen eher geringen Preiseffekt haben sollten.[1567] Damit können diese Arbeiten die hohen Prämien der Katastrophen-Anleihen nicht erklären.

1561 Vgl. Froot/Posner (2000), S. 2; Major (1999b); o.V. (2002a), S. 51.

1562 Siehe die Ergebnisse von Major/Kreps (2003), S. 213-214; Hayek/Ghanem (2002), S. 5; Schmock (1999), S. 45.

1563 Wie bereits in Abschnitt 2.1.1 und 4.2.2 erläutert, ist das bewusst übertragene Risiko vom Konstrukt der Unsicherheit in Form von Basis-Risiko, Problemen aus asymmetrischer Informationsverteilung und eben auch Modell-Risiko zu unterscheiden.

1564 Bantwal/Kunreuther (2000) sprechen von „Ambiguity Aversion" und „Comparative Ignorance". Siehe Bantwal/Kunreuther (2000), S. 80.

1565 Siehe Moore (1999), S. 37. Das Ausmaß der Risikoaversion wird durch folgendes Beispiel deutlich. Moore (1999), S. 35, ermittelt eine Risikoaversionskoeffizienten von 30. Personen, die durch eine solche Risikoaversion gekennzeichnet sind, sind indifferent zwischen sicheren 51.209 USD und einem Glücksspiel, dessen Ergebnis mit je 50% Wahrscheinlichkeit entweder 50 Tsd. oder 100 Tsd. USD beträgt. Vgl. Bantwal/Kunreuther (2000), S. 80.

1566 Siehe Froot/Posner (2000), S. 14.

1567 Siehe Miller (1999), S. 10.

Da keine Bewertungsmethode bislang einen Vorrang erzielt hat, ist anzunehmen, dass die Marktteilnehmer weniger durch eine Parameter-Unsicherheit als durch eine generelle Bewertungsproblematik beeinflusst werden. Arbeiten, die unterschiedliche Bewertungsmethodiken zur Fundierung der Preise der Katastrophen-Anleihen einsetzen, finden entgegen den Ergebnissen der ersten Gruppe deutlich größere Bewertungsbandbreiten.[1568] So zeigt SCHMOCK [1999] beispielsweise, dass die Verwendung unterschiedlicher Modelle einen deutlichen Effekt auf die Preisfindung haben kann und dass dieser u. U. substantiell ist.[1569]

Im Vergleich zu anderen Märkten für Finanz-Kontrakte kann festgestellt werden, dass eine Bewertungsunsicherheit für Kapitalmarktinvestoren grundsätzlich kein fundamental neues Problem ist.[1570] Auch an den traditionellen Kapitalmärkten werden zur Bewertung von Finanzkontrakten eine Reihe unterschiedlicher Bewertungsmethodiken genutzt, die eine Bandbreite von theoretisch richtigen Preisen liefern. Die Existenz heterogener Bewertungen durch unterschiedliche Bewertungsmethodiken kann daher nicht das zu beobachtende hohe Preisniveau erklären. Die Indizien sprechen in diesem Zusammenhang eher für eine Komplexitätsprämie als relevanter Ursache.

<u>Sekundär-Markt-Liquidität sowie Angebot und Nachfrage</u>

Wie bereits in Kapitel 5.3.1.2 beschrieben, ist der Sekundär-Markt für Katastrophen-Kontrakte durch ein hohes Maß an Illiquidität charakterisiert. Diese stellt nach den bisherigen Ausführungen für die momentan an den Märkten aufeinander treffenden Investoren und Sponsoren jedoch kein Problem dar. Die Begründung, dass Investoren eine Illiquiditätsprämie für die Übernahme von Katastrophen-Risiko erhalten, ist demzufolge nicht haltbar.[1571]

Die geringe Sekundär-Markt-Liquidität ist aber auch ein Zeichen der Angebots- und Nachfragestruktur bzw. der Präferenzen, die das empirisch zu beobachtende Preisniveau sowie die Renditen der Katastrophen-Anleihen beeinflussen. So finden BECKWITH/LANE [2003], dass Katastrophen-Kontrakte, die zu einem Zeitpunkt der weichen Rückversicherungsmärkte ausgegeben wurden, in der Folge nicht durch höhere Preise am Rückversicherungsmarkt beeinflusst werden.[1572] Der in Abschnitt 5.2.1 beschriebene Nachfrageüberhang scheint daher dafür zu sorgen, dass die Marktpreise der Katastrophen-Kontrakte bei der aktuellen Knappheit an Katastrophen-Kontrakten nicht auf die Preisveränderung des Rückversicherungsmarktes reagieren. Trotzdem stellen BECKWITH/LANE [2003] fest, dass für neu ausgegebene Katastrophen-Anleihen die Risikoprämie auf den härteren Rückversicherungsmarkt reagiert und steigt.

1568 Siehe hierzu die im Rahmen der vorhergehenden Ausführungen dargestellten Arbeiten.
1569 Siehe Schmock (1999), S. 45-46.
1570 Vgl. auch zum Thema der Katastrophen-Kontrakte Tilley (1995), S. 7.
1571 Dieses Ergebnis widerspricht z. B. Tilley (1995), S. 7-8.
1572 Siehe Beckwith/Lane (2003), S. 12-13.

Dieser scheinbar widersprüchliche Effekt kann mit einer auf die Menge reagierenden Nachfrage erklärt werden, die sich auch in der geringen Sekundär-Markt-Liquidität widerspiegelt. Die auf den Sekundär-Märkten gehandelten Stückzahlen sind im Vergleich zur Neuausgabe einer kompletten Tranche einer Anleihe gering. Bei der Neuausgabe einer Katastrophen-Anleihe wird dann wegen der Größe der Transaktion ein Aufschlag durch die Investoren verlangt, der sich an den Preisen der traditionellen Rückversicherung orientiert. Dieses Phänomen ist somit Kennzeichen eines bislang wenig liquiden Sekundär-Markt-Handels und zeigt, dass der Nachfrageüberhang nicht groß genug ist, um bei einer Neu-Emission das Preisniveau zu beeinflussen.[1573] Anders ausgedrückt, war die Zahl der Investoren scheinbar bislang zu gering, als dass ein Preiseffekt durch die große Nachfrage bei den Emissionen von Katastrophen-Kontrakten zu beobachten gewesen wäre. Die bereits vorher vermutete Entkopplung der Katastrophen-Anleihen vom Rückversicherungsmarkt könnte auf eine Veränderung dieser Situation hindeuten.[1574]

5.4.6 Zwischenfazit

Die Ausführungen zu dem Preisniveau der Katastrophen-Anleihen, ihren Determinanten sowie möglichen Erklärungen für ein hohes Preisniveau sind interdependent und komplex. Im Rahmen einer zusammenfassenden Betrachtung sollen daher die wichtigsten Aspekte kurz umrissen und für die Gesamtlogik der Arbeit aufbereitet werden.

<u>Insgesamt hohes Prämienniveau der Katastrophen-Kontrakte</u>

Den vorgestellten Ergebnissen zufolge lässt sich festhalten, dass Katastrophen-Anleihen sowohl im Vergleich zu alternativen Anlagen (z. B. gleich gerateten Unternehmensanleihen) als auch zu der traditionellen Katastrophen-Rückversicherung durch überproportional hohe Prämien im Verhältnis zum übertragenen Risiko gekennzeichnet sind.[1575] Verschiedentlich existieren so auch Beispiele, bei denen die traditionellen Rückversicherungen die Emission von Katastrophen-Anleihen durch einen Preiswettbewerb erfolgreich verhindert haben.[1576] Für die bei einer Transaktion als Käufer und Verkäufer auftretenden Institutionen zeigt sich somit ein gemischtes Bild. Für die Investoren bedeutet dieser Sachverhalt ein klares Kaufsignal. Der bereits in vorhergehenden Ausführungen angesprochene offenbare Nachfrageüberhang ist als logische Konsequenz dieser Über-Rendite zu interpretieren. Die unter Diversifikationsgesichtspunkten aber auch ab-

---

1573 Vgl. o.V. (2002a), S. 45.

1574 Siehe hierzu Kapitel 5.4.

1575 McGhee findet dagegen, dass das Preisniveau aktuell weiter sinkt, dass also die Katastrophen-Anleihen preislich attraktiver werden. Siehe McGhee/Faust/Clark (2005), S. 2 und McGhee/Faust/Clark (2005), S. 2.

1576 Warren Buffett soll durch seine „National Indemnity Co.“ 1996 einen Cat-Bond der California Earthquake Authority (CEA) verhindert haben. Siehe Lane (1996), S. 1. Ebenso soll sich die CEA 2002 auch auf Grund preiswerter Rückversicherungsangebote gegen eine solche Transaktion entsolut hohen Prämien für Katastrophen-Risiko begründen das Interesse der Investoren an diesem alternativen Anlageobjekt. Bislang scheint der leichte Nachfrageüberhang nicht ausreichend zu sein, um das Preisniveau der Kontrakte zu senken. Es ist unsicher, aber es sprechen doch einige Indizien dafür, dass die Investoren durch ihre erhöhte Nachfrage in mittlerer Zukunft die Prämien für Katastrophen-Risiko-Kontrakte drücken werden.

Gleichzeitig stellen die hohen Renditen aber Kosten für die Emittenten der Anleihen dar. Normalerweise sollte die Katastrophen-Anleihen-Transaktion zu einem Marktpreis erfolgen, der sowohl für den Käufer als auch für den Verkäufer einer Transaktion vorteilhaft ist.[1577] Der Preis wird sich dann zwischen den Präferenzen der beiden Gruppen einpendeln. Das Preisniveau der Risikoprämie der Katastrophen-Anleihen im Verhältnis zum traditionellen Rückversicherungsmarkt ist aber nur schwer zu beurteilen und einige Indizien sprechen für eine zumindest vereinzelt unattraktive Risikoprämie, die das Verhalten der Sponsoren der Transaktionen beeinflusst.

Die im Rahmen der Interviews befragten Marktteilnehmer waren sich bezüglich der preislichen Attraktivität der Transaktionen für die Emittenten nicht einig.[1578] Ein Teil der Interviewten gab an, dass die Prämien der Katastrophen-Transaktionen zu hoch im Vergleich mit der Absicherung durch eine traditionelle Rückversicherung sind. Andere gaben an, dass hinter ihren Transaktionen rein ökonomische Ziele stehen, dass also sogar die totalen Kosten einer Katastrophen-Transaktion unter den Kosten einer vergleichbaren traditionellen Lösung liegen.[1579]

Die Ursachen dieser scheinbaren Diskrepanz können in unterschiedlichen Bereichen liegen:

Katastrophen-Kontrakte sind mit „Low Probability“ und „High Severity“ Rückversicherungsverträgen und dem Instrument der Retrozession zu vergleichen. Entgegen sonst üblicher Prämienkalkulationen ist dieser mit den Katastrophen-Kontrakten konkurrierende Rückversicherungsbereich durch einen Risikoaufschlag gekennzeichnet, der gerade die Motivation zur Kreierung von Katastrophen-Kontrakten darstellt. Die Marktteilnehmer könnten also unterschiedliche Märkte für ihre Vergleiche heranziehen. Um diese These zu untersuchen, bietet sich eine Analyse des Retrozessionspreisniveaus mit dem Preis für Katastrophen-Anleihen an. Problematisch ist aber, dass die allermeisten Rückversicherungspreise nicht beobachtbar sind. Das Preisniveau für die Retrozession von Katastrophen-Risiken ist nahezu überhaupt nicht öffentlich. Wie aber bereits gezeigt, ist davon auszugehen, dass in diesem Markt für die Übernahme von Katastro-

---

schieden haben. Siehe Williams (2002), S. 8. Andere Transaktionen sollen bereits im Vorfeld durch aggressive Rückversicherungen verhindert worden sein.

1577 Vgl. Panning (2002), S. 64.

1578 Die Interviewpartner 6 (Br), 17 (In), 21 (Mo), 22 (Mo) und 23 (Mo) waren der Meinung, dass die Absicherung durch Cat-Bonds preislich attraktiv sei. Während andere Interviewpartner die hohen Transaktionskosten betonten. Vgl. Fn. 1305.

1579 Zum gleichen Ergebnis kommt auch eine andere aktuelle Befragung. Siehe D'Agostino (2003), S. 4.

phen-Risiko eine zusätzliche Prämie gezahlt wird.[1580] Hieraus resultiert, dass Katastrophen-Anleihen im Vergleich zum Retrozessionsmarkt attraktiv sein und trotzdem auch eine gegenüber dem normalen Rückversicherungsmarkt zusätzliche Prämie zahlen können.

Zudem sind die in den bisherigen Ausprägungen am Markt zu findenden Katastrophen-Kontrakte mit einer Vielzahl weiterer, über die Preiskomponente hinausgehender Vor- und Nachteile im Vergleich zu den traditionellen Absicherungsmöglichkeiten verbunden. Daher können die Relevanz weiterer Entscheidungsfaktoren und andere individuelle Gründe die Attraktivität einer Katastrophen-Transaktion beeinflussen. So kann beispielsweise eine subjektiv andere Einschätzung der Entscheidungssituation zu einer anderen Attraktivität der Cat-Bonds führen. Die Einschätzung des Kredit-Risikos der Vertragspartner, die Wertschätzung eines konstanten Preisniveaus für die Rückversicherung über mehrere Jahre, ein besonderes Risikoportfolio und andere Gründe[1581] können die subjektive Vorteilhaftigkeit einer Katastrophen-Anleihe erklären.[1582] Zusätzlich sollte beachtet werden, dass selbst wenn eine hohe Risikoprämie unterstellt wird, bei der Nicht-Verfügbarkeit von traditionellen Rückversicherungskapazitäten und trotz deutlich über einem fairen Preis liegenden Prämien durch eine Katastrophen-Transaktion noch eine klare Reduktion des Risikos gelingt und diese Maßnahme damit Wert schafft.[1583] Veranlasst durch eine Marktenge im konventionellen Markt für Katastrophen-Risiko-Absicherung kann der individuelle Wert der Risikoreduktion so die hohe Prämie rechtfertigen.

Interessanterweise ist aber bei der Analyse der bislang durchgeführten Transaktionen nur in Einzelfällen davon auszugehen, dass ausschließlich die individuellen Faktoren und eine spezifische Marktenge für diese entsprechende Risikoart zur Verbriefung dieser Risiken führen. In den Interviews erklärten zum Beispiel zwei Experten, dass die Verbriefung des Ausfallrisikos der Fußballweltmeisterschaft 2006 in Deutschland als Folge der hohen Preise einer Rückversicherungslösung und als Folge der Kündigung der Verträge zur Absicherung der vorherigen Weltmeisterschaft durch die Versicherungen nach den Anschlägen vom 11. September zu erklären ist.[1584] Auch die Existenz der Disney-Land-Transaktion, der Universal-Film-Transaktion und der Pylon-Transaktion können durch eine mangelnde Bereitstellung von Versicherungs- und Rückversicherungskapazitäten zu akzeptablen Preisen erklärt werden. Der Großteil der an den Märkten zu beobachtenden Katastrophen-Transaktionen basiert aber auf Risikoarten, für die

---

1580 Diese auf den ersten Blick unlogische Aussage liegt an der Art der versicherten Risiken. Im Retrozessionsmarkt werden nicht die gleichen Risiken versichert wie am traditionellen Rückversicherungsmarkt. Es handelt sich hierbei zumeist um besondere Risikospitzen.

1581 Siehe hierzu den gesamten Verlauf der Arbeit.

1582 Siehe zu einer ähnlichen Argumentation Dubinsky/Laster (2003), S. 15.

1583 Siehe die Ergebnisse von Froot (2001), S. 564 und Cummins/Lalonde/Phillips (2004), S. 102-107.

1584 Interviewpartner 7 (Br) und 44 (Ve).

grundsätzlich durchaus Deckung auf den traditionellen Märkten vorhanden ist. Damit ist aus dieser Argumentation heraus nur sehr schwer nachzuvollziehen, warum die verbleibende Mehrzahl der Transaktionen getätigt wird.

Die Entscheidung für oder gegen eine Transaktion muss daher im Wechselspiel mit den im Rahmen der Arbeit betrachteten übrigen Entscheidungsfaktoren erfolgen. Zusätzlich zu diesen statischen Betrachtungen können die Marktteilnehmer z. B. auch mit einer weiteren Entwicklung der Märkte für Katastrophen-Kontrakte rechnen und sich dynamische Effekte erhoffen. Obwohl eine Transaktion somit bei einer Ein-Perioden-Betrachtung ökonomisch nicht sinnvoll erscheint, kann sie als Investition in die Zukunft, z. B. zum Zweck des Wissensaufbaus geeignet sein.[1585]

Erwartete Entwicklung der Rückversicherungspreise und Rückwirkungen auf den Cat-Bond-Markt

Obwohl bislang weder die Anzahl noch das Volumen der Katastrophen-Transaktionen auf die Veränderungen der Rückversicherungspreise reagiert haben, ist davon auszugehen, dass ab einem gewissen Rückversicherungspreisniveau Katastrophen-Transaktionen verstärkt als Mittel des Risikotransfers eingesetzt werden. Es wäre z. B. möglich, dass der Markt für Katastrophen-Kontrakte durch die hohen Transaktionskosten der einzelnen Emissionen erst durch ein deutliches Ansteigen der Rückversicherungsprämien positiv beeinflusst wird. Dieses Ansteigen könnte dann wie eine Initialzündung auf den Markt wirken, wobei auch nach einem Sinken der Preise weiterhin ein Markt existent bleiben könnte.[1586] Fraglich ist, ab welchem Preisniveau dies passiert und ob es zu einem solch hohen Preisniveau kommen kann oder aber, ob der traditionelle Wettbewerb der Rückversicherungsunternehmen das Preisniveau vorher wieder sinken lässt.

Das aktuell zu beobachtende Preisniveau auf den Rückversicherungsmärkten gilt nach Meinung der Rückversicherungen insbesondere durch die weichen Jahre der Vergangenheit als nicht exzessiv, d. h. die geforderten Prämien entsprechen eher denen für eine langfristige Risikoabsicherung und für den Aufbau von Reserven sowie den Ausgleich der in den weichen Jahre benötigten fairen Werte.[1587] Hinzu kommt, dass die Eigenkapitalbasis der weltweiten Nicht-Lebensversicherer seit etwa 2001 um insgesamt ca. 180 Mrd. USD gesunken ist.[1588] Hierdurch werden die großen Mittelzuflüsse auf Grund der hohen Prämien in diesem Zeitraum relativiert. Durch diesen Kapazitäts- und Kapitalengpass der Rückversicherungen, der aktuell auch eine Herabstufung des Ratings vieler Versicherungs- und Rückversicherungsunternehmen mit sich führt,[1589] ist eigentlich zu erwarten, dass sich das Preisniveau auf den Rückversicherungsmärkten weiter verhärtet.

1585 Dieser Aspekt wird noch weiter im Rahmen der Ausführungen in Abschnitt 5.5.1.2 erläutert.

1586 Vergleiche hierzu die Entwicklung des Zero-Bond-Marktes.

1587 Vgl. Schweizer (2002), S. 2.

1588 Vgl. o.V. (2002b), S. 21; Schlag/Codoni (2003), S. 4-5.

1589 Siehe Baur/Enz (2003), S. 21.

Dem sind jedoch, wie die Rückversicherungspreise für das Jahr 2004 zeigen, Grenzen gesetzt.[1590] Auch die Erfahrung aus der Vergangenheit zeigt, dass wenn die Gewinne der Versicherungsunternehmen steigen und die Jahre mit unterdurchschnittlichen Gewinnen ausgeglichen bzw. sogar überkompensiert sind, das Preisniveau für Rückversicherungslösungen wieder deutlich sinkt. Die im Rahmen der Bilanzpressekonferenzen für das Jahr 2003 berichteten positiven Ergebnisse aus diesen Geschäftsbereichen[1591] lassen folglich vermuten, dass sich der Preisanstieg weiter abschwächen wird und die Preise mittelfristig wieder sinken werden.[1592] Für die Attraktivität und Entwicklungsmöglichkeiten der Katastrophen-Kontrakte bedeutet dies langfristig eine Verschlechterung gegenüber den traditionellen Lösungsmechanismen. Da die Auffrischung der Kapitalbasis der Rückversicherungen aber nicht von einem auf das andere Jahr erfolgt, ist kurzfristig nicht mit einer deutlichen Veränderung des Preisniveaus zu rechnen. Die nächsten Jahre bieten wegen der begrenzten Kapazitäten der Versicherungsunternehmen und des hohen Preisniveaus vielmehr eine besondere Gelegenheit zur Entwicklung eines alternativen Marktes für Katastrophen-Risikotransfer.

Exkurs: Rückwirkung der Existenz von Katastrophen-Anleihen auf die Preisentwicklung in der Versicherungsindustrie

Die Preiszyklen in der Versicherungs- und Rückversicherungsbranche, ausgelöst durch große Schäden und/oder Anlageverluste in Kombination mit den einhergehenden Kapazitätseffekten, sorgen, wie bereits mehrfach argumentiert, für eine steigende oder sinkende Attraktivität alternativer Lösungsmechanismen. Die durch den Einsatz alternativer Instrumente zu erreichende Preisstabilität im konventionellen System der Risikoabsicherung und die zusätzlich zur Verfügung gestellten Kapazitäten gelten dementsprechend auch als die Hauptvorteile des alternativen Risikotransfermechanismus durch Katastrophen-Anleihen.[1593] Durch die Verfügbarkeit von Katastrophen-Kontrakten wird langfristig eine Schwächung der Ausschläge von Preis- und Kapazitätszyklen für Katastrophen-Rückversicherung sowie insgesamt ein Fallen der Preise auf ein dem Verlust entsprechendes Niveau erwartet.[1594] Angelehnt an diese Begründung der Existenz und Vorteilhaftigkeit von Katastrophen-Kontrakten könnte von einer positiven Rückwirkung auf die traditionellen Versicherungsmärkte ausgegangen werden. Analog zu dieser These lässt sich z. B. retrospektiv eine positive Wirkung der Captive-Gründungen nach dem Wirbelsturm Andrew feststellen.[1595]

1590 Siehe Abbildung 6 und Abschnitt 5.4.3.

1591 Siehe die Übersicht von Klauber (2004), S. 2. Ergänzend siehe hierzu die Angaben der Münchener Rück und der SwissRe.

1592 Vgl. Sclafane (2003), S. 14.

1593 Vgl. die Ergebnisse von o.V. (2000e), S. 13.

1594 Vgl. Canter/Cole/Sandor (1997), S. 77. Zu dem Preisniveau für Katastrophen-Rückversicherung und den zu erwartenden Vorteilen siehe Abschnitt 2.2.4.

1595 Siehe die Ausführungen von Canabarro/Finkemeier/Anderson/Bendimerand (1998), S. 16.

Eine wissenschaftliche Analyse der Auswirkungen der Preisentwicklung auf den Rückversicherungsmärkten ohne die Existenz von Katastrophen-Kontrakten ist auf Grund von Datenproblemen nicht möglich. Die Intransparenz in der Rückversicherungsindustrie sowie der begrenzte Betrachtungszeitraum erschweren eine fundierte Beurteilung. Bereits der Vergleich aller bisher emittierten Katastrophen-Anleihen mit der Kapital- und so auch Kapazitätssumme der traditionellen Katastrophen-Rückversicherung[1596] zeigt, dass der mögliche Einfluss der Katastrophen-Kontrakte nicht sehr groß sein kann. Auch die enormen Kapitalzuflüsse, welche die Versicherungs- und Rückversicherungsindustrie nach den Anschlägen des 11. September 2001 erhalten hat, zeigen gegenüber den Volumina der Katastrophen-Anleihen deren sehr begrenzte Bedeutung.[1597] Die erhoffte positive Wirkung wird damit bislang empirisch kaum nachzuweisen sein. Erst langfristig und unter der Voraussetzung einer weiteren Entwicklung des Marktes für Katastrophen-Kontrakte wird eine mögliche Reaktion erfolgen. Die Interviewteilnehmer gehen im Sinne dieser Argumentation von einer sehr begrenzten Rückwirkung aus, die zwar durchaus in einzelnen Fällen erfolgen kann, aber nur eine seltene Motivation für den Einsatz von Katastrophen-Anleihen darstellt.[1598]

5.5 Weitere entscheidungsrelevante Faktoren

Die bisherigen Ausführungen haben sich mit den Eigenschaften und Funktionen im Sinne des funktionsorientierten Rahmens aus Kapitel 4.2 und 4.3 beschäftigt. Diese Analyse ist nun gemäß den Konklusionen aus Kapitel 4.4 um eine adoptionsorientierte Sichtweise zu erweitern. Entsprechend der Zielsetzung der vorliegenden Arbeit geschieht die Anwendung der in Kapitel 4.4 aufgezeigten Adoptionsaspekte weniger im Interesse einer detailgetreuen Beleuchtung und entscheidungswirksamen Analyse dieser Aspekte, als vielmehr im Sinne der vollständigen Abbildung des Untersuchungsobjektes.[1599] Wie die Analyse der relevanten Literatur in Kapitel 4.4 gezeigt hat, haben die dort angesprochenen Aspekte ein hohes Potenzial, interessante Erklärungen zum Untersuchungsgegenstand zu liefern. Die entsprechende finanzwissenschaftliche Literatur ist trotz dieser möglichen hohen Relevanz für das Untersuchungsobjekt eher spärlich. Umso wichtiger ist es im Sinne der Zielsetzung der vorliegenden Arbeit und für die ihr folgenden Arbeiten, die Relevanz dieser Aspekte zu überprüfen. Da eine umfassende Analyse den Rahmen der vorliegenden Arbeit sprengen würde, beschäftigen sich die nachstehenden Ausführungen in erster Linie überblicksartig mit den betreffenden Aspekten und geben thesenartig die diesbezüglichen Ergebnisse und Erfahrungen aus den strukturierten Interviews wieder. Für das Untersuchungsobjekt besonders relevante Aspekte

---

[1596] Siehe hierzu die Darstellungen in Abschnitt 2.2.3 und 3.5.

[1597] Vgl. Allen (2002), S. 26.

[1598] Diese These vertraten die Interviewpartner 3 (Br) und 35 (Rü).

[1599] Fundierte Ausführungen zu diesen Attributen würden eine sehr spezifische Darstellung organisatorischer Abläufe und Gegebenheiten erfordern, die nicht das Ziel der vorliegenden Arbeit darstellt.

werden in den weiteren Ausführungen vertieft. Diese Erläuterungen bilden so die Basis für weitere Forschungsprojekte. Die Herleitung und Erklärung in Kapitel 4.4 gewährleistet trotz der vergleichsweise kurzen Darstellung, dass der Leser die Grundintention der Ansätze sowie den Gesamtzusammenhang und vor allem auch die Bedeutung dieser Aspekte des Untersuchungsgegenstands nachvollziehen kann.

Zu Anfang der Analyse werden die vier von ROGERS [1983] bestimmten Meta-Eigenschaften einer Innovation untersucht, welche den Adoptionsprozess nachhaltig beeinflussen können. Ergänzt werden diese Aussagen durch Erläuterungen zu Wissensproblemen und psychologischen Aspekten, die als Ursache von u. U. besonders entscheidungsrelevanten Wissensbarrieren einen hohen Problembezug aufweisen können.[1600] Im zweiten Teil des folgenden Abschnitts werden dann die als eher individuell und subjektiv anzusehenden Faktoren um Konstellationen erweitert, die auch der Gruppe der in Kapitel 4.4 hergeleiteten angehören, aber industrietypisch für die Markstruktur sind.

5.5.1 Unternehmensspezifische und individuelle Entscheidungsfaktoren

5.5.1.1 Innovationseigenschaften nach Rogers

In Anlehnung an die Ergebnisse von ROGERS [1983] kann die bislang an den funktionalen Aspekten der Innovation orientierte Analyse der Katastrophen-Kontrakte um vier weitere Eigenschaften erweitert werden,[1601] die ihre Entscheidungswirksamkeit im Wechselspiel der individuellen Entscheidungsträger mit dem bestehenden Unternehmenssystem erhalten.

<u>Kompatibilität der Innovation mit dem gegenwärtigen System</u>

Die Durchsetzung einer Innovation geschieht im Wechselspiel der intern und extern bereits bestehenden Abläufe und Prozesse. Eine hohe Kompatibilität einer Innovation mit der vorhandenen Aufbau- und Ablauforganisation ist daher eine die Adoption erleichternde Eigenschaft.

Die Interviews mit *potenziellen Investoren*, die bislang kein Engagement in Cat-Bonds durchgeführt haben, machten deutlich, dass für viele Investoren eine Investition im Rahmen der bestehenden Organisation grundsätzlich möglich ist.[1602] Eine Übernahme von Katastrophen-Kontrakten in das Anlagespektrum ist zwar mit strategischen Entscheidungen verbunden, wird hierdurch aber nicht grundlegend verhindert, sondern allerhöchstens behindert. So existieren zwar gesetzliche und quasi-gesetzliche Regelun-

---

[1600] Gestützt wird diese Aussage auch durch die Interviewpartner 18 (In), 20 (Mo) und 38 (Rü), während Interviewpartner 4 (Br) und 35 (Rü) eher keine Wissensprobleme ausmachen konnten.

[1601] Für eine Ableitung und Darstellung dieser Faktoren siehe Abschnitt 4.4.2.

[1602] Die Organisationsstruktur der potenziellen Investoren ist i. d. R. sehr flach, so dass organisatorische Probleme im Gegensatz zur Seite der Sponsoren kaum eine Bedeutung besitzen. Hierzu äußerten sich die Interviewpartner 11 (Ib) und 19 (In). Interviewpartner 44 (Ve) wies detailliert darauf hin, dass eine Reihe potenzieller Investoren aber durch Anlagerichtlinien nicht investierten kann.

gen,[1603] die eine Investitionsentscheidung beeinflussen können, diese werden aber mittel- bis langfristig nicht die Ursache für ein Desinteresse an Cat-Bonds darstellen.

Die operative Kompatibilität der neuartigen Investitionsobjekte im Investorensystem ist dagegen deutlich geringer. Die bereits mehrfach im Rahmen der Arbeit angesprochene Bewertungsproblematik und das Versagen der traditionell zur Beurteilung von Finanzanlagen genutzten Methoden zeigen die potenziellen Probleme. Katastrophen-Kontrakte können nicht mit den üblichen Methoden zur Bewertung von Aktien, Anleihen, Optionen etc. erfasst werden. Außerdem ist bei einer Investition eine Umstellung der Steuerungs-, Reporting- und Kontrollsysteme notwendig, die mit entsprechendem Aufwand und Problemen verbunden ist. Analog zu dem von WITTE [1999] proklamierten Promotorenmodell werden bei der Investition in Katastrophen-Kontrakte daher zwar eher Fach- als Machtprobleme auftreten, diese können aber dennoch den Einsatz nachhaltig behindern.

Für die *Sponsoren* einer Katastrophen-Transaktion ist im Zusammenhang mit dem Einsatz von Cat-Bonds zum Transfer von Katastrophen-Risiko dagegen von der Notwendigkeit einer weit reichenden, fundamentalen Reorganisation auszugehen.[1604] Die Problembereiche der Investoren – die Bewertung und Einschätzung von Katastrophen-Risiko – stellen auf Grund der langjährigen Erfahrung für Sponsoren kein besonderes Problem dar. Bei den Sponsoren ist im Gegensatz zu den weniger weit reichenden notwendigen Umgestaltungen den Investoren eine komplexere organisatorische Neuausrichtung notwendig. Inzwischen wird zwar kaum noch die These bestätigt, dass es, wie zum Zeitpunkt der Entstehung der Katastrophen-Kontrakte teilweise angenommen, zu einer breiten Disintermediation der Rückversicherungsindustrie durch die Innovation der Katastrophen-Kontrakte kommen wird.[1605] Dennoch ist bei dem verstärkten Einsatz von Katastrophen-Kontrakten zumindest mit einer weit reichenden Veränderung der taktischen und operativen Geschäftstätigkeit zu rechnen. Besonders in den Erfolgsszenarien IV und V erreichen die Katastrophen-Kontrakte eine Bedeutung, die eine grundlegende Reorganisation der internen Abläufe bei den Sponsoren notwendig macht. Diese Reorganisation wäre dann mit der prognostizierten, aber bislang weitgehend ausgebliebenen Veränderung der Bankbranche (Disintermediation) zu vergleichen.[1606] Zur Kompatibilität der Katastrophen-Kontrakte mit den Abläufen und der Organisation der Sponsoren lässt sich somit feststellen, dass anders als bei den Investoren die fachliche

---

[1603] Als solche sind bei Fondsgesellschaften z. B. die Anlagebeschränkungen durch die grundsätzliche Zielsetzung des Fonds, wie im Anlageprospekt beschrieben, zu nennen.

[1604] Zwei Interviewpartner (20 (Mo) und 44 (Ve)) sprachen davon, dass die Absicherung von Katastrophen-Risiko durch Cat-Bonds im Gegensatz zur traditionellen Form für das Top-Management ganz besonders arbeitsintensiv und daher eine Implementierung nicht unproblematisch sei.

[1605] Die Kernkompetenzen der Versicherungen gehen weit über das Risikomanagement hinaus und sorgen auch bei einem liquiden Markt für eine Daseinsberechtigung. Vgl. Tynes (2000), S. 18-19.

[1606] Siehe beispielsweise die Arbeiten von Schmidt/Hackethal/Tyrell (1999); Allen/Gale (2003); Scholtens/van Wensveen (2000).

Kompetenz bezüglich des Verbriefungsobjektes vorhanden ist. Für die Sponsoren der Transaktion ist dagegen der operative Umgang in Form eines handelbaren Finanzkontraktes neu.

Komplexität

Neben der Kompatibilität ist auch die Komplexität der Innovation für deren Übernahme entscheidungsrelevant. Die Bedeutsamkeit der Komplexität einer Innovation bei der Adoptionsentscheidung ist aber nicht absolut, sondern relativ, bezogen auf das Wissen und die Fähigkeiten des einzelnen Adoptors, zu analysieren.

Wie die Ausführungen zur Kompatibilität der Innovation für Investoren und Sponsoren gezeigt haben, sind die Herausforderungen für beide Gruppen in unterschiedlichen Bereichen zu sehen. Grundsätzlich ist aber davon auszugehen, dass für beide Gruppen eine Übernahme insgesamt keine triviale Angelegenheit darstellt, sondern mit entsprechenden individuellen Schwierigkeiten verbunden ist, die für die Investoren eher im operativen Umgang mit der Innovation liegen, während bei den Sponsoren darüber hinaus eine organisatorische Anpassung und ggf. sogar Neugestaltung der bestehenden Arbeitsabläufe notwendig wird.[1607] Insgesamt ist die Komplexität der Innovation Katastrophen-Risiko als vergleichsweise hoch anzusehen. Sie stellt ein Indiz für die Existenz einer entsprechenden Innovationshürde dar.

Tryability

Wie bereits bei der Herleitung der Erfolgsfaktoren in Teil 4 beschrieben, kann der Einsatz einer Innovation umso leichter erfolgen, je leichter es für die Marktteilnehmer ist, die Innovation auszuprobieren und hierdurch Erfahrung zu sammeln. Zur Erklärung der Tryability von Cat-Bonds wurden die Sponsoren näher untersucht.

Abbildung 26 teilt die Sponsoren nach der Häufigkeit ihrer Tätigkeit in unterschiedliche Klassen ein. Hierzu wurden über 70 einzelne Tranchen im Zeitraum von 1996 bis 2004 analysiert, deren Existenz öffentlich bekannt ist. Obwohl durch die teilweise Nicht-Öffentlichkeit des Marktes nicht alle Transaktionen in die Betrachtung inkludiert werden konnten, sind über 90% aller Transaktionen erfasst. Die Aussagekraft der Analyse ist daher nicht exakt, aber von einem sehr hohen tendenziellen Wert.

Die Analyse zeigt, dass ca. 85% der jemals an einer Transaktion beteiligten Sponsoren an zwei oder weniger Transaktionen beteiligt waren. Diese relative hohe Anzahl an Sponsoren, die wenige Transaktionen durchführen, stellt ein deutliches Indiz dafür dar, dass die Möglichkeit des Erprobens für die Sponsoren der Transaktionen zu bestehen scheint. Diese Sponsoren nutzen die Möglichkeit, einzelne Transaktionen durchzuführen, um wichtige Erfahrungen zu sammeln. Sie können hierdurch interne und externe Abläufe am Objekt durchspielen.

[1607] Diese These untermauern besonders die Gespräche mit den Interviewpartnern 12 (Ib), 14 (Ib), 18 (In) und 23 (Mo).

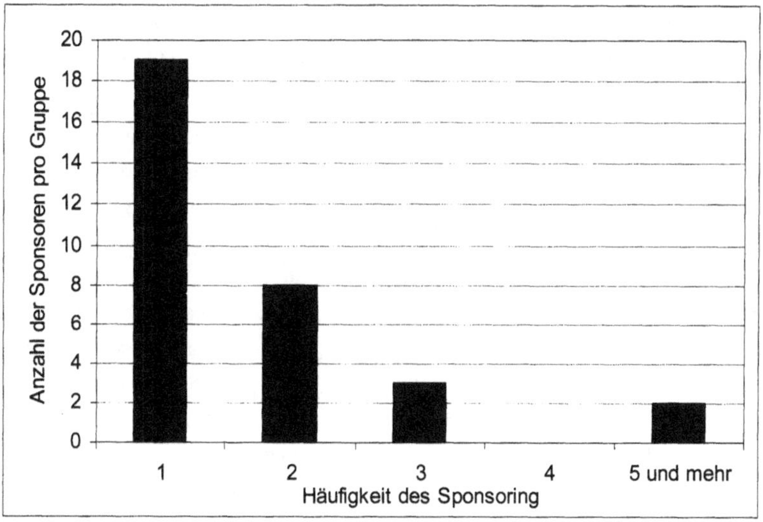

Abbildung 26: SPONSORING-AKTIVITÄT IM ZEITRAUM VON 1996 BIS 2004[1608]

Ob die Sponsoren mit der Durchführung einer einzelnen Transaktion aber tatsächlich die Eigenschaften der Cat-Bonds vollständig erfasst haben, ist nicht klar.

Die Interviewteilnehmer gaben an, dass die Durchführung einer Transaktion den Sponsoren nämlich nur teilweise die Sicherheit und Vertrautheit gibt, die entscheidungsrelevant ist und daher im Sinne der von ROGERS [1983] abgeleiteten „Tryability" positiv auf eine Adoptionsentscheidung wirkt. So werden die Katastrophen-Kontrakte von den Sponsoren der Transaktionen als Mittel der Risikoabsicherung getätigt. Für die Erfahrung ist daher die tatsächliche Zahlung im Schadensfall eine wichtige Eigenschaft der Kontrakte.[1609] Bislang wurde der Markt für Katastrophen-Kontrakte unter diesem Gesichtspunkt noch nicht als echte Absicherung erprobt.[1610] Bis zum Jahr 2004 (einschließlich) ist nicht öffentlich bekannt,[1611] dass jemals eine Zahlung einer Katastrophen-Transaktion im engeren Sinne[1612] durch eine Naturkatastrophe ausgelöst worden ist.[1613] Auch anlässlich der Wirbelstürme Katrina und Rita wurde zuerst vermutet, dass voraussichtlich kein Cat-Bond ausgelöst wird, obwohl immerhin 1,61 Mrd. USD Emis-

1608 Quelle: Eigene Schätzung basierend auf der Auswertung öffentlich bekannter Transaktionen.

1609 Siehe hierzu auch Abschnitt 5.2.2.2.

1610 Vgl. Mathias (2003), S. 1.

1611 Gleiches sagten auch die Interviewpartner 10 (Ib) und 13 (Ib), wobei Interviewpartner 13 (Ib) auf die Zahlungen von verschiedenen Swap-Konstruktionen hinwies.

1612 Katastrophen-Swaps und andere Transaktionen haben dagegen bereits Schadensausgleichszahlungen an die Sponsoren erbracht. Zur Relevanz siehe die weiteren Ausführungen in diesem Abschnitt und die folgende Fußnote.

1613 Die Probleme der tatsächlichen Zahlung im Schadensfall sahen auch die Interviewpartner 7 (Br), 18 (In), 16 (In), 29 (Re), 46 (We) und 47 (We).

sionsvolumen entsprechende Wirbelsturmrisiken absichern.[1614] Später musste dieses jedoch revidiert werden. Es ist zu vermuten, dass diese positive Erfahrung das Verhalten der Sponsoren entsprechend in den Folgejahren prägen könnte.

Die Argumentation einzelner Markt- und Interviewteilnehmer, hieraus ein generelles Zahlungsproblem der Kontrakte im Schadensfall abzuleiten, geht jedoch zu weit.[1615] Wie in Abschnitt 5.2.2.2 (Kredit-Risiko) und 5.3.2 (Hold Up) gezeigt, ist das Nicht-Zahlungsrisiko der Kontrakte eher zu vernachlässigen bzw. auf der anderen Seite sogar eine besondere Stärke der aktuell verwendeten Katastrophen-Anleihen. Obwohl bislang nicht öffentlich bekannt ist, dass ein Cat-Bond durch einen Schadensfall zur Auslösung gebracht worden ist (s. o.), sprechen dennoch einige Indizien dafür, dass Katastrophen-Kontrakte im weiteren Sinne ihre Zahlungsfähigkeit bereits bewiesen haben.[1616] Die Argumentation, dass dieser Umstand ein Problem für die Sponsoren der Transaktionen darstellt, kann damit als nebensächlich vernachlässigt werden.

<u>Beobachtbarkeit des Einsatzes</u>

Als letzter Meta-Faktor, der nach ROGERS [1983] eine besondere Entscheidungsrelevanz besitzt, ist die Beobachtbarkeit des Einsatzes der Innovation für die Adoption der Innovation relevant. Im Normalfall stellt die Beobachtbarkeit des Einsatzes der Innovation für die anderen Marktteilnehmer eine glaubwürdige Kommunikation der Eigenschaften und der generellen Vorteilhaftigkeit der Innovation dar, die wie eine Unsicherheitsreduktion wirkt. Im Fall der Katastrophen-Kontrakte ist unklar, ob die bisher getätigten Transaktionen wichtige Eigenschaften für die anderen Marktteilnehmer aufzeigen oder ob sich die bisher schleppende Entwicklung des Marktes negativ auswirkt. Die übereinstimmende positive Prognose bezüglich der Marktentwicklung kann durch die Existenz von Netzwerkeffekten bei der Existenz einer kritischen Marktgröße eine entscheidende Bedeutung erhalten.

5.5.1.2 Wissensprobleme als Innovationsbarrieren

Im Rahmen der Literaturanalyse in Abschnitt 4.4.2 wurden verschiedene Aspekte als für die Adoption der Innovation relevant identifiziert. Unter der bewussten Vernachlässigung der Probleme der organisatorischen Assimilation einer Innovation und der Prob-

---

1614 Siehe hierzu Doona/Zuber (2005).

1615 Dies bestätigten die Interviewpartner 27 (Re) und 43 (Ve).

1616 Zwar sind die Aussagen einzelner Interviewpartner, die angaben, dass einige Katastrophen-Transaktionen im weiteren Sinne Schadenszahlungen an ihre Sponsoren geleistet haben, nicht öffentlich bestätigt, es ist aber davon auszugehen, dass diese dem tatsächlichen Sachverhalt entsprechen. So soll ein Swap der Hannover Re (KII) am 11.9.2001 einen vollständigen Verlust erlitten haben. Ebenso sollen Transaktionen der Reliance und eine weitere Hannover-Transaktion sowie zwei unbekannte Transaktionen durch ein Schadensereignis zu einer Entschädigung des Sponsors geführt haben. Ein Interviewpartner gab darüber hinaus an, dass bei einer kleineren Transaktion zur Abwendung eines Imageschadens für den Sponsor und möglicher Probleme bei einer Folgetransaktion dieser auf eine Zahlung verzichtet habe. Auf Grund der dem Interviewpartner zugesicherten Vertraulichkeit kann der Name der Transaktion nicht benannt werden. Zur Zahlung der KII Transaktion siehe Lane (2002a), S. 18.

lematik des „Nicht-Wollens“ stellt unzureichendes Wissen eine besonders entscheidende Barriere bei der Adoption dar. Dieses Element soll im Folgenden auf seine Entscheidungsrelevanz untersucht werden, wobei zuerst die Seite der Investoren und dann die der Sponsoren betrachtet wird.

Die bisher dargestellten Ausführungen zu ROGERS [1983] vier obligaten Eigenschaften können unter diesem Aspekt rekapituliert werden.

Innovationsbarrieren der Investoren

Stellen der Umgang und die Absicherung von Katastrophen-Risiko für Versicherungen und Rückversicherungen noch tägliches Geschäft dar, so verfügt der Großteil der potenziellen Investoren über nahezu keine Erfahrung mit Investitionen in Katastrophen-Risiko. Bevor eine Investition erfolgen kann, muss daher spezielles Wissen über die Strukturierung, Bewertung, die rechtliche Ausgestaltung etc. erworben werden. In Verbindung mit den geringen verfügbaren Volumina sowie dem geringen optimalen Portfolioanteil von weniger als 3%[1617] können solche Fixkosten der Marktteilnahme wie auch bei den Sponsoren der Transaktionen Ursache dafür sein, dass ein Engagement auf Investorenseite unterbleibt.[1618] BANTWAL/KUNREUTHER [2000] analysieren auf Basis realer Rendite-Vorteile von Katastrophen-Anleihen gegenüber risikogleichen Unternehmensanleihen die Bereitschaft eines Investors, für seine Bildung in Form einer Marktzulassung zu zahlen. Sie kommen zu dem Schluss, dass auf Grund der großen Aufschläge Katastrophen-Anleihen trotz solcher etwaiger Hürden attraktive Investitionen darstellen, so dass diese Bildungskosten die Attraktivität zwar verringern, aber nicht vollständig beseitigen.[1619]

Unter diesem Gesichtspunkt und unter Bezugnahme auf die bisherigen Ausführungen zu den Problemen der Investoren bei der Investitionsentscheidung lässt sich zusammenfassen, dass das notwendige spezifische Wissen ein entscheidender Faktor bei der Adoptionsentscheidung ist. So ist davon auszugehen, dass z. B. die theoretischen Bewertungsprobleme einen großen Einfluss auf die Investitionsentscheidung haben, da das aktuell in der Wissenschaft vorhandene Verständnis und die entsprechende Methodenvertrautheit nicht direkt und unmittelbar als anwendbare Werkzeuge in der Praxis verfügbar sind.

Obwohl die Wissensassimilation in der Praxis, z. B. durch in diesen Bereichen ausgebildete Absolventen oder berufsbegleitende Lehrgänge, einige Zeit in Anspruch nimmt und daher die unmittelbare Anwendung des gegenwärtigen Wissens nur mit einem Zeitverzug geschieht, machten die Interviews deutlich, dass die Bewertungsproblematik für die aktuell an den Märkten auftretenden Investoren kein entscheidungsrelevantes

---

1617 Siehe Abschnitt 5.2.3.

1618 Vgl. o.V. (1998a), S. 2; D'Agostino (2003), S. 6; Bantwal/Kunreuther (2000), S. 80-81.

1619 Siehe Bantwal/Kunreuther (2000), S. 86-87.

Problem mehr darzustellen scheint.[1620] Wie die Gespräche mit den unterschiedlichen Marktteilnehmern ergaben, ist das notwendige Verständnis aber bislang nur bei einzelnen Experten und Expertenteams vorhanden, die dann auch bereits am Markt aktiv waren bzw. sind. Für die bislang nicht aktive breite Masse an Investoren wird der Zugang zum Markt der Katastrophen-Kontrakte durch diesen Wissensengpass behindert. Der Faktor Wissen stellt ganz klar eine Innovationsbarriere dar. Deren Beseitigung wird durch Methodenprobleme wie das Fehlen einer dominierenden Bewertungsmethode zusätzlich erschwert.

Innovationsbarrieren der Sponsoren

Auf der Seite der Sponsoren ist dagegen von einer anderen, den Einsatz der Innovation behindernden Situation auszugehen, obwohl retrospektiv betrachtet der Nicht-Einsatz von Katastrophen-Optionen und Terminkontrakten in den Anfängen der Katastrophen-Anleihen ebenfalls auf Wissensbarrieren zurückzuführen war. So fanden D'ARCY/FRANCE [1992], dass der Mangel an spezifischem Wissen in den frühen Phasen der Marktenstehung einen der möglichen Haupthinderungsgründe darstellte, der den Einsatz von Katastrophen-Terminkontrakten gehemmt hat.[1621] Die Verteilung der bisherigen Cat-Bond-Transaktionen auf eine relativ große Zahl an Sponsoren könnte ein Indiz dafür sein, dass diese Transaktionen gerade mit dem Ziel der Generierung spezifischer Erfahrungen durchgeführt wurden. So findet auch TUFANO [1989], dass das Engagement bei Finanzinnovationen oft mit dem Ziel des Erfahrungsaufbaus stattfindet.[1622] Vor diesem Hintergrund kann die bisherige Struktur des Katastrophen-Marktes (die Zahl der bisherigen Cat-Bonds verteilt sich auf eine relativ große Zahl an Sponsoren)[1623] konträr zu der These von D'ARCY/FRANCE [1992] als eine grundsätzliche Durchführungsfähigkeit der Sponsoren interpretiert werden.

Durch die Verwirklichung von Katastrophen-Anleihen sind Investitionen in spezifisches Wissen erfolgt. Die grundsätzliche Fähigkeit, diese Innovation einzusetzen, wurde hiermit gezeigt. Da die Mehrzahl der Sponsoren ein oder zwei Transaktionen durchführt, dann aber keine weiteren Transaktionen initiiert haben, scheint der folgende Nicht-Einsatz von Katastrophen-Kontrakten seitens der Sponsoren nicht in der klassischen Innovationsbarriere Nicht-Wissen begründet zu sein.[1624] Daher müssen die anderen in der Arbeit betrachteten Faktoren begründen, warum der folgende Einsatz der Innovation Katastrophen-Risiko in Form von Finanzkontrakten nicht erfolgt.

1620 Siehe auch die Ergebnisse der Befragung von o.V. (2000e), S. 16. In diesem Sinne äußerten sich auch die Interviewpartner 8 (Br), 19 (In), 36 (Rü), 41 (Ve) und 43 (Ve).

1621 Siehe D'Arcy/France (1992), S. 596, ebenso McCullough (1995), S. 40; Cox/Schwebach (1992), S. 643.

1622 Siehe Tufano (1989), S. 235.

1623 Siehe Abbildung 24.

1624 Vgl. hierzu die grundlegenden Ausführungen in Abschnitt 4.4.2.

In Erweiterung der von ROGERS [1983] und im Rahmen von Kapitel 4.4 bestimmten Faktoren kann eine andere mögliche Erklärung aus diesem Themenfeld stammen. Zur Erklärung dieses scheinbaren Widerspruchs – einerseits erfolgen einzelne Transaktionen, andererseits bleibt die breite Nutzung der Innovation dennoch auf Grund von Wissensproblemen aus – erfolgt eine Erweiterung der Innovationsbarriere „Nicht-Wissen" um organisatorische Aspekte. Die Nicht-Nutzung der Katastrophen-Anleihen kann dann im Umgang der Versicherungsunternehmen mit Risiko allgemein begründet liegen.

HOYT [1989] hat den Einsatz von Terminkontrakten zur Absicherung von Anlagerisiken bei amerikanischen Lebensversicherungen untersucht. Er findet analog der obigen These, dass das spezifische Nichtwissen um diese Finanzinnovation und Probleme bei der Vermittlung des entsprechenden Wissens innerhalb der Organisation eine wichtige Hürde bei der Entscheidung zum Nicht-Einsatz von Terminkontrakten sind.[1625] So lässt sich eine traditionelle Verschlossenheit der Property-Casualty Versicherungsindustrie gegenüber dem Einsatz von Derivaten zum Management von Finanzmarktrisiken[1626] feststellen, die ein Indiz für die generelle Unerfahrenheit mit dieser Art von Risikoabsicherungsinstrumenten darstellt. HOYT [1989] beobachtet, dass die für das versicherungstechnische Risiko zuständigen Stellen („Actuarial Staff") fast überhaupt nicht in das Risikomanagement der Finanzanlagen und der entsprechenden Risiken einbezogen werden.[1627] Dies deutet darauf hin, dass in den meisten Versicherungsunternehmen eine organisatorische Trennung zwischen Kapitalanlage- und Versicherungsrisiken besteht. Obwohl der Erhebungszeitraum der Studie von HOYT [1989] recht weit zurückliegt, ließ sich auch im Rahmen der Interviews feststellen,[1628] dass die traditionelle organisatorische Trennung des Anlage-Risikomanagements (kapitalmarktorientiert) und des Managements der versicherungstechnischen Risiken (zumeist internes Risikomanagement mit dem externen Fokus auf Rückversicherungen) Bestand hat.[1629] Diese organisatorische Industriebesonderheit sorgt dafür, dass die beiden historisch gewachsenen, sehr unterschiedlichen Risikomanagementparadigmen in der Praxis oft nicht integriert werden. Jene aus theoretischer Sicht triviale und unbedeutende Trennung hat im Zeitverlauf zu der Entwicklung von fundamental unterschiedlichen Methoden, spezifischem Wissen und Abläufen geführt.

1625 Siehe Hoyt (1989), S. 745-746, ebenso Hoyt/Williams (1995), S. 38-39.

1626 Siehe hierzu die Ergebnisse von Cummins/Phillipis/Smith (1997), die finden, dass nur 6,88% der amerikanischen Schadensversicherer Derivate einsetzen, wogegen die restlichen Versicherungsunternehmen wenigstens 12% Derivate zur Risikoabsicherung einsetzen. Siehe Cummins/Phillipis/Smith (1997), S. 17. Dieser Anteil ist im Vergleich gering. Siehe des Weiteren auch die Ergebnisse von Bodnar/Hayt/Marston/Smithson (1995), die den Einsatz von Derivaten bei amerikanischen Unternehmen allgemein untersuchen.

1627 Die mittlere Beteiligung beträgt 4,23 auf einer Skala von 1 (sehr hohe Beteiligung) bis 5 (keine Beteiligung). Siehe Hoyt (1989), S. 744.

1628 Diese These unterstützten die Interviewpartner 7 (Br), 41 (Ve) und 43 (Ve).

Die Nicht-Nutzung der Cat-Bonds durch die Marktteilnehmer deutet obiger These zufolge also nicht auf die Existenz einer klassischen Innovationsbarriere (simples Wissens- und Anwendungsproblem) hin. Stattdessen behindern organisatorische Probleme die Katastrophen-Transaktionen und sind im Sinne von internen Transaktionskosten entscheidungsrelevant. Obwohl das Wissen in der Organisation prinzipiell vorhanden sein kann, stellt die organisatorische Verteilung eine die Situation verkomplizierende, wesentliche Behinderung beim Einsatz der Innovation dar.

Neben den genannten organisatorischen Gründen kann die in der Folge weitere Nicht-Nutzung aus dieser Argumentation heraus an unterschiedlichen zusätzlichen Aspekten liegen, die diesem Themenfeld zuzuordnen sind. (1) können erst durch eine Transaktion erfahrbare Eigenschaften weitere Transaktionen verhindern, (2) nimmt die Marktentwicklung nicht den verhofften Verlauf und die Veränderung von Entscheidungsparametern (z. B. Preisentwicklung) verläuft nicht wie erwartet; (3) kann das Durchführen einer ersten Transaktion mit Zielen verbunden sein, die für folgende Transaktionen nicht mehr relevant sind.[1630]

Relevanz von Informations- und Kommunikationsaspekten

In Kapitel 4.4 wurde die besondere Rolle der Information und der Kommunikation als Basis des Wissensaufbaus und der Adoptionsentscheidung dargestellt. Diese Aspekte sind besonders vor dem Hintergrund einer aktiven Marktentwicklung interessant, da sie gezielt gesteuert werden können. Die bisherigen Ausführungen zum Wissensstand der Sponsoren und Adoptoren zeigen analog zu den Interviews, dass durch eine einfache Informationsweitergabe über die Existenz und die grundlegenden Eigenschaften der Innovation nicht deren Einsatz gefördert werden kann. Alle Interviewpartner kennen die Innovation Katastrophen-Risiko in Form von Finanzkontrakten und verfügen über adäquates Wissen. Der Einsatz kommunikativer Mittel als klassischer Marketingmaßnahme zur Absatzförderung wird daher wirkungslos sein.

Stattdessen ist die Überwindung der gezeigten organisatorischen Hürden wesentlich problemrelevanter. Sie ist aber schwieriger durch aktive Maßnahmen zu fördern. Obwohl fraglich ist, inwieweit eine solche notwendige organisatorische Umgestaltung durch Maßnahmen von außen unterstützt werden kann, können andere relevante Faktoren aber durch eine aktive Marktgestaltung verändert werden.[1631] Daher wird in Abschnitt 6.2.1 untersucht, ob die unterschiedlichen Marktteilnehmer die Motivation besit-

---

1629 Auch Babbel/Santomero (1997) sind dieser Auffassung und sehen in der Integration dieser Bereiche eine notwendige zukünftige Herausforderung, deren Umsetzung in naher Zukunft erfolgen sollte. Siehe Babbel/Santomero (1997), S. 267-268.

1630 Laut Aussagen der Interviewpartner kann die einmalige Durchführung einer Transaktion auch aus extern orientierten Marketing-Gründen (Demonstrieren der Durchführungskompetenz, Darstellung als innovatives Unternehmen etc.) erfolgt sein. Diese These bestätigten die Interviewpartner 10 (Ib), 23 (Mo), 29 (Re), 41 (Ve), 43 (Ve) und 45 (Ve). Wobei zwei Interviewpartner die Meinung vertraten, dass diese Gründe spätestens seit 1999 nicht mehr valide sind.

1631 Siehe hierzu Abschnitt 6.2.1.

zen, den Markt aktiv zu fördern. Diese Ausführungen stellen eine Basis zur Prognose der Marktentwicklung dar.

5.5.1.3 Psychologische Innovationsbarrieren

In Kapitel 5.4 wurde festgestellt, dass die am Markt verfügbaren Katastrophen-Anleihen durch einen unter risikoneutralen Aspekten hohen Risikoaufschlag gekennzeichnet sind. Dieser Aufschlag stellt für die risikoabgebende Partei Kosten dar, die eine Weitergabe des Risikos weniger attraktiv erscheinen lassen. Der folgende Abschnitt versucht die Ursachen dieses Aufschlags zu klären, um z. B. dessen Nachhaltigkeit zu determinieren.

Zur Erklärung der in Kapitel 5.4 festgestellten überproportionalen Risikoprämie sind analog den Arbeiten zum „Equity Premium Puzzle“[1632] auch wissenschaftliche Beiträge zu einem „Cat Bond Premium Puzzle“[1633] entstanden. Diese Arbeiten sehen den vergleichsweise hohen Risikoaufschlages[1634] in psychologischen Ursachen begründet. Katastrophen-Kontrakte weisen danach einige Charakteristika auf, die einen – aus Sicht der mathematischen Entscheidungstheorie – unlogischen Risikoaufschlag erzwingen könnten. „Myopic Loss Aversion“, „Career Risk“ und „Impact of Worry“ sind Probleme, die bei der Beobachtung der Preisbildung auf Aktienmärkten entdeckt wurden und ebenfalls die Investition in Katastrophen-Kontrakte beeinflussen können.[1635] Bei den folgenden Ausführungen handelt es sich angesichts der mangelnden wissenschaftlichen Literatur zu dem Untersuchungsobjekt unter diesem Blickwinkel[1636] weniger um unumstößliche Axiome, sondern um Thesen, die einer weiteren dezidierten Analyse bedürfen.

Eine Ursache für den Risikoaufschlag kann in der *subjektiven Empfindung* von Gewinnen und Verlusten liegen. Die Struktur der menschlichen Wahrnehmung bedingt, dass Gewinne und Verluste unterschiedlich stark gewertet werden.[1637] Für Katastrophen-Kontrakte bedeutet dies einen entscheidenden Nachteil. Die Kontrakte besitzen durch die geringe Ausfallwahrscheinlichkeit trotz des bedeutenden Verlustpotenzials einen relativ hohen Erwartungswert bzw. eine geringe Verlustwahrscheinlichkeit. Eine Überbewertung des potenziell möglichen Verlustes relativ zu dieser Verlustwahrscheinlichkeit kann daher einen unter dem Aspekt des Erwartungswertes paradoxen Aufschlag bedingen.

1632 Mehra/Prescott (1985) prägen diesen Begriff. Siehe Mehra/Prescott (1985), S. 158-159.

1633 Siehe Bantwal/Kunreuther (2000).

1634 Siehe Kapitel 5.4.

1635 Vgl. Bantwal/Kunreuther (2000), S. 80; ebenso Rode/Fischhoff/Fischbeck (2000), die noch weitere Probleme anführen. Siehe Rode/Fischhoff/Fischbeck (2000), S. 118.

1636 Vgl. Rode/Fischhoff/Fischbeck (2000), S. 118. Ausnahmen bilden die im Folgenden zitierten Arbeiten.

1637 Siehe die grundlegende Arbeit von Kahneman/Tversky (1992). Als Anwendung siehe z. B. Hausch/Ziemba (1990).

Für den einzelnen Fondsmanager als Investor in Katastrophen-Risiko spiegelt sich diese psychologische Besonderheit in einer weiteren Problematik wider. Die möglichen langfristigen positiven Effekte, die durch eine Investition in Katastrophen-Risiko entstehen und auf den Diversifikationsmöglichkeiten sowie der guten Rendite basieren, gleichen nicht das Risiko eines Schadensfalls aus. In den Jahren, in denen kein Schadensfall eintritt, sind die positiven Effekte bei einer Investition von beispielsweise maximal 3% des verfügbaren Kapitalvolumens[1638] kaum in der Lage, für eine signifikant positive Wertentwicklung zu sorgen. In dem Jahr, in dem aber ein Schadensfall auftritt, ist durch das hohe Verlustpotenzial mit einer deutlichen negativen Beeinflussung des Gesamtportfolios zu rechnen. Wie zwei Interviewpartner zu bedenken gaben, ist das „*Career Risk*“ in einem solchen Schadensfall für den zuständigen Fondsmanager tatsächlich beträchtlich.[1639] Die rational sinnvolle Investitionsentscheidung in ein unkonventionelles Investitionsobjekt kann daher aus individuellen Überlegungen nicht vorteilhaft sein.

Neben diesen Aspekten sorgt die allgemeine Unsicherheit bezüglich wichtiger Eigenschaften bei den Investoren für eine zusätzliche Abneigung, die zu der Risikoaversion hinzukommt. Obwohl eine Investition in Katastrophen-Risiko eher langfristig motiviert sein sollte und daher keines ständigen „Monitorings“ bedarf, entstehen im Zeitverlauf „emotionale“ Kosten. Der „*Impact of Worry*“ bezeichnet das Phänomen, dass auch langfristig orientierte Anleger im Zeitverlauf ihre Anlage immer wieder einer Evaluation unterziehen. Dieser Umstand ist unabhängig von der Existenz von Handlungsalternativen. Die mit der Investition in Katastrophen-Kontrakte verbundene Unsicherheit bedingt dann einen entschädigenden Aufschlag. Sowohl für den Fondsmanager (Career Risk) als auch den individuellen Investor lässt sich damit fundieren, warum beispielsweise die in Abschnitt 5.3.4 beschriebene Modellunsicherheit einen überproportionalen Risikoaufschlag bedingt.

In ähnlicher Weise behindert eine weitere psychologische Besonderheit den Transfer von Katastrophen-Risiko. Entsprechend den Charakteristika einer Naturkatastrophe[1640] lässt sich feststellen, dass die Investoren keinerlei Kontrolle über die Kontrakte haben. Die Bezeichnung „Act of God Bonds“ verdeutlicht diesen Sachverhalt. In Verbindung mit dem Faktum, dass der Markt erst seit ca. 12 Jahren existiert und Naturkatastrophen relativ selten auftreten, wird der an seine überdurchschnittlichen Fähigkeiten glaubende Investor demzufolge bisher nicht in der Lage gewesen sein, eine „*Illusion of Control*“ aufzubauen. Daher fordert er zum Ausgleich für diese scheinbare Unsicherheit eine weitere Prämie.[1641]

1638 Siehe hierzu Abschnitt 5.2.3.

1639 Diese Aussage machten die Interviewpartner 3 (Br) und 19 (In).

1640 Siehe Abschnitt 2.1.1.

1641 Vgl. Rode/Fischhoff/Fischbeck (2000), S. 120.

Eine andere psychologische Eigenheit sorgt für eine *Überschätzung des Verlustrisikos.*[1642] So kann generell konstatiert werden, dass Ereignisse mit niedriger Eintrittswahrscheinlichkeit überschätzt und solche mit hoher Eintrittswahrscheinlichkeit unterschätzt werden.[1643] Die subjektive Wahrscheinlichkeit einer Naturkatastrophe ist daher höher, als die tatsächliche. Auch sind Naturkatastrophen durch ihr enormes Schadensausmaß viel stärker im Gedächtnis präsent, als dies der tatsächlichen Wahrscheinlichkeit entsprechen sollte. Beide Faktoren sorgen für eine subjektiv andere Wahrnehmung des Erwartungswertes einer Naturkatastrophe, als dies objektiv gegeben ist.

<u>Zwischenfazit</u>

Zusammenfassend kann festgestellt werden, dass die psychologischen Faktoren Indizien und Erklärungen für das hohe Prämienniveau liefern können.[1644] Alle genannten Aspekte bilden mögliche Erklärungen, warum der Risikoaufschlag für Katastrophen-Kontrakte relativ hoch ist. Diese psychologischen Faktoren sind aber neben der Einflussnahme auf das Verhalten der risikoaufnehmenden Partei letztlich auch für die risikoabgebende Seite entscheidungswirksam. Eine Erklärung für das Nicht-Entstehen des Marktes können daher nur die Faktoren liefern, die eine Divergenz zwischen Angebots- und Nachfrageseite fundieren. Z. B. kann die geringe Wahrscheinlichkeit einer Naturkatastrophe dazu führen, dass im Gegensatz zu den Implikationen der Nutzentheorie[1645] eine Absicherung dieser nichtgreifbaren Risikobedrohung wegen der Perception der Risikobedrohung unterbleibt.[1646] Obwohl geringe Wahrscheinlichkeiten überschätzt werden, kann eine Risikobedrohung zu gering sein, um den individuellen Absicherungswunsch hervorzubringen. Obwohl dieser Themenkreis eine hohe Relevanz für den Untersuchungsgegenstand besitzt, lässt der aktuelle wissenschaftliche Stand keine abschließende Beurteilung zu. Weitere wissenschaftliche Arbeiten haben daher die exakte Handlungsrelevanz der betrachteten psychologischen Faktoren zu klären.

Zum Erklärungsgehalt dieser Theorien ist kritisch anzumerken, dass Katastrophen-Kontrakte bislang fast ausschließlich von institutionellen Investoren gekauft werden,[1647] die dafür Sorge tragen sollten, dass Probleme wie „Career Risk" oder andere psychologische Barrieren nicht die aus rationalen Gründen sinnvolle Investition in Katastrophen-Kontrakte verhindern. Der Nutzen der genannten Thesen muss daher in weiteren Untersuchungen differenziert überprüft werden.

1642 Vgl. Rode/Fischhoff/Fischbeck (2000), S. 120-121.

1643 Siehe hierzu die auf die Grundlagenarbeit von Kahneman/Tversky (1979) folgende Literatur.

1644 Diese These vertraten auch die Interviewpartner 10 (Ib), 21 (Mo) und 22 (Mo).

1645 Die Nutzentheorie impliziert, dass gerade in solchen Fällen (geringe Wahrscheinlichkeit mit einhergehendem sehr hohem Schadensausmaß) eine Versicherung und ein Risikotransfer sinnvoll sind.

1646 Vgl. Froot (2001), S. 568.

1647 Lediglich ein Fonds der Bank Leu investiert in Katastrophen-Kontrakte und wird aktiv dem privaten Investor angeboten.

5.5.2 Marktstruktur

Die Betrachtung der Marktstruktur ist vor allem als Determinante des strategischen Verhaltens der Akteure für den dynamischen Ausblick der Arbeit (Teil 6) relevant. Einige Kontrakteigenschaften leiten sich aber direkt von der Marktstruktur ab. Da als Abschluss von Teil 5 eine Analyse der Kontrakteigenschaften erfolgt, werden einige industriestrukturelle Besonderheiten, die für die Ausgestaltung der Kontrakte relevant sind, vorgezogen und in dem folgenden Abschnitt dargestellt.

5.5.2.1 Beziehungsnetzwerk der Marktteilnehmer

Die Verbindung zwischen Versicherungen und Rückversicherungen ist traditionell sehr intensiv und gilt als eine Hürde für die Etablierung innovativer Katastrophen-Risikotransfer-Instrumente. Teilweise sicherlich basierend auf der besonderen Bedeutung der Probleme einer asymmetrischen Informationsverteilung bei der Weitergabe von Risiko hat sich eine sehr enge Beziehung der beiden Institutionsformen und der einzelnen Unternehmen entwickelt. Eine erfolgreiche Etablierung der Katastrophen-Kontrakte würde die bestehenden Beziehungen unter Druck setzen, da diese eine Alternative zur üblichen Absicherung darstellen. Im Extremfall könnte die Existenz von Katastrophen-Kontrakten zu einer grundlegenden Veränderung der Industriestrukturen führen, die als Disintermediation die Existenz der Rückversicherungen gefährdet (Erfolgsszenario V). Hierin ist die These begründet, dass die enge Verbindung zwischen Erst- und Rückversicherungen den Erfolg von Katastrophen-Kontrakten behindert. Diese These geht mit der Vermutung eines Angebotsengpasses einher, da sie erklärt, warum Versicherungen und Rückversicherungen als potenzielle Sponsoren von Transaktionen kein Interesse an einem alternativen Markt für Katastrophen-Risiko besitzen.

Da eine theoretisch mögliche Kannibalisierung der Rückversicherungsindustrie durch sich selbst vor diesem Hintergrund unlogisch ist, wird diese These im Weiteren auf ihren Erklärungsgehalt aus Sicht der Versicherungen betrachtet.

<u>Bedeutung der Existenz von Rückversicherungen für die Erstversicherungen</u>

Zunächst ist zu überprüfen, inwiefern tatsächlich keine Souveränität der Institution Versicherung besteht. Eine Disintermediation durch Katastrophen-Kontrakte und das Verschwinden der Rückversicherungen wäre für Erstversicherungen mit einer direkten Abhängigkeit vom Kapitalmarkt verbunden, die u. U. nachteilig sein kann. Hintergrund dieser Befürchtung ist, dass die Investoren nicht jederzeit bereit sind, Versicherungsrisiken zu übernehmen, wodurch diese Abhängigkeit zu Einschränkungen der Geschäftstätigkeit führen würde. Im Detail hat bisher keine der bekannten Katastrophen-Transaktionen durch eine Naturkatastrophe zu einem Verlust bei Investoren geführt. Daher könnten die Sponsoren (Versicherungen) befürchten, dass nach einer solchen

Zahlung der Kapitalmarkt für weitere Transaktionen verschlossen sei.[1648] Diese erhöhte Abhängigkeit von den Kapitalmärkten würde in Zeiten besonderer Kapitalenge dazu führen, dass die Erstversicherungen nach einem Schadensfall nicht mehr in der Lage wären, Risiko über die Kapitalmärkte zu transferieren.[1649]

Die hohen Kapitalmittelzuflüsse nach dem 11. September 2001 haben gezeigt, dass trotz einer eventuellen temporären Abneigung bezüglich der Versicherungsrisiken eine Rekapitalisierung der Versicherungen nach einem Schadensfall möglich ist. Die Interviewpartner erklärten auch, dass zwar eine gewisse Gewohnheit die bestehenden Geschäftsbeziehungen stabilisiere, dass aber bei einer tatsächlichen Vorteilhaftigkeit einer alternativen Lösung die Versicherungsindustrie dynamisch genug wäre, mittel- bis langfristig eine solche Lösung zu assimilieren.[1650] Die Entstehung und der Erfolg anderer ART-Instrumente untermauern diese These.[1651] Die potenziell erhöhte Abhängigkeit der Versicherungsunternehmen vom Kapitalmarkt wird daher momentan zu keiner bewussten Blockade der Katastrophen-Kontrakte führen.

Vor diesem Hintergrund ist nicht zu erklären, warum sich der Markt nicht als zusätzliche Kapitalquelle etablieren kann, da in dem Erfolgszenario IV der Rückversicherungsindustrie nach wie vor eine bedeutende Stellung eingeräumt wird, die lediglich durch dieses alternative Instrument erweitert und ergänzt wird. Insgesamt kann daher festgehalten werden, dass die langfristig bestehenden externen Verbindungen als organisatorische Hürde zwar den Einsatz der Kontrakte behindern können, aber nicht verhindern werden.

5.5.2.2 Marktmacht der Rückversicherungen

Neben der These der „langfristigen Verbindung“ stellen Katastrophen-Kontrakte als alternative Absicherungsform eine direkte Konkurrenz zu den Rückversicherungsunternehmen dar. In Erfolgszenario V ist die Institution Rückversicherung nicht mehr existent. Auch in Szenario IV ist von einer bedeutenden Beeinflussung der Geschäftstätigkeit der Rückversicherungen durch die Existenz von Katastrophen-Kontrakten auszugehen. Die bestehende Rückversicherungsindustrie würde dann in weiten Teilen durch die Existenz der Katastrophen-Kontrakte beeinflusst und entscheidend unter Wettbewerbsdruck gesetzt. Durch die Katastrophen-Kontrakte würde ein Instrument geschaffen, das in direkter Konkurrenz zu ihnen steht und es neuen Marktteilnehmern recht einfach erlaubt, sich in einer bis dahin relativ verschlossenen Industrie zu betätigen. Die bestehenden vergleichsweise hohen Markteintrittsbarrieren würden hierdurch verloren gehen. Über die direkte alternative Lösung wird durch die Existenz eines erfolgreichen

---

1648 Nach Aussagen eines Interviewpartners hat diese Argumentation sogar in den 90er Jahren bei einer Transaktion dazu geführt, dass ein Sponsor bewusst auf eine Zahlung aus einem Cat-Bond verzichtet hat, um weitere Anleihen zu einem guten Preis platzieren zu können.

1649 Auch die Kapitalmärkte sind gewissen Zyklen unterworfen.

1650 Diese These bestätigten die Interviewpartner 1 (1), 9 (Br), 15 (Ib), 20 (Mo) und 25 (Ra).

Marktes und den hierdurch entstehenden Konkurrenzdruck auch eine erhöhte Preistransparenz erreicht, die bislang in der Rückversicherungsindustrie nicht üblich war. Aus diesen Gründen könnte vermutet werden, dass Rückversicherungen ein intrinsisch motiviertes Interesse an der Nicht-Existenz von Katastrophen-Kontrakten haben.

Im Rahmen der durchgeführten Interviews[1652] gingen die Marktteilnehmer aber nicht von einer strategischen Benachteiligung der Katastrophen-Kontrakte durch die Marktmacht von Rückversicherungen aus.[1653] Ganz im Gegenteil ist auch zu beobachten, dass der überwiegende Anteil der aktuell an den Märkten zu beobachtenden Transaktionen durch Rückversicherungen gesponsert wird. Drei Gesprächspartner erklärten, dass die bis jetzt zu beobachtende Marktentwicklung den Rückversicherungsunternehmen sehr deutlich zeige, dass die Katastrophen-Kontrakte wohl niemals eine außergewöhnliche Bedrohung für sie darstellen.[1654] Die Rückversicherungen würden Katastrophen-Anleihen vielmehr als ein alternatives Instrument unter anderen wahrnehmen und daher deren Einsatz nicht absichtlich negativ beeinflussen.

Da die Marktstruktur und potenzielle Wettbewerber die Konstellation in einem Markt beeinflussen, werden nachfolgend einige Erläuterungen zu diesen beiden Faktoren gegeben:

Insgesamt zeichnet sich die Industriestruktur in der Versicherungs- und Rückversicherungsbranche durch eine heterogene Marktstruktur aus. So besitzen die weltweit 50 größten Versicherungsunternehmen einen Anteil von 50% am gesamten Kapitalstock der Versicherungsindustrie.[1655] Die Rückversicherungsindustrie ist dagegen stärker konzentriert. Die Top 5 (10, 15) Rückversicherungsunternehmen hatten 2001 einen gesamten Marktanteil von 57% (77%, 87%).[1656]

Vor diesem Hintergrund wird zweierlei deutlich. Erstens, dass ein Großteil der wichtigen Rückversicherungen bereits Erfahrungen gesammelt hat und daher in naher Zukunft kein explosionsartiges Ansteigen der Anzahl neuer Sponsoren zu erwarten ist. Zweitens könnte diese hohe Konzentration im Markt für Rückversicherungslösungen marktexterne Teilnehmer zu einem Eintritt motivieren. Besonders Investmentbanken könnten durch das Instrument der Katastrophen-Kontrakte als potenzielle Rivalen der traditionellen Rückversicherungen aktiv werden. Entgegen dieser These machten aber die In-

---

[1651] Siehe die Ausführungen in Abschnitt 2.2.6.

[1652] Zu den gleichen Ergebnissen kommt auch die Befragung von Denton Wilde Sapte. Siehe o.V. (2000e), S. 15.

[1653] Dieser Aussage widersprachen die Interviewpartner 3 (Br), 6 (Br), 41 (Ve) und 42 (Ve). Nur Interviewpartner 13 war der Meinung, dass diese die Innovation strategisch benachteiligen.

[1654] Diese Aussage machten die Interviewpartner 3 (Br), 8 (Br) und 42 (Ve).

[1655] Vgl. Laster/Birkmaier (1999), S. 1.

[1656] Quelle: Standard & Poor's. Zitiert nach Baur/Enz (2003), S. 13.

terviews deutlich, dass Rückversicherungen und Investmentbanken sich eher komplementär ergänzen als direkt miteinander konkurrieren.[1657]

Damit lässt sich insgesamt nicht die These untermauern, dass die bestehenden Industriestrukturen oder die Marktteilnehmer die Ausbreitung der Innovation Katastrophen-Risiko-Kontrakt verhindern.

5.6 Ausgestaltung der Kontrakte

Bisher hat Teil 5 der vorliegenden Arbeit die Funktionen und Eigenschaften des Untersuchungsobjektes unter den in Teil 4 hergeleiteten Aspekten untersucht. Teile der bis hierhin erfolgten Darstellungen und Analysen lassen sich durch eine Interpretation der Erkenntnisse in Form einer Empfehlung zur Ausgestaltung der Kontrakte zusammenführen. Die generische Darstellung der idealen Kontrakteigenschaften erfolgt anhand der analysierten Erfolgsfaktoren und der Anforderungen von Investoren und Sponsoren.

Die Vielzahl verschiedener Instrumente und Vertragsbestandteile, die in der Praxis eingesetzt werden können, erschweren durch Interdependenzen der Vertragsbestandteile bzw. der geringen Vergleichbarkeit der unterschiedlichen Finanzkontrakte die Ableitung einer Kontrakt-Empfehlung.[1658] Daher werden in den weiteren Ausführungen ganz bewusst detaillierte Vertragsempfehlungen, wie sie im Rahmen des sog. „Contract-Approaches" erfolgen, vernachlässigt. Stattdessen werden Grundsätze erarbeitet, die sich zur Ableitung entsprechender Kontrakte eignen.

5.6.1 Standardisierung

Bei der Konzeption der Verträge ist die Art und Weise ihrer Standardisierung eine Basisentscheidung. Bei Abschluss eines Finanzvertrages zwischen zwei oder mehreren Marktteilnehmern kann eine individuelle oder eine standardisierte Vertragsgestaltung genutzt werden.[1659] Bei der individuellen Vertragsgestaltung werden die für den Vertrag charakteristischen Eigenschaften zwischen den vertragsschließenden Parteien spezifisch für den einen Vertrag ausgehandelt, während bei einem standardisierten Vertrag diese Verhandlungen entfallen, da auf bereits bestehende Regelungen zurückgegriffen werden kann.

Eine solche Standardisierung der Kontrakte ist dabei mit einer Vielzahl unterschiedlicher Vorteile verbunden, die zu einer Senkung der Transaktionskosten für die Anbieter und Nachfrager führen können.[1660] Bei einem vollkommen standardisierten Vertrag sind

---

1657 Explizit äußerten sich hierzu die Interviewpartner 7 (Br), 11 (Ib) und 13 (Ib).

1658 Vgl. Bollen/Smith/Whaley (2003), S. 720.

1659 Die Standardisierung eines Finanzkontraktes bedeutet, dass wichtige Kontraktparameter in Form von Gesetzen und/oder Regeln festgeschrieben sind, so dass die Marktteilnehmer diese nicht mehr individuell verhandeln müssen. Siehe z. B. Jarrow/Turnbull (2000), S. 6-8, zur Standardisierung von Terminkontrakten.

1660 Verbesserungen ergeben sich durch die leichtere Findung der Vertragspartner, durch die Senkung von Informations- und Verhandlungs- sowie Abstimmungskosten, die Manipulationskontrolle und die Verhandlungen der Parteien vergleichsweise einfach, da nur der Preis zur Disposition steht. Auf Grund der Anbieter-Nachfrager-Struktur führt eine Standardisierung über eine Senkung von Transaktionskosten bei Finanzkontrakten zu einem besonderen Vorteil. Kapitalmarktgehandelte Finanzkontrakte zeichnen sich durch die Beteiligung mehrerer, oft sogar sehr vieler Investoren an einer Transaktion oder einem Wertpapier aus. Basierend auf einer der Transaktion zugrunde liegenden primären Motivation der Investoren (Kapitalanlage) wird zwar bewusst Risiko aufgenommen, die Investoren wollen aber gleichzeitig durch eine Stückelung ihrer Investments eine Diversifikation erreichen. Eine Standardisierung der Kontrakte erleichtert durch eine Senkung der Informationskosten die Investition und die folgende Diversifikation, da ceteris paribus bei geringeren Informationskosten in mehrere unterschiedliche Kontrakte investiert werden kann. Somit kann, wie die weiteren Ausführungen zeigen werden, durch geringere Informationskosten auch eine breitere Investorenschaft zu einer Investition animiert werden. Eine Standardisierung kann auch zu einer höheren Sekundär-Markt-Liquidität,[1661] einem höheren Preis und letztlich zu einer geringeren Rendite (Kosten für die Sponsoren) führen.[1662] Ob die Senkung der Transaktionskosten schließlich zu einer Verringerung der Kosten für den Sponsor oder zu einer Verbesserung der Rendite für die Investoren führt, ist letztlich nicht deterministisch bestimmbar, sondern hängt von der Verhandlungsposition der Vertragsparteien ab.

Die Senkung der Transaktionskosten durch eine Standardisierung der Finanzkontrakte ist aber keine unabhängige Variable, sondern geht mit einem Trade-Off einher. So verhindert die Standardisierung die Anpassung von u. U. relevanten Parametern an die spezifischen Bedürfnisse der Marktteilnehmer und die Befriedigung individueller, ausgefallener Vertragsinteressen.[1663] Sehr spezifische individuelle Wünsche bzw. kleine Angebots- und Nachfragegruppen können daher die Ursache sein, dass persönlich ausgehandelte Einzelverträge für die Marktteilnehmer attraktiver sind. Die Ausgestaltung des Finanzkontraktes muss sich wegen dieses Trade-Offs an den unterschiedlichen Interessen der Anbieter und Nachfrager ausrichten. Auf den Untersuchungsgegenstand übertragen bringt eine hohe Standardisierung der Katastrophen-Kontrakte möglicherweise ein hohes Basis-Risiko mit sich, ermöglicht aber auf der anderen Seite u. U. auch

---

die Abwicklung, wie z. B. die Erleichterung des Clearings etc. Besonders bei Derivaten ist auch eine Sicherstellung der Zahlung (kein Kredit-Risiko) ein wichtiger Vorteil von standardisierten, börsengehandelten Kontrakten. Für einen kurzen Überblick siehe Murelio (1998).

1661 Vgl. Amihud/Mendelson (1988), S. 9-10. Siehe hierzu auch die Ausführungen in Abschnitt 5.3.1.2.

1662 Grundsätzlich führt eine hohe Individualisierung nicht per se zu einer geringen Sekundär-Markt-Liquidität, da aber in der Praxis Finanzkontrakte i. d. R. ein begrenztes Volumen haben, ist durch die Existenz von Informationskosten damit zu rechnen. Ceteris paribus muss das Verhältnis aus Marktvolumen und Informationskosten möglichst groß sein, damit ein Sekundär-Markt-Handel erleichtert wird.

1663 Die Standardisierung geht oft auch mit einer hohen Regulierungsdichte und einer Veröffentlichung wichtiger Details einher, die u. U. nicht im Interesse der Vertragsparteien ist.

eine Senkung der Transaktionskosten auf Grund der großen Anzahl an Marktteilnehmern, wodurch letztlich eine Senkung der totalen Kosten erreicht wird.[1664]

Zur genauen Analyse der Standardisierung der Katastrophen-Kontrakte sind daher die spezifischen Marktcharakteristika in Form der Interessen der Marktteilnehmer zu untersuchen. Hierbei kann von einem Intermediär (z. B. von einer Börse) abstrahiert werden, da dieser letztlich versuchen wird, durch die Ausgestaltung der Verträge eine größtmögliche Überdeckung der Interessen von Angebot und Nachfrage zu erreichen. Als Resultat entscheiden so wieder die Präferenzen der Anbieter und Nachfrager über die Ausgestaltung der Verträge. Die Analyse der Vertragsausgestaltung ist somit von diesen Marktakteuren unabhängig. Zur weiteren Beantwortung der Frage der Standardisierung der Katastrophen-Kontrakte wird zunächst die aktuelle Marktstruktur unter diesen Gesichtspunkten charakterisiert, da der Handel in einem entsprechenden Risiko-Kontrakt sich auch in Abhängigkeit der Struktur von Angebot und Nachfrage einstellen wird.

Empirisch zu beobachtende Marktstruktur

An den Märkten für Katastrophen-Kontrakte ist zu beobachten, dass kaum mehr als fünf unterschiedliche Sponsoren pro Jahr aktiv sind. Da die Sponsoren der Transaktionen sehr spezifische Anforderungen an die einzelnen Transaktionen haben (hohe Korrelation zum eigenen Risikoportfolio bzw. zum zu transferierenden Risiko), ist eine Bündelung der Interessen von mehreren Sponsoren in einem Vertrag unwahrscheinlich und bislang empirisch auch noch nicht erfolgt.

Demgegenüber beträgt die Zahl der aktiven Investoren laut Aussagen der Interviewpartner zwischen 30 und 50.[1665] An einer einzelnen Transaktion sind aktuell durchschnittlich ca. zehn Investoren beteiligt.[1666] In der Vergangenheit waren auf Grund einer mangelnden Investorenbasis einzelne Transaktionen zur Sicherung des Investoreninteresses noch mit einer so hohen Risikoprämie ausgestattet, dass einzelne Investoren sich entschlossen, ganze Transaktionen zu übernehmen.[1667] Da für die Investoren aber grundsätzlich eine Streuung ihrer Risiken durch eine Investition in unterschiedliche Transaktionen wichtig ist, ist zu erwarten, dass eine Transaktion von einer Vielzahl unterschiedlicher Investoren übernommen wird. Auch wenn im Einzelfall einzelne Risikopositionen gezielt aufgebaut werden,[1668] war aus den Interviews entsprechend dieser

---

1664 Für eine umfassende Darstellung siehe Silber (1981), S. 138-141.

1665 Aussage der Interviewpartner 2 (Br), 13 (Ib), 21 (Mo), 38 (Rü) und 44 (Ve). Diese Schätzung ist sehr differenziert zu sehen. Bei einem aktuellen Marktvolumen von ca. 4 Mrd. USD würde eine Zahl von 50 Sponsoren ein durchschnittliches Engagement von 80 Mio. USD bedeuten. Die tatsächliche Zahl der am Markt aktiven Sponsoren dürfte daher deutlich geringer sein.

1666 Quelle: Interviews. Siehe auch o.V. (2004a), S. 9.

1667 Vereinzelt ist zu lesen, dass Warren Buffett einzelne Transaktionen komplett aufgekauft haben soll. Siehe Lane (1996), S. 1.

1668 Beispielsweise kann eine Rückversicherung ganz bewusst nur an der Diversifikation bestimmter Risiken interessiert sein.

These ganz klar zu erkennen, dass die Kapitalmarktinvestoren an einer möglichst breiten Diversifikation innerhalb dieser Risikoklasse interessiert sind.[1669]

Vor dem Hintergrund der aktuell aktiven Zahl an Sponsoren und Investoren wird deutlich, warum die durch die CBOT und BCOE angebotenen, hoch standardisierten Verträge kein Marktvolumen entwickeln konnten. Ceteris paribus wird eine hohe Konzentration der Verkäufer bzw. Käufer zu einer geringen Marktaktivität im Sinne des in Teil 3 definierten Erfolgsmaßstabes führen.[1670] CBOT und BCOE haben mit einer breiteren Sponsorenschicht gerechnet, die dazu geführt hätte, dass unterschiedliche Sponsoren ein und denselben Kontrakt zur Risikoabsicherung einsetzen. In der Praxis ist die geringe Sponsorenzahl in Verbindung mit sehr spezifischen Bedürfnissen Ursache der Existenz sehr unterschiedlicher Verträge. Die verschiedenartigen Forderungen der Sponsoren werden daher wahrscheinlich dazu führen, dass Katastrophen-Kontrakte eher ein hoch individualisiertes OTC-Produkt bleiben werden. Dies bedeutet aber nicht, dass der Markt nicht die Chance hätte, ein bedeutendes Volumen entwickeln zu können. Der Markt für andere OTC gehandelte Risiko-Kontrakte (Derivate und Swaps) betrug Mitte 2003 z. B. ca. 170.000 Mrd. USD.[1671]

Zusammenfassend lassen sich wichtige Implikationen für die Kontraktgestaltung ableiten:

Obwohl die spezifischen Bedürfnisse der Sponsoren eine hohe Individualisierung erfordern, ist auch eine Teilstandardisierung der Kontrakte zur Senkung der Transaktionskosten möglich. Aktuell sind die „Offering Circulars" trotz einer gewissen Dominanz einzelner Institutionen (Sponsoren und Rechtsanwaltskanzleien) individuelle, teilweise sehr unterschiedliche Kontrakte. Wie der OTC-Markt zeigt, können sog. Master-Agreements oder auch Standardverträge[1672] zu einer Senkung der Vertragskosten führen. Sollte sich die Individualisierung auf wenige Vertragsbestandteile reduzieren lassen, können die Informationskosten deutlich gesenkt werden. Diese durch die SwissRe seit Juni 2002 eingesetzte Möglichkeit der Teilstandardisierung[1673] kann auch anderen Marktteilnehmern helfen, die Kosten für Transaktionen zu senken.

Obwohl in Abschnitt 5.3.1.2 gezeigt wurde, dass die geringe Sekundär-Markt-Liquidität auf Grund des leichten Nachfrageüberhanges aktuell kein Problem für die aktiven Investoren darstellt, ist davon auszugehen, dass Sekundär-Markt-Liquidität für andere,

---

1669 Hierzu äußerten sich die Interviewpartner 11 (Ib), 12 (Ib), 17 (In), 18 (In) und 38 (Rü).

1670 Vgl. Brorsen/Fofana (2001), S. 138.

1671 Siehe Jameson/Gadanecz (2003), S. 1.

1672 Master-Agreements werden zwischen zwei Parteien geschlossen und erleichtern in der Folge den Abschluss einzelner Transaktionen. Standardverträge sind von den Vertragsparteien unabhängige, industrieweite Formulierungen, die den Abschluss eines Vertrages erleichtern. Die am meisten genutzten Master-Agreements werden durch die International Swaps and Derivatives Association (ISDA) bereitgestellt. Darüber hinaus existieren weitere internationale sowie nationale Agreements. Für weitere Informationen siehe o.V. (1998b), S. 16-18; Horwitz (2003).

1673 Siehe Abschnitt 5.3.1.1.

bislang nicht beteiligte Investoren eine wichtige Attraktivitätsdeterminante ist. Eine Quasi-Standardisierung der Kontrakte erleichtert es Investoren, mit relativ kleinen Volumina in diesen recht speziellen Markt zu investieren. Da der Risikodiversifikationseffekt im Zusammenhang mit den Informationskosten eine handlungsbestimmende Determinante darstellt, wird dieser im nachfolgenden Abschnitt noch einmal aufgegriffen.

Insgesamt lässt sich damit feststellen, dass eine Standardisierung Folge einer weiteren Evolution des Marktes sein kann und gleichzeitig die Marktattraktivität deutlich erhöhen kann.[1674] Auch scheint das enorme Marktvolumen an den OTC-Märkten einen Trend zur Automatisierung der Abläufe auszulösen,[1675] der zu einer weiteren Senkung der Transaktionskosten führen wird.

5.6.2 Auslösemechanismus

Wichtigstes Element bei der konkreten Vertragsgestaltung von Kontrakten zur Risikoallokation, wie Optionen und Terminkontrakte, ist die Definition der dem Kontrakt zugrunde liegenden Basis.[1676] Auch für Katastrophen-Kontrakte kommt der Definition der Basis eine Schlüsselrolle zu. Die Festlegung der Basis ist, wie auch die anderen Vertragsbestandteile, den Interessen der Sponsoren und der Investoren gleichermaßen anzupassen. Aus den bisherigen Darstellungen, den Interviews sowie weiteren Quellen[1677] können einige besonders relevante Entscheidungsfaktoren zur Beurteilung eines Trigger-Mechanismus identifiziert werden. Diese sind in ihrer Wechselwirkung mit den anderen Entscheidungsfaktoren zu sehen.[1678]

Zur Beurteilung der Kontraktgestaltung werden die wichtigsten Determinanten für die Auswahl eines Triggers aus den in Abschnitt 3.2.3 dargestellten vier möglichen Mechanismen im Folgenden zuerst isoliert und dann zusammenfassend betrachtet:

<u>Große Hedge-Effizienz für den Sponsor</u>

Die Bedeutung einer möglichst großen Hedge-Effizienz für den Sponsor einer Transaktion ist bereits ausführlich dargestellt.[1679] Obwohl diese Kontrakteigenschaft je nach Spezifität des Portfolios von individuell unterschiedlicher Wertigkeit ist, ist sie für die Sponsoren grundlegend bedeutsam. Auch wenn die Ausführungen in Abschnitt 5.2.2.1 darauf hindeuten, dass das Basis-Risiko auf ein vertretbares Maß reduziert werden kann und grundsätzlich nicht die generelle Attraktivität der Kontrakte in Frage stellt, muss sich die Gestaltung des Trigger-Mechanismus hieran ausrichten.

1674 Auch die Interviewpartner (10 (Ib), 12 (Ib), 18 (In), 21 (Mo) und 22 (Mo)) sahen die positive Wirkung einer Standardisierung.

1675 Vgl. o.V. (2003c), S. 20.

1676 Vgl. Tashjian (1995), S. 153.

1677 Siehe Sayers/Fulcher (1998), S. 15-16; Kist/Meyers (1999), S. 14-16; Thomas (1997), S. 1-3.

1678 Z. B. der Bewertbarkeit.

1679 Siehe hierzu Kapitel 4.3.2.2.

Zum Erreichen einer hohen Hedge-Effizienz ist die Verwendung eines auf den individuellen Schaden bezogenen Triggers das offensichtlich am besten geeignete Instrument. Eine direkte Abhängigkeit der Zahlung von dem individuellen Schaden des Sponsors minimiert das Basis-Risiko größtmöglich. Wie die Ausführungen in Abschnitt 5.3.2 (Probleme auf Grund von Informationsasymmetrien) gezeigt haben und auch die folgenden zeigen, sind diese Auslösemechanismen aber auch mit großen Nachteilen verbunden, die nur in Einzelfällen durch den Vorteil einer hohen Individualisierung aufgewogen werden. Daher bietet sich als Ausweg die Nutzung eines Schadenindexes an, der nicht auf individuellen, sondern auf kollektiven Schäden beruht. Hierbei werden möglichst durch eine unabhängige Institution industrieweit Schaden-Daten erhoben und zu einem Katastrophen-Schaden-Index verrechnet. Dieser kann geographisch besonders fein aufgelöst, in Abhängigkeit des Naturereignisses und der Schäden ausgestaltet werden, so dass die Hedge-Effizienz trotz der mittelbaren Verkettung mit den individuellen Schäden immer noch relativ hoch ist. Die Hedge-Effizienz eines industriebezogenen Index ist neben dessen Auflösung[1680] davon abhängig, wie hoch die individuelle Korrelation des hedgenden Unternehmens mit dem erhobenen Industriedurchschnitt ist, und kann daher stark schwanken. Auch wenn kontrovers diskutiert, kann die Hedge-Effizienz der industriebezogenen Kontrakte bei besonderen individuellen Gegebenheiten die schlechteste von allen betrachteten Triggermöglichkeiten sein.[1681] Die geringe Korrelation des ISO-Indexes mit den Bedürfnissen der Marktteilnehmer gilt dieser These zufolge auch als eine Ursache für das Scheitern der Terminkontrakte der CBOT.[1682]

Die Hedge-Effizienz der auf Naturereignissen selbst beruhenden (parametrischen und modellierten) Trigger wird unterschiedlich gesehen. Während rein parametrische Trigger sicher keine sehr gute Korrelation zum individuellen Risikoportfolio aufweisen, aber durch eine entsprechende Auflösung doch befriedigende Ergebnisse erbringen können, gehen bei modellierten Schadensverläufen die Meinungen der Industrieexperten auseinander. Besonders die Vertreter der Modelling-Agencies waren im Rahmen der Interviews der Meinung, dass ihre Modelle auf Grund sehr umfangreicher Datenerhebungen, komplexer Modellierungen und der Berücksichtigung individueller Besonderheiten sehr gut in der Lage sind, Basis-Risiko zu minimieren.[1683] Andere Interviewpartner gaben sich dagegen eher skeptisch.[1684] Ob diese Skepsis auf mangelnde Erfahrung in Bezug auf das Abweichungsrisiko oder eine tatsächlich geringe Hedge-Effizienz zurückzuführen ist, bleibt unsicher.

1680 Diese Auflösung kann in vielerlei Dimensionen erfolgen. Z. B. auslösendes Ereignis, geographischer Fokus, Zeitdauer etc.

1681 Vgl. Dubinsky/Laster (2003), S. 8; Sayers/Fulcher (1998), S. 13.

1682 Vgl. Eramo (1996), S. 56.

1683 Diese These vertraten die Interviewpartner 20 (Mo), 21 (Mo), 22 (Mo) und 23 (Mo).

1684 Dieser Meinung waren die Interviewpartner 3 (Br), 41 (Ve), 43 (Ve) und 44 (Ve).

Minimierung von Problemen aus asymmetrischer Informationsverteilung

Auch wenn natürliche Triggermechanismen kaum mit Problemen aus asymmetrischen Informationen verbunden sind, gehen diese – wie beschrieben – mit einem höheren Basis-Risiko einher. Daher sind auf individuellen Triggern beruhende Katastrophen-Kontrakte in diesem Punkt den parametrischen Transaktionen überlegen.[1685] Besonders bei individuellen Triggern ist für den Investor aber nur sehr schwer nachzuvollziehen, was für ein Risiko-Exposure er eigentlich übernimmt, da das Risikoportfolio nur schwer von außen zu durchdringen ist (ex ante Problematik). Auch nach dem Schadenseintritt besitzt der Investor einen Informationsrückstand und muss damit rechnen, dass der Sponsor über verschiedene Manipulationsmöglichkeiten verfügt (ex post Problematik).[1686]

Bei industriebasierten Triggern werden diese Probleme der asymmetrischen Informationsverteilung zwischen Sponsor und Investor zwar vordergründig minimiert. Der Sponsor der Transaktion verfügt offenbar über die gleichen Informationen wie die Investoren; z. B. wird er durch die Ausgestaltung der Indexe auch durch eine verfälschte Darstellung seiner Schäden keinen Vorteil erzielen können, so dass eine weitgehende Manipulationsfreiheit garantiert ist.[1687] Für den Investor ist aber dennoch kaum ersichtlich, wie der Wert des Indexes letztlich entsteht. Die unabhängigen, den Index berechnenden Institutionen können auf Grund der Vertraulichkeit der übermittelten Daten trotz aller Anstrengungen keine vollständige Transparenz erreichen. Auch die Erhebung der Daten und die folgende Indexberechnung ist von außen kaum nachzuvollziehen.[1688] Daraus erwachsen zwar keine direkten Principal-Agenten-Probleme, aber die Nutzung industriebasierter Trigger ist für die Investoren gleichwohl mit einer hohen Intransparenz verbunden. Lediglich bei den parametrischen Triggern und den modellierten Auslösemechanismen ist die Problematik der asymmetrischen Informationsverteilung so stark reduziert, dass sie die Handlungen der Marktteilnehmer nicht weiter beeinflusst.

Geringe Offenlegungspflichten und dennoch hohe Transparenz

Für die Marktteilnehmer und besonders die Investoren ist die Versorgung mit verlässlichen, relevanten Informationen eine wichtige Marktteilnahmebedingung. Einer der größten Nachteile individueller Schadensauslösemechanismen ist, dass eine ausreichende Informationsversorgung der Investoren nur durch eine weitgehende ex ante und ex post Offenlegung individueller Portfoliodeterminanten der Sponsoren möglich ist.[1689]

1685 Siehe z. B. Dubinsky/Laster (2003), S. 8; Doherty/Richter (2002); Doherty (1997), S. 87.

1686 Siehe beispielsweise Doherty/Richter (2002), S. 10-13; Hanley (1998), S. 14.

1687 Es muss jedoch kritisch angemerkt werden, dass Investoren gegenüber Sponsoren einen zeitlichen und i. d. R. auch sachlichen Wissensrückstand besitzen. Die Sponsoren verfügen über jahrelange Erfahrung und besitzen als Marktinsider Informationen über das tatsächliche Schadensausmaß, bevor diese z. B. der breiten Öffentlichkeit zukommen. Diese Probleme sind aber nicht spezifisch für Katastrophen-Risiko. Sie existieren in jeder Industrie.

1688 Vgl. Thomas (1997), S. 3.

1689 Vgl. Thomas (1997), S. 2.

Die Veröffentlichung detaillierter Informationen bezüglich historischer[1690] und aktueller Schäden ist für Versicherungsunternehmen, deren Kernkompetenz das Management ihres Risikoportfolios ist, nur sehr schwer akzeptabel. Bei industriebasierten Indices, parametrischen und modellierten Triggern ist dieses Problem dagegen nicht relevant.

Zeitnahe Informationen und schnelle Schadensfeststellung

Genauso wie die hohe Transparenz ist für Investoren die permanente, zeitnahe und verlässliche Informationsversorgung eine wichtige Eigenschaft einer Transaktionsstruktur. Dieser Aspekt gewinnt besonders für die individual- und industriebasierten Trigger eine hohe Bedeutung, da während der Laufzeit und nach dieser im Rahmen der Schadensfeststellungsdauer u. U. deutliche Schwankungen bezüglich der berichteten Schäden zu erwarten sind.[1691] Z. B. betrugen nach dem Wirbelsturm Andrew die unmittelbaren Schätzungen des gesamten Schadensausmaßes ca. 2,5 Mrd. USD. Diese Zahl musste im Laufe von 18 Monaten immer wieder nach oben korrigiert werden, bis das endgültige Schadensausmaß von ca. 17 Mrd. USD deutlich wurde.[1692] Gleiches ist für die Schadensschätzungen im Zusammenhang mit den Wirbelstürmen Katrina und Rita zu beobachten. Die zeitnahe Informationsversorgung ist daher in keinem Fall mit der am Kapitalmarkt üblichen Informationsversorgung von wenigen Stunden zu vergleichen.[1693]

Die auf einem individuellen Trigger beruhenden Transaktionen können diesen Anforderungen kaum gerecht werden. Bis alle Ansprüche an eine Versicherung geltend gemacht sind, können einige Monate vergehen. Dementsprechend sind auch die auf Schätzungen beruhenden industrieweiten Indices kaum in der Lage, die gewünschten Informationen unmittelbar nach einem Ereignis oder sogar während der Laufzeit eines Kontraktes zu liefern. Lediglich die auf dem physischen Ereignis oder auf einem modellierten Schaden beruhenden Trigger können während der Laufzeit und unmittelbar nach einem Ereignis verlässliche Daten liefern, die sich zur Beurteilung der Situation, zur Zahlungsfeststellung und so zur Bewertung des Kontraktes eignen.

Geringe Transaktions- und Informationskosten

Die Ausgestaltung der Verträge sollte die Transaktions- und Informationskosten der Marktteilnehmer minimieren. Wie bereits erläutert, ist davon auszugehen, dass insbesondere das Verhalten der Investoren durch die Komplexität der Kontrakte und so auch durch die Triggerauswahl beeinflusst wird.[1694] Der Grat zwischen den durch eine höhere Prämie zu entschädigenden Aufwendungen und den Problemen aus asymmetrischer

---

1690 Vgl. Sayers/Fulcher (1998), S. 16.

1691 Vgl. Meyer (1996), S. 8.

1692 Vgl. Mooney (1996), S. 21.

1693 Auch das Scheitern der auf diesen Triggern aufbauenden Derivate der CBOT ist damit zu begründen. Die geringe Informationsversorgung der Investoren und die gleichzeitig hohe Unsicherheit erschweren die Marktaktivitäten. Vgl. Hanley (1998), S. 13.

Information verläuft dabei fließend. Die im Zuge der vielschichtigen Informationsprobleme entstehenden Anstrengungen finden sich in der Forderung der Investoren nach einer Komplexitätsprämie wieder. Bei einem individuellen Trigger sind die Kosten der Informationsverarbeitung sehr hoch. Die Investoren müssen sich mit den besonderen Charakteristika des Sponsors auseinander setzen und diese bewerten. Bei einem industriebasierten bzw. modellierten Auslösemechanismus sind die Aufwendungen dagegen geringer, aber durch die komplexe Materie immer noch relativ hoch. Parametrische Triggermechanismen sind am einfachsten zu analysieren. Hier sind z. B. historische Daten i. d. R. über einen längeren Zeitraum verfügbar.

Zusammenfassung

Die unterschiedlichen Vor- und Nachteile der einzelnen Indices werden in der folgenden Tabelle zusammengefasst:

Charakteristika	Non-Indemnity	Schadensbezogen		
Auslöse-Mechanismus	Physisches Ereignis	Simulierter Schaden	Realer Schaden (industriekollektiv)	Realer Schaden (individuell)
Hedge-Effizienz	mittel	hoch	gering	sehr hoch
Probleme der AI	unbedeutend	unbedeutend	mittel	sehr groß
Offenlegungspflicht	keine	keine	keine	sehr groß
Transparenz	groß	groß	mittel	gering
Informationsversorgung	sehr gut	sehr gut	schwierig	problematisch
Informationskosten	gering	hoch	hoch	sehr hoch

Tabelle 11: VOR- UND NACHTEILE UNTERSCHIEDLICHER TRIGGERMÖGLICHKEITEN[1695]

Die jeweiligen Trigger-Mechanismen weisen unter den dargestellten Aspekten sowohl Vor- als auch Nachteile auf. Die Auswahl und Implementierung eines Triggers muss daher in Abhängigkeit von den jeweiligen Anforderungen und individuellen Besonderheiten der Marktteilnehmer (hier insbesondere der Sponsoren) erfolgen.

Im Weiteren werden die einzelnen Trigger unter möglichst vollständiger Beachtung der einzelnen Eigenschaften charakterisiert und es wird begründet, wann sich der Einsatz des jeweiligen Triggers anbietet. Die bisherigen Ausführungen werden wie folgt zusammengeführt:

Zusammenführung der Ergebnisse

Die Implementierung eines *individuellen Auslösemechanismus* ist wegen der geschilderten Probleme nur unter sehr speziellen Umständen sinnvoll. Die Offenlegung des individuellen Risiko-Exposures darf keine Probleme bereiten, gleichzeitig muss die Vermeidung von Basis-Risiko ein wichtiges Ziel der Transaktion sein. Dies gilt besonders

---

[1694] Z. B. musste St. Paul Re im Dezember 1996 eine Transaktion verschieben, weil diese zu komplex war. Gleiches gilt auch für eine Transaktion der USAA. Zum Hintergrund (St. Paul Re) siehe Lewis/Davis (1998), S. 9; (USAA) siehe Dunleavy (1997), S. 59.

[1695] Quelle: Eigene Darstellung.

für Unternehmen, deren Kernkompetenz nicht das Management von Naturkatastrophen-Risiko darstellt. So ist auch zu beobachten, dass durch Nicht-Versicherungsunternehmen emittierte Katastrophen-Kontrakte (etwa die Vivendi-Transaktion zur Absicherung der Universal-Film Studios oder der Fifa-Deal zur Absicherung der Weltmeisterschaft 2006) Indemnity-Trigger aufwiesen.[1696] Die bereits angesprochenen Transaktionen der USAA zeigen, dass bei einer untypischen regionalen Konzentration möglicher Schäden das Basis-Risiko so groß sein kann, dass nur ein Indemnity-Trigger akzeptabel ist. Die hierdurch in Kauf zu nehmende höhere Risikoprämie wird dann akzeptiert bzw. durch andere Mechanismen wie den angesprochenen zweiten Trigger gesenkt.

Insgesamt wird aber deutlich, dass die Verwendung dieses individuellen Triggertyps Probleme mit sich bringt. Im Zuge der Entwicklung des Marktes für Katastrophen-Risiko ist der Anteil der Indemnity-Transaktionen deutlich gesunken (von 56% auf 14%).[1697] Dies untermauert die Einschätzung, dass die Bedrohung durch Basis-Risiko nicht so groß und bedeutend ist, wie auf Grund ihrer Rolle in der Diskussion um die Ausgestaltung der Katastrophen-Kontrakte angenommen werden könnte.[1698] Dieser Sachverhalt impliziert die These, dass der Markt sich über einen gewissen Zeitraum entwickelt. Die zukünftige Verwendung von Indemnity-Triggern wird unter diesen Voraussetzungen nur bei einzelnen Transaktionen erfolgen, für welche die genannten Aspekte der hohen Individualisierung bedeutend bzw. die Offenlegung und die Kosten weniger wichtig sind.

Die auf einem *industriekollektiv beruhenden Auslösemechanismen* können dagegen die Probleme der Offenlegungspflicht und die der asymmetrischen Informationsverteilung mildern. Die Existenz von Basis-Risiko, Transparenzprobleme sowie die Informationsversorgung über die Zeit sind aber so nachteilig,[1699] dass es nicht überrascht, dass der aktuelle Anteil der indexbezogenen Transaktionen deutlich unter ihrem historischen Stand liegt (12% gegenüber 24%). Die enormen Kosten, die für den Aufbau und die Pflege eines Schadensindices entstehen, werden eine weitere Verwendung der Indices bremsen. Es ist daher zu erwarten, dass der Anteil dieser Trigger mittelfristig eher stagniert oder sich weiter rückläufig verhält.

Modellierte Indices können im Vergleich zu den parametrischen Triggern ein geringes Basis-Risiko aufweisen. Da auch die anderen Aspekte (Transparenz, zeitnahe Versorgung mit Informationen etc.) eher für diesen Typus sprechen, könnte vermutet werden, dass im Zuge der Weiterentwicklung der Modelle mehr und mehr modellierte Transaktionen implementiert werden. Die Stagnation der aktuellen gegenüber der historischen

---

1696 Die Disneyland-Tokio-Transaktion und die EdF-Transaktion (2004, Wind, Frankreich) basieren dagegen auf einem physischen Trigger.

1697 Siehe Abschnitt 3.2.3.

1698 Siehe Abschnitt 5.2.2.1.

Verwendung (8%) zeigt aber ein anderes Bild. Offensichtlich überwiegen für die Marktteilnehmer die Schattenseiten dieses Triggers. Nachteilig an den modellierten Schadensindices ist, dass die Informationskosten für die Investoren und Sponsoren im Vergleich zu rein parametrischen Transaktionen relativ hoch sind. Wie die Auswertung in Kapitel 5.4 gezeigt hat, sind die Prämien der modellierten Transaktionen signifikant höher[1700] als die der übrigen betrachteten Transaktionen.[1701] Dies zeigt, dass die Investoren für die Übernahme solcher Kontrakte eine Informationsprämie erwarten.

Die Kosten, die durch eine hohe Komplexität und durch die Informationsverteilung zwischen Agent (Sponsor) und Prinzipal (Investor) entstehen, scheinen, wie aus den theoretischen Ableitungen impliziert, tatsächlich eine bedeutende Rolle bei der Übertragung von Katastrophen-Risiko zu spielen. Neben der asymmetrischen Informationsverteilung und den Problemen des Moral Hazard ist für die Ausprägung der Kontrakte besonders bedeutend, dass als Agenten i. d. R. eine Institution mit langjähriger Industrieexpertise gegenüber einer großen Zahl von unter Umständen unerfahrenen Investoren[1702] (Prinzipalen) auftritt. Hinzu kommt, dass die Investoren, wie beschrieben, i. d. R. zur Risikodiversifikation in mehrere Katastrophen-Transaktionen investieren möchten. Durch die Begrenztheit des verfügbaren Kapitals führt dies zur Beteiligung einer Vielzahl an Investoren an einer Transaktion. Im Detail steht somit ein Sponsor einer Vielzahl an Investoren gegenüber. Die Informationskosten auf Seiten der Investoren entstehen dann mehrfach und sind besonders relevant. Die Probleme aus asymmetrischen Informationen verschwimmen unter dem Konzept des Monitoring[1703] mit dem Transaktionskostenansatz.

Da modellierte Indices letztlich nur eine Funktion der *parametrischen Trigger* darstellen, ist es sinnvoll, wenn die Informationskosten, die durch die komplexe und aufwändige Modellierung der Zahlungsstruktur entstehen, isoliert durch den Sponsor getragen werden. Zusätzlich impliziert auch die asymmetrische Verteilung der Fach-Kompetenz auf den Sponsor die Verwendung eines parametrischen Trigger-Mechanismus. In der Umsetzung wird der Sponsor die Ergebnisse seiner Modellierung zur Implementierung eines parametrischen, u. U. sehr differenzierten Triggers nutzen.[1704] Während gleichzeitig die Informationskosten, die dann für jeden Investor einzeln entstehen, hierdurch minimiert werden. Im Detail bedeutet dies:

1699 Für weitere Nachteile siehe Sayers/Fulcher (1998), S. 14.

1700 Signifikanzniveau 5%.

1701 Zur Methodik siehe Abschnitt 5.4.1.

1702 Wie die Ausführungen in Kapitel 3.4 gezeigt haben, kommt konventionell ein Großteil der Investoren aus versicherungsnahen Bereichen. Da hierdurch aber langfristig kein bedeutendes Marktwachstum und vor allem keine neuen Kapazitäten entstehen, ist bei der Analyse von industriefremden Investoren auszugehen.

1703 Vgl. hierzu die Darstellung in Abschnitt 4.2.2.2.

1704 Der Trigger kann z. B. geographisch sehr fein gerastert sein. Auch können die Stärke und Art des Naturereignisses sehr genau festgelegt werden.

Die gesamten Informationskosten werden, als Summe aller individuell zu entrichtenden Aufwendungen für Informationsverarbeitung, Beschaffung etc., dadurch minimiert, dass die teilweise sehr hohen Kosten des Modelling und die mit dem komplexen Modell verbundenen hohen Informationskosten nur einmal, und zwar bei dem Sponsor anfallen. Die Summe der Informationskosten für die Investoren wird dagegen auf Grund ihrer multiplikativen Natur – die Informationskosten fallen für jeden Investor einmal an – möglichst gering gehalten. Der zur Senkung der gesamten Prämie notwendige Risikodiversifikationseffekt und die hierzu benötigte große Zahl an Investoren kann dagegen unter dieser Prämisse maximiert werden, da sich durch die geringen Informationskosten relativ viele Investoren engagieren können.[1705]

Folgende Gleichung stellt vereinfachend das skizzierte Kalkül dar und zeigt die Zusammenhänge zwischen den Kerndeterminanten der Informationskosten und der Risikoprämie:

$$
\begin{aligned}
&\textbf{Gesamte Prämie} = \\
&\textbf{Risikoprämie (fix)} && (1) \\
&+ \left[\frac{\textbf{Fixum}}{(\textbf{Anzahl der Investoren})^2}\right] && (2) \\
&+ \left[\textbf{Modelling Kosten (fix) x Anz. der involvierten Parteien}\right] && (3) \\
&+ \left[\textbf{Allg. Verständniskosten (fix) x (Anz. der Investoren + 1)}\right] && (4)
\end{aligned}
$$

Abbildung 27: FORMEL ZUR ILLUSTRATION DES ZUSAMMENHANGS ZWISCHEN INFORMATIONSKOSTEN UND DIVERSIFIKATIONSEFFEKT

Die gesamten Kosten für den Transfer eines spezifischen Risikos entstehen nach dieser Logik durch (1) eine fixe Prämie, die fundamental von dem übertragenen Risiko abhängt, plus (2) einer Entschädigung für die individuelle Übernahme, die durch die Anzahl der an einer Transaktion beteiligten Investoren sinkt (durch jeden zusätzlichen Investor sinkt der Anteil des einzelnen Investors am Gesamtrisiko und er kann seine frei gewordenen Mittel in andere Assets investieren; Diversifikationseffekt). Zu diesen beiden Prämien für das Risiko kommen (3) die Aufwendungen für das Verständnis der Modellierung hinzu, die je nach Implementierung (parametrisch oder modelliert) nur bei dem Sponsor oder auch den Investoren anfallen. Die allgemeinen Verständniskosten

1705 Diese These geht von einem begrenzten Vermögen der einzelnen Investoren aus.

(4) müssen von allen beteiligten Parteien getragen werden (Investoren und Sponsor). Sie verhindern, dass eine unbegrenzte Anzahl an Investoren sinnvoll ist.

Die scheinbaren Nachteile der parametrischen Transaktionen (u. U. Existenz von Basis-Risiko und die Komplexität für den Sponsor) sind aus obiger Argumentation heraus und im Zuge eines Kompetenzaufbaus bei den Marktbeteiligten durch ein besseres Verständnis der Produkte und durch die Weiterentwicklung der Methoden (geringeres Basis-Risiko durch individuelle und differenzierte Modellierung) weniger entscheidungsrelevant. Die Senkung der totalen Informationskosten könnte aber ein bedeutender Entscheidungsfaktor sein. Dieser Umstand kann damit eine mögliche Ursache des Misserfolges der Optionen der BCOE und der CBOT gewesen sein. Aus dieser Argumentation heraus überrascht es nicht, dass der Anteil der parametrischen Transaktionen im historischen Vergleich deutlich gestiegen ist (aktuell 66%, historisch 8%)[1706] und die Prämien für parametrische Trigger statistisch signifikant unter denen anderer Transaktionen liegen.[1707]

Daher kann vermutet werden, dass sich die Tendenz zu parametrischen Triggern in Zukunft weiter verstärken bzw. deren Anteil weiter hoch sein wird. Basis dieser Aussage ist die besondere Bedeutung multiplikativer Informationskosten bei den Investoren, einer möglichst hohen Transparenz und einer Minimierung der Probleme, resultierend aus einer asymmetrischen Informationsverteilung. Da diese Aspekte fundamentaler Natur sind, ist auch in Zukunft eine hohe Bedeutung der parametrischen Trigger wahrscheinlich. Auch der sich scheinbar abzeichnende Erfolg der Wetterderivate zeigt als Lehrstück für die Entwicklung von Katastrophen-Kontrakten, dass der Ausgestaltung eines Risiko-Kontraktes mit einer direkten Abhängigkeit der Zahlungsstruktur von Naturereignissen eine Schlüsselrolle zukommen könnte.

5.6.3 Kapitalbedarf

Neben den beiden genannten Aspekten der Standardisierung und des Auslösemechanismus ist der Kapitalbedarf einer Katastrophen-Transaktion eine wichtige Variable bei der Vertragsgestaltung. Der Kapitalbedarf einer Transaktion hängt direkt mit dem übertragenen Risiko zusammen und wird durch das Kredit-Risiko beeinflusst.[1708] Die Gestaltung der Katastrophen-Kontrakte in Form der Cat-Bonds verdeutlicht, dass das Kredit-Risiko für die aktuellen Marktteilnehmer eine besondere Bedeutung besitzt. Auf Grund der relativ hohen Bedeutung der Zahlung im Schadensfall kann vermutet werden, dass die Marktteilnehmer auch in Zukunft kein Kredit-Risiko eingehen möchten. Unabhängig von der Form der Ausgestaltung der Finanzkontrakte (börsengehandeltes oder

---

1706 Siehe Abschnitt 3.2.3.

1707 Siehe Tabelle 10.

1708 Siehe hierzu Abschnitt 5.2.2.2.

OTC-Derivat, Anleihe, Equity Anteil an einem SPV etc.) ist daher auf eine Minimierung des Ausfallrisikos im Schadensfall zu achten.

Der Kapitalbedarf zur Absicherung von Naturkatastrophen-Risiko in der Struktur der konventionellen Katastrophen-Kontrakte ist aber beachtlich.[1709] Obwohl durchaus ein Trend zu mehr Risiko in den Katastrophen-Kontrakten festgestellt werden kann, ist dieser durch die Höhe des Schadensausmaßes begrenzt. Bei der üblichen Katastrophen-Anleihen-Struktur ist so 100% des Risikoexposures mit Kapital zu hinterlegen. Im Vergleich mit einer Rückversicherung – sie kommt mit ca. 25% des Kapitals aus[1710] – ist dies eine u. U. weniger attraktive Ausnutzung des Kapitals. Im Verhältnis zur geringen Eintrittshäufigkeit ist also bei konventionellen Katastrophen-Anleihen ein relativ großer Teil des Kapitals in dem SPV für einen langen Zeitraum gebunden. Da in der Realität (unter der Bedingung perfekter Märkte besäße dieser Punkt keine Relevanz) Kapital aber eine knappe Ressource darstellt, werden die Investoren eine geringere Kapitalbindung präferieren. Mittel- bis langfristig sind demzufolge alternative Formen der Kapitalbesicherung zu suchen, um den Investoren eine größere Flexibilität zu ermöglichen. In Zukunft ist daher zu erwarten, dass die oftmals sehr restriktiven Anlagemöglichkeiten der SPVs erweitert werden oder dass die Sicherung der Zahlung im Schadensfall durch andere Mechanismen (Bankbürgschaften, Kreditderivate, Hinterlegung an anderen Wertpapieren etc.)[1711] gewährleistet wird.

1709 Froot (1999a) schätzt den maximalen Kapitalbedarf zur gesamten Absicherung aller eventuellen Schäden mittels Cat-Bonds auf 1 Billion USD. Siehe Froot (1999a), S. 14.

1710 Ein Rückversicherungsunternehmen würde im Vergleich zu einem 1 Mio. USD Cat-Bond bei einer 10% Rate-on-Line und einer „Premium to Surplus Ratio“ von 0,4 nur 250 Tsd. USD hinterlegen müssen (250 Tsd. USD = 1 Mio. USD*0,1/0,4.). Vgl. Chookaszian/Ward (1998), S. 17.

1711 Auch ein Pooling mehrerer unterschiedlicher Verträge könnte eine sinnvolle Lösung darstellen. Diese ist in Form der traditionellen Rückversicherung bereits existent und führt den Umweg über die Verbriefung von Katastrophen-Risiko aus theoretischer Sicht ad absurdum. Vgl. Froot (1999), S. 14.

6 Analyse der dynamischen Entwicklung und Einordnung der Ergebnisse

Teil 6 der vorliegenden Arbeit wird die statische Situationsbeschreibung des vorausgegangenen Teils 5 um eine dynamische Analyse erweitern. Im folgenden ersten Kapitel dieses Teils der Arbeit soll empirisch die Diffusion der Katastrophen-Anleihen im Kapitalmarkt untersucht werden. Diese Analyse stellt die Übertragung und Anwendung der in Kapitel 4.4.4 dargestellten Arbeiten auf den Untersuchungsgegenstand der vorliegenden Arbeit dar. Die Überprüfung des zu beobachtenden Diffusionsprozesses der Katastrophen-Anleihen erbringt neben der Bestimmung von relevanten Einflussgrößen auch eine Prognose der zukünftigen Entwicklung und ermöglicht u. U. eine Ableitung von diese Situation verändernden Maßnahmen.

6.1 Diffusionsanalyse

Wie bereits in Abschnitt 4.4 erwähnt, sind die empirischen Arbeiten zu Finanzinnovationen rar. Eine Literaturrecherche zu empirischen Arbeiten zur Diffusion von Finanzinnovationen erbrachte analog dem Ergebnis der Suche nach gleichen Arbeiten durch FRAME/WHITE [2002], dass kaum wissenschaftliche Beiträge zur Diffusion von Finanzkontrakten existieren.[1712] Neben der folgenden Untersuchung dieser Arbeit sind zwei weitere Analysen bekannt:

- JAGTIANI/SAUNDERS/UDELL [1995] analysieren Auswirkungen unterschiedlicher Kapitalkostenfaktoren auf die Diffusion von „Off-balance Sheet" Kontrakten.
- MOLYNEUX/SHAMROUKH [1996] untersuchten die Diffusion von „Junk Bonds"[1713] und „Note Issuance Facilities".[1714] Die Ergebnisse beider Studien sind im Folgenden sowohl im Vorgehen als auch bei der Interpretation der Resultate verarbeitet.

Auf Grund der Bedeutung dieses Forschungsfeldes[1715] und wegen der geringen Zahl empirischer Arbeiten ist eine methodische Weiterentwicklung dieses Forschungsgebietes auch unter wissenschaftlichen Gesichtspunkten prinzipiell wünschenswert. Es ver-

---

1712 Es existieren noch einige weitere Arbeiten zur Diffusion anderer Finanzinnovationen, bspw. Geldautomaten. Diese haben aber in keiner Weise eine gemeinsame Basis mit dem vorliegenden Untersuchungsgegenstand und erlauben daher auch keine Übertragung der Ergebnisse.

1713 Junk-Bonds werden heute zumeist als High-Yield-Bonds bezeichnet.

1714 Die Untersuchung von Molyneux/Shamroukh (1996) ist im Rahmen eines Buches in einen größeren Gesamtzusammenhang integriert und methodisch erweitert worden. Daher wird im Folgenden immer auf Molyneux/Shamroukh (1999) verwiesen.

1715 Siehe hierzu auch die Motivation der vorliegenden Arbeit in Teil 1.

wundert daher sehr, dass die Diffusionsuntersuchung von Finanzkontrakten nicht weiter fortgeschritten ist.[1716]

Durch die sehr begrenzte Datenlage und den spezifischen Fokus der vorliegenden Untersuchung ist der Mehrwert der folgenden Anwendung weniger in der konzeptionellen und methodischen Weiterentwicklung dieser Ansätze, sondern in der konkreten Anwendung auf das Untersuchungsobjekt zu sehen. Damit wird im Sinne der Forderung von BERGER [1996] Mehrwert geschaffen,[1717] obwohl zwar nicht die Methodik selbst weiterentwickelt, aber die Validität der Modellierung gezeigt wird.[1718]

6.1.1 Diffusionsverlauf nach Mansfield

Diffusionsmodelle lassen sich abstrakt in Erweiterung der Ausführungen des Kapitels 4.4 charakterisieren.[1719] Basierend auf dem in Abschnitt 4.4.2 dargestellten individuellen Adoptionsprozess, versuchen diese Modelle das aggregierte Verhalten der Marktakteure im Zeitverlauf und die das Verhalten treibenden Kräfte abzubilden. Ausgehend von einer Ungleichheit der Adoptoren werden unterschiedliche, die Übernahme einer Innovation beeinflussende Prozesse untersucht. Neben den dargestellten Informationsprozessen, die zu einer erstmaligen bzw. neuen Einschätzung der Situation führen können, werden im Wesentlichen Veränderungen der Entscheidungsfaktoren (Stimulus Variation) für die Nicht-Nutzer, hervorgerufen durch den Einsatz der Innovation bei Adoptoren, analysiert,[1720] die dazu führen können, dass die Innovation für den Einzelnen so attraktiv wird, dass sich dieser zur Nutzung entschließt.

In Anlehnung an die Untersuchung von MOLYNEUX/SHAMROUKH [1999] erfolgt im Rahmen der Analyse der Diffusion der Cat-Bonds zunächst eine Anwendung des grundlegenden Adoptionsmodells von MANSFIELD [1961].[1721] MANSFIELD [1961] schätzt die kumulierte Zahl der Adoptoren im Zeitverlauf. Er geht davon aus, dass diese Variable von der Zahl der kumulierten Adoptoren der Vorperiode sowie anderen Variablen (Profitabilität der Innovation, Investitionshöhe etc.) abhängt.[1722] Er betrachtet damit den

---

1716 Gierl (1987) begründet den Mangel an allgemeiner Literatur zur Diffusion von Innovationen durch Datenmangel, der aber für börsengehandelte Finanzkontrakte nicht per se gilt. Siehe Gierl (1987), S. 54-55.

1717 Siehe die Kommentare von Berger (1996) zu Molyneux/Shamroukh (1996); besonders Berger (1996), S. 524.

1718 Siehe Berger (1996), S. 524.

1719 Die weiteren Ausführungen beziehen sich im Wesentlichen auf die einzige umfassende Übertragung der unterschiedlichen Diffusionsmodelle auf Finanzinnovationen durch Molyneux/Shamroukh (1999). Für eine umfassende theoretische Ableitung der unterschiedlichen Modelle sei hier auf diese verwiesen. Für die weitere Analyse besonders relevant sind die Teile 7 und 8.

1720 Molyneux/Shamroukh (1999) sprechen hier von „internal models“, die im Gegensatz zu den „external models“ von keinem konstanten Übernahmereiz ausgehen, sondern diesen endogen erklären. Siehe Molyneux/Shamroukh (1999), S. 156. Im Weiteren wird daher von exogenen und endogenen Beeinflussungsfaktoren gesprochen.

1721 Für eine Einführung in die unterschiedlichen Diffusionsmodelle siehe neben der Darstellung von Molyneux/Shamroukh (1999) auch Bass/Mahajan/Muller (1990).

1722 Siehe Mansfield (1961), S. 745.

Diffusionsverlauf als im Wesentlichen durch zwei gegenläufige Effekte determiniert. Erstens wird die Attraktivität durch „Bandwagon Effects“[1723] im Zeitverlauf zunehmen. Zweitens sinkt aber die Profitabilität der Adoption durch die größere Anzahl der Nutzer. Er nutzt zur Schätzung des Diffusionsverlaufs folgenden Zusammenhang:

$$\frac{N_{t+1}-N_t}{\bar{N}-N_t}=\beta\frac{N_t}{\bar{N}} \Leftrightarrow N_{t+1}-N_t=\beta\frac{N_t}{\bar{N}}*\left(\bar{N}-N_t\right)$$

Beim Übergang der diskreten Zeitintervalle zur stetigen Betrachtung entsteht daraus:[1724]

$$\ln\left(\frac{N_t}{\bar{N}-N_t}\right)=\pi+\beta*t \text{ bzw. } N_t=\frac{\bar{N}*e^{\pi+\beta*t}}{1+e^{\pi+\beta*t}}$$

wobei gilt:

π: Konstante der Integration;

β: Koeffizient interner Einfluss, charakteristisch für die Diffusionsgeschwindigkeit;

$\bar{N}$: Gesamtzahl der potenziellen Adoptoren;

N_t: Anzahl der kumulierten Adoptoren in Periode t.

Abbildung 28: FORMALER ZUSAMMENHANG DES DIFFUSIONSVERLAUFS NACH MANSFIELD

Um den Diffusionsverlauf der Cat-Bonds nach MANSFIELD [1961] abzubilden, wurden die beiden Parameter π und β anhand des Marktzutrittzeitpunkts (equidistant, quartalsweise) von 32 unterschiedlichen Institutionen (Sponsoren) nach der Methode der „kleinsten Quadrate“ geschätzt. Der Betrachtungszeitraum umfasst die elf Jahre von 1994 bis 2004. Datenbasis waren öffentlich bekannte Cat-Bond-Transaktionen.

Folgende Abbildung stellt den geschätzten Verlauf (Linie) gegenüber der tatsächlichen Anzahl der kumulierten Adoptoren (Balken) im Zeitverlauf von 127 Monaten dar.

1723 Vgl. die Ausführungen in Abschnitt 4.4.2.

1724 Zur genauen Herleitung siehe Mansfield (1961), S. 744-750.

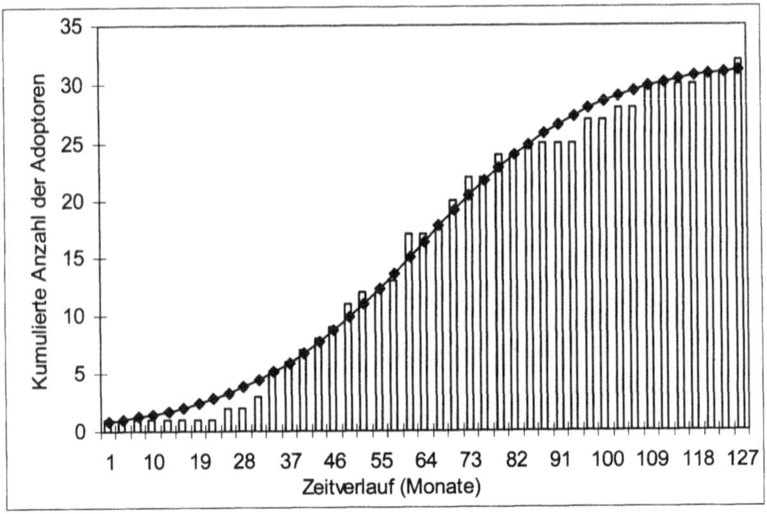

Abbildung 29: GESCHÄTZTE ANZAHL DER NUTZER NACH MANSFIELD

Im Vergleich zu den ebenfalls auf Quartalsbasis geschätzten beiden Finanzinnovationen (Note Issuance Facilities (NIFs) und Junk Bonds) durch MOLYNEUX/SHAMROUKH [1999][1725] kann das Modell die Entwicklung der kumulierten Adoptorenzahl gut abbilden (R-Quadrat: 0,992). Damit ist dieses einfache Modell in der Lage, die tatsächliche Marktentwicklung abzubilden.

Die Schätzung der beiden Parameter ermöglicht nun eine Analyse der für die Adoption relevanten Zusammenhänge. Die „Diffusionsgeschwindigkeit" (β) liegt mit 0,17 leicht unter der von Junk Bonds (0,183) und NIFs (0,202). Wenn die Analyse erweitert und neben den beiden Parametern π und β auch die Gesamtzahl der Adoptoren ($\overline{N}$) geschätzt wird, führt dies weder zu einer Verbesserung der Schätzungsqualität noch, und dies ist für die Prognose der Marktentwicklung bedeutender, zu einer deutlichen Variation der Darstellung. Die Gesamtzahl der Adoptoren liegt bei dem geringsten Fehler bei 31.

Basierend auf den guten Schätzergebnissen, kann das einfache Modell zur Interpretation der aktuellen Marktlage in Bezug auf die zukünftige Entwicklung genutzt werden. Bei der Prognose der weiteren Marktentwicklung durch das Modell lässt sich bei einem Vergleich mit der Entwicklung der durch MOLYNEUX/SHAMROUKH [1999] betrachteten anderen beiden Finanzinnovationen feststellen, dass der absolute Zeitraum, der bisher vergangen ist, durchaus mit der Entwicklungsdauer von Junk Bonds (ca. zehn Jahre) verglichen werden kann, aber deutlich über der von NIFs (ca. drei Jahre) liegt. Der besonders gute Fit des Modells lässt in Verbindung mit der ausreichenden Entwicklungs-

[1725] Siehe Molyneux/Shamroukh (1999), S. 244-246.

dauer vermuten, dass der Markt bezüglich der kumulierten Anzahl der Nutzer seine Entwicklung abgeschlossen hat und als reif bezeichnet werden kann.

Eine weitere Interpretation dieser Resultate erfolgt nach der Anwendung des Modells von EASINGWOOD/MAHAJAN/MULLER [1983] am Ende des nächsten Abschnitts.

6.1.2 Erweiterung des Modells durch Easingwood/Mahajan/Muller

Der recht hohe Erklärungsgehalt des Modells von MANSFIELD [1961] mit seinem geringen Schätzfehler wird auch bei der Modellerweiterung zur Spezifikation weiterer, die Diffusion beeinflussender Parameter deutlich. In der Darstellung von MANSFIELD [1961] hängt die Anzahl der kumulierten Adoptoren primär von der Anzahl der Adoptoren in der Vorperiode ab. In dem Modell von EASINGWOOD/MAHAJAN/MULLER [1983][1726] wird diese Kausalität erweitert. So bestehen die aktuellen Adoptoren auch aus Adoptoren, die sich unabhängig von der Anzahl der bereits am Markt aktiven Adoptoren entschließen, am Markt tätig zu werden.

[1726] Für eine umfassende Überleitung der beiden Modelle siehe Molyneux/Shamroukh (1999), S. 212-215.

Die ursprüngliche Form der kumulierten Adoptorenzahl im Zeitverlauf wurde von MANSFIELD [1961] wie folgt dargestellt:[1727]

$$N_{t+1} - N_t = \beta \frac{N_t}{\bar{N}} * (\bar{N} - N_t)$$

Wenn der Faktor β nun nicht mehr konstant ist, sondern durch folgenden Prozess beschrieben wird:

$$\beta = b\left(\frac{N_t}{\bar{N}}\right)^{\delta}$$

und zusätzlich der bisher als modellendogen (rein vom Adoptionsverhalten der anderen Nutzer abhängig) beeinflusste Adoptionsprozess durch einen exogenen Einfluss erweitert wird,

$$a(\bar{N} - N_t)$$

kann das Diffusionsmodell von MANSFIELD [1961] in das Non Uniform Influence (NUI) Modell von EASINGWOOD/MAHAJAN/MULLER [1983] überführt werden:

$$N_{t+1} - N_t = a(\bar{N} - N_t) + b\left(\frac{N_t}{\bar{N}}\right)^{\delta} * (\bar{N} - N_t)$$

Hierbei gilt:

a : Koeffizient externer Einfluss;

b : Koeffizient interner Einfluss;

$\bar{N}$: Gesamtzahl der potenziellen Adoptoren;

N_t : Anzahl der kumulierten Adoptoren in Periode t.

Abbildung 30: FORMALER ZUSAMMENHANG DES DIFFUSIONSVERLAUFS NACH EASINGWOOD/MAHAJAN/MULLER

Analog zur Untersuchung von MOLYNEUX/SHAMROUKH [1999][1728] erfolgt auch die Schätzung der Entwicklung der kumulierten Sponsoren im Markt für Cat-Bonds durch dieses Modell. Es überrascht nicht, dass eine Ermittlung der zusätzlichen Parameter des Modells von EASINGWOOD/MAHAJAN/MULLER [1983] durch eine Simulation[1729] auf Grund des guten Fits des Modells von MANSFIELD [1961] keinen Mehrwert erbringt. So ist der für die Bedeutung der so genannten „externen Adoptoren" zuständige Faktor a nicht signifikant von Null zu unterscheiden.[1730] Auch das als $\bar{N}$ geschätzte Marktpotenzial liegt mit 34 recht nah an dem tatsächlichen aktuellen Wert.

1727 Zum Zusammenhang der beiden Gleichungen siehe Molyneux/Shamroukh (1999), S. 164.

1728 Siehe Molyneux/Shamroukh (1999), S. 246-248.

1729 Sequential quadratic programming.

1730 Signifikanzniveau 5%.

Das Modell liefert dementsprechend, wie das vorhergehende, ein Indiz, dass das Marktwachstum bezüglich der Anzahl der Sponsoren als abgeschlossen angesehen werden kann. Eine weitere Interpretation der Parameter ist durch die begrenzte Datenverfügbarkeit (Gesamtzahl der Adoptoren: 32) nicht möglich. Die Konfidenz-Intervalle sind bei einer Irrtumswahrscheinlichkeit von 5% bereits so groß, dass eine tiefer greifende Deutung schwer fällt. Eine detailliertere Analyse der Einflussfaktoren im Zeitverlauf ist wegen des hohen Erklärungsgehaltes des Basis-Modells ebenfalls nicht möglich.

Als Ergebnis beider Modelle kann über die vorhergehenden Interpretationen festgestellt werden, dass der „interne" Anreiz, also der Adoptionsanreiz, die Innovation Cat-Bond zu übernehmen, der abhängig von der Anzahl der bisherigen Adoptoren ist, überwiegt. Im Sinne der stringenten Trennung von externen und internen Adoptionsfaktoren kann damit festgehalten werden, dass für die Adoption offenbar besonders entscheidungsrelevant sind:

- positive Veränderungen des Nutzens der Innovation durch den Gebrauch der anderen Adoptoren (positive Netzwerkeffekte)
- positive Unsicherheitsreduktion durch Informationen, Beobachtbarkeit des Einsatzes etc.
- Bandwagon- oder Trendeffekte

Dieses Ergebnis scheint für das Verhalten der Finanzinstitutionen gegenüber Innovationen allgemein und der Innovation „Cat-Bond" im Speziellen nicht branchen-untypisch zu sein.[1731] Angesichts der geringen Datenverfügbarkeit sollten diese Ergebnisse aber in keinem Fall als allgemein gültig, sondern als Thesen aufgefasst werden, die durch eine weitere detaillierte modelltheoretische oder empirische Untersuchung fundiert werden müssen.

6.1.3 Modellierung der wiederholten Nutzung nach Mahajan/Sharma/Wind

Zur Beurteilung des Marktgeschehens ist neben der kumulierten Anzahl der Adoptoren interessant, wie aktiv die Marktteilnehmer in den Folgeperioden sind. Hierzu ist das Modell von MANSFIELD [1961] um eine zusätzliche Komponente zu erweitern. MAHAJAN/SHARMA/WIND [1983] modellieren die Gesamtzahl der Nutzer in der jeweiligen Periode und gehen davon aus, dass diese neben den internen und externen Adoptoren auch durch eine Gruppe von Adoptoren gebildet werden, die sich ein weiteres Mal am Markt betätigen. MAHAJAN/SHARMA/WIND [1983] nutzen hierzu folgende Gleichung:

[1731] Siehe die Deutung ihrer Ergebnisse durch Molyneux/Shamroukh (1999), S. 251.

$$n_{t+1} = a\left(\bar{N} - n_t\right) + b\left(\frac{n_t}{\bar{N}}\right)^{\delta} * \left(\bar{N} - n_t\right) + c * n_t$$

wobei gilt:

a : Koeffizient externer Einfluss;

b : Koeffizient interner Einfluss;

c : Koeffizient für die Wiederholungsnutzer;

$\bar{N}$: Gesamtzahl der potenziellen Adoptoren;

n_t : Anzahl der Nutzer in Periode t.

Abbildung 31: FORMALER ZUSAMMENHANG DES DIFFUSIONSVERLAUFS NACH MAHAJAN/SHARMA/WIND

Bei der Schätzung des Aktivitätsniveaus im Markt der Cat-Bonds mit dem Modell von MAHAJAN/SHARMA/WIND [1983] mussten zwei Veränderungen implementiert werden, die unter wissenschaftlichen Gesichtspunkten per se nicht unkritisch sind. Der methodologischen Zielsetzung dieses Teils der vorliegenden Arbeit (Erbringung von Impulsen für weitere Forschung) ist die Veränderung jedoch dienlich und sollte auch die Ergebnisse nicht grundsätzlich einschränken.

Wegen der geringen Anzahl der Cat-Bonds musste zum Ersten der Periodenzeitraum von der quartalsweisen auf eine jährliche Basis erweitert werden. Zum Zweiten unterschätzt die Darstellungsmethode nach MAHAJAN/SHARMA/WIND [1983] die tatsächliche Marktaktivität, da die SwissRe innerhalb einzelner Zeitperioden mehrmals aktiv war. Daher wurde bei der Analyse nicht die Anzahl der aktiven Marktteilnehmer, sondern das Aktivitätsniveau (Anzahl der unterschiedlichen Bonds) pro Periode geschätzt.

Datenbasis der Schätzung waren wie in den beiden vorgestellten Analysen die öffentlich bekannt gegebenen Cat-Bond-Transaktionen im Zeitraum von 1994 bis 2004. Abbildung 32 stellt die tatsächliche Anzahl der Cat-Bonds (Balken) und die durch das Modell von MAHAJAN/SHARMA/WIND [1983] geschätzte Anzahl (Kurve) gegenüber.

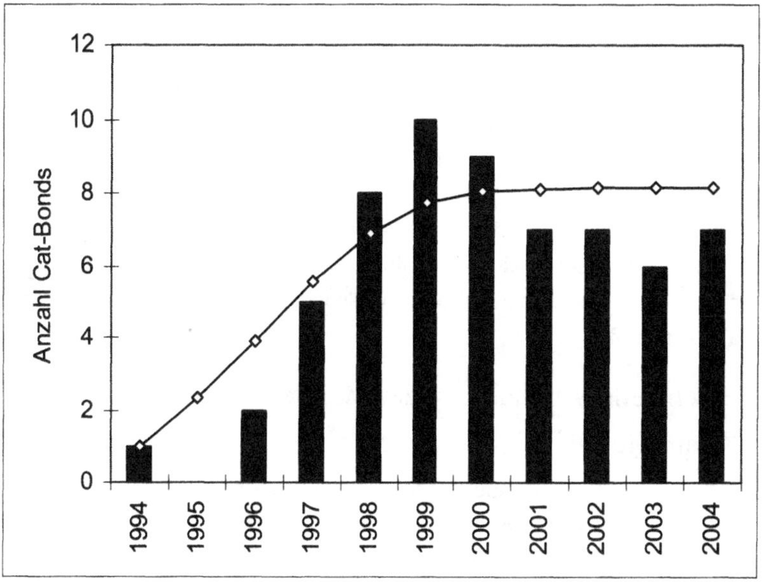

Abbildung 32: TATSÄCHLICHER UND NACH MAHAJAN/SHARMA/WIND GESCHÄTZTER DIFFUSIONSVERLAUF DER CAT-BONDS[1732]

Obwohl die Schätzqualität recht gut ist (R-Quadrat: 0,72), sind die einzelnen Konfidenzintervalle der Schätzvariablen so groß, dass eine tiefergehende Interpretation der entsprechenden Modellparameter nicht möglich ist.

Gesamtinterpretation der Ergebnisse der Modellierung

Als Resultat der drei Modellierungen lässt sich feststellen, dass der Markt für Katastrophen-Anleihen nach dem Niedergang der Katastrophen-Derivate nicht etwa als letzter aktiver Finanzmarkt für Katastrophen-Risiko bisher in seinen „Kinderschuhen" steckt und in den nächsten Jahren eine rasante Entwicklung nehmen wird. Ganz im Gegenteil zeigt besonders die Modellierung nach MAHAJAN/SHARMA/WIND [1983], dass der Markt entwickelt ist und künftig eher stagnieren wird. Vordergründig argumentiert, ist der Markt für Katastrophen-Kontrakte mit den vielen Transaktionen durch unterschiedliche Sponsoren entwickelt. Die in Kapitel 2.2 beschriebenen Probleme des konventionellen Systems der Risikoabsicherung können aber durch dieses Aktivitätsniveau nicht beseitigt werden. Für die Prognose der zukünftigen Volumina deutet dieses Ergebnis ganz im Gegenteil auf einen eher negativen Trend. Mit den einzelnen Transaktionen zeigen die Marktteilnehmer eine grundsätzliche Durchführungsfähigkeit und die Nicht-Existenz unüberwindbarer Hürden. Als Folge dieser Interpretation muss weiter – wenn überhaupt – von einem Nischenmarkt ausgegangen werden.

1732 Anzahl der tatsächlichen Katastrophen-Anleihen als Balken, nach Mahajan/Sharma/Wind (1983) geschätzter Verlauf als Kurve.

Gegen diese Interpretation ist einzuwenden, dass die verwendeten Modelle bisher kaum zur Schätzung von Diffusionsverläufen von Finanzkontrakten eingesetzt wurden. Z. B. können bei der Modellierung von MOLYNEUX/SHAMROUKH [1996] durch eine Veränderung der Auswahl der betrachteten Kontrakte und besonders des Untersuchungszeitraums die Ergebnisse u. U. deutlich verändert werden. Darüber hinaus ist die Kritik von BERGER [1996] zu beachten. Er fordert eine Validierung der Ergebnisse durch eine Variation und Ausdehnung des Betrachtungszeitraums. Besonders der von MOLYNEUX/SHAMROUKH [1996] untersuchte „Junk Bond Markt" hat sich in den dem Untersuchungszeitraum folgenden Jahren deutlich verändert, so dass die Ergebnisse kaum zeitlich stabil sein dürften.

6.2 Potenzielle Veränderung des Marktes für Katastrophen-Kontrakte

Neben der langen Zeitdauer, die der Markt für Katastrophen-Kontrakte bereits existiert,[1733] zeigt besonders die Diffusionsanalyse im vorhergehenden Kapitel (6.1), dessen offenbar fortgeschrittenen Entwicklungsstand. Auch wenn diese Aussage angesichts der vergleichsweise geringen Volumina und der in Kapitel 2.2 beschriebenen möglichen Ineffizienzen auf dem Markt für traditionelle Katastrophen-Risiko-Versicherung nicht befriedigend ist, dürfte eine Veränderung der aktuellen Situation kein natürlicher im Zeitverlauf zu erwartender Umstand sein. Im Folgenden wird daher untersucht, inwiefern eine Veränderung marktintrinsisch durch aktive Maßnahmen[1734] der Marktakteure bzw. als Folge wesentlicher Veränderungstrends hervorgerufen werden könnte.

6.2.1 Impulse durch Marktteilnehmer

Als die Innovation und den Markt fördernde Institutionen kommen grundsätzlich alle in Abbildung 19 dargestellten Marktteilnehmer in Frage. Die folgenden Ausführungen untersuchen die spezifische Motivation dieser einzelnen Institutionen, den Markt und die Innovation aktiv zu entwickeln. Durch die Charakterisierung der handlungsbestimmenden Parameter der Innovation für die Innovatoren werden im Folgenden auch Besonderheiten des Untersuchungsobjektes basierend auf dieser Systematisierung dargestellt. Hierdurch werden auch die bisherigen Ergebnisse in einen Zusammenhang gebracht.

Diese Motivation der Innovatoren, einen Markt aktiv zu entwickeln, hängt von den in Abschnitt 4.4.1 beschriebenen Entscheidungsfaktoren ab. Unter Bezugnahme auf die bisherigen Ausführungen kann festgestellt werden, dass die entsprechenden Vorteile für einen Innovator durch die Innovation selbst, Spezifika des Unternehmens und externe

---

[1733] Andere Optionsmärkte entwickeln sich in deutlich geringerer Zeit. Siehe hierzu die Arbeiten, die sich mit First-Mover-Vorteilen bei Finanzinnovationen beschäftigen.

[1734] Paettie/Paettie (1994) untersuchen die Promotionsmaßnahmen, die sich zur Förderung von Finanzdienstleistungen eignen. Fain/Roberts (1997) betrachten Möglichkeiten zum Absatz im Retail Banking. Zu den klassischen Marketing-Maßnahmen siehe Kotler/Bliemel (1999), S. 138-144.

Industriegegebenheiten beeinflusst werden. Diesen in Kapitel 4.4 beschriebenen Vorteilen des First-Movers stehen Nachteile gegenüber, die sich u. a. in den besonders hohen Kosten der Innovationstätigkeit und der Pfadabhängigkeit der Handlungen widerspiegeln.

Vorab lässt sich für den Untersuchungsgegenstand sowie für Finanzkontrakte im Allgemeinen feststellen, dass diese eine Besonderheit aufweisen, welche die First-Mover-Vorteile entscheidend beeinflusst. Finanzkontrakte lassen sich nicht durch Patentrechte schützen,[1735] gleichzeitig aber sehr leicht kopieren. Daher muss der Innovator damit rechnen, dass der durch ihn entwickelte Finanzkontrakt unverzüglich Imitatoren anregt. Tatsächlich ist auch empirisch zu beobachten, dass erfolgreiche Finanzkontrakte innerhalb sehr kurzer Zeit durch ähnliche Produkte kopiert werden[1736] bzw. dass sogar gleich von Beginn an mehrere Innovatoren die Innovation anbieten.[1737] Die Kosten der Entwicklung können dann nicht im Zeitfenster einer befristeten Monopolstellung, durch ein Patentrecht geschützt, verdient werden. Auf Grund der leichten Kopierbarkeit sind First-Mover-Vorteile daher weniger als besondere Produkteigenschaften, sondern eher als spezifisch für den Innovator oder als „Switching Costs" zu erwarten.[1738]

<u>Börsen als klassische Finanzinnovatoren</u>

Als klassischer Anbieter von Finanzkontrakten wird zuerst die Motivation der Börsen untersucht. Börsen sind als Intermediäre daran interessiert, Anbietern und Nachfragern möglichst attraktive Produkte anzubieten. Trotz der leichten Kopierbarkeit von Finanzkontrakten können Börsen als Ausnahme zu der obigen Darstellung durch das Erreichen einer hohen Markt-Liquidität von einem First-Mover-Vorteil profitieren, der für das Produkt charakteristisch ist. Die Ausführungen zu der generellen Bedeutung der Liquidität als wichtiger Kontrakteigenschaft machen deutlich, dass eine Börse durch frühzeitiges proaktives Handeln eine dominierende Stellung erreichen kann,[1739] die nicht leicht durch ein nachfolgendes Unternehmen kopiert werden kann. Zusätzlich zu diesem First-Mover-Vorteil können Börsen auch „Economies of Scale" verbuchen,[1740] die aber wegen der Existenz anderer Börsen und der relativ leichten Portierbarkeit der Systeme in der Realität geringer ausfallen, als dies zu vermuten ist.

Der Argumentation von ANDERSON/HARRIS [1986] folgend, müssen Börsen bei ihrer Entscheidung, neue Finanzkontrakte einzuführen, zwischen First-Mover-Vorteilen und

---

1735 Es existieren einige Ausnahmen. Dabei handelt es sich aber mehr um Verfahren, als um Finanzkontrakte. Siehe o.V. (1998c); Walmsley (2001), S. 20-21.

1736 Vgl. Amit/Roberts (2002), S. 4; Ulrich (1999), S. 230; Tufano (1989), S. 230.

1737 Vgl. Peterson/Rudelius/Wood (1972), S. 486.

1738 Siehe hierzu auch Abschnitt 4.4.1.

1739 Die oligopolartige Marktstruktur der Börsenlandschaft verdeutlicht dies ebenfalls. Siehe Silber (1981), S. 127.

1740 Vgl. Miller (1990), S. 298.

First-Mover-Dis-Advantages[1741] von besser an die Bedürfnisse angepassten Imitationen abwägen.[1742] Obwohl die Bedeutung der Markt-Liquidität theoretisch zu einer Monopolstellung einzelner Börsen führen könnte, verhindern dies die unterschiedlichen Bedürfnisse der Marktteilnehmer. Dennoch ist ein First-Mover-Advantage, beispielsweise in Form höherer Handelsvolumina, empirisch nachzuweisen[1743], der die Innovationstätigkeit von Börsen beeinflusst.[1744]

Übertragen auf den Untersuchungsgegenstand kann das Verhalten der beiden Börsen CBOT und BCOE vor diesem Hintergrund interpretiert werden. Nachdem die CBOT mit ihren Kontrakten bereits Anfang der 90er Jahre gezeigt hatte, wie ein Katastrophen-Derivate-Handel prinzipiell aufzubauen ist, hat die BCOE wenige Jahre später ebenfalls versucht, einen Markt für diese Kontrakte zu etablieren. Deren Motivation war es, anhand ihrer Beobachtung der CBOT ein verbessertes, erfolgreicheres Produkt an den Markt zu bringen.[1745] Auch andere Börsenorganisationen haben zu dieser Zeit Überlegungen angestrengt, einen Handel in Katastrophen-Kontrakten zu etablieren.[1746] Dass es beiden Börsen letztlich nicht gelungen ist, einen liquiden Handel zu kreieren, ist daher nicht als Zeichen mangelnder Innovationsfähigkeit bzw. -willigkeit wegen zu geringen First-Mover-Vorteilen zu interpretieren, sondern als Folge der fundamentalen Marktcharakteristika, die im Rahmen der Analyse in Teil 5 dargestellt wurden. Analog den Ergebnissen aus den Interviews ist daher auch kurz- bis mittelfristig nicht mit dem erneuten Versuch einer Börse zu rechnen, einen standardisierten Katastrophen-Kontrakt anzubieten.[1747]

Andere potenzielle Innovatoren

Als zweite Gruppe, die als Innovator den Markt aktiv fördern könnte, kommen grundsätzlich alle übrigen Institutionen des Markt-Supports (Investmentbanken, Broker, Rechtsanwälte, Rating-Agenturen etc.) in Frage, die über eine Gebühr für ihre Leistungen entlohnt werden. Da die Eigenschaften der Katastrophen-Kontrakte, wie beschrieben, relativ einfach kopiert werden können, wird ein First-Mover-Vorteil vor allem durch solche Effekte hervorgerufen, die beim Kunden (Switching-Costs) oder bei dem Innovator selbst entstehen. Ob dann tatsächlich Economies of Scale und Scope sowie Reputationseffekte für einen First-Mover-Vorteil sorgen und letztlich eine Motivation

---

[1741] Ob tatsächlich First-Mover-Nachteile existieren, also eine Börse einer Pfadabhängigkeit ausgesetzt ist, ist empirisch zu bezweifeln. Obwohl eine Börse nicht permanent ihre Kontrakte verändern wird, ist doch eine prinzipielle Änderungsmöglichkeit permanent gegeben.

[1742] Anderson/Harris (1986) modellieren das Verhalten zweier Börsen unter dieser Annahme und finden, dass durch die First-Mover-Nachteile u. U. innovatives Verhalten verhindert wird.

[1743] Siehe die Ergebnisse von Black/Silber (1986); Holland/Vila (1997), S. 183; Bollen/Smith/Whaley (2003), S. 720.

[1744] Vgl. Marton (1984), S. 246.

[1745] Zur formalen Darstellung der Börsenentscheidung siehe auch die Arbeiten von Duffie/Jackson (1989), die Erweiterung durch Tashjian/Weissmann (1995) sowie Cuny (1993).

[1746] Explizit ist dies von der Liffe bekannt.

[1747] Diese These untermauerten die Aussagen der Interviewpartner 1 (Bö), 2 (Bö), 7 (Br) und 8 (Br).

für Investitionen darstellen, muss in Weiterführung der Argumentation aus Kapitel 4.4 in Abhängigkeit von den Besonderheiten des Produktes und der Industrie untersucht werden.

Die Innovationstätigkeit ist nicht durch Monopolrenten zu erklären. TUFANO [1989] betrachtet 58 Finanzinnovationen im Zeitraum von 1974 bis 1986 und analysiert, ob die Innovatoren oder Pioniere höhere Preise bzw. einen höheren Marktanteil realisieren können. Er zeigt, dass entgegen der These, der Innovator könne eine zeitlich befristete Monopolstellung zu einem höheren Preis nutzen, die Renditen aus Promotionsgründen in den Anfangsjahren eher geringer sind.[1748] Sollte der Innovator aber Lerneffekte realisieren können, ist damit zu rechnen, dass er in den folgenden Perioden einen vergleichsweise höheren Preis bzw. eine höhere Rendite erzielt. Es zeigt sich auch entgegen dieser These, dass die innovativen Investmentbanken in den folgenden Jahren geringere „Spreads“ als die Imitatoren erhalten.[1749] Neben einem Preiseffekt kann ein First-Mover-Vorteil aber, wie beschrieben, auch durch höhere Umsätze generiert werden. Die Untersuchung zeigt, dass die Marktpioniere tatsächlich deutlich höhere Marktanteile aufweisen. TUFANO [1989] findet, dass der Marktanteil der Innovatoren ca. 2,5-mal so groß ist wie der der Imitatoren.[1750] Da diese beiden Effekte (geringerer Preis gegenüber höheren Volumina) aber gegenläufig sind, kann TUFANO [1989] wegen der geringeren „Spreads“ der Innovatoren nicht endgültig zeigen, dass dieser höhere Marktanteil auch in einem höheren Gesamtprofit resultiert.

CAROW [1999] dupliziert die Untersuchung von TUFANO [1989] und findet konträr zu diesem, dass Innovatoren höhere „Spreads“ realisieren können und dass sich dieser Vorteil mit der steigenden Zahl an Imitatoren verringert.[1751] In einer anderen Untersuchung bestätigt SCHROTH [2003] dieses Ergebnis und zeigt, dass der Innovator eine deutlich höhere Nachfrage nach seinen Produkten (in diesem Fall Equity-Linked Derivative) verbuchen kann.[1752] Auch LOPEZ/ROBERTS [2002] berichten ähnliche Ergebnisse.[1753] Sie betrachten aber Finanzinnovationen (u. a. die Ausbreitung von Kredit-Karten), deren Charakteristika deutliche Unterschiede zum vorliegenden Untersuchungsgegenstand aufweisen[1754] und daher für diese Arbeit kaum verwertbare Erkenntnisse liefern können. ULRICH [1999] analysiert den deutschen Markt für Finanzderivate und findet im Einklang mit den zuvor beschriebenen Studien deutliche temporäre Vorteile (Marktanteile) für den Pionier.[1755] Er zeigt ebenfalls, dass ein starkes absolutes Marktwachstum Imitatoren anregt, was in der Folge den First-Mover-Vorteil stark ein-

---

1748 Siehe Tufano (1989), S. 227.
1749 Siehe Tufano (1989), S. 228.
1750 Siehe Tufano (1989), S. 231.
1751 Siehe Carow (1999), S. 52.
1752 Siehe Schroth (2003), S. 27-28.
1753 Siehe Lopez/Roberts (2002), S. 1003.
1754 Lopez/Roberts (2002) betrachten die Innovationen: Pension Funds, Credit sowie Debit Cards.

schränkt bzw. überhaupt in Frage stellt.[1756] MOLYNEUX/SHAMROUKH [1996] untersuchen den Junk-Bond-Markt und finden, dass nicht nur die unmittelbaren Innovatoren, sondern auch die frühen Adoptoren First-Mover-Vorteile realisieren können. Sie vermuten, dass dies auf Reputationseffekte zurückzuführen ist.[1757]

Wie bereits beschrieben, wird der Markt für Katastrophen-Anleihen von einzelnen Investment-Banken, Modelling-Agenturen und Rechtsanwaltskanzleien dominiert. Besonders die Investment-Banken haben sich Ende der 90er Jahre aktiv bemüht, den Markt aufzubauen. Wie die Interviews deutlich machten, hat sich das Verhalten der Investmentbanken seit dem Niedergang an den Kapitalmärkten im Jahr 2000 jedoch verändert.[1758] Die Nicht-Entwicklung des Marktes für Katastrophen-Anleihen hat die Bereitschaft, den Markt aktiv und nachhaltig aufzubauen, gemindert.[1759] Die Gespräche mit den Industrieexperten ließen klar erkennen, dass man potenziellem Geschäft zwar grundsätzlich positiv gegenüberstehe, aber keine signifikanten Bemühungen unternehme, den Markt zu gestalten.[1760] Die anderen Institutionen, die einen Großteil der Fees vereinnahmen (Rechtsanwaltskanzleien, Modelling- und Rating-Agenturen), haben sich den Gesprächspartnern zufolge bislang nicht bemüht (Rechtsanwaltskanzleien, Rating-Agenturen) oder sind auf Grund ihrer geringen Größe und Bedeutung nicht in der Lage (Modelling-Agenturen), aktiv einen Markt aufzubauen.[1761] Besonders angesichts der geringen Bedeutung des Cat-Bond-Marktes für diese Institutionengruppen im Vergleich zu deren konventionellem Geschäft ist auch keine diesbezügliche Verhaltensänderung zu prognostizieren.

Aktive Bemühungen der Sponsoren

Neben den unter dem Schlagwort des Markt-Supports zusammengefassten Institutionen können auch die potenziellen Sponsoren Interesse an einem Markt für Katastrophen-Risiko aufweisen. Die Motivation der Sponsoren ist ähnlich den bislang untersuchten Gruppen. SCHROTH/HERRERA [2003] zeigen für Finanzinnovationen (Derivate), dass Lernkurven-Effekte den Innovatoren First-Mover-Vorteile verschaffen können.[1762] Auch kann der Innovator eine höhere Reputation als die Imitatoren aufbauen.[1763]

1755 Siehe Ulrich (1999), S. 216.

1756 Siehe Ulrich (1999), S. 231-232.

1757 Siehe Molyneux/Shamroukh (1996), S. 519.

1758 Diese bestätigten die Interviewpartner 10 (Ib), 11 (Ib), 13 (Ib) und 27 (Re).

1759 Vgl. hierzu auch Beckwith/Lane (2004), S. 12.

1760 Diese äußerten die Interviewpartner 7 (Br), 10 (Ib) und 27 (Re).

1761 Diesen Komplex bestätigten die Interviewpartner 4 (Br), 16 (Ib), 20 (Mo), 27 (Re), 37 (Rü) und 39 (Rü).

1762 Holz (1996) bestätigt diese Ergebnisse in einer empirischen Befragung zu den möglichen FMAs bei Finanzinnovationen und findet, dass Lerneffekte besonders entscheidungsrelevant sind. Siehe Holz (1996), S. 251.

1763 Auch andere Gründe, wie etwa individuelle Motive (z. B. ein Bonus-System) können unternehmensintern für eine Vorteilhaftigkeit der Innovationsbemühungen sorgen. Eine detaillierte Überprüfung dieser Argumente muss im Rahmen weiterer Arbeiten erfolgen.

Dieses Ergebnis gibt einen Hinweis auf den Untersuchungsgegenstand: Wie die hohe Zahl der Sponsoren gegenüber der insgesamt relativ geringen Zahl der Transaktionen zeigt, kann ein Großteil der Transaktionen mit dem Aufbau von Wissen und Reputation begründet werden. Die Gesprächspartner gaben aber an, dass unter Gesichtspunkten des Wissenserwerbs (Lerneffekte) eine oder zwei Transaktionen völlig ausreichend seien.[1764] Auch ist der Anreiz, eine Transaktion durchzuführen, um eine positive Reputation aufzubauen (innovatives Verhalten ist in diesem Kontext positiv besetzt), mit der größeren Zahl der bislang durchgeführten Transaktionen verschwunden. Gleichzeitig können der Reputationsanreiz und der Lerneffekt jedoch begründen, warum auch in der Gegenwart immer wieder einzelne exotische Transaktionen stattfinden. Die zu beobachtende Marktstruktur (relativ viele Sponsoren mit geringer individueller Aktivität versus einzelne Anbieter mit sehr hoher Aktivität)[1765] ist nach klarer Aussage der Interviewpartner auf diese Argumentation zurückzuführen. Marktteilnehmer, die über die einzelnen Transaktionen hinaus am Markt aktiv sind, begründen ihr Verhalten entsprechend dieser Argumentation mit einer anderen Einschätzung der Zukunft sowie einem anderen Verständnis der Unternehmenstätigkeit.[1766]

Aktive Bemühungen der Investoren

Theoretisch könnte eine Innovationsbemühung auch seitens der Investoren im Sinne eines „Demand Pull" erfolgen. Die hohe Attraktivität der Katastrophen-Kontrakte zur Portfoliodiversifikation könnte für eine große Nachfrage sorgen, die sich ihr Angebot schafft. Auf Grund der relativ geringen Bedeutung dieses Anlageinstruments ergaben die Interviews jedoch ganz klar, dass keiner der Investoren beabsichtigt, den Markt aktiv zu fördern.[1767] In Weiterführung der Argumentation in Kapitel 5.4 ist daher nicht zu erwarten, dass der Markt für Katastrophen-Kontrakte durch Investoren aktiv aufgebaut wird.

Zusammenfassung

Zusammenfassend lässt sich feststellen, dass prinzipiell trotz fehlenden Patentschutzes und der leichten Kopierbarkeit von Finanzinnovationen First-Mover-Advantages in Form von Lerneffekten, Reputationsgewinnen etc. existieren und dass hierdurch ein innovatives Verhalten gefördert wird. Ob die First-Mover-Vorteile aber stark genug sind, auch große Aufbauanstrengungen zu rechtfertigen, darf den obigen Ausführungen zufolge bezweifelt werden. Vor allem wegen eines in den letzten Jahren stagnierenden

---

1764 Diese These untermauerten die Aussagen der Interviewpartner 17 (In), 41 (Ve), 46 (We) und 47 (We).

1765 Abbildung 24 untermauert die Relevanz dieser These.

1766 Die SwissRe sieht die Entwicklungsmöglichkeiten für verbriefte Versicherungsrisiken sehr positiv. Um die Anonymität der Interviewpartner sicherzustellen, wird auf die Angabe der Interviewpartner verzichtet.

1767 Explizit äußerten sich hierzu die Interviewpartner 3 (Br) und 10 (Ib).

Marktes ist die Unsicherheit der Marktteilnehmer deutlich gestiegen.[1768] Der Optionstheorie entlehnt, führt eine solche Situation hoher Unsicherheit zu einer Wertsteigerung der Warteoption. Wenn auf Grund zusätzlicher externer Effekte alle Marktteilnehmer von den Investitionen des Innovators profitieren, können eigentlich wohlfahrtssteigernde Investitionen wegen zu geringer Markteintrittsbarrieren unterbleiben.[1769] Die in Abschnitt 2.2.4 gezeigten Preisschwankungen als Ausdruck eines offenbar ineffizienten Marktes werden dieser These zufolge durch den neuen Finanzkontrakt und das Verhalten der Wettbewerber nicht beseitigt werden. Obwohl Investmentbanken als Marktexterne ein hohes Interesse an der Abschöpfung einer relativ hohen Prämie haben müssten, werden deren Ambitionen durch die spezifischen Eigenschaften des Untersuchungsobjektes und der Marktcharakteristika gebremst.

Investitionen in spezifisches Wissen (Bewertungsmethoden, Transaktionsstruktur, Modelling etc.) könnten den Markt für Katastrophen-Risiko gezielt fördern. Da aber alle Marktteilnehmer von diesen Investitionen profitieren, dürften einzelne Institutionen kaum bereit sein, solche, den Markt belebende Maßnahmen zu ergreifen. Spezifische für das Kreieren der Innovation oder den Marktaufbau notwendige Kosten können so die Entstehung des Marktes, wiewohl er gesamtwirtschaftlich sinnvoll sein mag, verhindern.[1770] Als Antwort auf dieses Dilemma bleibt festzustellen, dass eine solche Konstellation unter theoretischen Gesichtspunkten in klassischer Weise dazu angetan ist, staatlicher Interventionen zu begründen.

6.2.2 Veränderung durch allgemeine Rahmenfaktoren und Trends

Auf Grund der Ausführungen in Kapitel 6.1 und im vorherigen Abschnitt ist davon auszugehen, dass ein Markt für Katastrophen-Kontrakte weder automatisch im Laufe der Zeit noch durch bewusstes Handeln der Marktakteure entstehen wird. Damit ist eine Veränderung der gegenwärtigen Konstellation nicht systeminhärent, sondern nur durch den Einfluss anderer Entwicklungen zu erwarten. Insofern ist zu überprüfen, inwiefern eine Veränderung der aktuellen Situation durch eine Änderung der Rahmenfaktoren und durch allgemeine Trends wahrscheinlich ist. Diese Änderungen können auf unterschiedliche Teile der Leistungskette wirken. Sie können separiert werden in Faktoren, die auf das Angebot oder die Nachfrage, die Leistungserstellung oder die diese Situation umgebenden Faktoren wirken.

Als „Innovation der Versicherungsindustrie" besitzen die Faktoren innerhalb der Versicherungsindustrie (Angebot) eine besondere Handlungsrelevanz. Wie beschrieben, kann eine Veränderung innerhalb der Versicherungsindustrie durch eine Verschlechterung

---

1768 Ulrich (1999) zeigt, dass ein schnelles Marktwachstum ein deutliches Attraktivitätssignal für die Imitatoren darstellt. Siehe Ulrich (1999), S. 230.

1769 Zu dem Aspekt der Market Education siehe Cottrell/Sick (2002), S. 251; Slater (1993), S. 255; Shepherd (1997), S. 108-109.

1770 Siehe hierzu Fn. 878.

der Kapazitäten, hervorgerufen durch eine Naturkatastrophe, durch schlechte Anlageergebnisse oder eine Kombination aus beidem entstehen. Die aktuellen Beobachtungen der Preisentwicklung auf den Rückversicherungsmärkten sowie die hohen Gewinne der Rückversicherungsunternehmen im Jahr 2003 und 2004 lassen aber vermuten, dass der Rückversicherungszyklus seine Spitze erreicht hat und in den nächsten Jahren mit einem Sinken des Preisniveaus zu rechnen ist. Die aktuelle Herabstufung der Versicherungs- und Rückversicherungsunternehmen[1771] zeigt zwar, dass sich das Problem der zu geringen Reserven bis dato noch verstärkt und nicht entspannt hat, doch zeigen die Gewinne der Rückversicherungsunternehmen in den beiden vergangenen Jahren in den Bereichen der Sachschadensrückversicherung auch, dass die Zeit der *Kapazitätsknappheit* insgesamt eher vorbei zu sein scheint.[1772] Daher ist es eher unwahrscheinlich, dass ein Kapazitätsproblem im Markt für traditionelle (Rück-)Versicherungslösungen den Markt für Katastrophen-Anleihen nachhaltig in Schwung bringt. Nur bei einer dramatischen Kursentwicklung auf den Kapitalanlagemärkten und/oder durch eine Reihe von Katastrophen-Schäden wäre eine Veränderung der Situation zu erwarten.

Neben diesen „intra-Industrie“ Faktoren können auch die die Versicherungsindustrie allgemein umgebenden Faktoren den Nutzen und die Verwendung der Katastrophen-Anleihen beeinflussen. Wie im einleitenden Kapitel 1.1 ausgeführt, muss davon ausgegangen werden, dass sich durch die Entwicklung unserer Gesellschaft und u. U. natürliche Veränderungen ca. alle zehn Jahre eine Verdopplung der tatsächlichen Schäden durch Naturereignisse vollzieht.[1773] Der Wirbelsturm Katrina hat mit Versicherungsschäden einer bislang nicht gekannten Höhe diese grundsätzliche Entwicklung eindrucksvoll untermauert. Unter diesem Aspekt wird die Bedeutung der Katastrophen-Risiko-Absicherung für unsere Gesellschaft immer größer.

Ein solches Szenario würde dann durch zwei Aspekte zu einer Förderung der alternativen Instrumente führen. Einerseits würde hierdurch die Nachfrage nach Katastrophen-Absicherung deutlich ansteigen. Angesichts des aktuellen Mangels an Katastrophen-Versicherungskapazität müsste zusätzliche Kapazitäten geschaffen werden. Hierdurch würden neben den konventionellen Instrumenten auch andere, alternative Instrumente wie Katastrophen-Anleihen an Attraktivität gewinnen. Gleichzeitig ist ceteris paribus bei einer größeren Übernahme von Naturkatastrophen-Risiko durch die traditionellen Institutionen mit einer Steigerung der Ausfallwahrscheinlichkeit im Schadensfall zu rechnen. Das potenzielle Kredit-Risiko der Rückversicherungen könnte so ein bedeutender Entscheidungsfaktor werden. Der Vorteil der Katastrophen-Anleihen (Nicht-Existenz von Kredit-Risiko) würde dann deren Nachteile (höhere Transaktionskosten) ausgleichen. Eine Serie von Insolvenzen in der (Rück-)Versicherungsindustrie könnte

---

1771 Siehe Baur/Enz (2003), S. 21.
1772 Vgl. Searby (2003), S. 36.
1773 Siehe Whittaker (2002), S. 1.

zeigen, dass die tatsächliche Zahlungsfähigkeit der Unternehmen überschätzt worden wäre,[1774] und so zu einer stärkeren Beachtung dieses Faktors führen, was in einer gesteigerten Attraktivität der Katastrophen-Kontrakte resultieren würde.

Die in Teil 2 dargestellten Indizien sprechen für ein erhöhtes *Ausfallrisiko* der Versicherungsindustrie und für eine verstärkte Beachtung durch die Marktteilnehmer. Obwohl Ratings eigentlich für die Kapitalgeber konzipiert wurden, ermöglichen sie auch eine Einschätzung der Ausfallwahrscheinlichkeiten durch den Versicherungsnehmer. Im Zeitraum von 1998 bis 2003 sind ca. 160 Versicherungs- und Rückversicherungsunternehmen eine oder mehrere Rating-Kategorien nach oben gestuft worden. Im gleichen Zeitraum sind dagegen 835 Versicherungsunternehmen eine oder mehrere Kategorien nach unten gestuft worden.[1775] Die im Zeitverlauf schlechter werdenden Ratings der Versicherungen zeigen eine erhöhte Bedrohung der Versicherungsindustrie durch Großschadensereignisse und/oder hohe Anlageverluste. Gleichzeitig lässt sich feststellen, dass die Versicherungen immer stärker auf das Kredit-Risiko der Rückversicherungen achten.[1776] Hierdurch kann die hohe Zahlungssicherheit der Katastrophen-Kontrakte eine wichtiger werdende Entscheidungsvariable sein.[1777]

Neben diesen Variablen des Angebots, der Nachfrage und der Kapazität kann, wie beschrieben, auch die Leistungserstellung selbst Veränderungen unterworfen sein. So ist als besonders relevanter Problembereich die *organisatorische Gestaltung* des traditionellen Risikotransfers innerhalb (organisatorische Aspekte) und außerhalb (langjährige Beziehung zu Rückversicherungsunternehmen) des einzelnen Unternehmens identifiziert worden. Neben der ständigen Weiterentwicklung der unterschiedlichen Methoden scheint auch, veranlasst durch striktere Anforderungen des Gesetzgebers, der Investoren, Kunden etc., bei den Versicherungsunternehmen ein Umdenken im Risikomanagement stattzufinden. Ein konzernweites Risikomanagement wird zudem zu einer Integration ehemals getrennter organisatorischer Bereiche führen. Die Bündelung von Marktrisikomanagement und Versicherungsrisikomanagement kann dann die Implementierung von Konstrukten wie dem Untersuchungsgegenstand entscheidend fördern.[1778]

Neben den industrieinternen Tendenzen, eine Integration voranzutreiben, können auch allgemeine Trends zu einer solchen Veränderung im Umgang mit Versicherungsrisiken führen. Die *Konvergenz* zwischen Versicherungen und Banken[1779] könnte zu einem stärkeren Wettbewerb führen. Entgegen der allgemeinen Erwartung, dass Investment-

---

1774 D'Agostino (2003) vermuten dies. Siehe D'Agostino (2003), S. 5, 22.

1775 Eigene Auswertung basierend auf unterschiedlichen öffentlichen Quellen. Sollte ein Unternehmen durch mehrere Rating-Agenturen gecovered worden, führt dies zu Mehrfachzählungen. Ebenfalls sind darauf folgende Herabstufungen als einzelne „Rating-Actions" berücksichtigt.

1776 Siehe McGhee/Eng (2003), S. 5.

1777 Diese These unterstützten auch die Aussagen der Interviewpartner 10 (Ib), 12 (Ib), 13 (Ib) und 23 (Mo).

1778 Dies sahen auch die Interviewpartner 13 (Ib), 16 (Ib) und 30 (RE) so.

1779 Siehe Allen (2002), S. 24-25.

banken die Rückversicherungen der Zukunft und Rückversicherungen die Investmentbanken der Versicherungsindustrie werden, ist aber aus den Interviews ganz klar zu erkennen, dass ein solcher Trend weder besteht noch zu erwarten ist.[1780] Die Chance für die externen Marktteilnehmer (Investmentbanken), das traditionelle Rückversicherungsgeschäft zu ersetzen, ist damit trotz anderer Erwartungen eher gering. Sie werden eher als Markthelfer denn als „Disintermediär" aktiv sein.

6.3 Weitere Ursachen für das Nicht-Entwickeln des Marktes

Die vorhergehenden beiden Abschnitte zeigen unterschiedliche Aspekte, die zu einer Veränderung der aktuellen Situation führen können. Daneben kann die bisherige Baisse der Katastrophen-Kontrakte weitere Ursachen haben, die nachfolgend diskutiert werden.

Die Diffusion benötigt mehr Zeit

Ein häufig in der Literatur und auch in den Interviews genanntes Argument zur Begründung des aktuell geringen Marktvolumens ist, dass der Markt für alternative Katastrophen-Transfer-Instrumente einfach noch mehr Zeit benötigt, um sich zu entwickeln.[1781] Auch andere Innovationen benötigten eine gewisse Zeitspanne für ihre Entstehung.[1782] Wie Kapitel 4.4 allgemein und die Diffusionsmodelle speziell gezeigt haben, muss sich ein Markt über einen gewissen Zeitraum erst entfalten; entsprechendes Wissen muss sich bei den Adoptoren ansammeln, Markt-Mechanismen, rechtliche Vorschriften etc. müssen etabliert werden, bis ein voluminöser Markt entstehen kann.

Wie die Anwendung der unterschiedlichen Diffusionsmodelle am Anfang des Kapitels offenbart hat, ist aber eine solche Entfaltung für die Katastrophen-Anleihen eher unwahrscheinlich. Die Ergebnisse zeigen deutlich, dass die Diffusion ein Niveau erreicht hat, das eine höhere Diffusionsgeschwindigkeit nicht erwarten lässt. D. h. die Entwicklung des Marktes scheint abgeschlossen zu sein. Auch hat ein Großteil der als potenziell in Frage kommenden Sponsoren bereits aktiv an einer oder mehreren Transaktionen teilgenommen.[1783] Die in der folgenden Zeit unterbliebene Nutzung kann daher als bewusste Entscheidung gegen diese Innovation interpretiert werden. Eine quasi natürliche Diffusion und Entwicklung eines bedeutenden Volumens im weiteren Zeitverlauf ist daher unwahrscheinlich.[1784]

Die These einer natürlichen Entwicklung des Marktes im Zeitverlauf kann somit als widerlegt gelten. Darüber hinaus lässt sich feststellen, dass der in Abschnitt 4.4.2 darge-

---

1780 Dies bestätigten die Interviewpartner 7, 10, 11 und 13.

1781 Hierzu äußerten sich die Interviewpartner 4 (Br), 12 (Ib), 29 (Re), 43 (Ve) und 44 (Ve).

1782 Siehe beispielsweise zu Kredit-Derivaten o.V. (1998a), S. 2-3. Zu CDOs siehe o.V. (2002a)

1783 Siehe Abschnitt 5.5.1.1.

1784 Gleichwohl kann durch die in dem vorhergehenden Abschnitt beschriebenen Trends eine Weiterentwicklung relevanter Entscheidungsfaktoren im Zeitverlauf erfolgen, die dann zu einer Veränderung der Entscheidungssituation führen.

stellte Adoptionsentscheidungsprozess für einen Großteil der Marktteilnehmer sich nicht mehr in der ersten Meinungsbildungsphase, sondern in einer fortgeschrittenen Marktphase befindet. Ohne die Anwendung und den Nutzen einzelner Marketing-Instrumente hier zu diskutieren, kann auf Basis der Ausführungen in Kapitel 4.4 festgestellt werden, dass klassische Marketinginstrumente, die der Bekanntmachung dienen, um so zur ersten Nutzung anzuregen, zur Promotion der Katastrophen-Kontrakte versagen würden. Stattdessen müssen sich die in Teil 5 dargestellten fundamentalen Entscheidungsfaktoren ändern.

Absicherung von Naturkatastrophen als Beispiel eines natürlichen Monopols

Basierend auf den Ausführungen in Kapitel 2.2 und der Feststellung, dass sich kein Produkt am Markt etabliert, das diese offenbare Ineffizienz beseitigt, könnte vermutet werden, dass es sich um ein Marktversagen handelt. In der Wissenschaft wird ein solches Marktversagen in der Regel auf drei Konstrukte zurückgeführt. Ursachen eines Marktversagens können neben externen Effekten und asymmetrischen Informationsverteilungen auch Fixkosten sein, die den Marktzutritt erschweren. Besonders hohe Fixkosten der Marktteilnahme dienen in der Wirtschaftstheorie immer wieder als Begründung von staatlichen Interventionen zur Verhinderung von natürlichen Monopolen.

Externe Effekte weisen für den betrachteten Untersuchungsgegenstand eher eine geringe Bedeutung auf. Die Relevanz der asymmetrischen Informationsverteilung und ihre Auswirkungen auf den Untersuchungsgegenstand wurden bereits in unterschiedlichen Teilen der Arbeit erläutert. Die bisherigen Ausführungen haben u. a. deutlich gezeigt, dass die Absicherung von Katastrophen-Risiko komplex ist und Erfahrung und Sachkompetenz erfordert.[1785] Angesichts der für die Katastrophen-Absicherung aus Kredit-Risiko-Aspekten darüber hinaus notwendigen immensen Kapitalbestände lässt sich vermuten, dass hohe Fixkosten tatsächlich eine Markteintrittsbarriere bei der Absicherung von Katastrophen-Risiko kreieren. Der große relative Marktanteil der einzelnen Rückversicherungsunternehmen[1786] zeigt die Dominanz dieser Unternehmen. Gleichzeitig verdeutlichen die in Kapitel 5.6.2 beschriebenen hohen Informationskosten bei dem Einsatz alternativer Instrumente, dass auch die Begebung von bzw. Investition in Katastrophen-Kontrakte mit hohen Anstrengungen verbunden ist.[1787] Daher könnte unterstellt werden, dass die Absicherung von Naturkatastrophen-Risiko einen Monopolmarkt darstellt. De facto widerspricht die bestehende Industrie-Struktur jedoch diesem Monopolgedanken. Die Konzentration innerhalb der Rückversicherungsindustrie entspricht vielmehr einem klassischen Oligopol, bei dem sich die einzelnen Anbieter der Rückwirkung ihrer jeweiligen Entscheidungen durchaus bewusst sind. Ob es den einzelnen Anbietern tatsächlich gelingt, eine Monopolrente durch ihr Verhalten zu erwirtschaften,

---

1785 Siehe hierzu auch Froot (2001), S. 560.
1786 Siehe Abschnitt 5.5.1.
1787 Vgl. o.V. (2000e), S. 25.

darf bezweifelt werden. Die Vielzahl der staatlichen Maßnahmen hinsichtlich der Katastrophen-Rückversicherung zeigt aber auch die Skepsis, die gegenüber rein privaten Rückversicherungslösungen besteht.[1788] Da staatliche Interventionen mit bedeutenden Nachteilen verbunden sind,[1789] ist ein generelles Einschreiten des Staates kaum zu befürworten.[1790] Es lässt sich feststellen, dass aus diesem Blickwinkel die Situation einer möglichen ineffizienten und ineffektiven Katastrophen-Absicherung Raum für weitere wissenschaftliche Arbeiten lässt.

6.4 Beurteilung und Ausblick

6.4.1 Motivation und Rekapitulation des Untersuchungsverlaufes

Realer Ausgangspunkt der vorliegenden Arbeit sind primär zwei Sachverhalte: Erstens ist die Bedeutung von Naturkatastrophen für unsere Gesellschaft groß und wird weiter wachsen. So sind aus historischer Perspektive in den letzten Jahrzehnten besonders hohe, durch außergewöhnliche Naturereignisse verursachte Sachschäden zu beobachten und gleichzeitig sagen Prognosen voraus, dass die Naturkatastrophen in naher Zukunft weiter deutlich zunehmen werden. Zweitens existieren offenbar Missstände im System der traditionellen Absicherungsinstrumente, die in Form von Unterdeckung, Kapazitätslücken, Preiszyklen etc. beobachtet werden können. Vor diesem Hintergrund ist die praktische Motivation der vorliegenden Untersuchung, dass sich ein alternativer Lösungsmechanismus trotz offenbaren Bedarfs nicht etablieren kann.

Aus theoretischer Sicht fallen die Probleme der betriebswirtschaftlichen Wissenschaft im Zusammenhang mit neuartigen Finanzkontrakten unter den genannten Bedingungen auf. Bislang existierte kein wissenschaftlich fundierter Bezugsrahmen, der eine gesicherte Kontraktentwicklung ermöglicht hätte. Besonders eine Zusammenführung der weitgehend isoliert entwickelten Theorien zu den Erfolgsfaktoren und Gestaltungsmerkmalen von Finanzinnovationen bzw. innovativen Finanzkontrakten unterblieb bislang.

Aus diesem Spannungsfeld, der empirischen Sinnhaftigkeit eines alternativen Lösungsmechanismus einerseits, und der Beobachtung des Ausbleibens eines solchen andererseits sowie der diesbezüglichen Theorie-Lücke motiviert sich die vorliegende Arbeit und deren Untersuchungsverlauf. Sie analysiert die komplexen und vielschichtigen Umstände dieser Nicht-Durchsetzung eines alternativen Lösungsmechanismus, der Finanzinnovation „Verbriefung von Naturkatastrophen-Risiko in Form von handelbaren

---

[1788] Z. B. der Florida Hurricane Catastrophe Fund (gegründet 1993), die California Earthquake Authority (gegründet 1996). Für einen Überblick siehe D'Arcy/France/Gorvett (1999), S. 30-32. Für das Beispiel der staatlichen französischen Katastrophen-Absicherung siehe Michel-Kerjan (2001). Für Beispiele in Mexiko siehe Skees/Varangis/Larson (2002), S. 7.

[1789] Vgl. Skees/Varangis/Larson (2002), S. 9-10.

[1790] Für eine umfassende Darstellung siehe Lewis/Murdock (1996); Louberge/Schlesinger (1999).

Finanzkontrakten", um praktisch nutzbare Erkenntnisse zu entwickeln und die angesprochenen Theorien zu klassifizieren, zu überprüfen und Impulse für deren Weiterentwicklung zu geben.

Untersuchungsverlauf

Nach einigen begrifflichen Einführungen und einer Beschreibung des traditionellen Systems der Risikoabsicherung erfolgt in Teil 2 die Fundierung der praktischen Motivation der vorliegenden Arbeit, die in der offenbaren Ineffizienz des bestehenden Systems der Katastrophen-Absicherung liegt. Daran anschließend nimmt Teil 3 eine Charakterisierung der üblichen katastrophenbasierten Finanzkontrakte und eine Illustration des aktuellen Marktgeschehens vor.

Vor dem Hintergrund, dass sich, gemessen an den in Kapitel 3.5 bestimmten Erfolgsmaßstäben, bislang kein erfolgreicher Markt etablieren konnte, wurde – nach einigen methodischen und begrifflichen Vorbemerkungen – in dem zweiten Kapitel von Teil 4, ausgehend von einem funktionalen Grundverständnis, ein eigenständiger Analyserahmen zur Beurteilung der üblichen Kontraktformen und des Marktgeschehens entwickelt. Dieser Analyserahmen wurde im Folgenden durch zusätzliche, für das Untersuchungsobjekt relevante Eigenschaften und Erfolgsfaktoren erweitert. Basis dieser Ausweitungen waren die wissenschaftlichen Arbeiten zu den Ursachen von Finanzinnovationen und zu den Erfolgsfaktoren anderer Finanzkontrakte.

Obwohl dieser auf einer breiten Literatur- und Wissensbasis gegründete Analyserahmen bereits eine eindrucksvolle Beschreibung und Erklärung des Untersuchungsgegenstandes zulässt, war für die vollständige Beantwortung der Schlüsselfragen dieser Arbeit eine Erweiterung desselben erforderlich. Das weitgehend statische Verständnis des funktionalen Frameworks ist nicht vollständig in der Lage, die bisherige Nicht-Durchsetzung eines Marktes für Katastrophen-Kontrakte zu erklären bzw. eine Prognose zu fundieren, da die dynamische Ausbreitung einer Innovation auch auf Kommunikations- und Durchsetzungsprozessen beruht. Vor diesem Hintergrund wurde das funktionale Verständnis der Arbeit durch eine dynamische Adoptions- und Diffusionsbetrachtung erweitert.

Die Anwendung des Analyserahmens fand dann in den beiden nachfolgenden Teilen der vorliegenden Arbeit statt. In Teil 5 wurde der in Teil 4 bestimmte funktionale Analyserahmen zur Beurteilung der Innovation genutzt. Die einzelnen Erfolgsmaßstäbe dienten der Beurteilung der unterschiedlichen Charakteristika und Besonderheiten der Innovation. Auf Grund der besonderen Relevanz der dynamischen Aspekte erfolgte deren Anwendung zweigeteilt. Erkenntnisse aus der Adoptions- und Diffusionsforschung, die quasi als Kontrakteigenschaften den Einsatz der Innovation beeinflussen, wurden in den funktionalen Analyserahmen integriert, der in Teil 5 die Betrachtung des Untersuchungsgegenstandes ermöglichte. Die Analyse der dynamischen Prozesse, die zu einer Adoption und Diffusion führen, fand dann in Teil 6 in den Kapiteln 6.1 und 6.2 in Form eigenständiger Analysen statt.

Basis der Analysen in Teil 5 und Teil 6 war die bestehende Literatur zu dem Untersuchungsobjekt, durch Marktteilnehmer zur Verfügung gestellte Daten sowie Daten auf Basis eigener Erhebungen[1791]. Zusätzlich wurden die Aussagen und Thesen in Teil 5 der Arbeit durch das Analyseinstrument der Experteninterviews fundiert.[1792] Dieses Vorgehen hat sich im Nachhinein als zielführend herausgestellt. Es gelang, die in Kapitel 1.4 spezifizierten Ziele zu erreichen. So konnte innerhalb des begrenzten Rahmens der vorliegenden Arbeit ein umfassendes Bild der die Innovation beeinflussenden Faktoren erarbeitet werden.

6.4.2 Inhaltliches Fazit und Ausblick

In Bezug auf das Untersuchungsobjekt erbringt die vorliegende Arbeit unterschiedliche Ergebnisse, die im Verlauf von Teil 5 und 6 ausführlich abgeleitet und dargestellt sind. Da eine gesamte Wiederholung aller relevanten inhaltlichen Aspekte auf Grund der vielschichtigen Interdependenzen nicht möglich ist, wird nachfolgend das generelle argumentative Vorgehen rekapituliert. Gleichzeitig erfolgen eine Zusammenführung einzelner Aspekte sowie eine Einordnung der Ergebnisse in den Gesamtzusammenhang.

Ausgangspunkt der Argumentation war die offenbare Ineffizienz des konventionellen Marktes für Katastrophenabsicherung und die Existenz eines alternativen Absicherungsinstrumentes. Obwohl auf Grund der offenbaren Probleme im System der traditionellen Katastrophen-Absicherung das Vorhandensein eines voluminösen Finanzmarktes für Katastrophen-Risiko wünschenswert ist (für die Angebotsseite zusätzliche Kapazität für den Versicherungsmarkt, geringes Kredit-Risiko etc.; für die Nachfrageseite besondere Diversifikationsmöglichkeiten), lässt sich, wie Teil 3 der Arbeit zeigt, aber konstatieren, dass ein solcher Markt bislang kein Volumen entwickelt hat, das im Vergleich mit der traditionellen Absicherung von Katastrophen-Risiko als bedeutend bezeichnet werden könnte. So betrug das ausstehende Volumen im Finanzmarkt für Katastrophen-Risiko Ende 2004 ca. 3,9 Mrd. USD, was innerhalb der letzten Jahre einen Höhepunkt darstellt. Der Umstand, dass die risikotragende Kapazität der Katastrophen-Anleihen weit unter dieser Summe liegt, macht deutlich, dass dieser Markt kaum geeignet ist, die unterstellte Ineffizienz des konventionellen Marktes zu beseitigen. Aus dieser Beobachtung erwächst die Fragestellung der vorliegenden Arbeit, warum der Markt für alternativen Katastrophen-Risikotransfer kein bedeutendes Volumen entwickelt.

Die möglichen Ursachen dafür wurden, da kein etablierter Analyserahmen zur Untersuchung einer solchen Finanzinnovation existiert, anhand eines selbstständig entwickelten Argumentationsrahmens in Teil 5 dieser Arbeit betrachtet. Die vielschichtigen und komplexen Ausführungen zusammenfassend, lässt sich feststellen, dass der Finanzmarkt für Katastrophen-Risiko nicht durch einen einzelnen Faktor, sondern durch eine

---

1791 Die eigenen Auswertungen bezogen sich auf die sekundären Quellen.

1792 Für eine Begründung der Wahl des Analyseinstruments siehe Kapitel 5.1.

Vielzahl unterschiedlicher, teilweise wechselseitig verbundener Aspekte in seiner Entstehung be- oder verhindert wird.

Bezüglich der Nachhaltigkeit ihrer Wirkung können diese Faktoren in zwei Gruppen untergliedert werden. Einige Kontrakteigenschaften, wie die im Vergleich zur traditionellen Absicherung geringe Hedge-Effizienz, die Methodenunsicherheit bezüglich der Bewertung oder die Unsicherheit bezüglich der bilanziellen, steuerlichen und regulatorischen Zulässigkeit und Anerkennung oder die organisatorischen Hürden, behindern zwar den unmittelbaren Einsatz der Innovation, sollten aber bei der gezeigten fundamentalen Vorteilhaftigkeit der Katastrophen-Risikotransferinstrumente nicht deren mittel- bis langfristigen Erfolg aufhalten können. Sie stellen quasi – analog zur Terminologie des Kapitels 4.4 – als Innovationsbarrieren einmalige, zu beseitigende Hindernisse dar, die in den dann folgenden Perioden für die Marktteilnehmer keine Entscheidungsrelevanz mehr besitzen. Ihre langfristige Entscheidungsrelevanz darf daher als gering angesehen werden. Daneben existieren aber Eigenschaften des Untersuchungsobjektes, die eine quasi permanente Beeinflussung der Marktteilnehmer erwarten lassen. Die Komplexität des Untersuchungsobjektes und die Umstände einer Transaktion, die fundamentale Orientierung der Marktteilnehmer,[1793] die psychologischen Aspekte sowie die hohen Transaktionskosten etc. werden den Finanzmarkt für Katastrophen-Risiko derart grundlegend langfristig und nachhaltig beeinflussen, dass sie das Entstehen eines Finanzmarktes für Katastrophen-Risiko beständig zu verhindern vermögen.

Vor diesem Hintergrund lassen die relativ lange Historie des Finanzmarktes für Katastrophen-Risiko in Verbindung mit den Ergebnissen der in Teil 5 vorgenommenen Diffusionsanalyse vermuten, dass die etwaige Entwicklung des Marktes keinen natürlichen, sich selbst entfaltenden Prozess darstellt. Ganz im Gegenteil wird – auch anhand der Interviews, die dieses Ergebnis bestätigen –, deutlich, dass eine Veränderung allenfalls durch zwei unterschiedliche – externe – Entwicklungen zu erwarten ist. Erstens ist denkbar, dass die Versicherungsindustrie insgesamt eine ähnliche Entwicklung wie die Bankbranche vor einigen Jahren durchleben wird. Die Weiterentwicklung von Methoden des Risikomanagements könnte so auch in der Versicherungsindustrie zu einer Einführung einheitlicher Standards, neuer Organisationsformen etc. führen, welche die Handlungsparameter im Sinne der Innovation positiv beeinflussen und beispielsweise die in Abschnitt 5.5.1 beschriebenen Probleme abbauen könnten. Eine solche Veränderung wird aber einige Zeit in Anspruch nehmen und eher langsam verlaufen. Parallel und diese Entwicklung unterstützend, könnte zweitens eine Veränderung der Absicherungsinstrumente auch durch eine Steigerung des Naturkatastrophen-Exposures unserer Gesellschaft erfolgen. Nachfragegetrieben könnte dann die Entwicklung alternativer Risikotransfer-Instrumente forciert werden.

1793 Siehe hierzu etwa die Ausführungen zur Bedeutung der Liquidität in Abschnitt 5.3.1.2.

Auch wenn der Erfolg der Innovation Katastrophen-Risikoübertragung durch handelbare Finanzkontrakte bislang eher gering ist, scheint es auf Grund der in Abschnitt 6.2.2 vorgenommenen Ausführungen wahrscheinlich, dass eventuell mittelfristig, eher aber langfristig tatsächlich eines der in Tabelle 7 als wirksam beschriebenen Szenarien (IV oder V) eintritt und eine spürbare Verbesserung der aktuellen Situation durch die Innovation erreicht würde. Besonders die enormen Schäden des Wirbelsturms Katrina haben ein fundamentales Überdenken der Methoden der traditionellen Katastrophen-Risiko-Absicherung bewirkt. Hierdurch könnte die beschriebene Dynamik ausgelöst werden, die zu einer grundsätzlichen Veränderung führen könnte. Kritisch muss allerdings angemerkt werden, dass diese Entwicklung auch bereits nach den enormen Versicherungsschäden in Folge der Terroranschläge vom 11. September 2001 prognostiziert wurde.

6.4.3 Durch die Arbeit erzielter Wissenszuwachs und offene Fragen

Die wissenschaftliche Motivation der vorliegenden Arbeit ist die Nicht-Existenz eines Standardwerkes zur Beurteilung von Finanzinnovationen im Allgemeinen und der von Finanzkontrakten im Speziellen. Die Finanzierungstheorie ist weder in der Lage, die Vielfalt der an den Finanzmärkten gehandelten Finanzkontrakte zu erklären, noch Empfehlungen auszusprechen, wie die entsprechenden Kontrakte ausgestaltet werden sollen. Es mangelt an einer systematischen Darstellung und Zusammenführung der Literatur zu Finanzinnovationen und zum Kontraktdesign. Durch die umfassend, möglichst die breite wissenschaftliche Literatur erfassend angelegte Arbeit konnte eine Anwendung der zeitgemäßen Finanzierungsliteratur auf den Untersuchungsgegenstand und entsprechende Beurteilung erfolgen. Darüber hinaus ermöglichte das gewählte Vorgehen eine breite intradisziplinäre Verknüpfung der wissenschaftlichen, teilweise modelltheoretischen Arbeiten mit teilweise sehr spezifischen, praxisorientierten Erkenntnissen.

Nachteilig an der breit angelegten Betrachtungsweise ist deren methodeninhärente Oberflächlichkeit. Wegen der Neuheit des Untersuchungsgegenstandes und der bislang fehlenden Zusammenführung der gegenwärtigen wissenschaftlichen Literatur wurde dieser Missstand aber bewusst in Kauf genommen worden. Durch die Vernetzung der unterschiedlichen Literaturbereiche und durch die praktische Erkenntnis aus den Experteninterviews konnten interessante Thesen entwickelt werden, die einer fokussieren modelltheoretischen oder empirischen Überprüfung bedürfen. Neben der als eher handwerklich zu bezeichnenden Weiterentwicklung einzelner Themenfelder (Bewertung der Kontrakte, steuerliche und regulatorische Anerkennung, bilanzielle Behandlung der Kontrakte etc.) existieren einige Problemfacetten, die eine strukturelle Weiterentwicklung der Finanzierungstheorie – teilweise durch den Transfer und die Transformation von wissenschaftlichen Erkenntnissen anderer Disziplinen – erfordern.

Neben den spezifischen Aussagen zu dem Erklärungsgehalt der jeweiligen Theorien und Literaturbereiche, die sich in den Teilen 5 und 6 bei den einzelnen Anwendungen der Erfolgsfaktoren zeigen, sind zwei Bereiche besonders evident.

So zeigt die Arbeit, dass es keineswegs reicht, Finanzkontrakte in ihren durch die traditionelle Finanzierungstheorie betrachteten Eigenschaften zu analysieren. Die in der Realität vorkommenden Kontrakte zeichnen sich durch eine Reihe weiterer entscheidungsrelevanter Eigenschaften aus. Eines der Beispiele hierfür ist, dass für den Erfolg eines Finanzkontraktes das Passen der Innovation zu den bestehenden organisatorischen Abläufen, Bewertungsmethoden, rechtlichen und regulatorischen Regelungen sowie psychologischen Faktoren etc. hochgradig entscheidungsrelevant ist. Die konventionelle Finanzierungstheorie kann zu diesen Aspekten wenig Erklärungsgehalt liefern. Hier bietet sich ein interessantes Feld für weitere wissenschaftliche Arbeiten und es zeigt sich die Relevanz bereits bestehender, aber dennoch neuer Finanzierungsliteratur, die sich mit solchen Problemfeldern beschäftigt (z. B. Behavioral Finance).[1794]

Zweitens gelang es ebenfalls im Rahmen der Arbeit zu zeigen, dass Finanzkontrakte wie andere Innovationen auch Neuerungen sind, die in unterschiedlichen Prozessen ihren Marktanteil und ihre Marktdurchdringung dynamisch entwickeln. Bislang ist dieser Problembereich durch die bestehende Literatur kaum bearbeitet. Da Finanzkontrakte sich durch besondere Charakteristika auszeichnen (u. a. leichte Kopierbarkeit bei fehlendem Patentschutz), stellt die Untersuchung dieses Themenkomplexes mehr dar als eine simple Übertragung und Modifikation bereits existenter Ansätze und Erkenntnisse. Entsprechend angelegte wissenschaftliche Arbeiten sind vor diesem Hintergrund und der besonderen Relevanz der Finanzmärkte und auch Finanzinnovationen von großer Bedeutung.

Als Fazit unter wissenschaftlichen Gesichtspunkten lässt sich daher festhalten, dass die vorliegende Arbeit die Relevanz bestehender, der Finanzierungstheorie zuzurechnender Ansätze für den Untersuchungsgegenstand zeigt und gleichzeitig eine Vielzahl unterschiedliche Möglichkeiten für weitere wissenschaftliche Beiträge formuliert.

[1794] Siehe hierzu den Abschnitt zu den psychologischen Innovationsbarrieren (5.5.1.3).

Anhang

Anhang 1 Strukturierter Interviewleitfaden

Anhang 2 Charakteristika der Interviewteilnehmer

EUROPEAN BUSINESS SCHOOL
International University Schloß Reichartshausen

The Development and Success of Catastrophic Risk as a Financial Contract

Questionnaire
for
Structured Interviews
as Part of an
Empiric Survey

Contact:

Dipl.-Kfm. Mischa Ritter, B.Sc.

Endowed Chair for
Corporate Finance and Capital Markets

EUROPEAN BUSINESS SCHOOL
Schloss Reichartshausen

65375 Oestrich-Winkel / Germany

e-mail: mischa.ritter@ebs.de
Tel. 49 (0) 26 1 - 40 90 810
Fax 49 (0) 30 - 48 49 85 602

CONFIDENTIALITY

The INTERVIEWER guarantees the total confidentiality of all information gathered from the interviews.
Only the final part of the Ph.D. thesis containing anonymous and aggregated data will be passed out to the dissertation committee and the general public.

Purpose of the Survey and the Structured Interview

The following structured interview and questionnaire are the basis of the empirical part of a Ph.D. thesis.[1]

The aim of the dissertation is to develop a deeper understanding of the forces that drive the market for catastrophic risk.

The results of the interviews with industry experts will be embedded in a general theoretical framework to foster a broad understanding of financial innovations and the market for financial products in general.

Motivation for Taking Part

This is the first time that the development of the Cat-Future-Market and the Cat-Market in general is analyzed in a broad survey of structured interviews.

This will enable us to develop an in-depth understanding of the processes underlying the adoption and diffusion of financial innovations on capital markets.

In order to incentivize potential interview partners to take part in the survey, the aggregated results will exclusively be submitted to them before the publication of the thesis.

Process of the Interview

The questionnaire is the basis of a structured telephone of face-to-face conversation.

Therefore, slight changes in the order of the questions are admitted. Also the focus on specific topics does naturally vary depending on the specific working field of the interviewee.

However, the interviewer will try to cover all different aspects covered by this guideline.

Questionnaire Outline

I. Introduction

II. Motivation and Objectives as a Market Participant

III. Current Situation in the Market Place for Cat-Risk-Insurance

IV. Rationalization for the Development of the Cat-Market

V. Expectations about Further Developments

VI. Support and Sponsorship of a Market Development

VII. Steps to Develop a Successful Market

VIII. Characteristics of the Interview Partner

[1] The Ph.D. thesis is supervised by the Endowed Chair for Corporate Finance and Capital Markets at the **ebs**: Prof. Ulrich Hommel, Ph.D. (Rudolf von Bennigsen-Foerder Foundation Professor of Finance).

I. Introduction

1. **Opening of the interview (greetings, etc.)**
2. **Explanation of the interviewer's motivation**
3. **Specify the disclosure statement**
4. **Testing the interviewee's familiarity with the following concepts:**

→ Managing Cat-Risk in general (traditional insurance concepts)
→ Financial Cat-Risk market (cat-bonds, derivatives etc.)

II. Motivation and Objectives as a Market Participant

1. **Company's position in the market of (cat) insurance risk:**

Potential answers: [2]

- ☐ **Hedging motivation**
- ☐ **Investing in cat-risk (risk / return motivation)**
- ☐ **Market support (consulting, lawyer, modelling, rating, etc.)**

2. **Current situation in the range of conventional hedging (only relevant if the company has a hedging motivation)**

3. **Change the topic from catastrophe insurance to the ART-Concepts.**
Explain the special impact of natural hazards in reference to ART-Products.

4. **The interviewee's concrete experience in Alternative-Risk-Transfer**

[2] The potential answers are not to be mentioned or inferred. The nomination here and thereafter is only a guide help with the note-taking and provide the reader of the dissertation with an idea of potential answers.

5. To review the usage and benefits of current (Cat)-ART-Solutions vs. traditional business (disadvantages will not covered actively here)

Potential answers:

- ☐ **Transfer risk**
- ☐ **Invest capital**
- ☐ **Diversify portfolio**
- ☐ **Create fees / consulting income**
- ☐ **Lower costs**
- ☐ **Lower credit risk**

6. Decision and usage status in the interviewee's company

III. Current Situation in the Market Place for Cat-Risk-Insurance

1. Situation of the contemporary ART-Cat-Risk market (Cat-Bonds, swaps etc.):

2. If the interviewee qualifies for deeper questioning:
How is the market situation in respect to:

Total outstanding volume	
Number of deals per year	
Secondary market liquidity (volume and quality)	
Number and type of issuers and investors	
Pricing	

IV. Rationalization for the Development of the Cat-Market

1. **How do you judge the current market situation in respect to the predictions of the very optimistic middle and late 90s; the need for capacity; the potential volume?**

2. **Does the interviewee have the opinion that the market develops slowly? If yes, ask the question: What are the reasons for the sluggish market development?[3]**

(NOTE: if the interviewee has a different opinion this passage is to be left out):

3. **Are there any problems which are related to the nature of the risk (focused question)**

Potential answers:

- ☐ **Cat-Risk generally not insurable**
- ☐ **Characteristics of Cat-Risk (low frequency, high severity)**
- ☐ **Lack of universal approved valuation method / model**
- ☐ **Psychological factors referring to the specific risk**

4. **Contract specific problems of the usual Cat-Bonds or swaps etc. (focused question)**

Potential answers:

- ☐ **The product design is not adequate (i.e. informational problems)**
- ☐ **Low hedge efficiency (high basis risk)**
- ☐ **Products are too complex**
- ☐ **Issuance is too time consuming**
- ☐ **High transaction costs (structuring, risk or novelty premium)**
- ☐ **Lack of secondary market liquidity or lack of liquid basis contract**

Regulatory problems

→ ☐ **Tax**
→ ☐ **Accounting and disclosure**
→ ☐ **Legal**

[3] This question is supposed to be discussed in detail. The following focused questions will only be asked if not covered at this stage of the interview.

5. **Problems regarding the knowledge and structure of the organizations involved in the deals (focused question)**

Potential answers:

- ☐ **Does not fit in most organizations (risk management process / tools)**
- ☐ **General knowledge problems**
- ☐ **Lack of experience**
- ☐ **Organisational inertia in certain companies**
- ☐ **No specific information / database obtainable (deals, historic development etc.)**
- ☐ **No one is pushing the market (spending money in promotion etc.)**

6. **Reasons arising from industry rivals and alternative products**

Potential answers:

- ☐ **Comparatively, re-insurance is cheaper**
- ☐ **Long relationships established in the conventional reinsurance**
- ☐ **Re-insurance companies are preventing the market to take off (e.g. monopolistic market power)**

V. Expectations about Further Developments

1. **General market developments (for example: the market will take off in the next x years)**

2. **Driving factors**

Are there special driving factors? The market will take off if…
Potential answers:

- ☐ **A big catastrophe results in capacity shortages**
- ☐ **Insurance and re-insurance prices increase**
- ☐ **Exceptional capital market movement (positive or negative influence)**
- ☐ **Governmental action will take place**

3. **Driving institutions and their motivation**

4. **Concrete market outlook (deal size, market volume, securitized risks, involved parties)**

5. **Market outlook (contract design)**

What kind of contracts is likely to exist in the future
Potential answers:

- ☐ **Physical index trigger**
- ☐ **Risk / capital ratio**
- ☐ **Type of triggers**
- ☐ **Duration**

VI. Support and Sponsorship of a Market Development

1. **If the interviewee's company actively developing the market, what is their goal? Reasons for the active position**

Potential answers:

- ☐ **Develop important capabilities**
- ☐ **Develop a better product**
- ☐ **Serving better the needs of our clients**
- ☐ **Marketing effects**

2. Active position should result in ...

Potential answers:

- ☐ **Higher market share**
- ☐ **Higher profit**
- ☐ **Higher market recognition**
- ☐ **Positive image**

3. Reasons for being passive (only if not active)

Potential answers:

- ☐ **Waste effort and money**
- ☐ **Fear of losing reputation**
- ☐ **Might not be able to change strategy**
- ☐ **Does not have the knowledge to enter the market**

VII. Steps to Develop a Successful Market

Summarizing:

1. What is preventing the Cat-Market to take-off:

2. What kind of action will be needed to develop a successful market:

3. Which problems need to be solved:

VIII. Characteristics of the Interview Partner

Name of the Interview Partner:

____

Company Name:

____

Position:

____

Contact Details (e-mail / Phone):

____

ANHANG 2

Überblick

Institutionentypus	Verwendete Abkürzung	Interviewpartner Nr.	Anzahl
Börse	Bö	1-2	2
Broker, auf Versicherungen spezialisiert	Br	3-9	7
Investmentbank	Ib	10-16	7
Investor	In	17-19	3
Modelling-Agentur	Mo	20-23	4
Rating-Agentur	Ra	24-25	2
Rechtsanwalt, Steuerberater oder Wirtschaftsprüfer	Re	26-30	5
Regulator und Aufsichtsbehörde	Au	31-33	3
Rückversicherung	Rü	34-40	7
Versicherung	Ve	41-45	5
Weitere Unternehmen	We	46-47	2
Summe			**47**

Nr. Charakteristika des Interviewteilnehmers[1795]

1. Der Gesprächspartner ist bei einer europäischen Börse als Produktentwickler beschäftigt. Sein Aufgabenspektrum ist umfassend und beinhaltet auch Bereiche des Katastrophen-Risikomanagements und Wetter-Derivate. Er verfügt daher über entsprechende Erfahrung zum Untersuchungsgegenstand.
2. Der Interviewpartner leitet bei einer Börse den Bereich Produktentwicklung (insbesondere Derivate und strukturierte Produkte). In dieser Funktion verfügt er über langjährige Erfahrung im Umgang mit unterschiedlichen Finanzinnovationen. Er hat sich auch intensiv mit der Verbriefung von Wetter- und Naturkatastrophen-Risiken beschäftigt.
3. Der Interviewpartner ist Vice President und Leiter der ART-Abteilung eines amerikanischen Versicherungsbrokers. Teil seiner Arbeit ist die Strukturierung und Analyse von Rückversicherungslösungen mit besonderem Fokus auf alternative Möglichkeiten. Er ist darüber hinaus Editor eines monatlich erscheinenden Newsletters zum Thema Versicherung, der sich auch mit ART beschäftigt.
4. Der Interviewpartner ist für einen der größten Serviceanbieter für Versicherungen als Head of Investmentbanking (Managing Director) tätig, der sich auch mit alternativen Risikotransferinstrumenten beschäftigt. Er hat als solcher eine überaus große Erfahrung mit dem Untersuchungsobjekt. Darüber hinaus ist er Herausgeber eines der umfassendsten Marktreports zu Katastrophen-Anleihen.
5. Der Gesprächspartner ist Managing Director bei einem der führenden Rückversicherungsbroker. Er beschäftigt sich mit unterschiedlichen Bereichen des Transfers von Naturkatastrophen-Risiko und auch Katastrophen-Anleihen. Sein Arbeitgeber ist auf unterschiedlichste Risiken und Industrien spezialisiert

[1795] Die teilweise unpräzise erscheinenden Charakterisierungen dienen der Anonymisierung der Gesprächspartner (beispielsweise: „Eine oder mehrere", die durchgängige Verwendung der männlichen Bezeichnung oder auch die Nicht-Nennung der Marktpositionierung einzelner Unternehmen). Ohne diese Verallgemeinerung wäre es Industrie-Insidern recht einfach möglich, anhand der Charakterisierungen die jeweiligen Gesprächspartner zu identifizieren.

und profiliert sich vor allem durch Spezialversicherungen, die außerhalb normaler Versicherungsverträge liegen.

6. Der Gesprächspartner ist Direktor bei einem der großen Versicherungsmakler. Er ist als solcher Leiter des Bereiches Capital Markets, der sich mit allen kapitalmarktnahen Versicherungsprodukten und so auch mit dem Transfer von Versicherungsrisiken auf Kapitalmärkte durch Katastrophen-Anleihen beschäftigt.

7. Der Interviewpartner ist bei einem der größten Versicherungsmakler als Manager für den Bereich Financial Institutions zuständig. Der Diskutant hat sich bereits für mehrere Unternehmen in unterschiedlichen Bereichen mit Versicherungsrisiko beschäftigt. Er hat auf unterschiedlichen Konferenzen Stellung zu dem Untersuchungsobjekt bezogen.

8. Der Interviewpartner ist bei einem der größten Rückversicherungsbroker als Chef-Volkswirt tätig. Dieses Unternehmen bedient sich unterschiedlicher ART-Instrumente. Auch Katastrophen-Anleihen wurden bereits zum Risikotransfer genutzt. Der Gesprächspartner hat eine Reihe von Fach-Publikationen zum Thema Katastrophen-Versicherung und zu Katastrophen-Anleihen im Speziellen verfasst.

9. Der Gesprächspartner ist bei einem weltweit tätigen Serviceunternehmen beschäftigt. Das Unternehmen bietet als Broker und Berater unterschiedlichste Dienstleistungen im Versicherungsbereich an. Der Gesprächspartner ist in dem Bereich Alternative-Risk-Transfer tätig und verfügt hierdurch auch im Cat-Bond-Bereich über eine langjährige Erfahrung.

10. Der Gesprächspartner ist Direktor in einer deutschen Bank. Er ist im Bereich Investment-Banking zuständig für Financial Institutions. Als solcher hat er sich schon mit unterschiedlichen ART-Strukturen beschäftigt. Ein besonderer Schwerpunkt seiner Arbeit liegt auf der Betreuung von Versicherungen bei allen Arten von Kapitalmarkttransaktionen.

11. Der Gesprächspartner ist für eine amerikanische Investment-Boutique tätig, die sich besonders mit der Beratung von Versicherungen beschäftigt. Die Institution gilt als einer der Spezialisten im Bereich der Cat-Bonds, die auch aktiv am Markt auftritt. Der Diskutant ist Co-Autor diverser Publikationen, die sich mit dem aktuellen Geschehen am Markt für Katastrophen-Anleihen beschäftigen.

12. Der Diskutant ist als Managing Director für eine Investment Bank tätig, die bisher zu den aktivsten Marktteilnehmern gezählt hat. Diese hat an einer Reihe von Transaktionen mitgearbeitet. Der Gesprächspartner verfügt daher über langjährige Erfahrung zu dem Untersuchungsgegenstand und hat auch bereits in zahlreichen Interviews und Fachbeiträgen zu dem Gegenstand Stellung bezogen. Für diese Institution ist insgesamt auffällig, dass trotz der hohen Sachkompetenz bislang wenige Unternehmenspublikationen zu diesem Thema veröffentlich wurden.

13. Der Interviewpartner ist Gründer und Geschäftsführer einer Investment-Boutique, die sich mit kapitalmarktnahen Rückversicherungslösungen auseinandersetzt. Eine seiner Grundthesen, die auch die Positionierung seiner Unternehmung charakterisiert, ist die Konvergenz zwischen Rückversicherung und Kapitalmarkt. Er hat mehrjährige praktische Erfahrung mit dem Untersuchungsgegenstand.

14. Der Gesprächspartner ist für eine der größten Banken im Bereich Structured Products tätig. Er verfügt über mehrjährige Erfahrung im Bereich ABS, MBS,

RMBS etc. Der Interviewpartner beschäftigt sich neben der Modellierung von Transaktionen auch mit der Ausgestaltung von strukturierten Produkten unter besonderer Berücksichtigung unterschiedlicher Rechtssysteme.

15. Der Interviewpartner ist als Vice-President bei einer Investment-Bank beschäftigt, die ihren Klienten als eine der größten Banken weltweit alle Arten von Bankleistungen anbietet. Der Gesprächspartner hat sich intensiv mit der Emission von Katastrophen-Anleihen beschäftigt. Zusätzlich hat er mehrere Publikationen auf wissenschaftlichem Niveau zu dem Untersuchungsgegenstand verfasst.

16. Der Interviewpartner war zum Zeitpunkt des Gesprächs Direktor bei einer großen Bank. Er hat den Bereich strukturierte Produkte geleitet und sich intensiv mit dem Katastrophen-Anleihen-Markt beschäftigt. Die Bank ist trotz verschiedener Bemühungen bislang aber nicht als Arrangeur für Katastrophen-Anleihen am Markt aufgetreten, hat jedoch andere, traditionell dem Versicherungsbereich zuzurechnende Risikoarten verbrieft.

17. Der Interviewpartner ist Principal und Mitinhaber eines Hedge Fonds, der sich u. a. auf Investitionen in Katastrophen-Anleihen spezialisiert hat. Er verfügt über langjährige Erfahrung als Versicherungsbroker und hat als solcher in den Bereichen Rückversicherung und ART gearbeitet.

18. Der Gesprächspartner ist bei einem sehr renommierten Asset-Manager beschäftigt. Dieser Vermögensverwalter bietet unterschiedlichste Kapitalanlagen besonders für die klassischen HNWI's (High Net Worth Individuals) an. Der Interviewpartner ist als Investitionsspezialist für einen Fonds zuständig, der nach eigenen Angaben zu einem großen Teil in Katastrophen-Anleihen investiert ist.

19. Der Interviewpartner ist als Manager für mehrere Fonds tätig. Diese Fonds zeichnen sich durch ihren innovativen Charakter aus, d. h. die Anlage in Derivaten, Zertifikaten etc. ist im Rahmen der Fondsrichtlinien möglich und dient als Alleinstellungsmerkmal (z. B. Garantiefonds). Der Gesprächspartner hat sich durch diese Tätigkeit als besonders aufgeschlossen gegenüber innovativen Anlageformen ausgewiesen. Er hat sich ebenfalls mit der Investition in Katastrophen-Anleihen beschäftigt.

20. Der Interviewpartner ist Senior Vice President bei einer der am Markt aktiven Modelling-Agenturen. Das Unternehmen zeichnet sich durch eine aktive Haltung gegenüber unterschiedlichsten Risikomodellierungen aus (u. a. neben der Modellierung von Naturkatastrophen auch die Modellierung von Risiken durch Terrorismus), d. h. es wird eine aktive Kommunikations- und Informationspolitik verfolgt. Der Gesprächspartner hat unterschiedliche Cat-Bond-Transaktionen betreut und verfügt über entsprechende langjährige Erfahrungen.

21. Der Interviewteilnehmer ist als Vice President bei einer der Modelling-Agencies beschäftigt, die sich aktiv mit dem Untersuchungsgegenstand auseinandersetzen. Die Modelling-Agency verfügt über Expertise sowohl in der Modellierung von Schäden durch Naturkatastrophen als auch Erfahrung im Umgang mit Katastrophen-Anleihen und Katastrophen-Derivaten. Der Interviewpartner ist in diesem Zusammenhang für alle Fragen der Securitization von Naturkatastrophen-Risiken zuständig.

22. Der Gesprächspartner ist für eine der am Markt aktiven Modelling-Agenturen tätig. Er hat zahlreiche Publikationen in zum Teil wissenschaftlich anerkannten Zeitschriften zum Untersuchungsgegenstand verfasst. Diese Beiträge beschäf-

tigen sich vordringlich mit der akkuraten Abbildung von Naturkatastrophen und den durch sie hervorgerufenen Schäden sowie der Bewertung solcher Risiken.

23. Der Interviewpartner ist bei einer Modelling-Agency beschäftigt, die einige Cat-Bond-Transaktionen begleitet hat. Er befasst sich mit der Abbildung von Naturkatastrophen und den durch sie verursachten Schäden. Seine Tätigkeitsschwerpunkte liegen im Bereich der Abbildung von realen Charakteristika (z. B. Gebäuden).

24. Der Gesprächspartner ist als Managing Director bei einer der am Markt tätigen großen Rating-Agenturen beschäftigt. Als Spezialist für den Bereich Versicherungen hat er auch am Rating mehrerer Katastrophen-Anleihen mitgearbeitet und verfügt so über eine umfängliche Erfahrung mit dem Untersuchungsgegenstand.

25. Der Gesprächspartner ist als Senior Vice President für einen der größten Versicherungsmakler und Service-Agenten im Bereich Rückversicherung tätig. Als Aktuar hat er sich besonders mit quantitativen Fragestellungen (Bewertung, Strukturierung etc.) beschäftigt. Der Diskutant hat auch an unterschiedlichen Fachpublikationen zum Untersuchungsgegenstand mitgearbeitet.

26. Der Gesprächsteilnehmer ist Partner einer international tätigen Rechtsanwaltskanzlei. Schwerpunkte seiner Arbeit sind die Bilanzierung und Anerkennung von Versicherungs- und Rückversicherungsverträgen. Er hat sich im Rahmen dieser Spezialisierung auch mit dem Untersuchungsgegenstand und seinen Charakteristika beschäftigt.

27. Der Interviewteilnehmer ist Partner in einer international tätigen Rechtsanwaltskanzlei, die sich sowohl auf Serviceleistungen in Bereich der Kapitalmärkte als auch auf Versicherungen spezialisiert hat. Arbeitsschwerpunkt des Interviewten ist die Beratung im Bereich regulatorischer Fragen. Er hat sich bereits in zahlreichen Interviews und Fachbeiträgen zu der Interviewthematik geäußert.

28. Der Gesprächsteilnehmer ist bei einer der großen Rechtsanwaltskanzleien Partner und für den Bereich verantwortlich, der sich u. a. mit der rechtlichen Strukturierung von Katastrophen-Anleihen beschäftigt. Schwerpunkte seiner Arbeit liegen neben der rechtlichen Strukturierung von M&A-Transaktionen, Public und Private Debt auch in der rechtlichen Ausgestaltung der Verbriefung von Versicherungsrisiken.

29. Der Gesprächsteilnehmer ist Partner einer großen Rechtsanwaltskanzlei und einer der führenden Rechtsanwälte in seinem Tätigkeitsbereich. Schwerpunkte seiner Arbeit sind regulatorische, bilanzielle und vertragliche Fragestellungen von Versicherungslösungen. Er verfügt so auch über Erfahrung im Umgang mit dem Untersuchungsgegenstand.

30. Der Interviewteilnehmer ist als Managing Partner bei einer großen Rechtsanwaltssozietät beschäftigt. Er hat sich auf die Bereiche Banken und Versicherungen und dabei besonders auf die rechtliche Strukturierung von SPRV und anderen Zweckgesellschaften spezialisiert, die in Off-Shore Gebieten zur Umgehung von nationalen Rechts- und Steuervorschriften kreiert werden.

31. Der Interviewpartner ist bei einer Regulierungsbehörde für die Bereiche Versicherung und Anerkennung von Rückversicherungslösungen zuständig. Er hat sich auch mit der Wirksamkeit und regulatorischen Zulässigkeit von alternati-

ven Rückversicherungslösungen wie SPVs, Captives und Katastrophen-Anleihen beschäftigt.

32. Der Gesprächspartner ist als Fachreferent für eine Regulierungsbehörde tätig. Er ist zuständig für die Überwachung und Regulierung von Versicherungen. Er hat sich dabei bereits intensiv mit den verschiedenen Auswirkungen von Alternative-Risk-Transfer-Produkten und Katastrophen-Anleihen beschäftigt.

33. Der Gesprächspartner ist in einer Regulierungsbehörde für Versicherungen tätig. Im Rahmen seiner Arbeit hat er sich mit den unterschiedlichen Anforderungen an die Kapitalbasis von Versicherungen beschäftigt. Besonderer Schwerpunkt seiner Arbeit sind die Zulassung von Kapitalanlagen und die Anforderungen an innovative Produkte.

34. Der Diskutant ist als Senior Structurer bei einer Rückversicherung für das Management von Katastrophen-Risiken durch Kapitalmarktprodukte zuständig. Die Rückversicherung hat mehr als eine Cat-Bond-Transaktion als Sponsor begleitet und ist auch im konventionellen Katastrophen-Versicherungsgeschäft aktiv. Der Gesprächspartner verfügt somit über sehr spezifische Erfahrung mit Katastrophen-Anleihen.

35. Der Interviewpartner ist für eine Rückversicherung als Repräsentant im Bereich Alternative-Risk-Transfer tätig. Er nimmt als solcher eine Leitungsfunktion innerhalb dieses Aufgabenkreises wahr. Die Rückversicherung hat bereits Transaktionen getätigt, so dass auch der Gesprächspartner über entsprechende Kenntnis im Umgang mit dem Untersuchungsgegenstand verfügt.

36. Der Diskussionsteilnehmer ist als Junior Consultant für eine Rückversicherung tätig. Diese Rückversicherung hat mehr als einen Cat-Bond an den Kapitalmarkt gebracht bzw. gesponsert. Der Gesprächspartner hat sich vordringlich um die strukturelle Gestaltung dieser Transaktionen gekümmert und verfügt so über wesentliche Expertise im Umgang mit dem Untersuchungsgegenstand.

37. Der Interviewte ist als Senior Consultant für eine große Rückversicherung tätig. Er konzentriert sich bei seiner Arbeit im Wesentlichen auf kapitalmarktnahe Bereiche innerhalb des Versicherungsgeschäftes. Diese Rückversicherung zeichnet sich durch zahlreiche Publikationen und Fachbeiträge aus, in denen auch der Untersuchungsgegenstand und seine besonderen Eigenschaften beschrieben und diskutiert werden.

38. Der Gesprächspartner ist bei einer großen Rückversicherung als Kapitalmarktexperte tätig. Der Fokus seiner Arbeit liegt in den Bereichen Alternative-Risk-Transfer. Diese Rückversicherung war bereits bei einem oder mehr Transaktionen beteiligt. Über unterschiedliche Transaktionen hat der Interviewpartner somit auch Erfahrung im Bereich der Strukturierung von ART-Lösungen und besonders der Investorenansprache.

39. Der Gesprächspartner ist für eines der großen Rückversicherungsunternehmen tätig, die weltweit aktiv sind und unterschiedlichste Risiken absichern. Das Unternehmen hat Katastrophen-Transaktionen am Markt initiiert und nutzt die Teilnahme auch als Marketinginstrument. So existieren einige entsprechende Fachbeiträge, die durch das Unternehmen initiiert wurden. Der Gesprächspartner ist in einer der Stabs- und Forschungsabteilungen beschäftigt, die sich mit grundlegenden Entwicklungen auf den Versicherungsmärkten beschäftigen.

40. Der Interviewpartner ist für eine große Rückversicherung als Chef des Researchs und einer Grundlagen-Abteilung tätig. Er ist sowohl für externe Publikationen als auch für die langfristige strategische Ausrichtung der Versiche-

rung verantwortlich bzw. in diesen Feldern beratend tätig. Im Rahmen seiner Aktivitäten ist er Autor unterschiedlichster Studien zum Rückversicherungsmarkt, zu ART-Lösungen und zum Cat-Bond-Markt.

41. Der Interviewpartner ist Vice President bei einer Versicherung und als solcher zuständig für den Bereich Alternative-Risk-Transfer. Er hat sowohl bei unterschiedlichen Konferenzen als auch in Presseartikeln zum Thema Stellung bezogen. Sein Arbeitgeber nutzt unterschiedliche ART-Produkte. Die Versicherung hat auch den Einsatz von Cat-Bonds intensiv diskutiert und sich auch schon an einer oder mehr Transaktionen beteiligt.

42. Der Gesprächspartner arbeitet für einen großen, weltweit tätigen Versicherungsmakler im Bereich Rückversicherung als Direktor. Er beschäftigt sich besonders mit den Bereichen ART und Captives. Spezielle Schwerpunkte seiner Arbeit sind regulatorische Fragestellungen und die Bilanzierung von ART-Strukturen.

43. Der Gesprächsteilnehmer ist bei einem europaweit tätigen Versicherungsunternehmen beschäftigt, das sich auf die Absicherung von außergewöhnlichen Risiken spezialisiert hat, die außerhalb von konventionellen Versicherungsverträgen liegen. Seine Aufgaben umfassen die Entwicklung und Strukturierung von ART-Lösungen, die sich als Rückversicherung einsetzen lassen. Vor diesem Hintergrund hat er sich intensiv mit dem Untersuchungsgegenstand beschäftigt.

44. Der Interviewpartner ist als Senior Consultant bei einer Versicherung angestellt, die eigentlich eher auf Retail-Angebote fokussiert ist. Sein Aufgabengebiet umfasst aber inzwischen bereits klassische ART-Lösungen sowie neuartige Absicherungsmöglichkeiten. Er hat sich so auch intensiv mit den Charakteristika des Untersuchungsgegenstandes auseinandergesetzt.

45. Der Interviewpartner ist in einer auf besondere Risiken spezialisierten Versicherung tätig, die auch als Rückversicherung fungiert. Er ist verantwortlich für die Strukturierung und Vermarktung so genannter Finiten-Programme und alternativer Risikotransferinstrumente. Dabei war er auch an der Strukturierung von einem oder mehreren Cat-Bonds beteiligt.

46. Der Interviewpartner ist im Finanzbereich eines Konzerns tätig, der eine Beteiligung an einem der weltweit größten Schadenssanierer hält. Der Gesprächspartner hat sich im Auftrag des Unternehmens explizit mit dem Thema der Arbeit beschäftigt und verfügt daher über Erfahrung im Umgang mit dem Untersuchungsgegenstand.

47. Der Gesprächsteilnehmer ist als Unternehmensberater im Bereich Risiko-Management tätig. Besondere Schwerpunkte seiner Arbeit ist das Katastrophen- und Wetter-Risiko-Management in Industrieunternehmen. Er unterhält durch unterschiedliche Fach- und Diskussionsbeiträge einen regen Erfahrungsaustausch mit anderen Industrieexperten und verfügt daher über große Sachkompetenz.

LITERATURVERZEICHNIS

Aase, Knut K. (2001): A Markov Model for the Pricing of Catastrophe Insurance Futures and Spreads, in: *The Journal of Risk and Insurance*, Jg. 68, Nr. 1, S. 25-49.

Abrahamson, Eric/Bartner-Rosenkopf, Lori (1990): When Do Bandwagon Diffusions Roll? How Far Do They Go? And When Do They Roll Backwards?: A Computer Simulation, Academy of Management Proceedings, Graduate School of Business, New York, Columbia University.

Abrahamson, Eric/Rosenkopf, Lori (1993): Institutional and Competitive Bandwagons: Using Mathematical Modeling as a Tool to Explore to Explorer Innovation Diffusion, in: *Academy of Management Review*, Jg. 18, Nr. 3, S. 487-517.

Abrahamson, Eric/Rosenkopf, Lori (1997): Social Network Effects on the Extent of Innovation Diffusion: A Computer Simulation, in: *Organization Science: A Journal of the Institute of Management Sciences*, Jg. 8, Nr. 3, S. 289-309.

Abresch, Michael (1994): Finanzinnovationen vor dem Hintergrund des modernen Finanzmanagements, Bamberg.

Adams, Mike (2000): Are Catastrophe Derivatives an Effective Risk Management Tool for Insurers?, ART Work, Lloyd's London, London.

Akerlof, George A. (1970): The Market for 'Lemons': Quality Uncertainty and the Market Mechanism, in: *The Quarterly Journal of Economics*, Jg. 84, Nr. 3, S. 488-500.

Albach, Horst (1988): Kosten, Transaktionen und externe Effekte im betrieblichen Rechnungswesen, in: *Zeitschrift für Betriebswirtschaft*, Jg. 58, Nr. 11, S. 1143-1170.

Albrecht, Peter/König, Alexander/Schradin, Heinrich (1994): Katastrophenversicherungsterminkontrakte: Eine Finanzinnovation und ihre Bedeutung für die (Rück-) Versicherung von Katastrophenrisiken, in: *Zeitschrift für die gesamte Versicherungswissenschaft*, Jg. 83, Nr. 4, S. 633-682.

Alchian, Armen A. (1969): Information Costs, Pricing and Resource Unemployment, in: *Western Economic Journal*, Jg. 7, Nr. 2, S. 109-128.

Alchian, Armen A./Woodward, Susan L. (1988): The Firm is Dead; Long Live the Firm: A Review of Oliver E. Williamson's The Economic Institutions of Capitalism, in: *Journal of Economic Literature*, Jg. 26, Nr. 1, S. 65-79.

Allen, David (1988): New Telecommunications Services: Network Externalities and Critical Mass, in: *Telecommunications Policy*, Jg. 12, Nr. 3, S. 257-271.

Allen, Franklin (1990): The Market for Information and the Origin of Financial Intermediation, in: *Journal of Financial Intermediation*, Jg. 1, Nr. 1, S. 3-30.

Allen, Franklin (2001): Do Financial Institutions Matter?, Working Paper, Wharton - Financial Institutions Center, University of Pennsylvania, Philadelphia.

Allen, Franklin/Gale, Douglas (1988): Optimal Security Design, in: *The Review of Financial Studies*, Jg. 1, Nr. 3, S. 229-263.

Allen, Franklin/Gale, Douglas (1994): Financial Innovation and Risk Sharing, Cambridge and London.

Allen, Franklin/Gale, Douglas (1997): Financial Markets, Intermediaries, and Intertemporal Smoothing, in: *Journal of Political Economy*, Jg. 105, Nr. 3, S. 523-547.

Allen, Franklin/Gale, Douglas (2000): Banking and Markets, Working Paper, Financial Institutions Center, University of Pennsylvania, Philadelphia.

Allen, Franklin/Gale, Douglas (2001): Comparing Financial Systems, Cambridge, Mass.

Allen, Franklin/Gale, Douglas (2003): Financial Intermediaries and Markets, Working Paper, Wharton - Financial Institutions Center, University of Pennsylvania, Philadelphia.

Allen, Franklin/Santomero, Anthony M. (1997): The Theory of Financial Intermediation, in: *Journal of Banking and Finance*, Jg. 21, Nr. 11-12, S. 1461-1485.

Allen, Franklin/Winton, Andrew (1995): Corporate Financial Structure, Incentives and Optimal Contracting, in: Jarrow, R. A./Maksimiovic, Z. (Hrsg.): *Handbooks in Operations Research and Management Science*, Amsterdam, S. 693-720.

Allen, Peter (2002): State of the ART, in: *CrossCurrents*, Jg. ohne, Nr. 2, S. 24-27.

Altýnkýlýc, Oya/Hansen, Robert S. (2000): Are There Economies of Scale in Underwriting Fees? Evidence of Rising External Financing Costs, in: *The Review of Financial Studies*, Jg. 13, Nr. 1, S. 191-218.

Amihud, Yakov/Mendelson, Haim (1980): Dealership Market, in: *Journal of Financial Economics*, Jg. 8, Nr. 1, S. 31-52.

Amihud, Yakov/Mendelson, Haim (1986): Asset Pricing and the Bid/Ask Spread, in: *Journal of Financial Economics*, Jg. 17, Nr. 2, S. 223-249.

Amihud, Yakov/Mendelson, Haim (1988): Liquidity and Asset Prices: Financial Management Implications, in: *Financial Management*, Jg. 17, Nr. 1, S. 5-16.

Amit, Raphael/Roberts, Peter W. (2002): The Dynamics of Innovative Activity and Competitive Advantage: The Case of Australian Retail Banking, 1981 to 1995, Working Paper, Graduate School of Business, Columbia University, New York.

Amundsen, Eirik S./Singh, Balbir (1992): Developing Futures Markets for Electricity in Europe, in: *Energy Journal*, Jg. 13, Nr. 3, S. 95-112.

Anderle, Stefan/Kaufmann, Karl-Wilhelm (1998): Grundlagen derivativer Zinsprodukte, Stuttgart.

Andersen, Torben J. (2002): Innovative Financial Instruments for Natural Disaster Risk Management, Sustainable Development Department, Technical Papers Series, Inter-American Development Bank, Washington.

Anderson, Ronald W./Harris, Christopher J. (1986): A Model of Innovation with Application to New Financial Products, in: *Oxford Economic Papers, Supplement: Strategic Behaviour and Industrial Competition*, Jg. 38, Nr. ohne, S. 203-218.

Angelini, Paolo (1996): Systemic Risk in Netting System, in: *Journal of Banking and Finance*, Jg. 20, Nr. 5, S. 853-868.

Arksey, Hilary/Knight, Peter (1999): Interviewing for Social Scientists, London.

Arrow, Kenneth Joseph (1953): Le Rôle des Valeurs Boursiéres pour la Répartition la Meilleure des Risques, in: *Econometrie Colloques Internationaux du Centre National de la Recherche Scientifique*, Jg. 11, Nr. ohne, S. 41-47.

Arrow, Kenneth Joseph (1962): Economic Welfare and the Allocation of Resources for Invention, in: Stigler, G. J./Lewis, G. H. (Hrsg.): *The Rate and Direction of Inventive Activity: Economic and Social Factors*, Princeton, S. 609-625.

Arrow, Kenneth Joseph (1964): The Role of Securities in the Optimal Allocation of Risk-bearing, in: *The Review of Economic Studies*, Jg. 31, Nr. 2, S. 91-96.

Arrow, Kenneth Joseph (1970): Essays in the theory of risk-bearing, Amsterdam.

Arrow, Kenneth Joseph (1985): The Economics of Agency, in: Pratt, J. W./Zeckhauser, R. (Hrsg.): *Principals and Agents: The Structure of Business*, Boston.

Arrow, Kenneth Joseph (1986): Agency and the Market, in: Arrow, K. J./Intriligator, M. D. (Hrsg.): *Handbook of Mathematical Economics*, Amsterdam, S. 1183-1195.

Atkins, M.H./Lowe, Julian (1994): Small Firms and the Strategy of the First Mover, in: *International Journal of the Economics of Business*, Jg. 1, Nr. 1, S. 405-422.

Atteslander, Peter (2003): Methoden der empirischen Sozialforschung, Berlin.

Atteslander, Peter/Kopp, Manfred (1999): Befragung, in: Roth, E./Heidenreich, K./Holling, H. (Hrsg.): *Sozialwissenschaftliche Methoden*, München, S. 146-170.

Attewell, Paul (1992): Technology Diffusion and Organizational Learning: The Case of Business Computing, in: *Organization Science: A Journal of the Institute of Management Sciences*, Jg. 3, Nr. 1, S. 1-18.

Avlonitis, George J./Papastathopoulou, Paulina (2001): The Development Activities of Innovative and Non-Innovative New Retail Financial Products: Implications for Success, in: *Journal of Marketing Management*, Jg. 17, Nr. 7/8, S. 705-738.

Avlonitis, George J./Papastathopoulou, Paulina/Gounaris, Spiros P. (2001): An Empirically-based Typology of Product Innovativeness for New Financial Services: Success and Failure Scenarios, in: *Journal of Product Innovation Management*, Jg. 18, Nr. 5, S. 324-342.

Axelson, Ulf (2002): Security Design with Investor Private Information, Graduate School of Business, University of Chicago, Chicago.

Babbel, David F./Santomero, Anthony M. (1997): Financial Risk Management by Insurers: An Analysis of the Process, in: *The Journal of Risk and Insurance*, Jg. 64, Nr. 2, S. 231-270.

Bagozzi, Richard P./Davis, Fred D./Warshaw, Paul R. (1989): Development and Test of a Theory of Technological Learning and Usage, in: *Human Relations*, Jg. 45, Nr. 7, S. 659-686.

Bajaj, Mukesh/Mazumdar, Sumon C./Sarin, Atulya (2002): The Cost of Issuing Preferred Stokc, in: *The Journal of Financial Research*, Jg. 25, Nr. 4, S. 577–592.

Balbas, Alejandro/Longarela, Inaki R./Lucia, Julio J. (1999): How Financial Theory Applies to Catastrophe-Linked Derivatives - An Empirical Test of Several Pricing Models, in: *The Journal of Risk and Insurance*, Jg. 66, Nr. 4, S. 551-582.

Baldauf, Brad/Santoni, Gaary (1991): Stock Price Volatility: Some Evidence from an Arch Model, in: *Journal of Futures Markets*, Jg. 11, Nr. 2, S. 191-200.

Bamberg, Günter/Coenenberg, Adolf G. (2002): Betriebswirtschaftliche Entscheidungslehre, München.

Bank, Matthias (1998): Gestaltung von Finanzierungsbeziehungen, Wiesbaden.

Bank, Matthias (2001): Finanzintermediation, in: Gerke, W./Steiner, M. (Hrsg.): *Handwörterbuch des Bank- und Finanzwesens*, Stuttgart, S. 836-847.

Bantwal, Vivek J./Kunreuther, Howard C. (2000): A Cat Bond Premium Puzzle?, in: *Journal of Psychology and Financial Markets*, Jg. 1, Nr. 1, S. 76-91.

Barnett, Homer G. (1953): Innovation: The Basis of Cultural Change, New York.

Barry, Michael J (2000): Positive Trends for Cat Bond Deals Ahead, in: *National Underwriter*, Jg. 104, Nr. 41, S. 3,23.

Bass, Frank M. (1969): A New Product Growth for Model Consumer Durables, in: *Management Science*, Jg. 15, Nr. 5, S. 215-227.

Bass, Frank M./Mahajan, Vijay/Muller, Eitan (1990): New Product Diffusion Models in Marketing, in: *Journal of Marketing*, Jg. 54, Nr. 1, S. 1-26.

Bauer, Wolf Otto (1998): Alternativer Risikotransfer: Finanzrückversicherung, in: *Zeitschrift für die gesamte Versicherungswissenschaft*, Jg. 36, Nr. 4, S. 555-571.

Baur, Patrizia/Enz, Rudolf (2003): Reinsurance - A Systemic Risk?, Sigma, Nr. 5, SwissRe, Zürich.

Becker, Holger A./Bracht, Andrea (1999): Katastrophen- und Wetterderivate: Finanzinnovationen auf der Basis von Naturkatastrophen und Wettererscheinungen, Wien.

Beckwith, Roger/Lane, Morton N. (2002): Review of Trends in Insurance Securitization, Markt Report, Lane Financial, Kenilworth.

Beckwith, Roger/Lane, Morton N. (2003): Review of Trends in Insurance Securitization, Markt Report, Lane Financial, Kenilworth.

Beckwith, Roger/Lane, Morton N. (2004): Review of Trends in Insurance Securitization, Markt Report, Lane Financial, Kenilworth.

Behrends, Andrea (1998): Informationsintermediation auf Finanzmärkten Banken und Rating Agenturen als alternative institutionelle Lösungsansätze,

Belonsky, Gail (1999): Insurance-Linked Securities, New Markets Report, SwissRe, Zürich.

Benston, George J./Hanweck, Gerald A./Humphrey, David B. (1982): Scale Economies in Banking: A Restructuring and Reassessment, in: *Journal of Money*, Jg. 14, Nr. 4, S. 435-456.

Benston, George J./Irvine, Paul/Jim, Rosenfeld/Sinkey, Joseph F. (2003): Bank Capital Structure, Regulatory Capital, and Securities Innovations, in: *Money, Credit and Banking*, Jg. 35, Nr. 3, S. 301-322.

Benston, George J./Smith, Clifford W., Jr. (1976): A Transactions Cost Approach to the Theory of Financial Intermediation, in: *The Journal of Finance*, Jg. 31, Nr. 2, S. 215-231.

Benveniste, Lawrence/Capozza, Dennis R./Seguin, Paul J. (2001): The Value of Liquidity, in: *Real Estate Economics*, Jg. 29, Nr. 4, S. 633–660.

Berg, Hartmut (1999): Wettbewerbspolitik, in: Bender, D. (Hrsg.): *Vahlens Kompendium der Wirtschaftstheorie und Wirtschaftspolitik*, Wiesbaden, S. 299-362.

Berger, Allen N. (1996): Comment on Diffusion of Financial Innovations: The Case of Junk Bonds and Note Issuance Facilities, in: *28*, Jg. 3, Nr. 523-26, S.

Berger, Allen N./Hanweck, Gerald A./Humphrey, David B. (1987): Competitive Viability in Banking, Scale, Scope and Product Mix Economies, in: *Journal of Monetary Economics*, Jg. 20, Nr. 3, S. 502-520.

Bernacke, Ben S. (1983): Nonmonetary Effects of the Financial Crisis in the Propagation of the Great Depression, in: *American Economic Review*, Jg. 73, Nr. 3, S. 257-275.

Bernero, Richard H. (1998): Second Generation OTC Derivatives and Structured Products, in: Himick, M. (Hrsg.): *Securitized Insurance Risk: Strategic Opportunities for Insurers and Investors*, Chicago, London, New Delhi, S. 39-75.

Bernoulli, Daniel (1738): Specimen theoriae novae de mensura sortis. Commentarii Academicae Scientiarum Imperialis Petropolitanae, Nachdruck, "Die Grundlagen der modernen Wertelehre", Leipzig.

Berz, Gerhard (1999): Naturkatastrophen an der Wende zum nächsten Jahrhundert - Trends, Schadenpotentiale und Handlungsoptionen der Versicherungswirtschaft, in: *Zeitschrift für die gesamte Versicherungswissenschaft*, Jg. 29, Nr. 2/3, S. 428-442.

Berz, Gerhard (2004): Megacities – Megarisks: Trends and challenges for insurance and risk management, Münchener Rückversicherungs-Gesellschaft, München.

Betge, Peter (1996): Bankbetriebslehre, Berlin.

Beyer, Rainer (2000): Organisatorische Veränderungstypen in der öffentlichen Verwaltung, München.

Bhattacharya, Sudipto/Boot, Arnoud W. A. (1998): The Economics of Bank Regulation, in: *Journal of Money, Credit & Banking*, Jg. 30, Nr. 4, S. 745-770.

Bhattacharya, Sudipto/Hagerty, Kathleen M. (1986): Dealerships, Trading Externalities, and General Equilibrium, in: Prescott, E. C./Wallace, N. (Hrsg.): *Contractual arrangements for Intertemporal Trade*, New York, S. 81-104.

Bhattacharya, Sudipto/Thakor, Anjan V. (1993): Contemporary Banking Theory, in: *Journal of Financial Intermediation*, Jg. 3, Nr. 1, S. 2-50.

Bickford, Deborah/Nash, Sarah/Zahra, Shaker A. (1995): Transforming technological Pioneering into Competitive Advantage, in: *Academy of Management Executive*, Jg. 9, Nr. 1, S. 17-31.

Bienert, Horst (1996): Der Marktprozeß an Aktienbörsen: Bewertungseffizienz und Umverteilung, Wiesbaden.

Bieta, Volker/Milde, Hellmuth (1996): Informationsasymmetrie, Kontrollrechte und Bankkreditverträge: eine spieltheoretische Analyse, in: *Wissenschaftsjournal*, Jg. 5, Nr. 6, S. 295-308.

Biggadike, Ralph (1979): The Risky Business of Diversification, in: *Harvard Business Review*, Jg. 57, Nr. 3, S. 103-111.

Birchler, Urs/Hermann, Werner/Rime, Bertrand (1994): Finanzderivate - volkswirtschaftliche Bedeutung und Auswirkungen auf das Finanzsystem, in: *Quartalsheft der Schweizer National Bank*, Nr. 4, S. 336-348.

Birchler, Urs/Kästli, Rene (1987): Finanzinnovationen und schweizerische Geldpolitik, in: *Aussenwirtschaft*, Jg. 42, Nr. 2/3, S. 275-303.

Bischofberger, Karlheinz (1996): Finanzmärkte, Finanzinnovationen und Geldpolitik, Berlin.

Bitz, Michael (2000): Finanzdienstleistungen, München.

Black, Deborah (1986): Success and Failure of Futures Contracts: Theory and Empirical Evidence, Monograph Series in Finance and Economics, 1986-1, Schools of Business of New York University, New York.

Black, Deborah/Silber, William L. (1986): Pioneering Products: Some Empirical Evidence from Futures Markets, Working Paper, Salomon Brothers Center for the Study of Financial Institutions, New York University, New York.

Black, Fischer (1975): Bank Funds Management in an Efficient Market, in: *Journal of Financial Economics*, Jg. 2, Nr. 4, S. 323-339.

Black, Fischer/Scholes, Myron (1973): The Pricing of Options and Corporate Liabilities, in: *Journal of Political Economy*, Jg. 81, Nr. 3, S. 637-654.

Blank, Thomas (1991): Finanzinnovationen und Geldpolitik, Berlin.

Blattner, Peter (1997): Internationale Finanzierung - Internationale Finanzmärkte und Unternehmensfinanzierung, München.

Blois, Keith/DeBrentani, Ulrike (2000): Designing and Marketing New Products and Services, in: Blois, K. (Hrsg.): *Oxford Textbook of Marketing*, Oxford, S. 549-569.

Böbel, Ingo (1984): Wettbewerb und Industriestruktur: Industrial Organization Forschung im Überblick, Berlin.

Böcker, Franz/Gierl, Heribert (1988): Die Diffusion neuer Produkte - Eine kritische Bestandsaufnahme, in: *Schmalenbachs Zeitschrift für betriebswirtschaftliche Forschung*, Jg. 40, Nr. 1, S. 32-48.

Bodie, Zvi/Merton, Robert C. (1995): A Conceptual Framework for Analyzing the Financial Environment, in: Crane, D. B./Froot, K. A./Mason, S. P./Perold, A. F./Merton, R. C. (Hrsg.): *The Global Financial System: A Functional Perspective*, Boston, S. 3-31.

Bodnar, Gordon M./Hayt, Gregory S./Marston, Richard C./Smithson, Charles W. (1995): Wharton Survey of Derivatives Usage by U.S. Non-Financial Firms, in: *Financial Management*, Jg. 24, Nr. 2, S. 101-114.

Bofinger, Peter (1987): Geldpolitische Regulierung und Finanzinnovationen, in: *Aussenwirtschaft*, Jg. 42, Nr. 2/3, S. 251-273.

Bogner, Alexander/Menz, Wolfgang (2001): "Deutungswissen" und Interaktion: Zur Methodologie und Methodik des theoriegenerierenden Experteninterviews, in: *Soziale Welt*, Jg. 52, Nr. 4, S. 477-500.

Bogner, Alexander/Menz, Wolfgang (2002): Die methodologische Mehrdeutigkeit des Experteninterviews, in: Bogner, A./Littig, B./Menz, W. (Hrsg.): *Das Experteninterview: Theorie, Methode, Anwendung*, Opladen, S. 33-70.

Bollen, Nicolas P./Smith, Tom/Whaley, Robert E. (2003): Optimal Contract Design: For Whom?, in: *Journal of Futures Markets*, Jg. 23, Nr. 8, S. 719-750.

Boos, Karl-Heinz/Fischer, Reinfrid/Schulte-Mattler, Hermann (2000): Kreditwesengesetz, München.

Boot, Arnoud W. A./Thakor, Anjan V. (1993): Security Design, in: *The Journal of Finance*, Jg. 48, Nr. 4, S. 1349-1378.

Boot, Arnoud W. A./Thakor, Anjan V. (1997): Financial System Architecture, in: *Review of Financial Studies*, Jg. 10, Nr. 3, S. 693-733.

Borch, Karl. H. (1976): The Monster in Loch Ness, in: *Journal of Risk & Insurance*, Jg. 43, Nr. 3, S. 521-525.

Borden, Sara/Sarkar, Asani (1996): Securitizing property catastrophe risk, in: *Current Issues in Economics & Finance*, Jg. 2, Nr. 9, S. 1-6.

Bortenlänger, Christine (1996): Börsenautomatisierung: Effizienzpotentiale und Durchsetzbarkeit, Wiesbaden.

Boudoukh, Jacob/Whitelaw, Robert F. (1993): Liquidity as a Choice Variable: A Lesson from the Japanese Government Bond Market, in: *Review of Financial Studies*, Jg. 6, Nr. 2, S. 265-292.

Boulding, William/Christen, Markus (2001a): First-Mover Disadvantage, in: *Harvard Business Review*, Jg. 79, Nr. 9, S. 20-21.

Boulding, William/Christen, Markus (2001b): Sustainable Pioneering Advantage? Profit Implications of the Entry Timing Decision, Working Paper, INSEAD, Fontainebleau.

Bouriaux, Sylvie (2001): Basis Risk, Credit Risk and Collateralization Issues for Insurance-linked Derivatives and Securities, in: *Journal of Insurance Regulation*, Jg. 20, Nr. 1, S. 94-120.

Bouriaux, Sylvie/Himick, Michael (1998): Exchange-Traded Insurance Derivatives: Catastrophe Options and Swaps, in: Himick, M. (Hrsg.): *Securitized Insurance Risk: Strategic Opportunities for Insurers and Investors*, Chicago, London, New Delhi, S. 23-37.

Bouzouita, Raja/Young, Arthur J. (1998): Catastrophe Insurance Options: Insurance Company Management's Perceptions, in: *Journal of Insurance Regulation*, Jg. 16, Nr. 3, S. 313-326.

Boyd, John H./Gertler, Mark (1994): Are Banks Dead? Or Are the Reports Greatly Exaggerated?, in: *Federal Reserve Bank of Minneapolis Quarterly Review*, Jg. 18, Nr. 3, S. 2-23.

Boyd, John H./Prescott, Edward C. (1986): Financial Intermediary-Coalitions, in: *Journal of Economic Theory*, Jg. 38, Nr. 2, S. 211-232.

Boyd, John H./Smith, Bruce D. (1999): The Use of Debt and Equity in Optimal Financial Contracts, in: *Journal of Financial Intermediation*, Jg. 8, Nr. 4, S. 270-316.

Boyer, M. Martin (2000): Media Attention, Insurance Regulation, and Liability Insurance, in: *Journal of Risk & Insurance*, Jg. 67, Nr. 1, S. 37-72.

Brant, David/Griffin, Royce (2003): Functional Regulation in the 21st Century: What's Reasonable for Investor Protection and for Agents Selling Variable Annuities?, in: *The Journal of Investment Compliance*, Jg. 3, Nr. 4, S. 44-55.

Brealey, Richard A./Myers, Stewart C. (2000): Principles of Corporate Finance, Boston.

Breen, William J./Hodrick, Laurie S./Korajczyk, Robert A. (2002): Predicting Equity Liquidity, in: *Management Science*, Jg. 48, Nr. 4, S. 470-483.

Breuer, Rolf E. (2002): Der deutsche Finanzmarkt zwischen Deregulierung und ReRegulierung, in: *Die Bank*, Jg. 102, Nr. 5, S. 300-305.

Brink, Anton/Teste, Paulina (2000): The Catastrophe Risk Insurance Market in Japan, Master Thesis in Financial Economics, Stockholm School of Economics, Stockholm.

Brockhoff, Klaus (1981): Produktpolitik, New York.

Brockhoff, Klaus (1999): Forschung und Entwicklung, München.

Brockhoff, Klaus (2000): Innovationswiderstände, in: Dold, E./Gentsch, P. (Hrsg.): *Innovationsmanagement: Handbuch für Mittelständische Unternehmen*, Neuwied, S. 115-125.

Brorsen, Wade B./Fofana, N'Zue F. (2001): Success and Failure of Agricultural Futures Contracts, in: *Journal of Agribusiness*, Jg. 19, Nr. 2, S. 129-145.

Brosius, Hans-Bernd/Koschel, Friederike (2003): Methoden der empirischen Kommunikationsforschung, Wiesbaden.

Brösse, Ulrich (1997): Einführung in die Volkswirtschaft - Mikroökonomie, München.

Brostoff, Steven/Mazier, E.E. (2002): Congress Looks into Cat Bond Benefits, in: *National Underwriter*, Jg. 106, Nr. 44, S. 24-25.

Bryant, John (1980): A Model of Reserves, Bank Runs, and Deposit Insurance, in: *Journal of Banking & Finance*, Jg. 4, Nr. 4, S. 335-344.

Buchanan, Mark (2001): Is Earthquake Prediction Just Literature?, in: *New Statesman*, Jg. 130, Nr. 4523, S. 16-17.

Bühlmann, Hans (1970): Mathematical Methods in Risk Theory, Berlin.

Bühner, Thomas/Kaserer, Christoph (2002): The Structure of External Financing Costs and the Economies of Scale View: New Evidence from Seasoned Equity Offerings in Germany, in: *European Financial Management*, Jg. 8, Nr. 3, S. 315-338.

Bund, Stefan (2000): Asset Securitisation: Anwendbarkeit und Einsatzmöglichkeiten in deutschen Universalkreditinstituten, Frankfurt am Main.

Burghof, Hans Peter/Rudolph, Bernd (1996): Bankenaufsicht: Theorie und Praxis der Regulierung, Wiesbaden.

Burgmaier, Stefanie (2003): Sicherungsfonds schützen Kunden vor Bankpleiten, in: *Wirtschaftswoche*, Jg. 57, Nr. 12, S. 64-66.

Büschgen, Hans E. (1997): Internationales Finanzmanagement, Frankfurt.

Campbell, Andrew/Yeung, Sally (1991): Creating a Sense of Mission, in: *Long Range Planning*, Jg. 24, Nr. 4, S. 10-20.

Campbell, Tim S. (1979): Optimal Investment Financing Decisions and the Value of Confidentiality, in: *Journal of Financial and Quantitative Analysis*, Jg. 14, Nr. 5, S. 913-924.

Campbell, Tim S. (1987): The Valuation Cost Approach to the Theory of Financial Intermediation, Proceedings of the Conference on Bank Structure and Competition, Federal Reserve Bank of Chicago, Chicago.

Campbell, Tim S. (1988): Money and Capital Markets, Glenview.

Campbell, Tim S. (1989): Innovations in Financial Intermediation, in: *Business Horizons*, Jg. 32, Nr. 6, S. 70-75.

Campbell, Tim S./Grossman, Sanford J./Wang, Jiang (1993): Trading Volume and Serial Correlation in Stock Returns, in: *Quarterly Journal of Economics*, Jg. 108, Nr. 4, S. 905-939.

Campbell, Tim S./Kracaw, William A. (1980): Information Production, Market Signalling, and the Theory of Financial Intermediation, in: *The Journal of Finance*, Jg. 35, Nr. 4, S. 863-882.

Canabarro, Eduardo/Finkemeier, Markus/Anderson, Richard R./Bendimerand, Fouad (1998): Analyzing Insurance-Linked Securities, Fixed Income Research, Goldman Sachs, Risk Management Solutions, London.

Canter, Michael S./Cole, Joseph B./Sandor, Richard L. (1997): Insurance Derivatives: A New Asset Class for the Capital Markets and a New Hedging Tool for the Insurance Industry, in: *Journal of Applied Corporate Finance*, Jg. 10, Nr. 3, S. 69-83.

Canter, Michael S./Thornhill, William/Williams, Todd L./Busman, Evan (1999): Derivatives And Securitization: In a Corporate Risk Management Program, 37th RIMS Annual Conference and Exhibition, Dallas.

Cantner, Uwe/Hanusch, Horst (1998): Effizienzanalyse mit Hilfe der Data-Envelopment-Analysis, in: *Wirtschaftswissenschaftliches Studium*, Jg. 27, Nr. 5, S. 228-237.

Cardon, James H./Hendel, Igal (2001): Asymmetric Information in Health Insurance: Evidence from the National Medical Expenditure Survey, in: *Rand Journal of Economics*, Jg. 32, Nr. 3, S. 408-427.

Carlton, Dennis W. (1984): Futures Markets: Their Purpose, Their History, Their Growth, Their Successes and Failures, in: *Journal of Futures Markets*, Jg. 4, Nr. 3, S. 237-271.

Carow, Kenneth A. (1999): Evidence of Early-Mover Advantages in Underwriting Spreads, in: *Journal of Financial Services Research*, Jg. 15, Nr. 1, S. 37-55.

Carpenter, Gregory S./Nakamoto, Kent (1988): Market Pioneering, Learning, and Preference, in: *Advances in Consumer Research*, Jg. 15, Nr. 1, S. 275-279.

Carpenter, Gregory S./Nakamoto, Kent (1989): Consumer Preference Formation and Pioneering Advantage, in: *Journal of Marketing Research (JMR)*, Jg. 26, Nr. 3, S. 285-298.

Carter, Richard B./Dark, Frederick H./Singh, Ajai K. (1998): Underwriter Reputation, Initial Returns, and the Long-run Performance of IPO Stocks, in: *The Journal of Finance*, Jg. 53, Nr. 1, S. 285-312.

Carter, Robert/Lucas, Leslie/Ralph, Nigel (2000): Reinsurance, London.

Case, Karl E./Shiller, Robert J./Weiss, Allan N. (1993): Index-Based Futures & Options Markets in Real Estate, in: *The Journal of Portfolio of Management*, Jg. 19, Nr. 2, S. 83-92.

Cawley, John/Philipson, Tomas (1999): An Empirical Examination of Information Barriers to Trade in Insurance, in: *American Economic Review*, Jg. 89, Nr. 4, S. 827-846.

Cecchetti, Stephen G. (1999): The Future of Financial Intermediation and Regulation: An Overview, in: *Federal Reserve Bank of New York: Current Issues in Economics and Finance*, Jg. 5, Nr. 8, S.

Cezanne, Wolfgang (1999): Allgemeine Volkswirtschaftslehre, München.

Chakravarty, Sugato/Sarkar, Asani (2003): Trading Costs in Three U.S. Bond Markets, in: *Journal of Fixed Income*, Jg. 13, Nr. 1, S. 39-48.

Chan, Leo/Lien, Donald (2001): Cash Settlement and Price Discovery in Futures Markets, in: *Quarterly Journal of Business and Economics*, Jg. 40, Nr. 3/4, S. 65-77.

Chang, Carolyn W./Chang, Jack S./Yu, Min-Teh (1996): Pricing Catastrophe Insurance Futures Call Spreads: A Randomized Operational Time Approach, in: *The Journal of Risk and Insurance*, Jg. 63, Nr. 4, S. 599-617.

Chen, Zhiwu (1995): Financial Innovation and Arbitrage Pricing in Frictional Economies, in: *Journal of Economic Theory*, Jg. 65, Nr. 1, S. 117-135.

Chiappori, Pierre-Andre/Salanie, Bernard (2000): Testing for Asymmetric Information in Insurance Markets, in: *Journal of Political Economy*, Jg. 108, Nr. 1, S. 56-78.

Cho, In-Koo/Kreps, David M. (1987): Signaling Games and Stable Equilibria, in: *Quarterly Journal of Economics*, Jg. 102, Nr. 2, S. 179-222.

Cholnoky, Thomas V./Zief, Joan H./Werner, Elizabeth A./Bradistilov, Rado S. (1998): Securitization of Insurance Risk: A New Frontier, Investment Research, Goldman Sachs, New York.

Chookaszian, Jeff/Ward, Tom (1998): Risk Securitization - Products on the Rise, in: *National Underwriter*, Jg. 102, Nr. 20, S. 9-26.

Chowdhry, Bhagwan/Mark, Grinblatt/Levine, David (2002): Information Aggregation, Security Design and Currency SWAPS, in: *Journal of Political Economy*, Jg. 110, Nr. 3, S.

Christensen, Claus Vorm (1998): The PCS option, an improvement of the CAT-future, Working Paper, Centre for Analytical Finance, University of Aarhus, Denmark.

Christensen, Claus Vorm (2001): Implied Loss Distributions for Catastrophe Insurance Derivatives, Working Paper, Centre for Analytical Finance, University of Aarhus, Denmark.

Coase, Ronald H. (1937): The Nature of the Firm, in: *Economica*, Jg. 4, Nr. 16, S. 1-31.

Cohen, Wesley M. (1995): Empirical Studies of Innovative Activity, in: Stoneman, P. (Hrsg.): *Handbook of the Economics of Innovation and Technological Change*, Cambridge, S. 182-264.

Cohen, Wesley M./Levin, Richard C./Mowery, David C.. (1987): Firm Size and R&D Intensity: A Re-Examination, in: *Journal of Industrial Economics*, Jg. 35, Nr. 4, S. 543-563.

Colombo, Massimo G./Delmastro, Marco (2002): The Determinants of Organizational Change and Structural Inertia: Technological and Organizational Factors, in: *Journal of Economics & Management Strategy*, Jg. 11, Nr. 4, S. 595–635.

Colquitt, Lee L./Hoyt, Robert E. (1997): Determinants of Corporate Hedging Behavior: Evidence from the Life Insurance Industry, in: *Journal of Risk & Insurance*, Jg. 64, Nr. 4, S. 649-661.

Cooley, Thomas F./Smith, Bruce D. (1995): Indivisible Assets, Equilibrium, and the Value of Intermediation, in: *Journal of Financial Intermediation*, Jg. 4, Nr. 1, S. 48-76.

Cooper, Robert G./Easingwood, Christopher J./Edgett, Scott/Kleinschmidt, Elko J./Storey, Chris (1994): What Distinguishes the Top Performing New Products in Financial Services, in: *Journal of Product Innovation Management*, Jg. 11, Nr. 4, S. 281-299.

Cooper, Robert G./Edgett, Scott J. (1996): Critical Success Factors for New Financial Services, in: *Marketing Management*, Jg. 5, Nr. 3, S. 26-37.

Cooper, Robert G./Kleinschmidt, Elko J. (1987): New Products, What Separates Winners from Losers, in: *Journal of Product Innovation Management*, Jg. 4, Nr. 3, S. 169-184.

Cooper, Robert G./Kleinschmidt, Elko J. (2000): New Product Performance: What Distinguishes the Star Products, in: *Australian Journal of Management*, Jg. 25, Nr. 1, S. 17-37.

Cooper, Russell/Ross, Thomas W. (2002): Bank Runs: Deposit Insurance and Capital Requirements, in: *International Economic Review*, Jg. 43, Nr. 1, S. 55-72.

Cornell, Bradford (1981): The Relationship between Volume and Price Variability in Futures Markets, in: *Journal of Futures Markets*, Jg. 1, Nr. 3, S. 303-316.

Cottrell, Tom/Sick, Gordon (2002): Real Options and Follower Strategies: The Loss of Real Option Value to First-mover Advantage, in: *The Engineering Economist*, Jg. 47, Nr. 3, S. 232-263.

Cox, John C./Ross, Stephen A. (1976): The Valuation of Options Under Alternative Stochastic, in: *Journal of Financial Economics*, Jg. 3, Nr. 1/2, S. 145-166.

Cox, Samuel H./Fairchild, Jospeh R./Pedersen, Hal W. (2000a): Economic Aspects of Securitization of Risk, in: *Astin Bulletin*, Jg. 30, Nr. 1, S. 157-193.

Cox, Samuel H./Fairchild, Jospeh R./Pedersen, Hal W. (2000b): The Economics of Insurance Securitizations, in: *Contingencies*, Jg. ohne, Nr. September/Oktober, S. 48-56.

Cox, Samuel H./Pedersen, Hal W. (2001): Catastrophe Risk Bonds, in: *North American Actuarial Journal*, Jg. 4, Nr. 4, S. 56-82.

Cox, Samuel H./Schwebach, Robert G. (1992): Insurance Futures and Hedging Insurance Price Risk, in: *The Journal of Risk and Insurance*, Jg. 59, Nr. 4, S. 628-644.

Crane, Dwight B./Froot, Kenneth A./Mason, Scott P./Perold, André F./Merton, Robert C. (Hrsg./1995): The Global Financial System: A Functional Perspective, Boston.

Crockett, Andrew/Cohen, Benjamin H. (2001): Financial Markets and Systemic Risk in an Era of Innovation, in: *International Finance*, Jg. 4, Nr. 1, S. 127-144.

Croson, David C./Kunreuther, Howard C. (1999): Customizing Reinsurance and Cat Bonds for Natural Hazard Risks, Wharton Risk Management Center, University of Pennsylvania, Philadelphia.

Croson, David C./Kunreuther, Howard C. (2000): Customizing Indemnity Contracts and Indexed Cat Bonds for Natural Hazard Risks, in: *The Journal of Risk Finance*, Jg. 1, Nr. 3, S. 24-42.

Cross, Sam Y./Rey, Jean-Jacques/Alexander, William E./Redouin, Jean-Paul/Laske, Gerhard/Cristini, Giovanni (1986): Recent Innovations in International Banking, Study Group Report, Bank for International Settlement, Genv.

Cummins, David J./Doherty, Neil A. (2002): Capitalization of the Property-Liability Insurance Industry: Overview, in: *Journal of Financial Services Research*, Jg. 21, Nr. 1/2, S. 5-14.

Cummins, David J./Doherty, Neil A./Lo, Anita (2002): Can Insurers Pay for the 'Big One'? Measuring the Capacity of the Insurance Market to Respond to Catastrophic Losses, in: *Journal of Banking & Finance*, Jg. 26, Nr. 2/3, S. 557-583.

Cummins, David J./Geman, Hélyette (1995): Pricing Catastrophe Insurance Futures and Call Spreads: An Arbitrage Approach, in: *The Journal of Fixed Income*, Jg. 63, Nr. 4, S. 46-57.

Cummins, David J./Harrington, Scott E./Niehaus, Greg (1993): An Economic Overview of Risk-Based Capital Requirements for the Property-Liability Insurance Industry, in: *Journal of Insurance Regulation*, Jg. 11, Nr. 4, S. 427-447.

Cummins, David J./Lalonde, David/Phillips, Richard D. (2000): The Basis Risk of Catastrophic-loss Index Securities, Working Paper, The Wharton School, University of Pennsylvania, Philadelphia.

Cummins, David J./Lalonde, David/Phillips, Richard D. (2002): Managing Risk Using Index-Linked Catastrophic Loss Securities, Working Paper, The Wharton School, University of Pennsylvania, Philadelphia.

Cummins, David J./Lalonde, David/Phillips, Richard D. (2004): The Basis Risk of Catastrophic-Loss Index Securities, in: *Journal of Financial Economics*, Jg. 71, Nr. 1, S. 77-111.

Cummins, David J./Lewis, Christopher M./Phillips, Richard D. (1998): Pricing Excess-of-loss Reinsurance Contracts Against Catastrophic Loss, Working Paper, The Wharton School, University of Pennsylvania, Philadelphia.

Cummins, David J./Phillipis, Richard D./Smith, Stephen D. (1997): Corporate Hedging in the Insurance Industry: The Use of Financial Derivatives by U.S. Insurers, in: *North American Actuarial Journal*, Jg. 1, Nr. 1, S. 13-49.

Cummins, David J./Phillips, Richard D. (2000): Applications of Financial Pricing Models In Property-Liability Insurance, in: Dionne, G. (Hrsg.): *The Handbook of Insurance Economics*, Boston, S. 621-655.

Cummins, David J./Phillips, Richard D./Smith, Stephen D. (2001): Derivatives and Corporate Risk Management: Participation and Volume Decisions in the Insurance Industry, in: *Journal of Risk & Insurance*, Jg. 68, Nr. 1, S. 51-92.

Cummins, David J./Weiss, Mary A. (2002): The Global Market for Reinsurance: Consolidation, Capacity, and Efficiency, Working Paper, Wharton, University of Pennsylvania, Philadelphia.

Cummins, J. David/Weiss, Marry (2000): The Global Market for Reinsurance: Consolidation, Capacity, and Efficiency, Brookings-Wharton Papers on Financial Services, The Wharton School, University of Pennsylvania, Philadelphia.

Cuny, Charles J. (1993): The Role of Liquidity in Futures Market Innovations, in: *The Review of Financial Studies*, Jg. 6, Nr. 1, S. 57-78.

Cyny, Charles J. (1993): The Role of Liquidity in Futures Market Innovations, in: *Review of Financial Studies*, Jg. 6, Nr. 1, S. 57-79.

D'Agostino, Davi M. (2002): Catastrophe Insurance Risks: The Role of Risk-Linked Securities and Factors Affecting Their Use, Report to the Chairman, Committee on Financial Services, House of Representatives, United States General Accounting Office, Washington.

D'Agostino, Davi M. (2003): Catastrophe Insurance Risks, Report to Congressional Requesters, Status of Efforts to Securitize Natural Catastrophe and Terrorism Risk, United States General Accounting Office, Washington.

D'Arcy, Stephen P./France, Virginia F. (1992): Catastrophe Futures: A Better Hedge for Insurers, in: *The Journal of Risk and Insurance*, Jg. 59, Nr. 4, S. 575-601.

D'Arcy, Stephen P./France, Virginia F./Gorvett, Richard W. (1999): Pricing Catastrophe Risk: Could Cat Futures have Coped with Andrew?, Working Paper, Department of Finance, University of Illinois, Urbana-Champaign.

Damm, Gabriele/Friedla, Gerhard/Schmidt, Reinhard H. (1987): Eine Effizienzanalyse zinsvariabler Finanzierungsinstrumente, in: *Schmalenbachs Zeitschrift für betriebswirtschaftliche Forschung*, Jg. 39, Nr. 2, S. 146-162.

Damodaran, Aswath (1997): Corporate Finance - Theory and Practice, New York.

Dasgupta, Dave (2005): Preliminary Estimate Puts Insured Losses from Hurricane Katrina at USD 34.4 Billion, Pressemitteilung, ISO Property Claim Services, Jersey City.

Dassios, Angelos/Jang, Ji-Wook (2003): Pricing of Catastrophe Reinsurance and Derivatives Using the Cox Process with Shot Noise Intensity, in: *Finance & Stochastics*, Jg. 7, Nr. 1, S. 73-95.

Davey, Terri/Maguire, Ray (1996): A Hell of a Year, in: *Futures and Options World*, Nr. 297, S. 32-36.

DeBrentani, Ulrike/Cooper, Robert G. (1992): Developing Successful New Financial Services for Businesses, in: *Industrial Marketing Management*, Jg. 21, Nr. 3, S. 231-341.

Debreu, G. (1959): Theory of Value, New York.

DeCaro, John (2003): Risk-Linked Securities Market, Markt Report, Cochran, Caronia Securities, Chicago.

DeCecco, Marcello (Hrsg./1987a): Changing Money: Financial Innovation in Developed Countries, Oxford.

DeCecco, Marcello (1987b): Financial Innovations and Monetary Theory, in: DeCecco, M. (Hrsg.): *Changing Money: Financial Innovation in Developed Countries*, Oxford, S. 1-9.

DeFontaine, Perry (2001): Vanishing Cat Bonds, in: *Best's Review*, Jg. 101, Nr. 9, S. 68.

Deistler, Daniel/Ehrlicher, Sven/Heidorn, Thomas (1999): Cat-Bonds - Möglichkeiten der Verbriefung von Katastrophenrisiken, in: *Zeitschrift für das gesamte Kreditwesen*, Jg. 20, Nr. 11, S. 19-22.

DeMarzo, Peter/Duffie, Darrell (1999): A Liquidity-Based Model of Security Design, in: *Econometrica*, Jg. 67, Nr. 1, S. 65-99.

Demmler, Horst (2001): Einführung in die Volkswirtschaftslehre, München.

Demsetz, Harold (1968): The Cost of Transacting, in: *Quarterly Journal of Economics*, Jg. 82, Nr. 1, S. 33-53.

Demsetz, Harold (1969): Information and Efficiency: Another Viewpoint, in: *Journal of Law and Economics*, Jg. 12, Nr. 1, S. 1-22.

Demuth, Martin (1988): Fremdkapitalbeschaffung durch Finanzinnovationen, Wiesbaden.

Denicolo, Vincenzo (1996): Patent Races and Optimal Patent Breadth and Length, in: *Journal of Industrial Economics*, Jg. 44, Nr. 3, S. 52-63.

Dennis, Steven A./Sim, Ah Boon (1999): Share Price Volatility with the Introduction of Individual Share Futures on the Sydney Futures Exchange, in: *International Review of Financial-Analysis*, Jg. 8, Nr. 2, S. 153-162.

DeRoover, Raymond (1954): New Interpretations of the History of Banking, in: *Journal of World History*, Jg. 4, Nr. 2, S. 38-76.

Desai, Meghnad/Low, William (1987): Measuring the Opportunity for Product Innovation, in: DeCecco, M. (Hrsg.): *Changing Money: Financial Innovation in Developed Countries*, Oxford, S. 112-140.

Dewatripoint, Matthias/Tirole, Jean (1993): Efficient Governance Structure: Implications for Banking Regulation, in: Mayer, C. P./Freixas, X. (Hrsg.): *Capital Markets and Financial Intermediation*, Cambridge, S. 12-45.

Diamond, Douglas W. (1984): Financial Intermediation and Delegated Monitoring, in: *The Review of Economic Studies*, Jg. 51, Nr. 3, S. 393-414.

Diamond, Douglas W. (1991): Monitoring and Reputation: The Choice between Bank Loans and Directly Placed Debt, in: *Journal of Political Economy*, Jg. 99, Nr. 4, S. 689-721.

Diamond, Douglas W./Dybvig, Philip H. (1983): Bank Runs, Deposit Insurance, and Liquidity, in: *Journal of Political Economy*, Jg. 91, Nr. 3, S. 401-419.

Diamond, Douglas W./Verrecchia, Robert E. (1987): Constraints on Short Selling and Asset Price Adjustment to Private Information, in: *Journal of Financial Economics*, Jg. 18, Nr. 2, S. 277-311.

Diamond, Peter A. (1982): Aggregate Demand Management in Search Equilibrium, in: *The Journal of Political Economy*, Jg. 90, Nr. 5, S. 881.

Diekmann, Andreas (1997): Empirische Sozialforschung, Hamburg.

Doherty, Neil A. (1997): Financial Innovation in the Management of Catastrophe Risk, in: *Journal of Applied Corporate Finance*, Jg. 10, Nr. 3, S. 84-95.

Doherty, Neil A./Richter, Andreas (2002): Moral Hazard, Basis Risk and Gap Insurance, in: *Journal of Risk & Insurance*, Jg. 69, Nr. 1, S. 9-24.

Dong, Weimin/Shah, Haresh/Wong, Felix (1996): A Rational Approach to Pricing of Catastrophe Insurance, in: *Journal of Risk and Uncertainty*, Jg. 14, Nr. 12, S. 201-218.

Doona, James/Zuber, David M. (2005): Catastrophe Bonds Likely to Remain Safe in Wake of Katrina, Commentary & News, Standard & Poor's, New York.

Dos Santos, Brian L./Peffers, Ken (1998): Competitor and Vendor Influence on the Adoption of Innovative Applications in Electronic Commerce, in: *Information & Management*, Jg. 34, Nr. 3, S. 175-184.

Dothan, Michael U. (1990): Prices in Financial Markets, New York.

Dove, William F./Lalonde, David A. (2002): Report of the Casualty Actuarial Society Advisory Committee on Securitization and Risk Financing, Working Paper, Arlington.

Dowen, Richard J. (1983): Financial Innovation: The Preferred Location Model, Binghamton.

Dresig, Tilo Andreas (2000): Handelbarkeit von Risiken: Erfolgsfaktoren von Verbriefungen und derivaten Finanzinstrumenten, Wiesbaden.

Drew, Stephen A.W. (1995): Accelerating Innovation in Financial Services, in: *Long Range Planning*, Jg. 28, Nr. 4, S. 11-21.

Dubinsky, William/Laster, David (2003): Insurance-Linked Securities, Spezial Report, SwissRe, Zürich.

Dudler, Hermann-Josef (1987): Financial Innovation in Germany, in: DeCecco, M. (Hrsg.): *Changing Money: Financial Innovation in Developed Countries*, Oxford, S. 158-171.

Dufey, Gunter (1986): Finanzinnovationen heute - Bestandsaufnahme und Ausblick, in: Burger, K.-M. (Hrsg.): *Finanzinnovationen - Risiken und ihre Bewältigung*, Stuttgart, S. 13-21.

Dufey, Gunter/Giddy, Ian H. (1981): Innovation in the International Financial Markets, in: *Journal of International Business Studies*, Jg. 12, Nr. 2, S. 33-51.

Duffie, Darrell (1996): Dynamic Asset Pricing Theory, Princeton.

Duffie, Darrell/Jackson, Matthew O. (1989): Optimal Innovation of Futures Contracts, in: *Review of Financial Studies*, Jg. 2, Nr. 3, S. 275.

Dumas, B (1989): Two-person Dynamic Equilibrium in the Capital Market, in: *Review of Financial Studies*, Jg. 2, Nr. 2, S. 157-188.

Dunleavy, Jeanne (1997): Greater Risks, Uncertain Rewards, in: *Best's Review/Property-Casualty Insurance Edition*, Jg. 97, Nr. 9, S. 56-62.

Durbin, David (2001): Managing Natural Catastrophe Risks, Remarks Prepared for ProVention Consortium, Washington 2001, SwissRe, Zürich.

Durrer, Alex (1996): Insurance Derivatives and Securitization: New Hedging Perspectives for the US Catastrophe Insurance Market?, Sigma, Nr. 5, SwissRe, Zürich.

Durrer, Alex/Kielholz, Walter (1997): Insurance Derivatives and Securitization: New Hedging Perspectives for the US Cat Insurance Market, in: *The Geneva Papers on Risk and Insurance*, Jg. 22, Nr. 82, S. 3-16.

Durrington, Vance A./Repman, Judi/Valente, Thomas W. (2000): Using Social Network Analysis to Examine the Time of Adoption of Computer-Related Services among University Faculty, in: *Journal of Research on Computing Education*, Jg. 33, Nr. 1, S. 16-27.

Durth, Rainer (2001): Die Diffusion von Innovationen, in: *Wirtschaftswissenschaftliches Studium*, Jg. 12, Nr. 1, S. 1625-1628.

Dutton, John M. (1967): Analysis of Interdepartmental Decision-Making, Academy of Management Proceedings, S. 85-100, New York.

Dyckhoff, Harald/Allen, Katrin (1999): Theoretische Begründung einer Effizienzanalyse mittels Data Envelopment Analysis (DEA), in: *Schmalenbachs Zeitschrift für betriebswirtschaftliche Forschung*, Jg. 51, Nr. 5, S. 411-436.

Easingwood, Christopher J. (1986): New Product Development for Service Companies, in: *Journal of Product Innovation Management*, Jg. 3, Nr. 4, S. 264-275.

Easingwood, Christopher J./Mahajan, Vi Jay/Muller, Eitan (1983): A Nonuniform Influence Innovation Diffusion Model of New Product Acceptance, in: *Marketing Science*, Jg. 2, Nr. 3, S. 273-295.

Easterbrook, Frank H. (1984): Two Agency-Cost Explanations of Dividends, in: *The American Economic Review*, Jg. 74, Nr. 4, S. 650.

Ederington, Louis, H. (1979): The Hedging Performance of the New Futures Markets, in: *The Journal of Finance*, Jg. 34, Nr. 1, S. 157-170.

Edgett, Scott (1996): The New Product Development Process for Commercial Financial Services, in: *Industrial Marketing Management*, Jg. 25, Nr. 6, S. 507-515.

Edwards, Franklin R. (1988): Futures Trading and Cash Market Volatility, in: *Journal of Futures Markets*, Jg. 8, Nr. 4, S. 421-439.

Efrat, Isaac/Falcone, Yvonne/Gluck, Jeremy/Kwoh, Lawrence/Murray, Alan/Powar, David (1997): Moody's Approach to the Rating of Catastrophe-Linked Notes, Special Comment, Moody's Investors Service, New York.

Eilenberger, Guido (1993): Lexikon der Finanzinnovationen, München.

Eilenberger, Guido (1997): Bankbetriebswirtschaftslehre,

Elton, Edwin J./Gruber, Martin J. (1995): Modern Portfolio Theory and Investment Analysis, New York.

Embrechts, Paul/Meister, Steffen (1995): Pricing Insurance Derivatives: The Case of CAT Futures, in: Bühlmann, H. (Hrsg.): *Securitization of Insurance Risk: The 1995 Bowles Symposium*, Schaumburg, S. 15-25.

Enz, Rudolf (2002): Der Versicherungszyklus als unternehmerische Herausforderung, Technical Publishing, SwissRe, Zürich.

Enz, Rudolf/Zanetti, Aurelia (2004): Natur- und Man-made-Katastrophen im Jahr 2003, Sigma, Nr. 1, SwissRe, Zürich.

Enz, Rudolf/Zanetti, Aurelia (2005): Natur- und Man-made-Katastrophen im Jahr 2004: mehr als 300 000 Todesopfer, rekordhohe Versicherungsschäden, Sigma, Nr. 1, SwissRe, Zürich.

Eramo, Robert P. (1996): Insurance Catastrophe Futures, in: o.V. (Hrsg.): *Discussion Papers on Alternative Markets/Self Insurance*, A.C.A.S., S. 47-60.

Erichson, Bernd (1997): Neuproduktprognose mittels Testmarktsimulation - Praktische Anwendung und methodische Grundlagen, Arbeitspapier, Fakultät der Wirtschaftswissenschaften, Otto-Von Guericke Universität, Magdeburg.

Ernst, Holger (2002): Success Factors of New Product Development: A Review of the Empirical Literature, in: *International Journal of Management Reviews*, Jg. 4, Nr. 1, S. 1-40.

Escuer, Manuel E./Redondo, Yolanda P./Fumas, Vincente S. (1991): Market Structure and the Adoption of Innovations: The Case of the Spanish Banking Sector, in: *Economics of Innovation and New Technology*, Jg. 1, Nr. 3, S. 295-307.

Eveland, John D./Tornatzky, Louis G. (1990): The Development of Technology, in: Tornatzky, L. G./Fleischer, M. (Hrsg.): *The Process of Technology Innovation*, Lexington, S. 117-147.

Fain, Deborah/Roberts, Mary L. (1997): Technology vs. Consumer Behavior: The Battle for the Financial Services Customer, in: *Journal of Direct Marketing*, Jg. 11, Nr. 1, S. 44-54.

Fallegger, Georg/Helbling, Carolyn P./Hill, Donna (1996): Rethinking Risk Financing, SwissRe, Zürich.

Fama, Eugene F. (1965): The Behavior of Stock Market Prices, in: *Journal of Business*, Jg. 38, Nr. 1, S. 34-105.

Fama, Eugene F. (1970): Efficient Capital Markets: A Review of Theory and Empirical Work, in: *Journal of Finance*, Jg. 25, Nr. 2, S. 393-417.

Fama, Eugene F. (1980): Banking in the Theory of Finance, in: *Journal of Monetary Economics*, Jg. 6, Nr. 1, S. 39-57.

Farny, Dieter (2000): Versicherungsbetriebslehre, Karlsruhe.

Farrell, Joseph/Saloner, Garth (1985): Standardization, Compatibility and Innovation, in: *Rand Journal of Economics*, Jg. 16, Nr. 1, S. 70-83.

Feder, Gershon/O'Mara, Gerald T. (1982): On Information and Innovation Diffusion: A Bayesian Approach, in: *American Journal of Agricultural Economics*, Jg. 145-147, S.

Feeney, Paul W. (1995): Securitization: Redefining the Bank, New York.

Feess, Eberhard (1997): Mikroökonomik, Marburg.

Felderer, Bernhard/Homburg, Stefan (2003): Makroökonomik und neue Makroökonomik, Berlin.

Felten, Claudio (2001): Adoption und Diffusion von Innovationen, Wiesbaden.

Fichman, Robert G./Kemerer, Chris F. (1993): Adoption of Software Engineering Process Innovations: The Case of Object Orientation, in: *Sloan Management Review*, Jg. 34, Nr. 2, S. 7-22.

Fichman, Robert G./Kemerer, Chris F. (1997): The Assimilation of Software Process Innovations: An Organizational Learning Perspective, in: *Management Science*, Jg. 43, Nr. 10, S. 1345-1363.

Fichman, Robert G./Kemerer, Chris F. (1999): The Illusory Diffusion of Innovation: An Examination of Assimilation Gaps, in: *Information Systems Research*, Jg. 10, Nr. 3, S. 255-275.

Fill, Chris (2001): Marketing-Kommunikation: Konzepte und Strategien, München.

Filstead, William J. (1970): Qualitative Methodology: First Hand Involvement with the Social World, Chicago.

Finn, John/Lane, Morton N. (1995): The Perfume of the Premium... or Pricing Insurance Derivatives, Society of Actuaries, Report, Atlanta.

Finnerty, John D. (1992): An Overview of Corporate Securities Innovation, in: *Journal of Applied Corporate Finance*, Jg. 2, Nr. 2, S. 23-39.

Fischer, Black (1997): How We Came Up with the Option Formula, in: *Risk*, Nr. 12 (Dezember), S. 143-148.

Fischer, Manfred M./Fröhlich, Josef (Hrsg./2001): Knowledge, Complexity and Innovation Systems, Berlin.

Fisher, Irving (1907): The Rate of Interest, New York.

Fisher, Irving (1930): The Theory of Interest, New York.

Fisher, Irving (1933): The Debt-Deflation Theory of Great Depressions, in: *Econometrica*, Jg. 1, Nr. 1, S. 337-357.

Fisher, Wayne H./Kist, Frederick O. (2001): Catastrophe Exposures and Insurance Industry: Catastrophe Management Practices, Markt Report, American Academy of Actuaries, Catastrophe Management Work Group, Washington.

Flannery, Mark J. (1994): Corporate Finance, Market Discipline, and Bank Supervision, in: Scheld, K. A. (Hrsg.): *The Declining Role of Banking*, Chicago, S. 313-330.

Flasse, Oliver/Hartung, Thomas/Liebwein, Peter (1999): Ein Modell zur Bewertung von PCS-Optionen, Working Paper, Ludwig-Maximilians-Universität, Institut für Betriebswirtschaftliche Risikoforschung und Versicherungswirtschaft (INRIVER), München.

Fleischman, Edward (1995): Chicago Mercantile Exchange: A Model for Federal Financial Regulation, in: Schwartz, R. (Hrsg.): *Global Equity Markets*, New York, S. 350-361.

Flood, Mark D. (1992): Two Faces of Financial Innovation, in: *Review - Federal Reserve Bank of St. Louis*, Jg. 74, Nr. 5, S. 3-17.

Fofana, N'Zue F. (1995): Success and Failure of Agricultural Futures Contract, How to Best Predict Semivariance, and Garch Option Pricing with Implied Volatility, Ph.D. Thesis, Maitrise d'Economie, Oklahoma State University, Stiftwater.

Folkerts, Liesa (2001): Promotoren in Innovationsprozessen: Empirische Untersuchung zur personellen Dynamik, Wiesbaden.

Forster, Margaret M./George, Thomas J. (1992): Anonymity in Securities Markets, in: *Journal of Financial Intermediation*, Jg. 2, Nr. 2, S. 168-206.

Forsyth, John H. (1997): Financial Innovation in Britain, in: DeCecco, M. (Hrsg.): *Changing Money: Financial Innovation in Developed Countries*, Oxford, S. 141-157.

Frame, Scott W./White, Lawrence J. (2002): Empirical Studies of Financial Innovation: Lots of Talk, Little Action?, Working Paper, Research Department, Federal Reserve Bank of Atlanta, Atlanta.

Franke, Günter/Hax, Georg (1999): Finanzwirtschaft des Unternehmens und Kapitalmarkt, Berlin.

Franke, Jörg (1995): Welche Anforderungen stellt die deutsche Börse AG an "ihre" Indizes - und speziell an einen "PEX", in: *Zeitschrift für das gesamte Kreditwesen*, Jg. 21, Nr. 11, S. 542.

Franzen, Christopher (1988): Finanzinnovationen - Was ist das?, in: *Die Bank*, Jg. 88, Nr. 1, S. 18-20.

Freixas, Xavier/Rochet, Jean-Charles (1997): Microeconomics of banking, Cambridge.

Friedman, Milton (1953): Essays in Positive Economics, Chicago.

Friedrichs, Jürgen/Lüdtke, Hartmut (1973): Teilnehmende Beobachtung: Einführung in die sozialwissenschaftliche Feldforschung, Weinheim.

Froot, Kenneth A. (1997): The Limited Financing of Catastrophe Risk: An Overview, Working Paper, National Bureau of Economic Research (NBER), Cambridge.

Froot, Kenneth A. (1999a): The Evolving Market for Catastrophic Event Risk, in: *Risk Management and Insurance Review*, Jg. 2, Nr. 3, S. 1-28.

Froot, Kenneth A. (1999b): Introduction, in: Froot, K. A. (Hrsg.): *The Financing of Catastrophe Risk*, Chicago, S. 1-22.

Froot, Kenneth A. (2001): The Market for Catastrophe Risk: A Clinical Examination, in: *Journal of Financial Economics*, Jg. 60, Nr. 2-3, S. 529-571.

Froot, Kenneth A./Asaff, Ernest/McGhee, Christopher/Sullivan, Patrick/McDaniels, Robb (1998): The Evolving Market for Catastrophic Event Risk, Marsh & McLennan Securities Corp., New York.

Froot, Kenneth A./Murphy, Brian/Stern, Aaron/Usher, Stephen (1995): The Emerging Asset Class: Insurance Risk, Sonderbericht, Guy Carpenter & Company, Inc., New York.

Froot, Kenneth A./Posner, Steven (2000): Issues in the Pricing of Catastrophe Risk, Special Report, Marsh & McLennan Securities Corporation, Guy Carpenter & Company, Inc., New York.

Frost, Patrick (1998): Versicherungsderivate und Securitization von Versicherungsrisiken: Ansätze einer finanzökonomischen Bewertung, Basel.

Furash, Edward E. (1994): Banks are Obsolete - And Who Cares?, in: Scheld, K. A. (Hrsg.): *The Declining Role of Banking*, Chicago, S. 24-30.

Furfine, Craig H. (2003): Interbank Exposures: Quantifying the Risk of Contagion, in: *Journal of Money, Credit and Banking*, Jg. 35, Nr. 1, S. 111-128.

Gadella, Jan/Halliday, Stephen (2001): The Future of CATs, in: *Corporate Finance*, Jg. 196, Nr. 25, S. 25-30.

Gal-Or, Esther (1985): First Mover and Second Mover Advantages, in: *International Economic Review*, Jg. 26, Nr. 3, S. 649-553.

Gal-Or, Esther (1987): First Mover Disadvantages with Private Information, in: *Review of Economic Studies*, Jg. 54, Nr. 178, S. 279-292.

Galbraith, John K. (1952): American Capitalism, Cambridge.

Gale, Douglas (1992): Standard Securities, in: *Review of Economic Studies*, Jg. 59, Nr. 4, S. 731-755.

Gale, Douglas/Hellwig, Martin (1985): Incentive-Compatible Debt Contracts: The One-Period Problem, in: *Review of Economic Studies*, Jg. 52, Nr. 4, S. 647-663.

Gallivan, Michael J. (2001): Organizational Adoption and Assimilation of Complex Technological Innovations: Development and Application of a New Framework, in: *The Data Base for Advances in Information Systems*, Jg. 32, Nr. 3, S. 51-85.

Gandy, Steven L./Festa, Jerome F. (2001): The Rise of Future Flow Asset, in: *Journal of Applied Corporate Finance*, Jg. 14, Nr. 1, S. 90-98.

Garbade, Kenneth D./Silber, William L. (1976): Price Dispersion in the Government Securities Market, in: *The Journal of Political Economy*, Jg. 84, Nr. 4, S. 721-740.

Garbade, Kenneth D./Silber, William L. (1983a): Cash Settlement of Futures Contracts: An Economic Analysis, in: *Journal of Futures Markets*, Jg. 3, Nr. 4, S. 451-472.

Garbade, Kenneth D./Silber, William L. (1983b): Futures Contracts on Commodities with Multiple Varieties: An Analysis of Premiums and Discounts, in: *Journal of Business*, Jg. 56, Nr. 3, S. 249-272.

Gatev, Evan/Strahan, Philip E. (2003): Bank's Advantage in Hedging Liquidity Risk: Theory and Evidence from the Commercial Paper Market, Working Paper, Wharton - Financial Institutions Center, University of Pennsylvania, Philadelphia.

Gatignon, Hubert/Robertson, Thomas S. (1986): Competitive Effects on Technology Diffusion, in: *Journal of Marketing*, Jg. 50, Nr. 3, S. 1-12.

Gemünden, Hans-Georg (1999): Promotoren - Schlüsselpersonen für Entwicklung und Marketing innovativer Industriegüter, in: Hauschildt, J./Gemünden, H.-G. (Hrsg.): *Promotoren: Champions der Innovationen*, Wiesbaden, S. 45-64.

Geroski, Paul A./Walters, Chris F. (1995): Innovative Activity Over the Business Cycle, in: *The Economic Journal*, Jg. 105, Nr. 431, S. 916-928.

Geroski, Paul/Machin, Steve/Reenen, John van (1993): The Profitability of Innovating Firms, in: *Rand Journal of Economics*, Jg. 24, Nr. 2, S. 198-211.

Gierl, Heribert (1987): Ist der Erfolg industrieller Innovationen planbar?, in: *Schmalenbachs Zeitschrift für betriebswirtschaftliche Forschung*, Jg. 39, Nr. 1, S. 53-73.

Giersberg, Karl-Wilhelm (1988): Finanzinnovationen im Euro-Markt: Neuere Finanzierungs- und Absicherungsinstrumente auf den internationalen Finanzmärkten - Eine Analyse ihrer einzelwirtschaftlichen Vorteilhaftigkeit und ihrer Konsequenzen für die Geldpolitik, Bayreuth.

Glaum, Martin (1991): Finanzinnovationen und ihre Anwendung in internationalen Unternehmungen: Dargestellt am Beispiel von Devisenoptionskontrakten, Giessen.

Glaum, Martin (2000): Finanzwirtschaftliches Risikomanagement deutscher Industrie- und Handelsunternehmen, Frankfurt am Main.

Glennon, Dennis/Lane, Julia (1996): Financial Innovation, New Assets and the Behavior of Money Demand, in: *Journal of Banking & Finance*, Jg. 20, Nr. 2, S. 207-225.

Glosten, Lawrence R./Milgrom, Paul (1985): Bid, Ask and Transaction Prices in a Specialist Market With Heterogeneously Informed Traders, in: *Journal of Financial Economics*, Jg. 14, Nr. 1, S. 71-100.

Goergen, Thomas (2000): Finanzinnovationen und Wertpapier-Design, Frankfurt am Main.

Goldberg, Victor P. (1985): Production Functions, Transaction Costs and the New Institutionalism, in: Feiwel, G. R. (Hrsg.): *Issues in Contemporary Microeconomics and Welfare*, London, S. 395-402.

Golder, Peter N./Tellis, Gerard J. (1993): Pioneer Advantage: Marketing Logic or Marketing Legend?, in: *Journal of Marketing Research (JMR)*, Jg. 30, Nr. 2, S. 158-170.

Golder, Peter N./Tellis, Gerard J. (1996): First to Market, First to Fail? Real Causes of Enduring Market Leadership, in: *Sloan Management Review*, Jg. 37, Nr. 2, S. 65-75.

Goldman, Michael P./Pinsel, Michael J./Spadaccini-Rosenberg, Natalie (1998): Legal and Regulatory Issues Affecting Insurance Derivatives and Securitization, in: Himick, M. (Hrsg.): *Securitized Insurance Risk: Strategic Opportunities for Insurers and Investors*, Chicago, London, New Delhi, S. 77-116.

Gomber, Peter/Schweickert, Uwe (2002): Der Market Impact: Liquiditätsmaß im elektronischen Wertpapierhandel, in: *Die Bank*, Jg. 105, Nr. 7, S. 485-489.

Gorvett, Richard W. (1999): Insurance Securitization: The Development of a New Asset Class, The College of Insurance, New York.

Goshay, Robert C./Sandor, Richard L. (1973): An Inquiry into the Feasibility of a Reinsurance Futures Market, in: *Journal of Business Finance*, Jg. 5, Nr. 2, S. 56-66.

Goßner, Alfred (2002): Gibt es neue unversicherbare Risiken?, in: o.V. (Hrsg.): *Der Umgang mit den Risiken im Grenzbereich der Versicherbarkeit: Dokumentation über ein Symposium am 13.-20. Oktober 2001 im Schloß Marbach*, Karlsruhe, S. 5-10.

Gourlay, Adrian R./Pentecost, Eric J. (2000): The Determinants of Technology Diffusion: Evidence from the UK Financial Sector, Working Paper, Department of Economics, Centre for International, Financial and Economics Research, Loughborough University, Loughborough.

Grace, Martin F. (2001): The Special Purpose Reinsurance Vehicle (SPRV) Experiment/Reply, in: *Journal of Insurance Regulation*, Jg. 19, Nr. 4, S. 656-665.

Grace, Martin F./Klein, Robert W./Phillips, Richard D. (2001): Regulating Onshore Special Purpose Reinsurance Vehicles, in: *Journal of Insurance Regulation*, Jg. 19, Nr. 4, S. 551-590.

Grandi, Marcel/Müller, Andreas (2000): Weather Derivatives - Finding cover from the weather, INRIVER, Ludwig-Maximilians-Universität München, München.

Gray, Roger W. (1966): Why Does Futures Trading Succeed of Rail: An Analysis of Selected Commodities, Proceedings of the Futures Trading Seminar, Chicago Board of Trade, Band 3, Chicago.

Gray, Roger W. (1970): The Prospects of Trading in Live Hog Futures, in: Bakken, H. H. (Hrsg.): *Futures Trading in Livestrock - Origins and Concepts*, Chicago, S. 125-131.

Greenbaum, Stuart I./Haywood, Charles F. (1971): Secular Change in the Financial Services Industry, in: *Journal of Money, Credit, and Banking*, Jg. 3, Nr. 2, S. 571-589.

Greenbaum, Stuart I./Higgins, Eric J. (1983): Financial Innovation, in: Benston, G. J. (Hrsg.): *Financial Services: The Changing Institutions and Government Policy*, New York, S. 213-234.

Greenspan, Alan (1994): Optimal Bank Supervision in a Changing World, in: Scheld, K. A. (Hrsg.): *The Declining Role of Banking*, Chicago, S. 1-8.

Greenspan, Alan (1999): Need for financial modernization, Rede vor dem "Committee on Banking, Housing, and Urban Affairs, U.S. Senate", Federal Reserve Bank, 23. Februar 1999, Washington.

Griliches, Zvi (1957): Hybrid Corn: An Exploration in the Economics of Technological Change, in: *Econometrica*, Jg. 25, Nr. 4, S. 501-522.

Grinblatt, Mark/Hwang, Chuan Yang (1989): Signalling and the Pricing of New Issues, in: *The Journal of Finance*, Jg. 44, Nr. 2, S. 393.

Grinblatt, Mark/Longstaff, Francis A. (2000): Financial Innovation and the Role of Derivative Securities: An Empirical Analysis of the Treasury STRIPS Program, in: *The Journal of Finance*, Jg. 55, Nr. 3, S. 1415-1436.

Grossman, Sanford J. (1981): An Introduction to the Theory of Rational Expectations under Asymmetric Information, in: *Review of Economic Studies*, Jg. 48, Nr. 1, S. 541-559.

Grossman, Sanford J./Stiglitz, Joseph E. (1976): Information and Competitive Price Systems, in: *American Economic Review*, Jg. 66, Nr. 2, S. 246-253.

Grossman, Sanford J./Stiglitz, Joseph E. (1980): On the Impossibility of Informationally Efficient Markets, in: *American Economic Review*, Jg. 70, Nr. 3, S. 393-408.

Gründl, Helmut (2002): Pricing Double-Trigger Reinsurance Contracts: Financial Versus Actuarial Approach, in: *Journal of Risk & Insurance*, Jg. 69, Nr. 4, S. 449-468.

Gründl, Helmut/Schmeiser, Hato (2002): Pricing Double-Trigger Reinsurance Contracts: Financial Versus Actuarial Approach, Working Paer, Humboldt-Universität, Berlin.

Gurley, John G./Shaw, Edward S. (1955): Financial Aspects of Economic Development, in: *American Economic Review*, Jg. 45, Nr. 4, S. 515-538.

Gurley, John G./Shaw, Edward S. (1960): Money in a Theory of Finance, Washington.

Gutenberg, Erich (1967): Grundlagen der Betriebswirtschaftslehre, Berlin.

Habermas, Jürgen (1967): Theorie und Praxis: Sozialphilosophische Studien, Neuwied.

Hackethal, Andreas (2000): Banken, Unternehmensfinanzierung und Finanzsysteme, Frankfurt am Main.

Häder, Michael/Häder, Sabine (2000): Die Delphi-Technik in den Sozialwissenschaften, Wiesbaden.

Hagelin, Niclas (2000): Index Option Market Activity and Cash Market Volatility Under Different Market Conditions, in: *Applied Financial Economics*, Jg. 10, Nr. 6, S. 597-613.

Haimes, Yacov (Hrsg./2000): Research and Practice in Multiple Criteria Decision Making, Berlin.

Hakansson, Nils H. (1982): Changes in the Financial Market: Welfare and Price Effects and the Basic Theorems of Value Conservation, in: *Journal of Finance*, Jg. 37, Nr. 4, S. 977-1004.

Hamberg, Daniel (1964): Size of Firm, Oligopoly, and Research, in: *Canadian Journal of Economics and Political Science*, Jg. 30, Nr. 1, S. 62-75.

Hamel, G./Prahalad, C. K (1997): Competing for the Future, Cambridge.

Hampel, Walter/Haumer, Hans (1994): Financial Engineering - Versuch einer Begriffsdefinition, in: Siegwart, H./Mahari, J./Abresch, M. (Hrsg.): *Finanzielle Führung, Finanzinnovationen und Financial Engineering*, Stuttgart, S. 779-788.

Han, Jin K./Kim, Namwoon/Kim, Hong-Bumm (2001): Entry Barriers: A Dull-, One-, or Two-Edged Sword for Incumbents? Unraveling the Paradox from a Contingency Perspective, in: *Journal of Marketing*, Jg. 65, Nr. 1, S. 1-14.

Hancock, Ellen M./Britt, David C. (2002): New Accounting for SPEs, Market Report, Defining Issues, KPMG, Zürch.

Hanley, Mike (1998): A Catastrophe Too Far, in: *Insurance Risk Special Report*, Jg. 86, Nr. 9, S. 12-16.

Hannan, Timothy H./McDowell, John M. (1984): The Determinants of Technology Adoption: The Case of the Banking Firm, in: *Rand Journal of Economics*, Jg. 15, Nr. 3, S. 328-335.

Hannan, Timothy H./McDowell, John M. (1987): Rival Precedence and the Dynamics of Technology Adoption: An Empirical Analysis, in: *Economica*, Jg. 51, Nr. 214, S. 155-171.

Hannss, Josephin (1995): Finanzinnovationen: Eine agency-theoretische Betrachtungsweise, Zürich.

Harrington, Scott E. (1992): Financial Innovation and International Banking, in: Cavanna, H. (Hrsg.): *Financial Innovation*, London, S. 52-68.

Harrington, Scott E. (2000): Rethinking Disaster Policy, in: *Regulation*, Jg. 23, Nr. 1, S. 40-46.

Harrington, Scott E./Niehaus, Greg (1999): Basis Risk with PCS Catastrophe Insurance Derivative Contracts, in: *The Journal of Risk and Insurance*, Jg. 66, Nr. 1, S. 59-82.

Harrington, Scott E./Niehaus, Greg/Mann, Steven V. (1995): Insurer Capital Structure Decisions and the Viability of Insurance Derivatives, in: *The Journal of Risk and Insurance*, Jg. 62, Nr. 3, S. 483-508.

Harris, Lawrence (1990): Liquidity, Trading Rules, and Electronic Trading Systems, New York.

Harris, Milton/Raviv, Artur (1979): Optimal Incentive Contracts with Imperfect Information, in: *Journal of Economic Theory*, Jg. 20, Nr. 2, S. 231-259.

Harris, Milton/Raviv, Artur (1988): Corporate Governance: Voting Rights and Majority Rules, in: *Journal of Financial Economics*, Jg. 20, Nr. 1/2, S. 203-235.

Harris, Milton/Raviv, Artur (1989): The Design of Securities, in: *Journal of Financial Economics*, Jg. 24, Nr. 2, S. 255-287.

Harris, Milton/Raviv, Artur (1991): The Theory of Capital Structure, in: *The Journal of Finance*, Jg. 46, Nr. 1, S. 297-355.

Hart, Oliver (1997): Firms, Contracts, and Financial Structure, Oxford, New York.

Hart, Oliver (2001): Financial Contracting, in: *Journal of Economic Literature*, Jg. 39, Nr. 4, S. 1079-1100.

Hart, Oliver/Holmstrom, Bengt (1987): Theory of Contracts, in: Belwley, T. F. (Hrsg.): *Advances in Economic Theory*, Cambridge, S. 71-155.

Hart, Oliver/Kreps, David M. (1986): Price Destabilizing Speculation, in: *Journal of Political Economy*, Jg. 94, Nr. 5, S. 927-952.

Hartmann-Wendels, Thomas/Pfingsten, Andreas/Weber, Martin (2000): Bankbetriebslehre, Berlin.

Hase, Stephan (2000): Die rechtliche Absicherung von Innovationsprojekten: Gesetzliche Vorgaben, Nutzungspotentiale und Risiken, in: Dold, E./Gentsch, P. (Hrsg.): *Innovationsmanagement: Handbuch für Mittelständische Unternehmen*, Neuwied, S. 191-212.

Hasekamp, Uwe (2000): Finanzinnovationen im Versicherungskontext: Securitization und börsengehandelte Derivate, Karlsruhe.

Hastenpflug, Wolfgang (1991): Das Securitizationsphänomen, Wiesbaden.

Hausch, Donald B./Ziemba, William T. (1990): Locks at the Racetrack, in: *Interfaces*, Jg. 20, Nr. 3, S. 41-48.

Hauschildt, Jürgen (1993): Innovationsmanagement, München.

Hauschildt, Jürgen (1997): Innovationsmanagement, München.

Hauser, John R./Wernerfelt, Birger (1990): An Evaluation Cost Model of Consideration Sets, in: *Journal of Consumer Research*, Jg. 16, Nr. 4, S. 393-408.

Hausmann, Peter (1998): Überschwemmungen: Ein versicherbares Risiko?, Unternehmenspublikation, SwissRe, Division Reinsurance & Risk, Zürich.

Hax, Herbert (1991): Theorie der Unternehmung - Information, Anreize und Vertragsgestaltung, in: Ordelheide, D./Rudoph, B./Büsselmann, E. (Hrsg.): *Betriebswirtschaftslehre und Ökonomische Theorie*, Stuttgart, S. 51-72.

Hax, Herbert/Hartmann-Wendels, Thomas/von Hinten, Peter (1988): Moderne Entwicklung in der Finanzierungstheorie, in: Christians, W. F. (Hrsg.): *Finanzierungshandbuch*, Wiesbaden, S. 689-712.

Hayek, Carol/Ghanem, Roger (2002): Impact of Uncertainty in Catastrophe Losses on Insurance Derivatives, Conference Proceeding, Engineering Mechanics Conference, Columbia University, New York.

Hayek, Friedrich A. von (1945): The use of knowledge in Society, in: *American Economic Review*, Jg. 35, Nr. 17, S. 519-530.

Helleiner, Eric (2001): Regulating Capital Flight, in: *Challenge*, Jg. 44, Nr. 1, S. 19-24.

Hellwig, Martin (1991): Banking, Financial Intermediation and Corporate Finance, in: Giovannini, A./Mayer, C. P. (Hrsg.): *European Financial Integration*, Cambridge, S. 35-63.

Helten, Elmar (1996): Ist Risiko ein Konstrukt? Zur Quantifizierung des Risikobegriffes, in: Hesberg, D./Nell, M./Schott, W. (Hrsg.): *Risiko, Versicherung, Markt - Festschrift für Walter Karten zu Vollendung des 60. Lebensjahres*, Hamburg.

Henard, David H./Szymanski, David M. (2001): Why Some New Products Are More Successful Than Others, in: *Journal of Marketing Research (JMR)*, Jg. 38, Nr. 3, S. 364-375.

Hendler, Reuven (1975): Lancaster's New Approach to Consumer Demand and its Limitations, in: *American Economic Review*, Jg. 65, Nr. 1, S. 194-199.

Herold, Bodo/Paetzmann, Karsten (1999): Alternativer Risiko Transfer die neue Welt der Industrieversicherung,

Hess, Thomas (2002): Reinsurance after September 11: Lessons learned, Präsentation, SwissRe, Zürich.

Hesse, Hans-Werner (1988): Prognose und Diagnose der Diffusion von Bankinnovationen mit Diffusionsmodellen, in: *Jahrbuch der Absatz- und Verbrauchsforschung*, Jg. 34, Nr. 1, S. 28-60.

Hester, Donald D. (1994): On the Theory of Financial Intermediation, in: *De Economist*, Jg. 142, Nr. 2, S. 133-149.

Hieronymus, Thomas A. (1977): Economics of Futures Trading For Commercial and Personal Profit, New York.

Hirshleifer, Jack (1971): The Private and Social Value of Information and the Reward to Inventive Activity, in: *American Economic Review*, Jg. 61, Nr. 4, S. 561-574.

Hitzler, Ronald (1994): Wissen und Wesen des Experten: Ein Annährungsversuch - zur Einleitung, in: Hitzler, R./Honer, A./Maeder, C. (Hrsg.): *Expertenwissen: Die institutionaliserte Kompetenz zur Konstruktion von Wirklichkeit*, Opladen, S. 13-30.

Ho, Thomas/Stoll, Hans R. (1981): Optimal Dealer Pricing under Transactions and Return Uncertainty, in: *Journal of Financial Economics*, Jg. 9, Nr. 1, S. 47-73.

Hodge, Nicholas S./Etherington, Geoffrey/Kane, Russell L. (1998): Insurance Securitization: A Closer Look in: Insurance and Reinsurance Update, Winter 1998, Markt Report, Edwards&Angell, LLP, Hartford.

Hoffman, Mark A. (2002): Cat Bond Market Fears More Red Tape, in: *Business Insurance*, Jg. 36, Nr. 21, S. 10.

Hogan, Arthur M./Nickerson, David (2000): Does Zero-beta Accurately Measure Catastrophic Bond Risk?, Working Paper, American Risk and Insurance Association Annual Meetings, Baltimore.

Holland, Allison/Vila, Anne F. (1997): Features of a Successful Contract: Financial Futures on LIFFE, in: *Bank of England Quarterly Bulletin*, Jg. 37, Nr. 2, S. 181-186.

Holliger, Beat/Muth, Clement (2002): Der Markt für verbriefte Versicherungsrisiken - Eine aktuelle Betrachtung nach dem 11. September 2001, in: *Topics - Die Experten der Münchener Rück zu aktuellen Themen und Trends*, Jg. o. Jg., Nr. 1, S. 6-7.

Holmström, Bengt (1979): Moral Hazard and Observability, in: *The Bell Journal of Economics*, Jg. 10, Nr. 1, S. 74-91.

Hölscher, Reinhold/Schierenbeck, Henner (2000): Aufsichtsrechtliche Grundlagen des Risikomanagements in Versicherungsunternehmen, in: Schierenbeck, H. (Hrsg.): *Risk Controlling in der Praxis*, Stuttgart, S. 191-235.

Holz, Ralf (1996): Entstehung neuer Finanzprodukte theoretische und empirische Erkenntnisse, Bergisch Gladbach.

Holzheu, Thomas/Karl, Thomas/Raturi, Mayank (2003): Alternativer Risikotransfer - eine Bestandsaufnahme, Sigma, Nr. 1, SwissRe, Zürich.

Hommel, Ulrich (1998): Katastrophenoptionen: Ein neues Instrument für das Management von Versicherungsrisiken, in: *Wirtschaftswissenschaftliches Studium*, Jg. ohne, Nr. ohne, S. 211-214.

Hommel, Ulrich (2000): Managing Catastrophic Risk with Financial Instruments, in: Frenkel, M./Hommel, U./Rudolf, M. (Hrsg.): *Risk Management: Challenge and Opportunity*, Berlin, S. 39-62.

Hommel, Ulrich/Pritsch, Gunnar (1997): Hedging im Sinne des Aktionärs: Ökonomische Erklärungsansätze für das unternehmerische Risikomanagement, in: *Die Betriebswirtschaft*, Jg. 57, Nr. 5, S. 672-693.

Hommel, Ulrich/Pritsch, Gunnar (1998): Bausteine des Risikomanagement-Prozesses, in: Achleitner, A. K./Thoma, G. F. (Hrsg.): *Handbuch Corporate Finance*, Köln.

Hommel, Ulrich/Ritter, Mischa (2004): New Approaches to Managing Catastrophic Insurance Risk, in: Frenkel, M./Hommel, U./Rudolf, M. (Hrsg.): *Risk Management - Challenge and Opportunity*, Hamburg, S. 363-389.

Horne, James C. van (1985): Of Financial Innovations and Excesses, in: *Journal of Finance*, Jg. 40, Nr. 3, S. 621-631.

Horne, James C. van (1989): Financial Management and Policy, Englewood Cliffs.

Horrigan, Brian R. (1987): The CPI Futures Market: The Inflation Hedge That Won't Grow, in: *Business Review, Federal Reserve Bank of Philadelphia*, Jg. ohne, Nr. Mai/Juni, S. 3-14.

Horwitz, Marc (2003): Documentation of OTC Derivatives Under the ISDA Master Agreement: A Primer for Corporate Counsel & Treasury, Baker & McKenzie, Chicago.

Hoyt, Robert E. (1989): Use of Financial Futures by Life Insurers, in: *Journal of Risk & Insurance*, Jg. 56, Nr. 4, S. 740-748.

Hoyt, Robert E./McCullough, Kathleen A. (1999): Catastrophe Insurance Options: Are they Zero-beta Assets?, in: *Journal of Insurance Issues*, Jg. 22, Nr. 2, S. 147-163.

Hoyt, Robert E./Williams, Reesa D. (1995): The Effectiveness of Catastrophe Futures as a Hedging Mechanism for Insurers: An Empirical and Regulatory Analysis, in: *Journal of Insurance Regulation*, Jg. 14, Nr. 1, S. 27-64.

Hranaiova, Jana/Tomek, William G. (2002): Role of Delivery Options in Basis Convergence, in: *Journal of Futures Markets*, Jg. 22, Nr. 8, S. 783-809.

Huang, Roger D./Stoll, Hans R. (1997): The Components of the Bid-ask Spread: A General Approach, in: *Review of Financial Studies*, Jg. 10, Nr. 4, S. 995-1034.

Hubbard, Glenn R. (1994): Money, the Financial System, and the Economy, Reading.

Hübner, Otto (1968): Die Banken, unveränderter Nachdruck der Ausgabe Leipzig, 1854, Frankfurt.

Hull, John C. (2000): Options, Futures & Other Derivatives, London.

Hurwicz, Leonid (1973): The Design of Mechanisms for Resource Allocation, in: *American Economic Review*, Jg. 63, Nr. 2, S. 1-30.

Hutton, Tom (1998): The Role of Computer Modeling in Insurance Risk Securitization, in: Himick, M. (Hrsg.): *Securitized Insurance Risk: Strategic Opportunities for Insurers and Investors*, Chicago, London, New Delhi, S. 153-168.

Issing, Otmar (1987): Innovationen auf den Finanzmärkten. Einige Aspekte aus der Sicht der Allgemeinen Markttheorie, in: Borchert, M./Fehl, U./Oberender, P. (Hrsg.): *Markt und Wettbewerb, Festschrift für Ernst Heuß zum 65. Geburtstag*, Bern, S. 343-357.

Jaffee, Dwight M./Russell, Thomas (1997): Catastrophe Insurance, Capital Markets, and Uninsurable Risks, in: *The Journal of Risk and Insurance*, Jg. 64, Nr. 2, S. 205-230.

Jagtiani, Julapa/Saunders, Anthony/Udell, Gregory F. (1995): The Effect of Bank Capital Requirements on Bank Off-balance Sheet Financial Innovations, in: *Journal of Banking & Finance*, Jg. 19, Nr. 3/4, S. 647-658.

Jameson, Andrew/Gadanecz, Blaise (2003): OTC Derivatives Market Activity in the First Half of 2003, Industriereport, Monetary and Economic Department, Bank for International Settlements, Basel.

Janssen, Stefan (1994): Kontraktdesign und Kontrakterfolg von Financial Futures, Wiesbaden.

Jarrow, Robert A./Turnbull, Stuard M. (1995): Pricing Derivatives on Financial Securities Subject to Credit Risk, in: *The Journal of Finance*, Jg. 50, Nr. 1, S. 53-85.

Jarrow, Robert A./Turnbull, Stuard M. (2000): Derivative Securities, Cincinnati.

Jenkins, Wyn (2002): Don't Speak Too Soon, in: *Reactions*, Jg. 22, Nr. 5, S. 36-45.

Jensen, Michael C. (1978): Some Anomalous Evidence Regarding Market Efficiency, in: *Journal of Financial Economics*, Jg. 6, Nr. 2/3, S. 469-482.

Jensen, Michael C./Meckling, William H. (1976): Theory of the Firm: Managerial Behavior, Agency Costs and Ownership Structure, in: *Journal of Financial Economics*, Jg. 3, Nr. 4, S. 305-360.

Jiang, Li/Fung, Joseph K.W./Cheng, Louis T.W. (2001): The Lead-Lag Relation Between Spot and Futures Markets Under Different Short-Selling Regimes, in: *Financial Review*, Jg. 3, Nr. 3, S. 63-88.

Jochims, Marc (2002): Diffusion innovativer Dienstleistungen - Eine empirische Analyse Am Beispiel von Direktbanken, Hamburg.

Jochum, Christian/Kodres, Laura (1998): Does the Introduction of Futures on Emerging Market Currencies Destabilize the Underlying Currencies?, in: *International Monetary Fund Staff Papers*, Jg. 45, Nr. 3, S. 486-521.

Johne, Axel F./Pavlidis, Panos M. (1996): How Banks Apply Marketing Expertise to Develop New Derivatives, in: *Journal of Product Innovation Management*, Jg. 13, Nr. 5, S. 440-452.

Johnston, Elizabeth T./McConnell, John J. (1989): Requiem for a Market: An Analysis of the Rise and Fall of a Financial Futures Contract, in: *The Review of Financial Studies*, Jg. 2, Nr. 1, S. 1-23.

Jones, Frank J. (1982): The Economics of Futures and Options Contracts Based on Cash Settlement, in: *Journal of Futures Markets*, Jg. 2, Nr. 1, S. 63-82.

Jung, Alan R./Ramezani, Cyrus A. (1999): Insurance and Reinsurance Contracts as Complex Derivatives: Application to Multiple Peril Policies, Working Paper, Department of Finance, San Francisco State University, San Francisco.

Jung, Thomas (2003): Der Risikobegriff in Wissenschaft und Gesellschaft, in: *Bundesgesundheitsblatt*, Jg. 46, Nr. 7, S. 542-548.

Kahneman, Daniel/Tversky, Amos (1979): Prospect Theory: An Analysis of Decision under Risk, in: *Econometrica*, Jg. 47, Nr. 2, S. 263-292.

Kahneman, Daniel/Tversky, Amos (1992): Advance in Prospect Theory: Cumulative Representation of Uncertainty, in: *Journal of Risk and Uncertainty*, S. 297-323.

Kalyanaram, Gurumurthy/Robinson, William T./Urban, Glen L. (1995): Order of Market Entry: Established Empirical Generalizations, Emerging Empirical Generalization, and Future Research, in: *Marketing Science*, Jg. 14, Nr. 3, S. 212-221.

Kan, Andy C. N. (1999): Impact of HSI Futures Trading on the Liquidity of Constituent, in: *Journal of Financial Management and Analysis*, Jg. 12, Nr. 1, S. 28-34.

Kane, Alex (1994): Trading Cost Premiums in Capital Asset Returns - A Closed Form Solution, in: *Journal of Banking & Finance*, Jg. 18, Nr. 6, S. 1177-1183.

Kane, Edward J. (1977): Good Intentions and Unintended Evil: The Case against Selective Credit Allocation, in: *Journal of Money, Credit and Banking*, Jg. 9, Nr. 1, S. 55-69.

Kane, Edward J. (1981): Impact of Regulation on Economic Behavior: Accelerating Inflation, Technological Innovation, and the Decreasing Effectiveness of Banking Regulation, in: *The Journal of Finance*, Jg. 36, Nr. 2, S. 355-367.

Kane, Edward J. (1983): Policy Implications of Structural Changes in Financial Markets, in: *American Economic Review*, Jg. 73, Nr. 2, S. 96-100.

Kaplan, Steven/Lefebvre, Guillaume (2003): CAT Bonds: Tax Treatment of an Innovative Financial Product, in: *Journal of Taxation of Financial Institutions*, Jg. 16, Nr. 4, S. 5-16.

Kardes, Frank R./Kalyanaram, Gurumurthy (1993): Brand Retrieval, Consideration Set Composition, Consumer Choice, and the Pioneering Advantage, in: *Journal of Consumer Research*, Jg. 20, Nr. 1, S. 62-76.

Karras, Dena (1995): Want to Get into Reinsurance Future Options? Here's How!, in: *Contingencies*, Jg. ohne, Nr. ohne, S. 50-54.

Karten, Walter (1996): Aspekte von Versicherbarkeit und Produktgestaltung am Beispiel der Umwelthaftpflichtversicherung, in: Mugler, J./Nitsche, M. (Hrsg.): *Versicherung, Risiko und Internationalisierung*, Wien, S. 17-30.

Katz, Elihu/Lazarsfeld, Paul F. (1955): Personal Influence: The Part Played by People in the Flow of Mass Communications, Glencoe.

Katz, Michael L./Shapiro, Carl (1985): Network Externalities, Competition, and Compatibility, in: *American Economic Review*, Jg. 75, Nr. 3, S. 424-440.

Katz, Michael L./Shapiro, Carl (1986): Technology Adoption in the Presence of Network Externalities, in: *Journal of Political Economy*, Jg. 94, Nr. 4, S. 822-841.

Katz, Michael L./Shapiro, Carl (1992): Product Introduction with Network Externalities, in: *Journal of Industrial Economics*, Jg. 40, Nr. 1, S. 55-83.

Kaufman, George G. (1994): Bank Contagion: A Review of the Theory and Evidence, in: *Journal of Financial Services Research*, Jg. 8, Nr. 2, S. 123-150.

Kaufman, George G. (1995): Comment on Systemic Risk, in: Kaufman, G. G. (Hrsg.): *Research in Financial Services: Banking, Financial Markets, and Systemic Risk*, Greenwich, S. 47-52.

Kaufman, George G./Scott, Kenneth E. (2003): What Is Systemic Risk, and Do Bank Regulators Retard or Contribute to it?, in: *Independent Review*, Jg. 4, Nr. 3, S. 371-391.

Kaufmann, Jean-Claude (1999): Das verstehende Interview, Konstanz.

Kelly, Neil (2001): Recreation and Tourism, in: o.V. (Hrsg.): *Climate Change and Insurance*, The Chartered Insurance Institute, London, S. 27-34.

Kempf, Alexander (1998): Was messen Liquiditätsmaße, in: *Die Betriebswirtschaft*, Jg. 59, Nr. 3, S. 299-311.

Kerin, Roger A./Varadarajan, P. Rajan/Peterson, Robert A. (1992): First-mover Advantage: A Synthesis, Conceptual Framework, and Research Propositions, in: *Journal of Marketing*, Jg. 56, Nr. 4, S. 33-52.

Keynes, John M. (1936): The General Theory of Employment, Interest and Money, London.

Kilgus, Ernst/Hirszowicz, Christine (1988): Neue Finanzinstrumente unter der Lupe, in: *Schweizer Bank*, Jg. 3, Nr. 7, S. 33-38.

Kindleberger, Charles P. (2000): Maniacs, Panics and Crashes, New York.

King, Robert G./Levine, Ross (1993): Financial Intermediation and Economic Development, in: Mayer, C. P./Vives, X. (Hrsg.): *Capital Markets and Financial Intermediation*, Cambridge, S. 156-196.

Kist, Frederick O./Meyers, Glenn G. (1999): Evaluating the Effectiveness of Index-Based Insurance Derivatives in Hedging Property/Casualty Insurance Transactions, Report, American Academy of Actuaries, Index Securitization Task Force, Washington.

Klauber, Adam (2004): Paid Loss Study: P&C Earnings Stronger Than Expected Through 2005, Markt Report, Cochran, Caronia Securities, Chicago.

Klein, Benjamin/Crawford, Robert G./Alchian, Armen A. (1978): Vertical Integration: Appropriable Rents, and the Competitive Contracting Process, in: *Journal of Law and Economics*, Jg. 21, Nr. 2, S. 297-326.

Klein, Michael A. (1973): The Economics of Security Divisibility and Financial Intermediation, in: *Journal of Finance*, Jg. 28, Nr. 4, S. 923-931.

Klein, Robert W. (1998): The Regulation of Catastrophe Insurance: An Initial Overview, Working Paper, The Wharton Catastrophe Risk Project, Center for Risk Management and Insurance Research, Georgia State University.

Kleining, Gerhard (1982): Umriß zu einer Methodologie qualitativer Sozialforschung, in: *Kölner Zeitschrift für Soziologie und Sozialpsychologie*, Jg. 34, Nr. 2, S. 224-256.

Klemperer, Paul (1988): Welfare Effects of Entry Into Markets with Switching Costs, in: *The Journal of Industrial Economics*, Jg. 37, Nr. 2, S. 159-165.

Klemperer, Paul (1989): Price Wars Caused by Switching Costs, in: *Review of Economic Studies*, Jg. 56, Nr. 187, S. 405-420.

Klugman, Judith/Bisping, Martin (2005): Insurance-Linked Securities: The Sponsor's Perspective, SwissRe, New York.

Knight, Frank H. (1924): Risk, Uncertainty, and Profit, Chicago.

Kohl, Richard (1967): Marketing of Agricultural Products, New York.

Köhler, Claus (2002): Transmissionsmechanismen der Geld- und Kreditpolitik, in: Heise, A. (Hrsg.): *Neues Geld - alte Geldpolitik? Die EZB im makroökonomischen Interaktionsraum*, Marburg, S. 31-57.

Köhler, Richard (1969): Zum Finanzierungsbegriff einer entscheidungsorientierten Betriebswirtschaftslehre, in: *Zeitschrift für Betriebswirtschaft*, Jg. 39, Nr. 5, S. 435-456.

Kohn, MEIR G. (1994): Financial Institutions and Markets, New York.

Kolb, Robert W. (1998): Understanding Futures Markets,

Kolb, Robert W. (2003): Futures, Options and Swaps, Oxford.

König, Markus (1997): Der Anleger als "Rückversicherer" - Alternativer Risikotransfer mittels "Katastrophen-Anleihen" nach deutschem Recht, in: *Versicherungsrecht*, Jg. ohne, Nr. 25, S. 1042-1050.

Kortmann, Walter (1997): Markt- und Industrieökonomik: Ein integrativer Ansatz für Wirtschaftstheorie und Praxis, in: Gröner, U. (Hrsg.): *Wirtschaftswissenschaft: Anwendungsorientierte Forschung an der Schwelle des 21. Jahrhunderts*, Heidelberg, S. 263-280.

Kortmann, Walter (2002): Mikroökonomik: Anwendungsbezogene Grundlagen, Heidelberg.

Kotler, Philip/Bliemel, Friedhelm (1999): Marketing-Management, Stuttgart.

Kozlowski, Ronald T./Mathewson, Stuart B. (1996): A Primer on Catastrophe Modeling, in: Konishi, A./Dattatreya, R. E. (Hrsg.): *The Handbook of Derivative Instruments: Investment Research, Analysis and Portfolio Applications*, Chicago, S. 322-342.

Krahnen, Jan Pieter (1990): Objektfinanzierung und Vertragsgestaltung: Eine theoretische Erklärung der Struktur langfristiger Leasingverträge, in: *Zeitschrift für Betriebswirtschaft*, Jg. 60, Nr. 1, S. 21-38.

Kraus, Thomas/Zimmermann, Heinz (2002): Stock Option Listings: Information versus Liquidity Effects, in: *Swiss Journal of Economics and Statistics*, Jg. 138, Nr. 1, S. 89-97.

Kregel, Jan A. (1998): Financial Markets and Economic Development: Myth and Intuitional Reality, in: Nielsen, K./Johnson, B. (Hrsg.): *Institutions and economic change New perspectives on markets, firms and technology*, Cheltenham, UK, S. 243-257.

Kreikebaum, Hartmut (1991): Strategische Unternehmensplanung, Stuttgart.

Krelle, Wilhelm (1961): Preistheorie, Tübingen.

Kreps, Rodney E. (1990): Reinsurer Risk Loads from Marginal Surplus Requirements, Conference Proceeding, Proceedings of the Casualty Actuarial Society, Arlington.

Kretzler, Carsten/Wagner, Fred (2000): The Catastrophe Risk Exchange (Catex) in New York: An Exchange and Electronic Processing System, in: *Geneva Papers on Risk & Insurance*, Jg. 25, Nr. 1, S. 136-153.

Kromschröder, Bernhard (1987): Versicherung aus kapitalmarkttheoretischer Sicht, in: Heilmann, W.-R./Hammer, G./Schwebler, R. (Hrsg.): *Versicherungsmärkte im Wandel*, Karlsruhe, S. 87-99.

Kromschröder, Bernhard (1996): Zum Stand und zur Entwicklung der Versicherungsentscheidungstheorie, in: Hesberg, D./Nell, M./Schott, W. (Hrsg.): *Risiko, Versicherung, Markt - Festschrift für Walter Karten zu Vollendung des 60. Lebensjahres*, Hamburg, S. 69-94.

Krumnow, Jürgen/Gramlich, Ludwig (Hrsg./2000): Gabler Bank Lexikon, Wiesbaden.

Kuck, Annette (2000): Abgrenzung traditioneller Rückerversicherung von Katastrophenrisiken zu ausgewählten Konzepten des Alternativen Risikotransfers, Karslruhe.

Kürsten, Wolfgang (1994): Finanzkontrakte und Risikoanreizproblem, Wiesbaden.

Kurth, Ekkehard (2000): Problematik grenzüberschreitender Wertpapieraufsicht, in: Oberender, P. (Hrsg.): *Finanzdienstleistungen und Finanzmärkte im Umbruch*, Berlin, S. 47-70.

Lambkin, Mary/Day, George S. (1989): Evolutionary Processes in Competitive Markets: Beyond the Product Life Cycle, in: *Journal of Marketing*, Jg. 53, Nr. 3, S. 4-20.

Lamnek, Siegfried (1995): Qualitative Sozialforschung, Weinheim.

Lancaster, Kelvin J. (1966): A New Approach to Consumer Theory, in: *Journal of Political Economy*, Jg. 74, Nr. 2, S. 132-157.

Lancaster, Kelvin J. (1971): Consumer Demand: A New Approach, London.

Lane, Morton N. (1996): If it's Good Enough for Warren Buffett, Markt Report, Lane Financial, Kenilworth.

Lane, Morton N. (1997): A Year of Structuring Furiously, Markt Report, Lane Financial, Kenilworth.

Lane, Morton N. (1998a): Is This an Arbitrage I See Before Me?, Markt Report, Lane Financial, Kenilworth.

Lane, Morton N. (1998b): The Perfume of the Premium II, Markt Report, Lane Financial, Kenilworth.

Lane, Morton N. (1998c): Price, Risk and Ratings for Insurance-Linked Notes: Evaluating Their Position in Your Portfolio, Markt Report, Lane Financial, Kenilworth.

Lane, Morton N. (2000a): CDOs as Self-Contained Reinsurance Structures, Markt Report, Lane Financial, Kenilworth.

Lane, Morton N. (2000b): Pricing Risk Transfer Transactions, in: *Astin Bulletin*, Jg. 30, Nr. 2, S. 259-293.

Lane, Morton N. (2001a): Analyzing the Pricing of the 2001 Risk-Linked Securities Transactions, Markt Report, Lane Financial, Kenilworth.

Lane, Morton N. (2001b): Premium Increases for January 1 Renewals: The Message of the Markets, Markt Report, Lane Financial, Kenilworth.

Lane, Morton N. (2002a): An Analyst's View of the Aviation Insurance Industry, or a Capital Markets Approach to Pricing Aviation Risk, Markt Report, Lane Financial, Kenilworth.

Lane, Morton N. (2002b): Meanwhile, Back at the Price Drawing Board, Markt Report, Lane Financial, Kenilworth.

Lane, Morton N. (2003a): Arbitrage Algebra and the Price of Multi-Peril ILS, Markt Report, Lane Financial, Kenilworth.

Lane, Morton N. (2003b): Rationale and Results with the LFV Cat Bond Pricing Model, Markt Report, Lane Financial, Kenilworth.

Lane, Morton N. (2003c): USAA and the Magnificent Seven, Markt Report, Lane Financial, Kenilworth.

Lane, Morton N. (2004): Pricing Limit - An Analysis of Minimum Charges for High Limit, Low Premium Cover, Markt Report, Lane Financial, Kenilworth.

Lane, Morton N. (2005): Unlovely Rita's Market Meter, Markt Report, Lane Financial, Kenilworth.

Lane, Morton N./Beckwith, Roger (2005): The 2005 Review of the Insurance Securitization Market - GAME ON!, Markt Report, Lane Financial, Kenilworth.

Lane, Walter J. (1980): Product Differentiation in a Market with Endogenous Sequential Entry, in: *Bell Journal of Economics*, Jg. 11, Nr. 1, S. 237-260.

Langevoort, Donald C. (2002): Taming the Animal Spirits of the Stock Markets: A Behavioral Approach to Securities Regulation, in: *Northwestern University Law Review*, Jg. 97, Nr. 1, S. 135-188.

Laster, David/Birkmaier, Ulrike (1999): Versicherungsvereine bzw. Versicherungsgenossenschaften: Leben Totgesagte länger?, Sigma, Nr. 1, SwissRe, Zürich.

Laster, David/Raturi, Mayank (2001): Capital Market Innovation in the Insurance Industry, Sigma, Nr. 3, SwissRe, Zürich.

Latour, Michael S./Hanna, Joe B./Miller, Marc D./Pitts, Robert E. (2002): Consumer Involvement with Personal Computer Technology: A Multi-Sample Analysis, in: *American Business Review*, Jg. 20, Nr. 2, S. 1-11.

Laux, Helmut (1991): Entscheidungstheorie, Berlin.

Le Compte, Richard L. B (1985): Organizational Structures in Transition, in: Rubenstein, A. H./Haberstroh, C. J. (Hrsg.): *Some Theories of Organization*, Homewood, S. 309-324.

Lee, Inmoo/Lochhead, Scott/Ritter, Jay/Zhao, Quanshui (1996): The Costs of Raising Capital, in: *The Journal of Financial Research*, Jg. 19, Nr. 1, S. 59-74.

Lehmann, Günter (2001): Das Interview, Renningen.

Leland, Hayne E./Pyle, David H. (1977): Informational Asymmetries, Financial Structure, and Financial Institutions, in: *The Journal of Finance*, Jg. 32, Nr. 2, S. 371-387.

LeRoy, Stephen F. (1989): Efficient Capital Markets and Martingales, in: *Journal of Economic Literature*, Jg. 27, Nr. 4, S. 1583-1621.

Levine, Ross (1997): Stock Markets, Growth, and Tax Policy, in: *Journal of Finance*, Jg. 46, Nr. 4, S. 1445-1465.

Lewis, Christopher M./Davis, Peter O. (1998): Capital Market Instruments for Financing Catastrophe Risk: New Directions?, in: *Journal of Insurance Regulation*, Jg. 17, Nr. 2, S. 110-133.

Lewis, Christopher M./Murdock, Kevin C. (1996): The Role of Government Contracts in Discretionary Reinsurance Markets for Natural Disasters, in: *Journal of Risk & Insurance*, Jg. 63, Nr. 4, S. 567-597.

Lieberman, Marvin B./Montgomery, David B. (1988): First-Mover Advantages, in: *Strategic Management Journal*, Jg. 9, Nr. Special Issue, S. 41-58.

Lieberman, Marvin B./Montgomery, David B. (1990): Strategy of Market Entry: To Pioneer or Follow?, in: Glass, H. E. (Hrsg.): *Handbook of Business Strategy*, New York, S. 21-29.

Lieberman, Marvin B./Montgomery, David B. (1998): First-Mover (Dis)Advantages: Retrospective and Link with the Resource-Based View, in: *Strategic Management Journal*, Jg. 19, Nr. 12, S. 1111-1125.

Lien, Donald/Tse, Yiu Kuen (2002): Physical Delivery versus Cash Settlement: An Empirical Study on the Feeder Cattle Contract, in: *Journal of Empirical Finance*, Jg. 9, Nr. 4, S. 361-371.

Lilien, Gary L./Yoon, Eunsang (1990): The Timing of Competitive Market Entry: An Exploratory Study of New Industrial Products, in: *Management Science*, Jg. 36, Nr. 5, S. 568-585.

Lilly, Gregory, A. (1995): The Savings and Loan Debacle; Moral Hazard or Market Disaster?, in: Cottrell, A. F./Lawlor, M. S./Wood, J. H. (Hrsg.): *The Causes and Costs of Depository Institution Failures*, Norwell, S. 119-161.

Link, Hans-Ulrich (1992): Finanzinnovationen und Geldtheorie, Wiesbaden.

Lintner, John (1965): The Valuation of Risk Assets and the Selection of Risky Investments in Stock Portfolios and Capital Budgets, in: *Review of Economics and Statistics*, Jg. 47, Nr. 1, S. 13-37.

Litan, Robert E. (1994): The Relative Decline of Banking: Should We Care?, in: Scheld, K. A. (Hrsg.): *The Declining Role of Banking*, Chicago, S. 31-39.

Litzenberger, Robert H./Beaglehole, David R./Reynolds, Craig E. (1996): Assessing Catastrophe-Reinsurance-Linked Securities as a New Asset Class, Fixed Income Research, Goldman Sachs, London.

Livingston, Miles/Miller, Robert E. (2000): Investment Bank Reputation and the Underwriting of Nonconvertible Debt, in: *Financial Management*, Jg. 29, Nr. 2, S. 21-34.

Livingston, Miles/Zhou, Lei (2002): The Impact of Rule 144A Debt Offerings Upon Bond Yields and Underwriter Fees, in: *Financial Management*, Jg. 31, Nr. 4, S. 5-27.

Llewellyn, David T. (1992): Financial Innovation: A Basic Analysis, in: Cavanna, H. (Hrsg.): *Financial Innovation*, Routledge, S. 14-51.

Löchel, Horst (2003): Mikroökonomik, Wiesbaden.

Loh, Lawrence/Ong, Yee-Shyuan (1989): The Adoption of Internet-based Stock Trading: A Conceptual Framework and Empirical Results, in: *Journal of Information Technology*, Jg. 13, Nr. 2, S. 81-94.

Lonial, Subhash/Menezes, Dennis/Zaim, Selim (2000): Identifying Purchase Driving Attributes and Market Segments For PCs Using Conjoint and Cluster Analysis, in: *Journal of Economic and Social Research*, Jg. 2, Nr. 2, S. 19-37.

Lopez, Luis E./Roberts, Edward B. (2002): First-mover Advantages in Regimes of Weak Appropriability: The Case of Financial Services Innovations, in: *Journal of Business Research*, Jg. 55, Nr. 12, S. 997-1005.

Louberge, Henri/Kellezi, Evis/Gilli, Manfred (1999): Using Catastrophe-linked Securities to Diversify Insurance Risk: A Financial Analysis of Cat Bonds, in: *Journal of Insurance Issues*, Jg. 22, Nr. 2, S. 125-146.

Louberge, Henri/Schlesinger, Harris (1999): Optimal Catastrophe Insurance, Working Paper, Department of Economics, University of Geneva, Geneva.

Lovell, Michael C./Vogel, Robert C. (1973): A CPI-Futures Market, in: *Journal of Political Economy*, Jg. 81, Nr. 4, S. 1009-1012.

Lüdecke, Thorsten (1996): Struktur und Qualität von Finanzmärkten, Wiesbaden.

Ludes, Ernst (1995): Finanzinnovationen und Geldpolitik, Freiburg.

Lusser, Markus (1986): Innovationen an den Finanzmärkten - Plage oder Segen?, Vortrag anlässlich des Seminars des Instituts für Bankwirtschaft an der Hochschule St. Gallen, Vizepräsident des Direktoriums der Schweizerischen Nationalbank, St. Gallen.

Lusser, Markus (1987): Finanzinnovationen und die Stabilität der Finanzmärkte, in: *Aussenwirtschaft*, Jg. 42, Nr. 2/3, S. 143-147.

MacLachlan, Fiona C. (2001): Market Discipline in Bank Regulation, in: *Independent Review*, Jg. 6, Nr. 2, S. 227-234.

Macoby, Eleanor (1965): Das Interview: Ein Werkzeug der Sozialforschung, in: König, R. (Hrsg.): *Praktische Sozialforschung*, Köln, S. 37-85.

Macoby, Eleanor (1974): Das Interview: Ein Werkzeug der Sozialforschung, in: König, R. (Hrsg.): *Praktische Sozialforschung*, Köln.

Madan, Dilip/Soubra, Badih (1991): Design and Marketing of Financial Products, in: *Review of Financial Studies*, Jg. 4, Nr. 2, S. 361-384.

Mahajan, Vijay/Peterson, Robert A. (1978): Innovation Diffusion in a Dynamic Potential Adopter Population, in: *Management Science*, Jg. 24, Nr. 15, S. 1589-1598.

Mahajan, Vijay/Sharma, Subhash/Wind, Yoram (1983): An Approach to Repeat Purchase Diffusion Analysis, Proceedings, American Marketing Association,

Mahler, Alwin/Rogers, Everett M. (1999): The Diffusion of Interactive Communication Innovations and the Critical Mass: The Adoption of Telecommunication Services by German Banks, in: *Telecommunications Policy*, Jg. 23, Nr. 10/11, S. 719-740.

Maidique, Modesto A./Zirger, Billie J. (1984): A Study of Success and Failure in Product Innovation: The Case of US Electronics Industry, in: *IEEE Transactions on Engineering Management*, Jg. 31, Nr. 4, S. 192-203.

Major, John A. (1999a): Index Hedge Performance: Insurer Market Penetration and Basis Risk, in: Froot, K. A. (Hrsg.): *The Financing of Catastrophe Risk*, Chicago, S. 391-432.

Major, John A. (1999b): Taking Uncertainty Into Account: Bias Issues Arising from Parameter Uncertainty in Risk Models, Guy Carpenter and Company,

Major, John A./Kreps, Rodney E. (2003): Catastrophe Risk Pricing in the Traditional Market, in: Lane, M. N. (Hrsg.): *Alternative Risk Strategies*, London, S. 201-220.

Malecki, Edward J. (1977): Firms and Innovation Diffusion: Examples from Banking, in: *Environment and Planning*, Jg. 9, Nr. 6, S. 1297-1305.

Malkiel, Burton G. (1987): Efficient Market Hypothesis, in: Eatwell, J./Milgate, M./Newman, P. (Hrsg.): *The New Palgrave: A Dictionary of Economics*, London, S. 120-122.

Mallaby, Sebastian (2003): The Place of Government, in: *Policy Review*, Jg. ohne, Nr. 117, S. 21-33.

Mann, Floyd C./Williams, Larry K. (1985): Observations of the Dynamics of a Change to Electronic Data-Processing Equipment, in: Rubenstein, A. H./Haberstroh, C. J. (Hrsg.): *Some Theories of Organization*, Homewood, S. 336-366.

Mano, Haim/Oliver, Richard L. (1993): Assessing the Dimensionality and Structure of the Consumption Experience: Evaluation, Feeling, and Satisfaction, in: *Journal of Consumer Research*, Jg. 20, Nr. 3, S. 451-466.

Mansfield, Edwin (1961): Technical Change and the Rate of Imitation, in: *Econometrica*, Jg. 29, Nr. 4, S. 741-766.

Mansfield, Edwin (1985): How Rapidly Does New Industrial Technology Leak Out?, in: *Journal of Industrial Economics*, Jg. 34, Nr. 2, S. 217-223.

Mansfield, Edwin (1986): Patents and Innovation: An Empirical Study, in: *Management Science*, Jg. 32, Nr. 2, S. 173-181.

Mansfield, Edwin/Schwartz, Mark/Wagner, Samuel (1981): Imitation Costs and Patents: An Empirical Study, in: *Economic Journal*, Jg. 91, Nr. 364, S. 907-918.

Markowitz, Harry (1952): Portfolio Selection, in: *Journal of Finance*, Jg. 7, Nr. 1, S. 77-91.

Martinez, Eva/Polo, Yolanda/Flavián, Carlos (1998): The Acceptance and Diffusion of New Consumer Durables: Differences Between First and Last Adopters, in: *Journal of Consumer Marketing*, Jg. 15, Nr. 4, S. 323-342.

Marton, Andrew (1984): How Much is Too Much? Brokers and Investors are Being Inundated With New Futures Contract That They Didn't Ask For and Don't Understand, in: *Institutional Investor*, Jg. 18, Nr. 8, S. 238-250.

Mason, Scott P. (1995): The Allocation of Risk, in: Crane, D. B./Froot, K. A./Mason, S. P./Perold, A. F./Merton, R. C. (Hrsg.): *The Global Financial System - A Functional Perspective*, Boston, S. 153-195.

Mathias, Alex (2003): Are Cat Bonds Changing Course?, Marktreport, Environmental Finance Insurance, April 2003, London.

Mattern, Frank/Seifert, Werner G./Streit, Clara C./Voth, Hans-Joachim (1997): Aktie, Arbeit, Aufschwung - Wie der Finanzplatz Wirtschaft und Gesellschaft wieder in Schwung bringt, Frankfurt.

Matthews, John O. (1994): Struggle and Survival on Wall Street: The Economics of Competition Among Securities Firms, New York.

Mayring, Philipp (1990): Einführung in die qualitative Sozialforschung, München.

McCullough, Kathleen A. (1995): Catastrophe Insurance Futures, in: *Risk Management*, Jg. 42, Nr. 8, S. 31-40.

McGhee, Christopher (2004): Market Update: The Catastrophe Bond Market at Year-End 2003, Markt Report, Marsh & McLennan Securities Corporation und Guy Carpenter & Company, Inc., New York.

McGhee, Christopher/Eng, Jackson (2003): Market Update: The Catastrophe Bond Market at Year-End 2002, Markt Report, Marsh & McLennan Securities Corporation und Guy Carpenter & Company, Inc., New York.

McGhee, Christopher/Faust, Justin/Clark, Ryan (2005): The Growing Appetite for Catastrophe Risk: The Catastrophe Bond Market at Year-End 2004, Markt Report, Marsh & McLennan Securities Corporation und Guy Carpenter & Company, Inc., New York.

McGillivray, Glenn (2000): Twister! The Professional Reinsurer's Perspective, Unternehmenspublikation, SwissRe, Zürich.

McLeod, Douglas (1994): Wider Use of Cat Futures and Options Predicted, in: *Business Insurance*, Jg. 28, Nr. 15, S. 34.

McLeod, Douglas (1998): Moving Beyond Cat Bonds Key to Growth of Market, in: *Business Insurance*, Jg. 32, Nr. 38, S. 3-4.

McLeod, Douglas (1999): Cat Bonds to Grow, in: *Business Insurance;*, Jg. 33, Nr. 28, S. 2-3.

Mehra, Rajnish/Prescott, Edward C. (1985): The Equity Premium, in: *Journal of Monetary Economics*, Jg. 15, Nr. 2, S. 145-162.

Menzinger, Ivo/Brauner, Christian (2002): Überschwemmungen sind versicherbar!, Focus Report, SwissRe, Zürich.

Merten, Klaus (1977): Kommunikation: Eine Begriffs und Prozeßanalyse, Opladen.

Merten, Klaus (1999): Einführung in die Kommunikationswissenschaft, Münster.

Merton, Robert C. (1976): Option Pricing When Underlying Stock Returns Are Discontinuous, in: *Journal of Financial Economics*, Jg. 3, Nr. 1/2, S. 125-144.

Merton, Robert C. (1989): On the Application of the Continuous Time Theory of Finance to Financial Intermediation and Insurance, in: *Geneva Papers on Risk and Insurance Theory*, Jg. 14, Nr. 52, S. 225-262.

Merton, Robert C. (1992): Financial Innovation and Economic Performance, in: *Journal of Applied Corporate Finance*, Jg. 4, Nr. 4, S. 12-22.

Merton, Robert C. (1993): Operation and Regulation in Financial Intermediation: A Functional Perspective, in: Englund, P. (Hrsg.): *Operation and Regulation of Financial Markets*, Stockholm, S. 17-67.

Merton, Robert C. (1995a): Financial Innovation and the Management and Regulation of Financial Institutions, in: *Journal of Banking and Finance*, Jg. 19, Nr. 3-4, S. 461-481.

Merton, Robert C. (1995b): A Functional Perspective of Financial Intermediation, in: *Financial Management*, Jg. 24, Nr. 2, S. 23-41.

Meyer, Peter (1996): Tropische Zyklone, Unternehmenspublikation, SwissRe, Zürich.

Meyer zu Selhausen, Hermann (2001): Liquiditätspolitik der Banken und Liquiditätsgrundsätze, in: Gerke, W./Steiner, M. (Hrsg.): *Handwörterbuch des Bank- und Finanzwesens*, Stuttgart, S. 1504-1516.

Meyers, Glenn G. (1996): A Buyer's Guide for Options and Futures on a Catastrophe Index, CAS Discussion Paper Program: Alternative Markets/Self-Insurance, Casualty Actuarial Society, Arlington.

Michel-Kerjan, Erwann (2001): Insurance against Natural Disasters: Do the French Have the Answer? Strengths and Limitations, Working Paper, Laboratoire d'économétrie, Ecole Polytechnique, Paris.

Mikus, Barbara (2001): Risiken und Risikomanagement, in: Götze, U./Henselmann, K./Mikus, B. (Hrsg.): *Risikomanagement*, Heidelberg, S. 4-28.

Miller, David (1999): Uncertainty in Hurricane Risk Modeling and Implications for Securitization, Working Paper, 1999 Discussion Papers on Securitization of Risk, Casualty Actuarial Society, Arlington.

Miller, Dean Edward (2002): Use of Nonbanks in Providing Jointly Packaged Fiduciary Services, in: *Banking Law Journal*, Jg. 119, Nr. 8, S. 695-698.

Miller, Merton H. (1986): Financial Innovation: The Last Twenty Years and the Next, in: *Journal of Financial and Quantitative Analysis*, Jg. 21, Nr. 4, S. 459-471.

Miller, Merton H. (1990): International Competitiveness of US Futures Exchanges, in: *Journal of Financial Services Research*, Jg. 4, Nr. 4, S. 387-408.

Miller, Merton H. (1992): Financial Innovation: Achievements and Prospects, in: *Journal of Applied Corporate Finance*, Jg. 4, Nr. 4, S. 4-11.

Millon, Marcia H./Thakor, Anjan V. (1985): Moral Hazard and Information Sharing: A Model of Financial Information, in: *The Journal of Finance*, Jg. 150, S. 1403-1422.

Mimicopoulos, Michael (2004): New Regulation Needed in Light of Cat Bond Revival, in: *Financial Times*, London, 24. Februar, S. 14.

Minsky, Hyman P. (1977): The Financial Instability Hypothesis: An Interpretation of Keynes and an Alternative to "Standard" Theory, in: *Challenge*, Jg. 20, Nr. 1, S. 20-27.

Mintzberg, Henry (1980): Structure in 5'S: A Synthesis of the Research on Organization Design, in: *Management Science*, Jg. 26, Nr. 3, S. 322-341.

Mintzberg, Henry (1983): Power In and Around Organizations, London.

Mintzberg, Henry (1984): Power and Organization Life Cycles, in: *Academy of Management Review*, Jg. 9, Nr. 2, S. 207-224.

Mishkin, Frederic S. (1995): Comment on Systemic Risk, in: Kaufman, G. G. (Hrsg.): *Research in Financial Services: Banking, Financial Markets, and Systemic Risk*, Greenwich, S. 31-45.

Mishkin, Frederic S. (2001): The Economics of Money, Banking, and Financial Markets, New York.

Modigliani, Franco/Miller, Merton H. (1958): The Cost of Capital, Corporation Finance and the Theory of Investment, in: *The American Economic Review*, Jg. 48, Nr. 3, S. 261-297.

Molyneux, Philip/Shamroukh, Nidal (1996): Diffusion of Financial Innovations: The Case of Junk Bonds and Note Issuance Facilities, in: *Journal of Money, Credit and Banking*, Jg. 28, Nr. 3, S. 502-522.

Molyneux, Philip/Shamroukh, Nidal (1999): Financial innovation, New York, N.Y.

Mooney, Sean F. (1996): Industry Needs New Catastrophic Loss Trigger Index, in: *National Underwriter*, Jg. 100, Nr. 18, S. 21.

Mooney, Sean F./Zaffino, Salvatore D. (2002): The World Catastrophe Reinsurance Market: 2002, Markt Report, Guy Carpenter & Company, Inc., New York.

Mooney, Sean F./Zaffino, Salvatore D. (2003): The World Catastrophe Reinsurance Market: 2003, Markt Report, Guy Carpenter & Company, Inc., New York.

Mooney, Sean F./Zaffino, Salvatore D. (2004): The World Catastrophe Reinsurance Market: 2004, Markt Report, Guy Carpenter & Company, Inc., New York.

Moore, James F. (1999): Tail Estimation and Catastrophe Security Pricing: Can We Tell What Target We Hit if We Are Shooting in the Dark?, Working Paper, The Wharton School, University of Pennsylvania, Philadelphia.

Mordecai, David K.A. (1998): Insurance Risk Securitization, Model Robustness, and the Convergence of Event and Credit Risk: A Rating Analyst's View, in: Himick, M. (Hrsg.): *Securitized Insurance Risk: Strategic Opportunities for Insurers and Investors*, Chicago, London, New Delhi, S. 169-187.

Morgenstern, Oskar/von Neumann, John (1944): Theory of Games and Economic Behavior, Princeton.

Mossin, Jan (1966): Equilibrium in a Capital Asset Market, in: *Econometrica*, Jg. 34, Nr. 4, S. 768-783.

Mueller, Dennis C. (1997): First-mover Advantages and Path Dependence, in: *International Journal of Industrial Organization*, Jg. 15, Nr. 6, S. 827-850.

Mühfeld, Claus/Windolf, Paul/Lampert, Norbert/Krüger, Heidi (1981): Auswertungsprobleme offener Interviews, in: *Soziale Welt*, Jg. 32, Nr. 3, S. 325-352.

Müller, Frank B. (1996): Geldpolitik und Finanzinnovationen: Ein systemtheoretischer Ansatz für eine neue Geldpolitik in den USA, Hamburg.

Müller, Philippe (2002): Stock Market Reactions on the Issue of Cat Bonds, Working Paper, University of Lausanne, Switzerland, Lausanne.

Murelio, April C. (1998): Futures Market Dressed For Success, in: *Electric Light & Power*, Jg. 76, Nr. 10, S. 24-25.

Mürmann, Alexander (2001): Pricing Catastrophe Insurance Derivatives, Working Paper, Financial Markets Group, London School of Economics, London.

Myers, Stewart C. (1977): Determinants of Corporate Borrowing, in: *Journal of Financial Economics*, Jg. 5, Nr. 2, S. 147-175.

Myers, Stewart C./Majluf, Nicholas S. (1984): Corporate Financing and Investment Decisions when Firms Have Information that Investors Do Not Have, in: *Journal of Financial Economics*, Jg. 13, Nr. 2, S. 187-221.

Nabseth, Lars/Ray, George F. (1974): The Diffusion of New Industrial Processes: An International Study, Cambridge.

Nachman, David C./Noe, Thomas H. (1994): Optimal Design of Securities under Asymmetric Information, in: *Review of Financial Studies*, Jg. 7, Nr. 1, S. 1-44.

Narayanan, M. P. (1988): Debt versus Equity under Asymmetric Information, in: *Journal of Financial and Quantitative Analysis*, Jg. 23, Nr. 1, S. 39-51.

Nelson, Richard R./Winter, Sidney G. (1982): The Schumpeterian Tradeoff Revisited, in: *American Economic Review*, Jg. 72, Nr. 1, S. 114-132.

Neumann, Manfred J./Klein, Martin (1982): Probleme der Theorie effizienter Märkte und ihrer empirischen Überprüfung, in: *Kredit und Kapital*, Jg. 15, Nr. 15, S. 165-187.

Niehans, Jürg (1978): The Theory of Money, Baltimore.

Niehans, Jürg (1983): Financial Innovation, Multinational Banking, and Monetary Policy, in: *Journal of Banking & Finance*, Jg. 7, Nr. 4, S. 537-551.

Niehaus, Greg (2002): The Allocation of Catastrophe Risk, in: *Journal of Banking & Finance*, Jg. 26, Nr. 2-3, S. 585-596.

Niehaus, Greg/Mann, Steven V. (1992): The Trading of Underwriting Risk: An Analysis of Insurance Futures Contracts and Reinsurance, in: *The Journal of Risk and Insurance*, Jg. 59, Nr. 4, S. 601-627.

Nordhaus, William (1969): Invention, Growth and Welfare, Cambridge.

Nordman, Eric C./Piazza, Rich (1997): Catastrophe Modeling from a Regulatory Perspective, in: *Journal of Insurance Regulation*, Jg. 15, Nr. 3, S. 360-371.

North, Douglas C. (1992): Institutionen, institutioneller Wandel und Wirtschaftsleistung, Tübingen.

Nothaft, Frank E./Lekkas, Vassilis/Wang, George H. (1995): The Failures of Mortgage-backed Futures Contract, in: *The Journal of Futures Markets*, Jg. 15, Nr. 5, S. 585-593.

O'Brien, Thomas (1997): Hedging Strategies Using Catastrophe Insurance Options, in: *Insurance: Mathematics and Economics*, Jg. 21, Nr. 2, S. 153-162.

o.V. (1995a): Derivative Finanzinstrumente, Rundschreiben, Bundesaufsichtsamt für das Versicherungswesen, R 7/95, Berlin.

o.V. (1995b): Einführung in die Rückversicherung, SwissRe, Zürich.

o.V. (1995c): Non-Proportional Reinsurance of Losses due to Natural Disasters in 1995: Prices Down Despite Insufficient Cover, Sigma, Nr. 6, SwissRe, Zürich.

o.V. (1995d): PCS Options: A User's Guide, Informationsbroschüre, Chicago Board of Trade, Chicago.

o.V. (1997a): The Guy Carpenter Catastrophe Index Manual, Produktbeschreibung, IndexCo, Hartford.

o.V. (1997b): Naturkatastrophen in vielen Märkten zu wenig rückversichert, Sigma, Nr. 7, SwissRe, Zürich.

o.V. (1998a): Insurance Risk: the Next Frontier, Oliver Wyman Report, Jg. 8, Nr. 4, New York.

o.V. (1998b): OTC Derivatives: Settlement Procedures and Counterparty Risk Management, Report by the Committee on Payment and Settlement Systems and the Euro-currency Standing Committee of the Central Banks of the Group of Ten Countries, Bank for International Settlements, Basle.

o.V. (1998c): State Street Bank & Trust Co. versus Signature Financial Group Inc., 149 F.3d 1368, 1374 (Federal Circuit 1998), Gerichtsverfahren, Washington.

o.V. (1999a): Alternativer Risikotransfer (ART) für Unternehmen: Modeerscheinung oder Risikomanagement des 21. Jahrhunderts?, Sigma, Nr. 2, SwissRe, Zürich.

o.V. (1999b): Anlage in strukturierten Produkten, Rundschreiben, Bundesaufsichtsamt für das Versicherungswesen, R 3/99, Berlin.

o.V. (1999c): Principles for the Management of Credit Risk, Arbeitspapier, Basler Ausschuss für Bankenaufsicht, Juli, Basel.

o.V. (1999d): Vom Risiko zum Kapital - Überlegungen aus der Versicherungsperspektive, Unternehmenspublikation, SwissRe, Zürich.

o.V. (2000a): Accounting for Index-Based Derivatives, Policy Position Paper, NAIC Insurance Securitization Working Group, Reinsurance Association of America, Washington.

o.V. (2000b): Anlage in Derivaten, Rundschreiben, Bundesaufsichtsamt für das Versicherungswesen, R 3/2000, Berlin.

o.V. (2000c): ART Market Study: Final Report, Markt Report, European Commission, Brüssel.

o.V. (2000d): The ART Survey 2000: Risk Finance for Corporations - The New Frontier, Market Report, Denton Wilde Sapte, Befragungszeitraum: 2000, London.

o.V. (2000e): ART: A Survey on Innovative Capital Management Solutions, Market Report, Denton Wilde Sapte, Befragungszeitraum: 1999, London.

o.V. (2000f): Die Mitwirkung der Bundesbank an der Bankenaufsicht, Deutsche Bundesbank Monatsbericht, September, Frankfurt.

o.V. (2000g): Einlagensicherung und Anlegerentschädigung in Deutschland, Deutsche Bundesbank Monatsbericht, Juli, Frankfurt.

o.V. (2000h): Gabler Wirtschaftslexikon, Wiesbaden.

o.V. (2001a): Kapitalmarktinstrumente zur Deckung von Versicherungsrisiken, Unternehmenspublikation, Münchener Rückversicherungsgesellschaft, Geschäftsbereich Special and Financial Risks/Alternative Risk Solutions, München.

o.V. (2001b): The Special Purpose Reinsurance Vehicle (SPRV) Experiment, in: *Journal of Insurance Regulation; Summer2001, Vol. 19 Issue 4, p656, 8p, 1 diagram*, Jg. 19, Nr. 4, S. 656-664.

o.V. (2001c): Verbraucherschutz seit 100 Jahren, Pressemitteilung, Bundesaufsichtsamt für das Versicherungswesen, Z 6 - 84/01, Bonn.

o.V. (2002a): Cross-Sector Risk Transfers, Discussion Paper, Financial Services Authority, London.

o.V. (2002b): Die globale Nichtleben-Versicherung in einer Zeit der Kapazitätsknappheit, Sigma, Nr. 4, SwissRe, Zürich.

o.V. (2002c): Insurance Market Overview, Market Report, Jardine Lloyd Thompson, London.

o.V. (2002d): Post September 11, Risk-Linked Securities Market Poised for Growth, in: *Bond Markets*, Jg. ohne, Nr. Februar, S. 1, 7-10.

o.V. (2002e): SwissRe Sets $6bn Cat Bond with New Perils, in: *Euroweek*, London, 1.08.03, S. 1.

o.V. (2003a): First Taiwan Cat Bond to Offer Diversity for Hungry Investors, in: *Euroweek*, 9.5.2003, S. 45.

o.V. (2003b): Insurance Review, Report, Denton Wilde Sapte, London.

o.V. (2003c): ISDA 2003 Operations Benchmarking Survey, Markt Report, International Swaps and Derivatives Organisation (ISDA), New York.

o.V. (2003d): Issues Paper on Non-Life Insurance Securitisation, Working Paper, International Association of Insurance Supervisors, Singapore.

o.V. (2004a): EdF Catastrophe Bond Pleases Investors, in: *Reactions*, Jg. 24, Nr. 2, S. 9.

o.V. (2004b): Forscher rechnen mit verheerendem Beben in Tokio, Spiegel Online, 31.8.2004, Hamburg.

o.V. (2004c): Insurance-Linked Securities Quarterly, Januar, Unternehmenspublikation, SwissRe, Zürich.

o.V. (2005a): Insurance-Linked Securities Quarterly, March, Unternehmenspublikation, SwissRe, Zürich.

o.V. (2005b): Model Issues to Consider in Katrina's Wake, Instrat Briefing, Guy Carpenter, New York.

Oldfield, George S. (1995): Comments on Papers Presented by Carlstrom and Samolyk, and Jagtiani, Saunders, and Udell, in: *Journal of Banking & Finance*, Jg. 19, Nr. 3/4, S. 659-660.

Oldfield, George S./Santomero, Anthony M. (1997): Risk Management in Financial Institutions, in: *Sloan Management Review*, Jg. 39, Nr. 1, S. 33-46.

Ollard, Will (1985): How SEK Borrows at 50 Below, in: *Euromoney*, Jg. 16, Nr. ohne, S. 13-25.

Olschowy, Wolfram (1990): Externe Einflußfaktoren im strategischen Innovationsmanagement: Auswirkung externer Einflußgrößen auf den wirtschaftlichen Innovationserfolg sowie die unternehmerischen Anpassungsmaßnahmen, Berlin.

Olshavsky, Richard W. (1980): Time and the Rate of Adoption of Innovations, in: *Journal of Consumer Research*, Jg. 6, Nr. 4, S. 425-428.

Ozanne, Urban B./Churchill, Gilbert A. (1971): Five Dimension of the Industrial Adoption Process, in: *Journal of Marketing Research*, Jg. 8, Nr. 3, S. 322-328.

Paettie, Sue/Paettie, Ken (1994): Promoting Financial Services with Glittering Prizes, in: *International Journal of Bank Marketing*, Jg. 12, Nr. 6, S. 19-29.

Pagano, Marco (1993): Financial Markets and Growth: An Overview, in: *European Economic Review*, Jg. 37, Nr. 2-3, S. 613-622.

Panning, William H. (2002): Shocks and Bonds, in: *Best's Review*, Jg. 102, Nr. 10, S. 64.

Patterson, William C. (1993): First-mover Advantage: The Opportunity Curve, in: *Journal of Management Studies*, Jg. 30, Nr. 5, S. 759-777.

Peachey, Alan N. (2002): Great Financial Disasters of our Time, Berlin.

Pearl, Daniel/Brannigan, Martha (1992): Recession-Battered Building Concerns See a Silver Lining in Florida's Gloom, in: *Wall Street Journal*, Jg. 73, Nr. 226, S. 12.

Penalva Zuasti, Jose S. (2002): Insuring California Earthquakes and the Role for Catastrophe Bonds, in: *The Journal of Risk Finance*, Jg. 3, Nr. 4, S. 54-72.

Pennings, Joost M.E. (2002): The Financial Industry's Challenge of Developing Commodity Derivatives, Working Paper, Marketing and Consumer Behaviour Group, Wageningen.

Pennings, Joost M.E./Wetzels, Martin G.M. (1999): The Marketing-finance Interface Towards Financial Services With Special Reference to the New Services Provided by Futures Exchanges, in: *European Journal of Marketing*, Jg. 33, Nr. 5/6, S. 531-547.

Perold, André F. (1995): The Payment System and Derivative Instruments, in: Crane, D. B./Froot, K. A./Mason, S. P./Perold, A. F./Merton, R. C. (Hrsg.): *The Global Financial System: A Functional Perspective*, Boston, S. 33-79.

Perold, André F. (1999): Comment (on John A. Major), in: Froot, K. A. (Hrsg.): *The Financing of Catastrophe Risk*, Chicago, S. 427-432.

Perridon, Louis/Steiner, Manfred (2002): Finanzwirtschaft der Unternehmung, München.

Persons, John C./Warther, Vincent A. (1997): Boom and Bust Patterns in the Adoption of Financial Innovations, in: *Review of Financial Studies*, Jg. 10, Nr. 4, S. 939-967.

Pesendorf, Wolfgang (1995): Financial Innovation in a General Equilibrium Model, in: *Journal of Economic Theory*, Jg. 65, Nr. 1, S. 79-116.

Peter, Christoph F. (2001): Unternehmerisches Risikomanagement, St. Gallen.

Peters, Tom/Austin, Nancy (1985): A Passion for Excellence, New York.

Peterson, Robert A./Rudelius, William/Wood, Glenn L. (1972): Spread of Marketing Innovation in a Service Industry, in: *Journal of Business*, Jg. 45, Nr. 4, S. 485-496.

Pfadenhauer, Michaela (2002): Auf gleicher Augenhöhe reden, in: Bogner, A./Littig, B./Menz, W. (Hrsg.): *Das Experteninterview: Theorie, Methode, Anwendung*, Opladen, S. 113-130.

Pfeifer, Dietmar (2003): Möglichkeiten und Grenzen der mathematischen Schadenmodellierung, in: *Zeitschrift für die gesamte Versicherungswissenschaft*, Jg. 33, Nr. 4, S. 665-696.

Pfennig, Michael (2000): Shareholder Value durch unternehmensweites Risikomanagement, in: Johanning, L./Rudolph, B. (Hrsg.): *Handbuch Risikomanagement: Risikomanagement in Banken, Asset Management-Gesellschaften, Versicherungs- und Industrieunternehmen*, Bad Soden, S. 1295-1334.

Picot, Arnold (1982): Transaktionskostenansatz in der Organisationstheorie: Stand der Diskussion und Aussagewert, in: *Die Betriebswirtschaft*, Jg. 42, Nr. 2, S. 264-284.

Picot, Arnold/Dietl, Helmut/Franck, Egon (1999): Organisation: Eine ökonomische Perspektive, Stuttgart.

Pielke Jr., Roger A./Landsea, Christopher W./Musulin, Rade T./Downton, Mary (1999): Evaluation of Catastrophe Models Using a Normalized Historical Record, in: *Journal of Insurance Regulation*, Jg. 18, Nr. 2, S. 177-194.

Planesa, B./Bardosa, M./Avouyi-Dovib, S. (2001): Innovation: Financing and Financing Constraints, Working Paper, Banque de France, Paris.

Pleschak, Franz/Sabisch, Helmut (1996): Innovationsmanagement, Stuttgart.

Podolski, Tadeusz M. (1986): Financial Innovation and the Money Supply, Oxford.

Polster, Rainer (2000): ECash, Futures, Optionen - Gefahr für die Preisstabilität in Europa? Eine portfoliotheoretische und ökonometrische Analyse über den Einfluß von Finanzinnovationen auf die Geldmengenstrategie, Berlin.

Polyn, Gallagher (2003): Seller's Market for Cat Bonds, in: *Risk*, Jg. 16, Nr. 4, S. 10.

Poncet, Patrice/Vaugirard, Victor E. (2001): The Valuation of Nature-Linked Bonds with Exchange Rate Risk, in: *Journal of Economics and Finance*, Jg. 25, Nr. 3, S. 293-307.

Porter, Beverly/Virkud, Uday (2002): Catastrophe Models: Where They Came From and Where They're Going, Working Paper, Applied Insurance Research, Boston.

Porter, Michael E. (1980): Competitive Strategy: Techniques for Analyzing Industries and Companies, New York.

Porter, Michael E. (1985): Competitive Advantage, New York.

Porter, Michael E. (1998): How Competitive Forces Shape Strategy, in: Porter, M. E. (Hrsg.): *On Competition*, Boston, S. 21-38.

Powers, Imelda Y./Powers, Michael R. (1997): Seeking the Perfect Catastrophe Index, in: *Best's Review*, Jg. 98, Nr. 5, S. 101-102.

Powers, Mark J. (1967): Effects of Contract Provisions on the Success of a Futures Contract, in: *Journal of Farm Economics*, Jg. 49, Nr. 4, S. 833-843.

Prakke, Henk (1968): Kommunikation in der Gesellschaft: Einführung in die funktionale Publizistik, Münster.

Prescott, Edward C. (2001): Regulating Bank Capital Structure to Control Risk, in: *Economic Quarterly (Federal Reserve Bank of Richmond)*, Jg. 87, Nr. 3, S. 35-47.

Priebe, David (2005): The Impending capital crisis in global insurance markets, in: *reinsurance*, Jg. o. JG., Nr. April, S. 12.

Priewasser, Erich (2001): Bankbetriebslehre, München.

Pyle, David H. (1971): On the Theory of Financial Intermediation, in: *Journal of Finance*, Jg. 26, Nr. 3, S. 737-747.

Pyle, David H. (1972): Descriptive Theories of Financial Institutions under Uncertainty, in: *Journal of Financial and Quantitative Analysis*, Jg. 7, Nr. 5, S. 2009-2029.

Raffée, Hans (1995): Grundprobleme der Betriebswirtschaftslehre, Göttingen.

Rahi, Rohit (1995): Optimal Incomplete Markets with Asymmetric Information, in: *Journal of Economic Theory*, Jg. 65, Nr. 2, S. 171-197.

Rahi, Rohit (1996): Adverse Selection and Security Design, in: *The Review of Economic Studies*, Jg. 63, Nr. 2, S. 287-300.

Rahl, Leslie/Esseghaier, Zoubair (2000): Measuring Financial Risk in the 21st Century, in: *Bank Accounting & Finance*, Jg. 13, Nr. 3, S. 1-13.

Ramakrishnan, Ram T. S./Thakor, Anjan V. (1984): Information Reliability and a Theory of Financial Intermediation, in: *The Review of Economic Studies*, Jg. 51, Nr. 3, S. 415-432.

Ramsler, Martin (1993): Finanzinnovationen, in: Gebhardt, G./Gerke, W./Steiner, M. (Hrsg.): *Handbuch des Finanzmanagements - Instrumente und Märkte der Unternehmensfinanzierung*, München, S. 430-444.

Ratchford, Brian T. (2001): The Economics of Consumer Knowledge, in: *Journal of Consumer Research*, Jg. 27, Nr. 4, S. 397-411.

Rath, Holger (1999): Finanzinnovationen und ihre Auswirkungen auf die Geldpolitik westlicher Zentralbanken, Berlin.

Raven, Robert D. (1981): Banks, Near Banks, and Almost Banks, in: *Antitrust Law Journal*, Jg. 50, Nr. 2, S. 389-408.

Ray, Russ (1993): The Pros and Cons of Insurance Futures, in: *CPCU Journal*, Jg. 46, Nr. 4, S. 197-200.

Rebello, Michael J. (1995): Adverse Selection Costs and the Firm's Financing and Insurance Decisions, in: *Journal of Financial Intermediation*, Jg. 4, Nr. 1, S. 21-47.

Reber, Christian (1999): New Competitors in Financial Services - The Rise of Non-Banks and Near-Banks, in: *Marketing & Research Today*, Jg. 28, Nr. 4, S. 186-195.

Recktenwald, Horst C./Scherer, Frederic M./Stolper, Wolfgang F. (1988): Über Schumpeters "Theorie der wirtschaftlichen Entwicklung" - Vademecum zu einem genialen Klassiker, Düsseldorf.

Rees, Ray/Gravelle, Hugh/Wambach, Achim (1999): Regulation of Insurance Markets, in: *The Geneva Papers on Risk and Insurance*, Jg. 24, Nr. 1, S. 55-68.

Reichert, Ludwig (1994): Evolution und Innovation, Berlin.

Reinganum, Jennifer F. (1981): Market Structure and the Diffusion of New Technology, in: *Bell Journal of Economics*, Jg. 12, Nr. 2, S. 618-624.

Reinganum, Jennifer F. (1983): Technology Adoption Under Imperfect Information, in: *Bell Journal of Economics*, Jg. 14, Nr. 1, S. 57-69.

Reinganum, Jennifer F. (1985): Innovation and Industry Revolution, in: *Quarterly Journal of Economics*, Jg. 100, Nr. 1, S. 81-99.

Reischauer, Friedrich/Kleinhans, Joachim (1998): Kreditwesengesetz (KWG), Loseblattkommentar, Berlin.

Reiter, Stanley (1987): Efficient Allocation, in: Eatwell, J./Milgate, M./Newman, P. (Hrsg.): *The New Palgrave: A Dictionary of Economics*, London, S. 107-120.

Rejda, George E. (2003): Principles of Risk Management and Insurance, Boston.

Remolona, Eli M. (2003): The Credit Spread Puzzle, Präsentation, Singapore Management University, Bank for International Settlement, Basle.

Resinek, Marc S./Stierlek, Michael H. (2001): Monetary Policy Issues in a Global Financial Market Context, in: Resinek, M. S./Stierlek, M. H. (Hrsg.): *Challenges for Monetary Policy in a Global Financial Market Environment*, Berlin, S. 1-16.

Rheinbaben, Joachim von (1998): Finance and Contracting under Imperfect Information, Mannheim.

Richter, Rudolf (1990a): Geldtheorie, Vorlesung auf der Grundlage der Allgemeinen Gleichgewichtstheorie und der Institutionsökonomik, Berlin.

Richter, Rudolf (1990b): Sichtweise und Fragestellungen der Neuen Institutionenökonomik, in: *Zeitschrift für Wirtschafts- und Sozialwissenschaften*, Jg. 110, Nr. 4, S. 571-591.

Richter, Rudolf/Furubotn, Eirik G. (1999): Neue Institutionenökonomik: Eine Einführung und kritische Würdigung, Tübingen.

Ritter, Michael (1999): BCCI-Folgerichtlinien und die institutionelle Gestaltung der grenzüberschreitenden Bankenaufsicht, in: Eller, R./Gruber, W./Reif, M. (Hrsg.): *Handbuch Bankenaufsicht und Interne Risikosteuerungsmodelle*, Stuttgart, S. 595-624.

Roberts, Harry V. (1959): Stock Market "Patterns" and Financial Analysis: Methodological Suggestions, in: *Journal of Finance*, Jg. 14, Nr. 1, S. 1-10.

Robinson, William T./Fornell, Claes (1985): Sources of Market Pioneer Advantages in Consumer Goods Industries, in: *Journal of Marketing Research (JMR)*, Jg. 22, Nr. 3, S. 305-318.

Rochet, Jean-Charles/Tirole, Jean (1996): Interbank Lending and Systemic Risk, in: *Journal of Money, Credit and Banking*, Jg. 28, Nr. 4, S. 733-762.

Rode, David/Fischhoff, Baruch/Fischbeck, Paul (2000): Catastrophic Risk and Securities Design, in: *Journal of Psychology & Financial Markets*, Jg. 1, Nr. 2, S. 111-126.

Rogers, Everett M. (1983): Diffusion of Innovations, New York.

Romano, Richard E. (1987): A Note on Market Structure and Innovation when Inventors Can Enter, in: *The Journal of Industrial Economics*, Jg. 35, Nr. 3, S. 353-358.

Rose, Peter (1994): Money and Capital Markets, Burr Ridge.

Rosenberg, Nathan (1982): Inside the BlackBox: Technology and Economics, Cambridge.

Ross, Stephen A. (1989): Institutional Markets, Financial Marketing, and Financial Innovation, in: *Journal of Finance*, Jg. 44, Nr. 3, S. 541-556.

Rothschild, Michael/Stiglitz, Joseph E. (1976): Equilibrium in Competitive Insurance Markets: An Essay on the Economics of Imperfect Information, in: *The Quarterly Journal of Economics*, Jg. 90, Nr. 4, S. 630-649.

Rozeff, Michael S. (1982): Growth, Beta and Agency Costs as Determinants of Dividend Payout Ratios, in: *Journal of Financial Research*, Jg. 5, Nr. 3, S. 249-259.

Rubinstein, Ariel/Wolinsky, Asher (1987): Middlemen, in: *The Quarterly Journal of Economics*, Jg. 102, Nr. 3, S. 581.

Ruckriegel, Karlheinz (1989): Finanzinnovationen und nationale Geldpolitik: Neuerungen im finanziellen Sektor; Darstellung und Analyse ihrer Implikationen für das geldpolitische Konzept der Deutschen Bundesbank, Bayreuth.

Rudolf, Markus (2000): Wetterrisiken im Spannungsfeld zwischen Kapital- und Versicherungsmarkt, in: *Versicherungswirtschaft*, Jg. 17, Nr. 10, S. 689-691.

Ryan, Arthur (2001): Financial Regulation and the Convergence Scenario, in: *Geneva Papers on Risk & Insurance*, Jg. 26, Nr. 1, S. 44-53.

Ryan, Bryce/Gross, Neal C. (1943): The Diffusion of Hybrid Seed Corn in Two Iowa Communities, in: *Rural Sociology*, Jg. 8, Nr. 1, S. 15-24.

Saloner, Garth/Shepard, Andrea (1995): Adoption of Technologies with Network Effects: An Empirical Examination of the Adoption of Automated Teller Machines, in: *Rand Journal of Economics*, Jg. 26, Nr. 3, S. 479-501.

Sandars, George (1999): "Art For Cats": Alternative Risk Transfer and The Capital Markets, Denton Wilde Sapte, London.

Sandor, Richard L. (1973): Innovation by an Exchange: A Case Study of the Development of the Plywood Futures Contract, in: *The Journal of Law and Economics*, Jg. 16, Nr. 1, S. 119-136.

Sanford, Charles S. (1993): Financial Markets in 2020, Working Paper, Federal Reserve Bank of Kansas City, Kansas City.

Santomero, Anthony M. (1984): Modeling the Banking Firm: A Survey, in: *Journal of Money, Credit and Banking*, Jg. 16, Nr. 4, S. 576-602.

Santos, Joao A. (2000): Bank Capital Regulation in Contemporary Banking Theory: A Review of the Literature, Working Paper, Bank for International Settlement, Monetary and Economic Department, Basel.

Sapusek, Annemarie (1998): Informationseffizienz auf den Kapitalmärkten: Konzepte und empirische Ergebnisse, Wiesbaden.

Savage, Leonard J. (1954): The Theory of Statistical Decision, in: *Journal of the American Statistical Association*, Jg. 46, Nr. 1, S. 55-67.

Sayers, Jeff/Fulcher, Graham (1998): Securitisation Working Party, Working Paper, GISG October, GIRO/ASTIN Conference, Glasgow.

Scherer, Frederic M. (1970): Industrial Market Structure and Economic Performance, Chicago.

Scheuch, Erwin K. (1962): Das Interview in der Sozialforschung, in: König, R. (Hrsg.): *Handbuch der empirischen Sozialforschung*, Stuttgart, S. 136-169.

Schiereck, Dirk (1995): Internationale Börsenplatzentscheidungen institutioneller Investoren, Wiesbaden.

Schierenbeck, Henner (2000): Bankenaufsichtsrechtliche Risikobegrenzung - Aktuelle Empfehlungen des Basler Ausschusses für Bankenaufsicht, in: Schierenbeck, H. (Hrsg.): *Risk Controlling in der Praxis*, Stuttgart, S. 19-68.

Schirm, Antje (2000): Wetterderivate - Finanzmarktprodukte für das Management wetterbedingter Geschäftsrisiken, in: *Der Finanzbetrieb*, Jg. 02, Nr. 11, S. 722-730.

Schlag, Carsten-Henning/Codoni, Camille (2003): Assekuranz Global 2002: Hohes Prämienwachstum in der Nichtlebenversicherung, Sigma, Nr. 8, Zürich.

Schmalen, Helmut/Pechtl, Hans (1996): Die Rolle der Innovationseigenschaften als Determinanten im Adoptionsverhalten, in: *Schmalenbachs Zeitschrift für betriebswirtschaftliche Forschung*, Jg. 48, Nr. 9, S. 816-836.

Schmalen, Helmut/Wiedemann, Christine (1999): Erfolgsdeterminanten von Neuprodukten deutscher Hochtechnologie-Unternehmen: Eine empirische

Erfolgsfaktorenuntersuchung im Rahmen der internationalen Erfolgsfaktorenstudie INTERPROD, in: *Zfb-Ergänzungsheft*, Jg. 69, Nr. 1, S. 69-89.

Schmalensee, Richard (1982): Product Differentiation Advantages of Pioneering Brands, in: *American Economic Review*, Jg. 72, Nr. 3, S. 349-365.

Schmidt, Günter (1996): Über die Schwierigkeiten, vernünftig mit Risiken umzugehen, in: Hesberg, D./Nell, M./Schott, W. (Hrsg.): *Risiko, Versicherung, Markt - Festschrift für Walter Karten zu Vollendung des 60. Lebensjahres*, Hamburg, S. 27-37.

Schmidt, Reinhard H./Hackethal, Andreas/Tyrell, Marcel (1998): Disintermediation als Bedrohung für Banken?, in: *Zeitschrift für das gesamte Kreditwesen*, Jg. 24, Nr. 11, S. 1371-1376.

Schmidt, Reinhard H./Hackethal, Andreas/Tyrell, Marcel (1999): Disintermediation and the Role of Banks in Europe: An International Comparison, in: *Journal of Financial Intermediation*, Jg. 8, Nr. 2, S. 36-67.

Schmock, Uwe (1999): Estimating the Value of the Wincat Coupons of the Winterthur Insurance Convertible Bond: A Study of the Model Risk, in: *Astin Bulletin*, Jg. 29, Nr. 1, S. 101-163.

Schmookler, Jacob (1966): Invention and Economic Growth, Cambridge.

Schnaars, Steven P. (1986): When Entering Growth Markets, Are Pioneers Better Than Poachers?, in: *Business Horizons*, Jg. 29, Nr. 2, S. 27-36.

Schneider-Gädicke, Karl-Herbert (1989): Nutzen und Gefahren von Finanzinnovationen, in: Burger, K.-M. (Hrsg.): *Finanzinnovationen - Risiken und ihre Bewältigung*, Stuttgart, S. 3-11.

Schnell, Rainer/Hill, Paul B./Esser, Elke (1999): Methoden der empirischen Sozialforschung, Wien.

Schöchlin, Angelika (2002a): On the Market Price of Catastrophic Insurance Risk: Empirical Evidence from Catastrophe Bonds, Bamberg.

Schöchlin, Angelika (2002b): Where's the Cat Going? Some Observations on Catastrophe Bonds, in: *Journal of Applied Corporate Finance*, Jg. 14, Nr. 4, S. 100-108.

Scholtens, Bert/van Wensveen, Dick (2000): A Critique on the Theory of Financial Intermediation, in: *Journal of Banking & Finance*, Jg. 24, Nr. 8, S. 1243-1251.

Scholtens, Lambertus J. R. (1992): On the Theory of International Financial Intermediation, in: *De Economist*, Jg. 140, Nr. 4, S. 470-487.

Scholtens, Lambertus J. R. (1993): On the Foundations of Financial Intermediation: A Review of the Literature, in: *Kredit und Markt*, Jg. 26, Nr. 1, S. 112-141.

Schrader, Stephan (1993): Uncertainty and Ambiguity in Technical Problem Solving, in: *Journal of Engineering and Technology Management*, S. 73-99.

Schrader, Stephan (1996): Innovationsmanagement, in: Kern, W. (Hrsg.): *Handwörterbuch der Produktionswirtschaft*, Stuttgart, S. 744-758.

Schradin, Heinrich (2003): Entwicklung der Versicherungsaufsicht, in: *Zeitschrift für die gesamte Versicherungswissenschaft*, Jg. 33, Nr. 4, S. 611-664.

Schroth, Enrique (2003): Innovation, Differentiation, and the Choice of an Underwriter: Evidence from Equity Linked Securities, Working Paper, HEC - University of Lausanne, Lausanne.

Schroth, Enrique/Herrera, Helios (2003): Profitable Innovation Without Patent Protection: The Case of Derivatives, Working Paper, HEC - University of Lausanne, Lausanne.

Schulte-Mattler, Hermann (2001): Neuere Entwicklungen in der bankaufsichtsrechtlichen Behandlung von Kreditrisiken, in: Rolfes, B./Schierenbeck, H. (Hrsg.): *Ausfallrisiken: Quantifizierung, Bepreisung und Steuerung*, S. 53-71.

Schumpeter, Joseph A. (1912): Theorie der wirtschaftlichen Entwicklung, Leipzig.

Schumpeter, Joseph A. (1942): Capitalism, Socialism and Democracy, New York.

Schwartz, Mark A. (1978): The Imitation and Diffusion of Industrial Innovations, Ann Arbor.

Schwartz, Robert A. (1992): Market Liquidity, in: Newman, P./Milgate, M./Eatwell, J. (Hrsg.): *The New Palgrave Dictionary of Money & Finance*, New York, S. 666-667.

Schweizer, Ulrich (2002): Katastrophenrückversicherung bald nachhaltig?, Focus Report, SwissRe, Zürich.

Schweizer, Urs (1999): Vertragstheorie, Tübingen.

Schwolgin, Armin (1986): Finanzielle Innovationen und Mindestreservepolitik: Reformvorschläge auf Grund amerikanischer und deutscher Entwicklungen, Frankfurt.

Sclafane, Susanne (2003): 2003 Story of the Year: End Near for Hard Market?, in: *National Underwriter*, Jg. 107, Nr. 51, S. 14.

Searby, Stephen (2003): Global Reinsurance Highlights: 2003 Edition, A Reactions publication, Standard & Poor's, London.

Seitz, Manfred (2001): Is ART Really Taking Off Now?, Präsentation bei Dresdner Kleinwort Wasserstein, The Alternative Risk Management Seminar, November 16, 2001, London.

Selius, Albert/Decker, Ryan (2003): Seasonality and the Pricing of Cat Bonds, Special report, Capital Markets & Advisory, Zürich.

Sharpe, William F. (1964): Capital Asset Prices: A Theory of Market Equilibrium Under Conditions of Risk, in: *Journal of Finance*, Jg. 19, Nr. 3, S. 425-443.

Sheldon, George/Maurer, Martin (1998): Interbank Lending and Systemic Risk: An Empirical Analysis for Switzerland, in: *Swiss Journal of Economics and Statistics*, Jg. 134, Nr. 4.2, S. 685-704.

Shepherd, Dean A. (1997): New Venture Entry Strategy: To Pioneer or Not to Pioneer, Academy of Management Proceedings,

Shirreff, David (1999): Praying For a Catastrophe, in: *Euromoney*, Jg. ohne, Nr. 358, S. 38-42.

Siegwart, Hans/Mahari, Julian (1996): Strategisches Management von Finanzinnovationen, Stuttgart.

Siegwart, Hans/Mahari, Julian/Abresch, Michael (1994): Das moderne Finanzmanagement im Banne prinzipiellen Wandels, in: Siegwart, H./Mahari, J./Abresch, M. (Hrsg.): *Finanzielle Führung, Finanzinnovationen und Financial Engineering*, Stuttgart, S. 1-43.

Silber, William L. (1975): Towards a Theory of Financial Innovation, in: Silber, W. L. (Hrsg.): *Financial Innovations*, New York, S. 53-85.

Silber, William L. (1981): Innovation, Competition, and New Contract Design in Futures Markets, in: *The Journal of Futures Markets*, Jg. 1, Nr. 2, S. 123-155.

Silber, William L. (1983): The Process of Financial Innovation, in: *American Economic Review*, Jg. 73, Nr. 2, S. 89-85.

Silber, William L. (1991): Discounts on Restricted Stock: The Impact of Illiquidity on Stock Prices, in: *Financial Analysts Journal*, Jg. 47, Nr. 4, S. 60-64.

Sirri, Erik R./Tufano, Peter (1995): The Economics of Pooling, in: Crane, D. B./Froot, K. A./Mason, S. P./Perold, A. F./Merton, R. C. (Hrsg.): *The Global Financial System: A Functional Perspective*, Boston, S. 81-127.

Skeel, David A. (1998): The Law and Finance of Bank and Insurance Insolvency Regulation, in: *Texas Law Review*, Jg. 76, Nr. 4, S. 726-780.

Skees, Jerry/Varangis, Panos/Larson, Donald (2002): Can Financial Markets be Tapped to Help Poor People Cope with Weather Risks?, Working Paper, Department of Agricultural Economics, University of Kentucky, Lexington.

Slater, Stanley F. (1993): Competing in High Velocity Markets, in: *Industrial Marketing Management*, Jg. 22, Nr. 4, S. 255-263.

Smith, Adam (1776): An Inquiry into the Nature and Causes of the Wealth of Nations, London.

Smith, Richard E./Canelo, Emily A./Di Dio, Anthony M. (1997): Reinventing Reinsurance Using the Capital Markets, in: *The Geneva Papers on Risk and Insurance*, Jg. 22, Nr. 82, S. 26-37.

Smith, Roy C./Walter, Ingo (2001): Rating Agencies: Is There an Agency Issue?, Working Paper, Stern School of Business, New York University.

Solow, Robert (1957): Technical Change and the Aggregate Production Function, in: Rosenberg, N. (Hrsg.): *The Economics of Technological Change*, Harmondsworth, S. 344-362.

Spence, Michael A. (1973): Job Market Signaling, in: *The Quarterly Journal of Economics*, Jg. 87, Nr. 3, S. 355-374.

Spence, Michael A. (1981): The Learning Curve and Competition, in: *Bell Journal of Economics*, Jg. 12, Nr. 1, S. 49-70.

Spicka, Peter (1999): Bankenaufsicht in globalisierten Finanzmärkten, in: Eller, R./Gruber, W./Reif, M. (Hrsg.): *Handbuch Bankenaufsicht und interne Risikosteuerungsmodelle*, Stuttgart, S. 583-592.

Spiller, Richard/Mellman, Olivier (1999): ART Prospers in the Soft Market, in: *Reactions*, Jg. 19, Nr. 7, S. 52-53.

Stackelberg, Heinrich von (1934): Marktform und Gleichgewicht, Wien.

Stein, Jeremy C. (1987): Information Externalities and Welfare-reducing Speculation, in: *Journal of Political Economy*, Jg. 95, Nr. 6, S. 1123-1145.

Stenzel, Stefan (1998): Außerbörslicher Aktienhandel Teilband I: Umfang und Ursachen, Berlin.

Stier, Winfried (1999): Empirische Forschungsmethoden, Berlin.

Stierlek, Michael H. (2000): Globalisierungsdefizite Deutschlands in den Wirtschaftsbeziehungen mit Südostasien: Ein internationaler Vergleich, Berlin.

Stigler, George J. (1961): The Economics of Information, in: *Journal of Political Economy*, Jg. 69, Nr. 3, S. 213-225.

Stoll, Hans R. (1978): The Supply of Dealer Services in Securities Markets, in: *Journal of Finance*, Jg. 33, Nr. 4, S. 1133-1151.

Stoll, Hans R. (2002): Regulation of Financial Markets: A Focused Approach, in: *Journal of Applied Corporate Finance*, Jg. 14, Nr. 4, S. 122-128.

Strube, Michaela (2001): Alternativer Risikotransfer von Katastrophenrisiken, Wiesbaden.

Süchting, Joachim (1995): Finanzmanagement: Theorie und Politik der Unternehmensfinanzierung, Wiesbaden.

Szymanski, David M./Troy, Lisa C./Bharadwaj, Sundar G. (1995): Order of Entry and Business Performance: An Empirical Synthesis and Reexamination, in: *Journal of Marketing*, Jg. 59, Nr. 4, S. 17-33.

Talmor, Eli/Sick, Gordon (1981): Asymmetric Information, Signaling, and Optimal Corporate Financial Decisions/Discussion, in: *Journal of Financial and Quantitative Analysis*, Jg. 16, Nr. 4, S. 413.

Tashjian, Elizabeth (1995): Optimal Futures Contract Design, in: *Quarterly Review of Economics and Finance*, Jg. 35, Nr. 2, S. 153-162.

Tashjian, Elizabeth/Weissmann, Maayana (1995): Advantages to Competing with Yourself: Why an Exchange Might Design Futures Contracts with Correlated Payoffs, in: *Journal of Financial Intermediation*, Jg. 4, Nr. 2, S. 133-157.

Tebroke, Hermann-Josef (2001): Finanzinnovationen, in: Gerke, W./Steiner, M. (Hrsg.): *Handwörterbuch des Bank- und Finanzwesens*, Stuttgart, S. 811-826.

Telser, Lester G. (1981): Why are there Organized Futures Markets, in: *Journal of Law and Economics*, Jg. 24, Nr. 1, S. 1-22.

Telser, Lester G./Higinbotham, Harlow N. (1977): Organized Futures Markets: Costs and Benefits, in: *Journal of Political Economy*, Jg. 85, Nr. 5, S. 969-1000.

Terberger, Eva (2001): Bankenaufsicht, in: Gerke, W./Steiner, M. (Hrsg.): *Handwörterbuch des Bank- und Finanzwesens*, Stuttgart, S. 217-230.

Thakor, Anjan V. (1996): The Design of Financial Systems: An Overview, in: *Journal of Banking and Finance*, Jg. 20, Nr. 5, S. 917-948.

Thomas, Bruce B. (1997): Homogenizing Catastrophe Risk: An Overview of Catastrophe Indices, Viewpoint, Marsh&McLennan Companies, New York.

Thomas, Bruce B./Cao, Xin (1998): Deconstructing Fran, in: *Best's Review/Property-Casualty Insurance Edition*, Jg. 99, Nr. 4, S. 41-44.

Thomas, Sam (2002): The Saga of the First Stock Index Futures Contract: Benchmarks, Models, and Learning, in: *Journal of Money, Credit and Banking*, Jg. 34, Nr. 3, S. 767-808.

Thomas, Zwick (2003): Empirische Determinanten des Widerstandes von Mitarbeitern gegen Innovationen, in: *Schmalenbachs Zeitschrift für betriebswirtschaftliche Forschung*, Jg. 55, Nr. 2, S. 45-59.

Thomke, Stefan/von Hippel, Eric (2002): Customers as Innovators: A New Way to Create Value, in: *Harvard Business Review*, Jg. 80, Nr. 4, S. 74-81.

Tilley, James A. (1995): The Latest in Financial Engineering: Structuring Catastrophe Reinsurance as a High-Yield Bond, Report, Insurance Capital Markets, Morgan Stanley, New York.

Tirole, Jean (1982): On the Possibility of Speculation under Rational Expectations, in: *Econometrica*, Jg. 50, Nr. 5, S. 1163-1182.

Tirole, Jean (1988): The Theory of Industrial Organization, Cambridge.

Tobin, James E. (1984): On the Efficiency of the Financial System, in: *Lloyds Bank Review*, Jg. 153, Nr. Juli, S. 1-15.

Tomek, William G./Gray, Roger W. (1970): Temporal Relationships Among Prices on Commodity Future Markets: Their Allocative and Stabilizing Roles, in: *American Journal of Agricultural Economics*, Jg. 52, Nr. 3, S. 372-380.

Tornatzky, Louis G./Eveland, John D./Fleischer, Mitchell (1990): Technological Innovation: Definitions and Perspectives, in: Tornatzky, L. G./Fleischer, M. (Hrsg.): *The Process of Technology Innovation*, Lexington, S. 9-25.

Townsend, Robert M. (1978): Intermediation with Costly Bilateral Exchange, in: *Review of Economic Studies*, Jg. 45, Nr. 3, S. 417-425.

Townsend, Robert M. (1979): Optimal Contracts and Competitive Markets, in: *Journal of Economic Theory*, Jg. 21, Nr. 2, S. 265-393.

Tracey, Michael/Wiersema, Fred (1995): The Discipline of Market Leaders, Boston.

Treacy, William F./Carey, Mark S. (1998): Credit Risk Rating at Large U.S. Banks, in: *Federal Reserve Bulletin*, Jg. 84, Nr. November, S. 897-921.

Treynor, Jack (1961): Towards a Theory of Market Value of Risky Assets, Unveröffentlichtes Manuskript.

Triandis, Harry C. (1980): Values, Attitudes and Interpersonal Behavior, in: Howe, H. E. (Hrsg.): *Beliefs, Attitudes and Values*, Lincoln, S. 195-259.

Tufano, Peter (1989): Financial Innovation and First Mover Advantages, in: *Journal of Financial Economics*, Jg. 25, Nr. 2, S. 213-240.

Tufano, Peter (1995): Securities Innovations: A Historical and Functional Perspective, in: *Journal of Applied Corporate Finance*, Jg. 7, Nr. 4, S. 91-102.

Tufano, Peter (2002): Financial Innovation, in: Constantinides, G./Harris, M./Stulz, R. M. (Hrsg.): *The Handbook of the Economics of Finance*, New York, forthcoming.

Tushman, Michael L. (1997): Winning Through Innovation: A Practical Guide to Leading Organizational Change and Renewal, Boston.

Tynes, Johannes S. (2000): Catastrophe Risk Securitization, in: *Journal of Insurance Regulation*, Jg. 19, Nr. 1, S. 3-27.

Ulrich, Nikolai (1999): Die Pionierrolle im Emissionsgeschäft mit Finanzderivaten: Empirische Analyse des deutschen Optionsscheinmarktes, Wiesbaden.

Urban, Glen L./Carter, Theresa/Gaskin, Steven/Mucha, Zofia (1986): Market Share Rewards to Pioneering Brands: An Empirical Analysis and Strategic Implications, in: *Management Science*, Jg. 32, Nr. 6, S. 645-659.

Urban, Glen L./Hauser, John R. (1987): Essentials of New Product Management, Englewood Cliffs.

Vahs, Dietmar/Burmester, Ralf (2002): Innovationsmanagement, Stuttgart.

Vahs, Dietmar/Schäfer-Kunz, Jan (2000): Einführung in die Betriebswirtschaftslehre, Stuttgart.

Valery, Nicholas (1995): Fear of Trembling, in: *The Economist*, Jg. 335, Nr. 7911, S. 3-6.

VanderWerf, Pieter A./Mahon, John F. (1997): Meta-analysis of the Impact of Research Methods on Findings of First-mover Advantage, in: *Management Science*, Jg. 43, Nr. 11, S. 1510-1519.

Varian, Hal. R. (1998): Effect of the Internet on Financial Markets, Working Paper, School of Information Management and Systems, University of California, Berkeley.

Vaugirard, Victor E. (2003): Pricing Catastrophe Bonds by an Arbitrage Approach, in: *The Quarterly Review of Economics and Finance*, Jg. 43, Nr. 1, S. 119-132.

Vermeulen, Patrick (2002): Uncovering Barriers to Product Innovation: Examples from the Financial Services Sector, Working Paper, Nijmegen Business School, Nijmegen.

Vilasuso, Jon/Minkler, Alanson (2001): Agency costs, asset specificity, and the capital structure of the firm, in: *Journal of Economic Behavior & Organization*, Jg. 44, Nr. 1, S. 55-69.

Villard, Henry H. (1958): Competition, Oligopoly and Research, in: *Journal of Political Economy*, Jg. 66, Nr. 6, S. 483-497.

Vives, Xavier (1991): Banking Competition and European Integration, in: Giovannini, A./Mayer, C. P. (Hrsg.): *European Financial Integration*, S. 9-31.

von Hippel, Eric (1986): Lead Users: A Source of Novel Product Concepts, in: *Management Science*, Jg. 32, Nr. 7, S. 791-805.

von Hippel, Eric (1994): Sticky Information and the Locus of Problem Solving: Implications for Innovation, in: *Management Science*, Jg. 40, Nr. 4, S. 429-439.

Walker, Susanne (2003): Underwriter Spreads Continue Downward Trend, in: *Bond Buyer*, Jg. 343, Nr. 31570, S. 3-4.

Wallis, John W./North, Douglas C. (1988): Measuring the Transaction Sector in the American Economy, in: Engermann, S./Gallman, R. (Hrsg.): *Long-term Factors in American Economic Growth*, Chicago, S. 95-161.

Walmsley, Julian (2001): Patenting Finance: Financing Patents, Market Report, International Securities Market Association, University of Reading, Zurich.

Walter, Norbert (1989): Finanzinnovationen als geld- und währungspolitisches Problem, in: Burger, K.-M. (Hrsg.): *Finanzinnovationen - Risiken und ihre Bewältigung*, Stuttgart, S. 23-41.

Walters, Michael A./Morin, François (1997): Homeowners Ratemaking Revisited (Use of Computer Models to Estimate Catastrophe Loss Costs), Working Paper, Casualty Actuarial Society, Arlington.

Walton, Richard E./Dutton, John M. (1969): The Management of Interdepartmental Conflict: A Model and Review, in: *Administrative Science Quarterly*, Jg. 14, Nr. 1, S. 73-84.

Wang, Changyun (2003): The Behavior and Performance of Major Types of Futures Traders, in: *Journal of Futures Markets*, Jg. 23, Nr. 1, S. 1-31.

Wang, George H./Yau, Jot/Baptiste, Tony (1997): Trading Volume and Transaction Costs in Futures Markets, in: *The Journal of Futures Markets*, Jg. 17, Nr. 7, S. 757-780.

Wang, Jiang (1994): A Model of Competitive Stock Trading Volume, in: *Journal of Political Economy*, Jg. 102, Nr. 1, S. 127-168.

Wang, Jiang (1996): The Term Structure of Interest Rates in a Pure Exchange Economy with Heterogeneous Investors, in: *Journal of Financial Economics*, Jg. 41, Nr. 1, S. 75-110.

Warner, Malcom (Hrsg./1996): International Encyclopedia of Business & Management, London.

Watson, Matthew (1999): Rethinking Capital Mobility, Re-regulating Financial Markets, in: *New Political Economy*, Jg. 4, Nr. 1, S. 55-75.

Weisbrodt, Volker (2002): Größtschadenmanagement, Präsentation, Großschäden, Euroforum 24.-25. September, Gerling Global Re, Düsseldorf.

Weizsäcker, Christian C. von (1980): A Welfare Analysis of Barriers to Entry, in: *Bell Journal of Economics*, Jg. 11, Nr. 2, S. 399-420.

Weizsäcker, Christian C. von (1984): The Cost of Substitution, in: *Econometrica*, Jg. 52, Nr. 5, S. 1085-1116.

Wejnert, Barbara (2002): Integrating Models of Diffusion of Innovations: A Conceptual Framework, in: *Annual Review of Sociology*, Jg. 28, Nr. 1, S. 297-326.

Wende, Steffen (1990): Finanzinnovationen und Geldpolitik: Eine geldtheoretische Problemanalyse anhand ausgewählter Finanzinnovationen, Frankfurt am Main.

Werner, Elmar (2000): Neue Indizes als Grundlage für einen liquiden Wetterderivatehandel, in: *Die Bank*, Jg. 100, Nr. 12, S. 858-860.

Whitney, Sally (1999): How Much is That Cat Bond? Pricing Catastrophe Bonds Involves More Than Analyzing Risk, in: *Best's Review*, Jg. ohne, Nr. April, S. 77-78.

Whittaker, Martin (2002): Climate Risk to Global Economy, United Nations Environment Programme Finance Initiatives (UNEP FI), Paris.

Wildermuth, David (2001): Using Capital Market Securities as Operational Risk Mitigants, Präsentation, Operational Risk Conference, November 16.

Wilhelm, Jochen (1991): Spurensuche: Neoklassische Elemente in der "neuen" Finanzierungstheorie, in: Ordelheide, D./Rudoph, B./Büsselmann, E. (Hrsg.): *Betriebswirtschaftslehre und Ökonomische Theorie*, Stuttgart, S. 173-196.

Wilhelm, William J., Jr./Chemmanur, Thomas J. (2002): New Technologies, Financial Innovation, and Intermediation, in: *Journal of Financial Intermediation*, Jg. 11, Nr. 1, S. 2-8.

Williams, Rochelle (2002): California Earthquake Authority Dismisses New Idea of Catastrophe Bonds, in: *Bond Buyer*, Jg. 339, Nr. 31356, S. 8.

Williamson, Oliver E. (1985): The Economic Institutions of Capitalism, New York.

Williamson, Steve/Wright, Randall (1994): Barter and Monetary Exchange under Private information, in: *American Economic Review*, Jg. 84, Nr. 1, S. 104-123.

Winkler, G. Michael (1989): Intermediation Under Trade Restrictions, in: *The Quarterly Journal of Economics*, Jg. 104, Nr. 2, S. 299.

Witte, Eberhard (1968): Die Organisation komplexer Entscheidungsverläufe - Ein Forschungsbericht, in: *Zeitschrift für betriebswirtschaftliche Forschung*, Jg. 20, Nr. 6, S. 581-599.

Witte, Eberhard (1973): Organisation für Innovationsentscheidungen: Das Promotoren-Modell, Göttingen.

Witte, Eberhard (1997): Der Zusammenhang zwischen nachrichtentechnischen Innovationen und Veränderungen der Marktordnung, Sitzungsbericht, Bayerische Akademie der Wissenschaften, München.

Witte, Eberhard (1999): Das Promotoren-Modell, in: Hauschildt, J./Gemünden, H.-G. (Hrsg.): *Promotoren: Champions der Innovationen*, Wiesbaden, S. 9-41.

Wolfe, Susan M./Fleischer, Mitchell/Morell, Jonathan A./Eveland, John D. (1990): Decision Processes in Technological Innovation, in: Tornatzky, L. G./Fleischer, M. (Hrsg.): *The Process of Technology Innovation*, Lexington, S. 177-196.

Woll, Artur (1996): Allgemeine Volkswirtschaftslehre, München.

Working, Holbrook (1953): Futures Trading and Hedging, in: *American Economic Review*, Jg. 43, Nr. 3, S. 314-561.

Wrase, Jeffrey M. (1997): Inflation-Indexed Bonds: How Do They Work?, in: *Business Review, Federal Reserve Bank of Philadelphia*, Nr. Juli/August, S. 3-16.

Yavas, Abdullah (1992): Marketmakers versus Matchmakers, in: *Journal of Financial Intermediation*, Jg. 2, Nr. 1, S. 33-58.

Yavas, Abdullah (1994): Middlemen in Bilateral Search Markets, in: *Journal of Labor Economics*, Jg. 12, Nr. 3, S. 406-429.

Yaverbaum, Gayle J./Culpan, Oya (1990): Exploring the Dynamics of the End-User Environment: The Impact of Education and Task Differences on Change, in: *Human Relations*, Jg. 43, Nr. 5, S. 439-454.

Zaltman, Gerald/Duncan, Roberg/Holbeck, Jonny (1984): Innovations & Organizations, Malabar.

Zanetti, Aurelia/Enz, Rudolf/Schaad, Werner (2002): Natur- und Man-made-Katastrophen 2001: Man-made-Schäden einer neuen Dimension, Sigma, Nr. 1, SwissRe, Zürich.

Zanetti, Aurelia/Enz, Rudolf/Schweizer, Ulrich (2001): Natural Catastrophes and Man-made Disasters in 2000: Fewer Insured Losses Despite Huge Floods, Sigma, Nr. 2, SwissRe, Zürich.

Zillmer, Peter (2000): Die Messung des Innovationserfolges, in: Dold, E./Gentsch, P. (Hrsg.): *Innovationsmanagement: Handbuch für Mittelständische Unternehmen*, Neuwied, S. 229-247.

Zimmerli, Peter (2003): Naturkatastrophen und Rückversicherung, SwissRe, Zürich.

Zimmermann, Heinz (1987): Zur ökonomischen Bedeutung von Finanzmarktinnovationen, in: *Aussenwirtschaft*, Jg. 42, Nr. 2/3, S. 163-198.

Zmarzly, Stefan (1990): Finanzinnovationen und Geldmengensteuerung, Köln.

Zolkos, Rodd (1999): Cat Options Down, Not Out, in: *Business Insurance*, Jg. 33, Nr. 2, S. 2-3.

Zolkos, Rodd (2000): Cat Pricing Curiosity, in: *Business Insurance*, Jg. 34, Nr. 21, S. 2-3.

Zolkos, Rodd (2001): Cat Bond Participants Anticipate Market Growth, in: *Business Insurance*, Jg. 35, Nr. 15, S. 3-21.

Zolkos, Rodd (2002): Market Explores Other Risks for Securitization, in: *Business Insurance*, Jg. 36, Nr. 13, S. 23-24.

Zweifel, Peter/Eisen, Roland (2003): Versicherungsökonomie, Berlin.

Kolibri 360 GmbH
Ferdinand-Jühlke-Straße 7
99095 Erfurt, Deutschland
produktsicherheit@kolibri360.de